최신 Raspberry Pi로 시작하는 IOT의 모든 것
- 초보에서 고급까지 (상)

Raspberry Pi, Linux에서 시작하여 Apache, MySQL, PHP를 거쳐
Embedded Computing, Interface, Sensor를 사용하는 IOT까지
초급에서 고급까지 단숨에 정복하기

리얼오메가 컨설팅 / 김덕규 지음

Real Omega Consulting Inc.

real
You'll be a omega

최신 Raspberry Pi로 시작하는 IOT의 모든 것
- 초보에서 고급까지 (상)

국립중앙도서관 출판예정도서목록(CIP)

최신 Raspberry Pi로 시작하는 IoT의 모든 것 : 초보에서 고
급까지. 상 / 김덕규 지음. -- 서울 : 리얼오메가 컨설팅, 2
016

    p. ;   cm

색인수록
ISBN 978-89-90852-03-8 94000 : ₩30000
ISBN 978-89-90852-02-1 (세트) 94000

사물인터넷[事物--]
극소형 컴퓨터[極小型--]

004.58-KDC6
004.678-DDC23   CIP2016019499

서문

주요 내용

여기서는 먼저 저자가 이 책을 쓰게 된 동기를 소개하고 있다. 다음으로 이 책의 전체적인 구성과 각 Chapter의 요약된 내용을 안내하고 있으며, 다루는 내용의 수준에 대해서 안내하고 있다.

다음과 같은 항목에 대한 설명을 포함하고 있다.

- 이 책을 쓴 동기
- 이 책에서 다루는 내용
- 이 책에서 다루는 내용의 수준
- 이 책에서 사용되는 관례

1. 이 책을 쓰기까지

나는 개인적으로 사회 생활을 처음 시작하면서부터 계속 기업의 기본적인 업무 process를 다루는 IT 영역에 발을 담그고 있었는데, 주로 통합된 IT 시스템을 활용하여 회사 업무 process를 효율적으로 만드는 일을 주된 업무로 해왔다. 주로 ERP package를 이용하거나 여러 가지 도구를 이용해서 기업용 응용 프로그램을 개발하여 기업의 각종 업무처리를 지원하는 일을 해 왔다.

하지만 항상 마음 속 내부에서는 컴퓨터를 이용하여 큰 자동화된 공장을 직접 조정하거나, embedded program을 이용하여 공정의 기계 내부에 설치되어 있는 부품을 조정하거나, 로봇을 마음대로 움직이거나, 외부의 각종 sensor와 연결하여 측정 자료를 얻고, 필요하면 외부의 여러 장치나 설비, 기계를 마음대로 조정할 수 있는 명령을 내릴 수 있는 기술이 있으면 좋겠다는 생각을 가지고 있었다.

2015년 초 어떤 회사의 ERP project를 끝내고 휴식을 취할 수 있는 약간의 기간이 있었다. 통상 그런 여유기간이 있으면, "배운 게 도둑질"이라고 그 동안의 버릇을 탈피하지 못하고, IT 부문의 최근 기술이 어떤 것이 있는지, 어디까지 발전해 왔는지 등에 대해서 자료를 찾아보거나 세미나에 참석하여 자료를 모아서 읽어보고는 했었는데, 그 때도 비슷한 일을 하고 있었다.

이때 많은 잡지 기사나 세미나에서 다루는 여러 가지 주제 중에서 인기 있는 기술 분야가 IOT, Big Data, 3D printer 등의 주제였다. 세미나에 여러 번 참석하여 이런 주제에 대한 발전상황에 대해서 여러 가지 이야기를 듣고, 관련 자료를 모아 자료를 검토하면서, 가능하면 내가 직접 한번 해보면 좋겠다는 생각을 가지게 되었다. 이런 생각을 가지고 여러 가지 내용을 검토하면서 컴퓨터를 이용하여 외부의 기계나 설비와 연동하거나 외부의 각종 sensor에서 자료를 얻어 오거나, 각종 기기나 장치들을 통제하고 조정할 수 있는 IOT 분야가 매력적으로 다가왔고, 그런 과정에서 많은 돈을 들이지 않고도 IOT를 구현하여 체험해 볼 수 있다고 하는 Raspberry Pi라는 것을 처음 접하게 되었다.

처음에는 호기심으로 짧은 기간만 투자하여 Raspberry Pi에 대한 맛만 보기로 했는데, 시간이 가면서 점차 깊숙이 발을 담그게 되었다. 그런데 Raspberry Pi, Linux, IOT, 전기/전자 회로, sensor 등의 주제는 사실 내가 대부분 처음 접해 본 영역으로 기초적인 지식이 많이 부족한 상태였다. 처음 학습을 할 때는 시중에 나와 있는 책을 사서 이용했는데, 불행히도 책에서는 내가 궁금해 하는 것을 제대로 설명하지 않는 부분이 많아서 어려움이 적지 않았다. 이런 부족한 부분을 메우기 위해서 인터넷을 통해서 여러 가지 경로로 자료를 찾아보면서 부족한 내용을 보충하고, 서로 맞지 않은 부분은 여러 자료를 비교하여 맞추고 정리하면서 학습을 진행할 수 밖에 없었다.

이렇게 몇 개월이 지나서 Raspberry Pi에 대해서 어느 정도 학습이 된 이후에 생각해 보니, 내가 처음 초보자로 시작하여 어느 정도 수준으로 이해하기까지 내가 경험한 내용과 학습한 내용들을 다른 초보자들을 위해서 정리를 해보면 좋겠다는 생각을 가지게 되었다. 모든 내용을 잘 알고 있는 전문가적인 관점에서 상세하게 잘 설명하는 것도 좋겠지만, 처음부터 아무것도 모르는 초보자로 시작해서 초보자의 입장에서 눈으로 보고, 경험하고, 이해한 내용은 쉽게 잘 정리할 수만 있다면 처음 시작하는 초보자들에게는 어떤 전문가도 주지 못하는 도움이 되지 않을까 하는 생각을 하게 되었다. 다행히 그때 마침 시간적 여유도 좀 있어서 이러한 생각으로 마음을 크게 먹고 지금까지 이해한 내용을 정리하는 작업을 시작하게 되었다.

작업을 처음 시작할 때는 300~400 page 정도면 중요한 내용이 모두 정리될 것으로 예상하고 있었는데, 정리를 진행하면서 점차 분량이 늘어나게 되었다. 정리하는 과정에서 점차 더 많은 내용을 담고자 하는 욕심이 생기기도 하고, 실력이 부족하여 간단한 것을 간단하게 정리하지 못하고 장황하게 설명한 것도 있으며, 또한 초보자들이 쉽게 이해할 수 있도록 다양한 그림과 이미지를 삽입하는 것이 좋겠다는 생각이 들어 내용을 보충하다 보니, 처음 예상한 분량을 훨씬 넘어서 걷잡을 수 없을 정도로 분량이 늘어나게 되었다. 최종으로 정리된 내용을 보니 처음 예상의 2배가 되었으니, 참 어처구니가 없는 일이다. 스스로 생각해도 한심한 일이 아닐 수 없다. 여러분의 많은 이해를 바란다.

2. 이 책의 전체적인 구성

이 책은 상권과 하권의 두 권으로 구성되어 있다. 원래는 모든 내용이 한 권에 포함되어 있는 형태로 책의 구성이 계획되었지만, 전체 내용의 분량이 한 권으로 만들기는 너무 많아서 부득이 2권의 책으로 분할하게 되었다. 하지만 책의 구성과 형태에서 전체적인 통일성을 부여하고, 전체 내용을 체계적으로 배열하여 독자들이 사용하기 쉽도록 하기 위해서 책의 모든 내용은 한 권의 책으로 되어 있는 것처럼 구성되어 있다. 따라서 책은 두 권으로 분리되어 있지만, Chapter 번호는 두 권이 모두 연속적으로 부여되어 있고, 페이지 번호도 연속적으로 표시되어 있으며, 이러한 방식에 따라 목차나 색인 등도 한 권인 것처럼 표시가 되어 있음에 주의해야 한다.

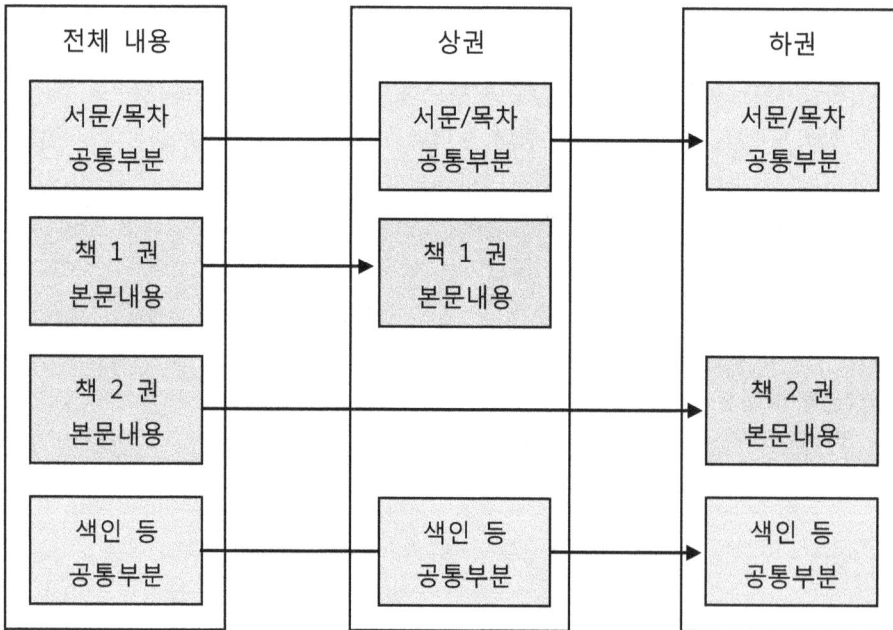

3. 이 책에서 다루는 내용

이 책은 Raspberry Pi에 대한 소개에서 시작하여 실제로 구매해서 동작시키는 방법을 안내하고 있으며, 사용할 수 있는 많은 명령과 도구들을 안내하고 있다. 또한 별도의 응용 프로그램 개발에 필요한 많은 도구와 사용방법에 대해서 설명하고 있으며, Raspberry Pi를 외부의 기계나 설비, 센서등과 연결하여 활용하는 방법에 대해서 안내하고 있다.

각 Chapter별로 설명하고 있는 내용을 간추리면 다음과 같다.

책 상권 Raspberry Pi 기초

[Chapter 1~Chapter 3]에서는 Raspberry Pi가 무엇인지, 어떤 특징을 가지고 있는지, 어디에 사용할 수 있는지 등 처음 접하는 분들을 위해서 Raspberry Pi에 대한 배경지식부터 시작하여 자체의 내용까지 상세히 설명하고 있다. 그리고 실제로 사용하고자 하는 사람들을 위해서 준비사항을 상세히 설명하고 있다.

[Chapter 4~Chapter 9]에서는 Raspberry Pi에서 사용할 수 있는 운영체제 운영체제를 소개하고, 설치절차를 설명하고 있다. 설치가 완료된 다음 Raspberry Pi를 어떻게 시작하고, 종료하는지를 설명하고 있으며, 시스템 운영에 필요한 각종 설정항목들을 조정하는 방법에 대해서 설명하고 있다.

[Chapter 6~Chapter 7]에서는 Raspberry Pi가 작동한 후에 시스템에 접속하는 방식인 terminal 접속과 desktop 접속, local 접속과 remote 접속 등에 대해서 설명하고 있으며, terminal과 desktop window가 무엇인지, 어떤 기능을 가지고 있는지를 설명하고 있다.

[Chapter 8~Chapter 17]에서는 Linux 시스템의 기본적인 체계와 여러 가지 명령과 도구들에 대해서 상세히 설명하고 있다. terminal과 Shell 프로그램, 각종 Shell 명령, network 설정 방법, 사용자 및 사용자 그룹을 정의하는 방법, 파일에 대한 권한을 설정하는 방법, 각종 device의 의미와 내용을 확인하는 방법, 저장장치와 파일시스템의 구조, 파일을 관리하는 방법, 프로그램 설치 및 Upgrade 방법, 시스템 모니터링 하는 방법, 일괄 실행 및 자동 실행 등에 대해서 상세히 설명하고 있다.

책 하권 Raspberry Pi 활용

[**Chapter 18~Chapter 20**]에서는 Raspberry Pi 시스템에 대한 보다 고급 주제를 다루고 있다. 외부에서 Raspberry Pi 시스템에 원격으로 접속하는 여러 가지 방법을 안내하고 있으며, 시스템에 대한 현재 상태를 확인하기 위해서 여러 가지 모니터링 방법을 설명하고 있으며, 시스템에서 명령을 실행할 때 수동으로 실행하지 않고, 일정한 규칙에 따라 자동으로 실행하거나 여러 명령을 한꺼번에 일괄 실행하는 방법을 설명하고 있다.

[**Chapter 21~Chapter 22**]에서는 Raspberry Pi에서 사용할 수 있는 사무용 프로그램과 도구에 대해서 설명하고 있다. 사무용 문서 작성 도구와 이미지 편집 프로그램, 인쇄 프로그램, 인터넷 브라우저 등 다양한 도구를 소개하고 있으며, 카메라나 비디오를 이용한 멀티미디어 작업을 어떻게 할 수 있는지를 소개하고 있다.

[**Chapter 23~Chapter 24**]에서는 Raspberry Pi에서 별도의 응용 프로그램을 개발하는데 사용하는 도구를 소개하고 있다. Python, Java, C, Scratch 등 다양한 개발 language와 도구들을 설명하고 있으며, Database가 필요하거나 Web을 구축하여 운용하고자 하는 사람들을 위해서 Apache, MySQL, PHP 등 Database server와 Web server를 구축하는 방법에 대해서 설명하고 있다.

[**Chapter 25**]에서는 Raspberry Pi를 이용해서 외부의 기계나 설비, sensor 등과 연결해서 다양한 interface를 해 보고, IOT를 구현할 수 있는 기초를 설명하고 있다. Raspberry Pi가 가지고 있는 GPIO의 내용과 실제로 다루는 방법에 대해서 설명하고 있으며, 외부의 기기나 전자회로와 연결할 때 필요한 전기/전자에 대한 기초지식을 정리해 놓았다. 그리고 실제로 몇 가지의 사례를 사용하여 Raspberry Pi를 외부의 기기와 연결하거나 sensor와 연동하는 방법을 설명하고 있다.

4. 이 책에서 다루는 내용의 수준

이 책은 Raspberry Pi를 이용해서 IOT를 구현해 보는 수준까지 가는 것이 기본적인 목표이다. 따라서 이 책은 Raspberry Pi에 처음 접하는 순간부터 IOT를 실제로 구현하여 목표를 달성할 때까지 필요한 모든 내용을 다루고 있다. 그냥 시키는 대로 따라서 해보는 것이 아니라, 책의 내용을 제대로 이해하고 다음에 다른 작업을 할 때도 전혀 문제가 없을 정도로 충분한 지식과 경험을 습득하는 것을 목표로 하고 있다.

무릇 어떤 종류의 컴퓨터이든지 제대로 활용하고자 하면, 여러 가지 주제에 대해서 어느 정도 수준 이상의 지식이 필요하다. 비록 Raspberry Pi가 조그마한 컴퓨터이기는 하지만, 일반 PC에서 할 수 있는 대부분의 일을 할 수 있을 정도의 능력을 가지고 있는 하나의 완전한 컴퓨터이다. 따라서 Raspberry Pi를 제대로 활용할 수 있으려면 이와 관련된 여러 가지 주제에 대해서 제대로 알고 있어야 한다.

이 책은 Raspberry Pi를 활용하는데 필요한 거의 모든 주제에 대해서 다루고 있으므로 그 내용의 범위가 굉장히 넓다. 이 책은 가능한 쉽게 설명하기 위해서 특정 주제에 대해서 기초적인 내용부터 시작하고 있으며, 시스템 활용에 필요한 일정 정도의 수준까지 관련 내용을 설명하고 있으며, 기본적으로 필요한 모든 내용을 두루 포함하고 있다. 또한 특정 주제에 대한 내용을 단순히 나열하는데 그치지 않고, 기본적인 원리를 이해할 수 있도록 하였으며, 실제로 어떻게 사용할 수 있는지에 대한 기본 틀을 설명하고 있다.

하지만 지면상의 제한으로 인해서 해당 주제에 대해서 모든 내용을 고급 수준의 지식까지 세세하게 설명할 수는 없어서 적정하다고 생각하는 수준으로 타협하여, 설명하는 깊이를 적절한 선에서 조정하였다. 따라서 특정 주제에 대해서 모든 세부적인 내용을 설명하지는 않았지만, 세부적인 내용이 어떤 것이 있는지를 제시하는 방법으로 수준을 조정하였다.

또한 이 책에서는 특정 주제에 대해서 추가로 공부할 사항이 어떤 것이 있는지를 별도로 안내함으로써 추후에 개별적으로 학습할 내용에 대해서 안내하고자 하였다. 특히 프로그램 개발 Language, Database, HTML, PHP, Web server, 외부 기기와의 외부 Interface와 같은 주제에 대해서는 그 내용을 방대함으로 인해서 모든 내용을 설명하는데 어려움이 많이 있어서 활용에 필요한 필수적인 수준까지만 설명을 하였으며, 해당 항목에 대해서 고급수준으로 활용하고자 하면 반드시 추가 학습을 통해서 관련 지식을 익혀야 함을 알려두는 바이다.

5. 이 책에서 사용되는 관례(conventions)

다음에 설명되는 항목들은 책을 읽기 쉽게 하고, 내용을 이해하기 쉽도록 하기 위해서 이 책에서 사용되는 여러 가지 관례들이다.

- 메뉴 경로는 다음과 같은 형식으로 표시될 것이다.
  Application Menu **Menu →Help → Debian Reference**

- 독립된 프로그램 이름은 다음과 같이 표시될 것이다.
  TightVNC 프로그램　　　　　--- \<TightVNC\> 프로그램

- 화면에 있는 object등은 다음과 같이 표시될 것이다.
  버튼(button)　　　　　　--- [Test Connection] 버튼
  탭(tab)　　　　　　　　--- [Outbound file] 탭
  선택버튼(radio button)　--- [Extension] 선택버튼
  필드　　　　　　　　　--- [Partner Name] 필드

- DB의 table과 field 이름은 다음과 같이 표시될 것이다.
  table　　　　　　　　--- table CDHDR
  field　　　　　　　　--- field BUKRS

- 그림이나 도표는 다음과 같이 표시될 것이다.
  그림　　　　　　　　--- [그림 10.1]
  도표　　　　　　　　--- [표 1.1]

- 시스템 명령의 주요 syntax를 표시할 때는 다음과 같은 형식으로 표시한다.

```
command  [option]   [string]
```

- 시스템 명령을 실행하는 것을 표시할 때는 다음과 같은 형식으로 표시한다.

```
command  [option]   [string]
```

● 시스템 명령에 대한 구체적인 설명은 다음과 같이 구성되어 있다.

[명령 형식]

command   [option]   [string]

[명령 개요]
■ 명령의 주요 기능을 설명한다.
■ 명령 실행에 필요한 권한을 기술한다.

[상세 설명]
■ 명령에 대한 상세한 설명이 필요한 경우 기술한다.

[주요 Option]

option 1	option 1 설명
option 2	option 2 설명
option 3	option 3 설명

option을 설명할 때는 전문가가 아닌 일반인의 잘못된 번역으로 인한 오류를 피하기 위해서 가능한 시스템에서 제공하는 영문 설명을 그대로 포함시켰으며, 필요한 경우만 한글로 설명을 추가하였다. 아래는 몇가지 사례이다.

-w	Don't actually reboot or halt but only write the wtmp record (in the /var/log/wtmp file).
-v, --invert-match	Invert the sense of matching, to select non-matching lines. (-v is specified by POSIX.) → pattern과 맞지 않는 자료가 있는 행을 검색한다.

[사용 Example]
Example의 내용을 설명하고 실제로 시스템에서 테스트하는 과정을 설명한다. 먼저 처음 행에는 실행하는 command를 보여주고 다음 행에서는 처리결과를 보여준다.

pi@raspberrypi ~ $ command
command 실행결과

This Page is Intentionally Left Blank

목 차

Chapter 3 장비/부품 구매 및 설치.........................71

Chapter 4 운영체제 설치하기 91

Chapter 7 desktop window 둘러보기 165

Chapter 10 Shell 명령 295

Chapter 12 사용자 407

Chapter 15 저장장치와 파일시스템 487

Chapter 19 시스템 모니터링 717

Chapter 24 Database와 Web 활용 969

Chapter 25 외부 Interface.....................................1135

This Page is Intentionally Left Blank

책 상권 Raspberry Pi 기초

This Page is Intentionally Left Blank

Chapter 1 Raspberry Pi 개요

Chapter 주요 내용

여기서는 Raspberry Pi의 탄생 배경과 발전역사에 대해서 설명하고, Raspberry Pi 가 지금과 같이 세계적으로 인기를 얻게 된 이유에 대해서 설명한다.

다음과 같은 항목에 대한 내용을 포함하고 있다.

■ Raspberry Pi의 탄생
■ Raspberry Pi 발전 history
■ Raspberry Pi 특징

1.1 개요

1.1.1 Raspberry Pi의 탄생

Raspberry Pi(약칭 RPi 또는 RasPi)는 영국의 자선단체인 Raspberry Pi 재단이 개발한 아주 저렴한 신용카드 크기의 Linux 컴퓨터로서, 처음에 전세계 가난한 나라들의 학생들에게 컴퓨터 프로그래밍을 가르치기 위해서 개발되었다.

그 이후 Raspberry Pi가 강력한 기능을 발휘하며, 아주 작은 크기에 저렴한 가격으로 활용할 수 있는 등 여러 가지 장점으로 인해서 세계적으로 널리 알려졌고, 선풍적인 인기를 얻어서 원래의 개발목적인 어린이들을 위한 컴퓨터 교육에 사용되는 것뿐만 아니라 많은 사람들이 구매해서 자신들만의 업무용이나 개인적인 목적으로 사용하게 되었다.

이에 영향을 받아 Raspberry Pi재단에서는 새로운 기능을 추가하고, 처리 성능이 강화된 새로운 model 들을 추가적으로 계속 개발하여 공급하게 되어서, 현재는 사용목적에 따라 여러 model을 구매할 수 있게 되었다. Raspberry Pi 재단은 세계적인 공급업체인 Premier Farnell/Element 14 와 RS Components, 중국의 Egoman Technology Corp와 partnership을 맺고 제품을 제조하여 공급하고 있다.

그림 1-1 Raspberry Pi 이미지

Raspberry Pi에 대한 최신 정보는 Raspberry Pi 재단의 공식 Homepage에서 얻을 수 있고, 기타 여러 곳에서 Raspberry Pi에 대한 여러 가지 정보를 얻을 수 있다.

- http://www.raspberrypi.org/
- http://elinux.org/RPi_Hub
- http://www.raspbian.org/
- https://www.debian.org/
- https://github.com/raspberrypi

1.1.2 Raspberry Pi 발전 History

Raspberry Pi는 2012년 4월에 처음 Raspberry Pi 1 model B가 세상에 출시되었으며, 2012년 11월에 Raspberry Pi 1 model A가 출시되어 세상에 공급되었다.

그 이후 model A와 model B의 기능을 개선하는 작업이 진행되었는데, 2014년 7월 Raspberry Pi B+가 공급되었고, 2014년 11월 Raspberry Pi A+가 공급되었다. 이들은 USB port 개수를 4개까지 늘리고, Micro SD card를 사용할 수 있도록 했으며, GPIO pin을 40개로 확장하여 사용의 편리성을 높이고, 다양한 용도로 사용할 수 있도록 시스템을 개선하였다.

Raspberry Pi 의 인기가 높아지고, 범용으로 사용하고자 하는 요구가 많아서 보다 큰 프로그램을 실행할 필요성이 제기되어 시스템 성능 개선작업을 하여 2015년 2월 Raspberry Pi 2가 출시되었다. 900MHz quad-core를 지원하는 CPU가 장착되었고, 1 GB RAM를 지원하여 용량이 큰 프로그램도 실행할 수 있게 되었다.

최근에는 변화된 주변환경과 더 성능 좋은 Raspberry Pi에 요구사항을 반영하여 2016년 2월 Raspberry Pi 3가 세상에 나오게 되었다. 1.2GHz 64-bit Quad-core를 지원한 CPU를 장착하여 처리속도가 향상되었으며, Wi-Fi 와 Bluetooth 통신을 기본으로 제공하게 되었다.

1.2 Raspberry Pi 특징

● 작은 크기

Raspberry Pi는 System on a Chip(SoC) 형태의 컴퓨터이다. System on a Chip (SoC)은 컴퓨터 실행에 필요한 모든 전자부품을 하나의 chip에 집중하여 설치하는 방식을 말한다. 모든 기능이 하나의 board에 설치되어 있어서 별도로 설치하거나 조립할 필요가 없으며, 자체적으로 완전하게 작동하는 컴퓨터이다.

이렇게 만들어진 Raspberry Pi는 credit card 정도의 크기를 가진 매우 작은 컴퓨터로, 일반 휴대폰 보다 적은 크기이다. 필요하면 다른 기계나 설비에 간단히 붙여서 설치할 수도 있으며, 크기가 작아서 휴대하기도 매우 쉽다.

그림 1-2 Raspberry Pi 크기 비교

● 저렴한 가격

Raspberry Pi의 가장 큰 장점은 가격이 저렴하다는 것이다. 기능이 제일 적은 Raspberry Pi 1 model A+는 15 $ 정도면 구매할 수 있고, 최신 model인 Raspberry Pi 3를 기준으로 해도 30 $이내의 가격으로 구매할 수 있다. 이런 가격은 일반 PC와 비교하면 최소 1/10 밖에 되지 않은 수준의 아주 저렴한 가격이다.

● 적은 전력 소비

Raspberry Pi는 전력소모가 아주 작아서 아주 적은 전력으로도 충분히 운용할 수 있다. 기능이 작아서 전력소모가 적은 Raspberry Pi model A+는 1 W 정도의 전력을 사용하고, 기능이 많아서 상대적으로 많은 전력을 소모하는 Raspberry Pi 3 model B+는 4.0 W 정도의 전력만 사용한다. 여기에 USB port에 여러 가지 부품을 연결해서 사용한다고 해도 통상 10.0 W 정도의 전력만 있으면 충분할 정도이다.

● 충분한 처리 성능

Raspberry Pi는 크기나 가격에 비하여 상당히 큰 처리 성능을 보여주고 있다. Raspberry Pi 1 model은 700MHz Single-Core에 512 MB RAM을 장착하고 있으며, Raspberry Pi 2는 900MHz quad-core에 1 GB RAM을 장착하고 있고, Raspberry Pi 3는 1.2 GHz 64-bit Quad-core에 1 GB RAM을 장착하고 있다.

Raspberry Pi에 설치된 프로세스가 일반 PC의 처리능력보다 뛰어난 것은 아니다. 하지만 Raspberry Pi가 일반 PC처럼 범용으로 사용되는 것이 아니라 제한된 특정 목적으로 사용되는 것에 비추어 볼 때 각각의 목적을 달성하는데 필요한 충분한 처리 능력을 가지고 있다. 기계나 설비와 연동하여 아주 제한된 용도로 사용되는 환경뿐만 아니라, 소규모의 DB server나 Web server을 운용할 수도 있고, 미디어 플레이어 서버로 활용해도 충분한 처리 능력을 제공할 수 있다.

● open source 기반 운영체제 채택

Raspberry Pi는 open source 제공되는 Linux를 기본으로 한 운영체제로 채택하고 있다. Raspberry Pi는 Linux의 배포판 중의 하나인 Debian에 바탕을 둔 Raspbian을 공식 운영체제로 사용하고 있지만, 필요하면 다른 배포판을 사용할 수 도 있다.

Raspberry Pi에서 Linux 계통의 운영체제를 사용함으로 인해서 모든 사용자들은 무료로 운영체제를 마음대로 사용할 수 있다. 어떠한 대가를 지불할 필요도 없다.

● 다양한 무료 Application 사용 가능

Raspberry Pi가 Linux 계통의 운영체제를 사용함으로 인해서 Linux에 운영되는 많은 open sourc 기반의 모든 application을 문제없이 사용할 수 있다. Linux가 open source에 바탕을 두고 있는 운영체제이어서 Linux에서 실행되는 많은 응용 프로그램들도 역시 open source 형태로 개발되어 배포되고 있다.

이런 오픈 소스 응용 프로그램에는 사무용 오피스 프로그램뿐만 아니라, 이미지를 편집하거나, 네트워크를 관리하는 등의 전문 프로그램도 있고, 프로그램을 개발하는데 사용되는 개발언어와 도구도 포함되어 있으며, DB server나 Web server를 운영하는데 사용하는 server 프로그램들도 많이 제공되고 있다. 따라서 일반 사용자들은 많은 이러한 응용 프로그램들을 별도의 개발과정을 거치지 않고, 무료로 자유롭게 사용할 수가 있다.

● 다양한 외부 Interface 제공

Raspberry Pi가 많은 인기를 얻은 이유 중의 하나는 보통의 컴퓨터에서는 제공되지 않은 외부의 여러 가지 기기나 설비와 interface할 수 있는 방법을 제공하고 있다는 것이다. 외부의 sensor와 연결하여 각종 측정 값을 받아서 상황을 판단하고, 그에 따라 적절한 처리를 할 수 있는 기능을 구현할 수 있고, embedded program을 작성하여 외부의 설비를 자체적으로 직접 제어하는 시스템을 구축할 수도 있다.

Chapter 2 Raspberry Pi 하드웨어

Chapter 주요 내용

Raspberry Pi는 아주 작고, 저렴하면서도 상대적으로 강력한 기능을 가지고 있다. 여기서는 Raspberry Pi의 hardware 구성과 각각의 특성에 대해서 설명하고 있다.

다음과 같은 항목에 대한 내용을 포함하고 있다.

- Raspberry Pi의 하드웨어 구성
- SoC, CPU 및 memory
- SD card slot
- power supply
- 비디오 및 오디오 장치
- USB port
- network 장치
- GPIO

2.1 Raspberry Pi의 하드웨어 구성

2.1.1 Raspberry Pi 기본적인 구성도

Raspberry Pi가 가지고 있는 hardware는 model에 따라서 약간의 차이는 있지만, 기본 틀은 이전과 동일한 체계를 유지하고 있다. 하지만 최근에 Raspberry Pi의 인기가 높아지고, 사용처가 넓혀지면서 보다 고성능과 다양한 기능을 필요로 하는 요구사항이 제기되면서, 최신 model에서는 보다 고성능을 지원하고, 새로운 기능을 추가하기 위해서 hardware 구성이 약간씩 변화하고 있다.

아래는 현재 시점에 가장 최신 model 인 Raspberry Pi 3 model B에 대한 hardware 구성도를 개략적으로 보여준다. 이것은 직전 model인 Raspberry Pi 2 model B와 비교하여 CPU 기능이 강화되었고, Wi-Fi 기능과 Bluetooth 기능이 새로이 추가되었지만, 다른 부품들은 이전 model과 동일하며, 완전한 호환성을 유지하고 있다.

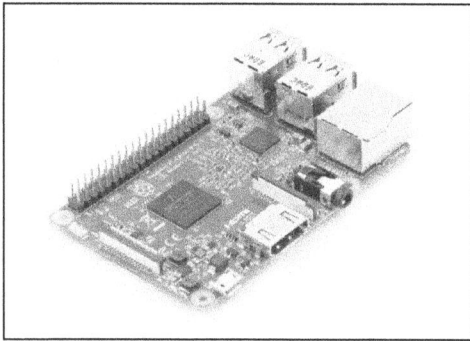

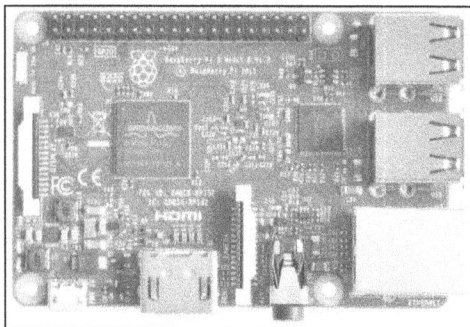

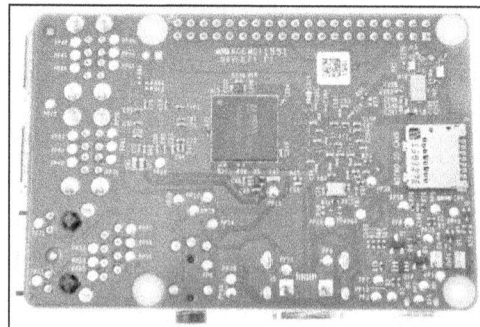

그림 2-1 Raspberry Pi 이미지 2

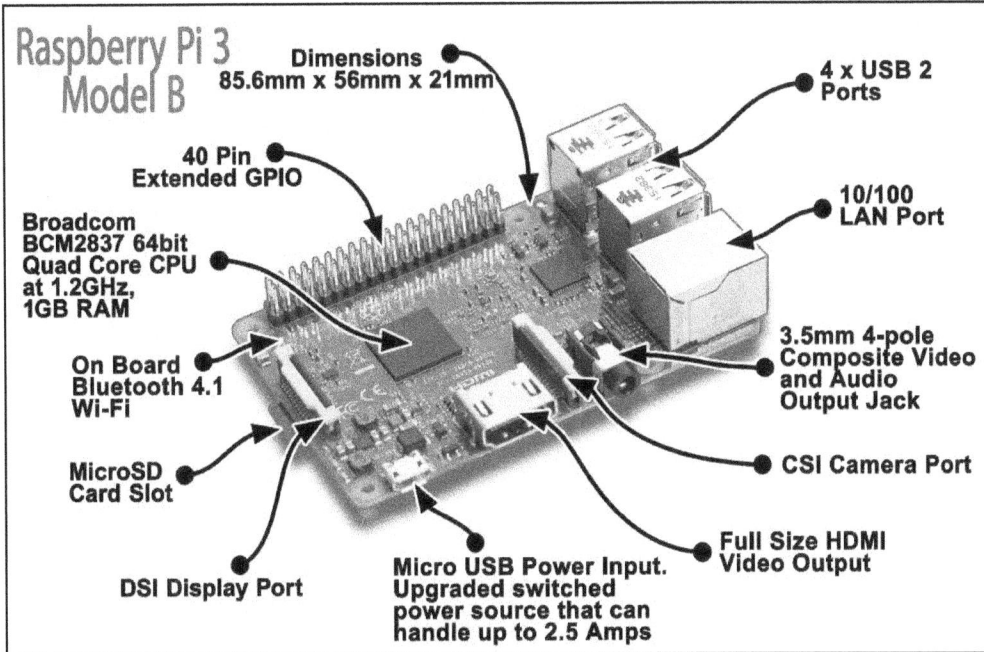

그림 2-2 Raspberry Pi 3 하드웨어 구성도

각각의 장치들을 개별적으로 구분해 보면 다음과 같은 장치들이 포함되어 있다.

- System on a Chip(SoC)   --- Chipset board
- CPU   --- 프로그램 실행
- GPU   --- 그래픽 지원
- Memory   --- 프로그램 실행을 위한 임시 저장장치
- SD card slot   --- 외부 저장장치
- Power supply   --- 전원공급 장치
- USB port   --- USB 장치 연결
- Ethernet port   --- LAN 케이블을 통한 network 접속
- Wi-Fi   --- 무선을 이용한 network 접속
- Bluetooth   --- 외부의 Bluetooth 장치와 접속
- DSI display port   --- Touch LCD 접속
- HDMI port   --- HDMI 모니터 접속
- Audio & RCA port   --- 오디오 및 RCA 모니터 접속
- CSI camera port   --- CSI camera 접속
- GPIO port   --- sensor 등 다양한 기기 접속을 위한 general I/O port

2.1.2 Raspberry Pi의 model 특성 비교

● **Raspberry Pi 1 model A와 Raspberry Pi 1 model B의 특성**

장치	Raspberry Pi 1 model A / A+	Raspberry Pi 1 model B / B+
SoC	Broadcom BCM2835	Broadcom BCM2835
CPU	700MHz Single-Core ARM 1176JZFS	700MHz Single-Core ARM 1176JZFS
GPU	400MHz VideoCore IV	400MHz VideoCore IV
Memory	256 MB RAM	512 MB RAM
SD card slot	A - mini SD, A+ - Micro SD	B - mini SD, B+ - Micro SD
Power supply	Micro USB	Micro USB
USB port	USB 1개	B - USB 2개, B+ - USB 4개
Ethernet port	N/A	100Mbit/s
Wi-Fi	N/A	N/A
Bluetooth	N/A	N/A
HDMI port	Full HDMI 1920x1080	Full HDMI 1920x1080
DSI display port	지원	지원
Audio & RCA port	A - 별도 port, A+ - 통합 port	B - 별도 port, B+ - 통합 port
CSI camera port	15pin MIPI CSI	15pin MIPI CSI
GPIO port	A - 26 Pin, A+ - 40 Pin	B - 26 Pin, B+ - 40 Pin
사용전력	A - 300 mA (1.5 W) A+ - 200 mA (1.0 W)	B - 700 mA (3.5 W) B+ - 600 mA (3.0 W)
추천 전원	700 mA	B - 1.2 A, B+ - 1.8 A
크기	86 x 56 x 20mm	86 x 56 x 20mm

표 2-1 Raspberry Pi 1 model의 특성

● **Raspberry Pi 2 와 Raspberry Pi 3의 특성**

장치	Raspberry Pi 2 model B	Raspberry Pi 3 model B
SoC	Broadcom BCM2836	Broadcom BCM2837
CPU	900MHz quad-core ARM Cortex-A7	1.2GHz 64-bit Quad-core ARM cortex A53
GPU	400MHz VideoCore IV	400MHz VideoCore IV
Memory	1 GB RAM	1 GB RAM
SD card slot	Micro SD card	Micro SD
Power supply	Micro USB	Micro USB
USB port	USB 4개	USB 4개
Ethernet port	100Mbit/s	100Mbit/s
Wi-Fi	N/A	지원
Bluetooth	N/A	지원
HDMI port	Full HDMI 1920x1080	Full HDMI 1920x1080
DSI display port	지원	지원
Audio & RCA port	통합 port	통합 port
CSI camera port	15pin MIPI CSI	15pin MIPI CSI
GPIO port	40 pin	40 pin
사용전력	800 mA (4.0 W)	800 mA (4.0 W)
추천 전원	1.8 A	2.5 A
크기	86 x 56 x 20mm	86 x 56 x 20mm

표 2-2 Raspberry Pi 2 와 Raspberry Pi 3 model의 특성

2.2 SoC, CPU 및 memory

● System on a Chip(SoC)

Raspberry Pi는 System on a Chip (SoC) 형태의 컴퓨터이다. System on a Chip (SoC)은 컴퓨터 실행에 필요한 모든 전자부품을 하나의 chip에 집중하여 설치하는 방식을 말한다. 이 방식에는 CPU, GPU, USB controller, RAM, northbridge, southbridge, 기타의 부품별로 별도의 chip을 설치하지 않고 압축하여 하나로 묶어서 장착하는 방식을 취한다.

Raspberry Pi는 Broadcom Broadcom BCM28xx 계열의 chipset을 사용한다. 이 chipset은 CPU, GPU, DSP, SDR, SDRAM 등이 모두 하나의 board에 장착되어 있는 one-board 형태의 컴퓨터이다. Raspberry Pi 1 model은 Broadcom BCM2835이 장착되어 있고, Raspberry Pi 2 에는 Broadcom BCM2836이 장착되어 있으며, Raspberry Pi 3에는 Broadcom BCM2837 chipset이 장착되어 있다.

● ARM 기반 CPU

우리가 많이 사용하는 PC는 통상 인텔이나 AMD 프로세스가 장착되어 있는데 반하여, Raspberry Pi는 ARM 기반 CPU가 장착되어 있다. 모든 CPU는 프로그램을 실행하는 능력을 가지고 있지만. 자신이 이해할 수 있는 명령어 집합을 가지고 있다. 따라서 인텔이나 AMD 프로세스가 장착되어 있는 일반 PC에서 실행되는 프로그램들은 그대로 ARM CPU에서 사용할 수는 없다.

일반 PC의 CPU와 비교하여 ARM CPU는 전력소모량이 적고 발열량이 적은 특징을 가지고 있다. 원래 ARM CPU는 기계나 공정 설비에서 자동화를 위해서 사용되는 hardware 계통에서 사용되는 embedded software에서 많이 사용되면서 발전해 온 CPU로서, 적은 전력소모량과 적은 발열량은 사용환경의 특성상 가장 중요한 특성 중의 하나일 수 밖에 없었다. 이러한 특징으로 인해서 현재는 smart phone에서도 사용되고 있으며, 각종 가전제품이나 자동차에서도 많이 사용되고 있다.

ARM CPU의 또 다른 특징은 가격 대비 성능이다. 물론 일반 PC의 CPU에 비하면 성능이 떨어지지만, Raspberry Pi에서 가동할 프로그램을 실행할 수 있는 충분할 성능을 가지고 있으면서도 가격은 상대적으로 저렴하여 사용하는데 부담이 없다.

Raspberry Pi는 Broadcom에서 제작한 ARM 계열 CPU를 사용하고 있는데, Raspberry Pi 1 model에서는 700MHz ARM1176JZF-S Single-Core CPU가 장착되어 있고, Raspberry Pi 2 model B에서는 900MHz quad-core ARM Cortex-A7 CPU가 장착되어 있으며, 가장 최신 model인 Raspberry Pi 3 model B에는 1.2GHz 64-bit quad-core ARMv8 CPU가 장착되어 그 성능이 훨씬 강화되어 있다.

- **GPU**

GPU는 CPU의 한 형태로 디스플레이 내용을 렌더링하는데 필요한 복잡한 수학적 계산을 전문적으로 처리하도록 설계가 되어 있다. Raspberry Pi에서 GPU는 고품질 디스플레이를 신속하게 처리하고, 비디오 스트림을 decoding해 줌으로서, 빠르고 선명한 화면을 처리해 주는데 중요한 역할을 수행하고 있다.

Raspberry Pi는 이전 model 부터 Broadcom Dual VideoCore IV 3D graphics core를 설치하여 고성능의 디스플레이를 지원하고 있다.

- **memory**

컴퓨터에서 memory는 운영체제나 일반 프로그램이 실행되는 과정에서 프로그램이나 자료를 임시적으로 저장하기 위해서 사용되는 저장장치이다.

Raspberry Pi 1 model A는 256 MB가 설치되어 있고, Raspberry Pi 1 model B부터는 512 MB가 설치되어 있다. 이에 비해 최신 model인 Raspberry Pi 2 model B 부터는 이전 용량의 두 배인 1 GB RAM이 장착되어 있어서 더 크고 성능이 좋은 프로그램을 실행할 수 있도록 되었다.

Raspberry Pi에서는 CPU와 GPU라는 두 개의 프로세스가 있는데, CPU와 GPU는 이 memory는 공동으로 사용하도록 설계되어 있다.

Raspberry Pi에 설치되어 있는 memory는 일반적인 PC에 비해서 상대적으로 매우 적다. 하지만 프로그램 용량이 큰 대규모의 application을 실행하는 데는 문제가 있을 수 있지만, 대부분의 운영체제를 구동할 수 있으며, 또한 통상적인 일반 application 프로그램을 실행하는 데는 문제가 없다.

2.3 SD card slot

Raspberry Pi는 운영체제를 설치하거나 필요한 자료를 저장하기 위한 저장장치로 flash memory의 일종은 SD card를 지원한다. SD card는 용량이나 성능 면에서는 hard disk에 미치지 못하지만 일반 hard disk에 비해서 전력소모가 아주 적다는 장점이 있다.

Raspberry Pi에서 SD card는 다른 컴퓨터 시스템과는 달리 특별한 의미를 가지고 있다. Raspberry Pi에 전원이 공급되어 처음 시작될 때, Pi에 설치되어 있는 운영체제를 읽어 들이는 boot loader라는 특별한 프로그램이 필요한 운영체제를 SD card에서 읽어 들이도록 되어 있다. 만약 SD card가 없거나 SD card에 적절한 운영체제가 설치되어 있지 않으면 Raspberry Pi 시스템을 시작시킬 수가 없다.

Raspberry Pi의 model에 따라서 SD card slot이 조금 변경되었는데, 초기 모델인 Raspberry Pi 1 model A 와 B는 miniSD card slot이 장착되어 있었고, adapter를 사용하면 MicroSD card도 사용할 수 있었다. 최근 모델인 Raspberry Pi 1 model B+ 와 Raspberry Pi 2 model B부터는 MicroSD card slot을 장착하고 있다.

2.4 Power Supply

2.4.1 Micro USB power supply port

Raspberry Pi에서는 시스템에 전원을 공급하기 위해서 Micro USB socket를 지원하고 있다. Micro USB socket은 보통 휴대폰이나 모바일 기기에서 충전용으로 많이 사용되는 표준이다.

시스템에 공급되는 전원은 5.1V DC 전원을 사용하고 있다. Raspberry Pi에서 얼마나 많은 전류를 필요로 하는가는 Raspberry Pi의 model과 Raspberry Pi에 연결되어 있는 주변기기의 종류와 개수에 달려 있다.

아래는 Raspberry Pi의 각 model 별 표준 전류 소모량과 전체 USB 장치에 공급 가능한 최대 전류량과 함께 주변기기 없이 board만 운용했을 때의 전류 소모량을 표시하고 있다.

Product	추천 PSU 전류 소모량	최대 전체 USB 주변기기 소비 가능 전류	전형적인 bare-board 작동 전류 소모량
RasPi 1 model A	700mA	500mA	200mA
RasPi 1 model A+	700mA	500mA	180mA
RasPi 1 model B	1.2A	500mA	500mA
RasPi 1 model B+	1.8A	600mA/1.2A (switchable)	330mA
RasPi 2 model B	1.8A	600mA/1.2A (switchable)	
RasPi 3 model B	2.5A	1.2A	~400mA

표 2-3 Raspberry Pi model 별 전력 소모량

이 도표에서 "PSU 권고치"는 최대 전형적인 전류소모량에 기초한 수치인데, 전형적인 전류 소모량이란 각각의 board가 "desktop computer" configuration에서 작동할 때 측정한 한 것이다. 이 도표를 보면 Raspberry Pi 1에서는 700mA의 전류, Raspberry Pi 2 model B에서는 1.8A의 전류, 그리고 Raspberry Pi 3 model B에서는 2.5A의 전류 공급을 해주는 것이 추천되고 있다.

일반적으로 Raspberry Pi에서 공식적으로 추천하는 최소한의 전원만 공급되면, 거의 대부분의 운용환경에서 사용할 수 있다고 알려져 있지만, 환경에 따라서 더 많은 전원 공급을 필요할 수도 있다. 예를 들어
4개 USB port가 지원되는 model에서 많은 전류를 소모하는 외부기기를 외부전원이 공급되는 USB hub를 통하여 사용하지 않고, USB port에 직접 연결하여 사용해야 하는 상황에서는 훨씬 더 많은 전류를 공급하는 전원 공급장치를 사용할 수도 있을 것이다.

2.4.2 장치별 전류 소비

Raspberry Pi에서 전체 USB port에 공급할 수 있는 전류에 제한이 있다. Raspberry Pi 1 model A, A+, B는 전체 USB 기기에 최대 500mA 전류를 공급할 수 있다. Raspberry Pi model 1 model B+ 와 Raspberry Pi 2 model B에서는 전체 USB 기기에 최대 전환 가능한 600mA/1.2A 의 전류를 공급할 수 있는데, firmware 설정에 따라 서로 전환이 가능하다. Raspberry Pi 3 model B에서는 USB port에 최대 1.2 Amp까지 전류를 공급할 수 있도록 개선되어 이전 model에 비해서 더 많은 전류가 필요한 USB 장치를 Pi에 직접 연결하여 사용할 수 있다.

전체 USB port에서 필요로 하는 전류량이 이보다 많은 전력이 필요한 기기를 USB port에 연결하여 사용하고자 하면 시스템의 전원으로는 감당할 수 없으므로 별도의 외부전원이 공급되는 USB hub에 연결해서 사용해야 한다.

GPIO pin은 전체 50mA 이내의 전류를 안전하게 사용할 수 있고, 이들 전류는 각각의 GPIO pin으로 분배된다. 개별 GPIO pin은 단지16mA 이내의 전류만 안전하게 사용할 수 있다. HDMI port는 50mA를 사용하고 camera module은 250mA의 전류가 필요하다. keyboard 나 마우스는 장치에 따라 100mA 정도의 작은 전류를 사용할 수도 있지만, 1000mA 이상의 전류를 사용할 수도 있다

2.5 비디오 및 오디오 장치

2.5.1 HDMI video port

과거에는 VGA/DVI 모니터들이 많이 사용되는 비디오 장치였지만, 최근에 나오는 거의 모든 모니터들은 고해상도 화면을 보여주는 HDMI (High Definition Multimedia Interface)를 지원하고 있다. Raspberry Pi 도 Full HD 1920x1080 해상도를 제공하는 Full HDMI 출력을 기본 비디오 출력으로 설계되어 있으며, 이를 지원하는 HDMI port를 기본으로 제공하고 있다.

Raspberry Pi는 DVI(Digital Video Interconnect)나 VGA 비디오 장치에 대한 별도의 port를 제공하지는 않는다. 만약 Raspberry Pi를 DVI/VGA 비디오 장치에 연결하고자 하면 Raspberry Pi에서 나오는 HDMI 출력을 DVI/VGA 출력으로 전환해주는 adapter를 사용해야 한다. Raspberry Pi를 DVI 모니터에 연결하고자 하면 passive HDMI → DVI cable을 사용하면 된다. 반면 Raspberry Pi를 VGA 모니터에 연결할 때 Passive HDMI → VGA cables을 사용하면 Raspberry Pi에서 작동하지 않으므로 active HDMI-to-DVI adapter를 사용해야 하며, 또한 이들 active VGA adapter에 외부 전원장치가 없으면 제대로 작동하지 않는 경우가 많이 있으므로 외부 전원장치가 같이 있는 adapter이어야 한다.

2.5.2 CSI camera interface

Raspberry Pi에서는 일반 USB camera를 사용할 수도 있지만, Pi 전용 camera를 위한 장치가 설치되어있다. board에 있는 CSI camera port에 짧은 ribbon cable로 연결된 전용 camera를 연결할 수 있다. 이 CSI port는 Raspberry Pi의 SoC에 있는 ISP(Image System Pipeline)에 연결되어 있는데, ISP는 촬영할 때 들어오는 camera data를 처리하여 image나 video로 변환해 주는 기능을 한다. 이 camera를 사용하면 250mA의 전류를 사용한다.

Raspberry Pi 전용 camera 사용에 대한 상세한 내용은 **[3.9.2 CSI port 지원 카메라]**와 **[22.1 Raspberry Pi camera 사용하기]**의 설명을 참조하기 바란다.

2.5.3 DSI display port

Raspberry Pi는 TFT-LCD display를 지원하기 위해서 지원하기 위해 DSI(Digital Serial Interface) 접속을 지원한다. 장치를 연결할 때는 인쇄회로 기판의 윗면에서 SD card slot의 위에 있는 플라스틱 레이어로 보호되어 있는 작은 리본 커넥터를 이용하여 연결할 수 있다.

또한 Raspberry Pi에서 키보드나 마우스가 없이 터치 스크린만으로 사용할 수 있도록 Raspbian 운영체제 최신 버전에 10 손가락 터치 및 온 스크린 키보드를 지원하는 터치스크린 드라이버가 통합되어 있다.

이 port는 TFT LCD 등을 위한 Interface로서, 태블릿이나 스마트폰과 같은 모바일 기기에서 많이 사용되는 평면 디스플레이를 연결하기 위해 주로 사용되며, Touch LCD를 지원하는데, 주로 전문 엔지니어들을 위한 커넥터로 많이 사용된다.

2.5.4 3.5mm audio jack and composite video

Raspberry Pi는 stereo를 지원하는 3.5 m audio jack을 제공하고 있다. Raspberry Pi에서 HDMI 출력을 사용할 때 audio 출력도 비디오 출력과 함께 HDMI port으로 전송하여 외부 기기에서 비디오와 음성이 함께 출력되도록 할 수도 있다. 하지만 스피커와 헤드폰 등 별도의 audio 출력이 필요한 경우는 audio jack을 통하여 음성이 별도로 출력되도록 할 수도 있다.

아주 과거의 모니터나 TV 중에서 RCA composite 방식을 사용하는 장치들이 있었는데, 지금은 거의 사용되지 않는다. 하지만 Raspberry Pi에서는 이들을 지원하기 위해서 RCA composite video port를 제공하는데, 해당 장치들이 많이 사용되지 않기 때문에 model B에서는 이를 audio jack과 하나로 통합하여 3.5mm jack의 형태로 제공하고 있다. 만약 오래된 TV를 연결하기 위해서는 3.5mm 출력을 to 3RCA로 전환해주는 adapter cable을 사용해야 한다.

2.6 USB port

2.6.1 model 별 USB port

요즘은 키보드나 마우스, 카메라와 같은 많은 주변기기들이 모두 USB를 통하여 컴퓨터 본체와 연결되고 있는 추세이다.

Pi 시스템에서도 USB 2.0을 지원하는 USB port를 제공한다. Linux에서는 대부분의 주변기기에 대한 드라이브를 이미 갖추고 있으므로, 주변기기를 Pi 시스템에 연결하기만 하면 곧바로 사용할 수 있다.

Raspberry Pi의 모델에 따라서 제공하는 USB port의 개수는 서로 다르다. Raspberry Pi 1 model A / A+에서는 1 개의 port 만 제공하고, Raspberry Pi 1 model B에서는 2 개의 port를 제공하고, Raspberry Pi 1 model B+, Raspberry Pi 2/3 model B에서는 4 개의 port를 제공한다.

2.6.2 USB Port의 전력 제약

USB device들은 100mA 부터 500mA까지 100mA 단위로 필요한 전력 수준이 정해져 있다. USB 장치가 컴퓨터에 처음 연결될 때 자신이 필요한 전력 요구사항을 USB Host에 알려준다. 이론적으로 USB 장치에서 실제 사용되는 전력은 자체적으로 규정되어 있는 한계를 초과해서는 안 된다.

Raspberry Pi에 있는 USB port는 각각 최소 100mA의 이상의 부하를 견딜 수 있도록 설계되어 있는데, 이 정도는 마우스나 키보드와 같이 저전력 장치들을 작동하기에는 충분한 수준이다. 하지만 Wi-Fi adapter, USB hard drive, USB pen drive 과 같은 장치들은 USB 장치에 따라 훨씬 많은 전력을 소비할 수도 있으므로 Raspberry Pi 의 자체 전력이 부족한 경우는 별도 전원공급 기능이 있는 외부 USB Hub를 사용하는 것이 좋다. 물론 500mA 정도 전력을 사용하는 USB device를 Raspberry Pi의 USB port에 직접 연결하고, Raspberry Pi에 충분한 전력이 공급되도록 하여 USB 장치를 작동시킬 수는 있지만, 만약 전력이 부족하면 신뢰할 수 있는 작동을 보장하기 어렵다.

2.7 network 장치

2.7.1 Ethernet port

Raspberry Pi가 다양한 용도로 활용되면서, 활용도를 높이기 위해서 점차 외부 네트워크와
의 연동이 필요하게 되었다.

Raspberry Pi에는 LAN 케이블을 이용하여 통신할 수 있도록 Ethernet port가 제공되고 있
다. Ethernet port는 2014 중반에 발표된 Raspberry Pi model B+ 부터 표준으로 제공되고
있는데, 고속 100Mbit/s Ethernet을 지원한다. network 기능이 필요하지 않으면 model A
계열을 사용할 수 있다.

Ethernet Port에 LAN 케이블을 연결하여 네트워크에 연결하면, 기본적으로 자동으로 네트
워크에 접속하여 작동하도록 되어 있다. 만약 사용자가 접속방식을 조정하고자 하는 경우
가 있으면, **[11.4 유선 network 연결]**의 설명을 참조하기 바란다.

2.7.2 Wi-Fi 장치

Raspberry Pi에 네트워크 접속기능이 필요한 경우에 Raspberry Pi가 설치되는 환경에 따라
서 유선으로 연결하는 것보다는 무선으로 연결하는 것이 훨씬 유리한 경우가 많이 있다.

Raspberry Pi 3 model B 부터 802.11 b/g/n Wireless LAN을 지원하는 Wi-Fi가 내장되어 있
다. 따라서 Wi-Fi 접속 장치를 추가로 구매하지 않고도 무선으로 LAN 네트워크에 접속할
수 있으며, 통신기능을 활용할 수 있다.

Wi-Fi를 사용하기 위해서는 약간의 설정이 필요한데, 이 부분에 대해서는 **[11.5무선 연결]**
의 설명을 참조하기 바란다.

2.7.3 Bluetooth 장치

최근에는 다양한 주변기기들이 Bluetooth를 지원하고 있는데, Raspberry Pi 도 이를 지원하기 위해서Raspberry Pi 3 model B 부터 Bluetooth 기능을 제공하고 있다. 이 기능을 이용하면, 휴대폰 등 외부의 Bluetooth 장치를 이용하여 Raspberry Pi에 접속하여 다양한 기능을 활용할 수 있을 것이다.

Raspberry Pi가 제공하는 Bluetooth는 Bluetooth 4.1과 Bluetooth Low Energy (BLE)를 지원한다.

Bluetooth를 사용하기 위해서는 몇 가지 추가 작업이 필요한데, 이 부분에 대해서는 **[11.8Bluetooth 설정 및 연결]**의 설명을 참조하기 바란다.

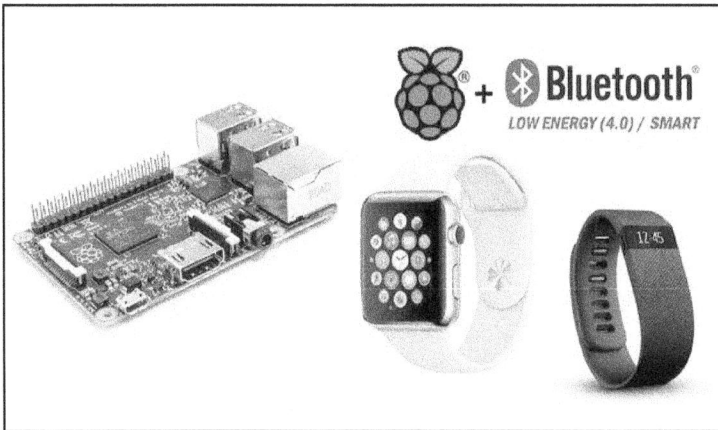

그림 2-3 Bluetooth 장치

2.8 GPIO

Raspberry Pi는 단순히 시스템 내에 있는 자원을 사용할 수 있을 뿐만 아니라, 외부의 다양한 기기와의 interface를 통하여 시스템 외부의 장치와 통신하고, 통제할 수 있는 기능을 가지고 있다. 외부 기기를 통해서 입력을 받거나 출력을 할 수도 있으며, 외부 장치를 조정할 수도 있다. 외부의 sensor로부터 각종 측정 값을 받아서 상황을 판단하고, 그에 따라 적절한 처리를 할 수 있는 기능을 구현할 수 있다. Embedded Program을 작성하여 외부 시스템을 자체적으로 직접 제어하는 시스템을 구축할 수도 있다.

Raspberry Pi가 외부 interface를 위한 핵심적인 장치가 바로 GPIO(General Purpose Input Output) 포트이다. GPIO(General Purpose Input Output)란 하나의 연결 단자를 입력이나 출력으로 고정시키지 않고 software에서 사용하는 목적에 따라 입력 또는 출력으로 선택적으로 설정하여 사용할 수 있게 융통성을 높인 범용 입출력 단자를 말한다. GPIO는 일반적인 용도뿐만 아니라 serial port, SPI, 또는 I2C line 처럼 특수한 목적으로 사용할 수 있는 port도 있다.

Raspberry Pi는 GPIO port를 통하여 외부의 다른 전자부품이나 회로와 의사소통할 수 있고, 큰 규모의 전자 회로에서 Raspberry Pi가 제어기로써의 역할을 할 수 있도록 해준다. GPIO 포트를 통해서 Raspberry Pi는 온도를 감지할 수 있고, servo-motor를 돌릴 수 있고, 다양한 프로토콜들을 이용해서 다른 컴퓨팅 장비들과 의사소통을 할 수 있다

Raspberry Pi에서 GPIO는 model에 따라 약간 다른 형태를 하고 있는데, Raspberry Pi 1 model A/B에서는 26 Pin이 설치되어 있지만, Raspberry Pi 1 model A+/B+나 Raspberry Pi 2 model B, Raspberry Pi 3 model B에서는 이전의 26 pin은 그대로의 layout을 유지한 채로 전체 40 Pin을 제공한다.

Raspberry Pi의 GPIO에 대한 상세한 내용은 **[Chapter 25 외부 Interface]**의 설명을 참조하기 바란다.

Chapter 3   장비/부품 구매 및 설치

Chapter 주요 내용

여기서는 Raspberry Pi를 운용하기 위해서 어떠한 장치들이 필요한지를 알아보고, 그들을 Raspberry Pi에 어떻게 연결하는지에 대해서 설명하도록 한다.

다음과 같은 항목에 대한 내용을 포함하고 있다.
- Raspberry Pi 모델 선택
- 본체 케이스 및 방열판
- 저장장치
- power 장치
- network 장치
- 입력 장치
- 비디오 출력
- camera
- 외부 interface 장치

3.1 Raspberry Pi 모델 선택

Raspberry Pi를 구매할 때는 사용목적을 명확히 해야 한다. 특정의 제한된 목적으로만 사용하고자 하면 상대적으로 처리능력이 떨어지는 하위 model을 사용할 수 있지만, 일반 PC처럼 범용으로 사용하고자 한다면 여러 가지 기능이 있고, 고급 성능을 지원하는 최신 상위 model을 사용해야 할 것이다. 아래는 Raspberry Pi model 별로 간단한 특징을 살펴보고, 어떤 용도로 사용할 수 있는지를 살펴본다.

- **Raspberry Pi 1 model A/A+**
  700MHz CPU와 256 MB의 memory만 지원하므로 용량이 작은 프로그램만 실행할 수 있고, USB port는 1개가 있으므로 여러 가지 외부기기를 연결할 수 없다. 또한 Ethernet port를 제공하지 않아서 네트워크 통신을 할 수 없다. 따라서 다른 컴퓨터와 연동하지 않고 혼자 독립적으로 구동되는 환경에서만 사용될 수 있는데, 기계나 공정, 설비 등에 연결된 Embedded 환경이나 기타 다른 제한된 목적으로만 사용할 수 있다.

- **Raspberry Pi 1 model B/ B+**
  700MHz CPU와 512 MB memory를 지원하므로 어느 정도 용량의 프로그램은 실행할 수 있고, USB port는 2~4개가 있으므로 여러 가지 외부기기를 연결할 수 있다. 또한 Ethernet port를 제공하기 때문에 외부 시스템과 연동하여 운용할 수 있다. 따라서 제한적인 목적으로 사용되면서도 외부의 다른 시스템과 연동이 필요한 경우에 적합하다.

- **Raspberry Pi 2 model B**
  900MHz quad-core CPU와 1 GB RAM을 지원하므로 상당히 큰 용량의 프로그램을 실행할 수 있고, USB port는 4개가 있으므로 여러 가지 외부기기를 연결할 수 있다. 또한 Ethernet port를 제공하기 때문에 외부 시스템과 연동하여 운용할 수 있다. 일반 PC와 비교해서는 떨어지는 성능을 가지고 있지만, 웬만한 용도로 사용하기에는 부족함이 없다. 따라서 동시에 여러 가지 목적으로 사용되면서도 외부의 다른 시스템과 연동이 필요한 경우에 적합하다.

- **Raspberry Pi 3 model B**
  1.2GHz 64-bit quad-core CPU와 1 GB RAM을 지원하므로 상당히 큰 용량의 프로그램을 빠르게 실행할 수 있고, USB port는 4개가 있으므로 여러 가지 외부기기를 연결할 수 있다. 또한 Ethernet port를 제공하기 때문에 외부 시스템과 연동하여 운용할 수 있다. 또한 Wi-Fi와 Bluetooth가 제공되기 때문에 일반 PC 처럼 범용의 목적으로도 사용할 수 있는 환경을 갖추고 있다.

3.2 본체 케이스

Raspberry Pi는 본체의 크기가 아주 작다. 본체 board에는 본체를 고정할 수 있는 4개의 hole이 마련되어 있어서 다른 기계나 설비에 고정할 수 있도록 되어 있다. 하지만 board 자체를 보호해 주는 부분이 없어서 외부의 접촉이나 충격으로부터 손상을 받을 수 있다. 따라서 물리적으로 board를 보호해주고, 외부에서 먼지나 오염물질로부터 본체를 보호해 주는 case가 필요하다.

시중에는 여러 가지의 case가 판매되고 있으므로 사용자의 목적에 맞는 부품을 구입하는 것이 좋다. 보호case를 선택할 때는 Raspberry Pi 전용 camera, DSI 모니터, GPIO Interface 등 본체의 port에서 케이스 외부로 연결되어야 하는 부품이 있는 경우, 이들을 어떻게 처리할 수 있는지를 잘 살펴서 선택하는 것이 나중의 착오를 일으키지 않는다. .

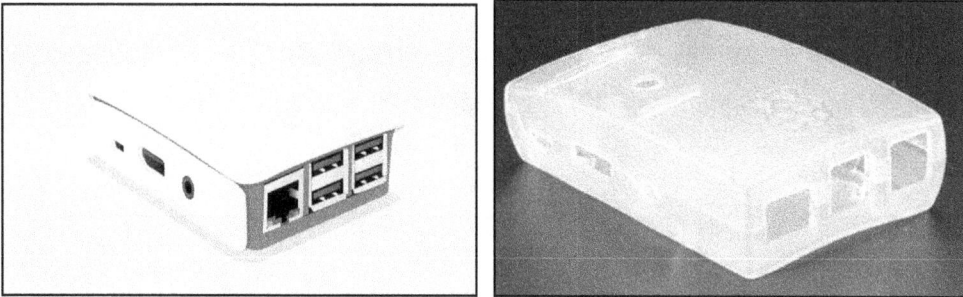

그림 3-1 Raspberry Pi 본체 케이스

3.3 방열판

Raspberry Pi는 ARM계열의 프로세스를 사용하는데, 이들은 CPU, GPU 등의 전력소모가 매우 적고, 정상적인 운영환경에서는 발열이 거의 없어서, Raspberry Pi는 처음부터 냉각팬 등 별도의 냉각기능이 필요하지 않도록 설계가 되어 있다.

그런데 Raspberry Pi에는 overclock 이라는 기능이 있는데, 이 기능을 사용하면 원래 시스템이 가지고 있는 정상적인 처리속도를 훨씬 초과한 속도로 프로그램을 실행할 수 있다. 하지만 이런 방식으로 시스템을 운용하면 프로그램 처리속도는 빨라질 수 있지만, 처리 속도에 비례하여 프로세스에 열이 발생할 수 있고, 이로 인해서 시스템에 손상이 가해질 수 있다. 따라서 overclock 기능을 사용하면서도 이런 부작용을 최소화하기 위해서는 프로세스에서 발생하는 열을 식혀줄 방법이 필요한데, 이런 경우에 사용할 수 있는 것이 방열판이다.

시중에서 판매되는 방열판은 통상 열 전도율이 높은 금속재질로 만들어져 있는데, 바닥에 접착테이프가 있어서 Raspberry Pi board에 있는 프로세스에 직접 붙여서 사용할 수 있도록 되어 있다.

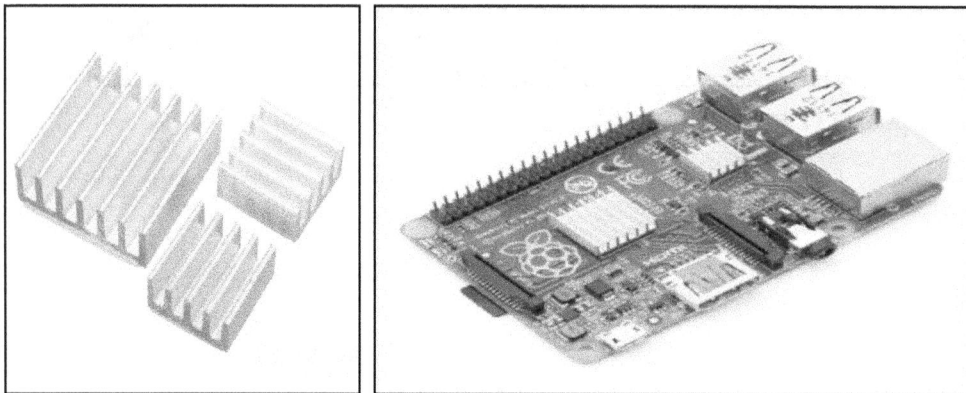

그림 3-2 방열판

3.4 저장장치

컴퓨터에서 저장장치는 운영체제 프로그램을 설치하거나 프로그램이 실행과정에서 보관이 필요한 자료를 저장하기 위해서 사용한다. Raspberry Pi에서는 SD card를 사용하거나 필요한 경우 외부의 저장장치를 사용할 수 있다.

3.4.1 SD 카드

Raspberry Pi에서는 SD card에 운영체제를 설치하도록 되어 있어서, SD card가 반드시 필요하다.

SD card를 구입할 때는 용량이 최소 4 GB 이상은 되어야 하며, 보통 8 GB 이상을 사용하는 것이 좋다. 경우에 따라서 시스템에 많은 프로그램을 설치하거나 많은 자료를 저장하고자 하면 16 GB나 32 GB 용량의 SD card를 사용하는 것이 좋다.

SD card의 class는 속도를 의미하는데, Raspberry Pi에서는 통상 SD card에서 한꺼번에 많은 자료를 읽거나 저장할 필요성이 많지 않기 때문에 고성능이 필요하지는 않지만, 경우에 따라 고성능을 원하면 class 10을 선택하면 된다.

그런데 SD card에 운영체제를 설치하여 시스템을 시작하고자 할 때, 불행히도 모든 Raspberry Pi model에 모든 SD card가 항상 정상적으로 작동하는 것이 아니다. SD card 제조사나 자료 format, size, class 등 SD card의 특성에 따라서 정상적으로 작동하는 경우도 있고, 정상적으로 작동하지 않는 경우도 있다. 따라서 각 Raspberry Pi model별로 적합한 SD card의 선택하는 것이 필요하고, 이에 대한 상세한 내용은 아래의 URL를 참고하기 바란다.

- http://elinux.org/RPi_SD_cards

3.4.2 외부 대용량 저장장치

Raspberry Pi에서 SD card를 저장장치로 사용할 수 있지만, 보통 SD card는 저장할 수 있는 용량이 제한되어 있어서 대용량의 자료 저장이 필요한 경우는 별도의 외부 저장장치가 필요하다. 이러한 외부 저장장치를 사용하고자 하면 이를 USB port에 연결하여 사용할 수 있어야 한다.

최근에는 하드디스크 형태의 외부 저장장치도 많이 있고, 약간 비싸기는 하지만 메모리 형태의 외부 저장장치도 많이 판매되고 있다.

3.5 power adapter 및 전원공급 cable

Raspberry Pi는 Micro USB socket을 통하여 5.1V DC 전원으로 전기를 공급할 수 있다. Raspberry Pi에 전원을 공급하기 위해서는 먼저 Micro USB socket을 지원하는 전원 cable 이 필요하다. 이는 보통 휴대폰에서 많이 사용되는 형식이므로 주위에서 쉽게 구할 수도 있고, 또한 공용으로 사용할 수도 있다.

또한 Raspberry Pi에 전원을 공급하려면 일반 가정용 교류전기를 Raspberry Pi가 필요로 하는 직류전기의 전압으로 변압시켜 주면서, Raspberry Pi에서 필요로 하는 충분한 전류를 공급해 줄 수 있는 전원 Adapter가 필요하다. 각각의 Adapter에 따라서 공급 가능한 전류의 정도가 정해지므로 Raspberry Pi의 운용환경을 고려하여 충분한 전류를 공급해 줄 수 있는 Adapter를 준비하도록 한다.

Raspberry Pi에서 필요로 하는 전류에 대해서는 **[2.4 Power Supply]**에 대한 설명을 참고하기 바란다. 권고에 따르면 Raspberry Pi 1 model에서는 700mA 이상, Raspberry Pi 2 model B에서는 1.8A 이상, 그리고 Raspberry Pi 3 model B에서는 2.5A 이상의 전류를 공급할 수 있도록 준비하는 것이 좋다고 한다.

그림 3-3 power adapter 및 케이블

3.6 network 장치

3.6.1 WAN 접속 장비, LAN Hub 및 공유기

컴퓨터를 네트워크에 접속하여 다른 컴퓨터와 연동하고자 하면 네트워크 접속 장비가 필요하다. 일반적으로 사용되는 네트워크에는 통상 LAN 네트워크와 WAN 네트워크가 있다.

LAN 네트워크는 일정한 수의 컴퓨터가 제한된 공간에서 서로 연결되어 있는 형태이며, 이러한 네트워크에 접속할 때 사용되는 장비가 LAN HUB 이다. LAN HUB를 통하여 동일 네트워크에 있는 컴퓨터들이 서로 필요한 자료를 주고 받을 수 있다.

반면 WAN 네트워크는 하나의 LAN 네트워크가 주변의 다른 LAN 네트워크와 서로 연결되어 있는 형태이며, 이렇게 LAN 네트워크를 서로 연결해줄 때 사용하는 장비가 WAN 접속 장비이다. 이러한 WAN 접속장비는 특정 LAN 속에 포함되어 있는 여러 컴퓨터를 다른 외부의 LAN 네트워크에 속해 있는 컴퓨터와 서로 연결해주는 기능을 수행한다.

최근에는 LAN HUB와 WAN 접속 기능을 동시에 제공해 주는 네트워크 장비도 많이 있는데, 우리 주변에서 흔히 사용되는 인터넷 공유기가 그런 것이다. 또한 유선 cable을 이용한 네트워크 접속뿐만 아니라 Wi-Fi를 이용한 무선 접속을 지원하는 장비들도 쉽게 사용할 수 있으니, 필요에 맞는 적절한 모델을 선택하면 되겠다.

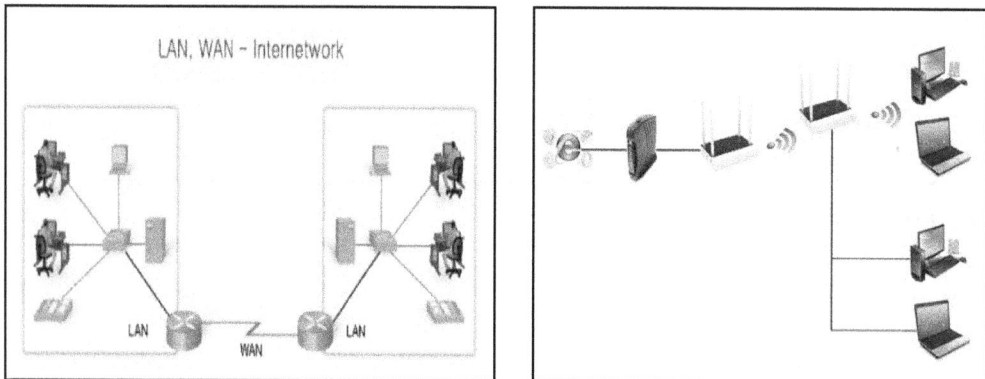

그림 3-4 WAN, LAN, LAN Hub

3.6.2 LAN 케이블

컴퓨터를 네트워크 장비와 유선으로 연결해주는 것이 LAN 케이블이다. Raspberry Pi를 LAN 네트워크에 접속시키려면, Ethernet port에 LAN cable의 한 쪽을 연결하고 다른 쪽을 LAN HUB에 연결해야 한다.

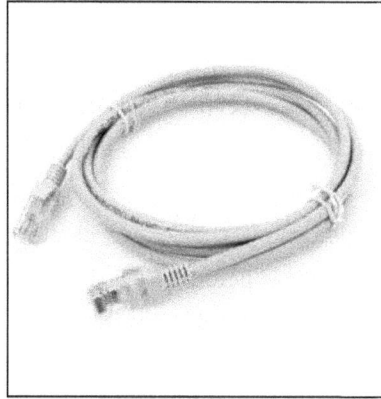

그림 3-5 LAN 케이블

3.6.3 WI-FI Adapter

특정 컴퓨터에서 유선으로 네트워크에 접속하지 않고, 무선으로 접속하고자 하면 컴퓨터와 네트워크 접속 장비에서 모두 Wi-Fi 기능을 지원해야 한다.

Raspberry Pi에서 Wi-Fi를 사용하여 네트워크에 접속하고자 하면, Raspberry에 Wi-Fi를 지원하는 장치가 설치되어 있어야 한다. 최신 model인 Raspberry Pi 3 model B에서는 Wi-Fi를 기본으로 제공하기 때문에 별도의 장비를 준비할 필요가 없지만, 그 이전 model에서 Wi-Fi를 이용하고자 하면 USB port를 지원하는 Wi-Fi 부품을 구매하여 연결해야 한다. 시중에는 다양한 형태의 USB Wi-Fi가 판매되고 있으므로, 마음에 드는 품목을 구매하면 된다.

그림 3-6 WI-FI Adapter

3.6.4 Bluetooth Adapter

Bluetooth 통신은 보통 휴대폰과 같은 모바일 기기에서 네트워크를 통하지 않고 가까운 거리에 있는 컴퓨터에 직접 접속하여 음악이나 동영상을 감상하고, 파일을 올리거나 내리는데 많이 사용되고 있다. 이렇게 Bluetooth 통신을 이용하여 컴퓨터에 무선으로 접속하고자하면 서로 접속하는 양쪽의 컴퓨터에서 모두 Bluetooth 기능을 지원해야 한다.

외부의 Bluetooth지원 기기에서 Bluetooth 통신을 사용하여 Raspberry Pi에 연결하고자 하면, Raspberry에 Bluetooth를 지원하는 장치가 설치되어 있어야 한다. 최신 model인 Raspberry Pi 3 model B에서는 Bluetooth를 기본으로 제공하기 때문에 별도의 장비를 준비할 필요가 없지만, 그 이전 model에서 Bluetooth를 이용하고자 하면 USB port를 지원하는 별도의 Bluetooth 부품을 구매하여 연결해야 한다.

그림 3-7 Bluetooth Adapter

3.7 입력 장치

3.7.1 키보드

Raspberry Pi는 keyboard가 연결되지 않아도 정상적으로 잘 작동한다. Raspberry Pi를 기계나 설비 등에 연결하여 사용하거나 기타 특별한 전용의 목적으로 사용할 때는 keyboard가 필요하지 않을 수도 있다. 또한 Raspberry Pi에 네트워크를 통해서만 접속할 때도 역시 keyboard가 필요하지 않을 수 있다. 하지만 Raspberry Pi를 구입하여 운영체제를 설치하거나 응용 프로그램을 설치하는 등의 필요한 작업을 할 때는 keyboard를 연결하는 수 밖에 없다.

Raspberry Pi에서 keyboard를 사용하고자 하면 USB port에 연결해야 한다. 지원되는 keyboard에는 특별한 제한이 없으며, 주위에서 구할 수 있는 대부분의 keyboard를 사용할 수 있다. Raspberry Pi에서keyboard를 사용할 때는, 운영체제를 설치한 후 keyboard에 맞게 시스템 설정을 조정해주어야 하는데, 이에 대해서는 **[Chapter 9 Raspberry Pi 시스템 설정]**의 설명을 참조하기 바란다.

3.7.2 마우스

Raspberry Pi는 마우스가 연결되지 않아도 정상적으로 잘 작동한다. Raspberry Pi를 특별한 전용의 목적으로 사용할 때는 마우스가 필요하지 않을 수도 있다. 또한 Raspberry Pi에 네트워크를 통해서만 접속할 때도 역시 마우스가 필요하지 않을 수 있다. 하지만 Raspberry Pi를 구입하여 운영체제를 설치하거나 응용 프로그램을 설치하는 등의 필요한 작업을 할 때는 마우스를 연결하여 사용하는 것이 편리할 것이다.

Raspberry Pi에서 마우스를 사용하고자 하면 USB port에 연결해야 한다. 지원되는 마우스에는 특별한 제한이 없으며, 주위에서 구할 수 있는 대부분의 마우스를 사용할 수 있다.

3.8 비디오 출력

3.8.1 HDMI cable 및 HDMI 지원 모니터

Raspberry Pi에서는 HDMI (High Definition Multimedia Interface) 출력을 기본 비디오 출력으로 지원을 하고 있으며, 이를 위해서 board에 HDMI video port를 지원하고 있다.

HDMI video port를 이용하여 Raspberry Pi를 외부 디스플레이 장치에 연결하고자 하면 HDMI Type-A cable이 필요하다. 이 케이블을 통하여 Raspberry Pi의 비디오 영상이 출력될 것이다.

그림 3-8 HDMI Cable

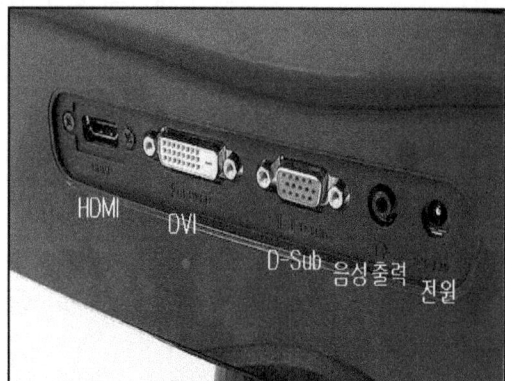

그림 3-9 HDMI 모니터

최근에 출시되는 대부분의 모니터나 TV는 HDMI를 지원하고 있다. 모니터에 따라서 과거의 비디오 출력방식인 DVI 나 D-SUB(VGA) 방식의 출력을 동시에 지원하기도 한다. 아래는 HDMI를 지원하는 모니터로서 모니터 뒷면에는 DVI 방식과 D-SUB 방식을 지원하기 위한 별도의 연결 커넥터가 같이 장착되어 있는 모니터에 대한 사례이다.

사용하고자 하는 모니터가 DVI 출력을 지원하는 것이라면 Raspberry Pi에서 나오는 출력을 DVI 형태로 전환해주는 HDMI-to-DVI 전환 cable이나 젠더를 사용하면 된다.

그림 3-10 HDMI-to-DVI 전환 cable 및 젠더

사용하고자 하는 모니터가 D-SUB(VGA) 출력을 지원하면 Raspberry Pi에서 나오는 출력을 D-SUB 형태로 전환해주는 HDMI-to-D-SUB 전환 cable이나 젠더를 사용하면 된다.

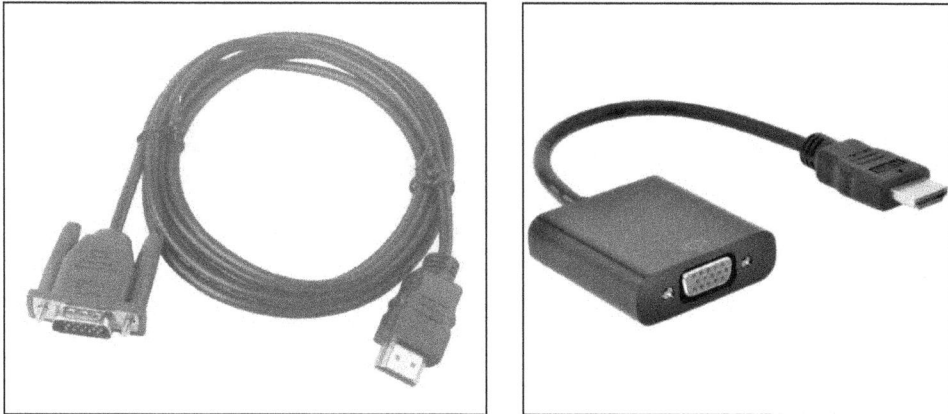

그림 3-11 HDMI-to-D-SUB 전환 cable 및 젠더

3.8.2 TFT-LCD

Raspberry Pi는 TFT-LCD display를 지원하기 위해서 DSI(Digital Serial Interface) 접속을 지원한다. 시중에서 판매되는 품목 중에서 DSI port를 지원하는 부품을 구매해서 사용하면 되는데, 현실적으로 그런TFT-LCD를 구하는 것이 쉽지는 않다.

아래는 Raspberry Pi 재단에서 공식적으로 판매하는 The 7" Touchscreen Monitor LCD으로 800 x 480 display이다. 이것을 사용하면 태블릿처럼 모든 정보를 LCD에 표시할 수 있다. 이 LCD는 자체 adapter board에 연결하고, adapter board는 ribbon cable 로 Raspberry Pi 본체 board에 있는 DSI port에 연결되며, GPIO port를 통하여 전원을 공급받는다. 최신의 Raspbian 운영체제에는 10-finger touch와 on-screen keyboard를 지원하는 Touchscreen driver가 이미 통합되어 있어서 마우스나 키보드를 사용하지 않고도 시스템을 운용할 수 있다.

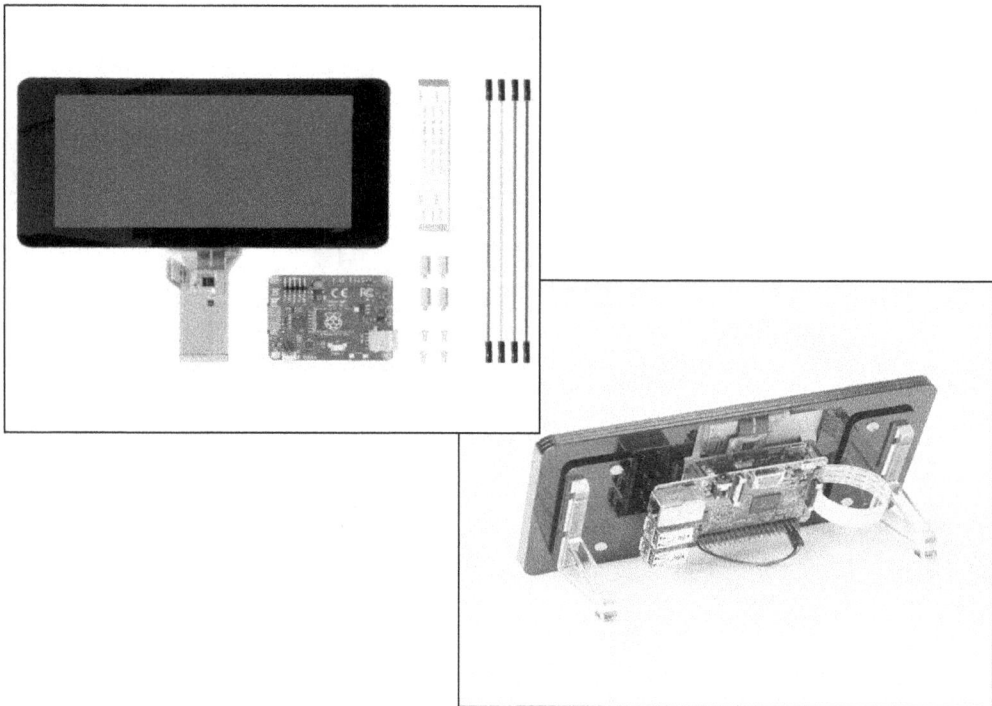

그림 3-12 Raspberry Pi 7" Touchscreen Monitor LCD

3.9 camera

Raspberry Pi에서는 camera를 사용하여 여러 가지 사진을 촬영하거나 동영상을 녹화할 수도 있다. Raspberry Pi에 연결해서 사용할 수 있는 camera는 여러 종류가 있는데, 크게 보면 USB camera와 Raspberry Pi의 CSI port를 지원하는 camera이다.

3.9.1 USB 카메라

USB camera는 시중에서 쉽게 구할 수 있다. 이는 USB port에 연결해서 사용하는 것으로 특별한 설치작업이 필요하지 않다.

그림 3-13 USB camera

3.9.2 CSI port 지원 카메라 및 Raspberry Pi 전용 camera

Raspberry Pi에는 camera를 위해서 CSI port를 별도로 제공하고 있다. 따라서 CSI를 지원하는 camera는 모두 연결하여 사용할 수 있다.

Raspberry Pi 재단에서는 Raspberry Pi 전용 camera를 출시하였다. 최근에 출시된 camera는 Sony IMX219 sensor를 사용하는데, 이것은 8 megapixels (8MP) 까지 촬영할 수 있고, still capture를 지원할 뿐만 아니라 1080p30, 720p60, VGA90 video 녹화를 지원한다. 이 camera는 raw capturing을 지원하고, JPEG, PNG, GIF, BMP, 비 압축 YUV, 비 압축 RGB 형식의 사진을 촬영할 수도 있다. 또한 이 camera는 H.264, baseline, main and high-profile formats으로 video를 녹화할 수 있다. 현재 제공되는 camera에는 일반 가시광선 camera와 적외선 camera가 있다. 이 camera는 ribbon cable로 Raspberry Pi의 본체 board에 있는 CSI port에 연결하여 사용할 수 있다.

3.9.2.1 일반 가시광선(visible-light) camera

이 camera에 적외선 필터(infrared filter)가 장착되어 있어서 적외선을 통과시키지 않고 일반 가시광선만 통과시킨다. 이 camera는 햇빛이 있거나 별도의 조명이 있어서 밝을 때만 가시광선을 이용하여 사진을 찍을 수 있다. 따라서 어두운 곳에서는 사진을 제대로 찍을 수 없다.

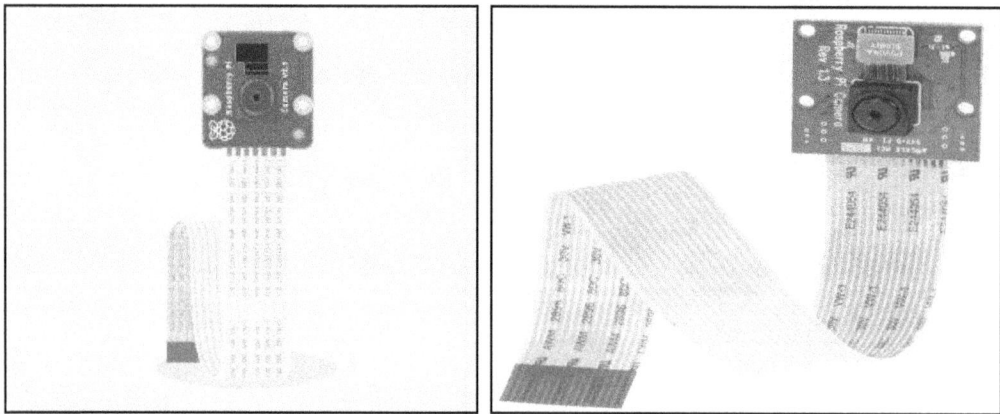

그림 3-14 일반 가시광선(visible-light) camera

3.9.2.2 적외선(infrared) camera

이 camera는 적외선 필터(infrared filter)를 채용하지 않기 때문에 어두운 환경에서 적외선을 이용해서도 촬영할 수 있다. 이런 camera를 NoIR(No Infrared) 방식의 camera하고 하는데, 적외선 필터가 없는 것을 의미한다. 적외선 필터(infrared filter)가 있으면 적외선을 통과시키지 않으므로 적외선을 이용할 수 없는데, 이 camera에서는 적외선 필터가 없으므로 어두운 곳에서 적외선을 이용해서 사진을 찍을 수 있다.
나이트 비전이 필요한 분야(예: 보안 및 야행성 동물의 행동관찰), 초분광 이미지, 천문학 및 초자연적 현상 조사 등 다양한 분야를 위해 개발된 Pi NoIR는 2592 x 1944 해상도의 사진을 촬영할 수 있다

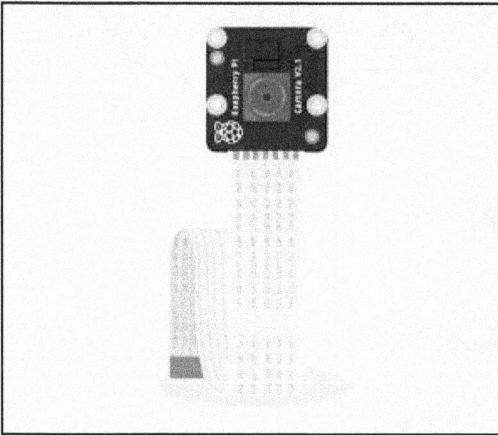

그림 3-15 적외선(infrared) camera

3.9.2.3 Raspberry Pi 전용 카메라 H/W 설치하기

Raspberry Pi camera module은 Raspberry Pi 의 CSI port에 연결해야 한다. CSI port는 HDMI port와 Ethernet port사이에 있다.

먼저 CSI port의 양쪽 tab을 잡고 위로 당겨서 올린다. 그러면 port의 slot에 간격이 벌어지고, 그 간격에 camera module을 끼울 수 있다. Raspberry Pi camera module을 끼울 때는 camera ribbon에서 청색으로 인쇄가 되어 있고, 연결 부분의 끝에 청색으로 색칠이 되어 있는 부분이 Ethernet port쪽으로 향하게 하고, 인쇄가 되지 않고, 연결부분 끝에 은색 연결 선이 있는 부분이 HDMI port 쪽을 향하게 하여 설치한다. 즉 카메라 전면부가 Ethernet port 쪽을 향하게 해야 한다. CSI port의 slot에 camera ribbon을 끼운 후에는 CSI port의 tab을 HDMI port쪽으로 밀면서 아래로 밀어서 camera ribbon을 고정시킨다.

그림 3-16 Raspberry Pi 전용 카메라 설치방법

3.10 외부 Interface

Raspberry Pi는 외부 기기와의 양방향 interface를 통하여 시스템 외부의 장치와 통신하고, 통제할 수 있다. 외부 기기를 통해서 입력을 받거나 출력을 할 수도 있으며, 외부 장치를 조정할 수도 있다. 이를 위한 핵심적인 장치가 GPIO(General Purpose Input Output) port이다. 여기서는 이 GPIO를 이용하는데 필요한 준비사항을 간단히 언급하고자 한다. 상세한 내용은 **[Chapter 25 외부 Interface]**를 참고하기 바란다.

- GPIO Extension board 또는 cobbler
  Raspberry Pi 본체의 GPIO 장치를 외부로 길게 연장하여 외부의 별도 장치에 연결하고, GPIO의 모든 pin들과 서로 대응되도록 연결하여 외부에서 자유롭게 작업을 할 수 있도록 해준다. 실험적으로 회로를 구성하여 테스트해보는 프로토타입 제작을 용이하게 한다.

- breadboard
  breadboard는 속칭 빵판이라고도 하는데, 전면에는 전선을 끼울 수 있는 2.54mm 간격의 구멍이 격자 모양으로 배치되어 있어 전자부품을 끼우고, 다시 뺄 수 있도록 되어 있는 장치이다.

- 점퍼선
  점프와이어는 회로를 구성할 때 부품과 회로를 서로 연결하는데 사용한다. 점퍼와이어로 사용하는 선은 연선보다는 단선이 좋다. 여러 색깔의 전선을 사용하면 용도 별로 색깔로 구분할 수 있다.

- 저항
  저항기(또는 저항)은 전기회로에서 전류가 잘 흐르지 못하도록 전류의 흐름을 방해하여 전압을 떨어뜨리는 효과를 내는 전자부품을 말하며, 대부분의 전자회로에서 많이 사용된다.

- push button
  push button은 버튼을 누르면 회로가 연결되고, 스위치를 놓으면 곧바로 연결이 끊어지므로 전자회로에서 전기를 연결시키고, 중단시키는 역할을 한다.

- LED

  LED(Light-emitting diodes)는 전자회로를 구성할 때 특정 선로에 전기가 흐르는지, 그렇지 않은지를 판단하는 장치로 많이 사용되는 출력 장치이다.

- 센서

  Sensor는 주위 대상물의 상태를 파악하는 장치로 사람의 감각에 해당하는 기능을 수행하는 소자이다. sensor는 자신의 주위에 있는 대상물의 상태를 탐지하고, 사건의 발생을 탐지하고, 수량의 변동을 감지하고 측정하여, 전기신호 또는 광학신호로 전달해준다.

Chapter 4　운영체제 설치하기

Chapter 주요 내용

여기서는 Raspberry Pi 시스템에 운영체제를 설치하는 방법과 절차에 대해서 설명하고 있다. Raspberry Pi에 설치할 수 있는 운영체제의 종류를 소개하고 있으며, 실제로 운영체제를 설치하는 여러 가지 방법을 상세히 설명하고 있다.

다음과 같은 항목에 대한 내용을 포함하고 있다.
- 운영체제 종류
- 운영체제 설치 개요
- SD card 준비하기
- <NOOBS> utility를 이용한 설치
- 운영체제 image를 이용한 설치

4.1 운영체제(OS, Operating System) 종류

4.1.1 설치 가능한 운영체제 목록

- **일반 범용 운영체제**
  - Raspbian
  - Debian 6.0 (Squeeze)
  - Pidora (Fedora Remix)
  - Ubuntu
  - Occidentalis

  - Arch Linux ARM
  - Gentoo Linux
  - Puppy Linux
  - Slackware ARM (Formally ARMedslack)
  - FreeBSD 10 ARM (RPI-B)
  - QtonPi (임베디드 Linux)
  - Redsleeve (ARM용 RedHat 기반)

  - RISC
  - 구글 크롬
  - 윈도우10

- **특정 목적의 운영체제**
  - OpenELEC 또는 XBMC
  - Raspbmc
  - PiNET
  - Weather Station
  - Squeezed Arm Puppy for ARMv6 (sap6)
  - IPFire

4.1.2 주요 운영체제 내용 검토

4.1.2.1 Linux 관련 운영체제

● **Raspbian**

Raspbian은 Debian 배포판을 기본으로 하여 Raspberry Pi 하드웨어에 최적화된 무료 운영체제이다.
여기에는 순수 운영체제뿐만 아니라 35,000 이상의 미리 compile되어 package 형태로 되어 있는 프로그램들이 Raspberry Pi에 쉽게 설치될 수 있는 형태로 함께 묶여져 제공되고 있다.

Raspbian은 Raspberry Pi 재단에서 공식적으로 제공하는 운영체제 이지만, 실제로는 Raspberry Pi Foundation에서 만들어진 것이 아니며, Raspberry Pi를 좋아하는 몇몇의 헌신적인 개발자 팀에 의해서 만들어진 것이다.

관련 자료는 다음 URL에서 찾아볼 수 있다.
- https://www.raspbian.org/
- https://www.debian.org/

● **Pidora --Fedora Remix**

Pidora는 Raspberry Pi computer 최적화된 Fedora Remix 이다. 여기서 Fedora Remix는 Fedora distributions을 불특정 시점에 불특정 사람들이 원하는 third-party software와 서로 결합시킨 것이다. Fedora Remix 와 "Fedora"는 서로 명백히 구분되는 것이며, 공식적인 Fedora distributions을 Fedora Remix와 혼동해서는 안 된다.

Fedora는 완전히 무료로 재배포 가능한 computing platform으로서 여러 software와 함께 "remixed" 되어 새로운 software 결합을 만들 수 있다. 여기서는 다른 Fedora 계통이 아닌 다른 software 와도 같이 결합할 수 있다.

관련 자료는 다음 URL에서 찾아볼 수 있다.

- http://pidora.ca/
- http://fedoraproject.org/wiki/Remix

● Occidentalis

Raspbian을 기본으로 하여 만들어진 배포판으로 Adafruit라는 회사가 Raspberry Pi를 Hacking 연구와 교육적인 용도로 사용하기 위해서 Raspbian에서 부족하거나 없는 부분을 보완하기 위해서 필요한 기능을 변경하거나, 추가하여 만든 운영체제다. 여기에는 servos, sensors, Wi-Fi cards 뿐만 아니라 Raspberry Pi를 실제 상황에서 사용하는데 필요한 거의 모든 것에 대한에 대한 kernel module이 포함되어 있다.

예전에는 Raspbian의 새로운 releases가 나올 때마다 해당 내용을 반영하여 새로운 배포판을 제공했는데, 현재는 설치된 운영체제에서 실행하면 여러 가지 도구들을 추가적으로 반영해주는 Pi Bootstrapper 프로그램을 만들어서 제공하고 있다.

관련 자료는 다음 URL에서 찾아볼 수 있다.

- https://www.adafruit.com/

● Ubuntu

Ubuntu는 Debian 배포판에 기초한 컴퓨터 운영 체제로서 고유한 데스크탑 환경인 "유니티"를 사용하는 Linux 배포판이다. 영국에 기반을 둔 회사인 캐노니컬의 지원을 받는다. Debian 과 비교할 때 사용자 편의성에 많은 초점을 맞추고 있다.

관련 자료는 다음 URL에서 찾아볼 수 있다.

- http://www.ubuntu.com/

● OpenELEC

OpenELEC (Open Embedded Linux Entertainment Center)은 home theater 컴퓨터를 위해서 설계된 Linux 배포판으로 Kodi (예전의 XBMC) media player에 기반을 두고 있다.

OpenELEC는 "just enough operating system" 원칙이 적용되어 있지만, 비교적 매우 적은 리소스를 사용하며, flash memory에서 빨리 boot할 수 있도록 설계되어 있다.

OpenELEC 완전한 media center software suite를 제공해 주는데, 사전 설정된 Kodi 버전이 포함되어 있고, retro video game console emulators 와 DVR plugins를 지원하는 third-party addons들이 함께 포함되어 있다. OpenELEC은 아주 작고 매우 빨리 boot 하는 Linux 기반의 배포판이다.

관련 자료는 다음 URL에서 찾아볼 수 있다.
- http://openelec.tv/

● RaspBMC 또는 OSMC

Raspbmc는 Raspberry Pi에 XBMC를 적용하기 위해서 만들어진 자체적인 Linux 배포판으로, 2014에 만들어 졌는데, Linux에 기반을 두고 있는 무료의 open source media player이다. 이것은 SD card, USB drive 또는 NFS share에서도 작동하며 Wi-Fi를 지원하며, local network와 attached storage 및 인터넷 환경에서도 media 자료를 자유롭게 감상할 수 있게 해준다.

관련 자료는 다음 URL에서 찾아볼 수 있다.
- https://osmc.tv/

● PiNET

PiNET은 Raspberry Pi를 중앙 서버에 집중된 형태로 운영하는 것으로, 주로 Raspberry Pi 교육실에서 사용하기 위해서 만든 것이다.

여기서는 Raspberry Pi 운영체제(Raspbian)은 중앙 server에 설치되고, 각각의 Raspberry Pi 에는 중앙 서버와 통신하는 별도의 client 프로그램이 설치된다. 따라서 여기서는 하나의 완전한 master 운영체제를 서버에 설치하고, 개별 Raspberry Pi 시스템에는 운영체제를 설치하지 않는다. 또한 Raspberry Pi를 사용하는 모든 사용자 계정과 사용자들이 파일을 저장하는 파일 저장장치도 중앙 PiNet server 서버에서 통합 관리되고 있다.

학생들이 자신의 Raspberry Pi를 시작하면, 그 Raspberry Pi는 중앙에 설치된 운영체제를 이용하여 boot하는 형식으로 작동하고, 중앙 서버에 정의된 개별 사용자 계정으로 logon 하면 하나의 독립적인 Raspberry Pi 시스템이 할당되는 것처럼 작동하여 마치 개별 Raspberry Pi에 운영체제가 설치되어서 운영되는 것처럼 작동한다.

관련 자료는 다음 URL에서 찾아볼 수 있다.
- http://pinet.org.uk/

● Weather Station

Raspberry Pi를 이용하여 기상대(weather station)를 지원하는 인터넷 기반으로 작동하는 프로젝트 시스템으로 IOT 등에 대한 교육용으로 만들어졌다. 온도, 습도, 강우량, 풍속, 풍향, 대기온도, 대기압, 토양온도, 대기질 등을 실시간으로 측정하여 기록할 수 있다.

관련 자료는 다음 URL에서 찾아볼 수 있다.
- http://www.raspberryweather.com/

4.1.2.2 기타 운영체제

● **windows 10 IOT core**

Windows 10 IoT Core는 Windows 10을 보다 작은 장치에서 최적화시킨 것으로 디스플레이가 없어도 운영될 수 있다. 이 운영체제는 Raspberry Pi 2 and 3, Arrow DragonBoard 410c & MinnowBoard MAX와 같은 장치에서 작동한다.

다양한 용도에 사용될 수 있도록 Universal Windows Platform (UWP) API를 지원하고, application 개발을 위해서 Visual Studio와 같은 도구를 활용할 수 있으며, Connect-the-Dots과 같은 open frameworks을 이용하여 Microsoft Azure 와 같은 IOT 지원 도구에 연결할 수 있다.

관련 자료는 다음 URL에서 찾아볼 수 있다.
■　https://developer.microsoft.com/en-us/windows/iot

● **RISC　-- non-Linux distribution**

RISC는 ARM processor를 위해서 특별히 만들어진 영국의 운영체제로서 원래 ARM processor를 만든 팀에 의해서 설계가 된 것으로, 운영체제의 속도가 빠르고, 크기가 작지만 아주 효율적으로 작동하는 것이다.

RISC 운영체제는 Linux도 아니고 MS Windows와도 관련이 없으며, 설계상 많은 면에서 다른 것들과 구별되는 독특한 특징을 많이 가지고 있다.

관련 자료는 다음 URL에서 찾아볼 수 있다.
■　https://www.riscosopen.org/content/downloads/raspberry-pi

4.2 운영체제 설치 개요

4.2.1 운영체제 설치 방법

Raspberry Pi에 운영체제를 설치하는 방법에는 다음과 같은 방법을 사용할 수 있다.

■ 사전에 운영체제가 설치되어 있는 SD card를 구매하는 방법

사전에 이미 운영체제가 설치되어 있는 SD card를 외부에서 구매해서 사용할 수 있다. 이 방식은 초보자나 간편한 설치를 원하는 경우에 활용할 수 있으며, 이를 구매하는 즉시 Raspberry Pi 시스템을 사용할 수 있는 장점이 있다.

■ <NOOBS> utility 설치 프로그램을 이용하는 방법

Raspberry Pi에서는 운영체제를 쉽게 설치하도록 해주는 <NOOBS>라는 utility 프로그램을 공식적으로 제공하고 있다. 이 utility를 이용하면 Raspbian 운영체제를 쉽게 설치할 수 있고, 사용자가 원하면 다른 여러 가지 운영체제를 선택하여 설치할 수도 있으며, 필요한 경우는 여러 개의 운영체제를 한꺼번에 설치할 수 있는 기능도 제공하고 있다.

■ 운영체제가 설치된 시스템의 image 파일을 사용하는 방법

사전에 운영체제가 설치된 시스템 image를 copy하여 그대로 사용하는 방법이다. 설치하고자 하는 운영체제의 시스템 image를 download한 다음, 이를 SD card에 image copy하는 방식으로 copy 한 다음, Raspberry Pi에서 SD card를 삽입하여 시스템을 구동하는 방식이다.

4.2.2 복수 운영체제 설치에 대해서

Raspberry Pi 시스템에서 운영체제는 SD card에 설치되는데, 하나의 SD card에 여러 개의 운영체제를 동시에 설치할 수 있다. 사용자는 설치되어 있는 여러 개의 운영체제 중에서 필요한 운영체제를 선택하여 컴퓨터 작업을 할 수 있는 장점이 있다.

여러 개의 운영체제가 설치되어 있는 경우는 시스템이 booting 할 때 실제로 사용할 운영체제를 선택하는 화면이 나타나며, 이때 특정 하나의 운영체제를 선택하여 선택된 운영체제에 대한 booting 작업이 실행되게 되며, 특정 운영체제를 선택하지 않으면 바로 직전에 선택되어 booting 되었던 운영체제가 기본으로 지정되어 booting 작업이 이루어지게 된다.

따라서 하나의 card에 여러 개의 운영체제가 설치되어 있더라도 실제 시스템이 시작할 때는 그 중에서 선택된 어느 하나의 운영체제만 작동하는 것이며, 여러 개의 운영체제가 동시에 병렬적으로 실행되는 것은 아니다.

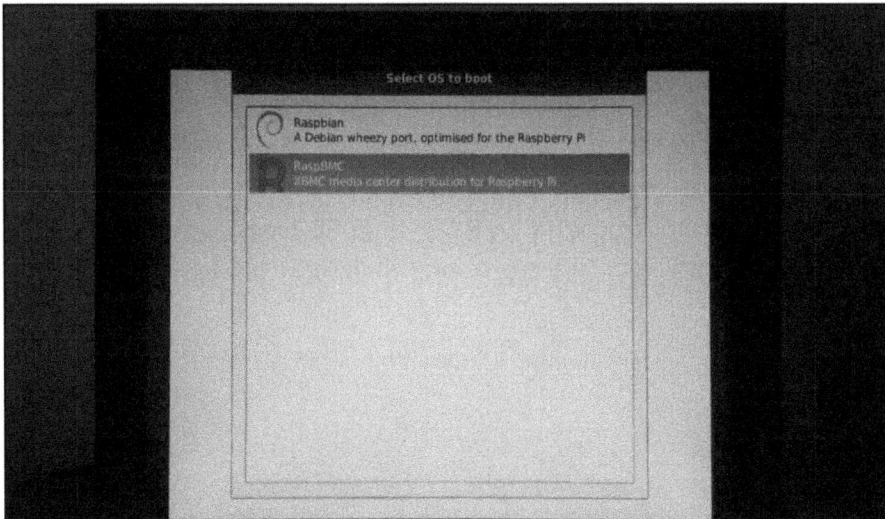

그림 4-1 복수 운영체제 선택

4.3 SD card 준비하기

4.3.1 SD card format 하기

운영체제 설치에 사용할 SD card는 사전에 format을 하는 것이 좋다. 기존에 필요 없는 파일들이 저장되어 있으면 모든 내용을 지우고, SD card의 format를 운영체제 설치에 적합한 형태로 조정하는 것이 좋다.

SD card를 format할 때는 운영체제에서 제공하는 여러 가지 유형의 저장장치를 format 할 때 공용으로 사용하는 일반적인 format 도구를 사용하는 것보다는 전용 SD Formatter을 사용하는 것이 좋다. 운영체제에서 제공하는 일반적인 format 도구를 사용하면 경우에 따라 SD card의 성능이 저하될 수도 있다. 또한 SD/SDHC/SDXC cards는 SD card 표준 security 기능을 지원하기 위해서 card에 "Protected Area"를 가지고 있는데, 전용 SD Formatter는 이러한 "Protected Area"가 format하는 과정에서 지워지지 않도록 한다. SD card에 있는 "Protected Area"를 보전하여 SD security 기능으로 사용할 수 있도록 해주는 적절한 응용 소프트웨어나 SD card를 지원하는 장치를 사용하는 것이 좋다. .

SD card를 format 할 때는 여러 가지 전용 format 프로그램을 사용할 수 있지만, 그 중에서 SD Association에서 공식적으로 제공하는 <SD Formatter 4.0> 프로그램이 많이 사용된다. 이 프로그램은 SD/SDHC/SDXC standards를 사용하는 모든 SD memory cards를 format할 수 있는 기능을 제공한다. 관련 프로그램은 아래의 URL에서 download할 수 있다.

- https://www.sdcard.org/downloads/formatter_4/index.html

해당 URL에서 프로그램을 download하고, 해당 프로그램을 설치한다. 설치된 프로그램을 실행하면 원하는 SD card를 format할 수 있는 화면이 나타난다. 아래 화면은 해당 프로그램을 실행했을 때의 화면을 보여주고 있다. format을 할 때는 Option을 조정해서 format type을 "FULL (OverWrite)"으로 하고. format size adjustment를 "On"으로 설정하여 작업을 진행하도록 한다.

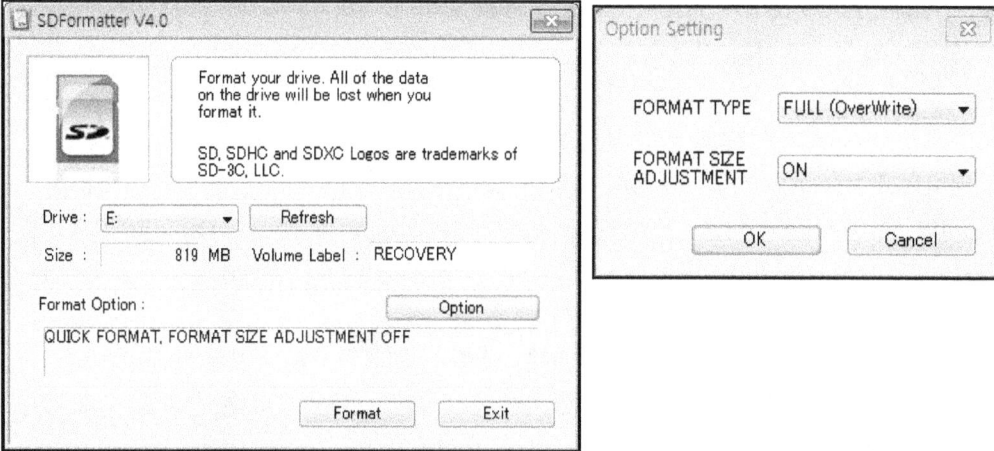

그림 4-2 <SD Formatter 4.0> 프로그램

4.3.2 <NOOBS> utility와 SD card format

SD card에 운영체제를 설치할 때 image copy 형식으로 운영체제를 설치할 때는 SD card의 format 형태가 FAT와 exFAT 형식에 상관없이 모두 처리가 가능하지만, SD card에 <NOOBS> utility를 사용하여 운영체제를 설치하려면 <NOOBS> utility bootloader가 FAT 방식을 요구하므로 SD card가 반드시 FAT로 format 되어 있어야 하며, exFAT 형식은 <NOOBS> utility가 지원하지 않는다.

많은 SD card format 프로그램들은 기본적으로 SD card의 용량이 32 GB 이하인 경우는 FAT32 형식으로 format를 하고, SD card 용량이 32GB를 초과하면 exFAT 형식으로 format 하도록 되어 있다. 따라서 32 GB 이상의SD card에서 <NOOBS> utility를 사용하려면 FAT 형식으로 다시 format을 해야 한다.

32 GB 이상의 SD card를 FAT32 로 format 하기 위해서 별도 도구를 사용할 수도 있고, Mac 이나 OS X 컴퓨터에서 기본적으로 제공하는 Disk utility application을 사용할 수도 있다.

여기서는 인터넷에서 구할 수 있는 여러 FAT32 format 도구 중에서 Ridgecrop Consultants Ltd에서 제공하는 <FAT32 format> 프로그램을 사용하여 필요한 작업을 해 보도록 하겠다. 이 프로그램에 대한 URL은 다음과 같다.

- http://www.ridgecrop.demon.co.uk/fat32format.htm

해당 URL에서 프로그램을 download하고, 해당 프로그램을 설치한다. 설치된 프로그램을
실행하면 원하는 작업을 할 수 있는 화면이 아래와 같이 나타난다.

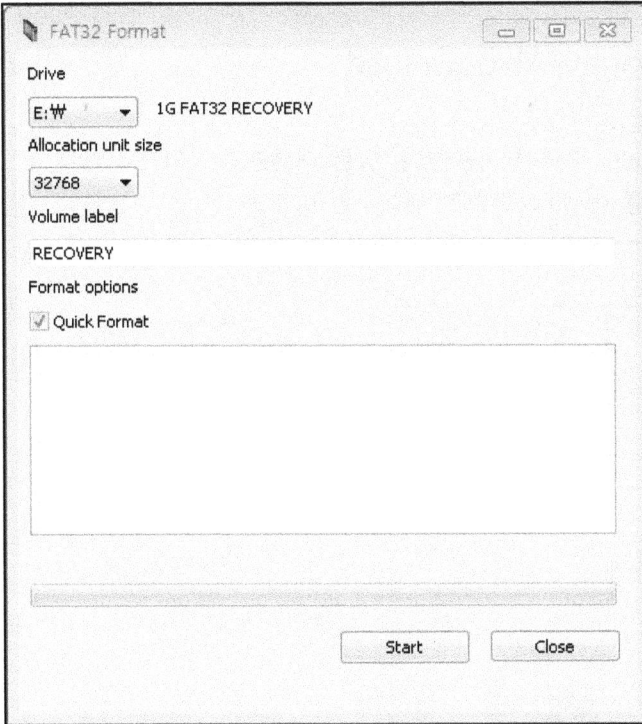

그림 4-3 Ridgecrop <FAT32 format> 프로그램

4.4 설치 파일 download 준비하기

4.4.1 Raspberry Pi homepage에서 download

Raspberry Pi homepage에서는 Raspberry Pi에서 사용할 수 있는 대부분의 운영체제에 대한 download를 제공한다. 해당 자료를 download 하기 위해서는 아래의 URL을 이용한다.

- https://www.raspberrypi.org/downloads/

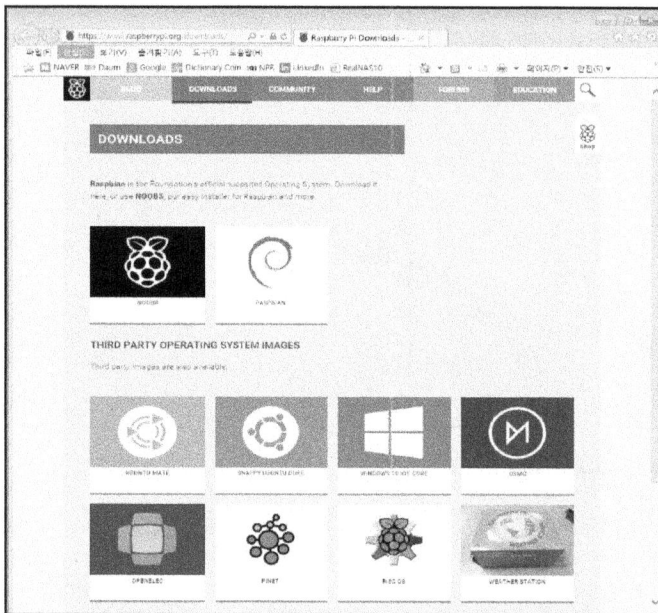

그림 4-4 Raspberry Pi 설치 OS download

여기서는 다음에 대한 download를 제공한다.
- <NOOBS> utility 프로그램
  <NOOBS> utility 프로그램에 대한 download를 할 수 있다.

- 운영체제에 대한 image 파일
  Raspbian 이나 Ubuntu, Windows 10 등 여러 가지 운영체제에 대한 image 파일을 download할 수 있다. 여기서는 img 또는 iso 형태의 파일을 download할 수 있다.

4.4.2 다른 source에서의 download

외부의 여러 site에서 Raspberry Pi에 사용할 수 있는 운영체제의 image 자료를 제공한다.

아래의 URL에서는 Raspbian 운영체제에 대한 Image 뿐만 아니라 관련된 다양한 자료를
download할 수 있다.

- https://www.raspbian.org/

다음 URL의 GitHub이다. GitHub에서는 다양한 운영체제에 대한 image 파일을 download
할 수 있다.

- https://github.com/raspberrypi

여기서는 다음에 대한 download를 제공한다.

- <NOOBS> utility 프로그램
  <NOOBS> utility 프로그램에 대한 download를 할 수 있다.

- 운영체제에 대한 image 파일
  Raspbian 이나 Ubuntu, Windows 10 등 여러 가지 운영체제에 대한 image 파일을
  download할 수 있다. 여기서는 img 또는 iso 형태의 파일을 download할 수 있다.

- 각종 utility 프로그램
  Raspberry Pi에 사용할 수 있는 각종 utility 프로그램을 제공한다.

4.5 <NOOBS> utility를 이용한 설치

4.5.1 <NOOBS> utility 개요

<NOOBS> utility는 Raspberry Pi 시스템에 운영체제를 설치하는 간편하고 쉬운 utility 프로그램이다. 초보자는 <NOOBS> utility를 이용하면 Raspberry Pi 시스템에 Raspbian을 비롯한 여러 가지 운영체제를 쉽게 설치할 수 있다. 이 도구를 이용하면 Raspberry Pi에서 제공하는 공식 운영체제인 Raspbian를 설치할 수도 있고, 필요한 경우 다른 운영체제를 설치할 수 있는 방법도 동시에 제공하고 있다.

<NOOBS> utility에서 설치 가능한 운영체제 목록은 다음과 같다.
- Raspbian
- OpenELEC
- RaspBMC 또는 OSMC
- windows 10 IOT core
- RISC

<NOOBS> utility를 이용하는 방법에는 여러 가지가 있는데, 시중의 여러 업체를 통하여 사전에 <NOOBS> utility가 설치되어 있는 SD card를 구매하여 사용할 수도 있고, 인터넷에서 <NOOBS> utility 프로그램을 download 하고, 설치 지침서에 따라 SD card에 해당 프로그램을 copy한 다음 사용하는 방법도 있다.

여기서는 <NOOBS> utility 프로그램을 download 하여 SD card에 설치하는 방법을 설명하도록 하겠다.

4.5.2 <NOOBS> utility 프로그램 download 및 시스템 준비

4.5.2.1 <NOOBS> utility 프로그램 download

Raspberry Pi homepage에서는 공식적인 <NOOBS> utility 프로그램을 제공한다. Zip 또는 Torrent 형태의 파일을 download 할 수 있는데, 사용자의 상황에 따라 해당 적당한 형식의 파일을 download하고, 각각의 압축형식에 따라 압축파일을 풀어서 일반적인 파일의 형태로 준비한다. 아래는 압출이 해제된 <NOOBS> utility 프로그램 속에 포함되어 있는 파일의

이름		크기	수정한 날짜
defaults			2016-05-20 오후 5:10
os			2016-05-20 오후 5:10
overlays			2016-05-20 오후 5:12
bcm2708-rpi-b.dtb		11KB	2016-05-20 오후 5:10
bcm2708-rpi-b-plus.dtb		11KB	2016-05-20 오후 5:10
bcm2709-rpi-2-b.dtb		12KB	2016-05-20 오후 5:10
bcm2710-rpi-3-b.dtb		13KB	2016-05-20 오후 5:10
bootcode.bin		18KB	2016-05-20 오후 5:10
BUILD-DATA		1KB	2016-05-20 오후 5:10
INSTRUCTIONS-README.txt		3KB	2016-05-20 오후 5:10
recovery.cmdline		1KB	2016-05-20 오후 5:12
recovery.elf		600KB	2016-05-20 오후 5:12
recovery.img		2,419KB	2016-05-20 오후 5:12
recovery.rfs		22,840KB	2016-05-20 오후 5:12
RECOVERY_FILES_DO_NOT_EDIT		0KB	2016-05-20 오후 5:12
recovery7.img		2,471KB	2016-05-20 오후 5:12
riscos-boot.bin		10KB	2016-05-20 오후 5:12

그림 4-5 <NOOBS> utility 프로그램 download file

내용을 보여주고 있다.

4.5.2.2 SD card에 <NOOBS> utility 설치 파일 복사

준비된 utility 프로그램 파일을 사전에 준비한 SD card에 모두 copy하여 설치용 SD card를 만든다. 파일을 copy할 때는 일반적인 파일 copy 기능을 사용하여 모든 파일을 SD card에 복사하면 된다.

4.5.2.3　hardware 시스템 준비 및 인터넷 접속

<NOOBS> utility 프로그램이 저장된 SD card를 SD card slot에 삽입하여 설치를 준비한다.

설치 작업을 시작하기 전에, 먼저 Raspberry Pi 시스템에 모니터, 키보드, 마우스 등 모든 hardware와 외부장치를 연결한다.

또한 Raspberry Pi에 LAN 케이블을 연결하여 인터넷 접속이 가능하게 한 상태로 시스템을 준비한다. <NOOBS> utility로 설치 가능한 운영체제 중에서 특정 운영체제는 download한 <NOOBS> utility 파일에 해당 정보가 포함되어 있지 않아서 설치하는 과정에서 인터넷을 통하여 필요한 운영체제 파일을 download해야 하므로 반드시 인터넷 접속이 가능한 상태로 되어 있어야 정상적인 운영체제 설치작업이 가능하다.

4.5.3 <NOOBS> utility 기능

4.5.3.1   <NOOBS> utility 시작

<NOOBS> utility 사용을 위한 모든 준비가 된 상태에서 Raspberry Pi에 전원 케이블을 연결하여 전원을 켜면, 자동적으로 <NOOBS> utility 프로그램이 시작된다.

4.5.3.2   무지개 색상 화면

<NOOBS> utility 프로그램이 시작되면 아래 화면과 같이 무지개 색상의 패턴 화면이 먼저 나타난다. 이러한 무지개 색상의 화면은 모니터의 종류와 해상도에 따라 조금씩 다른 형태로 나타난다.

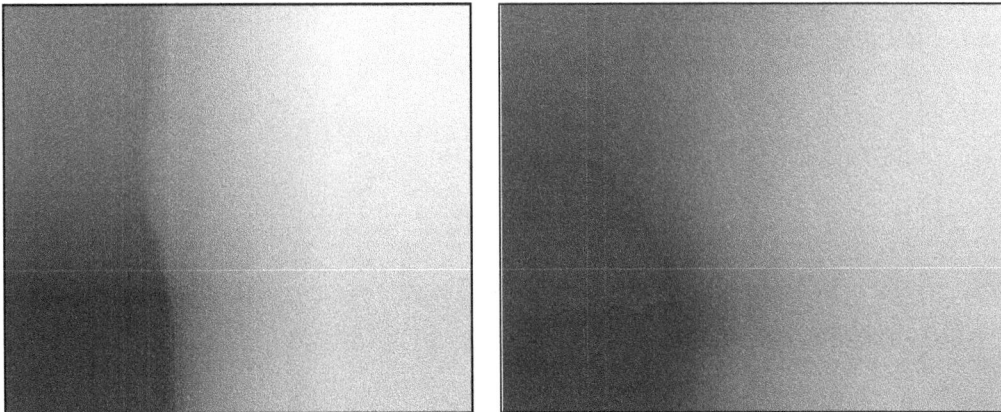

그림 4-6 <NOOBS> utility rainbow color pattern

4.5.3.3   <NOOBS> utility boot 화면

무지개 색상의 화면이 나온 다음 잠시 기다리면 연속해서 <NOOBS> utility boot 화면이 나타난다. 이 화면은 <NOOBS> utility 프로그램을 시작할 때는 항상 나오는 화면으로 운영체제를 처음 설치할 때뿐만 아니라, 운영체제를 booting을 할 때도 나오는 화면이다.

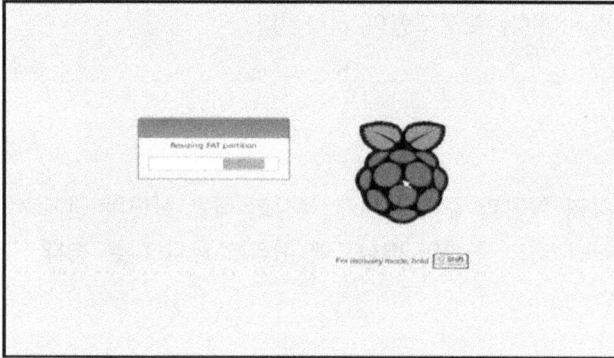

그림 4-7 <NOOBS> utility boot 화면

4.5.3.4   <NOOBS> utility 운영체제 설치 화면

운영체제가 설치되지 않은 경우는 조금 더 기다리면 아래와 같이 설치할 운영체제 목록을 보여주는 화면이 나타난다. 여기서 원하는 운영체제를 설치하는 작업을 시작할 수 있다.

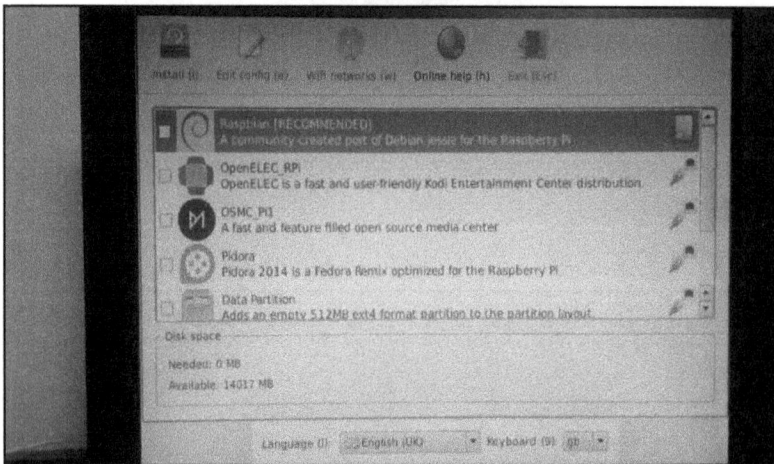

그림 4-8 <NOOBS> utility 운영체제 설치 화면

4.5.3.5 <NOOBS> utility 화면의 버튼 기능

화면 위에 있는 버튼들의 기능은 다음과 같다

- Install
  선택된 운영체제에 대한 설치 작업을 시작한다.

- Edit config

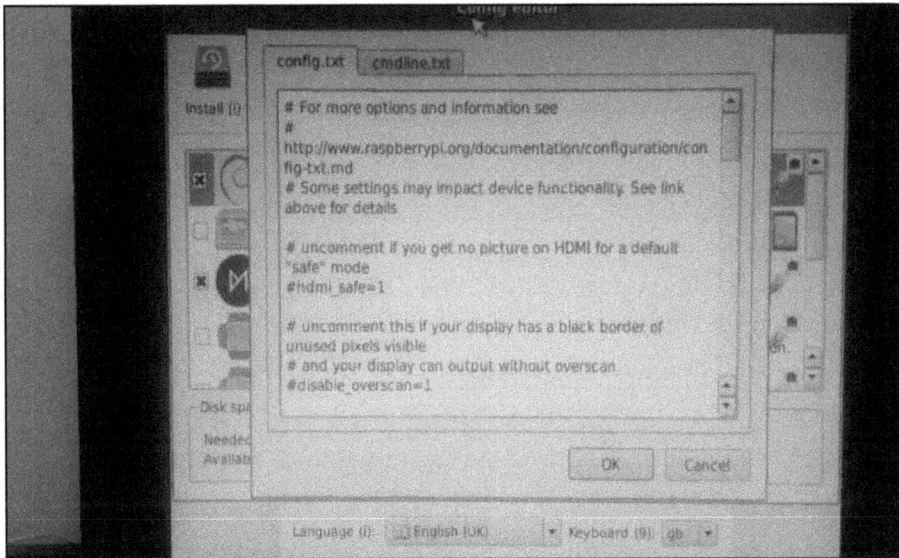

그림 4-9 <NOOBS> utility configuration

여기서는 시스템 configuration 항목을 조정할 수 있다. config.txt에 대한 내용과 cmdline.txt에 대한 내용을 수정할 수 있다. 주의할 점은 아직 설치되지 않은 운영체제에 대해서는 사용할 수가 없고, 이미 설치되어 있는 시스템에 대해서 booting 하기 이전에 필요한 내용을 수정하는 것이다.

config.txt 파일에서는 HDMI Safe mode, HDMI group, HDMI mode, HDMI signal, composite PAL, overscan, overclock, libr-rpi module 등과 같은 항목에 대한 설정을 포함하고 있다.

cmdline.txt파일에서는 console, root 위치, root 파일유형 등과 같은 항목에 대한 설정을 포함하고 있다.

여기서 설정한 configuration 사항은 실제 설치된 운영체제에서는 다음 파일에 저장된다.

- ✓ config.txt   --- /boot/config.txt
- ✓ cmdline.txt   --- /boot/cmdline.txt

■ Wi-Fi network

Raspberry Pi 3 model에서는 Wi-Fi 기능이 기본 hardware 기능으로 탑재되어 있는데, 최신 Raspbian version에서는 운영체제 설치 과정에서 Wi-Fi를 이용할 수 있게 하였다.

<NOOBS> utility의 종류와 설치하는 운영체제에 따라서 설치작업을 할 때 인터넷 접속이 필요할 때가 있는데, 유선 LAN 접속을 활용하기 어려우면, 무선 접속을 이용할 수도 있다. 여기서는 해당 Wi-Fi를 이용할 수 있도록 Wi-Fi 접속 설정을 할 수 있는 기능을 제공한다.

■ Online Help

인터넷 browser를 통하여 Raspberry Pi 시스템에 대한 도움말을 제공하는 화면이 나타난다. 구체적으로 다음 URL에 대한 내용이 표시된다.

https://www.raspberrypi.org/downloads/noobs/

■ Exit

이미 설치되어 있는 운영체제를 booting 하는 단계로 진행한다.

4.5.3.6 <NOOBS> utility 화면이 보이지 않을 때 조치사항

Raspberry Pi에 처음 운영체제를 설치하기 위해서 전원을 연결하거나, 운영체제가 설치된 이후 <NOOBS> utility 프로그램을 다시 시작하면 <NOOBS> utility config 화면이 자동으로 나타난다. 하지만 <NOOBS> utility config 화면이 나타나야 함에도 불구하고 나타나지 않는 경우가 있다.

이것은 Raspberry Pi에 연결된 실제 모니터와 <NOOBS> utility의 모니터 설정이 서로 맞지 않아서 발생하는 현상으로, <NOOBS> utility가 모든 종류의 monitor에 대한 자동 설정을 지원하지 않기 때문에 경우에 따라 정상 작동하지 않는 경우가 발생할 수 있다.

만약 연결된 모니터가 정상 작동하지 않으면, 키보드에서 숫자 버튼 1~4를 순차적으로 천천히 눌러서 화면이 보이는지를 확인해 본다. 숫자 버튼 1-4를 누르면 <NOOBS> utility의 모니터 설정이 다음과 같은 mode로 설정되도록 되어 있다.

- 1. Default HDMI Mode　　　-- HDMI output 사용할 때
- 2. HDMI Safe Mode　　　　-- HDMI output 사용하고 (1)이 작동하지 않을 때
- 3. Composite PAL Mode　　-- Composite output 사용할 때
- 4. Composite NTSC Mode　-- Composite output 사용하고 (1)이 작동하지 않을 때

4.5.4 <NOOBS> utility 실행을 통한 운영체제 설치

4.5.4.1 설치 운영체제 선택 및 설치 진행

<NOOBS> utility 운영체제 목록 화면에서 설치하고자 하는 운영체제를 선택한다. 필요한
경우 복수의 운영체제를 한꺼번에 설치할 수도 있다. [Install] 버튼을 눌러 설치를 계속한다.

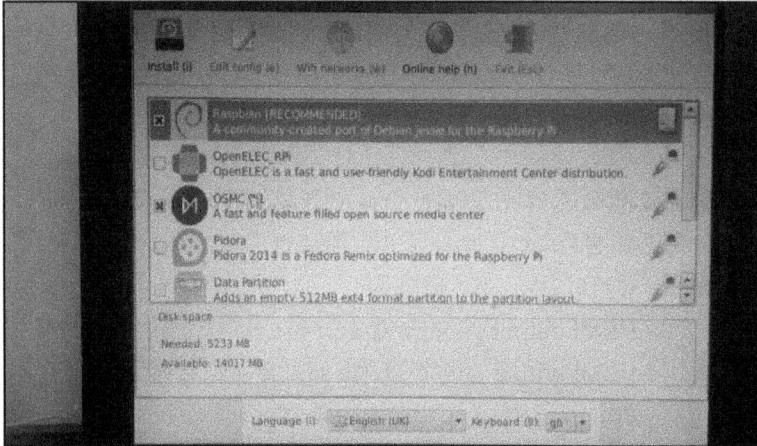

그림 4-10 Raspberry Pi 설치 운영체제 선택

그러면 다음과 같이 선택된 운영체제가 설치되고 SD card 상의 모든 자료가 지워질 것임
을 알려주는 확인화면이 나타나는데, 여기서 확인을 하면 실제 설치작업이 시작된다.

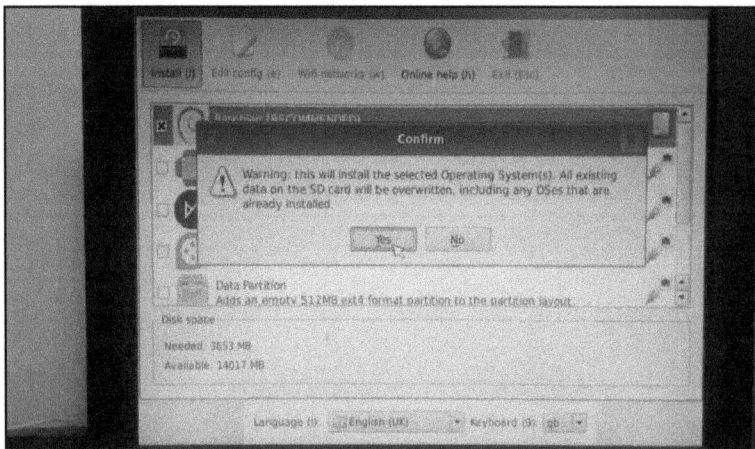

실제 설치 작업이 시작되면, Raspberry Pi 시스템에 설치되는 여러 가지 기능에 대한 내용을 소개하는 여러 개의 화면이 순차적으로 나타난다. 모든 설치 작업이 완료되면, 설치 완료화면이 나타나며, [확인] 버튼을 누르면, Raspberry Pi 시스템의 booting 절차가 진행된다.

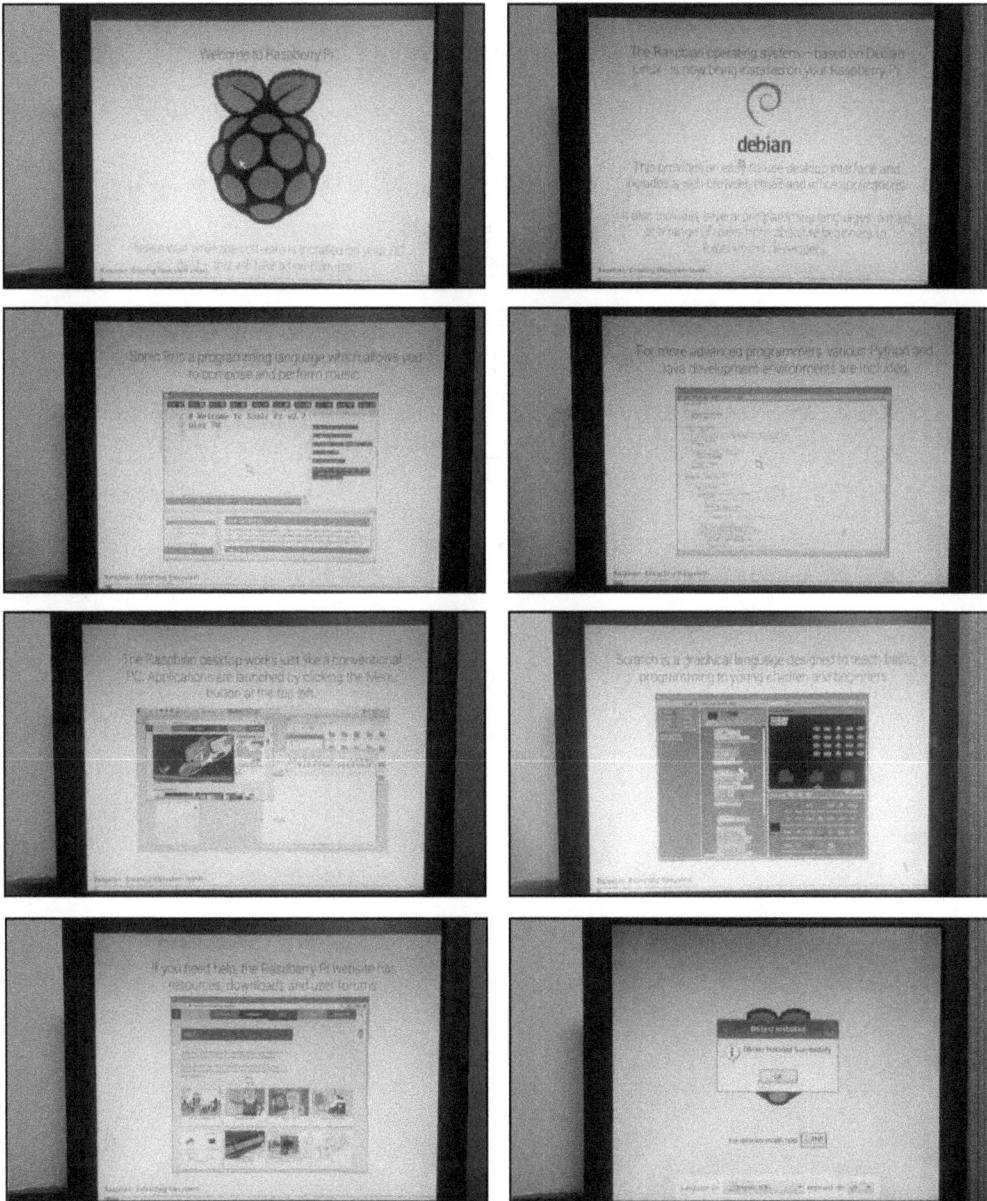

그림 4-11 Raspberry Pi 운영체제 설치 진행 화면

4.5.4.2 <NOOBS> utility를 이용한 복수 운영체제 설치하기

Raspberry Pi 시스템에서는 하나의 SD card에 여러 개의 운영체제를 같이 설치할 수 있다. 하나의 SD card에 여러 개의 운영체제를 동시에 설치하는 데는 여러 가지 방법을 사용할 수 있다.

가장 간단한 방법은 <NOOBS> utility를 이용하여 SD card에 운영체제를 처음 설치할 때 여러 개의 운영체제를 선택하여 한번에 설치하는 방법이다.

또 다른 방법은 처음에는 <NOOBS> utility를 이용하여 SD card에 특정 운영체제를 먼저 설치하고, 나중에 다른 운영체제가 필요할 때 추가로 운영체제를 설치하는 방법이다. 이렇게 추가 운영체제를 설치하고자 하면, Raspberry Pi 시스템이 이미 운영체제가 설치된 SD card로 처음 booting할 때, <NOOBS> utility 프로그램이 작동되도록 한 다음, 원하는 다른 운영체제를 추가로 설치할 수 있다.

4.5.5 운영체제 설치 후의 <NOOBS> utility 활용

4.5.5.1 <NOOBS> utility boot 화면

<NOOBS> utility가 시작되면 아래와 같이 <NOOBS> utility boot 화면이 항상 나타난다. 이 화면은 운영체제를 처음 설치할 때뿐만 아니라 운영체제를 설치하고 한 후 시스템을 시작하기 위해서 booting할 때도 나오는 화면이다.

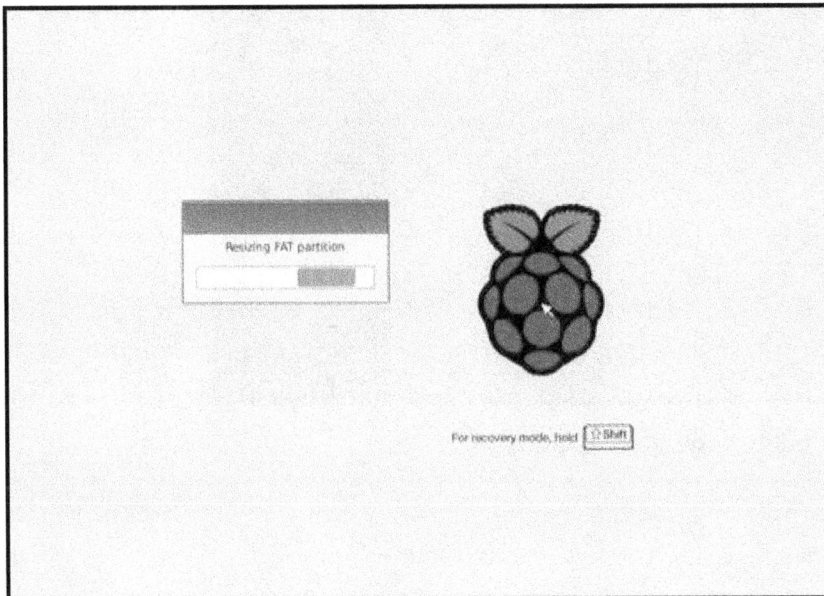

그림 4-12 <NOOBS> utility boot 화면

이 화면이 나올 때 특별한 작업을 하지 않으면 정해진 다음 단계로 자동으로 진행하는데, 아직 운영체제가 설치된 않은 상태이면, 운영체제를 설치할 수 있는 운영체제 설치 화면으로 진행하고, 운영체제가 이미 설치되어 있는 상태이면 설치된 운영체제의 booting 단계로 진행한다. 만약 이 화면에서 [Shift] 버튼을 누르면 recovery mode로 진행한다.

4.5.5.2 설치된 운영체제의 booting

Raspberry Pi에 운영체제를 설치한 다음, 시스템을 다시 시작하면 앞에서와 같이 <NOOBS> utility를 시작하고, 별다른 조치를 취하지 않으면 자동적으로 기존에 설치된 운영체제의 booting 화면으로 진행한다.

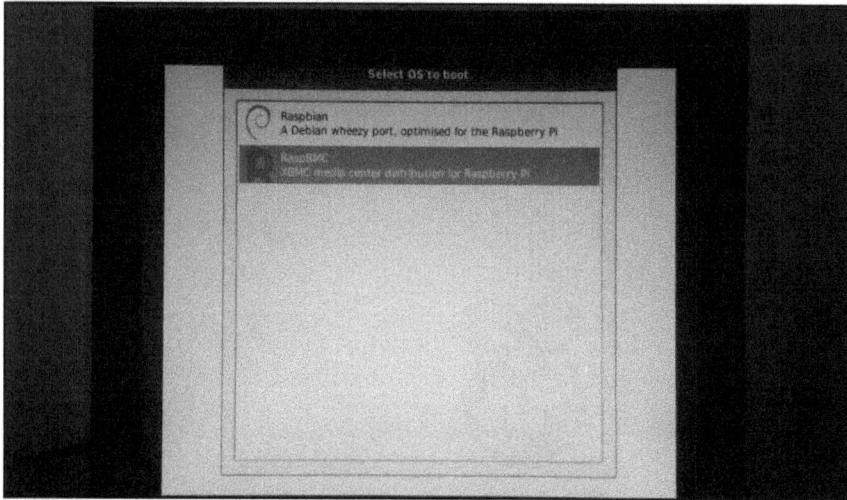

그림 4-13 <NOOBS> utility booting 운영체제 선택

4.5.5.3 <NOOBS> utility recovery mode

<NOOBS> utility를 이용해서 운영체제를 설치한 다음 시스템을 운영하는 과정에서 어떤 필요에 의해서 운영체제에 대한 내용을 조정하기 위해서 <NOOBS> utility 운영체제 설치 단계로 가는 것을 recovery mode라고 한다.

<NOOBS> utility recovery mode가 필요한 경우는 통상 다음과 같은 경우를 생각해 볼 수 있다.
- 기존에 설치한 운영체제에 대해서 recovery가 필요한 경우
- 기존에 설치한 운영체제에 대한 configuration 항목을 booting 이전에 조정하고자 하는 경우
- 기존에 설치한 운영체제 이외에 새로운 운영체제를 추가로 설치하고자 하는 경우

<NOOBS> utility recovery mode가 시작되면, 처음 운영체제를 설치할 때와 같이 <NOOBS> utility 운영체제 목록 화면이 나타난다. 이때 이미 설치되어 있는 운영체제에 대해서는 해당 운영체제의 왼쪽에 (X) 표시가 나타난다.

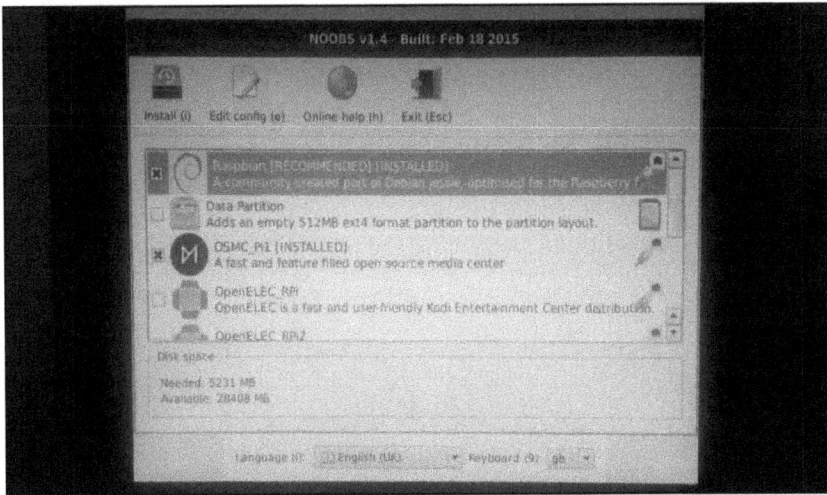

그림 4-14 <NOOBS> utility recovery mode

이러한 recovery mode를 시작하는 방법에는 여러 가지가 있다.

- booting하는 과정에서 [Shift] 키를 눌러 recovery mode를 시작하는 방법
  Raspberry Pi 시스템이 booting을 시작하는 <NOOBS> utility boot 화면에서 [Shift] 버튼을 계속 누르면, 설치된 운영체제의 booting 화면으로 진행하지 않고, recovery mode 화면으로 진행한다.

- 사전 설정을 통하여 항상 recovery mode로 시작하는 방법
  Pi 시스템에 설치된 SD card를 빼서 다른 컴퓨터에서 연결한 다음, <NOOBS> utility 설치 프로그램 파일 중에서 root directory에 있는 "recovery.cmdline" 파일을 편집기를 사용하여 open 한다. 그런 다음 이미 있는 argument list에 "forcetrigger" 항목을 추가한다.

  그런 다음 SD card를 다시 Pi 시스템에 삽입한 다음, 시스템에 전원을 연결하여 시작하도록 한다. 그러면 Raspberry Pi 시스템이 새롭게 시작할 때는 항상 recovery mode가 강제로 시작되게 된다.

4.6 운영체제 image를 이용한 설치

4.6.1 운영체제 image 파일 download 및 준비

Raspberry Pi 공식 homepage 또는 기타 source에서 설치하고자 하는 운영체제에 대한 image 파일을 download한다. download된 자료는 여러 가지 형식의 압축파일 형태로 제공되는데, 설치작업을 하는 사용자의 상황에 따라 적당한 형식의 파일을 download하고, 각각의 압축형식에 따라 압축파일을 풀어서 image 형태의 파일을 준비한다.

압축이 해제된 파일은 통상 xxx.img 또는 xxx.iso 형태의 image 파일 형태로 되어 있을 것이다. 다음은 Raspbian 운영체제에 대한 image 파일을 download 한 사례이다.

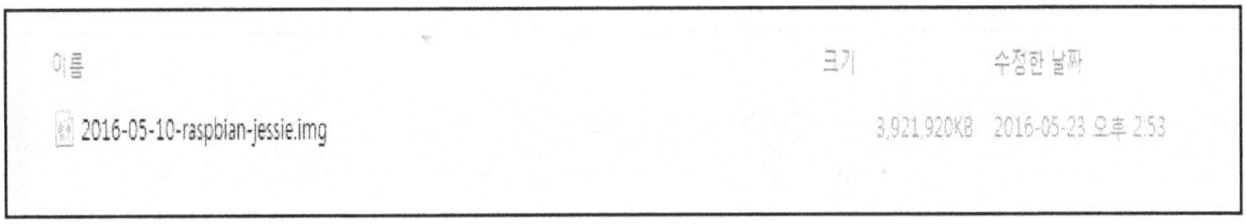

그림 4-15 Raspbian Jessie 운영체제 download 파일

4.6.2 SD card에 image 파일 copy하기

준비된 image 파일을 사전에 준비한 SD card에 copy하여 운영체제가 설치된 SD card를 만들어야 한다.

image 파일은 일반 파일을 복사하듯이 그냥 SD card에 복사하면 운영체제의 image가 올바로 복사되지 않으므로, 반드시 image를 SD card에 그대로 옮기는 형식으로 SD card에 복사되어야 한다.

이를 위해서는 일반적인 파일 복사 기능이 아닌 좀 특별한 형태의 image 복사 기능을 제공하는 Image Writer 기능을 사용해야 한다. 이러한 기능은 시스템에서 기본 기능으로 제공하는 경우도 있고, 별도의 utility 프로그램을 사용해야 하는 경우도 있다. 사용자의 작업환경에 따라서 적절한 방법을 사용해야 한다.

image copy 작업을 하기 위해서는 사용자의 작업 컴퓨터 시스템에서 기본으로 제공하는 명령을 사용할 수도 있고, 여의치 않으면 별도의 Image Writer utility 프로그램을 사용하여 작업할 수도 있다.

● **MS Windows에서 image 파일 copy 하기**

MS Windows에서는 Image Writer 기능을 제공하는 여러 가지 외부 프로그램 도구를 사용할 수 있다.

<Win32DiskImager> utility는 그러한 도구들 중 하나로서 이를 이용하면 SD card에 쉽게 image를 copy할 수 있다. 해당 프로그램은 아래의 URL에서 download 할 수 있다.

■ http://sourceforge.net/projects/win32diskimager/

해당 프로그램을 download하여 설치한 뒤 실행하면 다음과 같은 화면이 나타나는데, image 파일과 SDcard가 있는 장치를 정확히 지정하여 작업을 수행한다.

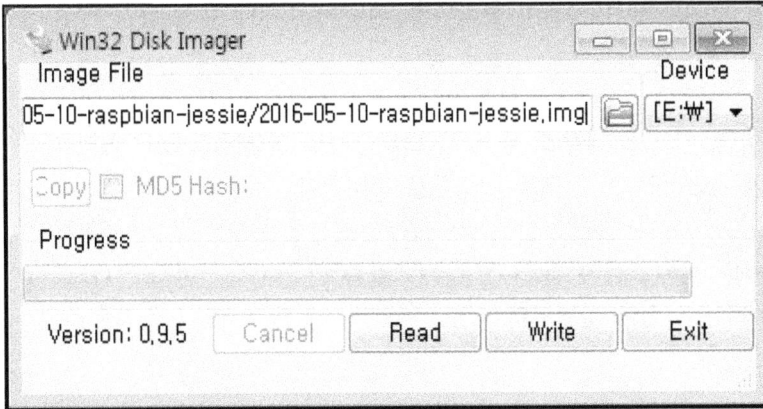

그림 4-16 <Win32DiskImager> 프로그램

● **Linux에서의 Image 파일 copy 하기**

Linux에서는 Image Writer utility 프로그램을 사용하여 작업할 수도 있고, 시스템에 기본으로 제공하는 명령을 사용할 수도 있다.

Linux에서 기본적으로 제공하는 명령은 [dd] 명령인데, 이 utility를 이용하여 image copy 작업을 할 수 있다. 구체적인 명령은 해당 시스템에 대한 사용법을 참조하기 바란다.

또 Image Writer utility 프로그램을 사용하여 작업할 수도 있다.

● **Mac에서의 Image 파일 copy 하기**

Mac에서는 Image Writer utility 프로그램을 사용하여 작업할 수도 있고, 시스템에 기본으로 제공하는 명령을 사용할 수도 있다.

Mac에서 기본적으로 제공하는 명령은 [dd] 명령인데, 이 utility를 이용하여 image copy 작업을 할 수 있다. 구체적인 명령은 해당 시스템에 대한 사용법을 참조하기 바란다.

4.6.3 설치된 운영체제 작동하기

SD card에 운영체제에 대한 image 복사 작업이 완료되면, 해당 시스템에 대한 설치 작업이 완료된 것이다. 추가적인 별도의 설치작업이 필요 없다.

Raspberry Pi 시스템에 모니터, 키보드, 마우스 등 모든 외부장치를 연결하고, LAN 케이블을 연결하여 인터넷 연결이 가능하게 한 상태로 시스템을 준비한다.

운영체제가 설치된 SD card를 Pi 시스템에 넣고, 전원 케이블을 연결하여 전원을 켠다. 그러면 Pi 시스템이 booting 하는 작업이 실행된다.

Chapter 5 기본 시스템 시작 및 종료

Chapter 주요 내용

여기서는 운영체제 설치가 완료된 Raspberry Pi 시스템을 어떻게 작동하는지를
설명하고 있다. 시스템을 어떻게 시작하고, 어떻게 사용하고, 어떻게 종료할 수
있는지에 대한 기본적인 절차를 설명하고 있다.

다음과 같은 항목에 대한 내용을 포함하고 있다.
- 시스템 booting
- 시스템 logon
- 시스템 logout
- 시스템 종료

5.1 시스템 booting

5.1.1 booting의 의미

시스템에 운영체제 설치가 완료되면, 해당 시스템을 시작할 수 있다. booting은 설치된 운영체제 프로그램이 작동을 시작하면서, 시스템 작동에 필요한 모든 기본적인 프로그램을 저장장치에서 읽어서 메모리에 옮긴 다음 곧바로 실행할 수 있는 상태로 만드는 것이다.

5.1.2 booting할 운영체제 선택

Raspberry Pi 시스템에 여러 개의 운영체제가 설치되어 있는 경우 시스템을 처음 시작할 때 사용할 운영체제를 선택해 주어야 한다. 특정 운영체제가 선택되면 해당 운영체제에 대한 구체적인 booting 작업이 시작된다. 여러 개의 시스템이 설치되어 있는 경우 전원을 켜면 다음과 같은 화면이 나타난다.

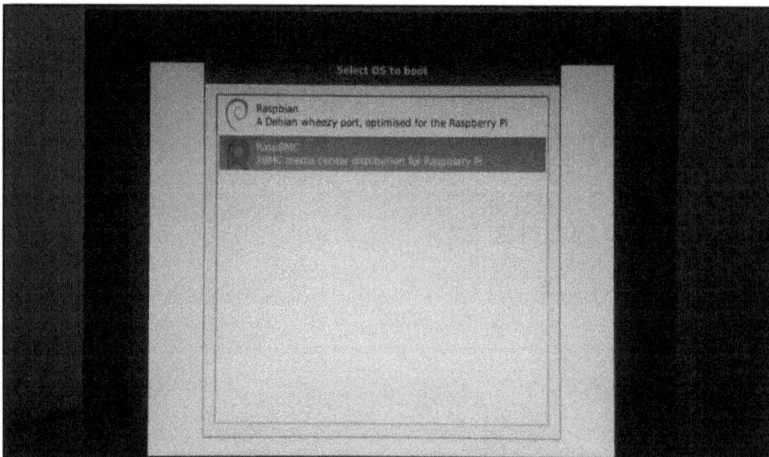

그림 5-1 booting할 운영체제 선택

booting하는데 사용하는 운영체제는 다음과 같은 우선 순위로 결정된다.

■ 운영자가 마우스나 키보드를 이용해서 특정 운영체제를 선택한 후 Enter를 누르거나 마우스로 double-click하면 해당 운영체제가 사용된다.
■ 일정한 시간 동안 아무 선택도 하지 않으면 이전 booting 운영체제가 사용된다.

5.1.3 booting 절차

특정 운영체제가 선택되어 booting 작업을 시작하면, 다음과 같이 booting 진행과정을 계속적으로 표시해 주는 화면이 나타난다. 해당 운영체제에서 사용하는 시스템 프로그램을 SD card에서 읽어서 시스템의 메모리에 저장하여 사용할 수 있는 상태로 만든다.

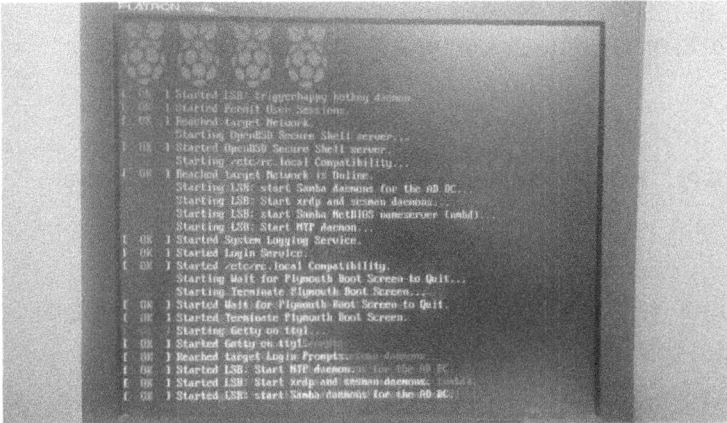

그림 5-2 booting 진행 과정

이러한 booting 작업이 완료되면 다음과 같이 시스템에 logon할 수 있는 화면이 나타난다.

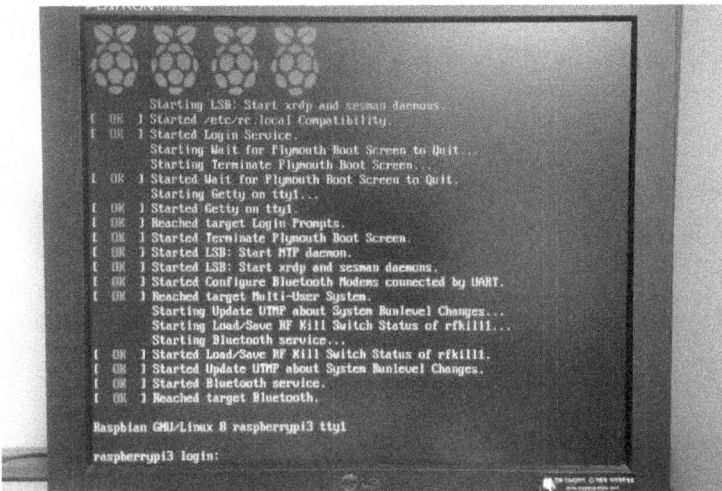

그림 5-3 booting 완료 후 logon 화면

5.1.4 booting할 때 화면이 보이지 않을 때 조치

정상적으로 운영체제 설치가 완료되었음에도 booting할 때 화면이 보이지 않는 경우가 있다. 이런 경우는 시스템의 모니터 설정이 실제 모니터와 맞지 않기 때문이다. 이런 경우는 booting을 하기 전에 설정내용을 변경해야 한다.

● **<NOOBS> utility를 시작하여 configuration 항목을 수정하는 방법**

먼저 시스템을 booting 할 때 <NOOBS> utility 프로그램을 시작한다. 시작하는 방법에 대해서는 **[4.5.5 운영체제 설치 후의 <NOOBS> utility 활용]**에 대한 내용을 참고하기 바란다.

<NOOBS> utility 화면이 나타나면 화면 위의 [Edit Config] 버튼 기능을 사용하여 모니터에 대한 설정 내용을 수정한다. 모니터에 대한 설정내용은 config.txt 파일에서 정의되는데, 필요한 설정항목에 대해 내용을 추가하거나 수정한다. 수정 작업이 완료되면 <NOOBS> utility 화면의 [Exit] 버튼을 눌러 booting을 다시 시작한다.

● **설정 파일을 직접 수정하는 방법**

booting에서 필요한 모니터에 대한 설정 내용은 해당 운영체제가 설치된 파티션에서 /boot/config.txt 파일에 저장된다. 따라서 이 파일의 내용을 직접 수정하여 모니터 설정을 원하는 대로 변경할 수 있다.

Raspberry Pi 운영체제가 설치된 SD card를 다른 시스템에서 연결한 다음, 텍스트 편집기를 이용하여 해당 위치에 있는 파일을 열어서 원하는 대로 수정한다.

수정이 완료되면 SD card를 다시 Raspberry Pi 시스템에 끼워서 booting 작업을 하면 된다.

5.2 시스템 Logon

5.2.1 logon 의미

logon이란 컴퓨터 시스템에서 업무를 수행할 "작업자"를 지정하여 작업허가를 받은 다음, 해당 컴퓨터 시스템으로 들어가는 것을 의미한다. 컴퓨터 시스템에서 작업자는 통상 "사용자 계정"으로 표현되고, 해당 계정에 대해서는 다른 사용자 계정과 구분되는 ID가 부여되고, 각각의 ID에는 또한 통상적으로 암호가 지정되어 있다. 따라서 logon 과정에서는 사용자 계정 ID와 계정에 대한 암호를 입력하여, 해당 ID가 이미 등록된 것인지, 해당 ID에 대해서 등록된 암호와 일치하는지를 점검하게 된다.

5.2.2 기본 사용자 "pi" 계정

Raspberry Pi에서는 시스템이 설치될 때 시스템의 설치 및 관리를 위해서 기본적으로 제공되는 사용자 계정이 있는데 그 중의 하나가 "pi" 계정으로 "raspberry" 라는 암호가 사전에 지정되어 있다. 따라서 이러한 기본 사용자 계정에 대해서는 특별한 추가 작업을 하지 않더라도 곧바로 사용할 수 있다.

5.2.3 logon 처리

booting 작업이 완료되면 시스템에 logon하는 화면이 나타난다. 사용자 ID를 입력하고 Enter 키를 누르면 암호를 입력하라는 지시사항이 표시되고, 해당 사용자에 맞는 정확한 암호를 입력하고 Enter 키를 누르면 Logon 절차가 완료된다.

정상적인 logon이 완료되면 아래 화면과 같이 "pi@raspberrypi ~ $"와 같은 prompt가 화면 하단부에 나타난다. 이 prompt는 여기에 컴퓨터가 실행할 명령을 입력할 수 있다는 의미이다. 비로소 사용자가 컴퓨터에 원하는 명령을 입력할 수 있는 상태가 된 것이다.

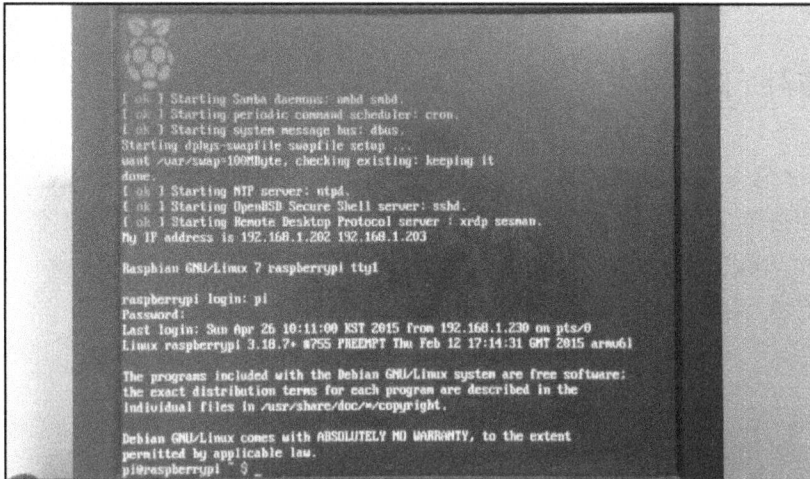

그림 5-4 Raspberry Pi logon 화면

5.3 시스템 Logout

5.3.1 logout 의미

logout은 전체 운영시스템은 그대로 두고, 시스템에 logon되어 있는 특정 사용자에 대한 처리를 종료하는 것이다. 따라서 해당 사용자가 처리 중이던 작업을 모두 중지시키고, 지정된 작업들이 모두 중지되면 해당 사용자가 사용하고 있던 모든 시스템 자원을 해방시키고, 시스템과 사용자와의 연결을 끊는다. 특정 사용자 계정을 logout하면 해당 계정만 종료하는 것이며, 시스템에서 실행되고 있는 다른 사용자계정에는 영향을 미치지 않는다.

5.3.2 logout 처리

시스템을 사용하던 특정 사용자 계정을 logout을 하고자 하면 아래 화면과 같이 해당 사용자가 logon되어 있는 상태에서 "logout" 명령을 입력하면 된다. 그러면 해당 사용자 계정이 종료하고 화면은 logon 이전 상태로 되돌아 가고, 새로운 사용자 계정에 대한 logon할 수 있는 상태가 된다.

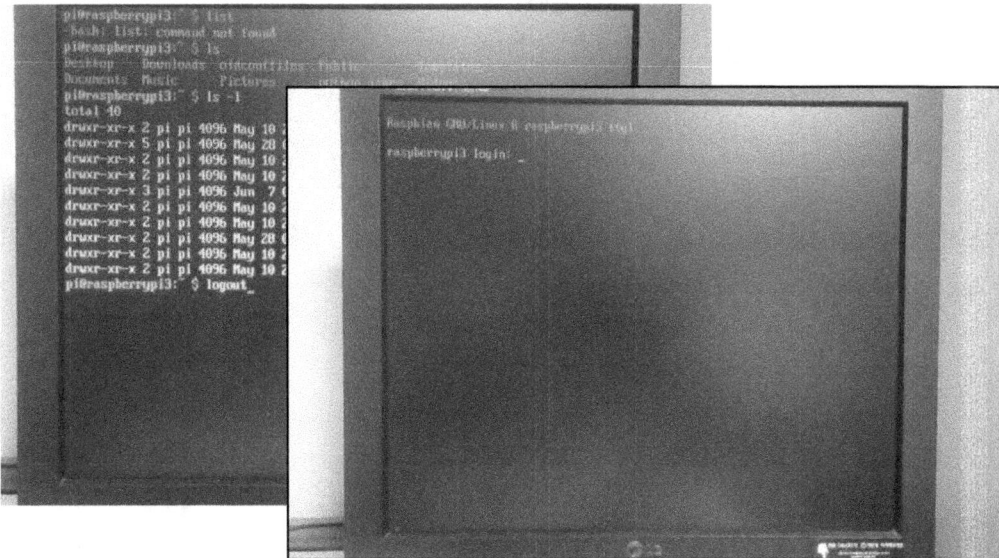

그림 5-5 logout 처리 및 처리 후의 상태

5.4 시스템 종료

5.4.1 시스템을 종료하는 방법

Linux 시스템에서 실행중인 시스템에서 빠져 나갈 때는 다음 명령을 사용할 수 있다.

- shutdown　　-- 시스템을 정상적으로 종료시킨다.
- reboot　　　-- 시스템을 halt하고 종료시킨 다음 시스템을 다시 시작한다.

이런 명령은 아래 화면과 같이 해당 명령을 입력하고 Enter 키를 누르면 실행된다.

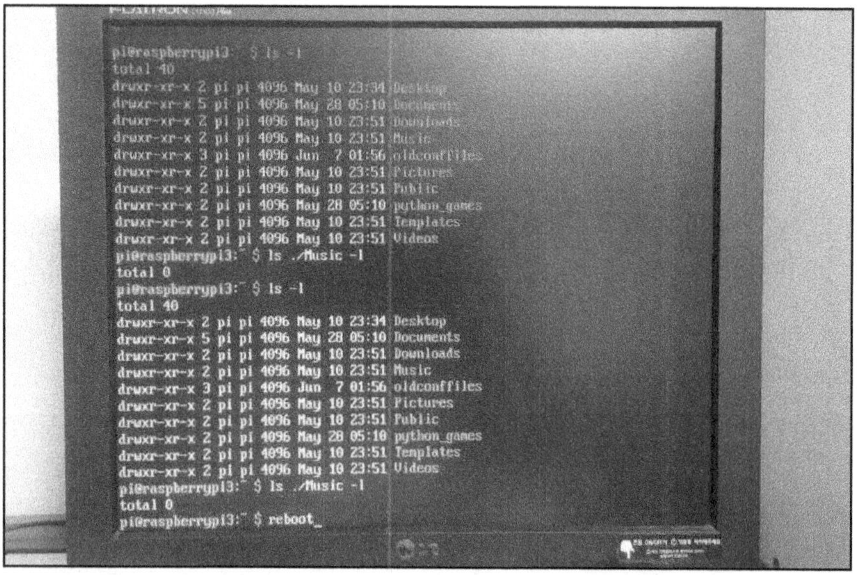

그림 5-6 shutdown / reboot 명령

5.4.2 shutdown 명령

shutdown은 시스템 전체를 정상적인 방법으로 종료시키는 것이다. 현재 실행중인 task가 있으면 모두 종료될 때까지 대기하고 있다가 모두 종료되었을 때 전체 운영시스템을 종료시킨다. 시스템이 종료되면 시스템에서 하고 있는 모든 작업들이 종료되고, 모든 네트워크 연결도 종료되며, logon한 사용자들에 대해서는 접속이 끊기게 된다.

5.4.3 reboot 명령

이것은 운영시스템의 halt와 boot 기능을 조합한 것으로, 현재의 운영시스템을 강제로 종료시키고, 다시 새롭게 운영시스템을 booting 하도록 지시하는 것이다. 이 명령을 수행하면 기본적인 효과는 현재의 시스템이 종료된다는 의미에서는 위의 halt과 동일하다. 하지만 여기서는 시스템이 완전히 종료된 다음 다시 booting과정을 거쳐서 시스템이 새롭게 시작하는 특징이 있다.

This Page is Intentionally Left Blank

Chapter 6 시스템 접속 방법과 종료

Chapter 주요 내용

여기서는 현대적인 컴퓨터 시스템과 네트워크 환경에서 시스템 접속에 대한 기본적인 개념과 관련 용어에 대해서 간략히 살펴 볼 것이다. 아울러 시스템 접속 방법에 따라 종료하는 절차와 방법을 안내한다.

다음과 같은 항목에 대한 내용을 포함하고 있다.
- 시스템 접속 개요
- local 접속
- 시스템 접속과 종료

6.1 시스템 접속 개요

6.1.1 시스템 기본 구성도

통상 현대적인 대형 컴퓨터 시스템들은 보통 다음과 같은 구성과 서로 간의 상관관계를 가지고 있다.

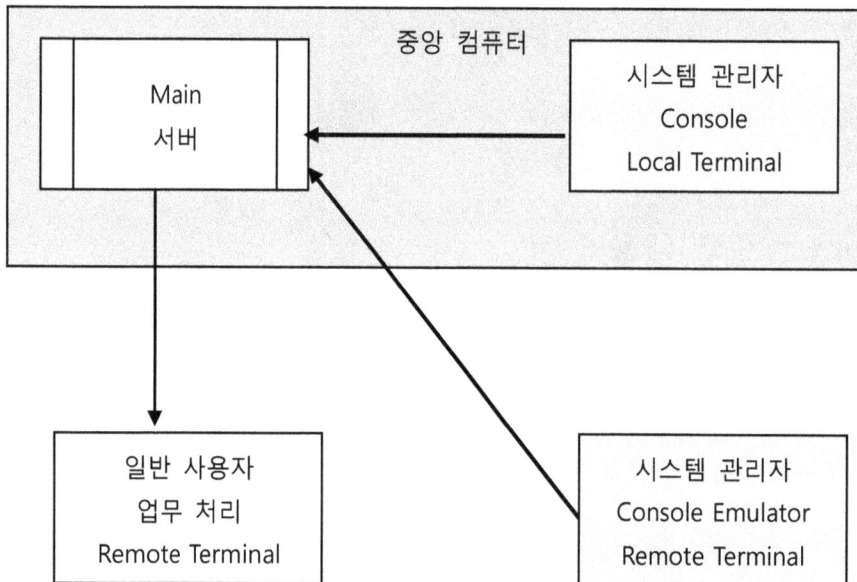

컴퓨터 시스템 체계의 중앙에는 해당 구성 체계에서 모든 컴퓨터 처리를 책임지고 담당하는 중앙 컴퓨터가 있다. 이 중앙컴퓨터는 보통 1대 또는 복수의 main server 컴퓨터로 구성되어 있고, 그러한 컴퓨터들을 관리하는 시스템 관리자용 console 컴퓨터가 연결되어 있다. 이들은 통상 별도로 특별한 통제하에 관리하는 전산실이나 데이터 센터 내부에 관리하고, 여러 가지 물리적 보안 장치를 통하여 접근을 통제하고, 많은 네트워크 보안장치를 사용하여 허용되지 않은 외부 접속을 통제한다.

시스템 구성에서 또 다른 구성원은 이러한 중앙 컴퓨터에 연결하여, 일반적으로 이러한 중앙 컴퓨터에서 제공하는 사전에 정해진 기능을 수행하는 일반 사용자용 컴퓨터들이 있다. 이들은 중앙 컴퓨터가 가지고 있는 막강한 처리 능력뿐만 아니라 각종 프로그램, database, web server 기능들을 활용하여 필요한 처리를 하게 된다.

또 하나 검토할 것은 시스템 관리자가 중앙의 main 컴퓨터를 관리할 때 과거에는 그 컴퓨터에 직접 케이블로 연결된 terminal에서만 가능하였지만, 최근에는 여러 가지 네트워크 환경과 기술의 발전으로 멀리 떨어진 remote 환경에서도 local terminal 환경에 있는 것과 동일하게 main server 컴퓨터를 관리할 수 있는 기능을 제공해 주고 있다. 따라서 요즘은 시스템 관리자도 remote 환경에서 관리하는 것이 보통이다.

6.1.2 시스템 접속 개요

6.1.2.1 console 과 terminal 개념

이들 용어는 과거의 컴퓨터 발전 역사와 함께 의미가 확장되었고, 현재도 여러 가지 의미로 혼용되고 있는 상황이다. Raspberry Pi는 일반적인 대형 컴퓨터와 달리 아주 작은 소형 컴퓨터이다. 이런 환경에서 논의의 단순화를 위해서 사용하는 용어의 의미도 단순화하여 이해하기 쉽도록 하고자 한다.

● **console**

전통적인 console은 host 컴퓨터에 직접 연결되어 컴퓨터 관리에 필요한 모든 명령을 내릴 수 있는 접속장치를 이야기한다. console은 보통 keyboard와 화면으로 구성되어 있는 물리적인 장치로서, 텍스트 형태의 명령을 입력할 수 있고, 컴퓨터의 운영체제에서 나오는 message를 보여주는 display 장치이다.

최근에는 terminal emulator와 virtual console 소프트웨어를 사용하여 과거의 console과 동일한 기능을 수행할 수 있는 기술이 개발되어 console의 의미를 물리적인 전용 console 장치에 한정하지 않고, 동일 기능을 수행할 수 있는 모든 컴퓨터, 프로그램, 또는 terminal이라는 개념으로 일반화되었으며, 일반 pc를 통해서도 원하는 console terminal 기능을 수행할 수 있도록 되었다.

Raspberry Pi에서 console은 통상 전통적인 console의 의미로 사용한다. 즉 Pi 시스템 h/w 본체에 있는 HDMI connector를 통하여 직접 연결된 물리적인 display 장치를 console이라는 용어로 사용한다. 이러한 console 장치에서는 특별한 절차 없이 Pi 시스템에 운영체제를 설치하거나 설치된 시스템을 booting을 할 때 나오는 모든 message를 확인할 수 있고, 필요한 조치를 취할 수 있다.

● terminal 개념

엄격한 의미의 terminal은 단일 컴퓨터나 컴퓨터 시스템 그룹에 명령을 입력하거나, 그들로 부터 나오는 메시지를 보여주는 단순한 장치를 의미한다. terminal의 기능은 기본적으로 컴퓨터 본체에 자료를 입력하거나 출력하는 것으로, terminal이 가지고 있는 처리능력에 따라 자체적인 처리능력이 어느 정도 있는 smart terminal, 전적으로 host 컴퓨터에 의존하는 dummy terminal 등이 있었다.

이런 의미에서 본다면 console도 terminal의 특수한 한 형태라고 할 수 있다. 최근에는 terminal 전용 장치를 사용하지 않고, 일반 PC에서 terminal 기능을 수행하는 terminal emulator 프로그램을 사용하여 일반 PC의 기능과 host 컴퓨터에 대한 terminal 기능을 동시에 수행할 수 있도록 되었다.

Raspberry Pi에서는 사용하는 terminal이란 용어는 공통적으로 물리적인 장치의 개념이 아니라 사용자와 Pi 시스템간의 connection 방식의 하나인 terminal 접속 또는 terminal 프로그램을 의미한다. 사용자는 terminal을 통해서 시스템에 logon하거나, TUI환경에서 시스템의 shell 명령을 실행할 수 있다. 이는 통상 다음에서 설명할 window 접속, window 프로그램과 대비하여 사용하는 것이 보통이다.

6.1.2.2   terminal 접속과 desktop window 접속

● **terminal 접속**

terminal 접속이란 외부에서 Pi 시스템에 연결하는 connection session의 한 형태로, 접속
후 logon 절차를 마치면, TUI(Text User Interface) 방식으로 shell 명령을 실행할 수 있는
terminal/Shell 화면으로 시작한다. 이것은 다음에 설명할 window 접속 방식과 대비되는
방식이다.

terminal 접속으로 Raspberry Pi 시스템에 연결하려면 다음 방식을 사용할 수 있다.
■ console을 통하는 방법
시스템에 직접 연결된 display 장치에서 terminal 기능을 통해서 시스템에 접속할 수
있다.

■ network를 통해서 접속하는 방법.
네트워크를 통하여 remote에 있는 Raspberry Pi 시스템에 연결하고 shell 명령을 실행
할 수 있는 terminal emulator 기능을 제공하는 원격접속 프로그램을 통해서 시스템에
접속할 수도 있다.

처음에 terminal 접속으로 시스템에 연결하여 logon 한 후, 필요하면 desktop window 화
면으로 진행할 수가 있는데, 이것은 이런 방식은 console에서만 사용할 수 있다.

● **desk top window 접속**

desktop window 접속은 현재 실행 중인 Pi 시스템을 외부에서 연결할 수 있는 connection
session의 한 형태로서, 접속 후 logon 절차를 마치면 GUI(Graphic User Interface) 방식인
desktop window 화면으로 시작한다.

처음에는 desktop window 접속으로 시스템에 연결하여 logon된 후에 desktop window에
서 제공하는 terminal emulator라는 특별한 프로그램을 이용하면 TUI 환경에서 shell 명령
을 실행할 수 있다.

6.1.2.3   local 접속과 remote 접속

local 접속이란 컴퓨터 본체와 가깝게 있는 장치에서 network를 거치지 않고 직접 연결을 통하여 컴퓨터 시스템에 접속한 상태를 의미하는 것으로, 실제적인 모습은 console을 통하여 접속한 것이다.

반면 remoter 접속은 물리적으로 멀리 떨어진 장치에서 network를 통하여 컴퓨터 시스템과 연결한 상태를 의미한다.

6.2 local 접속

여기서는 console에서 Pi 시스템에 접속하는 local 접속방식에 대해서 상세히 검토할 것이다. network를 통한 원격접속 방식에 대해서는 **[18.2 원격 terminal 연결]**에서 상세히 다루도록 하겠다.

6.2.1 console에서의 terminal 전개 구성도

Raspberry Pi 시스템의 console에서는 시스템에 연결할 때 모두 7개의 terminal 연결을 사용할 수가 있다. CTRL + ALT + F1 ~ F7를 누르면 시스템에서 제공되는 각각의 terminal 접속을 확인할 수 있다.

각각의 terminal 연결은 서로간에 영향을 주지 않고 독립적으로 작업을 할 수 있다. 각각의 terminal 연결에서는 별도의 사용자 계정으로 logon할 수도 있으며, 필요한 경우는 동일한 사용자 계정을 이용해서 여러 번 logon 하여 작업을 할 수도 있다

console에서는 terminal 상태를 다음과 같이 여러 가지 형태로 전개할 수 있다. terminal에서 Shell 로 진행하거나, terminal에서 desktop window로 진행할 수 있다. 필요하면 Shell에서 desktop window로 진행할 수도 있고, 또 desktop window에서 제공하는 LXTerminal을 이용하면 Shell을 실행할 수 있다.

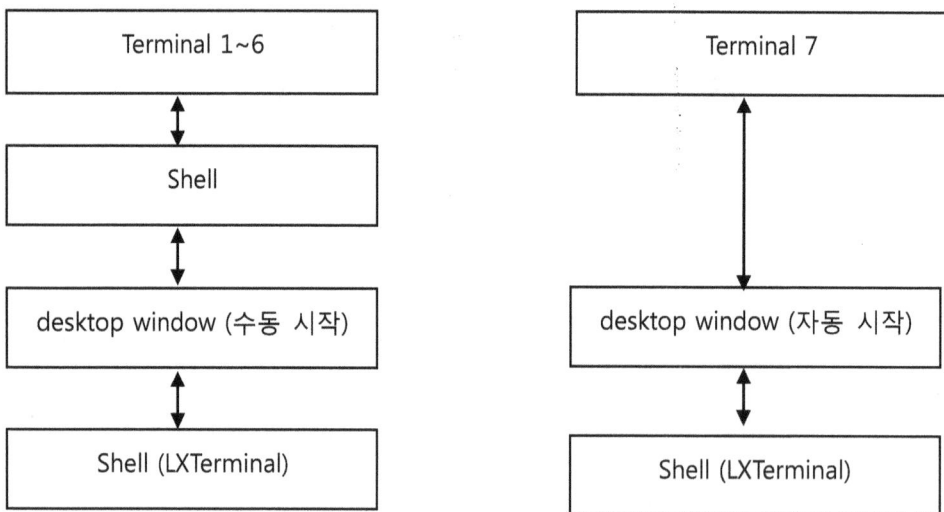

Terminal 1~6	Terminal 7
Shell	
desktop window (수동 시작)	desktop window (자동 시작)
Shell (LXTerminal)	Shell (LXTerminal)

6.2.2 local 접속 방식 설정

Pi 시스템이 booting할 때 console에서 처음 어떠한 방식으로 시작할 것인지는 시스템의 booting 관련설정에 따라 결정된다. booting option을 설정할 때 console에서 어떤 접속 방식을 사용할 것인지를 지정하는데, terminal 접속을 할 것인지, 아니면 desktop window 방식을 사용할 것인지를 결정한다. 이에 대한 상세한 절차와 내용은 **[9.5 booting 시작화면 설정]**의 설명을 참조하기 바란다.

6.2.3 terminal 접속

여기서는 booting할 때 처음 terminal로 시작하도록 설정되어 있는 경우에 대해서 설명하도록 하겠다.

6.2.3.1 local terminal 연결

Raspberry Pi 시스템에서 booting을 하면, 시스템에 연결된 console에서는 booting 관련된 여러 가지 메시지가 표시된다. booting이 완료되면, 다음과 같은 terminal 화면이 시작된다.

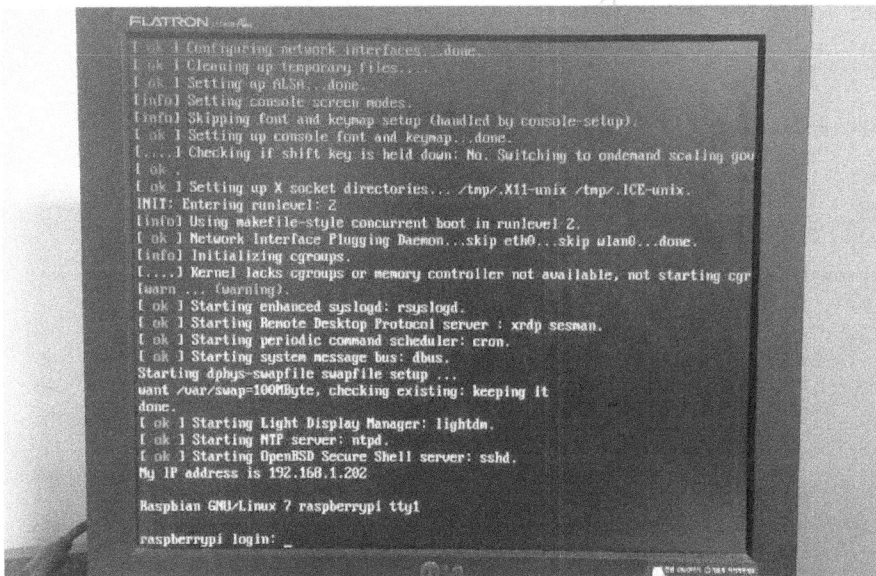

그림 6-1 local terminal 접속

이 화면은 시스템에서 booting을 한 직후 나타나는 화면으로, 여기서 사용자는 원하는 사용자 계정을 이용하여 시스템에 logon 할 수 있다.

위 화면의 내용을 검토해 보면 login 입력 행 위에 "Raspbian ~ Raspberrypi tty1" 이라는 내용이 보인다. 이것은 console에서 사용할 수 있는 terminal 접속 중에서 1 번 terminal 이라는 것을 의미한다.

Pi 시스템에서는 전체 7개의 terminal session을 제공하고 있는데, CTRL + ALT + F1 ~ F7를 누르면 다음과 같은 각각의 terminal 접속 화면을 확인할 수 있고, terminal session 화면 위에는 Raspberrypi tty1 ~ tty7의 이름이 부여되어 있는 것을 확인할 수 있다. 앞에서 설명한 것처럼 각 terminal에서는 서로간에 영향을 주지 않고 독립적으로 작업을 할 수 있다.

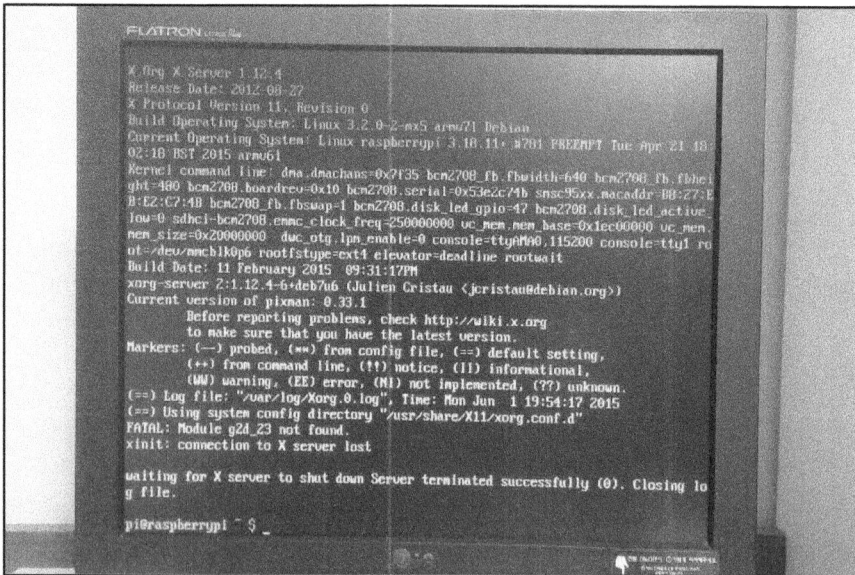

그림 6-2 local terminal 접속 session

6.2.3.2   terminal logon 및 Shell 프로그램 시작

Raspberry Pi 시스템의 terminal 화면에서 사용자를 지정하여 logon을 하면 시스템의 모든 명령을 수행할 수 있는 Shell 프로그램이 시작된다. 이것은 TUI(Text-based User Interface) 방식으로 작동하며 모든 처리가 키보드로 명령을 입력하는 방식으로 작동한다.

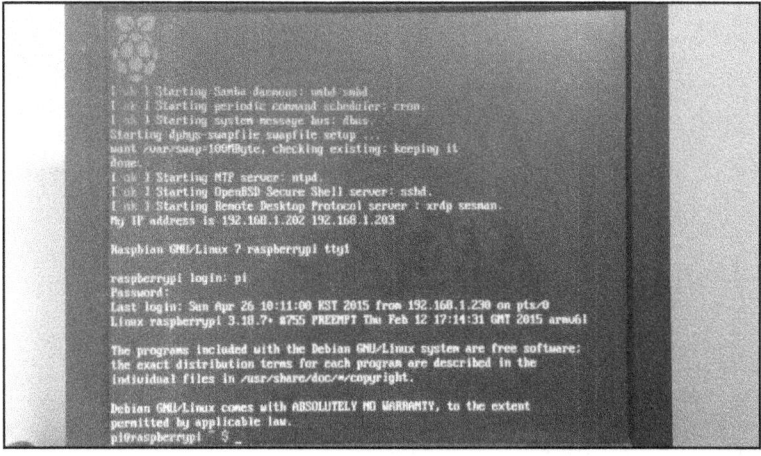

그림 6-3 **local terminal shell 프로그램 시작**

특정 Shell terminal 연결에서 logon한 사용자에 대한 처리를 종료하려면 logout 명령을 사용할 수 있다. logout이 되면 다음과 같이 새로운 사용자에 대한 logon을 할 수 있는 화면이 다시 나타난다.

6.2.3.3 Shell terminal 화면에서 desktop window 시작하기

처음 booting할 때 Shell terminal 화면으로 logon한 경우에는 별도의 명령을 사용하여 window 화면을 시작할 수 있다. 여기서 사용하는 명령이 [startx]이다. 이렇게 window 화면을 시작할 때는 이미 사용자가 logon되어 있는 상태이므로 별도 logon이 필요하지 않다.

[명령 형식]

```
startx [ [ client ] options ... ] [ -- [ server ] [ display ] options ... ]
```

[명령 개요]
- shell terminal 화면에서 desktop window를 시작하는 명령이다.
- 필요 권한   --- 일반 권한

[상세 설명]
- 이 명령은 X Window 형식의 GUI 환경을 사용할 수 있도록 해준다.

[주요 Option]

client	
--	client에 option과 server에 대한 option을 구분해주는 역할을 한다.
server	

[사용 Example]
아래와 같이 명령을 실행하여 window 화면을 시작한다.

```
pi@raspberrypi ~ $ startx
```

그러면 해당 사용자에 대한 window 화면이 시작된다

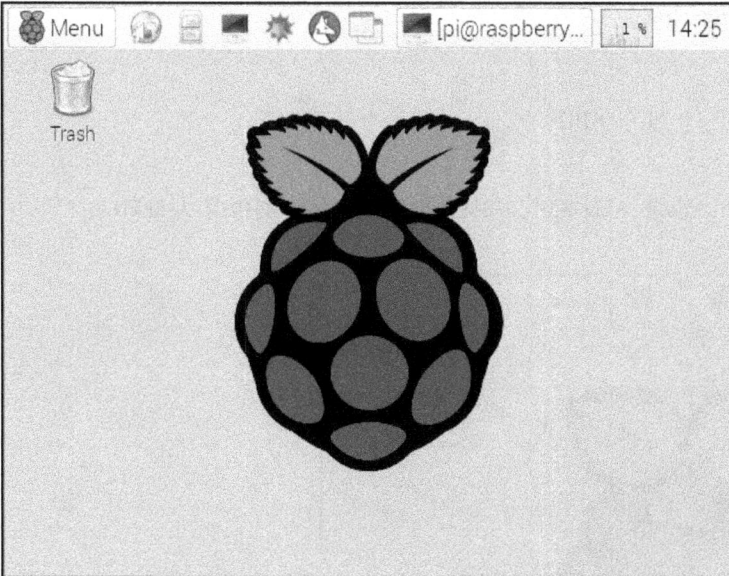

그림 6-4 **local terminal 접속 desktop window 화면 시작**

window 화면에서 logout을 하면 원래의 Shell terminal 화면으로 다시 돌아온다

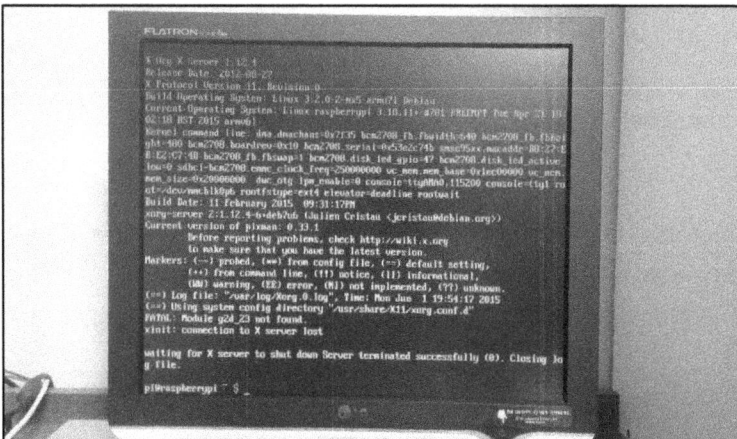

6.2.4 local desktop window 연결

6.2.4.1 local window 연결 및 login

RasPi 시스템에서 desktop window를 시작하면 아래와 같은 window 화면이 시작된다.

그림 6-5 **local desktop window 접속**

console에서 window를 시작하는 방법은 여러 가지가 있다. booting할 때부터 window가 시작되도록 할 수도 있고, booting할 때는 Shell terminal로 logon한 다음에 수동으로 window를 시작할 수도 있다. 설정에 대한 상세한 내용은 **[9.5 booting 시작화면 설정]**에 대한 내용을 참고하기 바란다.

어떠한 방법을 이용해서 window에 접속을 하던지 window 연결은 시스템에서 제공하는 7 개의 Shell terminal 중에서 하나를 사용하여 시작을 하는 것이 된다. booting 할 때 자동으로 window가 시작되도록 설정한 경우는 7번째인 tty7 terminal이 해당 window에 사용되며, terminal로 booting한 다음 특정 terminal에서 수동으로 window를 시작한 경우는 그 terminal session이 window 실행에 사용되는 것이 된다.

6.2.4.2 window에서의 terminal Shell 연결

window 화면에서 어떤 명령을 실행하기 위해서 command terminal이 필요할 수도 있다. 이때는 LXDE(Lightweight Desktop Environment)에서 제공하는 LXTerminal 프로그램을 실행할 수 있다.

이 프로그램을 실행하기 위해서는 Task Bar에 있는 **LXTerminal** 아이콘을 누르거나 **Menu → Accessories → Terminal**에서 해당 프로그램을 실행하다. 그러면 아래와 같이 명령을 실행할 수 있는 terminal이 나타난다. 이 terminal에서 시스템에 대한 모든 명령을 실행할 수 있다.

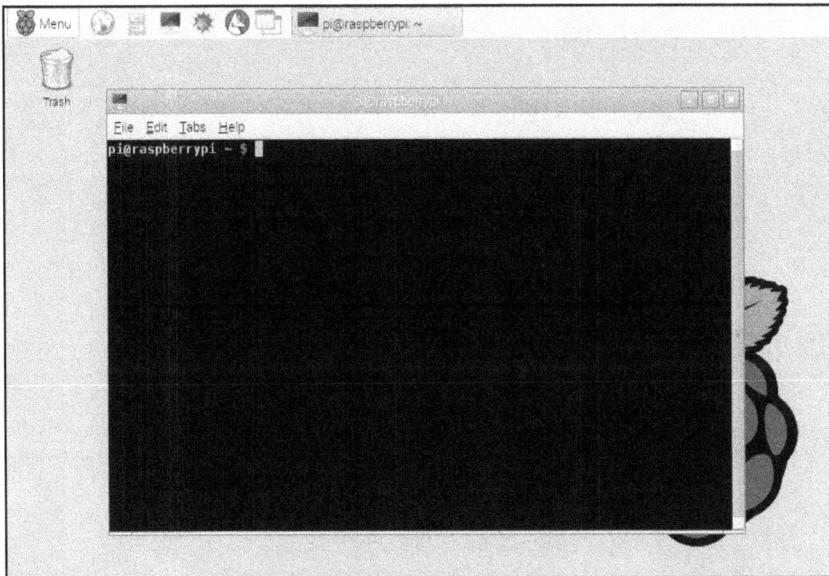

그림 6-6 desktop window에서 terminal shell 시작

사용자의 필요에 따라 여러 개의 terminal 화면을 동시에 열어서 독립적으로 실행할 수도 있다. 이렇게 여러 개의 terminal 화면이 실행되는 경우에도 그기에 사용되는 사용자 계정은 기본적으로 logon할 때 사용되는 사용자 계정이 기본적으로 사용되는 것이며, 각각의 terminal 화면에 대해서 독립적으로 logon 사용자 계정을 지정할 수는 없다.

6.3 시스템 접속과 종료

6.3.1 종료하는 방법

Linux 시스템에서 현재 실행중인 시스템에서 빠져 나갈 때는 기본적으로 다음 명령을 사용할 수 있다. 여기서는 이러한 각각의 종료 방식에 대해서 검토할 것이다.

- shutdown   -- 시스템을 정상적으로 종료시킨다.
- halt   -- 시스템을 강제로 종료시킨다.
- poweroff   -- 시스템을 halt하고 전원을 차단한다.
- reboot   -- 시스템을 halt하여 종료시킨 다음 시스템을 다시 시작한다.
- logout   -- 현재 사용중인 사용자를 종료시킨다.

이러한 명령을 실행하는 방법은 여러 가지가 있다.
- terminal에서 실행하는 방법
- window에서 메뉴를 통하여 처리하는 방법

6.3.2 terminal에서의 시스템 종료

6.3.2.1   shutdown 명령

shutdown은 시스템 전체를 정상적인 방법으로 종료시키는 것이다.

현재 실행중인 task가 있으면 모두 종료될 때까지 대기하고 있다가 모두 종료되었을 때 전체 운영시스템을 종료시킨다. 시스템이 종료되면 시스템에서 하고 있는 모든 작업들이 종료되고, 모든 네트워크 연결도 종료되며, logon한 사용자들에 대해서는 접속이 끊기게 된다.

이러한 중단의 효과는 특정 사용자에게만 미치는 것이 아니라 시스템을 사용하는 모든 사용자들에게 미치게 된다. 따라서 시스템에 여러 사용자들이 logon하여 작업 중이라고 하면, 해당 사용자들이 중단하지 않고 다른 작업을 하고자 하여도 모든 사용자들의 작업이 강제로 종료된다.

[명령 형식]

shutdown   [option]   time   [warning-message]

[명령 개요]

- 시스템을 정상적으로 종료하는 명령이다.
- 필요 권한   -- root 권한

[상세 설명]

이 명령이 실행되면 모든 task는 중지되며, 모든 사용자는 logoff 되고, 모든 network 접속은 끊어지고, 최종적으로 시스템이 종료된다.

[주요 option]

-k	don't really shutdown, only warn.
-r	reboot after shutdown.
-h	halt after shutdown.
-f	do a 'fast' reboot (skip fsck).
-c	cancel a running shutdown.
-t secs	delay between warning and kill signal.
time	When to shutdown.
warning message	Message to send to all users.

[사용 Example]

아래는 shutdown 명령을 실행한 것이다. .

```
pi@raspberrypi ~ $ sudo shutdown now
Broadcast message from root@raspberrypi (pts/0) (Sun Jun 14 11:25:44 2015):
The system is going down to maintenance mode NOW!
```

6.3.2.2 halt 명령

halt는 기본적으로 shutdown과 마찬가지로 시스템 전체를 종료시킨다. 차이점은 shutdown
은 시스템을 정상적으로 종료하지만, halt는 시스템을 강제로 종료시키는 것이다.

시스템을 강제로 종료시킨다는 것은 현재 실행중인 task가 있을 때 모두 정상적으로 종료
될 때까지 기다리지 않고, 현재 상태에서 모든 task를 강제로 종료시킨다는 것이다.

이 명령의 실행 결과는 위의 차이점을 제외하면 기본적으로 shutdown과 동일하다.

[명령 형식]

halt   [option]

[명령 개요]
- 시스템을 강제로 종료시킨다.
- 필요 권한   --- root 권한

[상세 설명]
- 이 명령이 실행되면 모든 task는 강제로 중지되며, 모든 사용자는 logoff 되고, 모든
  network 접속은 끊어지고, 최종적으로 시스템이 종료된다.

[주요 option]

-w	Don't actually reboot or halt but only write the wtmp record (in the /var/log/wtmp file).
-d	Don't write the wtmp record.
-f	Force halt or reboot, don't call shutdown(8).
-i	Shut down all network interfaces just before halt or reboot.
-h	Put all hard drives on the system in stand-by mode just before halt or power-off.
-p	When halting the system, switch off the power. This is the default when halt is called as poweroff.

[사용 Example]

아래는 halt 명령을 실행한 것이다..

```
pi@raspberrypi ~ $ sudo halt
```
```
Broadcast message from root@raspberrypi (pts/0) (Sun Jun 14 11:38:32 2015):
The system is going down for system halt NOW!
```

6.3.2.3 poweroff 명령

이것은 운영시스템의 halt 와 power off 기능이 결합된 것이다. 즉 halt명령으로 전체 운영 시스템을 종료시키고, 시스템 종료가 완료되면 시스템에 공급되는 전원을 차단하는 기능을 함께 실행한다.

Pi 시스템에서는 H/W에서 외부적인 power switch를 제공하지 않으며, 또한 내부적으로도 power를 차단하는 장치가 없으므로 운영체제가 shutdown되더라도 power는 계속 공급되는 상태로 남아 있어서, 실제로 전원이 차단되는 기능은 작동하지 않는다.

이 명령의 실행 결과는 위의 차이점을 제외하면 기본적으로 halt와 동일하다.

[명령 형식]

poweroff   [option]

[명령 개요]
- 시스템을 강제로 종료시키고, 전원 공급을 차단한다.
- 필요 권한   -- root 권한

[상세 설명]
이 명령이 실행되면 모든 task는 강제로 중지되며, 모든 사용자는 logoff 되고, 모든 network 접속은 끊어지고, 최종적으로 시스템이 종료된다.

[주요 option]

-w	Don't actually reboot or halt but only write the wtmp record (in the /var/log/wtmp file).
-d	Don't write the wtmp record.
-f	Force halt or reboot, don't call shutdown(8).
-i	Shut down all network interfaces just before halt or reboot.
-h	Put all hard drives on the system in stand-by mode just before halt or power-off.
-p	When halting the system, switch off the power. This is the default when halt is called as poweroff.

[사용 Example]

아래는 poweroff 명령을 실행한 것이다..

```
pi@raspberrypi ~ $ sudo poweroff

Broadcast message from root@raspberrypi (pts/0) (Sun Jun 14 11:58:50 2015):
The system is going down for system halt NOW!
```

6.3.2.4 reboot 명령

이것은 운영시스템의 halt와 boot 기능을 조합한 것으로, 현재의 운영시스템을 강제로 종료시키고, 다시 새롭게 운영시스템을 booting 하도록 지시하는 것이다.

이 명령을 수행하면 기본적인 효과는 현재의 시스템이 종료된다는 의미에서는 위의 halt과 동일하다. 하지만 여기서는 시스템이 완전히 종료된 다음 다시 booting과정을 거쳐서 시스템이 새롭게 시작하는 특징이 있다. 이 명령의 실행 결과는 위의 차이점을 제외하면 기본적으로 halt와 동일하다.

[명령 형식]

reboot   [option]

[명령 개요]
- 현재 실행중인 시스템을 종료시킨 다음, 시스템을 다시 booting 하도록 한다.
- 필요 권한   --- root 권한

[상세 설명]
이 명령이 실행되면 모든 task는 강제로 중지되며, 모든 사용자는 logoff 되고, 모든 network 접속은 끊어지고, 최종적으로 시스템이 종료된 후 다시 booting한다.

[주요 option]

-w	Don't actually reboot or halt but only write the wtmp record (in the /var/log/wtmp file).
-d	Don't write the wtmp record.
-f	Force halt or reboot, don't call shutdown(8).
-i	Shut down all network interfaces just before halt or reboot.
-h	Put all hard drives on the system in stand-by mode just before halt or power-off.
-p	When halting the system, switch off the power. This is the default when halt is called as poweroff.

[사용 Example]

아래는 reboot 명령을 실행한 것이다. .

```
pi@raspberrypi ~ $ sudo reboot
```

```
Broadcast message from root@raspberrypi (pts/0) (Sun Jun 14 11:58:50 2015):
The system is going down for system halt NOW!
```

6.3.2.5 Logout 명령

logout은 전체 운영시스템은 그대로 두고, 시스템에 logon되어 있는 특정 사용자에 대한 처리를 종료하는 것이다.

따라서 지정된 사용자가 처리 중이던 작업을 모두 중지시키고, 지정된 작업들이 모두 중지되면 해당 사용자가 사용하고 있던 모든 시스템 자원을 해방시키고, 시스템과 사용자와의 연결을 끊는다.

이러한 중단의 효과는 logout을 한 특정 사용자에게만 미치고 다른 사용자들에게는 전혀 영향을 미치지 않는다. 따라서 다른 사용자들은 방해를 받지 않고 계속 작업을 진행할 수 있다.

[명령 형식]

```
logout
```

이렇게 특정 사용자가 logout 처리되면, 접속방식에 따라 시스템과의 접속 자체가 끊어질 수도 있고, 접속은 그대로 유지된 상태로 다른 사용자가 logon 할 수 있는 상태가 될 수도 있다.

- local에서 Shell terminal로 접속한 경우 logon 이전 화면으로 돌아 간다.
- 네트워크를 통하여 원격으로 Shell terminal에 접속한 경우는 접속 프로그램이 종료된다.
- window의 terminal에서는 logout을 실행할 수 없다.

6.3.3 window에서의 시스템 종료

window 화면에서 window를 종료하고자 하면 **Menu → Shutdown** 메뉴를 실행한다.
[Shutdown] 메뉴는 시스템을 중단시키거나, 부팅을 새로이 하거나, 현재 사용자 계정에서
logout하는 기능을 제공한다.

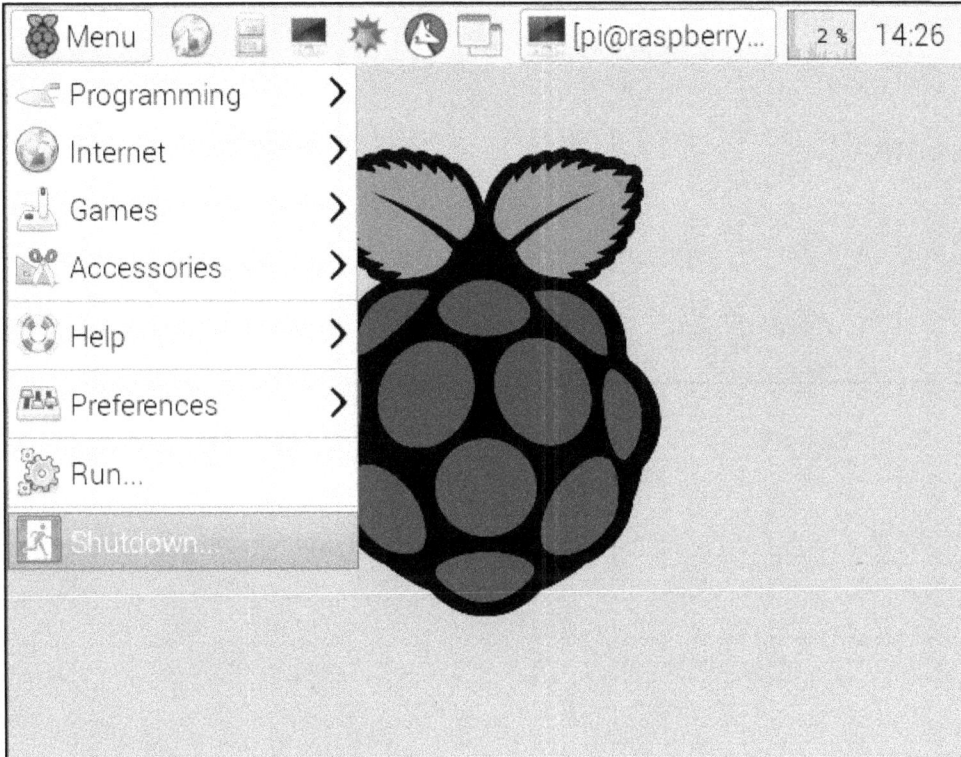

그림 6-7 window에서 시스템 종료

Menu → Shutdown을 누르면 shutdown, reboot, logout을 선택할 수 있는 팝업 화면이 나타난다. 여기서 사용자가 원하는 항목을 선택하면 해당 작업이 실행된다.

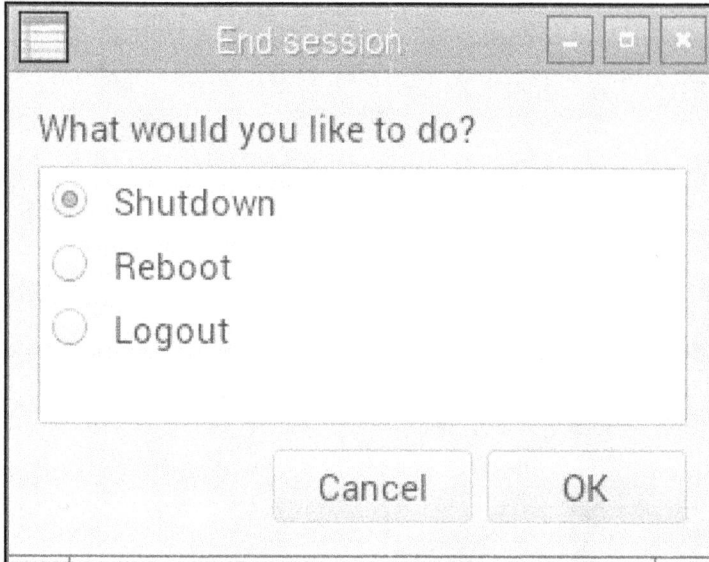

6.3.3.1　shutdown 메뉴

[shutdown] 메뉴의 팝업 화면에서 [shutdown]을 선택하면, 시스템 전체가 정상적으로 shutdown 처리된다.

기본적인 처리 내용은 [shutdown] 명령과 동일하다. 모든 task가 종료되고, 네트워크 접속이 종료되고, 모든 사용자가 logout 처리되며, 시스템 자체가 종료된다. 상세한 내용은 **[6.3.2 terminal에서의 시스템 종료]**의 설명을 참조하기 바란다.

6.3.3.2　reboot 메뉴

[shutdown] 메뉴의 팝업 화면에서 [shutdown]을 선택하면, 시스템 전체가 정상적으로 shutdown 처리된다.

기본적인 처리 내용은 [reboot] 명령과 동일하다. 모든 task가 종료되고, 네트워크 접속이 종료되고, 모든 사용자가 logout 처리되며, 시스템 자체가 종료된 후 시스템이 다시 시작된다. 상세한 내용은 **[6.3.2 terminal에서의 시스템 종료]**의 설명을 참조하기 바란다.

6.3.3.3 logout 메뉴

[shutdown] 메뉴의 팝업 화면에서 [logout]을 선택하면, 현재 logon되어 있는 사용자만 logout 처리된다.

기본적인 처리 내용은 [logout] 명령과 동일하다. 해당 사용자의 모든 task가 종료되고, 네트워크 접속이 종료되지만, 다른 사용자나 시스템 자체는 정상적으로 실행된다. 상세한 내용은 **[6.3.2 terminal에서의 시스템 종료]**의 설명을 참조하기 바란다.

window 화면에서 logout하면 처음의 접속방식에 따라 여러 가지 상태로 전환된다.
■ 네트워크를 통해 원격으로 window에 접속한 경우는 접속 프로그램이 종료된다.

■ local에서 Shell terminal로 접속한 다음 "startx" 명령으로 수작업으로 window를 시작한 경우는 window를 시작하기 이전 상태로 돌아간다. 이 상태에서는 window만 종료하고 해당 사용자의 logon은 그대로 유지된다.

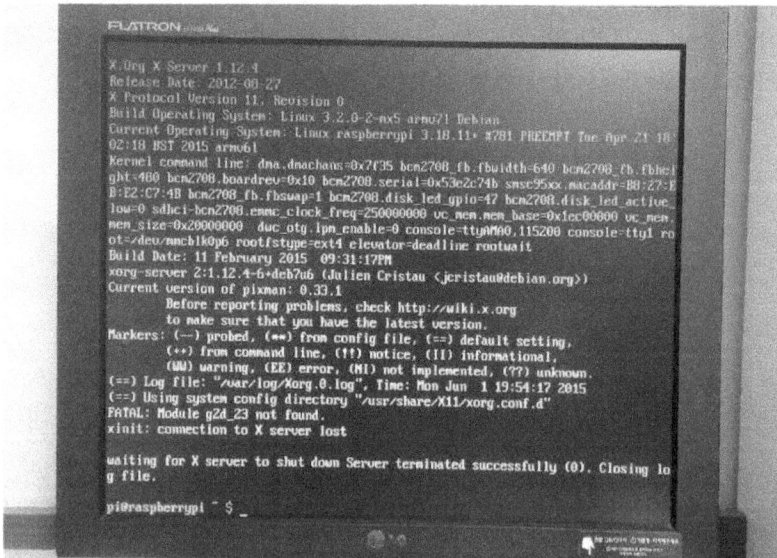

■ local에서 booting할 때 window로 자동 접속한 경우는 새로운 window logon 화면으로 돌아간다. 여기서 새로운 사용자를 이용하여 다시 logon할 수 있다.

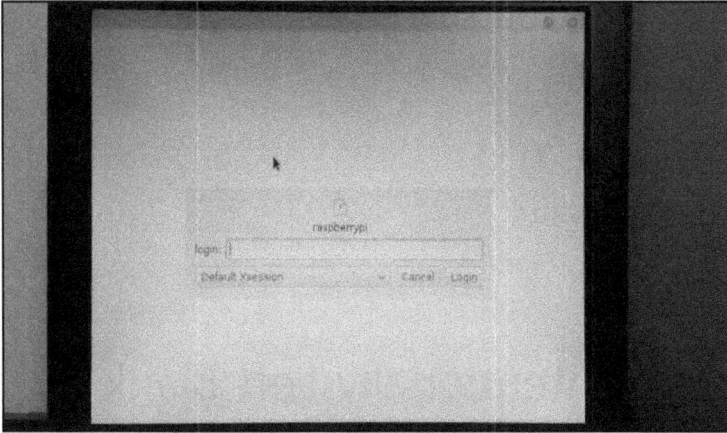

This Page is Intentionally Left Blank

Chapter 7 desktop window 둘러보기

Chapter 주요 내용

여기서 우리는 Raspberry Pi 시스템이 제공하는 window의 내용에 대해서 간략히 살펴보기로 하겠다. 우리는 여기서 Raspberry Pi 시스템의 window에서 제공하는 모든 기능에 대해서 세부적으로 취급하지는 않을 것이며, 전체적인 구조를 파악하고 작동하는 기본적인 원리에 대해서만 알아 보도록 할 것이다. 또한 programming 과 같은 일부의 항목들에 대해서는 이 책의 다른 절에서 세부적으로 다루도록 하겠다.

다음과 같은 항목에 대한 내용을 포함하고 있다.
- Raspbian 운영체제 window의 특징
- window의 기본 구조
- window Panel 및 desktop의 구조
- 주요 실행 프로그램
- Help
- Preference
- Run
- Shutdown

7.1 Raspbian 운영체제 window의 특징

7.1.1 왜 window를 사용하는가?

아래는 window 시스템의 화면이다. 간단히 살펴보면 전체적인 모습은 사실 다른 운영체제의 window와 크기 달라 보이지 않는다.

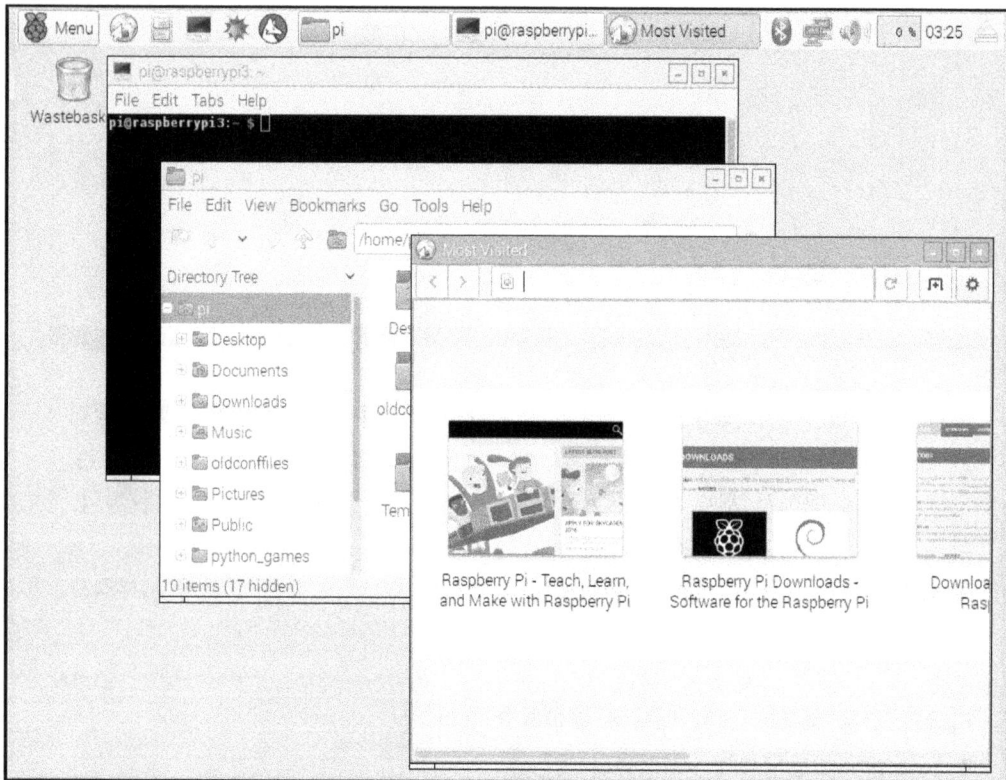

그림 7-1 desktop window overview

이미 여러분들은 MS Window나 Mac 운영체제에 대해서 잘 알고 있을 것이다. 문서를 작성하거나, 작성된 자료를 복사, 이동, 삭제하는 작업을 할 때도 window 화면에서 각종 아이콘이나, 그림, 버튼 등을 마우스로 click하거나 drag하는 등의 동작을 통해서 작업을 수행하게 된다.

무엇보다도 window에서 제공하는 핵심적인 기능은 시스템이 가지고 있는 수많은 자료들을 window를 통해서 손쉽게 찾을 수 있다는 것이다. 간단한 마우스 조작만으로 시스템이 어떤 자료를 가지고 있는지를 한눈에 쉽게 확인할 수 있으며, 해당 파일이 있는 위치로 간단하게 이동할 수 있다는 것이다.

또한 특정 기능을 실행할 때 화면에 있는 아이콘과 메뉴를 선택하여 처리하기 때문에 작업을 하는데, 필요한 수많은 명령이나 프로그램 이름을 몰라도 문제가 없다는 것이다. 그러한 명령은 아이콘이나 메뉴를 정의할 때 내부적으로 명령을 포함하고 있으면서, 마우스나 키보드로 해당 항목을 선택만 하면 특별한 명령을 입력하지 않더라도 사전에 정의되어 있는 명령이 자동으로 실행되는 기능일 것이다.

Raspberry Pi 시스템이 제공하는 window도 기본적으로 이와 동일한 기능을 제공하고 있다는 점에서 MS Window나 Mac 운영체제에서 제공하는 window와 동일하다고 할 수 있을 것이다.

7.1.2 X Windows와 LXDE

X Window System은 X11, X, 또는 X-Windows라고도 불리는데, 이는 Unix/Linux 계통의 컴퓨터에서 GUI 환경을 사용하는데 필요한 framework을 제공한다. X-Windows는 client-server방식으로 작동하는데, X-server는 여러 가지 종류의 client 프로그램과 서로 통신을 하면서 작동한다. X-serve는 windows 화면을 내보내기도 하고, 키보드나 마우스, 터치스크린과 같은 사용자 입력을 받아서 처리하기도 한다.

Linux에서는 X Window System에 기반을 두고 있는 여러 가지 GUI window를 사용할 수 있다. 통상 특정 Linux 배포판에서는 기본 GUI window가 포함되어 있지만, 필요하면 다른 것으로 변경할 수도 있다.

통상 컴퓨터의 하드웨어 성능의 대부분을 사용하는 것은 시스템 운영에 필요한 기본적인 명령이 아니라GUI 기능을 구현하기 위해서 필요한 그래픽 인터페이스이다. 결국 시스템의 기본 기능이 아니라 사람들과의 교감에 대부분의 하드웨어 자원을 사용한다는 것이다.

Raspberry Pi 시스템의 하드웨어는 최근 많은 성능 향상이 이루어졌지만 여전히 그 성능은 일반 사무용 컴퓨터가 제공하는 성능보다 훨씬 떨어진다고 할 수 있을 것이다. 결국 Raspberry Pi 시스템의 하드웨어 성능으로 일반 컴퓨터가 제공하는 모든 GUI 기능을 제공하기는 어렵다고 할 수 있다. 이런 제약을 감안하여 Raspberry Pi에서 제공하는 window는 하드웨어의 성능과 사용자의 편리성을 고려하여 적절한 타협을 통해서 최적의 해결책을 제공하고 있는데, 이렇게 해서 만들어진 것이 LXDE이다.

LXDE(Lightweight X11 Desktop Environment)는 성능이 낮은 하드웨어서도 무난하게 실행될 수 있도록 설계되었다. window의 편리성을 확보하기 위해서 기본적인 필수 기능들은 제공하되, CPU나 메모리를 효율적으로 사용하기 위해서 불필요한 기능들을 제거하여 시스템을 운영하는데 문제가 없도록 하였다.

7.1.3 다른 운영체제 window와의 차이점

이미 여러분들은 MS Window나 Mac 운영체제 시스템에서는 거의 모든 작업이 window를 기반으로 처리되고 있는 것을 잘 알고 있을 것이다. 일반 사용자들이 처리하는 간단한 자료관리 작업뿐만 아니라, 시스템 관리자나 운영자가 시스템을 새로이 설치하거나 수정하고, 네트워크에 대한 시스템 설정을 조정하는 작업도 window에서 기본적으로 제공하는 아이콘이나 메뉴를 이용해서 처리하고 있음을 알고 있다.

하지만 Raspberry Pi 시스템의 window는 MS Window나 Mac 운영체제에서 제공하는 window와 조금 다른 성격을 가지고 있다고 할 수 있다. 결론부터 이야기하자면 Raspberry Pi시스템에서 제공하는 window는 시스템 접근에 대한 아주 기본적인 뼈대만 제공하고, 나머지 많은 작업들은 여전히 window가 아닌 Shell terminal에서 명령을 수동으로 입력하여 처리해야 한다는 것이다.

하지만 그렇다고 그렇게 실망할 필요는 없다. 사실 내용을 조금만 더 파악해 보면, MS Window나 Mac 운영체제도 Raspberry Pi 시스템의 window 기능과 비록 정도의 차이는 있을지언정 비슷한 상황이라는 것을 알 수 있다. MS Window나 Mac 운영체제를 조금 깊이 있게 사용하는 사람들이나, 시스템 관리자나 운영자들처럼 시스템 작업을 많이 하는 사람들은 이미 알고 있겠지만, 운영체제에서 제공하는 명령들은 종류도 많지만 특정 명령을 처리하는 방식도 여러 가지가 있기 때문에 window 화면에서 모든 명령에 대한 모든 처리방식을 지원할 수는 없다. 다만 window에서는 그러한 명령들 중에서 대표적인 명령과 대표적인 처리방식에 대한 기능을 제공하고 있는 것이다.

따라서 사실 이들 MS Window나 Mac 운영체제 시스템에서도 모든 명령처리를 window로 처리할 수가 없기 때문에 여기서도 여전히 Shell terminal이 많이 사용되고 있는 것을 확인할 수 있다.

아래는 MS Window에서 제공하는 Shell 처리 프로그램의 화면이다. 이러한 명령처리 프로그램을 통해서 window로 처리할 수 없는 많은 명령들을 처리할 수 있는 기능을 제공하고 있는 것이다.

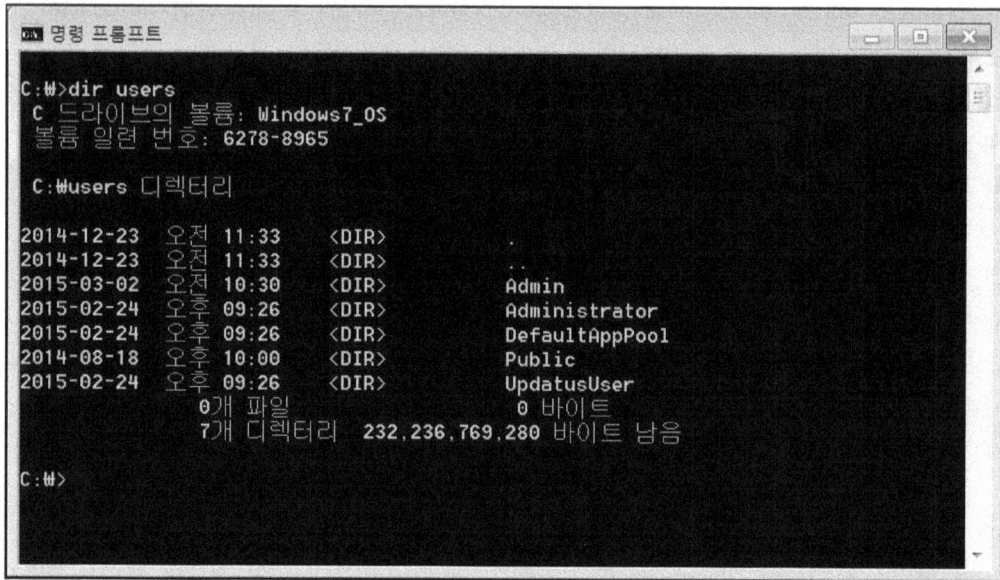

그림 7-2 MS Window 명령처리 프로그램

7.2 window 기본 구조

우리는 여기서 먼저 window의 기본 구조에 대해서 살펴보기로 하겠다. 여기서는 전체적인 구조에 대해서만 간략하게 살펴볼 것이며, 각 항목에 대한 상세한 내용은 별도의 장에서 살펴 보도록 하겠다.

7.2.1 window 시작화면

다음 화면은 window를 처음 시작했을 때 나타나는 window 시작화면이다.

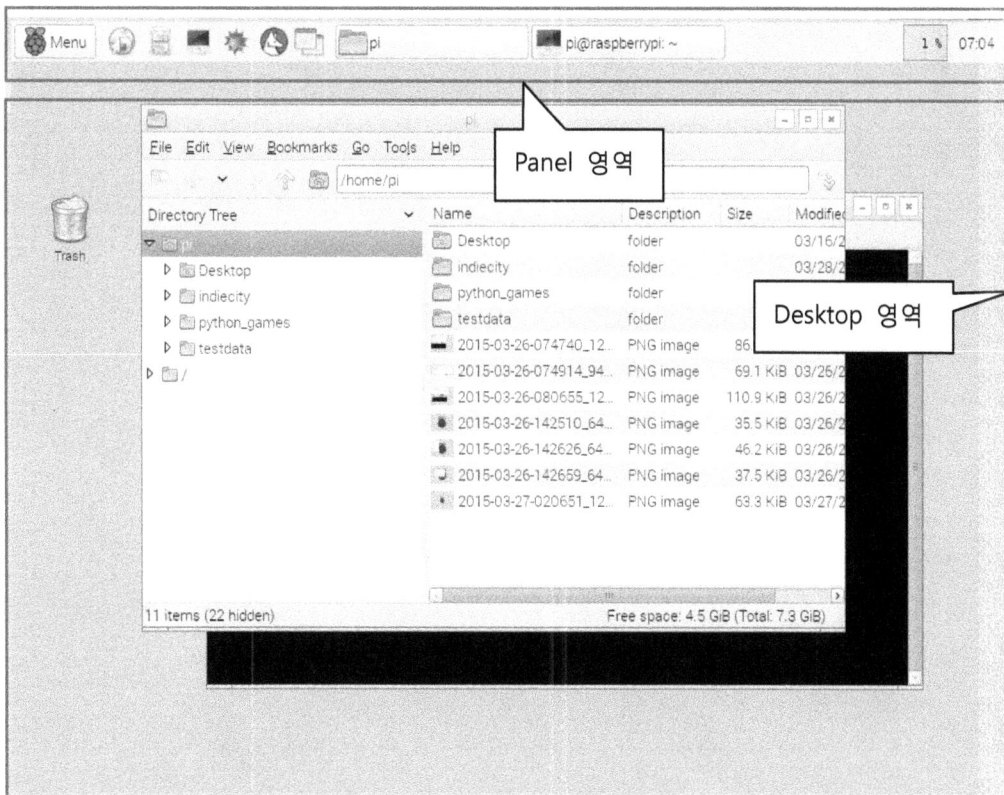

그림 7-3 window 기본 구조

window 화면은 크게 보면 전체가 [Panel] 영역과 [Desktop] 영역으로 구분되어 있다. 위의 화면에서 굵은 경계선로 구분 표시되어 있는 부분이다.

위 화면에서 윗 부분에 있는 것을 [Panel] 이라고 하며, 사용자의 설정에 따라 상, 하, 좌, 우로 이동시킬 수가 있다. [Panel] 영역은 통상 window를 통제하고 조정하는 역할을 한다.

반면 화면 중간에서 화면의 대부분을 차지하고 있는 부분을 [Desktop] 영역이라고 하는데, 사용자가 현재 작업하고 있는 환경을 나타낸다.

7.2.2 Panel 영역 구성

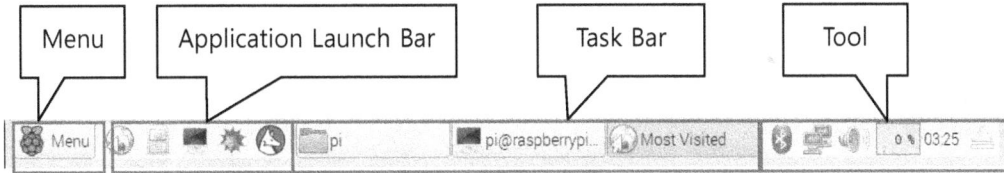

그림 7-4 pannel의 영역 구성

■ **Panel**

화면 맨 위에 있는 전체 영역을 [Panel] 이라고 한다. 사용자의 설정에 따라 상, 하, 좌, 우로 이동시킬 수가 있다.

[Panel] 영역은 통상 window를 통제하고 조정하는 역할을 하는데, 시스템을 중단하거나, 새로이 시작할 수 도 있다. 또한 특정 프로그램을 시작하거나 시스템의 전체적인 상태를 표시해 주는 역할을 한다.

이 Panel은 목적에 따라 여러 개의 영역으로 구분하고, 각각의 영역을 특별한 기능을 수행하도록 정의하여 사용할 수 있는데, [Menu], [Application Launch Bar], [Task Bar], [Tool] 등이 대표적으로 사용되는 영역이라고 할 수 있다.

■ **Menu**

화면 왼쪽 위에 있다. [Menu]는 window에서 실행할 수 있는 프로그램 중에서 가장 많이 사용되는 중요 프로그램들에 대한 메뉴 목록을 가지고 있다. 여기에 있는 메뉴에서 원하는 프로그램을 곧바로 실행할 수가 있다.

■ **Application Launch Bar**

화면 위의 왼쪽에서 [Menu] 오른쪽이 있다. [Application Launch Bar]는 window에서 실행할 수 있는 각종 프로그램 목록을 가지고 있다.

- **Task Bar**

  화면 위에서 중간에 있다. [Task Bar]는 window에서 현재 실행되고 있는 프로그램으로 desktop화면에 있는 window를 나타내고 있다. 현재 바탕화면에 있는 window와 하나씩 대응되어 표시된다.

- **Tool**

  화면 위의 오른쪽에 있다. [Tool]은 유선 네트워크나 무선 네트워크의 상태를 확인하고, 조정이 필요하면 필요한 설정을 할 수 있으며, 시스템의 CPU 상태와 같이 시스템의 특정 리소스를 monitoring할 때 사용할 수 있다.

7.2.3 desktop 영역의 구성

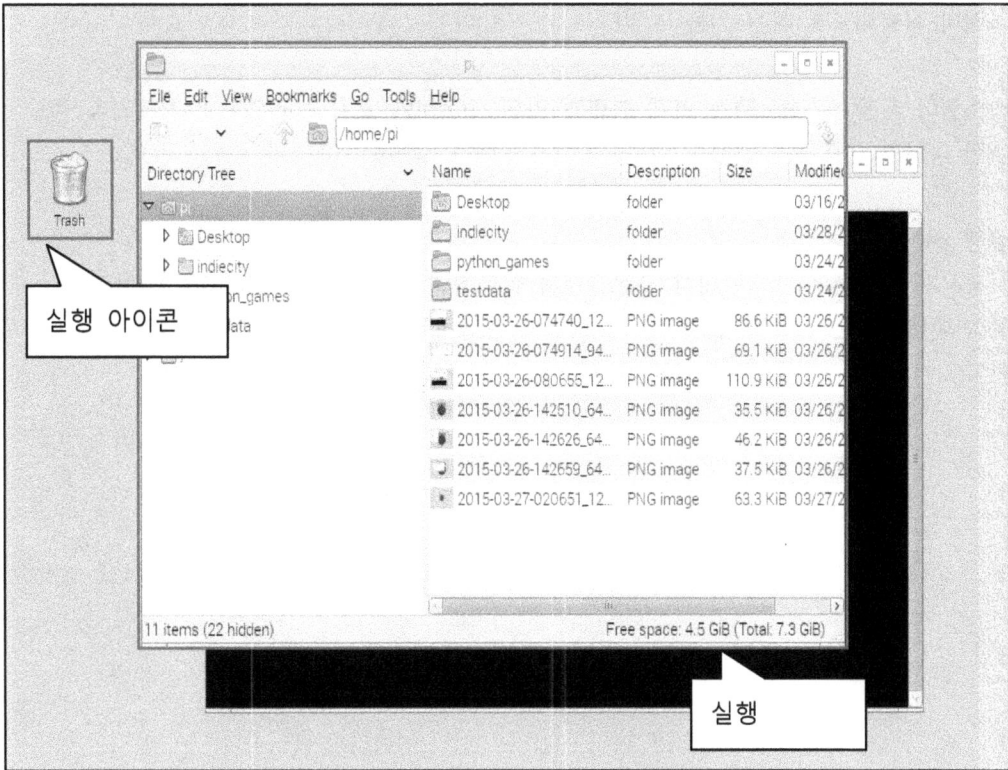

그림 7-5 window desktop 영역의 구성

■ **Desktop**

[Desktop]은 특정 사용자가 현재 작업하고 있는 환경을 나타낸다. 사용자가 특정 프로그램을 실행하면 그 프로그램의 실행 상태를 window라는 형태로 처리 결과를 보여줄 뿐만 아니라, 사용자들로부터 필요한 사용자로부터 명령이나 입력을 받고, 처리를 한 다음 결과를 표시해 주는 역할을 한다.

■ **실행 아이콘**

특정 프로그램이나 명령을 실행할 때 사용되는 이들 아이콘에는 특정 프로그램을 실행하는 명령과 연결되어 있어서 특별한 명령을 입력하지 않아도 사전에 지정된 프로그램이 실행되도록 하는 기능이 있다.

시스템이 처음 설치될 때는 현재 화면과 같이 [Trash]만 표시되어 있지만 사용자가 원하면 다양한 아이콘을 생성할 수 있다.

■ **실행 window**

사용자가 시스템에서 명령이나 프로그램을 실행하면, 그 실행 결과를 window화면을 통하여 바탕화면에 보여 주고, 이 window를 통하여 사용자로부터 입력을 받아서 처리한다.

7.3 Panel(메뉴 및 작업표시줄)의 세부 구조

7.3.1 Panel의 설정

Raspberry Pi 시스템에는 Panel의 구성이나 처리할 수 있는 기능, 모양, 위치 등을 사용자의 필요에 따라 조정할 수 있는 기능을 제공하고 있다. Panel의 어디서나 마우스 오른쪽 버튼을 누르면, 화면과 같은 팝업 메뉴가 나타난다. 여기서 [Panel Settings]라는 메뉴를 이용하면 필요한 설정작업을 할 수 있다.

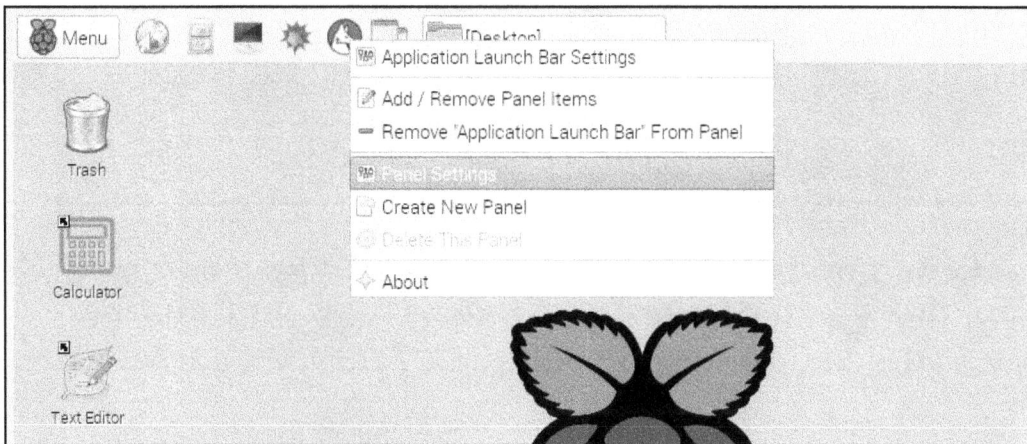

그림 7-6 window panel 설정

해당 메뉴를 선택하면 다음과 같은 팝업 화면이 표시된다. 각각의 Tab별로 설정항목들이 구분되어 관리되고 있다. [Geometry] 화면에서는 panel의 위치와 크기 등에 대한 설정을 할 수 있다. [Appearance] 화면에서는 panel의 색상과 폰트 크기 등에 대한 설정을 할 수 있다.

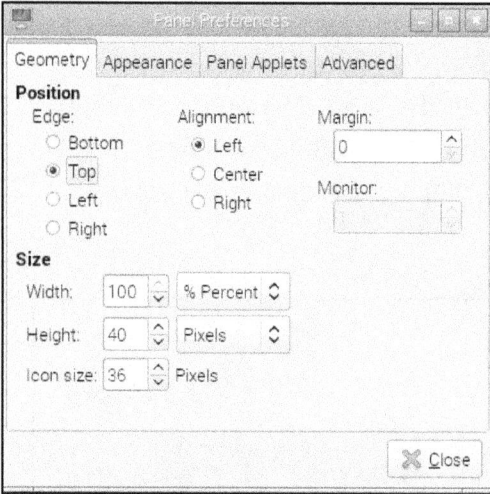

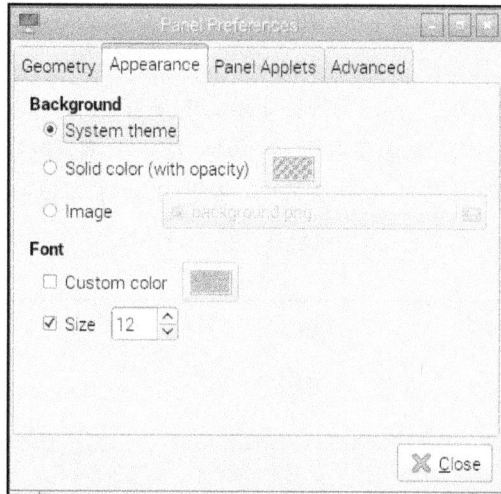

[Panel Applets] 화면에서는 전체 panel 공간을 일정한 영역으로 구분하고 각각의 영역에 사용자가 간편하게 실행할 수 있는 프로그램을 지정하거나, 시스템 상태를 표시해 주는 도구들을 지정할 수 있다. [Advanced] 화면에서는 panel과 관련된 기타 설정 작업을 할 수 있다.

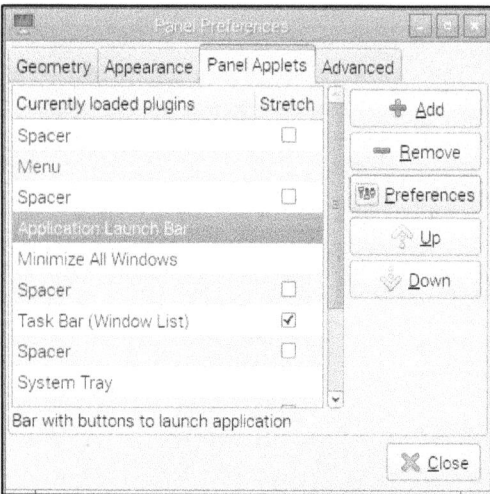

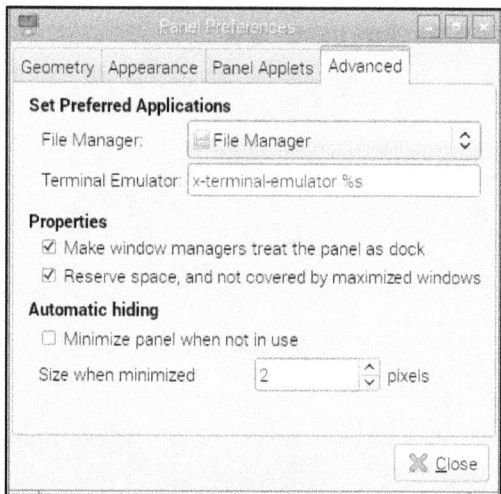

[Panel Applets] 화면에의 설정에 대해서 조금 상세히 살펴 보도록 하겠다. 화면에서 [Add] 버튼을 누르면 사용자가 사용할 수 있는 프로그램 목록이 표시되고, 원하는 항목을 선택하면 그 항목이 panel 항목에 추가된다. 필요 없는 항목을 삭제할 수도 있고, 위, 아래로 위치를 조정할 수도 있다.

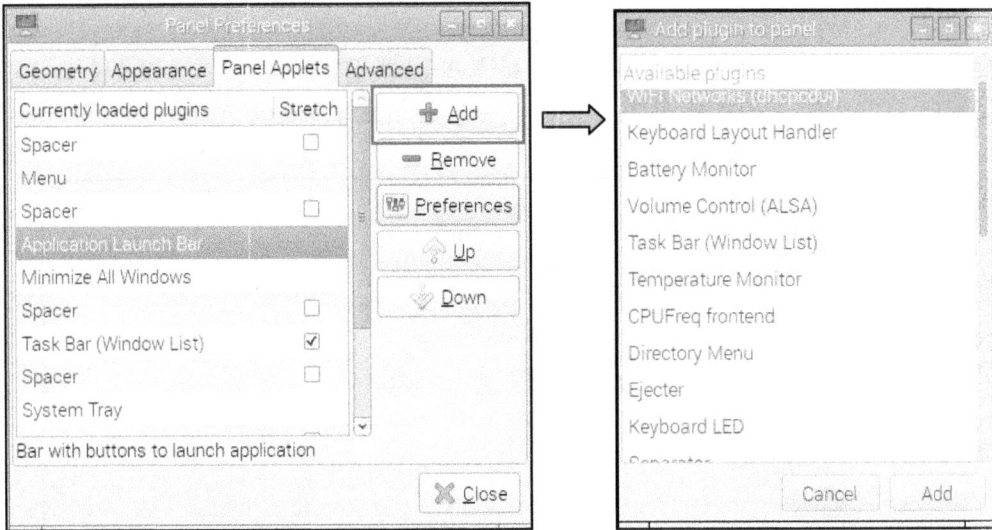

Panel에 선택된 각각의 항목에 대해서 [Preferences] 버튼을 누르면 세부적인 사항을 정의할 수 있는데, [Application Launch Bar]에 대해서는 사용자가 메뉴를 통하지 않고 간편하게 실행할 수 있는 프로그램을 지정하여 사용할 수가 있다.

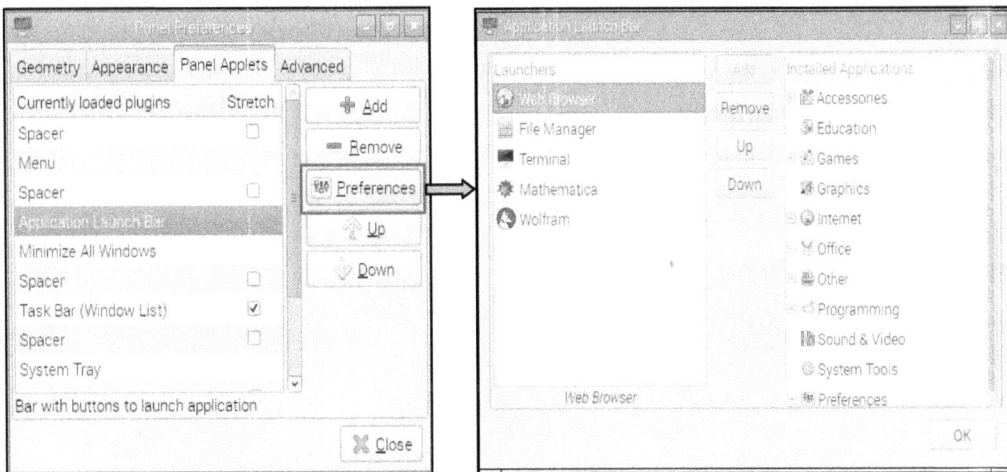

7.3.2 Menu(시작메뉴)

7.3.2.1 Menu 실행

마우스를 이용해서 [Panel] 왼쪽에 있는 [Menu]를 눌러 보면 실행할 수 있는 프로그램 그룹 목록들이 나타나고 그 하부에 실제 실행할 수 있는 프로그램 목록이 표시된다.

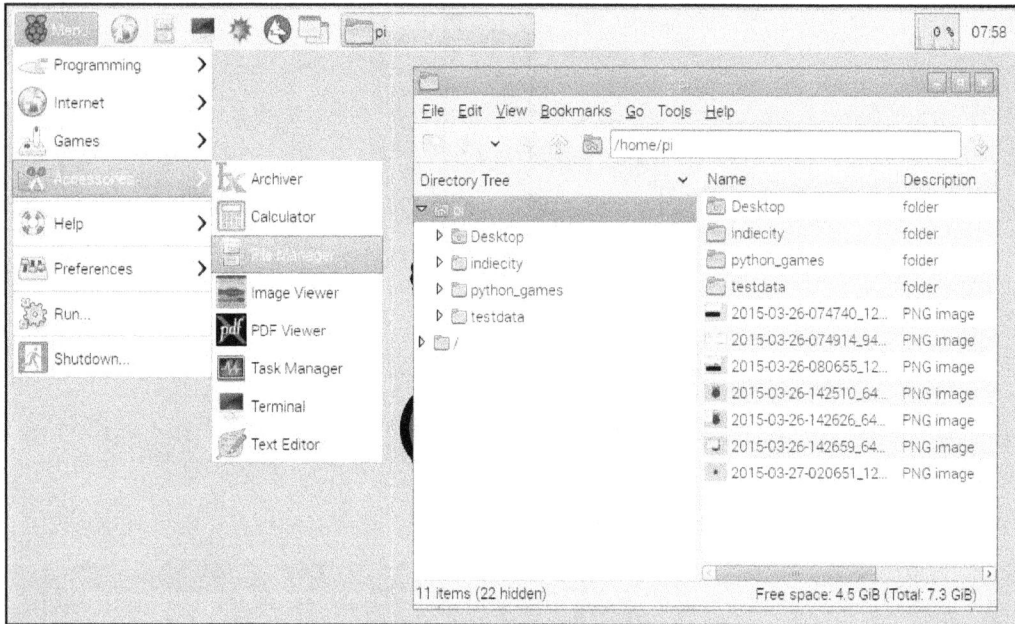

그림 7-7 desktop window Menu

[Menu]의 프로그램 목록에서 원하는 프로그램을 선택하여 실행하면 그 프로그램에 대응하는 window 화면이 바탕화면에 나타난다.

7.3.2.2 프로그램 목록

Raspberry Pi 시스템에는 여러 가지 종류의 프로그램이 제공되는데, 여기서는 그 목록을 개괄적으로 살펴보고 다음 장에서 개별적인 기능에 대해서 상세히 검토해 보도록 하겠다.

● **Accessories**

여기서는 시스템을 운영하는데 필요한 다양한 보조 도구 프로그램들을 제공해 주고 있다. 사용자들이 시스템에 있는 각종 자료를 손쉽게 관리할 수 있도록 해주고, 시스템의 현재 상태를 확인하고, 시스템에 명령을 내릴 수 있게 해준다. 또한 간단한 문서 파일을 작성하고, 그림 파일이나 압축파일, PDF 파일을 간단하게 조회할 수 있는 기능을 제공해 준다.

전체 목록은 다음과 같다.
- File Manager (PCManFm)
- Task Manager (Lxtask)
- Terminal (LXTerminal)
- Text Editor (Leafpad)
- Archiver   (XArchive)
- Image Viewer (GPicView)
- Calculator (Gaculator)
- SD Card Copier
- PDF Viewer (XPDF)

● **Programming**

Raspberry Pi 시스템에서 제공하는 프로그램들 이외에 사용자들이 업무적으로 필요로 하는 기능을 직접 개발하여 사용할 수 있도록 프로그램을 개발할 수 있는 여러 가지 프로그래밍 Language와 도구들을 제공해 주고 있다. 프로그램 Language에 처음 접하는 사람들이 쉽게 사용할 수 있는 Language인 Scratch, 전문적인 프로그램 개발이 가능한 Language인 Python 등에 대한 기능을 사용할 수 있으며, 이들과 관련된 여러 가지 도구들을 사용할 수 있다.

전체 목록은 다음과 같다.
- Scratch
- Python
- Mathematica
- Wolfram
- Sonic Pi

● **Internet**

사용자들이 인터넷에 접속하여 작업을 할 수 있는 Web Browser 기능을 제공해 주고 있다. 또한 Raspberry Pi 시스템에 대한 공식 site에 연결하여 각종 자료를 구할 수 있는 경로를 제공해 주고 있다.

전체 목록은 다음과 같다.
- Web Browser
- Raspberry Pi Resources
- Pi Stores

● **Game**

Raspberry Pi 시스템에서 사용자들이 즐길 수 있는 여러 가지 game 프로그램을 제공해 주고 있다.

전체적인 목록은 다음과 같다.
- Minecraft PI
- Python Games

● **Help**

Raspberry Pi 시스템에서 사용하는 Linux 배포판인 Debian에 대한 도움말과 Raspberry Pi 시스템에 대한 전반적인 도움말을 구할 수 있는 공식 Site에 대한 정보를 제공해주고 있다.

전체 목록은 다음과 같다.
- Debian Referenc
- Raspberry Pi Help

- **Preference**

Raspberry Pi 시스템의 여러 가지 기능을 사용자의 필요에 따라 조정할 수 있는 기능을 제공하고 있다. 오디오나 키보드, 마우스, 모니터 등의 장치에 대한 설정을 조정할 수 있도록 해주고, 무선 네트워크에 필요한 WI-FI 설정을 쉽게 할 수 있는 기능을 제공하고 있다. 또한 window의 전반적인 모양이나 기능에 대한 내용을 사용자의 필요에 맞게 조정할 수 있는 기능도 활용할 수 있다.

전체 목록은 다음과 같다.
- Add / Remove Software
- Apperance Settings
- Audio Device Settings
- Mouse and Keyboard Settings
- Main Menu Editor
- Monitor Settings
- Raspberry Pi Configuration

- **Run**

window에서 Shell terminal을 통하지 않고 시스템에 명령을 지시할 수 있는 기능을 제공하고 있다.

- **Shutdown**

window 시스템을 종료하는 기능을 제공한다. 시스템 전체를 중지시키거나, 부팅을 새로이 할 수도 있고, 현재 사용자 계정에서 logout하여 새로운 사용자로 변경할 수도 있다.

7.3.2.3   바탕화면에 프로그램 실행 아이콘 만들기

[Menu]에 있는 프로그램을 실행할 때 [Menu]를 통하는 것보다 더 편리하게 실행할 수 있는 몇 가지 다른 방법을 제시하고 있다. 여기서는 바탕화면에 프로그램에 대한 아이콘을 만들어 놓고, 나중에 그 아이콘을 눌러서 곧바로 프로그램을 실행할 수 있는 방법에 대해서 설명하고자 한다.

[Menu]에서 원하는 프로그램을 선택한 다음 마우스 오른쪽 버튼을 누르면 새로운 메뉴가 나오는데, 그 중에서 "Add to desktop" 이라는 메뉴를 선택한다. 여기서는 [Text Editor]를 이용해 보겠다.

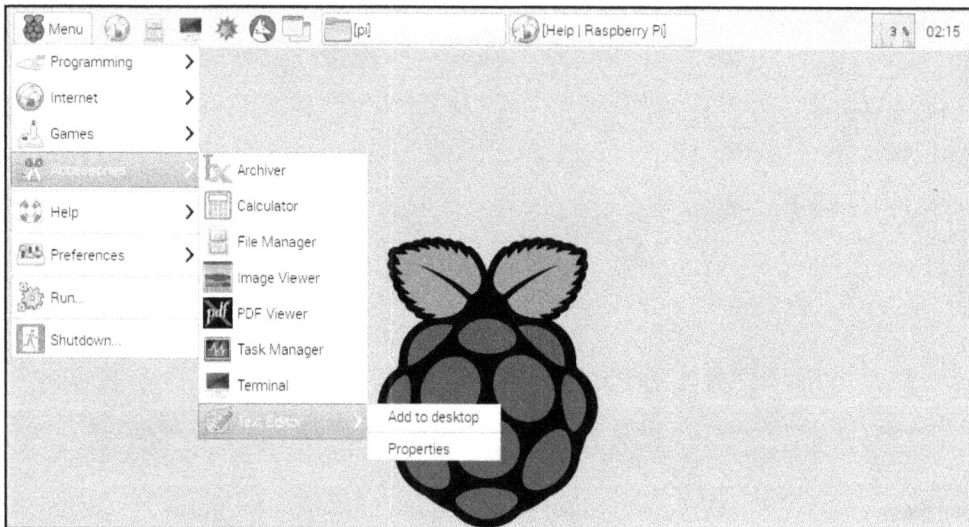

그림 7-8 window에서 실행 아이콘 생성

그러면 아래의 화면처럼 바탕화면에 해당 프로그램을 의미하는 아이콘이 생성되고, 사용자가 원하는 위치로 마음대로 이동하여 배치할 수 있다. 나중에 프로그램을 실행하고자 하면 바탕화면에 생성된 이 아이콘만 실행하면 [Text Editor] 프로그램이 실행되는 것이다.

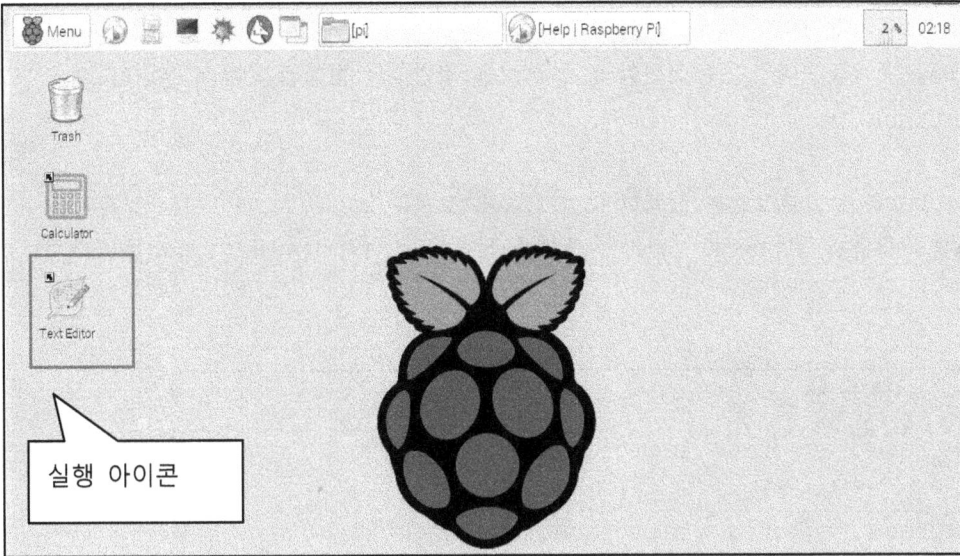

실행 아이콘

7.3.2.4 프로그램에 대한 특성(Properties) 확인

[Menu]에 있는 프로그램에 대한 세부정보가 필요할 수가 있다. 실제 프로그램 이름이나 프로그램이 있는 위치, 프로그램을 실행할 때 사용하는 기본 Parameter 등의 내용에 대한 정보가 필요할 수 있다. 여기서는 이러한 상세 정보를 확인하는 방법에 대해서 설명하고자 한다.

[Menu]에서 원하는 프로그램을 선택한 다음 마우스 오른쪽 버튼을 누르면 새로운 메뉴가 나오는데, 그 중에서 "Properties" 이라는 메뉴를 선택한다. 여기서는 [Text Editor]를 이용해 보겠다.

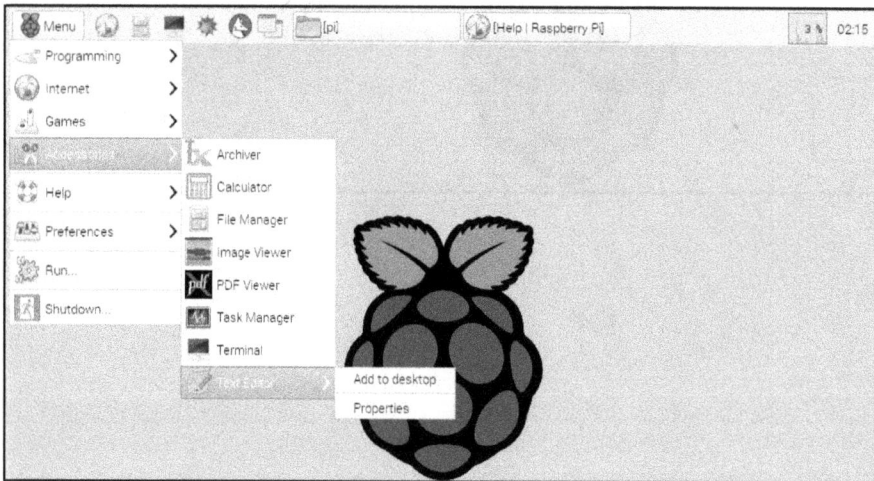

그림 7-9 window에서 프로그램 property 확인

또 다른 방법은 바탕화면에 아이콘이 만들어져 있는 경우는 해당 아이콘을 마우스 오른쪽 버튼을 누르면 동일한 자료를 조회할 수 있는 팝업 화면이 나타난다.

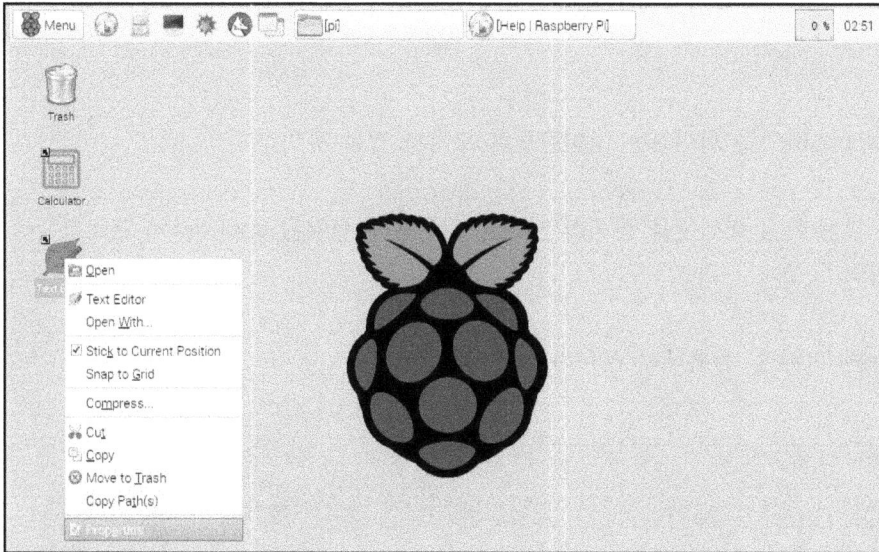

그러면 아래의 화면처럼 해당 프로그램에 대한 세부 정보를 표시하는 화면이 표시된다. 화면 내에 있는 각각의 탭을 선택하여 필요한 여러 가지 정보를 확인할 수 있다.

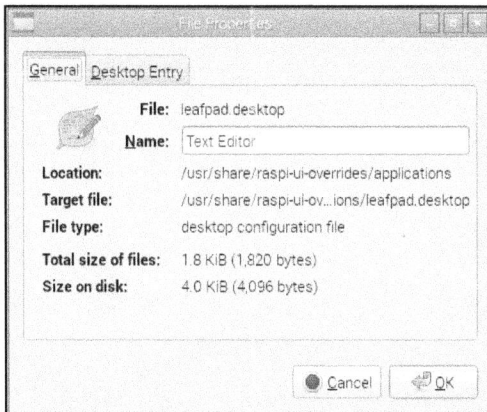

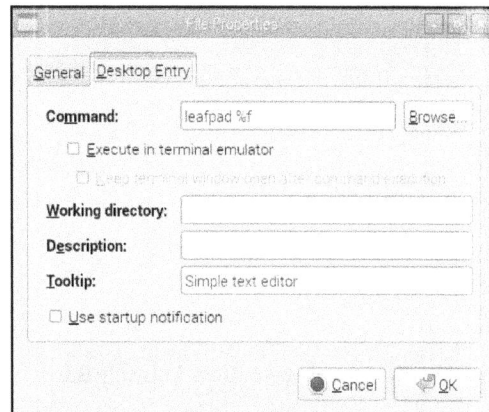

7.3.3 Application Launch Bar(작업시작)

● **기본 기능**

이 영역은 특정 application을 의미하는 아이콘들이 모아져 있는 곳이다.

여기에 등록되어 있는 특정 아이콘을 클릭하면 해당 아이콘에 연결된 application 프로그램이 즉시 실행된다.

자주 사용하는 application을 등록해서 사용하면 편리할 것이다.

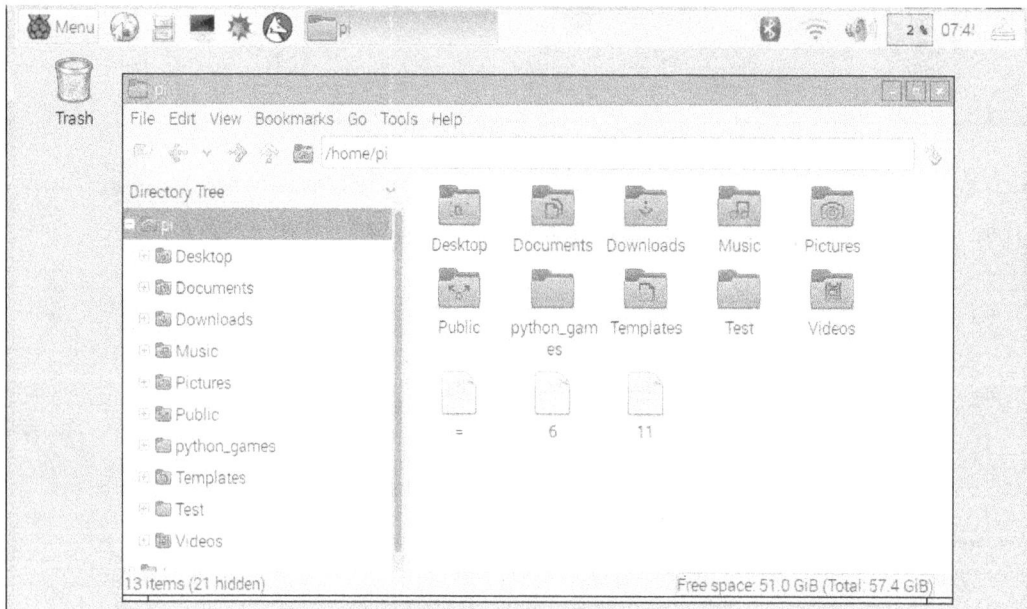

그림 7-10 **window Application Launch Bar**

● Application Launch Bar Setting

이 영역에 대한 조정이 필요하면 설정을 통하여 작업을 할 수 있다.

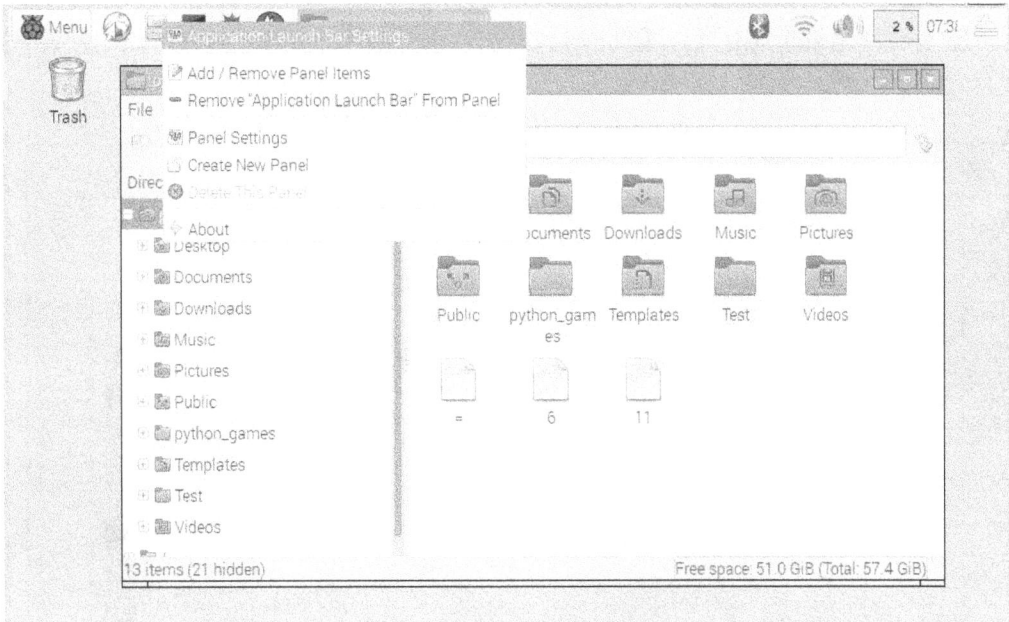

7.3.4 Task Bar(작업표시)

● 기본 기능

이 영역은 현재 수행되고 있는 작업을 나타내고 있다. desktop 화면에서 window로 표시되어 있는 것이 여기에서는 하나의 task로 표시되어 아이콘으로 표시가 된다.

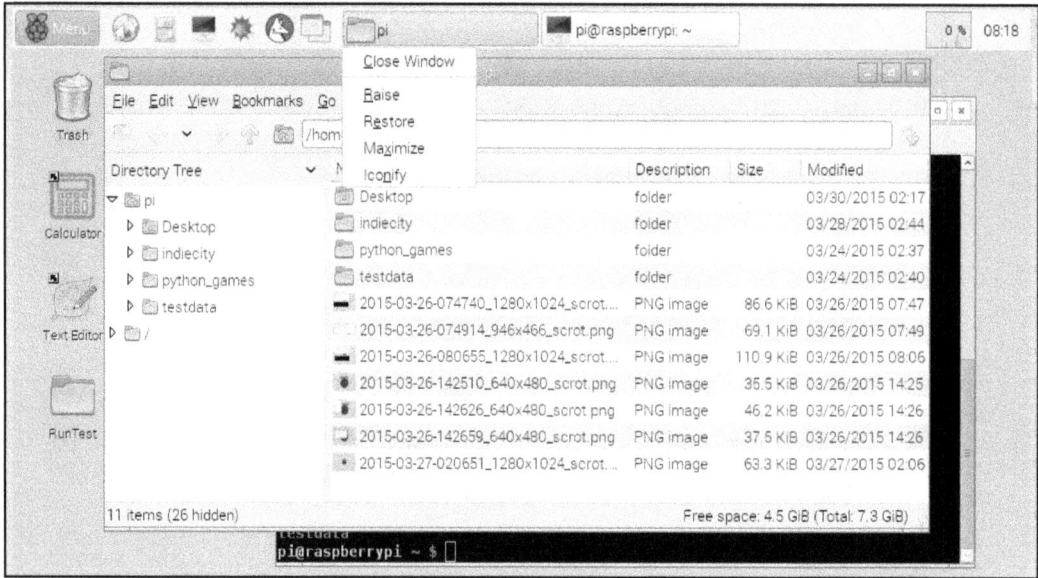

그림 7-11 window Task Bar

desktop 화면에서 해당 window가 숨겨져 있거나, minimize되어 보이지 않을 때에도 작업 표시줄에는 하나의 task로 표시가 된다. 사용자가 원하면 마우스를 이용해서 해당 window로 이동하거나 task를 종료할 수도 있다.

● Task Bar Setting

이 영역에 대한 조정이 필요하면 panel 설정을 통하여 작업을 할 수 있다.

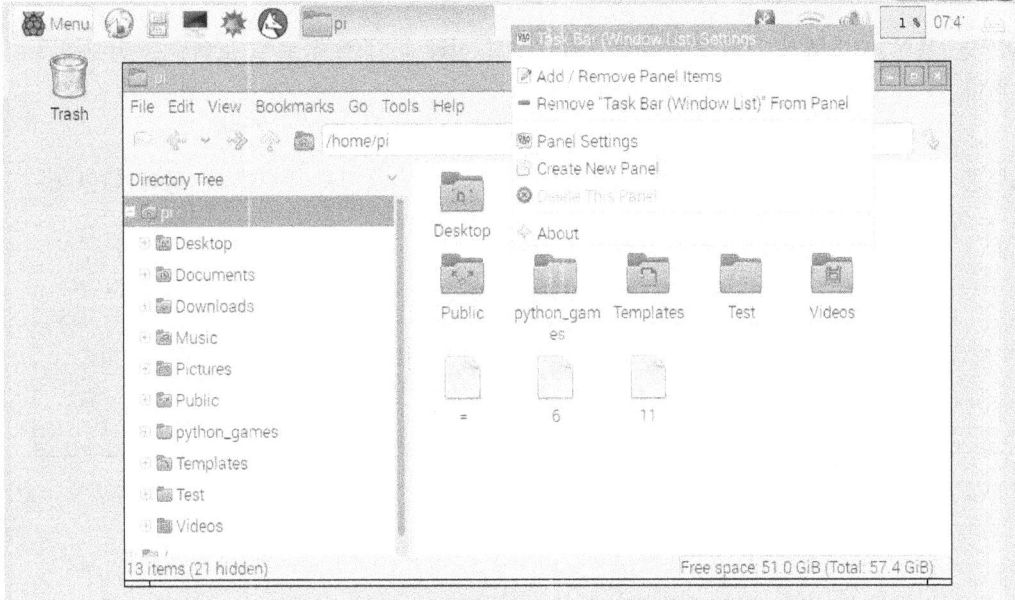

7.3.5 Tool (도구)

● 기본 기능

이 영역은 통상 시스템의 각종 리소스에 대한 현재 상태에 대한 정보를 보여주는 용도로
사용한다.

시스템을 처음 설치하면 Bluetooth, network, sound, CPU 사용현황, 현재시간 등에 대한 정
보를 보여주는 메뉴도구들이 설치되어 있다.

그림 7-12 window Tool

해당 도구를 마우스 왼쪽 또는 오른쪽으로 클릭하면 해당 항목에 대한 상세한 정보를 조
회할 수 있고, 필요한 설정내용을 조정할 수 있는 기능을 제공한다.

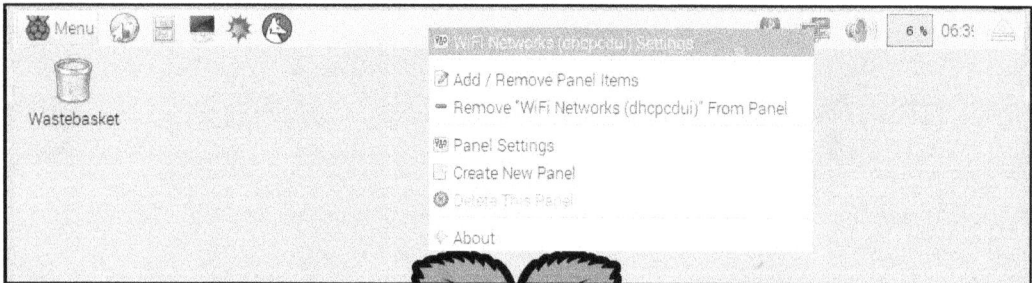

- **Setting**

여기에 표시하고자 하는 항목은 기본적으로 제공되는 항목 이외에도 시스템이 제공하는 항목 중에서 사용자가 자유롭게 선택하여 사용할 수 있다. 이 영역에 대한 조정이 필요하면 panel 설정을 통하여 작업을 할 수 있다.

7.4 desktop(바탕화면) 영역의 세부 구조

7.4.1 desktop의 기능

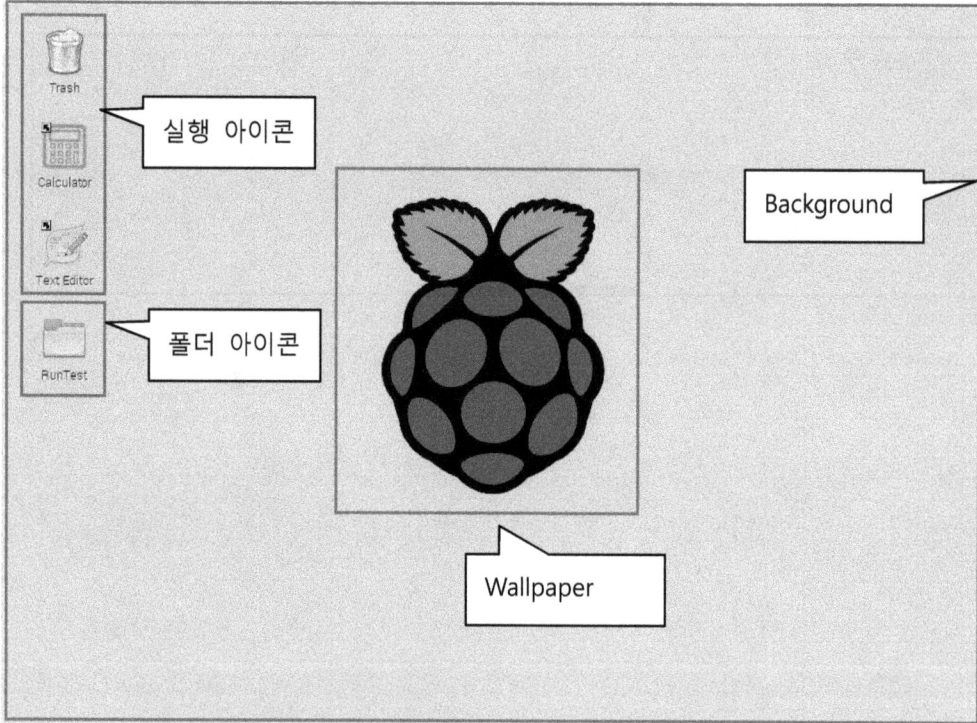

그림 7-13 **window desktop 영역 세부 구조**

- **실행 아이콘**

  해당 아이콘을 클릭하면 연결되어 있는 프로그램이 자동으로 실행된다.

- **폴더**

  시스템에 만들어져 있는 폴더를 의미하며, 아이콘을 클릭하면 [File Manager]가 자동으로 실행되면서 지정된 폴더를 기준으로 화면의 자료가 표시된다.

- **Background**

  desktop의 모든 기본공간을 의미한다.

■ **Wallpaper**

화면에 특별히 표시하는 그림이나 사진을 의미한다. 표현하는 방식에 따라 다양한 형태로 Background에 배치할 수 있다.

다음은 특정 프로그램이 실행되어 window가 표시될 때의 화면이다.

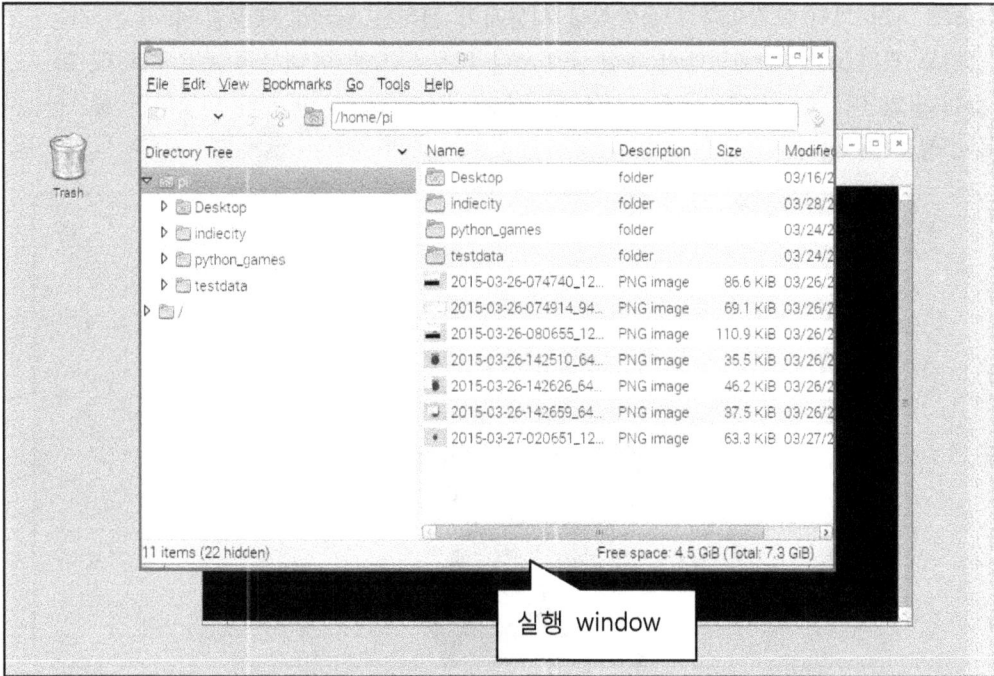

실행 window

■ **실행 window**

특정 프로그램이 실행되면 그 프로그램을 표시하는 window가 바탕화면에 표시된다.

■ **활성 window**

현재 가장 전면에 있는 window를 의미하며, 마우스나 키보드로 입력을 할 수 있는 window를 의미한다.

■ **비활성 window**

현재 뒤에 숨어 있는 window를 의미하며, 마우스나 키보드로 입력을 할 수 없는 window를 의미한다.

7.4.2 desktop 특성 설정

7.4.2.1 desktop Preference 설정

바탕화면의 여러 가지 모양이나 작동방식을 사용자가 원하는 형태로 조정할 수 있는 기능을 제공하고 있다. desktop화면에서 아무 곳에서나 마우스 오른쪽 버튼을 누르면 아래 화면과 같이 팝업 메뉴가 나타나는데, 여기서 [Desktop Preferences] 메뉴를 선택하면 필요한 내용을 조정할 수 있다.

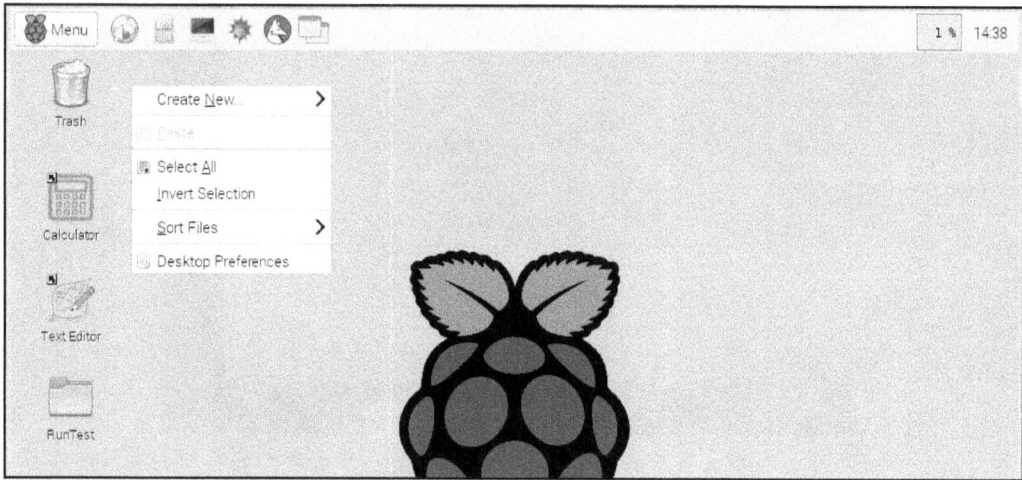

그림 7-14 window Desktop Preference

그러면 아래 화면과 같이 설정에 필요한 팝업 화면이 나타난다. 각각의 Tab 화면에서 필요한 설정 작업을 할 수 있다.

[Appearance]에서는 바탕화면의 Wallpaper를 어떻게 표시할 것인지를 조정할 수 있으며, 바탕화면에 표시되는 아이콘의 모양과 font에 대한 정보를 변경할 수 있다. [Desktop Icons]에서는 바탕화면에 [Trash Can]이나 연결된 하드웨어 volume을 표시하는 방법을 조정할 수 있다.

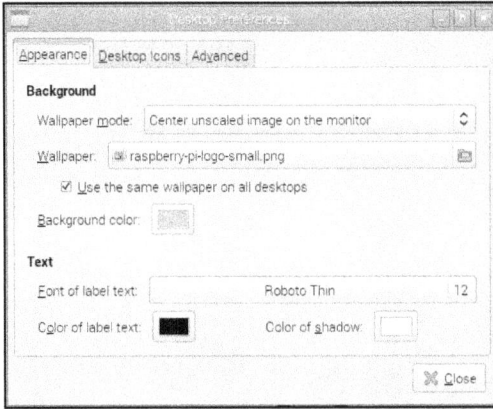

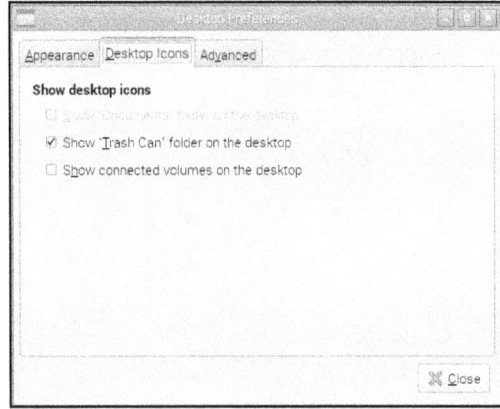

[Advanced]에서는 desktop화면에서 마우스 오른쪽 버튼을 누를 때 나타나는 팝업 메뉴의 종류를 변경할 수 있고, desktop에 아이콘을 표시하거나 보이지 않게 할 수도 있다.

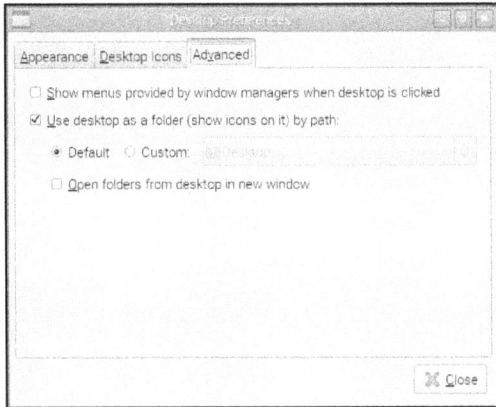

7.4.2.2 아이콘 정렬 설정

desktop화면에서 아무 곳에서나 마우스 오른쪽 버튼을 누르면 아래 화면과 같이 팝업 메뉴가 나타나는데, 여기서 [Sort Files] 메뉴를 선택하면 정렬 규칙을 선택할 수 있는 새로운 메뉴가 바탕화면에 표시되는 아이콘을 규칙에 따라 정렬할 수 있다.

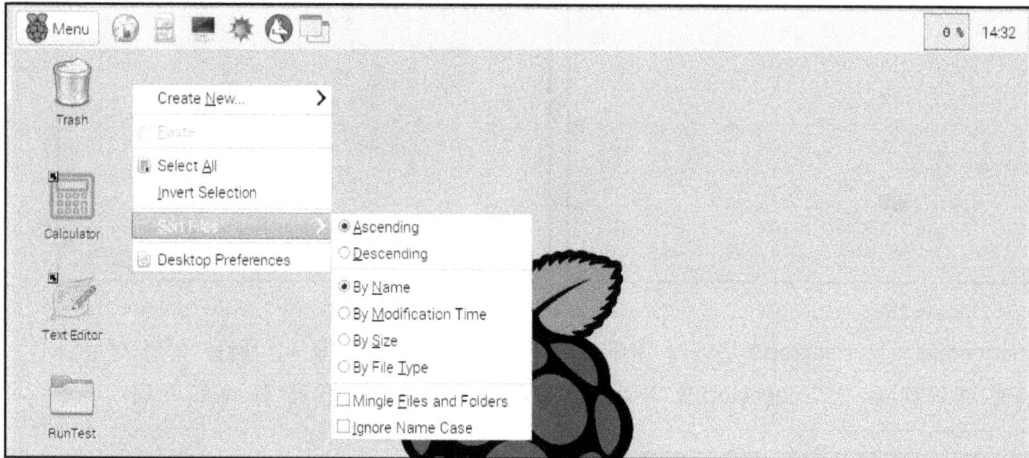

그림 7-15 window 아이콘 정렬

7.4.3 폴더와 파일 생성하기

여기서는 desktop 화면에 폴더나 파일을 만들어 보기로 하겠다. desktop화면에서 아무 곳에서나 마우스 오른쪽 버튼을 누르면 아래 화면과 같이 팝업 메뉴가 나타나는데, 여기서 [Create New] 메뉴를 선택하면 폴더나 파일을 생성할 수 있는 메뉴가 나타난다.

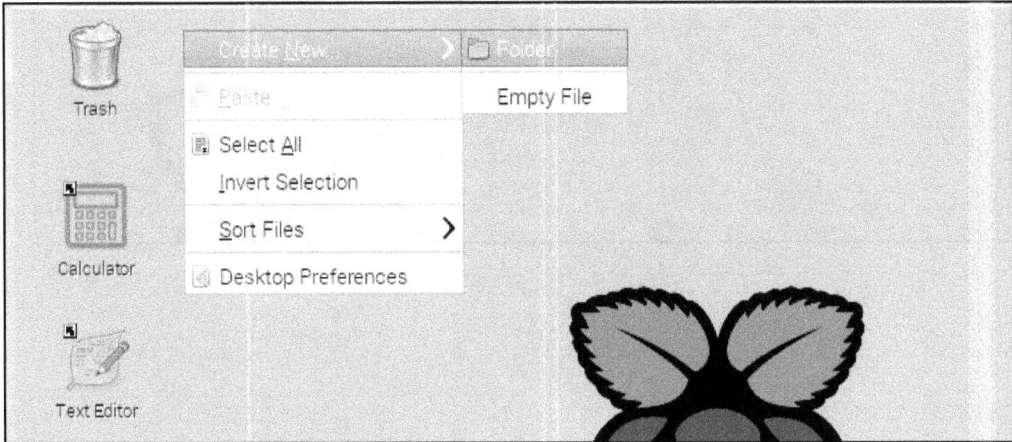

그림 7-16 window에서 폴더와 파일 생성

새로이 나타나는 팝업 화면에서 만들고자 하는 폴더나 파일의 이름을 입력하고 [OK] 버튼을 누른다.

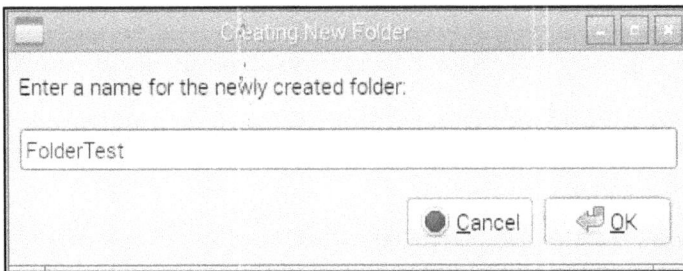

그러면 바탕화면에 해당 폴더나 파일이 생성되는 것을 확인할 수 있다.

7.5 주요 실행 프로그램 개요

7.5.1 Accessories

7.5.1.1 File Manager (PCManFm)

이 프로그램은 시스템에 있는 모든 자료를 탐색하고 조회할 수 있는 기능을 제공한다. MS Window의 [탐색기]와 비슷한 기능을 하는데, Raspberry Pi 시스템에서는 모든 정보가 파일로 관리되는 특성상 훨씬 더 많은 정보를 조회할 수 있는 특징이 있다.

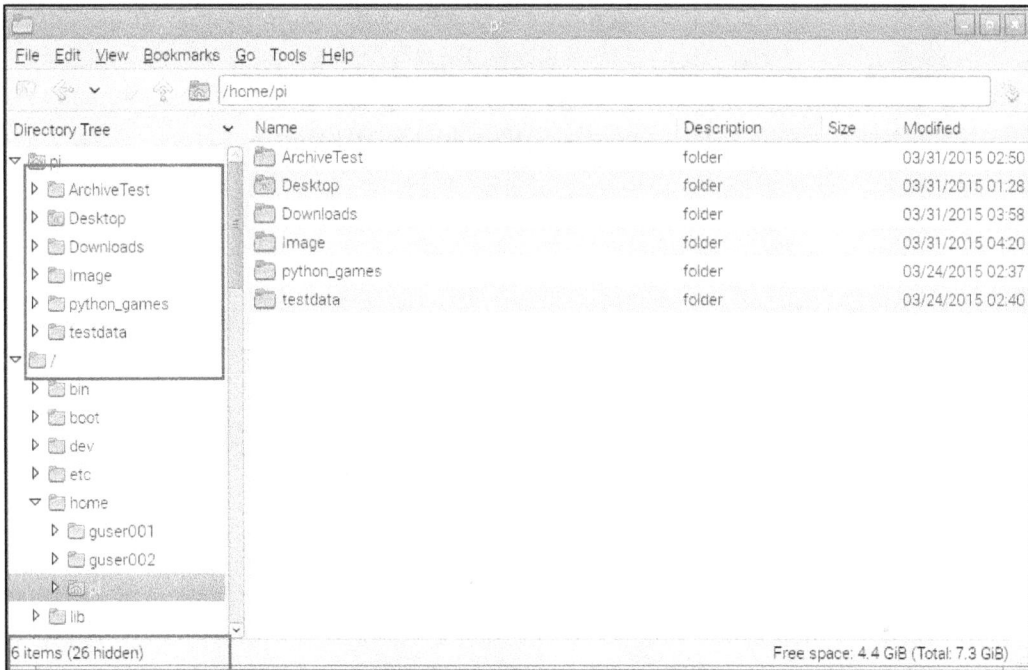

그림 7-17 window File Manager (PCManFm)

위 화면에서 왼쪽 부분은 시스템의 전체적인 폴더 구조를 나타내고 있다. 윗 부분에는 logon 사용자 "pi"가 자신의 자료를 관리하는 <사용자 기본 폴더>의 구조를 나타내고 있고, 그 밑에 "/"(root) 폴더 밑에 있는 부분이 Raspberry Pi 시스템의 전체적인 <시스템 기본 파일>의 구조를 나타내고 있다.

그런데 자세히 살펴보면 윗 부분에 있는 <사용자 기본 폴더>는 사실 <시스템 기본 파일> 구조에서 /home 폴더 밑에 있는 /pi 폴더의 내용에 해당하는 정보를 별도로 구분해서 표시한 것임을 알 수 있다. 화면의 오른쪽은 선택된 folder에 포함되어 있는 자료의 내용을 표시하고 있다. [View] 메뉴에서 선택한 설정에 따라 다양한 형태로 자료를 조회할 수 있다.

[File Manager]에서 사용할 수 있는 기능을 조금 더 세부적으로 살펴 보도록 하겠다.

● **File 메뉴**

우선 [File] 메뉴를 검토해 보면 다음과 같은 세부 메뉴가 있는 것을 알 수 있다.

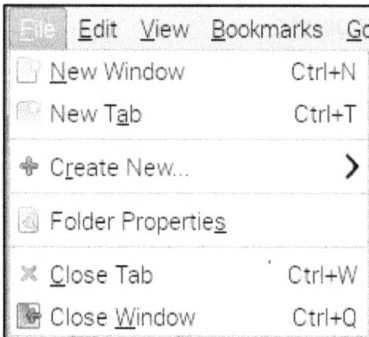

[New Window]를 선택하면 현재의 window는 그대로 있고 별도의 새로운 window화면이 시작되어서 이전의 화면과는 독립적인 파일 작업을 할 수 있다.

[Create New]를 선택하면 선택된 폴더에서 새로운 폴더나 empty 파일을 생성할 수 있다.

[New Tab]을 선택하면 동일 window 화면에서 새로운 Tab을 만들어서 별도의 폴더에 대한 정보를 조회하거나 작업을 할 수 있다. 아래 화면에서 여러 개의 Tab이 만들어져 있는 것을 확인할 수 있다.

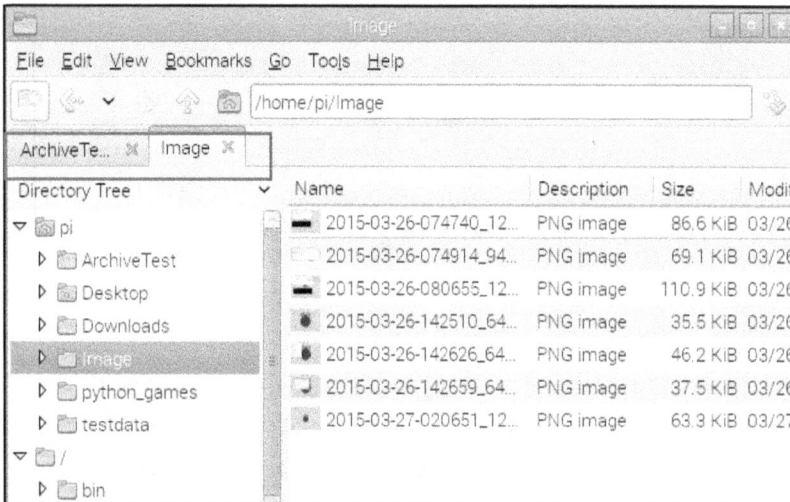

● Edit 메뉴

다음으로 [Edit] 메뉴를 선택하면 다음과 같은 세부 메뉴가 있는 것을 알 수 있다. 모두 화면 오른쪽의 자료 목록에서 필요한 작업을 하는 기능을 수행한다.

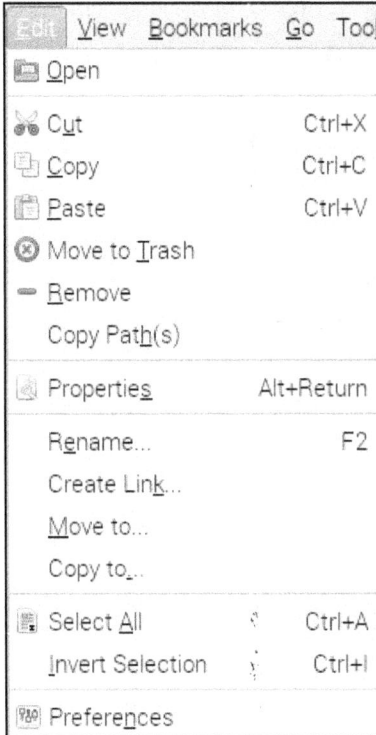

Edit	View	Bookmarks	Go	Tool
📁 Open				
✂ Cut				Ctrl+X
📋 Copy				Ctrl+C
📋 Paste				Ctrl+V
⊗ Move to Trash				
➖ Remove				
Copy Path(s)				
🖼 Properties				Alt+Return
Rename...				F2
Create Link...				
Move to...				
Copy to...				
📋 Select All				Ctrl+A
Invert Selection				Ctrl+I
🈯 Preferences				

[Open]을 선택하면 선택된 항목이 폴더인 경우는 폴더의 내부를 조회하도록 한 단계 down되며, 파일을 선택한 경우 해당 파일의 내용을 조회하는 화면이 나타난다.

[Cut], [Copy], [Paste] 등은 파일을 clipboard를 통하여 이동하거나 copy하는 작업을 수행하고,
[Move to], [Copy to]는 선택된 파일을 지정된 폴더로 이동하거나 삭제하는 작업을 수행한다.

[Rename]은 선택된 항목의 이름을 변경하는 기능을 제공한다.
[Copy paths]는 선택된 자료에 대한 경로를 clipboard로 copy하는 작업을 수행한다.

[Move to Trash]는 삭제하는 파일을 [Trash Can]으로 이동하며, [Remove]는 휴지통으로 보내지 않고 곧바로 삭제하는 작업을 수행한다.

● **View 메뉴**

다음으로 [View] 메뉴를 선택하면 다음과 같은 세부 메뉴가 있는 것을 알 수 있다. 모두 오른쪽의 자료 목록을 어떤 형식으로 조회할 것인지를 결정하는 기능을 수행한다.

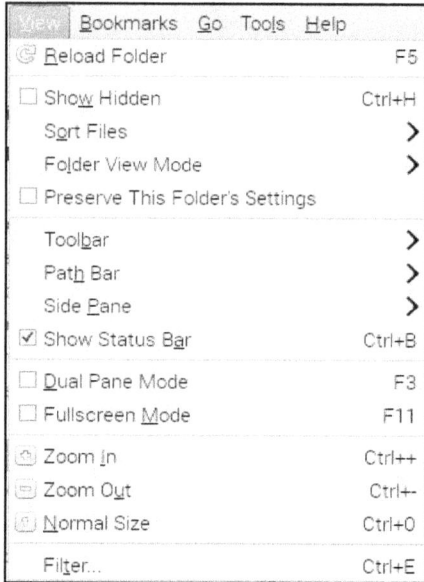

[Toolbar]는 Tool bar를 보여줄 것인지, 보일 때는 어떠한 Tool bar를 보여줄 것인지를 지정한다.

[Path Bar]는 해당 정보를 어떤 형태로 보여줄 것인지를 결정한다.

[Side Pane]는 해당 정보를 보여줄 것인지, 보일 때는 어떻게 보여줄 것인지를 결정한다.

[Show Status Bar]는 해당 정보를 보여줄 것인지를 결정한다.

[Folder View Mode]는 자료 목록을 어떤 형식으로 나타낼 것인지를 결정한다. 아래는 [Icon View]와 [Detail List View]를 선택했을 때의 모습을 예로서 보여 주고 있다.

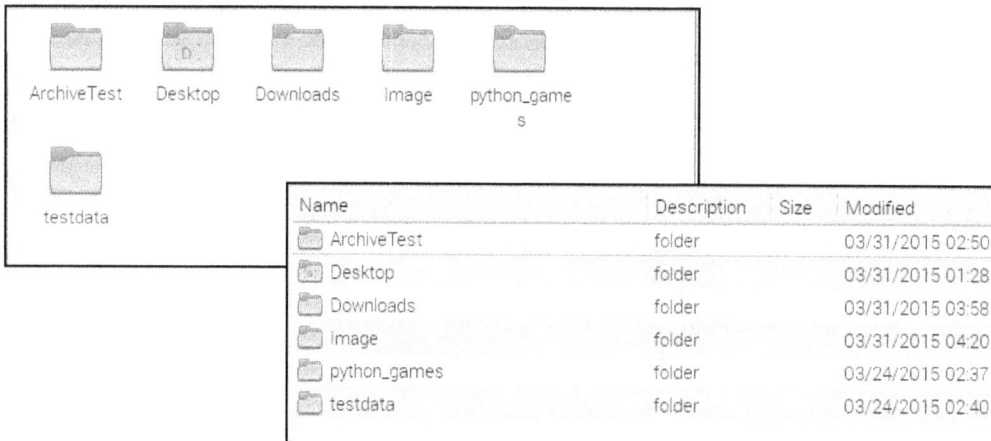

[Show Hidden] 항목을 선택하면 해당 폴더에 "숨김" 속성을 가진 파일도 자료 목록에 표시하도록 지시하는 것이다. 아래 화면은 해당 항목을 선택하기 이전과 선택한 이후에 표시되는 내용을 표시한 것이다. 화면을 상세히 살펴보면 이전에는 보이지 않는 폴더와 파일들이 나열되어 있는 것을 알 수 있다. 이러한 폴더나 파일들은 모두 "."으로 시작하는 이름을 가지고 있는 것을 알 수 있다. Raspberry Pi 시스템에서 이러한 파일은 "숨김 파일"로 취급이 되며 통상의 조회에서는 보이지 않도록 하여 파일이 함부로 손상되지 않도록 하는 기능을 가지고 있다.

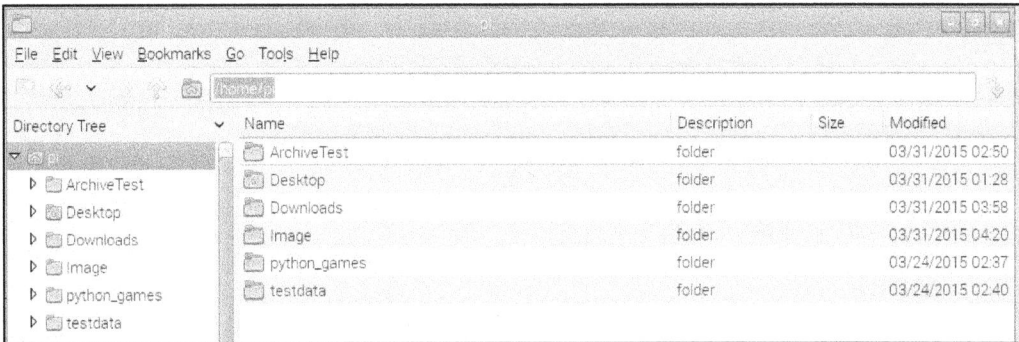

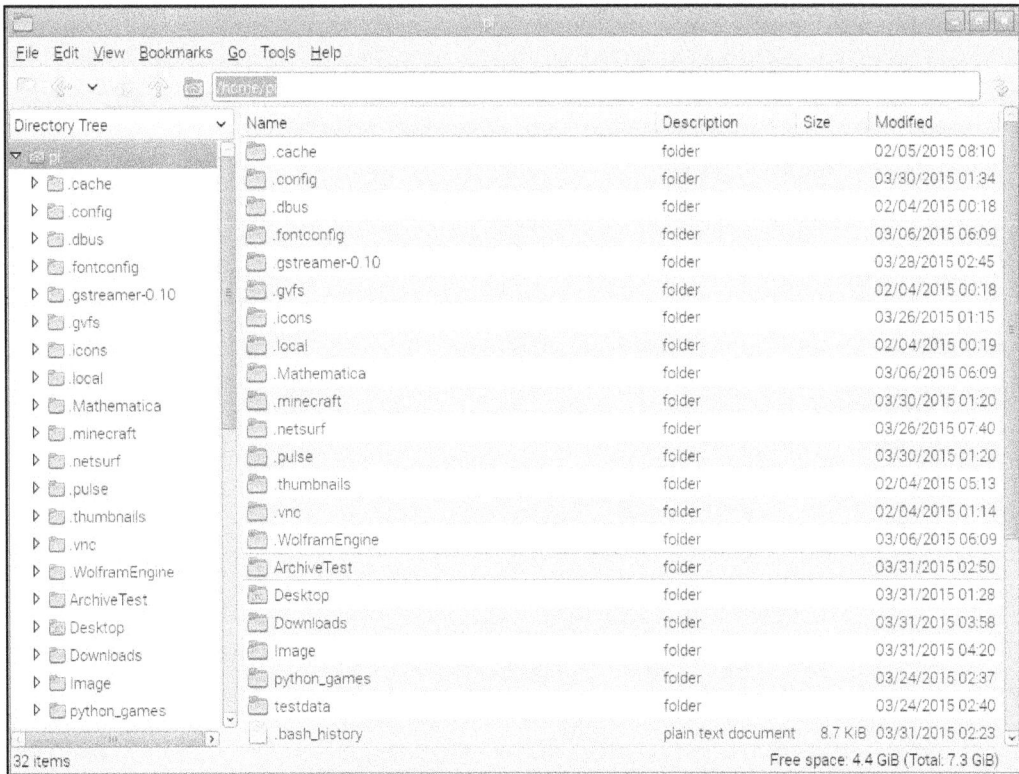

● Go 메뉴

다음으로 [Go] 메뉴를 선택하면 다음과 같은 세부 메뉴가 있는 것을 알 수 있다. 모두 작업 위치를 지정된 폴더 위치로 이동하는 기능을 수행한다.

[Previous Folder]는 작업 History에서 이전 폴더로 이동한다.

[Next Folder]는 작업 History에서 이후 폴더로 이동한다.

[Parent Folder는 현재 작업 위치의 상위 폴더로 이동한다.

[Home Folder]는 Home 폴더로 이동한다.

[Desktop]는 Desktop 폴더로 이동한다.

[Trash Can]는 휴지통으로 이동한다.

[Application]은 Application Menu 폴더로 이동한다.

[Devices]는 Device 목록을 나타내는 위치로 이동한다.

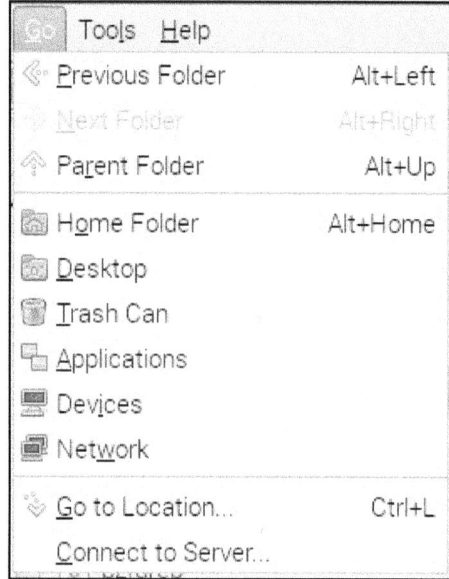

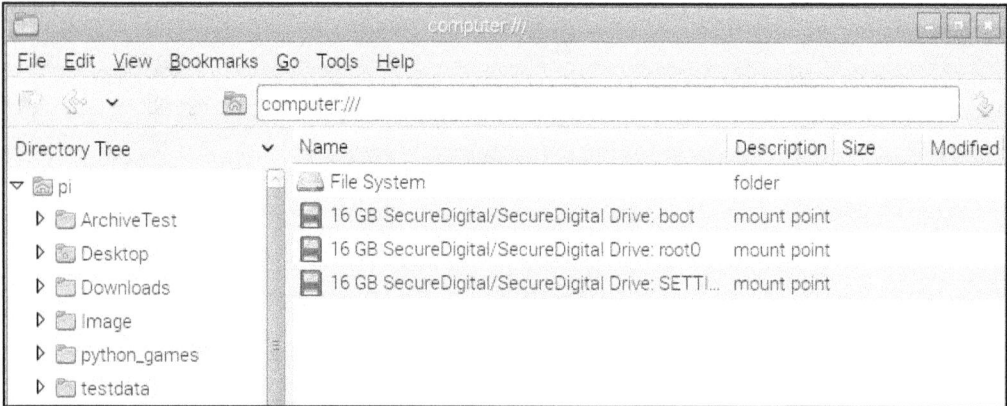

[Network]는 Raspberry Pi가 속해 있는 LAN 네트워크에 대한 상태를 보여주는 위치로 이동한다.

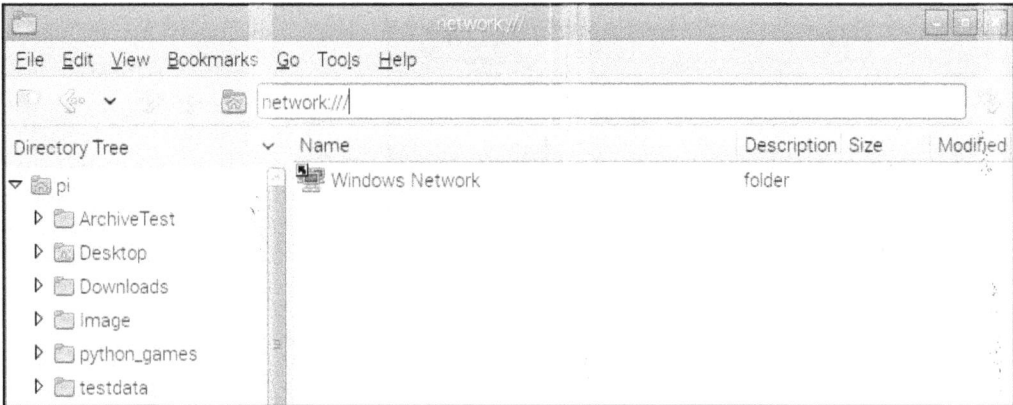

● **Tool 메뉴**

마지막으로 [Tool] 메뉴를 선택하면 다음과 같은 세부 메뉴가 있는 것을 알 수 있다.

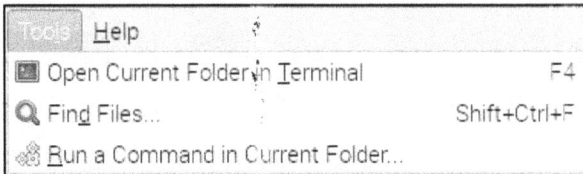

[Open Current Folder in Terminal]를 선택하면 Shell terminal 프로그램이 시작되면서 현재 폴더의 위치가 기본 위치로 지정되어 시작된다. 아래 화면에서는 "/home/pi/ArchiveTest"가 작업 폴더로 지정되어 있는 것을 확인할 수 있다.

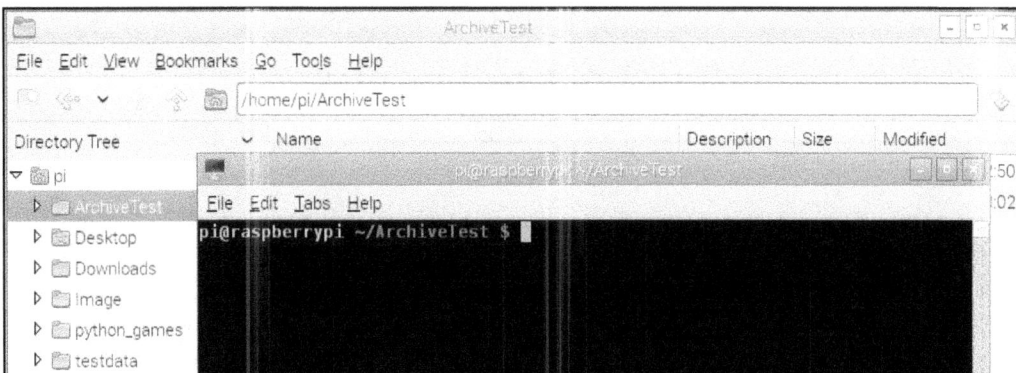

[Find Files]을 선택하면 다음과 같은 팝업화면이 나타나는데, 여기서 사용자가 원하는 검색 조건을 입력하여 다양한 방식으로 파일을 검색할 수 있다.

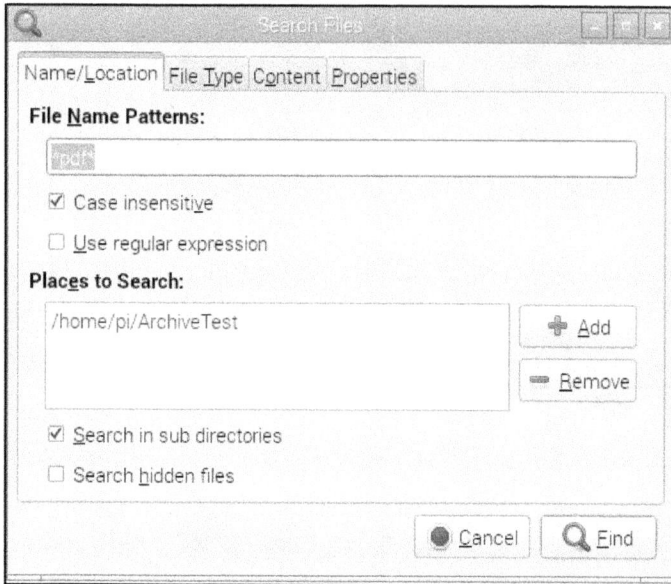

[Run a Command in Current Folder]는 Shell terminal 화면을 사용하지 않고, 현재의 폴더에서 원하는 명령을 실행할 수 있는 기능을 제공한다. 아래와 같은 팝업 화면에 명령을 입력하면 그 효과는 현재 폴더에 적용된다.

● Directory에 대한 Pop-up 메뉴

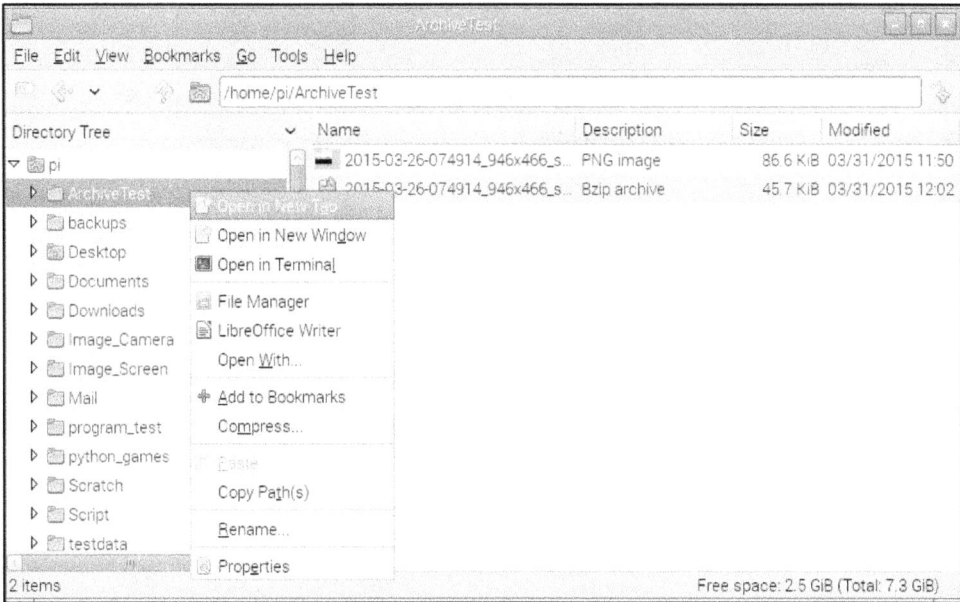

● File에 대한 Pop-up 메뉴

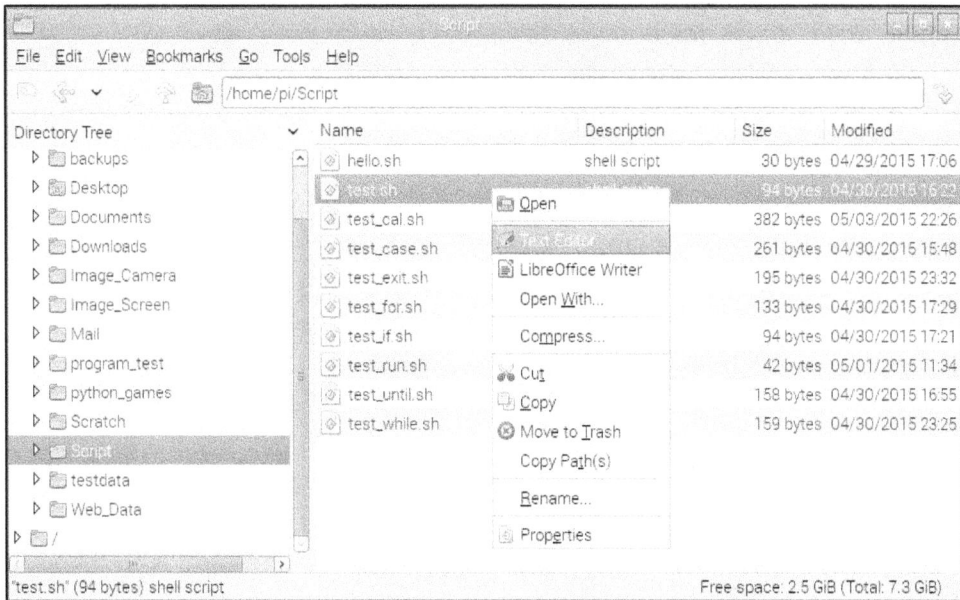

7.5.1.2 Task Manager (Lxtask)

이 프로그램은 시스템의 CPU와 memory 같은 리소스가 현재 어떤 상태에 있는지를 보여 주며, 현재 실행되고 있는 여러 가지 Task에 대해 사용자가 원하는 정보를 보여 준다.

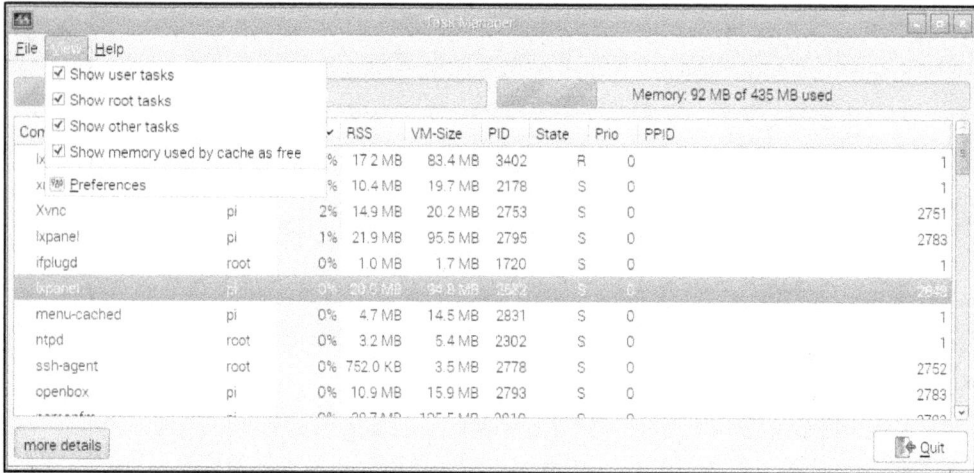

그림 7-18 window Task Manager (Lxtask)

또한 아래와 같이 사용자가 필요한 task를 선택하여 마우스 오른쪽 버튼을 누르면 팝업 메뉴가 나타나고, 여기서 필요한 메뉴를 선택하여 작업을 중단하거나 재실행할 수 있으며, 필요한 경우는 종료할 수 있다. 이렇게 명령을 입력하지 않고도 task를 관리할 수 있는 기능을 제공해 준다.

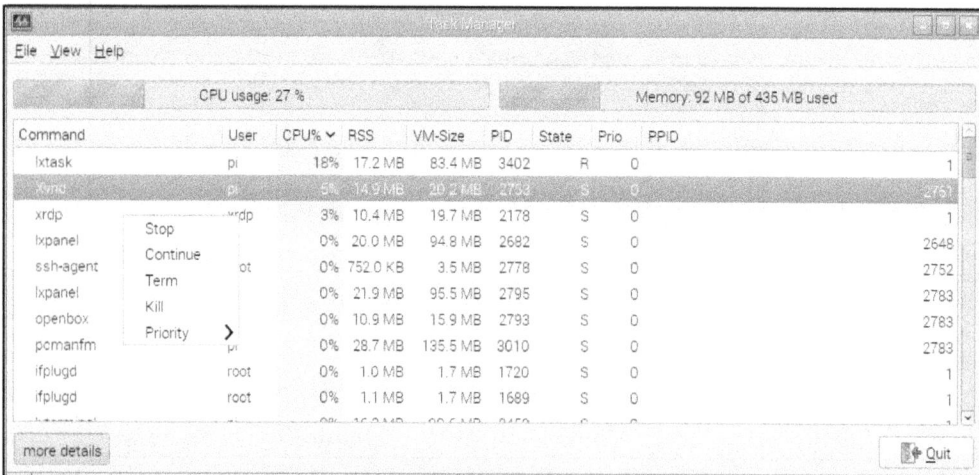

사용자가 처리할 수 있는 작업은 다음과 같다

- Stop   process를 잠시 중단한다.
- continue   중단된 process를 다시 시작한다.
- Terminate   process를 정상적으로 종료시킨다.
- Kill   process를 강제로 종료시킨다.
- Priority 조정   process에 대한 우선순위를 조정한다.

7.5.1.3 terminal LXTerminal

이 프로그램은 window에서 시스템에 직접 명령을 지시할 수 있는 기능을 제공한다. 이 프로그램은 Shell terminal에 대한 Linux용 에뮬레이터이며, 가상콘솔에 직접 접근하여, 마치 Shell terminal에서 명령을 실행하는 것처럼 모든 명령을 실행할 수 있도록 준다.

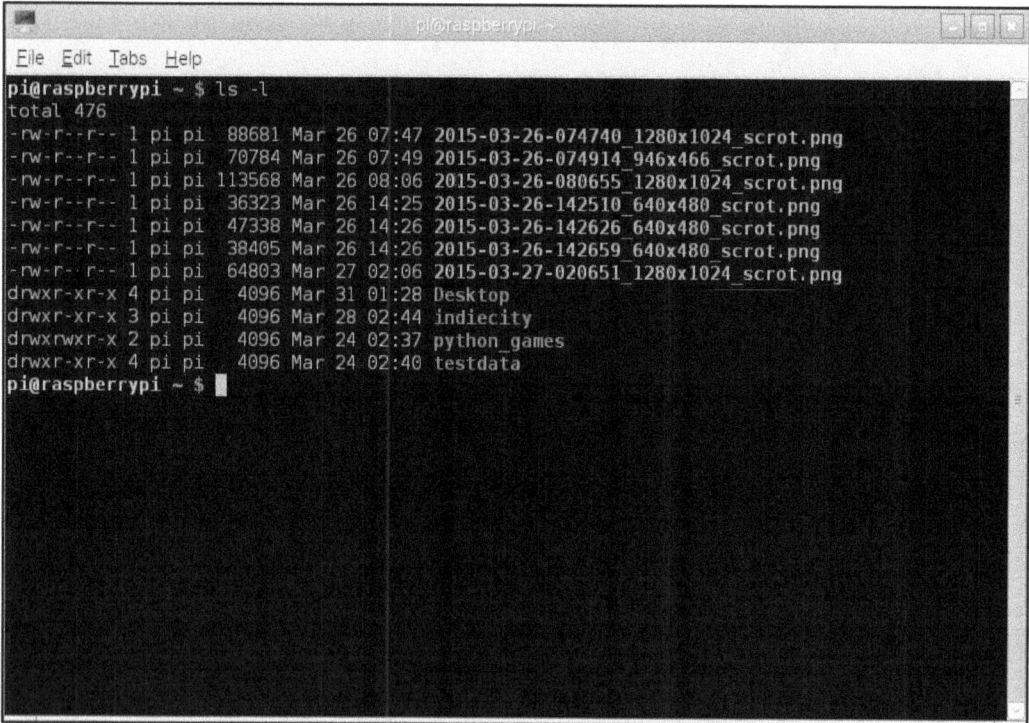

```
pi@raspberrypi ~ $ ls -l
total 476
-rw-r--r-- 1 pi pi  88681 Mar 26 07:47 2015-03-26-074740_1280x1024_scrot.png
-rw-r--r-- 1 pi pi  70784 Mar 26 07:49 2015-03-26-074914_946x466_scrot.png
-rw-r--r-- 1 pi pi 113568 Mar 26 08:06 2015-03-26-080655_1280x1024_scrot.png
-rw-r--r-- 1 pi pi  36323 Mar 26 14:25 2015-03-26-142510_640x480_scrot.png
-rw-r--r-- 1 pi pi  47338 Mar 26 14:26 2015-03-26-142626_640x480_scrot.png
-rw-r--r-- 1 pi pi  38405 Mar 26 14:26 2015-03-26-142659_640x480_scrot.png
-rw-r--r-- 1 pi pi  64803 Mar 27 02:06 2015-03-27-020651_1280x1024_scrot.png
drwxr-xr-x 4 pi pi   4096 Mar 31 01:28 Desktop
drwxr-xr-x 3 pi pi   4096 Mar 28 02:44 indiecity
drwxrwxr-x 2 pi pi   4096 Mar 24 02:37 python_games
drwxr-xr-x 4 pi pi   4096 Mar 24 02:40 testdata
pi@raspberrypi ~ $
```

그림 7-19 **window terminal LXTerminal**

7.5.1.4   Text Editor (Leafpad)

이 프로그램은 간단한 text 본문을 편집할 수 있는 텍스트 편집기다. 마치 MS Window의 Note Pad와 유사한 기능을 제공한다. 보이는 모습은 단순해 보이지만 Text편집에 필요한 대부분의 기능을 제공하고 있다.

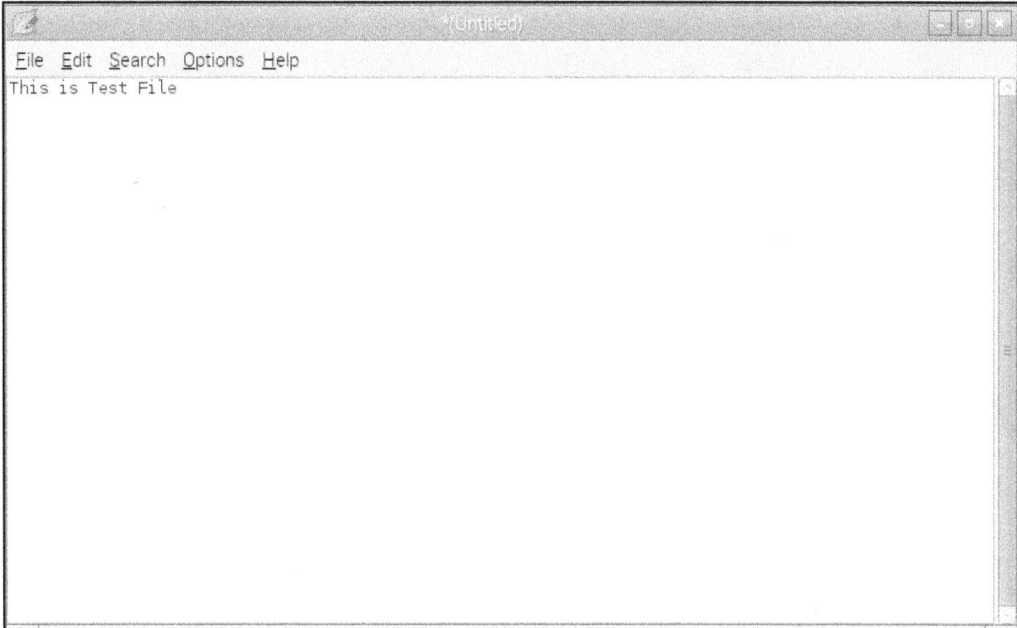

그림 **7-20 window Text Editor (Leafpad**)

text 편집에 대해서는 **[16.4 텍스트 파일 관리]**에서 다시 상세히 다루도록 하겠다.

7.5.1.5 Archiver (XArchiver)

이 프로그램은 archive 기능을 제공한다. 새로운 archive자료를 생성하거나 기존에 만들어진 자료의 내용을 추출하여 조회할 수 있는 기능을 제공한다.

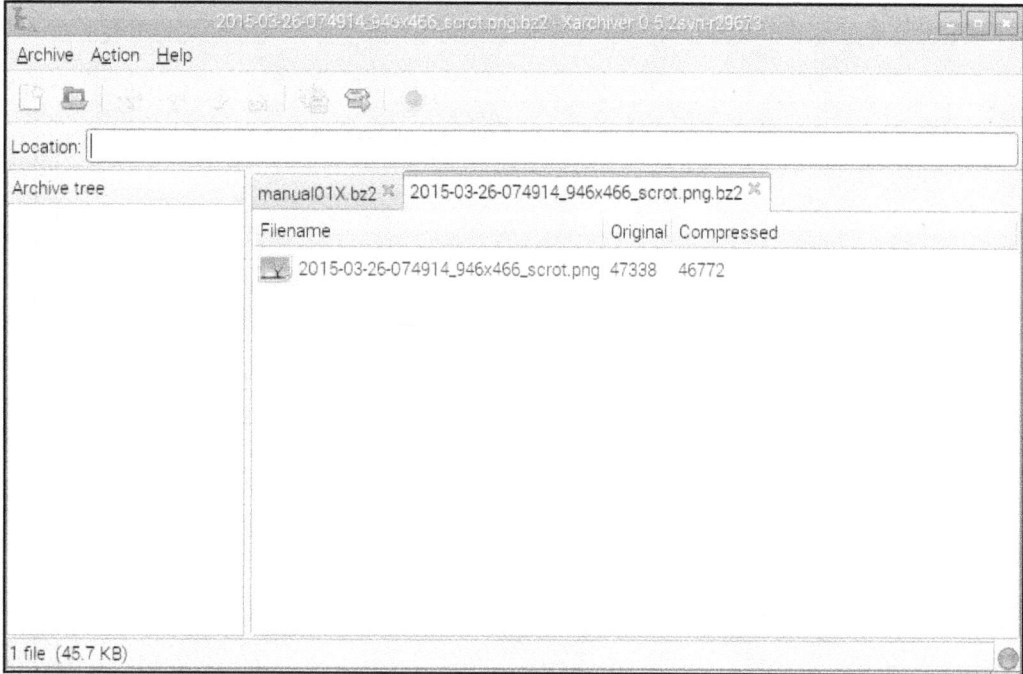

그림 7-21 window Archiver (XArchiver)

[File Manager]에서 archive된 자료를 double-click하면 자동으로 이 프로그램이 실행되고 압축된 파일의 내용을 조회해 볼 수 있다.

7.5.1.6 Image Viewer (GPicView)

이 프로그램은 jpg, png 등 여러 가지 이미지 자료를 손쉽게 조회할 수 있는 기능을 제공한다.

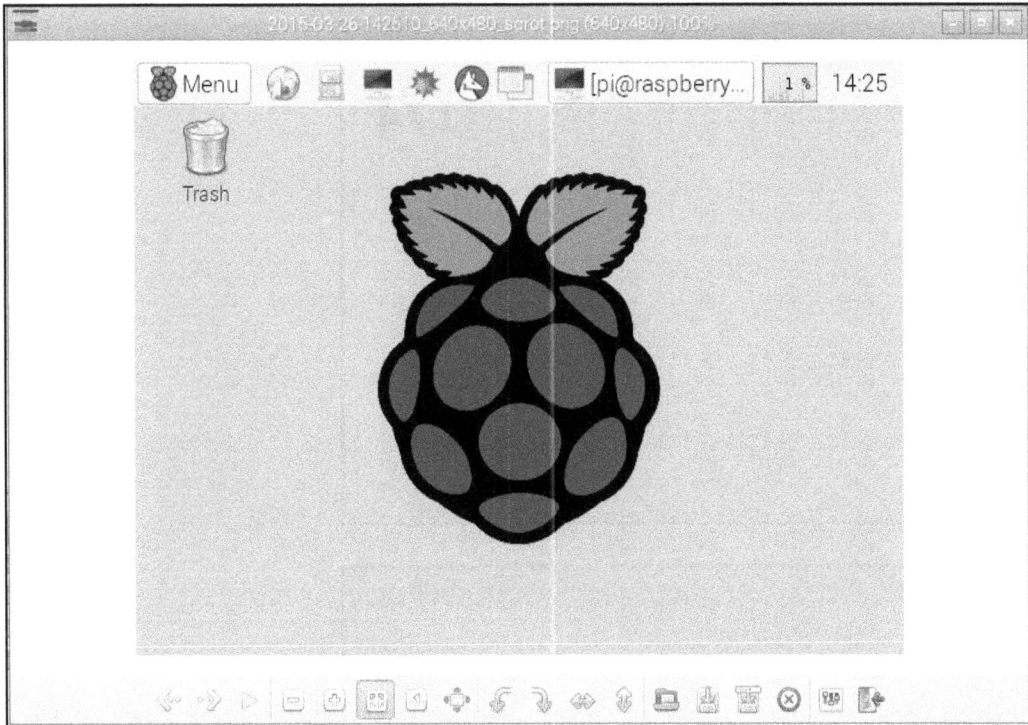

그림 7-22 window Image Viewer (GPicView)

동일한 폴더에 있는 여러 이미지 자료를 순차적으로 조회할 수 있고, 현재 이미지를 회전하거나, 좌우 또는 상하로 위치를 바꾸어 볼 수 있는 기능도 제공한다.

7.5.1.7 Calculator (Gaculator)

이 프로그램은 여러 가지 계산을 손쉽게 할 수 있는 계산기 기능을 제공한다. 사용자의 설정에 따라 간단한 상업용 계산기에서부터 복잡한 공학용 계산기 기능까지 활용할 수 있다.

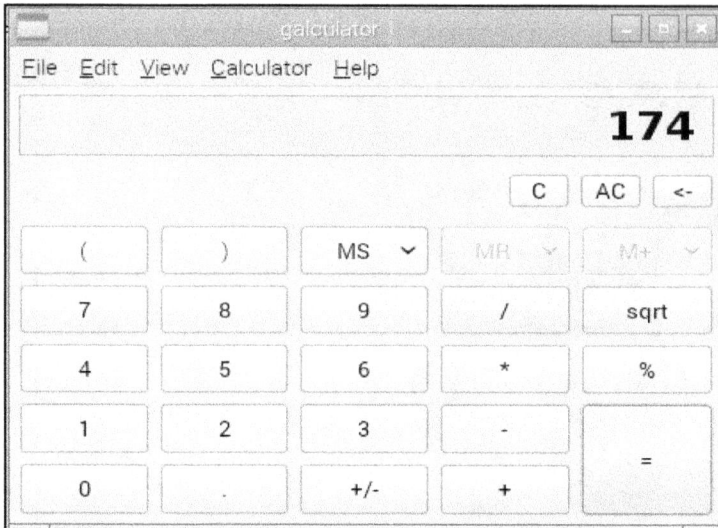

그림 7-23 window Calculator (Gaculator)

7.5.1.8 PDF Viewer (XPDF)

이 프로그램은 PDF 파일을 조회하는 기능을 제공한다.

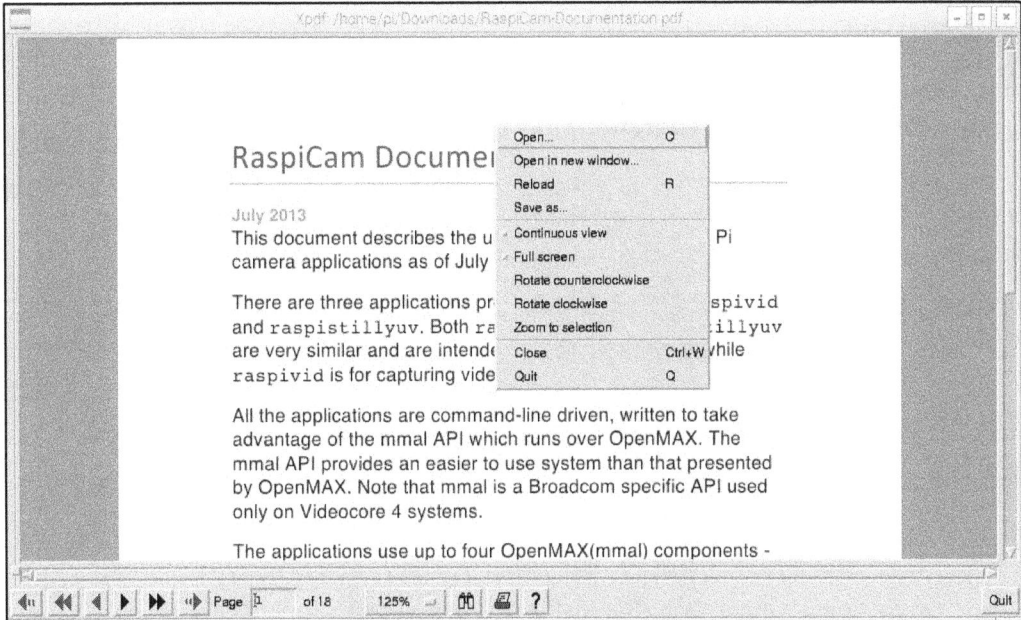

그림 7-24 window PDF Viewer (XPDF)

화면 중간에서 마우스 오른쪽 버튼을 누르면 사용할 수 있는 팝업 메뉴가 나타나는데, 필요한 여러 가지 작업을 할 수 있다.

[File Manager]에서 PDF 자료를 double-click하면 자동으로 이 프로그램이 실행되고 파일의 내용을 조회해 볼 수 있다.

7.5.2 Programming

여기서는 Raspberry Pi에서 기본적으로 제공되는 Programming 도구들에 대해서 간략히 살펴 보도록 하겠다. 상세한 내용에 대해서는 **[Chapter 23 프로그램 작성]**에서 다시 상세히 설명하도록 하겠다.

7.5.2.1   Mathematica & Wolfram language

Mathematica는 과학, 수학, 컴퓨터, 공학 등에서 필요한 전문적인 수학 계산을 손쉽게 해주는 수치해석 전문 프로그래밍 도구로 Wolfram Research에서 1988년 개발되었다. Mathematica는 미분, 적분 등과 같은 복잡하고, 전문적인 수학계산에 많이 사용되는 도구로서, 거대한 연산도 빠르게 해낼 수 있다.

Mathematica와 Wolfram은 기본적으로 동일한 language로서 Mathematica는GUI 기반으로 작동을 하는 반면에 Wolfram은 Text 기반으로 작동하는 것이 차이가 있을 뿐이다.

[Mathematica] 프로그램을 실행하면 두 개의 window 화면이 나타난다. 첫 번째는 Wolfram information dialogue 화면인데, Mathematica 와 관련된 여러 정보를 확인해 볼 수 있는 경로를 표시해 주는데, 이를 이용해서 여러 가지 Help 정보를 이용할 수 있다. 두 번째는 Mathematica notebook 화면으로 실제의 작업을 하는 화면이다.

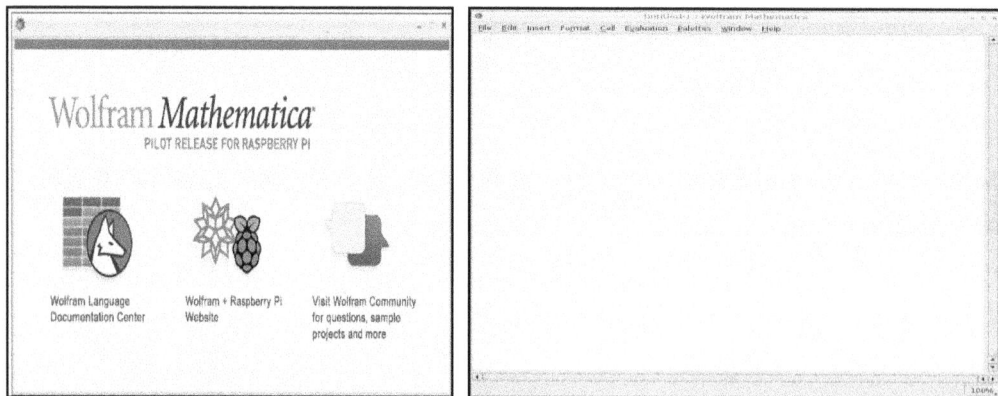

그림 7-25 **Mathematica & Wolfram language**

[Wolfram]을 실행하면 terminal 화면에서 동일한 작업을 할 수 있는 환경을 제공한다.

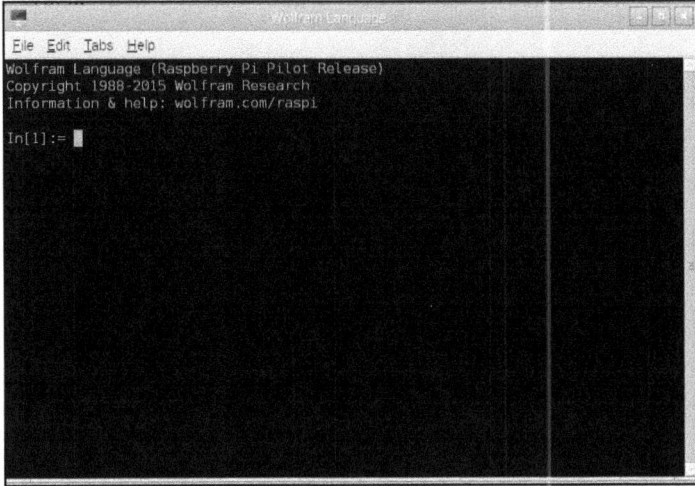

7.5.2.2 Sonic Pi

Sonic Pi는 음향 처리 컴퓨팅 프로그램이다. 원래 학교에서 컴퓨터와 음악 교습을 지원하기 위해서 개발된 것으로 모든 사람들이 무료로 사용할 수 있는 live coding synth이다. 이것을 이용하면 code를 이용하면 Canons 부터 Dubstep까지 클래식과 현대음악 스타일의 작곡과 연주를 할 수 있다.

desktop 이나 applications menu에서 Sonic Pi를 시작할 수 있다. 프로그램을 실해하면 아래와 같이 Sonic Pi의 시작화면이 나타난다.

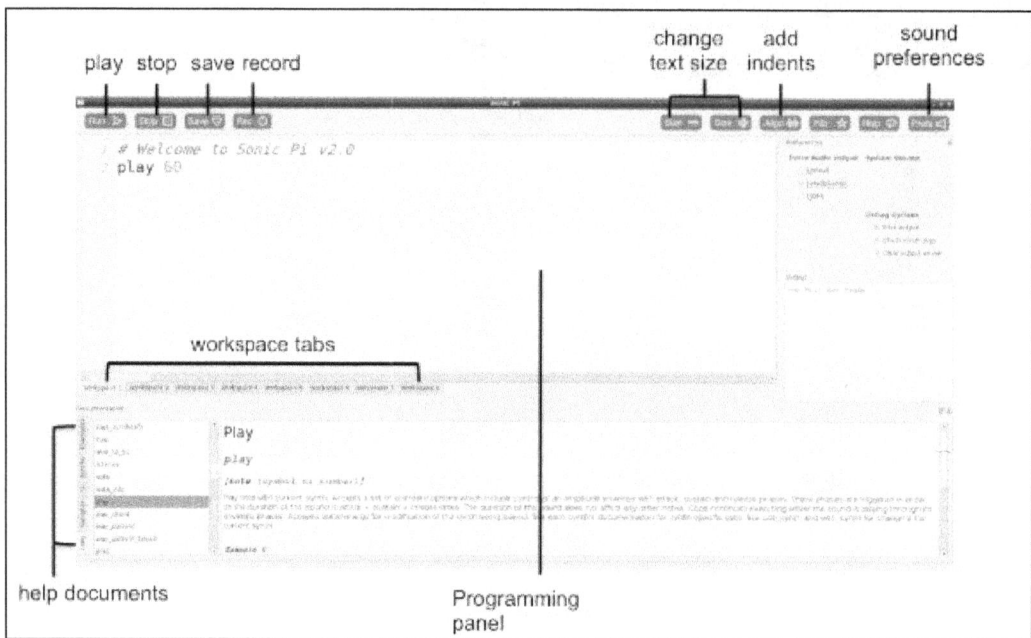

그림 7-26 Sonic Pi

7.5.2.3   Scratch

Scratch는 복잡한 프로그램 source code를 작성하지 않고도 visual tool을 이용하여 a drag-and-drop 방식으로 program을 만들 수 있는 도구로, animations이나 interactive stories, games 등을 개발할 수 있다. 따라서 프로그래밍을 처음 시작하는 사람들이 프로그래밍의 개념을 이해하고 다양한 훈련을 할 수 있는 최적의 도구이다

applications menu에서 Scratch를 시작할 수 있다. 프로그램을 실행하면 다음과 같은 화면이 시작된다. 화면에서는 여러 가지 그림 도구를 이용해서 프로그램을 작성하게 된다.

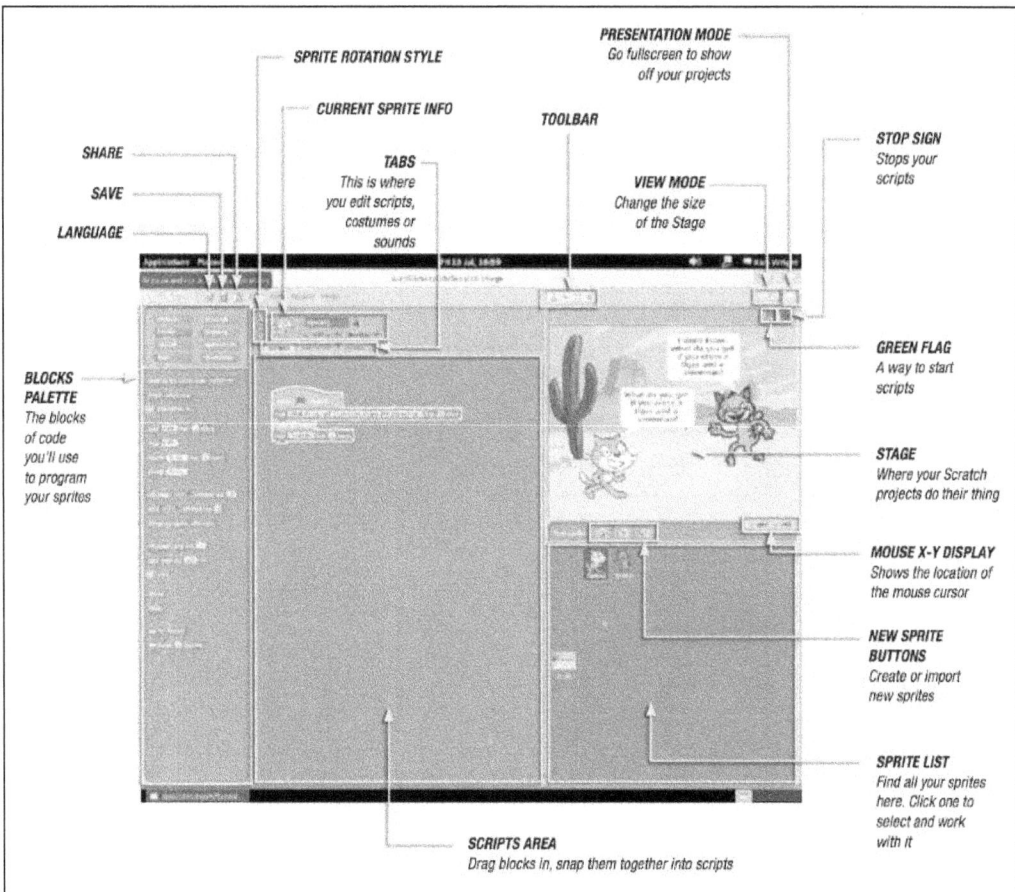

그림 7-27 Scratch

7.5.2.4 Python

Python은 1908년대 컴퓨터 과학과 수학을 위해서 개발되었는데, 유연하면서도 강력한 기능을 제공하는 언어로, 명확한 표현이 가능한 문법 체계를 가지고 있다. 현재는 C, Java와 같이 세계적으로 널리 사용되고 있다. Python에서는 전문적인 통합 개발환경(IDE)을 사용할 수 있는 IDE2 와 IDE 3을 사용할 수 있다.

applications menu에서 다음과 같이 Python를 시작할 수 있다. Python 2는 IDE 2에 대한 개발환경을 제공하고, Python 3를 이용하면 IDE 3를 이용할 수 있다.

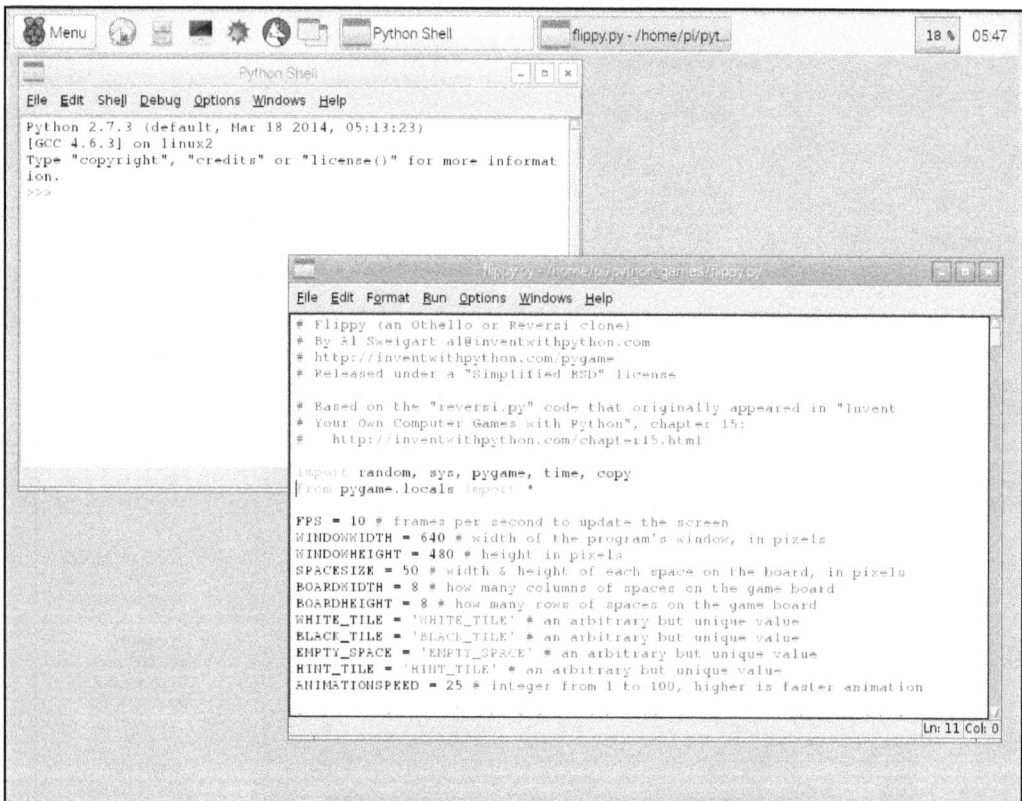

그림 7-28 Python

IDLE를 처음 실행하면 Python Shell 화면이 나타나는데, 이는 프로그램을 개발하는 시작화면이 된다.

하지만 이 Shell은 명령을 한 line씩 입력하도록 되어 있고 또 입력하지 마자 곧바로 실행이 되기 때문에 대량의 프로그램을 개발하는 것은 불편하다.

그래서 메뉴 **File → New Window**를 이용하여 새로운 화면을 열면, 대량의 프로그램을 일괄 입력하여 실행하거나 전체 내용을 파일로 저장하여 나중에 다시 사용할 수 있다.

7.5.3 Internet Web Browser (EpicHany)

Raspberry Pi 시스템에서는 EpicHany webbrowser가 기본으로 제공된다. 이전 version에서는 여러 가지 browser가 제공되었지만, 이 browser가 상대적으로 가볍고 좋은 성능을 제공하기 때문에 기본으로 채택이 되었다. 아래 화면은 그 browser를 실행한 화면이다.

오른쪽 위에 있는 도구를 이용하면 다양한 작업을 할 수 있고, 실행 과정에 필요한 여러 가지 설정작업을 사용자가 원하는 대로 할 수 있는 기능을 제공한다.

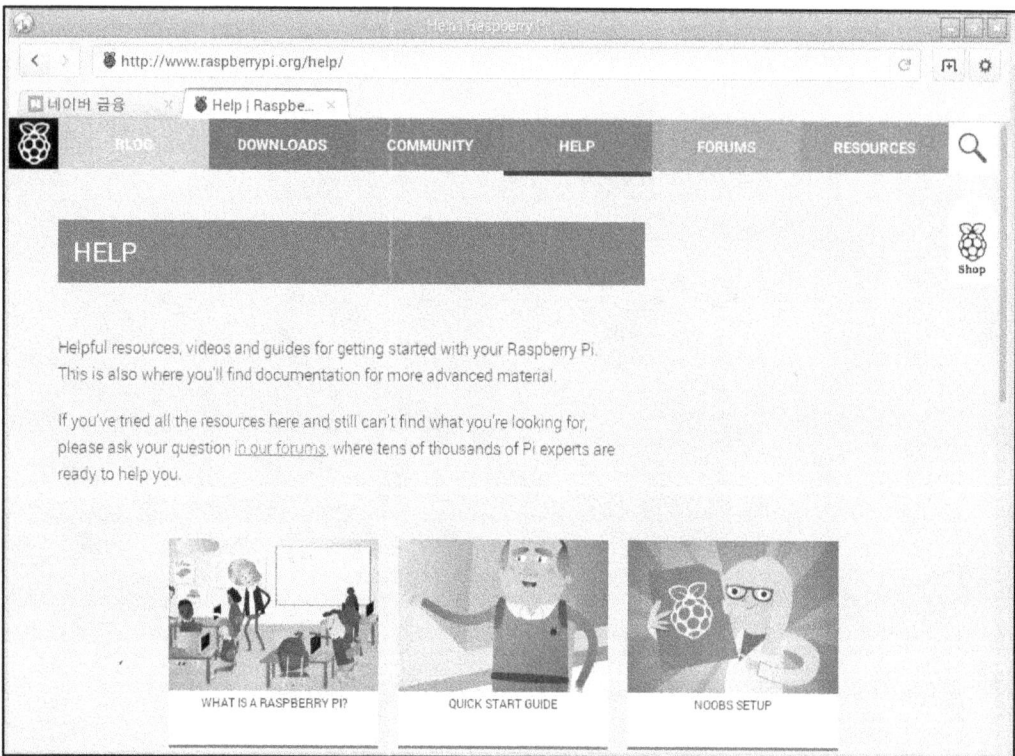

그림 7-29 Web Browser (EpicHany)

7.5.4 Game

Pi 시스템에서는 여러 가지 게임을 기본으로 제공하고 있는데, 이것은 사용자들이 단순히 Pi 시스템에서 게임을 즐기는 것 이외에 게임을 통하여 Python으로 프로그램을 개발할 수 있는 능력을 키울 수 있는 기회를 제공하는 것에 많은 의미를 두고 있다. Python을 이용하여 게임과 상호 작용을 해 볼 수 있도록 해 주고, 게임의 프로그램 source code의 내용을 사용자가 마음대로 수정해서 실행해 볼 수 있는 환경을 제공해 주고 있다.

Python으로 Game과 소통하는 방법에 대해서는 **[23.5.6 Game을 통한 Python 학습]**에서 다시 상세히 설명하겠다.

7.5.4.1   Minecraft PI

Minecraft는 인기가 많은 sandbox open world-building game으로 Pi에서도 즐길 수 있는 version을 제공한다. 사용자들은 이 게임에서 Python code로 명령이나 간단한 script를 작성하여 게임의 내용을 수정하여 즐기면서 Python을 쉽게 배울 수 있다.

Application Menu **Menu → Games → Minecraft Pi**로 게임을 실행하면 다음과 같은 화면으로 게임을 시작한다. 참고사항은 Remote 접속에서는 프로그램이 실행되지 않는다는 것이다. Start Game은 혼자서 하는 게임이고, Join Game은 네트워크 상에서 여러 사람이 같이 하는 게임이다.

그림 7-30 Minecraft

Start Game으로 게임을 실행하면 다음과 같은 화면으로 게임을 시작한다.

7.5.4.2 Python Games

Raspberry Pi에서는 Python으로 개발한 많은 게임들을 실행해 볼 수 있다. 동시에 이들 게임 프로그램에 대한 프로그램 Source를 확인할 수 있고, 사용자가 원하는 대로 수정하여 실행해 볼 수도 있다.

Application Menu **Menu → Games → Python Games**을 이용하여 프로그램을 실행하면 audio 출력 선택화면이 나오고, 그 이후는 다음과 같은 게임목록 화면이 나타난다. 원하는 게임을 선택하고 [OK] 버튼을 누르면 해당 게임이 실행된다.

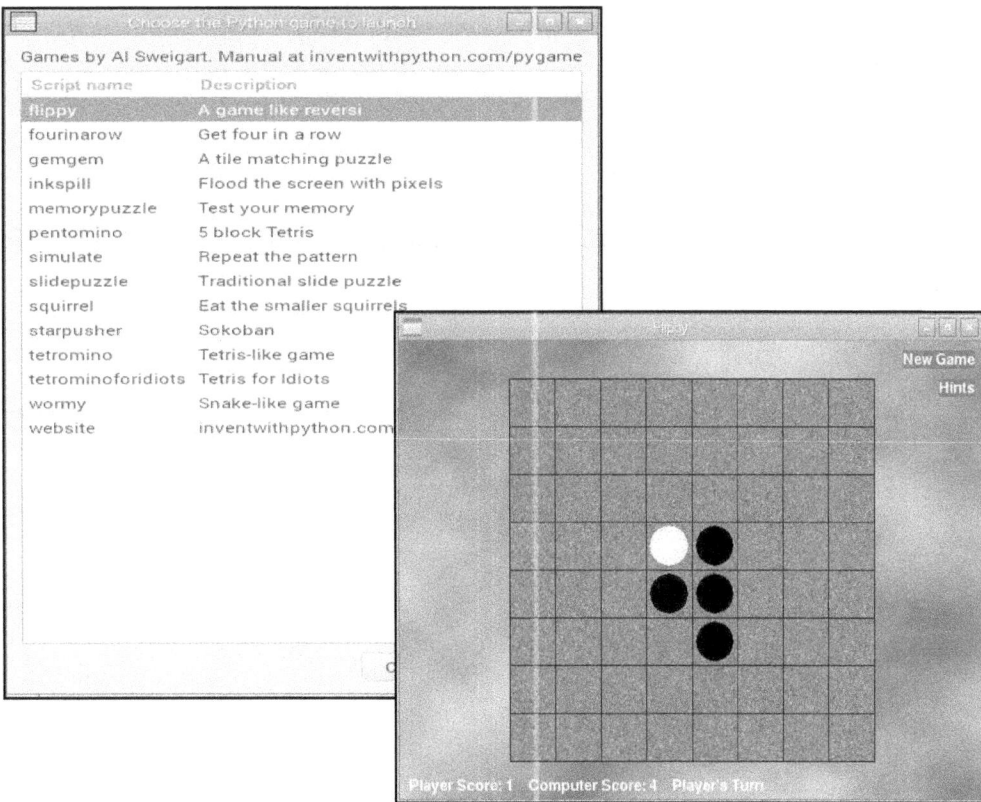

그림 7-31 Python Games

여기서 제공되는 모든 게임에 대해서는 프로그램의 source code가 제공된다.
/home/pi/python_games 폴더를 보면 해당 source 코드와 관련 파일들이 있음을 확인할
수 있다.

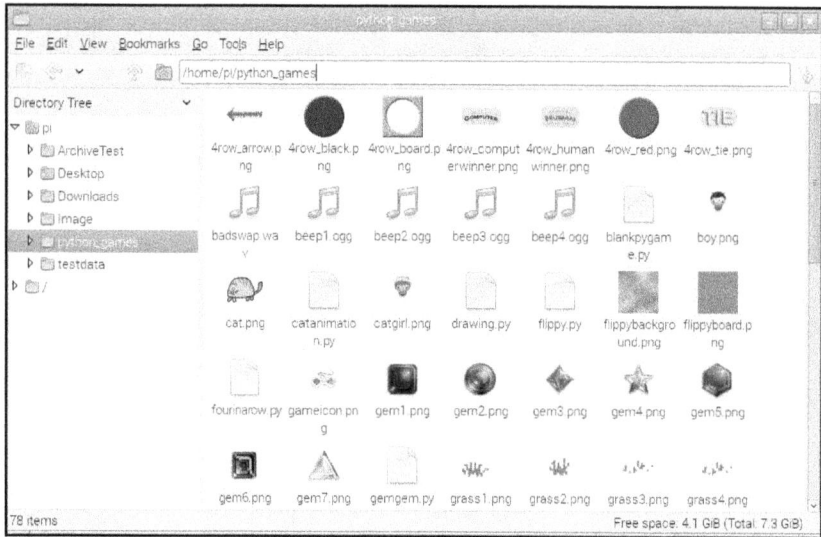

7.6 Help

7.6.1 Debian Reference

Raspberry Pi에서는 Raspbian의 기반이 되는 Debian에 대한 Help 자료를 조회할 수 있다.
이 자료는 Raspberry Pi 시스템 자체 내에 자료가 저장되어 있다. 관련 URL은 다음과 같다.

- file:///usr/share/debian-reference/index.html

Application Menu **Menu → Help → Debian Reference**을 사용하면 관련 자료를 조회할 수
있다. 사용자의 선택에 따라 web browser에서 HTML 형식으로 조회할 수도 있고, Plain
Text를 선택하면 일반 텍스트 파일로 다운로드 받아서 조회할 수도 있다.

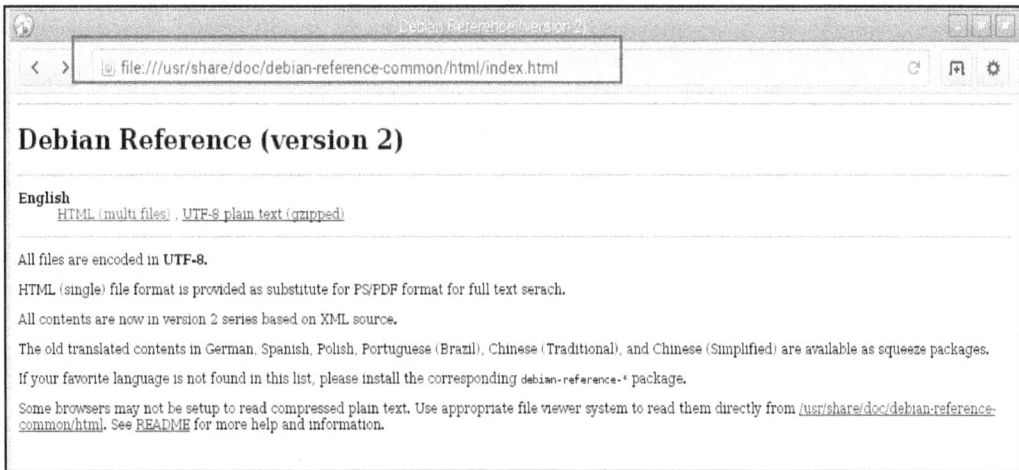

그림 7-32 Debian Reference

아래 화면은 web browser에서 HTML 방식으로 Help 자료를 조회한 것이다.

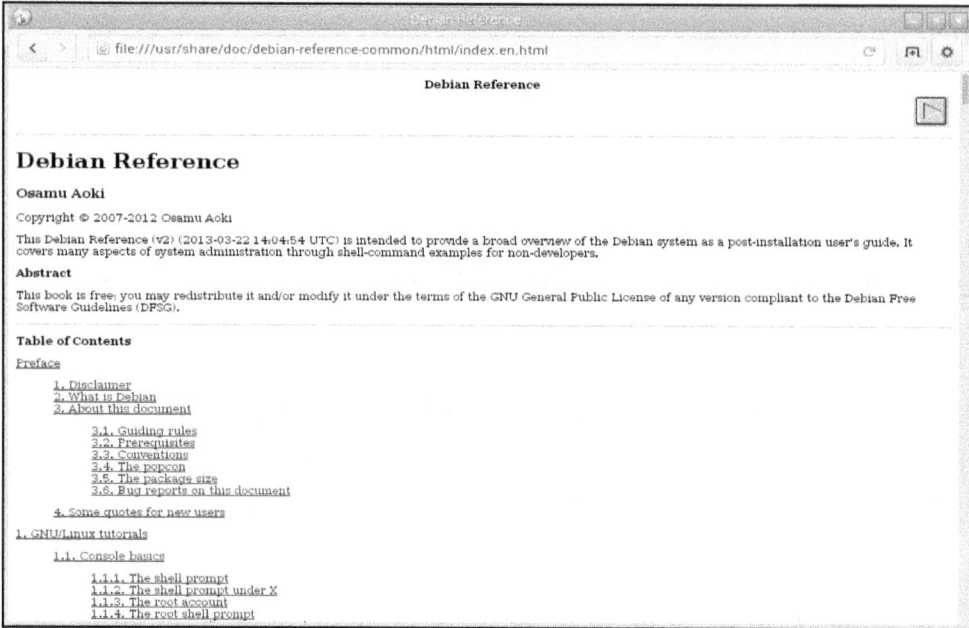

사용자가 Plain Text 방식을 선택하면 아래와 같이 압축 파일이 download되고 archiver 프로그램이 실행되면서 해당 압축파일의 내용이 함께 표시된다. 사용자는 압축파일의 내부에 있는 텍스트 파일을 이용하여 Help의 내용을 확인할 수 있다.

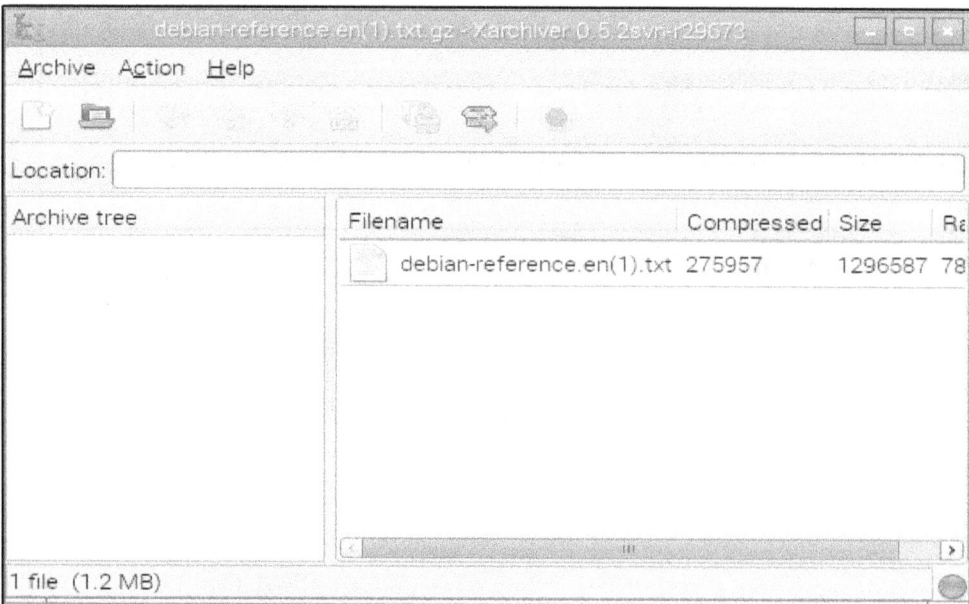

해당 파일을 선택하여 곧바로 조회하거나 별도의 파일로 저장하여 내용을 조회하면 다음과 같이 일반 텍스트 형식의 Help 자료를 조회할 수 있다.

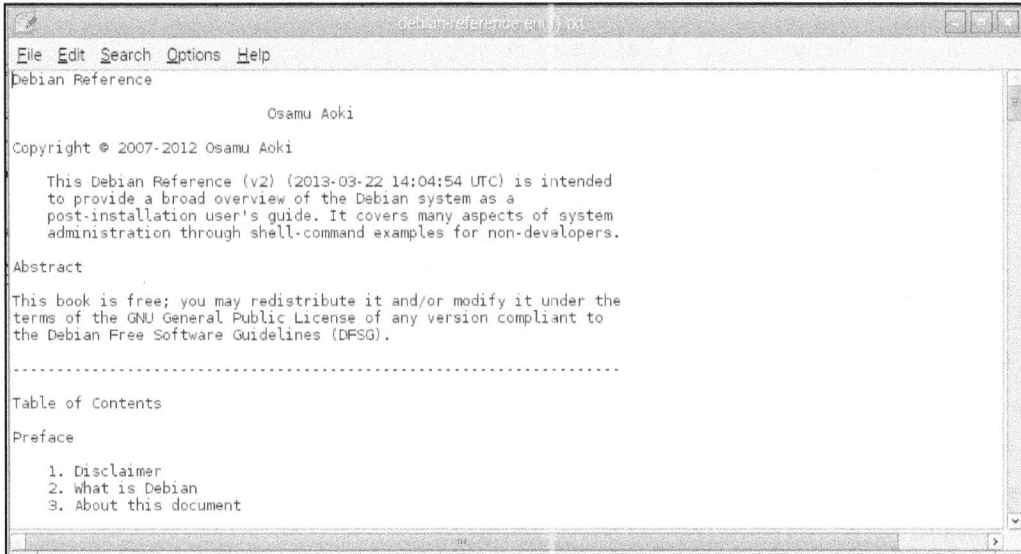

```
                        debianreference_em().txt
 File  Edit  Search  Options  Help
Debian Reference

                        Osamu Aoki

Copyright © 2007-2012 Osamu Aoki

    This Debian Reference (v2) (2013-03-22 14:04:54 UTC) is intended
    to provide a broad overview of the Debian system as a
    post-installation user's guide. It covers many aspects of system
    administration through shell-command examples for non-developers.

Abstract

This book is free; you may redistribute it and/or modify it under the
terms of the GNU General Public License of any version compliant to
the Debian Free Software Guidelines (DFSG).

-----------------------------------------------------------------------

Table of Contents

Preface

    1. Disclaimer
    2. What is Debian
    3. About this document
```

7.6.2 Raspberry Pi Help

Application Menu **Menu → Help → Raspberry Pi Help**을 사용하면 관련 자료를 조회할 수 있다. 여기서는 Raspberry Pi의 공식 홈페이지에서 제공하는 Help 자료를 조회할 수 있다. URL은 다음과 같다.

- http://www.raspberrypi.org/help/

여기서는 Raspberry Pi 시스템에 대한 운영체제를 download할 수 있고, 여러 가지 용도의 Help 자료를 사용할 수도 있고 Raspberry Pi 시스템을 이용한 각종 IOT 사례들도 확인할 수 있다.

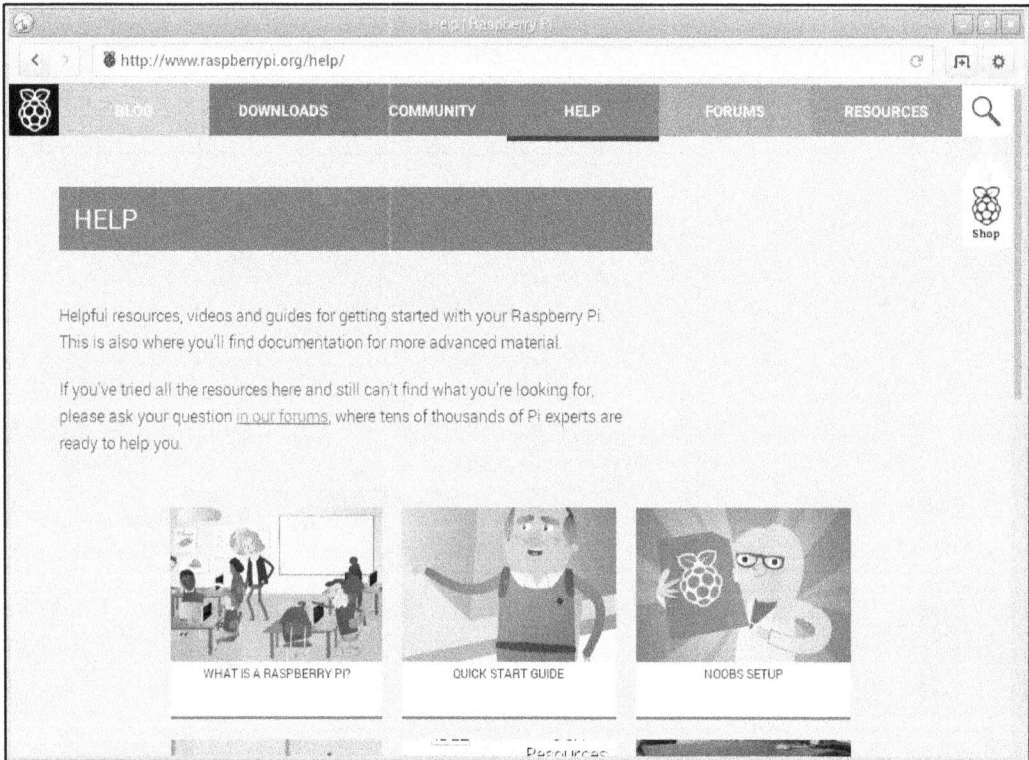

그림 7-33 Raslberry Pi Help

7.7 Preference

7.7.1 Mouse and Keyboard Settings

이 프로그램은 마우스와 키보드에 대한 설정 내용을 조정할 수 있는 기능을 제공한다.

Application Menu **Menu → Preference → Mouse and Keyboard Setting**을 실행하면 설정 작업을 할 수 있는 다음과 같은 화면이 나타난다.

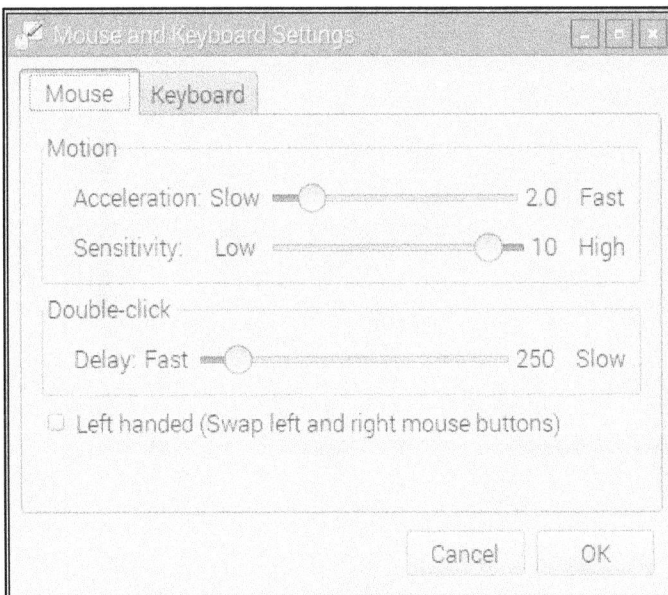

그림 7-34 window Mouse and Keyboard Settings

7.7.2 Theme and Appearance Settings

이 프로그램은 window 내부에 있는 항목들의 특성을 정의한다. 바탕화면이나 아이콘 등 여러 가지 항목의 내용을 정의할 수 있다.

Application Menu **Menu → Preference → Theme and Appearance Settings**을 실행하면 설정 작업을 할 수 있는 다음과 같은 화면이 나타난다.

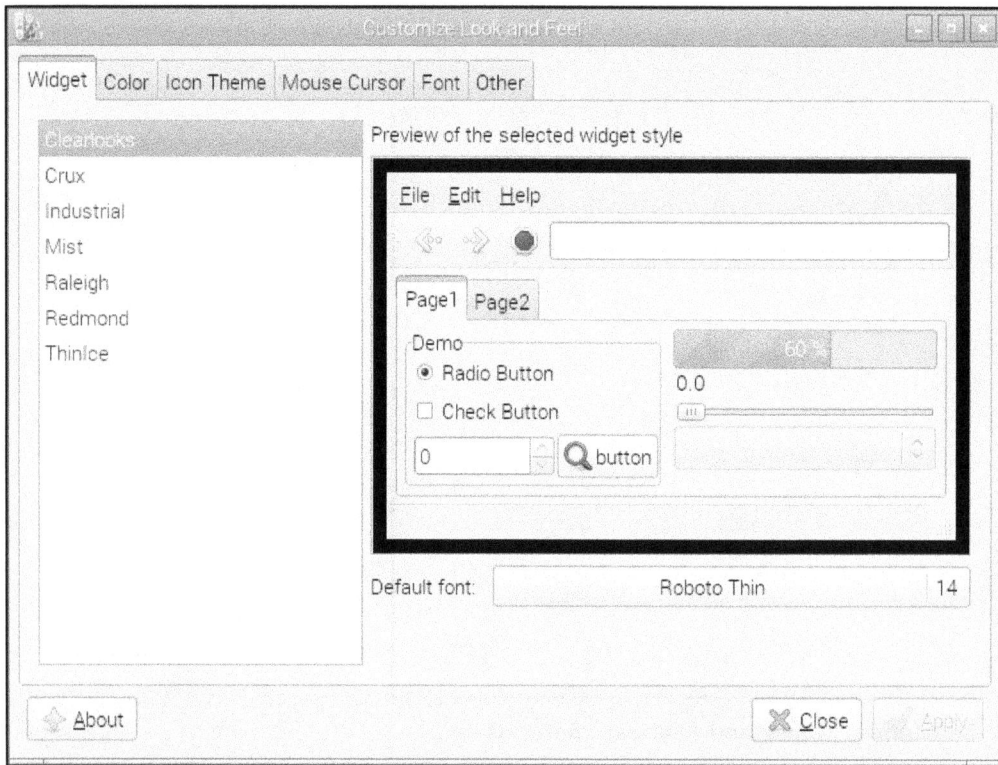

그림 7-35 window Theme and Appearance Settings

Widget를 이용하면 사전에 정의된 선택 항목 중에서 하나를 선택하여 여러 가지 세부 설정 항목을 하나씩 선택하지 않고 전체를 한번에 정의할 수 있다.

여기서 정의하는 주요 항목은 다음과 같다.

- window 바탕화면의 색상
- 선택된 항목에 대한 표시
- 아이콘의 모양
- 마우스 포인터의 모양
- 기타

7.7.3 Main Menu Editor

이 프로그램은 window 의 메뉴에서 곧바로 실행할 수 있는 프로그램 목록을 정의할 수 있다.

Application Menu **Menu → Preference → Main Menu Editor**을 실행하면 설정 작업을 할 수 있는 팝업 화면이 나타난다.

먼저 화면 왼쪽에서 [Applications] 메뉴를 선택하면 오른쪽에 최상위 단계에서 사용할 수 있는 메뉴 목록이 나타난다. 여기서 원하는 메뉴를 선택하고 필요한 내용을 조정할 수 있다. 그런 다음 다시 화면 왼쪽에서 [Applications] 밑에 있는 최상위 메뉴를 선택하면 오른쪽에 그 밑에 있는 세부 메뉴 목록이 나타난다. 여기서 다시 원하는 메뉴를 선택하고 필요한 내용을 조정할 수 있다.

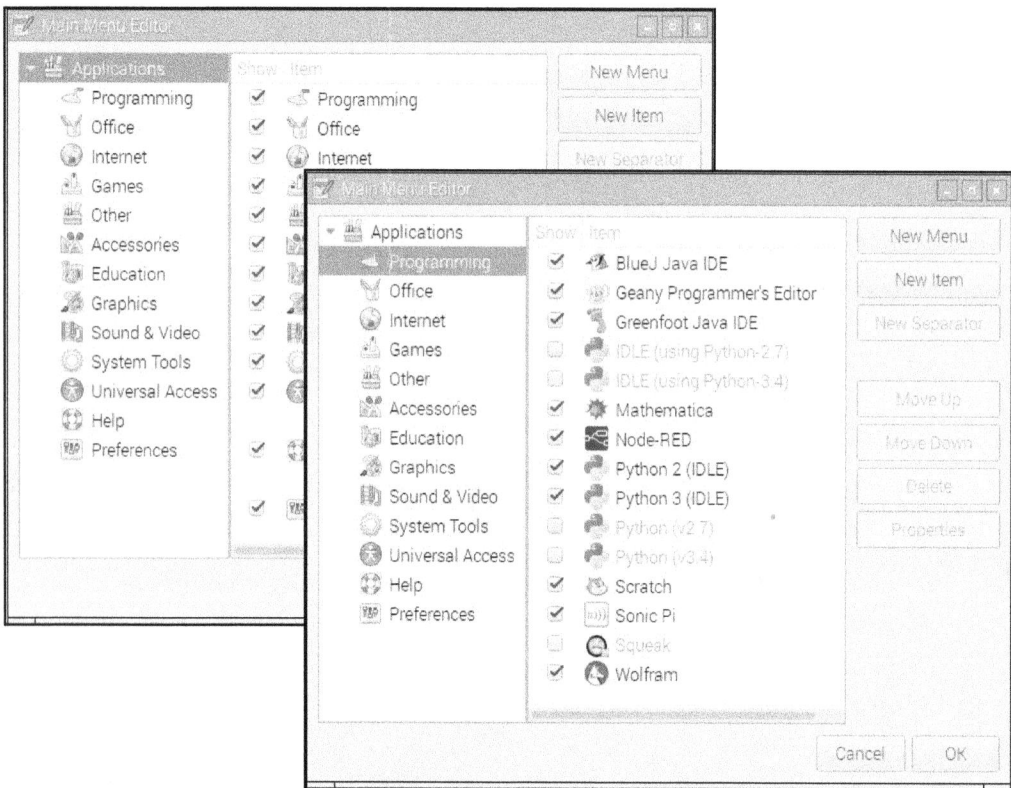

그림 7-36 window Main Menu Editor

7.8 Run

[Run] 메뉴는 window에서 메뉴를 사용하거나, 아이콘을 클릭하거나 Shell terminal 화면을 사용하지 않고도 시스템에 명령을 지시할 수 있는 기능을 제공하고 있다.

● **실행 화면**

이 메뉴를 실행하면 다음과 같이 화면에 명령을 입력할 수 있는 팝업 화면이 나타난다. 여기서 사용자가 처리를 원하는 명령을 입력하여 [OK] 버튼을 누르면 명령이 실행된다.

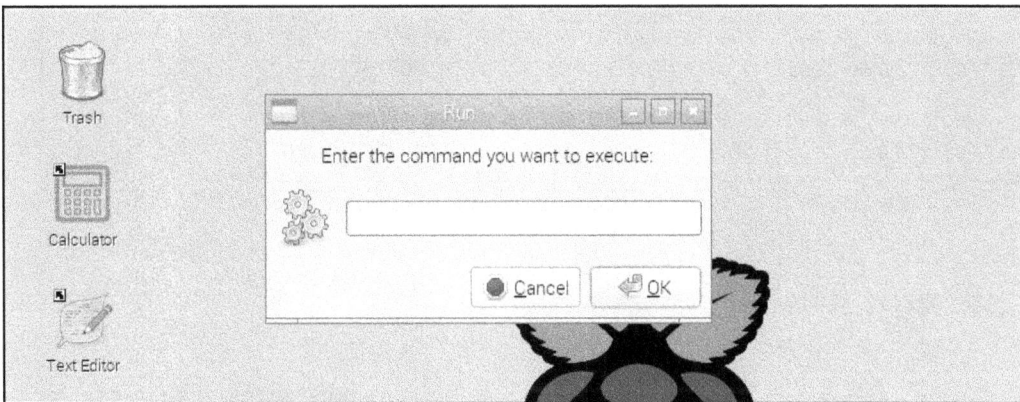

그림 7-37 window Run

● 자동 완성 기능

명령을 입력할 때 명령의 몇 글자만 입력하면 그 문자열로 시작하는 모든 명령을 보여주고, 일치하는 것이 하나만 있을 때는 해당 명령을 자동으로 선택해주는 [자동완성] 기능을 제공해 주기 때문에 명령을 찾거나 입력할 때 요긴하게 사용할 수 있다.

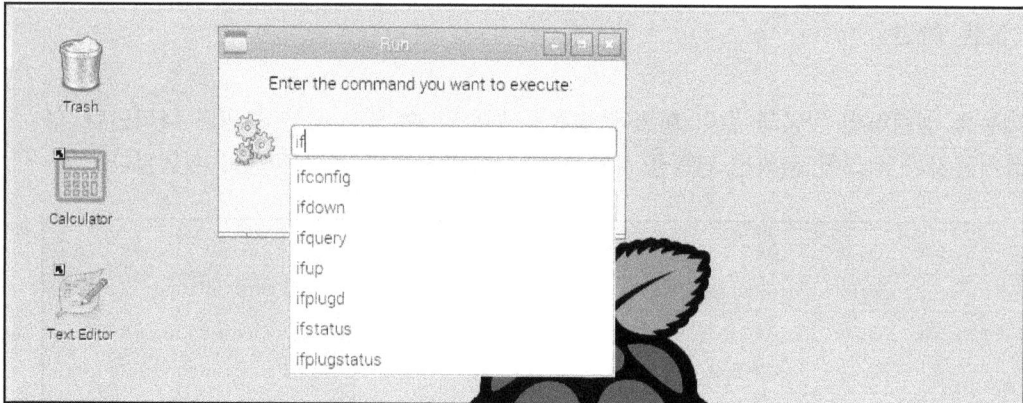

● 실행 메시지 표시

이 프로그램은 기본적으로 Shell terminal을 기준으로 background로 실행되므로 명령을 처리하는 과정에서 화면에 표시되는 여러 가지 메시지나 자료들이 조회가 되지 않는다는 것이다. 예를 들어 현재의 IP address에 대한 내용을 조회하는 "ifconfig" 명령을 실행해 보면 Shell terminal에서는 현재의 IP address 정보가 표시되지만, 여기서는 아무 반응이 없는 것처럼 보인다.

아무런 반응이 없는 것처럼 보인다고 해서 실행이 되지 않는 것이 아니라 다만 처리 과정이나 그 결과가 화면에 나타나지 않는 것뿐이라는 것을 명심하기 바란다. 또한 명령을 처리하는 과정에 오류가 발생하는 경우에도 처리과정에 대해서 아무런 정보도 제공해 주지 않기 때문에 해당 명령이 제대로 실행되었는지 확인하기가 쉽지 않다는 점도 확실히 이해하고 있어야 한다.

● 실행 Example

아래 예에서 "mkdir" 명령을 사용하여 바탕화면에 폴더를 하나 만들어 보기로 하자. "pi" 사용자의 바탕화면에 대한 경로는 "/home/pi/Desktop"이다. 화면과 같이 명령을 입력하고 실행을 하면 바탕화면에 "RunTest" 라는 폴더가 생성되는 것을 확인할 수 있다.

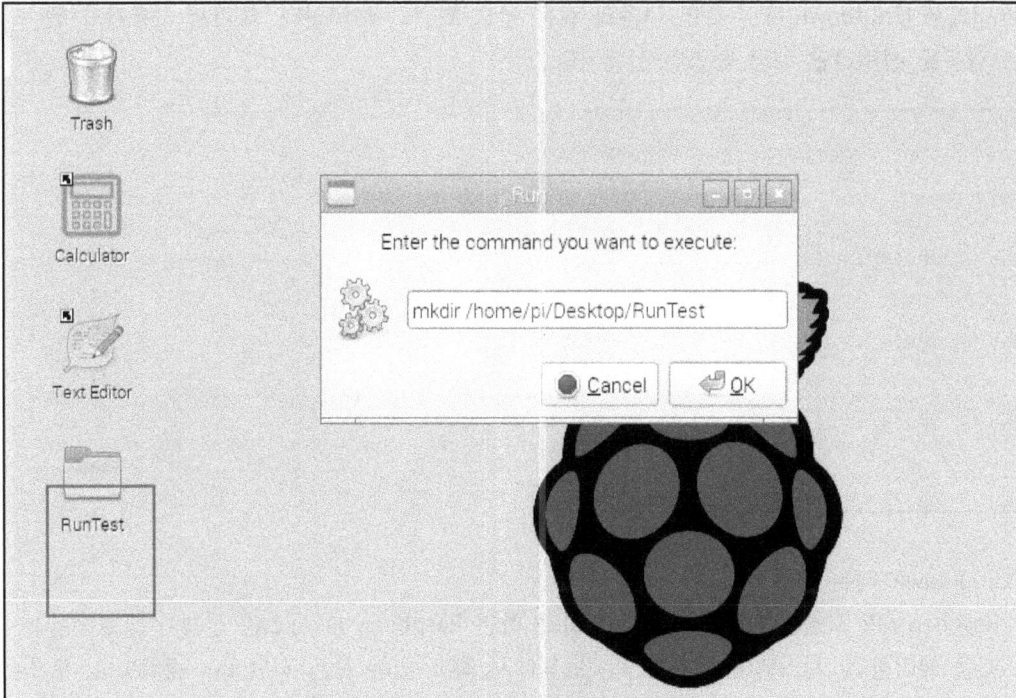

7.9 Shutdown

[Shutdown] 메뉴는 시스템을 중단시키거나, 부팅을 새로이 하거나, 현재 사용자 계정에서 logout하여 새로운 사용자로 변경할 수 있는 기능을 제공한다.

[Menu]에서 [Shutdown]을 누르면 다음과 같은 팝업 화면이 나타난다. 여기서 사용자가 원하는 항목을 선택하면 해당 작업이 실행된다.

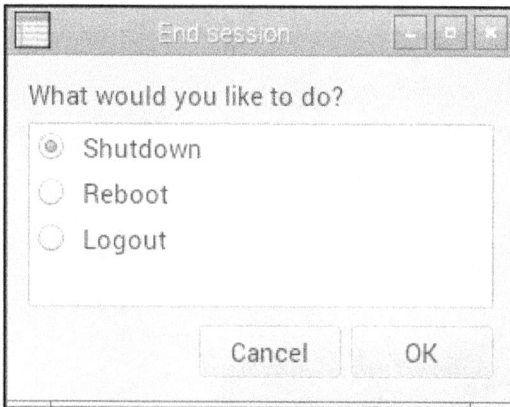

■ Shutdown 메뉴
Raspberry Pi 시스템에서 Shutdown이라고 하면 Raspberry Pi 시스템 전체가 종료되는 것을 의미한다. 시스템이 종료되면 시스템에서 하고 있는 모든 작업들이 종료되고, 모든 네트워크 연결도 종료되며, logon한 사용자들에 대해서는 접속이 끊기게 된다.

■ Reboot 메뉴
이 명령을 수행하면 기본적인 효과는 현재의 시스템이 종료된다는 의미에서는 위의 Shutdown과 동일하다. 하지만 여기서는 시스템이 완전히 종료된 다음 다시 booting 과정을 거쳐서 시스템이 처음 시작하는 것과 동일한 상태로 되돌아 오는 특징이 있다.

■ Logout 메뉴
이 명령을 수행하면 현재 사용자가 하던 모든 작업이 완료되고, 그 사용자는 시스템에서 접속이 종료된다. 이러한 중단의 효과는 logout을 한 특정 사용자에게만 미치고 다른 사용자들에게는 전혀 영향을 미치지 않는다. 따라서 다른 사용자들은 방해를 받지 않고 계속 작업을 진행할 수 있다.

Chapter 8 Terminal과 Shell 프로그램

Chapter 주요 내용

Raspberry Pi 시스템에서 원하는 작업을 하려고 시스템에 명령을 내릴 때는 대부분 terminal 화면에서 Shell 명령을 이용하게 된다. 여기서는 terminal 프로그램을 사용하는 방법과 Shell 명령을 사용하는 기본적인 방법에 대해서 설명한다.

다음과 같은 항목에 대한 내용을 포함하고 있다.
- terminal 프로그램
- Shell 프로그램

8.1 terminal 프로그램

8.1.1 terminal 프로그램 시작 방법

Pi 시스템에서 원하는 작업을 하려고 시스템에 명령을 내릴 때는 terminal 화면을 이용하게 된다. Pi 시스템이 window를 지원하고, window에서 일부의 작업을 할 수 있기는 하지만, 아직도 대부분의 작업은 terminal 프로그램 화면에서 명령을 수동으로 입력하여 작업해야 한다.

Pi 시스템에서 terminal 프로그램을 시작하는 방법에는 여러 가지가 있다. local console에서 terminal 프로그램을 시작할 수 있고, remote 접속에서 terminal 프로그램을 시작할 수도 있으며, window에서 terminal 프로그램을 시작할 수도 있다.

● **local console에서 terminal을 시작하는 방법**

시스템이 booting할 때 terminal 화면으로 시작하도록 설정한 경우는, 시스템에 접속한 후 사용자 logon이 완료되면 즉시 terminal 화면에서 필요한 명령을 실행할 수 있는 상태가 된다. booting할 때 terminal 화면으로 시작하도록 설정하는 방법에 대해서는 [**9.5booting 시작화면 설정**]의 설명을 참조하기 바란다. 아래 화면은 local console에서 시스템에 접속하고 pi 계정으로 logon한 상태를 보여 주고 있다.

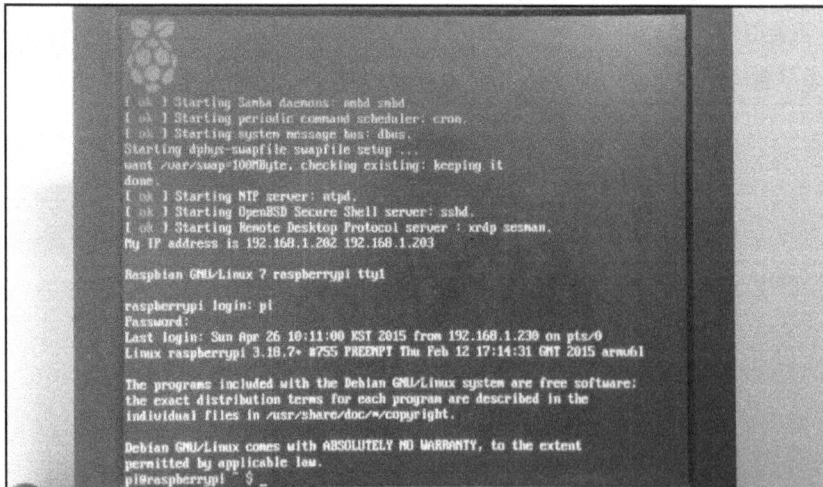

● SSH을 이용한 원격 접속으로 terminal을 시작하는 방법

SSH를 이용하여 Raspberry Pi 시스템에 원격 접속할 수 있디. 원격 접속 후 특정 사용자로 logon을 하고 나면, 곧바로 명령을 실행할 수 있는 terminal 상태가 된다. SSH를 이용하여 원격 접속하는 상세한 방법에 대해서는 **[18.2 원격 terminal 연결]**의 설명을 참조하기 바란다. 아래 화면은 SSH를 이용하여 Raspberry Pi 시스템에 원격 접속을 하고 pi 계정으로 logon한 상태를 보여주고 있다.

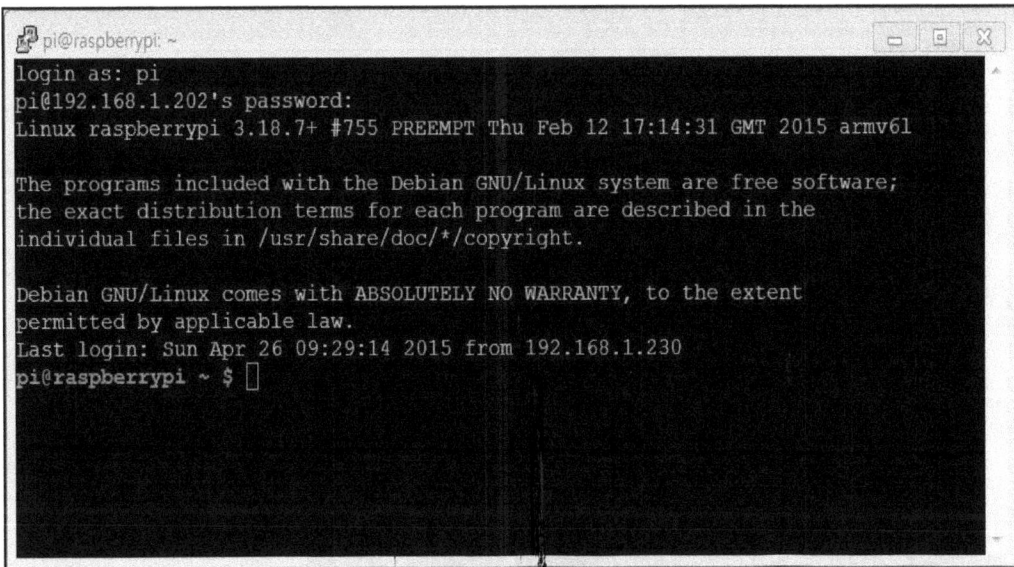

```
pi@raspberrypi: ~
login as: pi
pi@192.168.1.202's password:
Linux raspberrypi 3.18.7+ #755 PREEMPT Thu Feb 12 17:14:31 GMT 2015 armv6l

The programs included with the Debian GNU/Linux system are free software;
the exact distribution terms for each program are described in the
individual files in /usr/share/doc/*/copyright.

Debian GNU/Linux comes with ABSOLUTELY NO WARRANTY, to the extent
permitted by applicable law.
Last login: Sun Apr 26 09:29:14 2015 from 192.168.1.230
pi@raspberrypi ~ $
```

● desktop window에서 terminal을 시작하는 방법

local에서 접속을 하던, 원격으로 접속을 하던 desktop window로 logon한 경우는 terminal 프로그램을 간편하게 사용할 수 있다. window에서 기본으로 제공되는 LXTerminal 프로그램을 이용하면 언제든지 terminal 화면을 열어서 사용할 수 있으며, 여러 개의 창을 동시에 열어서 작업을 할 수도 있다. 아래는 window에서 terminal 화면을 시작한 경우인데, 다른 window 화면을 그대로 둔 상태에서 terminal 화면을 시작하여 필요한 작업을 할 수 있음을 보여 주고 있다.

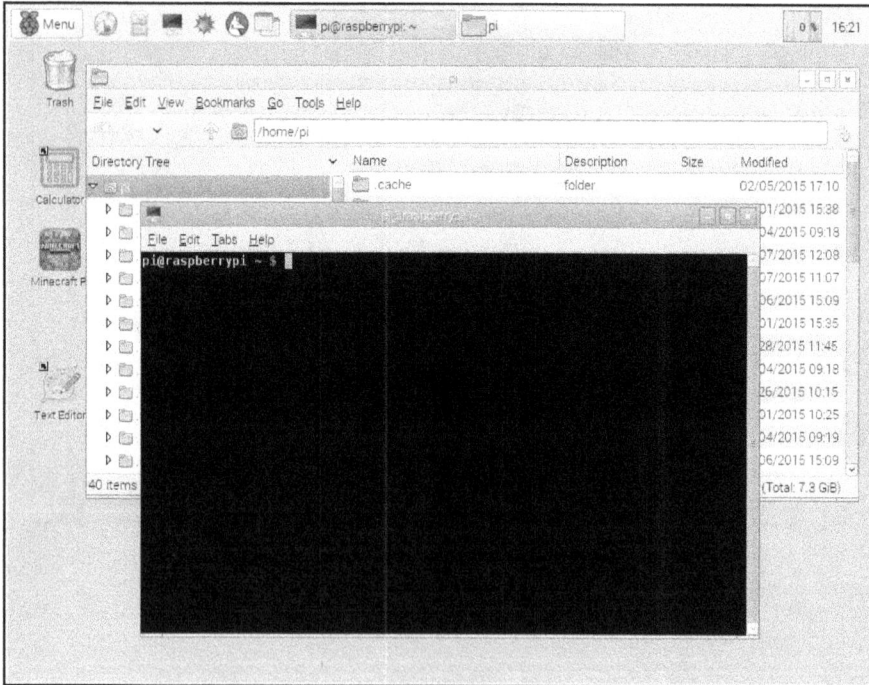

8.1.2 terminal 화면의 구성

Pi 시스템에서 제공되는 terminal 화면은 일정한 규칙을 가지고 있다. 먼저 terminal 화면에서 표시되는 정보에 대해서 살펴 보기로 한다.

먼저 시스템에 접속하고, pi 계정으로 logon하면 terminal 화면에 다음과 같은 부분이 나타난다.

```
pi@raspberrypi /etc/apt $ pwd
```

그림 8-1 terminal 화면 command prompt

이것을 command prompt라고 하는데, 명령을 실행할 때 사용자에게 뭔가를 알려주는 장치라는 의미에서 prompt라고 한다. 여기서 정보가 표시되는 부분을 하나씩 분해해 보면 다음과 같다.

- logon 사용자 계정　　 -- pi
- 소속　　　　　　　　 -- @　　　　　　 -- at를 의미함
- hostname　　　　　 -- raspberrypi
- 현재 directory 위치　 -- ~　　　　　　 -- /home/pi를 의미함
- 사용자 실행 등급　　 -- $　　　　　　 -- 일반 사용자 등급
- 실행 명령　　　　　 -- 사용자가 실제 실행하기 위해서 입력한 명령

먼저 살펴 볼 것은 logon 사용자 계정이다. 여기서 표시되는 사용자 계정은RasPi시스템에 처음 접속하여 logon한 사용자 계정이 표시된다. 현재는 "pi"라고 표시되어 있는데, 이것은 현재 사용자 계정 "pi"을 이용해서 시스템에 logon했다는 것을 의미한다. 만약 "guser001"라는 사용자가 logon했다면 그 이름이 표시될 것이다.

다음에 표시되는 것은 @이다. 이는 "at"라는 의미로 사용자 계정과 hostname을 연결하는 역할을 하는데, 앞에 있는 사용자 계정이 어떤 hostname에 속해 있는지를 나타낸다.
"pi@raspberrypi" 라고 하면 "raspberrypi" 컴퓨터에 있는 "pi" 사용자 계정을 말하는 것이다.

Hostname은 컴퓨터 자체에 부여된 이름으로, 네트워크 상에서 다른 컴퓨터와 통신을 할 때는 다른 컴퓨터가 현재의 그 컴퓨터를 지칭할 때 사용하는 이름이다. Pi 시스템은 설치와 동시에 "raspberrypi"라는 이름이 기본으로 지정되어 있는데, 이를 변경하고자 하면 booting 항목을 설정할 때 다른 이름으로 지정할 수 있다. 이에 대해서는 **[9.9.2 hostname 설정]**에 대한 내용을 참고하기 바란다.

그 다음에 표시되는 것이 현재 directory 위치이다. 현재 directory 위치는 파일 시스템에서 사용자가 현재 작업하고 있는 directory 위치를 나타낸다. 현재는 화면에서 "~"라고 표시되어 있는데, 이것은 그 사용자의 home directory를 의미한다. terminal 프로그램에 처음 접속을 하면 logon 사용자 계정의 home directory가 현재의 directory로 자동 지정된다.

"~"(tilde)는 일반적으로 logon 사용자의 home directory를 나타낼 때 사용하는 기호이다. terminal에서 명령을 실행할 때 "~"를 사용하면 항상 home directory를 기준으로 어떤 작업을 하라는 것을 의미한다.

8.1.3 terminal 화면에서의 작업

다음은 terminal 화면에서 현재의 위치가 어디에 있는지를 정확히 확인해 보자. Linux에서 현재의 directory 위치를 알고 싶을 때 pwd 명령을 사용한다.

pi@raspberrypi ~ $ pwd
/home/pi

위와 같이 pwd 명령을 실행하면 "/home/pi"가 현재의 directory 위치라는 것을 알려준다. 화면에서는
"~"라고 표시되어 있지만, 실제는 그것이 "/home/pi"를 의미하는 것이다. 처음 home directory에 지정된 현재 directory 위치는 사용자가 작업하는 위치를 다른 directory로 이동하면 같이 변경되게 된다. 그러면 화면에 표시되는 위치도 그에 맞추어 변경된다.

아래의 사례는 현재 directory를 여러 곳으로 이동하고 그 내용을 확인해 본 것이다. 아울러 "~"를 이용하여 명령을 실행해 보았다.

pi@raspberrypi ~ $ cd testdata
pi@raspberrypi ~/testdata $ pwd
/home/pi/testdata
pi@raspberrypi ~/testdata $ cd ~
pi@raspberrypi ~ $ pwd
/home/pi
pi@raspberrypi ~/testdata $ cd /etc/apt
pi@raspberrypi /etc/apt $ pwd
/etc/apt
pi@raspberrypi /etc/apt $ cd ~/testdata
pi@raspberrypi ~/testdata $

위에서 보면 현재 directory 위치를 표시할 때 그 위치가 home directory 인 "/home/pi" 밑에 있는 경우는 "~"를 기준으로 그 위치를 표시하고 있으며, home directory가 아닌 다른 곳에 있는 것이면 "/"(root)를 기준으로 표시되어 있는 것을 알 수 있다. 즉 home directory 밑에 있는 "testdata"에 대해서는 "~/testdata"로 표시가 되어 있고, 그 위치가 "/etc/apt"인 경우는 동일하게 "/etc/apt"로 표시되어 있다. 또한 cd 명령을 실행할 때 경로에서 "~"를 사용하면 home directory를 기준으로 경로가 지정되어 있는 것을 알 수 있다.

다음으로 살펴볼 내용은 사용자의 권한 등급이다. 권한이란 logon 사용자가 시스템에서 작업을 할 때 어떠한 작업이 허용되고, 어떠한 작업은 금지되는지를 정의한 규칙을 의미한다. 나중에 사용자 계정에 대해서 다시 살펴보겠지만, Linux에서는 일반권한을 가진 사용자와 root권한을 가진 사용자가 있다. 여기서 일반권한을 가진 사용자에 대해서는 "$" 기호로 표시되고, root 권한을 가진 사용자에 대해서는 "#" 기호로 표시된다. root 권한을 가진 사용자에 대해서 "#"로 표시하는 것은 그 사용자 권한을 가지면 시스템에서 모든 작업을 할 수 있는데, 자칫 잘못하면 시스템 전체를 날려 버릴 수도 있으므로 조심하라는 의미이다.

아래 화면에서는 작업 사용자를 root 권한을 가진 root 사용자로 변경해 본 것이다. "sudo su -" 명령은 root 사용자로 잠시 전환하는 명령이다.

```
pi@raspberrypi /etc/apt $ sudo su -
root@raspberrypi:~#
```

위의 내용을 보면 현재 행의 전체적인 색상이 흰색으로 변경되었으며, 사용자 계정 이름이 root로 변경되었을 뿐만 아니라 권한 등급이 "#" 기호로 변경되었음을 알 수 있다.

마지막으로 살펴 볼 것은 실행 명령 부분이다. 사용자는 이 부분에서 처리하고자 하는 명령을 입력한다. 모든 입력이 완료되면 Enter 키를 누르면 명령이 실행되기 시작한다. 작업이 완료되면, 그 결과를 그 다음 행에 표시해 준다. 그런 다음 새로운 행에서 다시 새로운 명령을 입력할 수 있도록 화면을 준비해 준다. 이런 형식으로 사용자는 여러 개의 명령을 순차적으로 하나씩 실행하는 것이다.

아래의 예를 보면 pwd 명령을 실행하면 그 결과 값을 다음 행에 표시해 주고, 그 다음 행에서 새로운 명령을 입력할 수 있도록 되어 있다.

```
pi@raspberrypi /etc/apt $ pwd
/etc/apt
pi@raspberrypi /etc/apt $
```

8.2 Shell 프로그램

8.2.1 Shell 과 BASH (Bourne Again Shell)

우리가 terminal 프로그램에서 어떤 명령을 실행하면, 그 명령은 내부적으로 shell이라는 프로그램이 받아서 명령을 해석하고, 시스템 kernel에게 처리를 지시하고, 처리가 완료되면 kernel에게서 그 결과를 받아서 다시 terminal 프로그램으로 되돌려 준다. shell은 terminal 프로그램과 시스템 kernel 사이에 있으면서 terminal 프로그램이 요구하는 모든 요청을 대신 처리해 주는 역할을 하므로, terminal 프로그램은 시스템 kernel에 대해서 전혀 알 필요가 없다. 이렇게 조개 껍질이 내용물을 둘러싸고 있는 것처럼 시스템 kernel을 둘러싸고 있으면서 kernel로 부터 서비스를 받을 필요가 있는 외부의 terminal에게 필요한 서비스를 제공하는 역할을 한다는 의미에서 shell이라고 한다.

terminal 프로그램에서 shell과 소통하는 방법으로 Shell을 제공하는데, 여기서 입력하는 명령은 곧바로 연결된 shell 프로그램으로 전달이 되는 것이다.

Linux에서는 가장 인기 있는 shell 프로그램은 BASH(Bourne Again Shell)이다. 대부분의 배포판에서 기본 shell로 지정되어 있으므로 특별한 경우가 아니면 다른 것을 생각할 필요도 없다. BASH는 명령을 실행하는데 필요한 필수적인 기본 기능을 제공할 뿐만 아니라, 사용자들이 필요로 하는 각종 다양한 부수적인 기능도 함께 제공하고 있다.

8.2.2 기본 Shell 프로그램의 지정

Linux에서는 여러 가지의 shell 프로그램이 존재하며, 배포판에 따라서 다른 shell 프로그램이 제공될 수도 있다. 사용자가 필요로 하는 다른 shell 프로그램이 있으면, 그 shell 프로그램을 사용할 수도 있다.

Linux에서 시스템에 현재 설치되어 있는 shell 프로그램에 대한 정보는 /etc/shells 파일 파일에 저장되어 있다. 다음과 같이 해당 정보를 확인해보면 여러 가지의 shell 프로그램을 사용할 수 있음을 알 수 있다. 이렇게 시스템에 설치된 여러 개의 shell 프로그램 중에서 시스템에서 기본적으로 사용하는 shell 프로그램이 지정되어 있다.

```
pi@raspberrypi ~ $ cat /etc/shells
# /etc/shells: valid login shells
/bin/sh
/bin/dash
/bin/bash
/bin/rbash
```

기본 shell 프로그램은 특별한 지정이 없는 경우에 항상 실행되는 shell 프로그램이다. 시스템에서 기본적으로 사용하는 shell 프로그램이 무엇인지는 환경변수 $SHELL을 보면 알 수 있다.

우선 시스템에 지정되어 있는 환경변수 $SHELL 값을 알아보자.

```
pi@raspberrypi ~ $ echo $SHELL
/bin/bash
```

환경변수에 /bin/bash 이라고 지정되어 있다. 이것은 시스템에서 사용자가 shell 명령을 실행하면 그 명령을 처리할 shell 프로그램을 찾는데, 이때 항상 /bin/bash에 있는 프로그램을 사용한다는 의미이다.

만약 사용자들이 다른 shell 프로그램을 사용하고자 한다면 그 shell 프로그램을 시스템에 설치하고, 이 환경변수의 값을 그 shell 프로그램으로 변경하면 될 것이다. 환경변수를 변경하는 상세한 방법에 대해서는 **[10.2.2 환경변수(environment variable)]**에 대한 부분을 참고하기 바란다.

다음과 같이 export명령을 이용하면 환경변수를 원하는 값으로 변경할 수 있다.

```
export  SHELL="/bin/ksh"
```

그런 다음 다시 환경변수의 값을 확인해 보면 값이 변경되어 있는 것을 확인할 수 있다.

```
pi@raspberrypi ~ $ echo $SHELL
/bin/ksh
```

This Page is Intentionally Left Blank

Chapter 9 Raspberry Pi 시스템 설정

Chapter 주요 내용

여기서는 Raspberry Pi에 Raspbian 운영체제가 설치된 것을 기준으로 시스템이 처음 작동할 때 시스템이 어떤 형태로 작동할 지를 결정하는 여러 설정 항목에 대해서 운영자가 어떻게 설정할 수 있는지를 설명한다.

다음과 같은 항목에 대한 내용을 포함하고 있다.

- 시스템 설정 방법
- 파일시스템 확장
- default user "pi"의 사용자 암호 변경
- booting 시작화면 설정
- Internationaliation Options 설정
- 성능 항목 설정
- camera 및 오디오 장치 설정
- network 관련 설정
- 주변기기 interface 장치 설정

9.1 시스템 설정 개요

9.1.1 시스템 설정의 의미

시스템이 처음 작동할 때, 어떤 형태로 시작하고, 특정 내용을 어떤 모양으로 표시하고, 여러 가지 기능 중에서 어떤 기능을 사용할 수 있도록 하고, 시작과 동시에 어떤 작업을 시작할 것인지 등 시스템의 여러 가지 작동 방식에 대해서 운영자가 사전에 정할 수 있다. 이렇게 시스템이 처음 시작할 때 해당 시스템의 여러 가지 항목에 대해서 정의하는 것을 시스템 설정이라고 한다.

이렇게 설정된 내용은 시스템이 시작될 때 설정된 내용대로 자동적으로 적용되며, 시스템이 운영되는 중에도 계속 유효하게 적용된다. 또한 한번 정의된 설정항목은 차후 변경이 없는 한 지속적으로 동일한 내용이 유효하게 적용된다.

9.1.2 시스템 설정 대상 항목

- 파일시스템 확장
  SD card에서 아직 시스템이 사용하지 않는 공간이 있으면 사용할 수 있는 공간으로 전환해준다.

- default user "pi'에 대한 사용자 암호 변경
  시스템이 설치될 때 기본적으로 제공되는 Pi 사용자 계정의 암호를 변경할 수 있다.

- booting 시작화면 설정
  Pi 시스템이 처음 시작할 때 local 접속화면이 어떤 화면으로 시작할지를 지정할 수 있다.

- Internationalisation Options

  시스템에서 사용하는 언어, 국가, 문자, 시간대, 키보드 등 운영 환경에 대한 설정을 조정할 수 있다.
  - locale 설정
  - time zone 설정
  - keyboard 설정

- 성능

  시스템의 성능과 관계된 항목에 대한 설정 내용을 조정할 수 있다.
  - overclock 설정
  - memory 조정

- network 설정

  시스템의 network 설정에 필요한 설정 내용을 조정할 수 있다.
  - SSH 사용여부
  - Hostname

- camera 및 오디오 장치

  시스템에 설치되어 있는 여러 가지 장치에 대한 설정 내용을 조정할 수 있다.
  - camera
  - audio

- 주변기기 Interface 장치
  - SPI 활성화
  - I2C 활성화
  - One-Wire Interface 활성화
  - Serial에 대한 Shell 접속
  - GPIO Pin에 대한 원격 접속

9.2 시스템 설정 방법

시스템 설정을 하는 데는 terminal 화면에서 shell 명령을 사용하는 방법과 desktop window에서 처리하는 방법이 있다.

9.2.1 raspi-config 명령

시스템 booting에 필요한 시스템 설정을 하기 위해서는 다음 명령을 사용한다.

[명령 형식]

raspi-config

[명령 개요]
- 시스템 운영에 필요한 여러 가지 항목을 설정하는 명령이다.
- 필요 권한   -- root 권한

[상세 설명]
- 설정 후 rebooting
  설정 항목에 따라서 rebooting이 되어야 적용되는 경우는 설정작업이 완료되면 즉시 rebooting 할 것인지를 확인한다. 만약 rebooting을 하지 않았다면 변경된 설정내용이 시스템에 반영되지 않는다.

[주요 option]

[사용 Example]

명령을 실행하면 Raspberry Pi 시스템 설정을 할 수 있는 화면이 다음과 같이 나타난다

```
pi@raspberrypi ~ $ sudo raspi-config
```

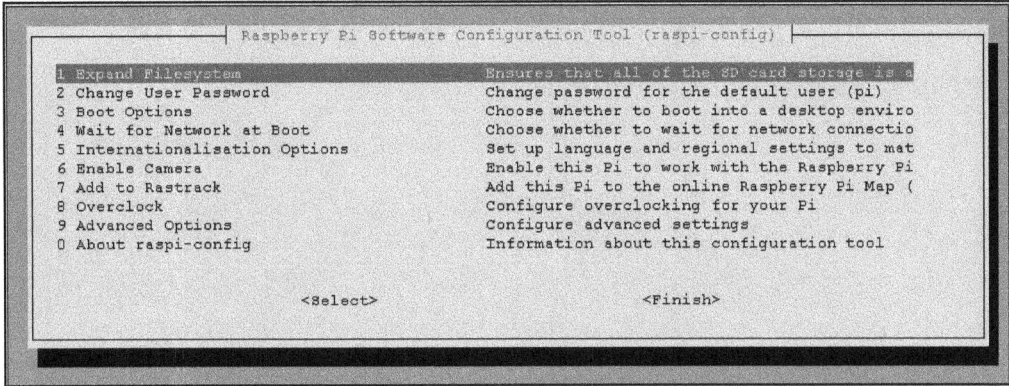

그림 9-1 raspi-config 명령 실행화면

여기서 booting에 필요한 여러 가지 항목에 대한 설정 내용을 설정할 수 있다. [화살표] 버튼을 이용하여 해당 항목으로 이동하여 선택한다. 곧바로 [Enter] 버튼을 누르거나, [Tab] 버튼을 이용하여 [Select]로 이동한 다음 [Enter] 버튼을 누르면 세부내용을 선택하는 다음 화면이 시작된다.

9.2.2 desktop window를 이용하는 방법

desktop window에서 시스템 설정을 하기 위해서는 **Menu → Preferences → Raspberry Pi Configuration**를 이용한다. 해당 프로그램을 실행하면 다음과 같은 화면이 나타난다.

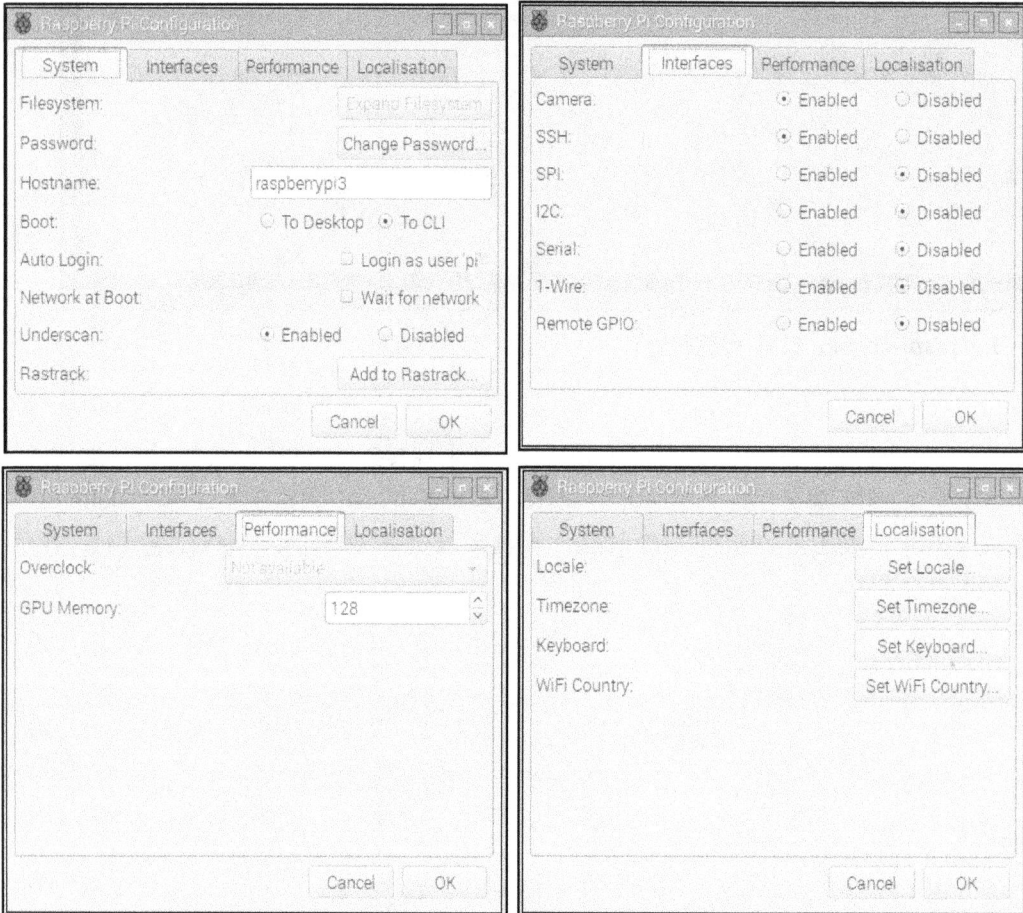

그림 9-2 desktop window의 Raspberry Pi configuration

여기서 각각의 설정항목에 대해서 필요한 내용을 수정하면 시스템 설정을 할 수 있다. 여기서 설정한 내용은 기본적으로 shell 명령 [raspi-config] 명령을 이용하여 설정한 것과 동일한 내용이며, 동일한 효과를 가진다. 따라서 여기서는 이들에 대한 상세한 설명을 하지 않을 것이다. 필요한 항목에 대한 상세한 내용은 [**9.2.1 raspi-config 명령**]의 설명을 참조하기 바란다.

9.3 파일시스템 확장 설정

9.3.1 의미

SD card의 공간 중에서 아직 시스템이 사용하지 않는 공간이 있는 경우는 이 공간을 사용할 수 있는 공간으로 전환하는 것을 의미한다.

SD card의 storage는 운영체제를 설치하는 방법에 따라서 다른 상태로 처리된다. 운영체제 설치 image를 SD card에 그대로 옮긴 경우에는 해당 운영체제가 차지하는 partition에 해당하는 공간만 사용 가능한 상태로 되어 있고, 나머지 공간은 아직 사용하지 않는 공간으로 되어 있다. 이 경우에는 시스템에서 추가적인 공간이 필요한 경우에는 사용하지 않는 공간을 사용하는 공간으로 전환할 수 있다. <NOOBS> utility를 이용해서 시스템을 설치할 때는 SD card의 전체 공간이 이미 사용 가능한 상태로 되어 있어서 특별한 확장 작업이 필요 없다.

9.3.2 설정 절차

설정하기 위해서는 다음 화면에서 [Expand Filesystem] 항목을 이용한다.

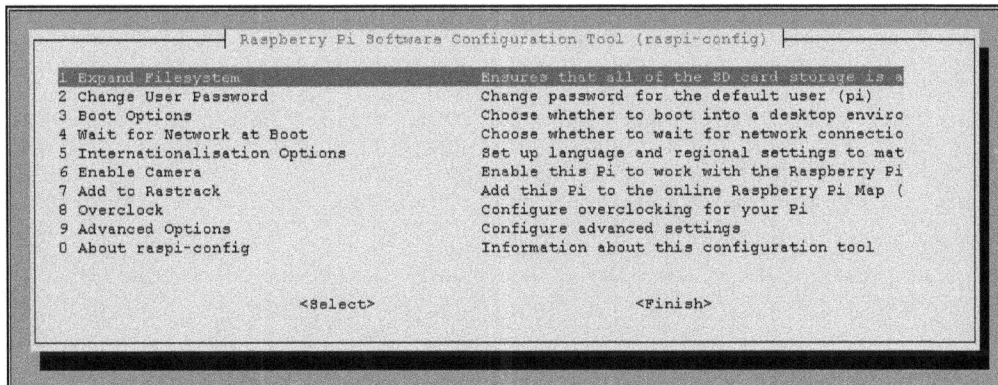

그림 9-3 raspi-config 파일시스템 확장 설정

해당 항목을 선택하고 [Enter] 버튼을 누르면 세부항목을 선택하는 다음 화면이 시작된다.

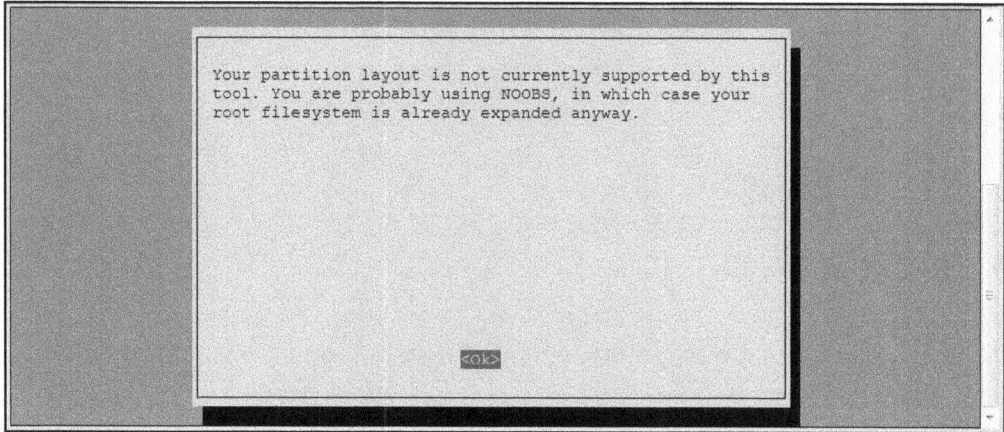

Your partition layout is not currently supported by this
tool. You are probably using NOOBS, in which case your
root filesystem is already expanded anyway.

9.4 default user "pi'에 대한 사용자 암호 변경

9.4.1 기본 사용자 "pi" 사용자의 의미

Raspberry Pi에서는 시스템이 설치될 때 기본적으로 제공되는 사용자 계정이 있는데 "pi"와 "root" user 계정이다.

"pi" 사용자는 시스템 관리를 위해서 시스템에서 기본적으로 제공하는 사용자로 시스템의 설치 및 관리를 위해서 사용되는 사용자이다. 시스템에서 기본적으로 제공하는 "pi" 사용자에게는 "raspberry" 라는 암호가 지정되어 있고, 시스템 설치가 완료된 후 이 암호를 변경해야 한다.

이들에 대한 상세한 내용은 **[12.1.1.1시스템 기본 사용자]**에 대한 내용을 참고하기 바란다.

9.4.2 암호 변경 절차

암호를 변경하기 위해서는 다음 화면에서 "2 Change User Password" 항목을 이용한다.

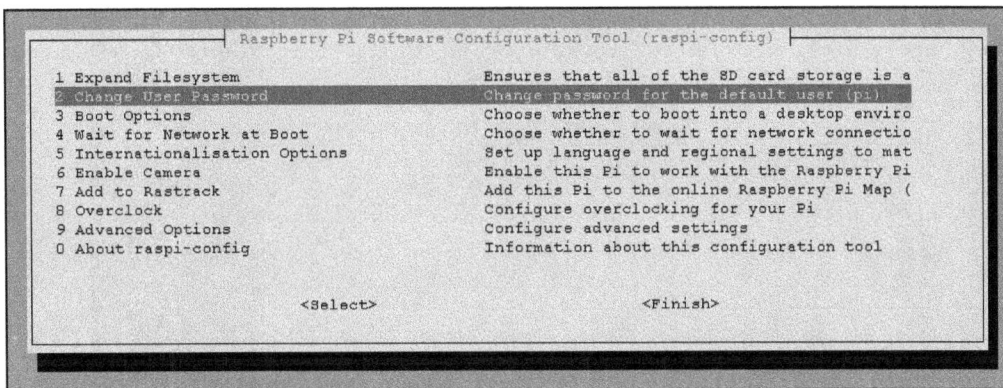

```
┌─────────────┤ Raspberry Pi Software Configuration Tool (raspi-config) ├─────────────┐
│                                                                                      │
│   1 Expand Filesystem              Ensures that all of the SD card storage is a      │
│   2 Change User Password           Change password for the default user (pi)         │
│   3 Boot Options                   Choose whether to boot into a desktop enviro      │
│   4 Wait for Network at Boot       Choose whether to wait for network connectio      │
│   5 Internationalisation Options   Set up language and regional settings to mat      │
│   6 Enable Camera                  Enable this Pi to work with the Raspberry Pi       │
│   7 Add to Rastrack                Add this Pi to the online Raspberry Pi Map (       │
│   8 Overclock                      Configure overclocking for your Pi                 │
│   9 Advanced Options               Configure advanced settings                       │
│   0 About raspi-config             Information about this configuration tool          │
│                                                                                      │
│                                                                                      │
│                 <Select>                            <Finish>                          │
│                                                                                      │
└──────────────────────────────────────────────────────────────────────────────────┘
```

그림 9-4 raspi-config 사용자 pi 암호 변경

해당 항목을 선택하면 암호 변경에 대한 안내를 해주는 화면이 나타난다.

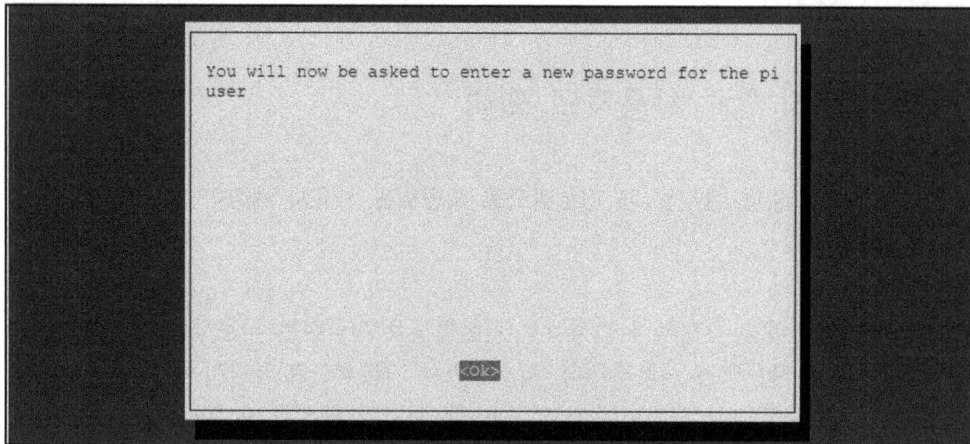

해당 화면에서 [Enter] 버튼을 다시 누르면 새로운 암호를 입력하는 화면이 아래와 같이 나타난다. 사용자 "pi"에 대한 새로운 암호를 입력하고 [Enter] 버튼을 누른다. 그러면 확인을 위해서 암호를 다시 입력하도록 하는 요청이 나타나고, 해당 암호를 다시 입력하고 [Enter] 버튼을 누르면 암호변경이 완료되고, 암호 변경이 완료되었음을 알려주는 화면이 나타난다.

```
pi@raspberrypi ~ $ sudo raspi-config
```
```
Enter new UNIX password:
Retype new UNIX password:
passwd: password updated successfully
```

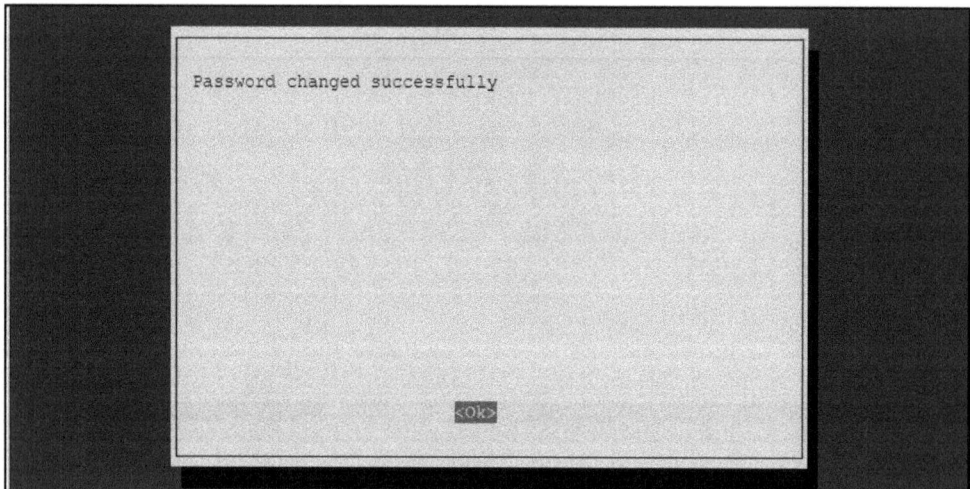

9.5 booting 시작화면 설정

Raspberry Pi 시스템이 처음 시작할 때 local 접속 화면에서 어떤 화면으로 시작할지를 지정할 수 있다. 하지만 이러한 설정은 console에서 시스템에 직접 연결하는 경우에만 작동하며, 원격으로 시스템에 접속할 때는 적용되지 않는다.

booting할 때 다음과 같은 화면으로 시작할 수 있다.

- terminal 화면
- desktop window 화면

9.5.1 booting 시작화면 종류

● terminal 화면

다음은 booting할 때 terminal 화면으로 시작하는 화면이다. booting이 완료되면 원하는 사용자 계정으로 logon할 수 있는 상태로 처리된다.

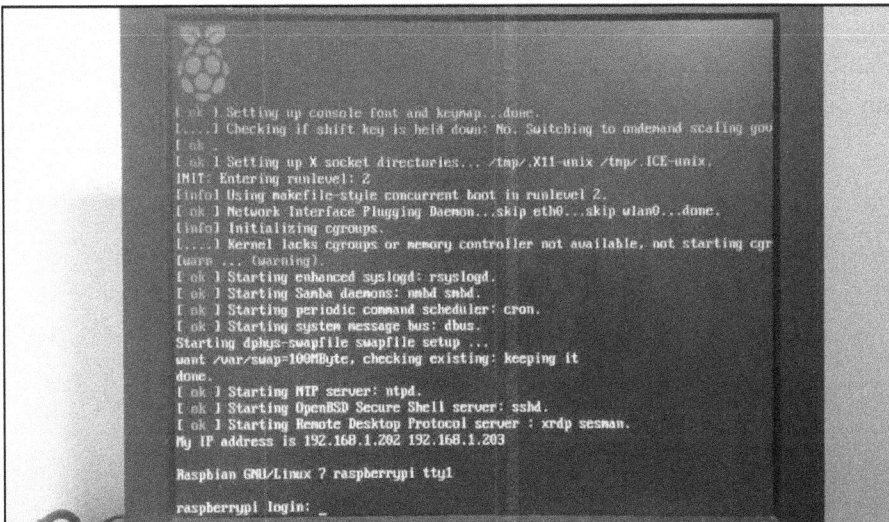

그림 9-5 **booting terminal 시작화면**

● desktop window 화면

RasPi 시스템에서 부팅할 때 곧바로 다음과 같은 window 화면이 시작되도록 할 수가 있다. RasPi 시스템에서 window 화면을 시작할 때는 booting 과정에서 특별한 사용자를 지정하지 않더라도 시스템의 기본 사용자인 "pi" 사용자 계정과 그 계정에 정의되어 있는 암호를 이용하여 logon 과정을 자동으로 실행하도록 설정할 수 있다.

그림 9-6 booting desktop window 화면

9.5.2 설정방법

설정하기 위해서는 다음 화면에서 [Boot Option] 항목을 이용한다.

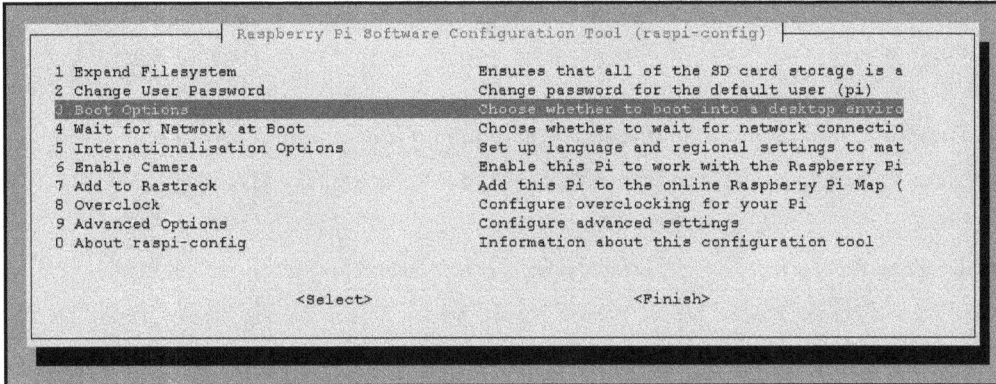

그림 9-7 raspi-config Boot Option 설정

해당 항목을 선택하고 [Enter] 버튼을 누르면 세부항목을 선택하는 다음 화면이 시작된다.

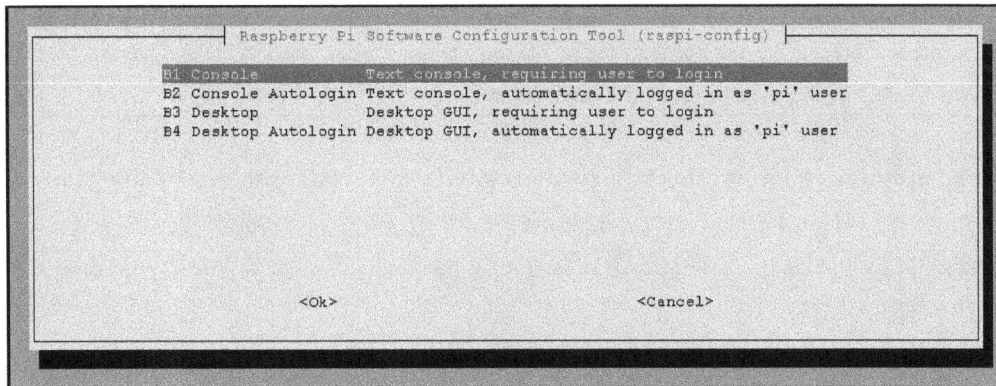

[화살표] 버튼을 이용하여 해당 항목을 선택하고 [Enter] 버튼을 누르면 설정이 완료된다.

각각의 선택항목에 대한 내용은 다음과 같다.

- B1 Console   Text console, requiring user to login
  booting 시점에 local Shell terminal 연결로 시작한다. 아직 login은 되지 않은 상태이다.

- B2 Console Autologin   Text console, automatically logged in as 'pi' user
  booting 시점에 local Shell terminal 연결로 시작한다. pi 계정으로 자동 logon 한다.

- B3 Desktop   Desktop GUI, requiring user to login
  booting 시점에 local desktop window로 시작한다. 아직 login은 되지 않은 상태이다.

- B4 Desktop Autologin   Desktop GUI, automatically logged in as 'pi' user
  booting 시점에 local desktop window로 시작한다. pi 계정으로 자동 logon 한다.

해당 설정이 완료되면 아래와 같이 설정내용을 변경하는 작업화면이 잠깐 나타난 이후 처음 화면으로 되돌아 간다.

```
pi@raspberrypi ~ $ sudo raspi-config
update-rc.d: using dependency based boot sequencing
insserv: warning: script 'K01tightvnc' missing LSB tags and overrides
insserv: warning: current start runlevel(s) (3 4 5) of script `lightdm' overrides LSB defaults (2 3 4 5).
insserv: warning: current stop runlevel(s) (0 1 2 6) of script `lightdm' overrides LSB defaults (0 1 6).
insserv: warning: script 'tightvnc' missing LSB tags and overrides
```

처음 메뉴 화면에서 [Finish]를 선택하고, Enter] 버튼을 누르면 모든 설정 작업이 완료되고 reboot를 할 것인지를 결정하는 화면이 나타난다. 여기서 rebooting을 하게 되면 시스템이 reboot하게 되는데, 이때는 이제 설정된 내용에 따라 Shell terminal 화면, desktop window 화면으로 시작하게 된다.

9.6 Internationaliation Options 설정

여기서는 언어, 국가, 문자, 시간대, 키보드 등 운영 환경을 설정할 수 있다. 다음은 이들과 관련된 시스템 설정 항목들이다.

- locale 설정

  locale이란 여러 개의 language들 간에 스위칭할 수 있는 체계로서 사용자가 자신의 언어, 국가코드, 문자 및 이들과 연관된 규칙들의 집합인 collation order 등을 선택할 수 있도록 해준다. 새로이 설치된 시스템에서 locales을 선택할 때는 UTF-8 locale이 기본 locale로 선택되어야 한다. 다른 locale은 이전 방식의 시스템이 필요한 경우 다른 시스템들과의 backward compatibility를 지원하기 위한 것이다.

- time zone

  time zone은 컴퓨터의 시계가 기준으로 사용할 표준 시간대를 지정하는 것이다. 표준 시간대는 세계 표준시를 기준으로 각 국가별로 정해지며, 특정 표준 시간대에 있으면 동일한 시간을 사용하게 된다.

- keyboard

  컴퓨터에 설치되어 있는 keyboard의 종류를 설정하는 작업이다.

9.6.1 Internationaliation Options 설정 공통 메뉴

해당 항목을 설정하기 위해서는 다음 화면에서 [Internationalisation Options] 항목을 이용한다. 해당 항목을 선택하고 [Enter] 버튼을 누른다.

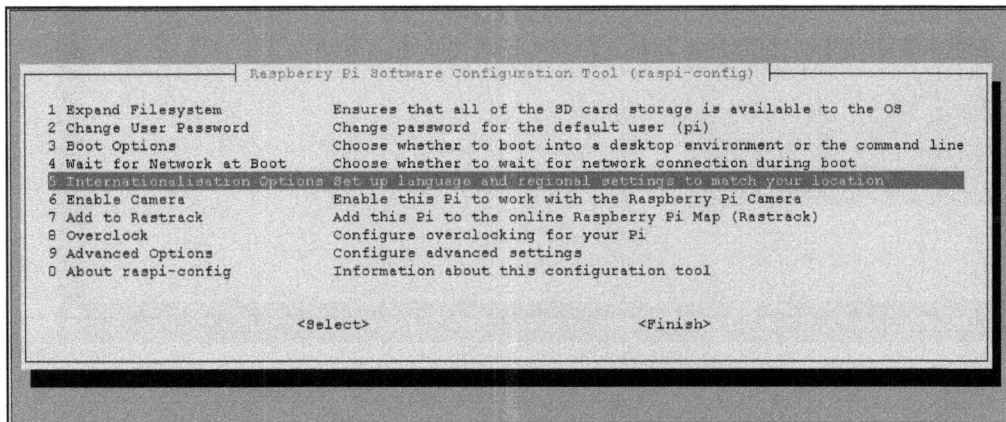

9.6.2 locale 설정

"Change Locale" 항목을 선택하고 [Enter] 버튼을 누른다.

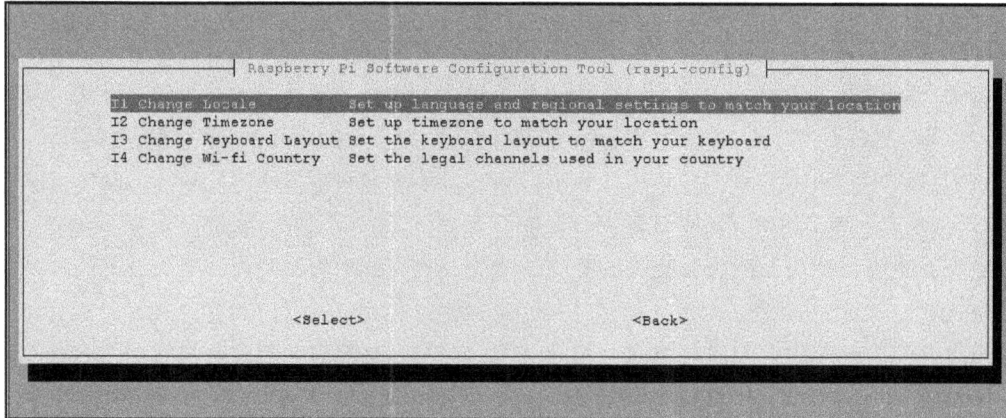

그림 9-8 raspi-config locale 설정

그러면 각각의 언어별로 사용자가 선택할 수 있는 locale 목록이 나타난다. 원하는 locale을 찾아서 [Space] 버튼을 누르면 선택/선택취소를 할 수 있다.

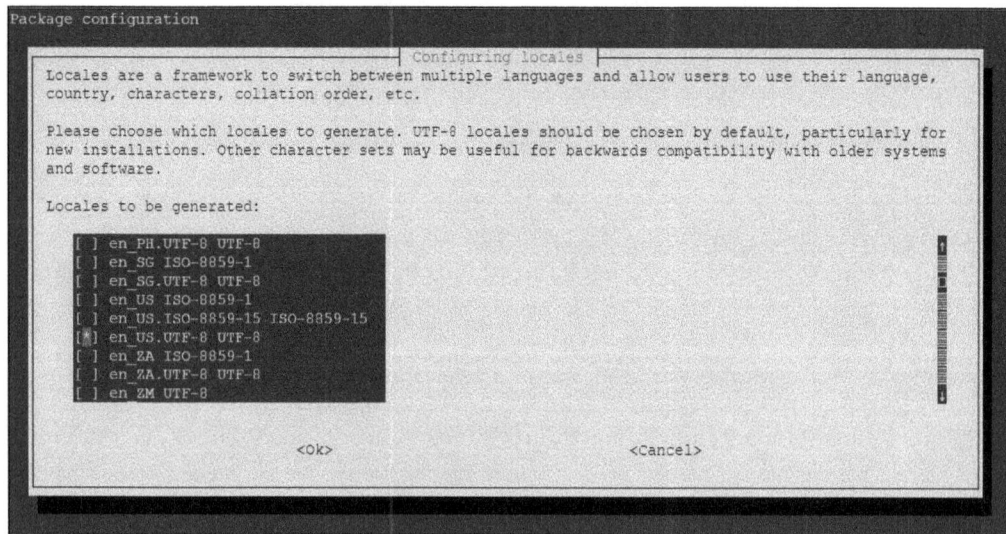

영어는 en-xxxx 형태로 표시되고, 한국어는 ko_xxxx 형태로 표시된다. 원하는 locale을 선택한 다음 [OK]을 누르면 아래 화면과 같이 선택된 locale에 대한 목록이 표시된다.

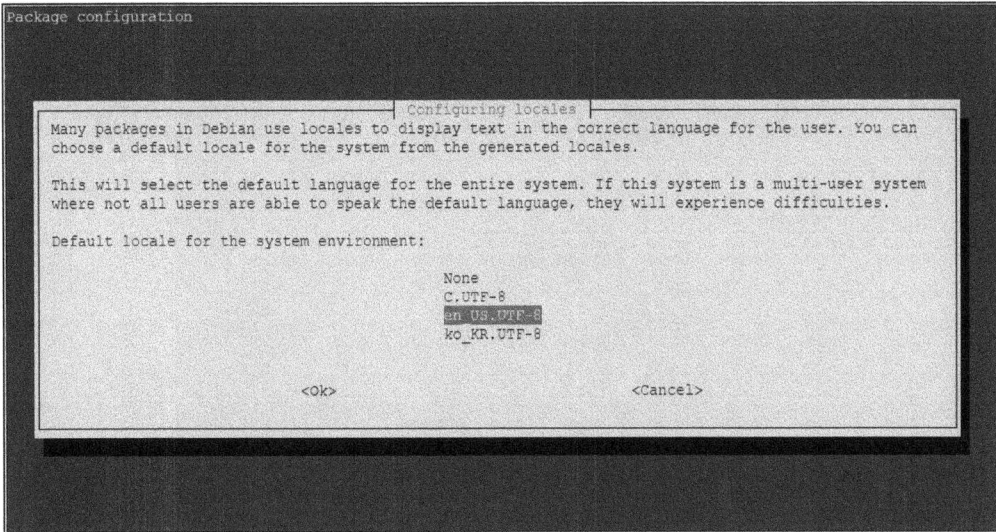

만약 여러 개의 locale이 선택되어 있는 경우는 시스템이 기본적으로 사용하게 될 default locale을 선택하게 된다.

모든 선택이 완료된 후 [OK] 버튼을 선택하고 [Enter] 버튼을 누르면 선택한 locale에 대한 최종적인 설정작업이 실행되며, 아래와 같이 그 진행내용을 보여준다.

```
pi@raspberrypi ~ $ sudo raspi-config

Generating locales (this might take a while)...
  en_US.UTF-8... done
  ko_KR.UTF-8... done
Generation complete.
```

9.6.3 Time zone 설정

[Change Timezone] 항목을 선택하고 [Enter] 버튼을 누른다.

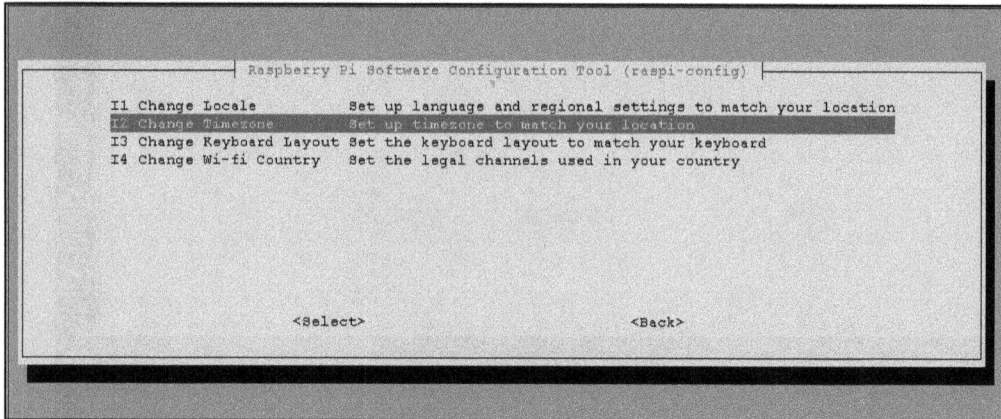

그림 9-9 raspi-config timezone 설정

세부항목 설정 화면에서 time zone을 설정하는 메뉴를 선택하면 아래와 같이 먼저 해당 zone이 속해있는 대륙을 선택하는 화면이 나타난다. 여기서 원하는 대륙을 선택하고, [Enter] 버튼을 누른다.

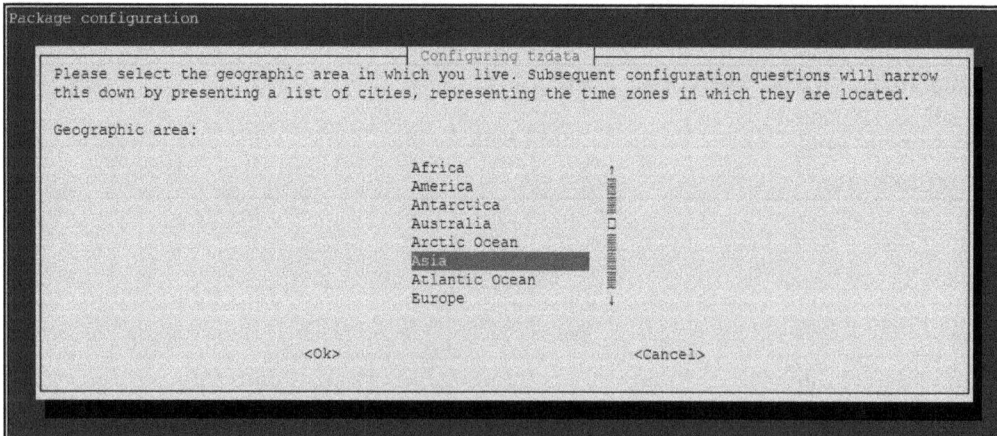

그러면 특정 time zone을 대표하는 도시 이름에 대한 목록 화면이 나타난다. 원하는 도시를 선택하고 [Enter] 버튼을 누른다.

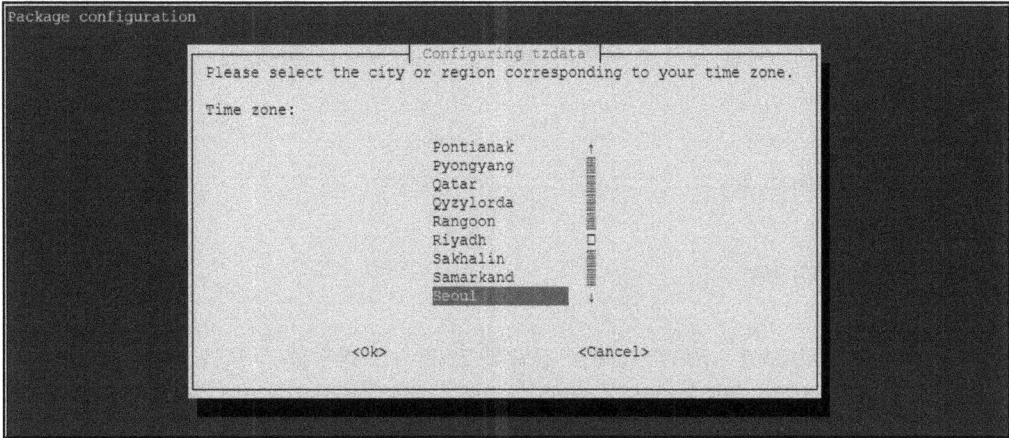

```
Package configuration
                        ┌──────────────┤ Configuring tzdata ├──────────────┐
                        │ Please select the city or region corresponding to your time zone.  │
                        │                                                                     │
                        │ Time zone:                                                          │
                        │                                                                     │
                        │              Pontianak                          ↑                   │
                        │              Pyongyang                          ▓                   │
                        │              Qatar                              ▓                   │
                        │              Qyzylorda                          ▓                   │
                        │              Rangoon                            ▓                   │
                        │              Riyadh                             □                   │
                        │              Sakhalin                           ▓                   │
                        │              Samarkand                          ▓                   │
                        │              Seoul                              ↓                   │
                        │                                                                     │
                        │          <Ok>                         <Cancel>                      │
                        │                                                                     │
                        └─────────────────────────────────────────────────────────────────────┘
```

그러면 time zone에 대한 최종적인 설정작업이 실행되며, 아래와 같은 화면이 잠깐 나온 다음 처음 화면으로 돌아간다.

```
pi@raspberrypi ~ $ sudo raspi-config

Current default time zone: 'Asia/Seoul'
Local time is now:      Wed May 18 15:33:24 KST 2016.
Universal Time is now:  Wed May 18 06:33:24 UTC 2016.
```

9.6.4 Keyboard 설정

keyboard를 설정할 때는 다음 항목에 대해서 필요한 설정 작업을 하게 된다.

- keyboard model
- keyboard layout
- AltGr에 대한 function key
- compose key
- Control+Alt+Backspace

화면에서 "Change Keyboard layout" 항목을 선택하고 [Enter] 버튼을 누른다.

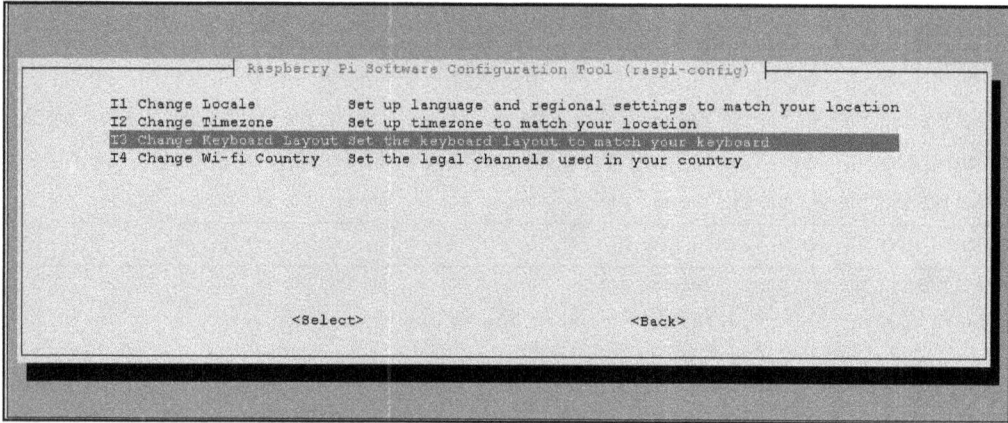

그림 9-10 raspi-config keyboard 설정

<세부항목 설정> 화면에서 keyboard를 설정하는 메뉴를 선택하면 아래와 같이 먼저 keyboard model를 선택하는 화면이 나타난다. 여기서 원하는 model을 선택하고, [Enter] 버튼을 누른다.

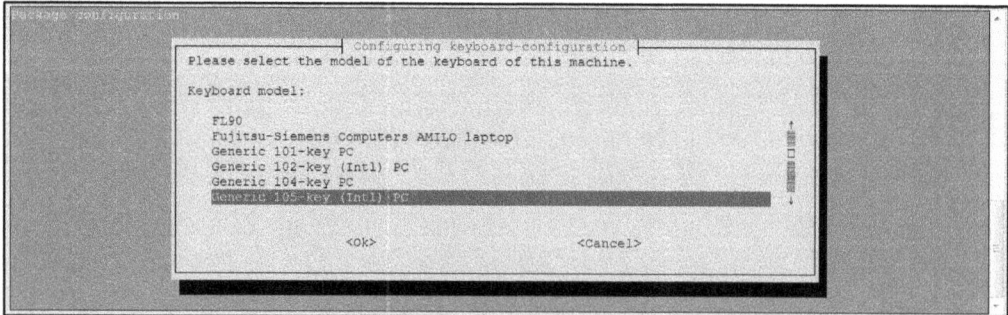

그러면 해당 keyboard에 대한 layout을 선택하는 화면이 나타난다. 원하는 layout을 선택하고 [Enter] 버튼을 누른다.

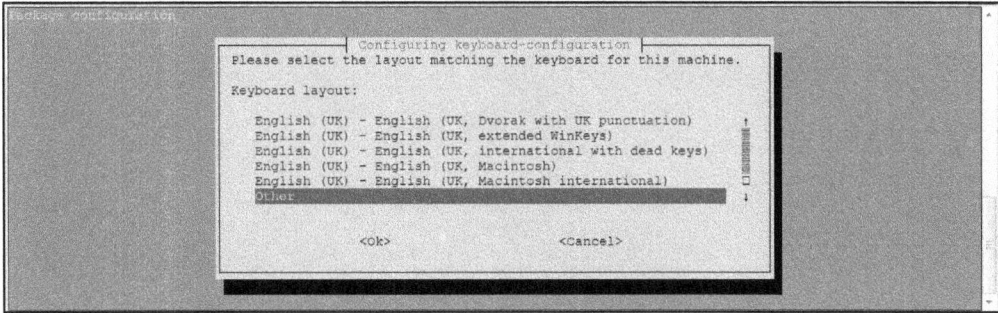

만약 원하는 layout이 화면에 보이지 않으면 "Others"를 선택한다. "Others"를 선택하면 이 화면에서 보이지 않지만 각 country별로 사용되는 여러 가지 keyboard layout 목록 화면을 확인할 수 있다. 여기서 원하는 country을 선택하고 [Enter] 버튼을 누른다. 다음으로 해당 국가에서 사용되는 keyboard layout을 선택하는 화면이 나타난다. 여기서 원하는 keyboard layout을 선택하고 [Enter] 버튼을 누른다.

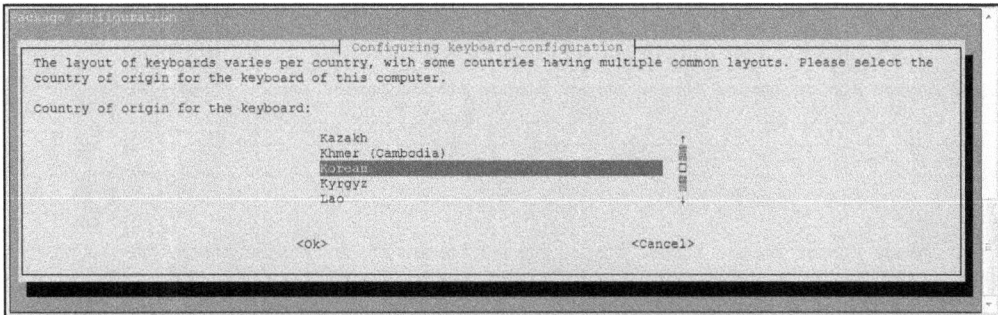

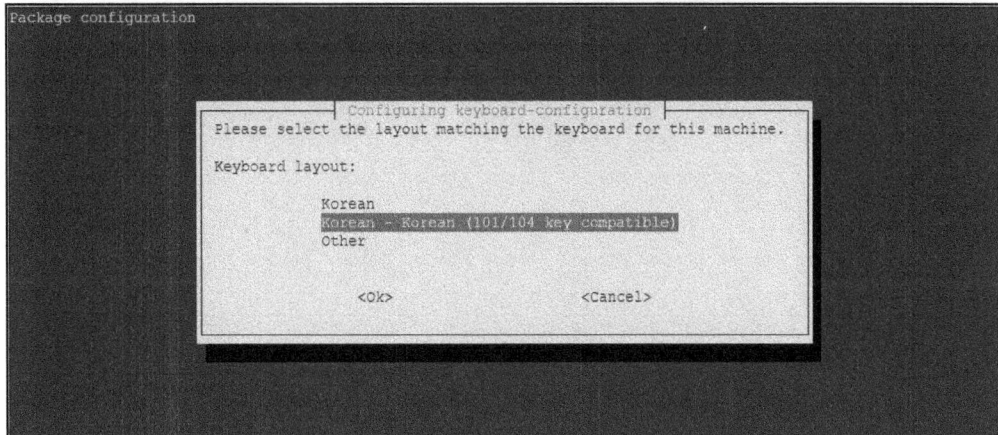

다음에는 AltGr에 대한 function 버튼을 설정하는 화면이 나타나는데, 이는 일반 글자가 아닌 특수 기호 등의 글자를 입력할 때 사용하는 function 버튼을 지정하는 것이다. 화면에서 원하는 것을 선택하고 선택하고 [Enter] 버튼을 누른다.

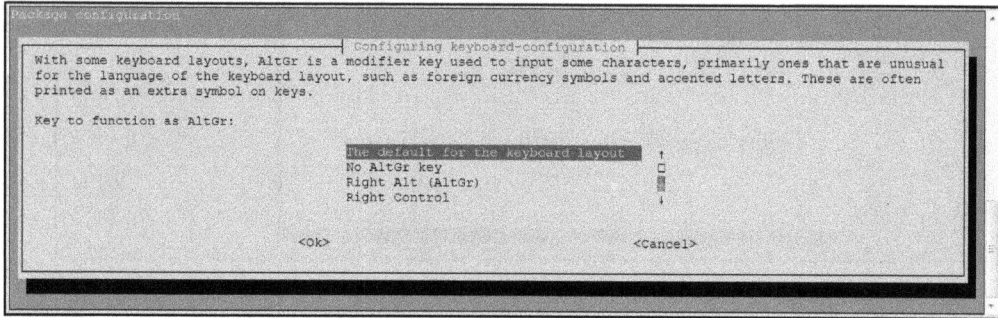

다음에는 compose key를 설정하는 화면이 나타난다. Compose key는 keyboard에는 없는 특수한 글자를입력하가 위해서 연속적으로 입력되는 여러 개의 key 입력을 마치 하나의 key가 입력되는 것처럼 처리하도록 할 때 사용하는 function key를 지정하는 것이다. 화면에서 원하는 것을 선택하고 선택하고 [Enter] 버튼을 누른다.

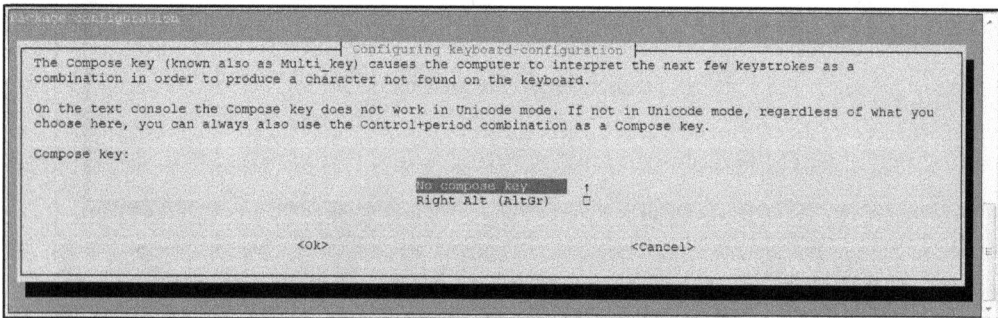

다음은 Control+Alt+Backspace에 대한 설정이다. 통상적으로 이러한 입력은 특별한 작동을 하지 않는데, 필요한 경우 X server를 종료시키는 용도로 사용할 수 있다. 원하는 항목을 선택하고 [Enter] 버튼을 누른다.

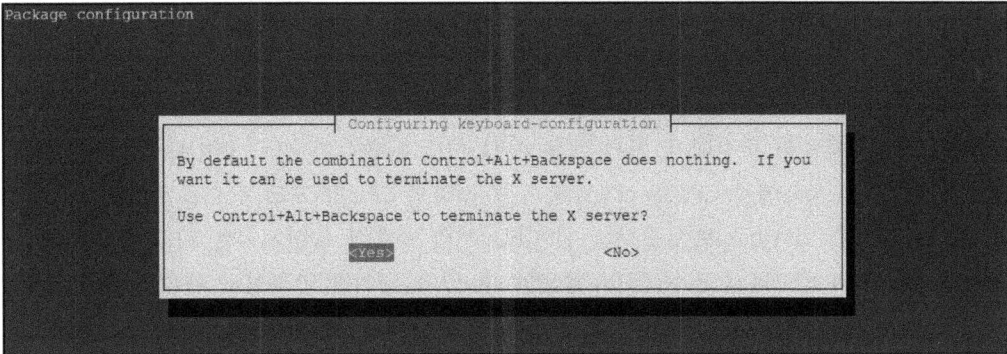

그러면 keyboard 대한 최종적인 설정작업이 실행되며, 아래와 같은 화면이 잠깐 나온 다음 처음 화면으로 돌아간다.

pi@raspberrypi ~ $ sudo raspi-config
update-rc.d: warning: start and stop actions are no longer supported; falling back to defaults
update-rc.d: warning: start and stop actions are no longer supported; falling back to defaults
Reloading keymap. This may take a short while

9.7 성능 항목 설정

여기서는 시스템 성능에 영향을 미치는 항목에 대한 환경을 설정할 수 있다.

- Overclock 설정
  overclock이란 특별한 목적이 있어서 빠른 CPU 처리가 필요한 경우, CPU를 교체하지
  않고 그대로 둔 상태에서 CPU의 clock 속도를 높여서 CPU의 처리 속도를 높이는 것
  을 의미한다. CPU의 clock 속도를 높이면, CPU 처리 속도가 높아지기는 하지만, CPU에
  과부하가 걸려서 CPU에서 많은 열이 발생할 수 있고, CPU의 안정성이 훼손될 수도 있
  으며, 또한 CPU의 수명을 단축할 수도 있으므로 주의해서 제한적으로 사용하는 것이
  좋다.

- GPU memory 조정
  특정 프로그램이 정상적으로 작동하려면 해당 GPU가 사용할 memory를 적절하게 할
  당해 주어야 한다. memory를 많이 사용하는 프로그램인 경우에 할당된 memory가 적
  으면 프로그램 처리 속도가 현저하게 느려질 수 있으며, 어떤 경우는 동작조차 하지
  않을 수도 있다. 통상적으로 최소 128 MB 이상을 GPU에 할당해 주는 것이 좋다.

9.7.1 overclock 설정

Overclock을 조정하기 위해서는 다음 화면의 "Overclock" 항목을 이용하여 작업을 한다. 해당 항목을 선택하고 [Enter] 버튼을 누른다.

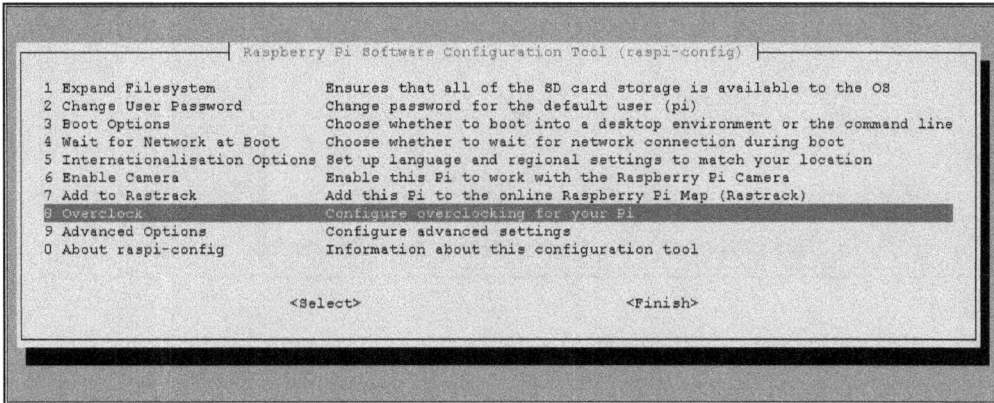

```
┌──────┤ Raspberry Pi Software Configuration Tool (raspi-config) ├──────┐
│                                                                        │
│  1 Expand Filesystem         Ensures that all of the SD card storage is available to the OS│
│  2 Change User Password      Change password for the default user (pi) │
│  3 Boot Options              Choose whether to boot into a desktop environment or the command line│
│  4 Wait for Network at Boot  Choose whether to wait for network connection during boot│
│  5 Internationalisation Options Set up language and regional settings to match your location│
│  6 Enable Camera             Enable this Pi to work with the Raspberry Pi Camera│
│  7 Add to Rastrack           Add this Pi to the online Raspberry Pi Map (Rastrack)│
│  8 Overclock                 Configure overclocking for your Pi │
│  9 Advanced Options          Configure advanced settings │
│  0 About raspi-config        Information about this configuration tool │
│                                                                        │
│                 <Select>                        <Finish>               │
│                                                                        │
└────────────────────────────────────────────────────────────────────────┘
```

그림 9-11 raspi-config overclock 설정

그러면 overclock으로 인해서 발생할 수 있는 시스템의 수명단축에 대한 경고를 보여주는 화면이 나타난다. 계속 진행하고자 하면 [Enter] 버튼을 누른다.

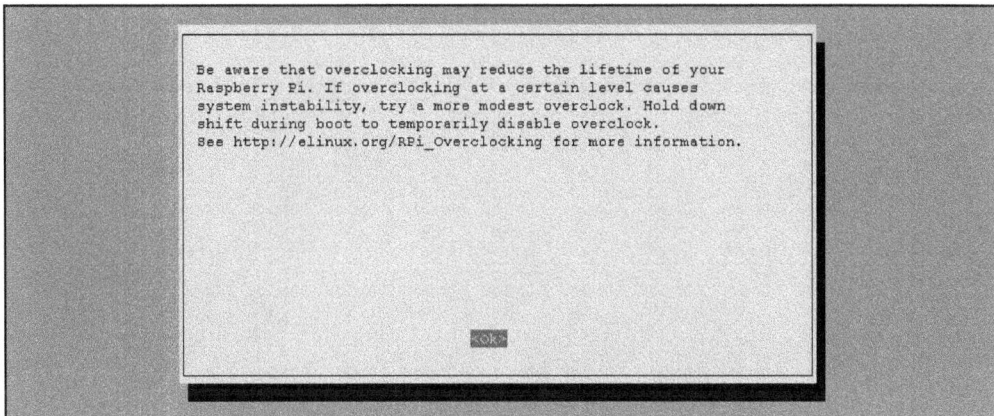

```
Be aware that overclocking may reduce the lifetime of your
Raspberry Pi. If overclocking at a certain level causes
system instability, try a more modest overclock. Hold down
shift during boot to temporarily disable overclock.
See http://elinux.org/RPi_Overclocking for more information.


                        <Ok>
```

그러면 선택할 수 있는 여러 가지 overclock의 정도를 나타내는 목록이 나타나는데, 여기서 원하는 것을 선택하고 [Enter] 버튼을 누른다.

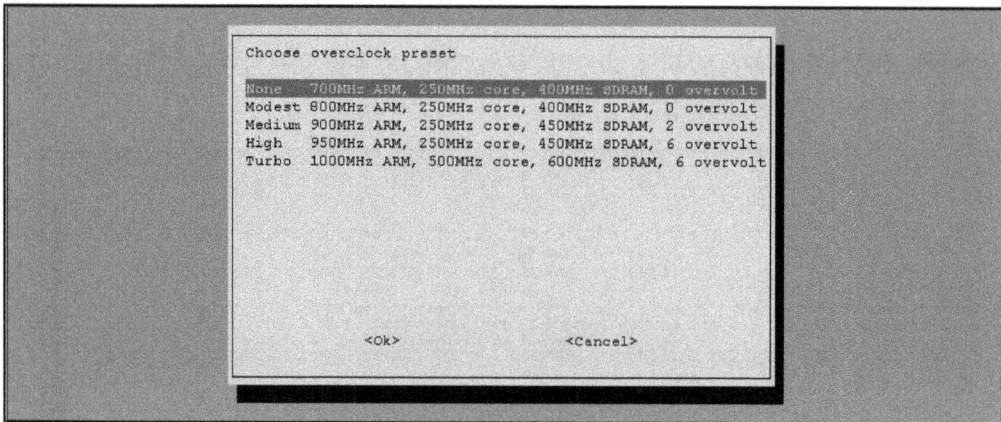

```
Choose overclock preset

None    700MHz ARM, 250MHz core, 400MHz SDRAM, 0 overvolt
Modest  800MHz ARM, 250MHz core, 400MHz SDRAM, 0 overvolt
Medium  900MHz ARM, 250MHz core, 450MHz SDRAM, 2 overvolt
High    950MHz ARM, 250MHz core, 450MHz SDRAM, 6 overvolt
Turbo   1000MHz ARM, 500MHz core, 600MHz SDRAM, 6 overvolt




         <Ok>                    <Cancel>
```

선택할 수 있는 Option에는 다음과 같은 것이 있다.

- none   overclock을 하지 않는 상태를 의미한다.
- modest   약간의 overclock을 하는 상태이다.
- medium   중간 수준의 overclock을 하는 상태이다.
- high   높은 수준의 overclock을 하는 상태이다.
- turbo   최고 수준의 overclock을 하는 상태이다.

그러면 선택된 overclock의 수준을 보여주는 화면이 나타나고, [Enter] 버튼을 누르면 처음화면으로 돌아간다.

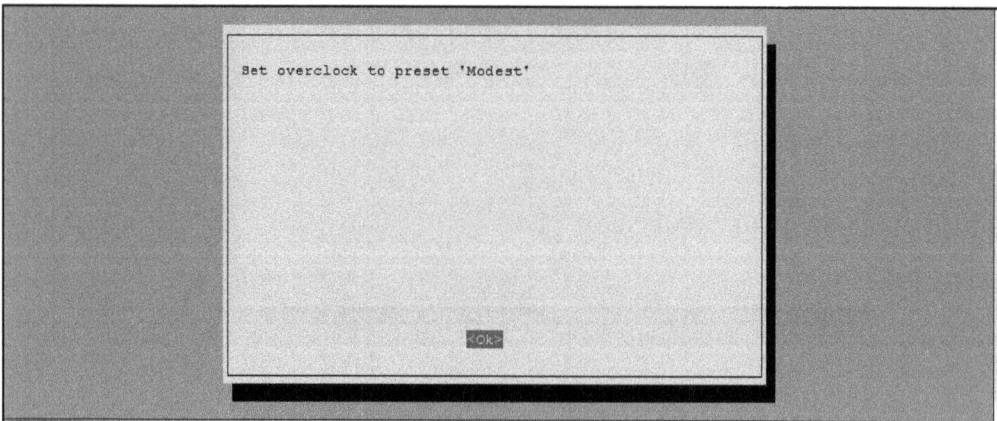

```
Set overclock to preset 'Modest'










                  <Ok>
```

9.7.2 GPU memory 조정

GPU memory를 조정하기 위해서는 [Advanced Options] 항목을 이용하여 작업을 한다. 해당 항목을 선택하고 [Enter] 버튼을 누른다.

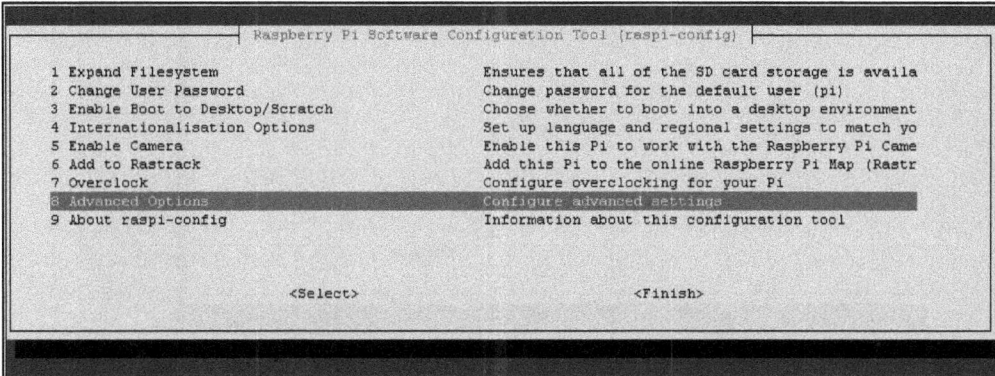

```
 ┌──────────── Raspberry Pi Software Configuration Tool (raspi-config) ────────────┐
 │ 1 Expand Filesystem              Ensures that all of the SD card storage is availa │
 │ 2 Change User Password           Change password for the default user (pi)         │
 │ 3 Enable Boot to Desktop/Scratch Choose whether to boot into a desktop environment │
 │ 4 Internationalisation Options   Set up language and regional settings to match yo │
 │ 5 Enable Camera                  Enable this Pi to work with the Raspberry Pi Came  │
 │ 6 Add to Rastrack                Add this Pi to the online Raspberry Pi Map (Rastr  │
 │ 7 Overclock                      Configure overclocking for your Pi                 │
 │ 8 Advanced Options               Configure advanced settings                        │
 │ 9 About raspi-config             Information about this configuration tool          │
 │                                                                                     │
 │                                                                                     │
 │                    <Select>                          <Finish>                       │
 │                                                                                     │
 └─────────────────────────────────────────────────────────────────────────────────┘
```

그림 9-12 raspi-config GPU memory 조정

그러면 여러 가지 option 사항을 선택하는 다음 화면이 시작된다. 여기서 [Memory Split]를 이용한다. 해당 항목으로 이동하여 선택하고 [Enter] 버튼을 누른다.

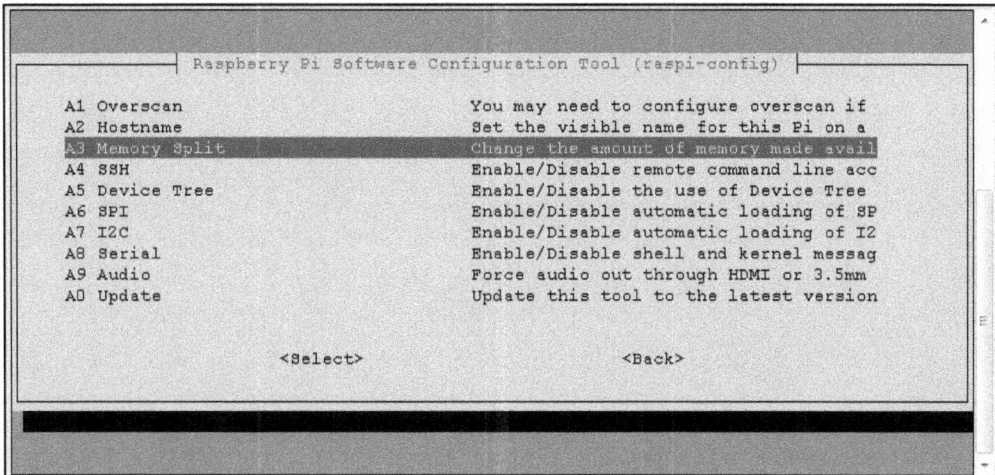

```
 ┌──────────── Raspberry Pi Software Configuration Tool (raspi-config) ────────────┐
 │ A1 Overscan                     You may need to configure overscan if             │
 │ A2 Hostname                     Set the visible name for this Pi on a             │
 │ A3 Memory Split                 Change the amount of memory made avail            │
 │ A4 SSH                          Enable/Disable remote command line acc            │
 │ A5 Device Tree                  Enable/Disable the use of Device Tree             │
 │ A6 SPI                          Enable/Disable automatic loading of SP            │
 │ A7 I2C                          Enable/Disable automatic loading of I2            │
 │ A8 Serial                       Enable/Disable shell and kernel messag            │
 │ A9 Audio                        Force audio out through HDMI or 3.5mm             │
 │ A0 Update                       Update this tool to the latest version            │
 │                                                                                    │
 │                    <Select>                          <Back>                        │
 │                                                                                    │
 └────────────────────────────────────────────────────────────────────────────────┘
```

그러면 필요한 memory 양을 입력하는 다음 화면이 시작된다. 필요한 만큼의 memory를 설정하고 [Enter] 버튼을 누른다. 그러면 이전 메뉴 선택 화면으로 다시 돌아 간다.

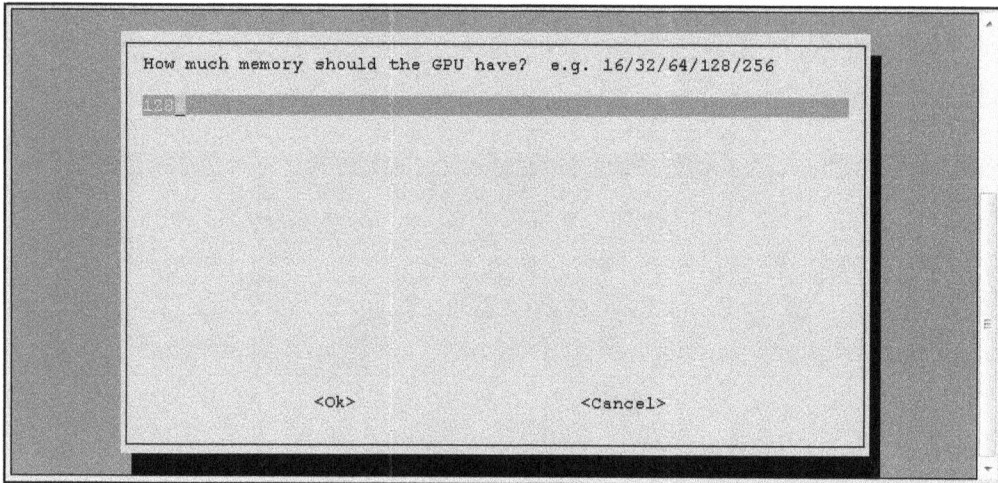

9.8 camera 및 오디오 장치 설정

여기서는 시스템에 설치되어 있는 camera 및 오디오 장치에 대한 환경설정을 설명한다.

- Raspberry Pi camera 활성화
  Raspberry Pi의 CSI port에 연결하는 Raspberry Pi 전용 camera는 사용하기 위해서는
  설정을 통하여 해당 camera 기능을 반드시 활성화시켜야 한다.

- audio 출력 방식 조정
  Raspberry Pi에서 audio 출력은 audio jack으로 출력하거나, HDMI 단자로 출력할 수
  있다. 여기서는 audio 출력을 어떻게 처리할 것인지를 지정하는 항목이다.
  선택할 수 있는 항목은 다음과 같다
  - Auto
  - Force 3.5mm ('headphone') jack
  - Force HDMI

9.8.1 Raspberry Pi camera 활성화

Pi camera를 활성화하고자 하면 메뉴화면에서 [Enable Camera] 항목을 이용하여 작업을 한
다. [화살표] 버튼을 이용하여 해당 항목으로 이동하여 선택하고 [Enter] 버튼을 누른다.

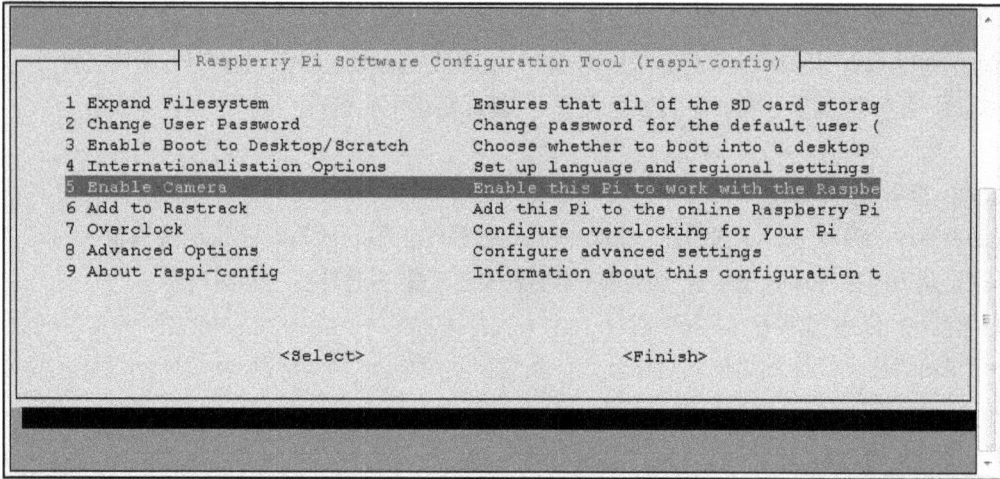

그림 9-13 raspi-config Raspberry Pi 전용 camera 활성화

그러면 필요한 사항을 선택하는 다음 화면이 시작된다. [Enable] 버튼을 눌러서 camera를
활성화한다. 설정이 완료되면 이전 화면으로 다시 돌아 간다.

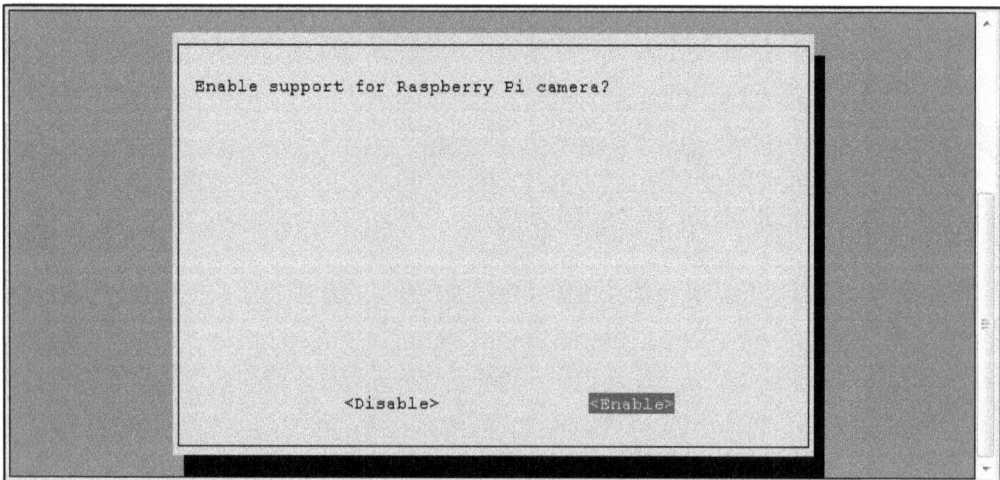

9.8.2 audio 출력 조정

audio 출력을 조정하기 위해서는 [Advanced Options] 항목을 이용한다. 해당 항목을 선택하고 [Enter] 버튼을 누른다.

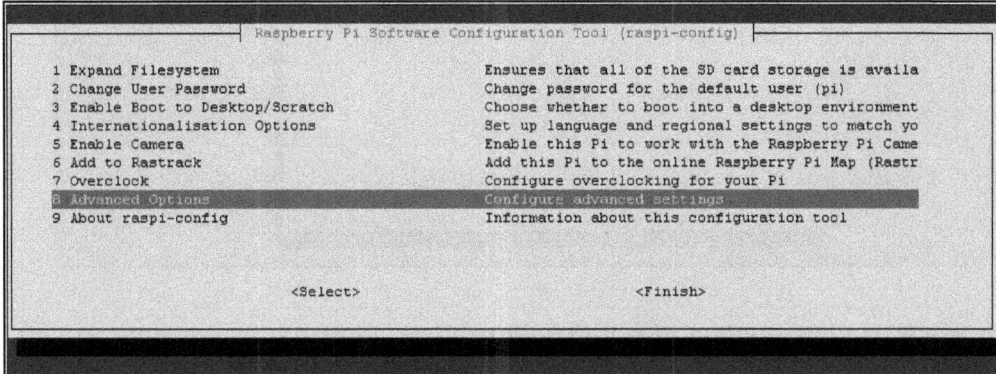

그림 9-14 raspi-config audio 출력 조정

그러면 여러 가지 option 사항을 선택하는 다음 화면이 시작된다. 여기서 [Audio] 항목을 선택하고 [Enter] 버튼을 누른다.

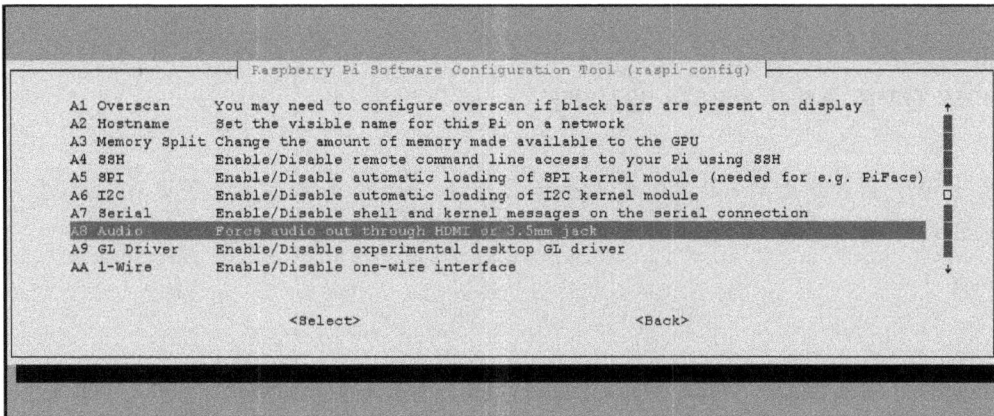

그러면 audio 출력을 어떻게 보낼 것인지를 지정하는 화면이 나타난다. 여기서 원하는 것을 선택하고 [Enter] 버튼을 누른다.

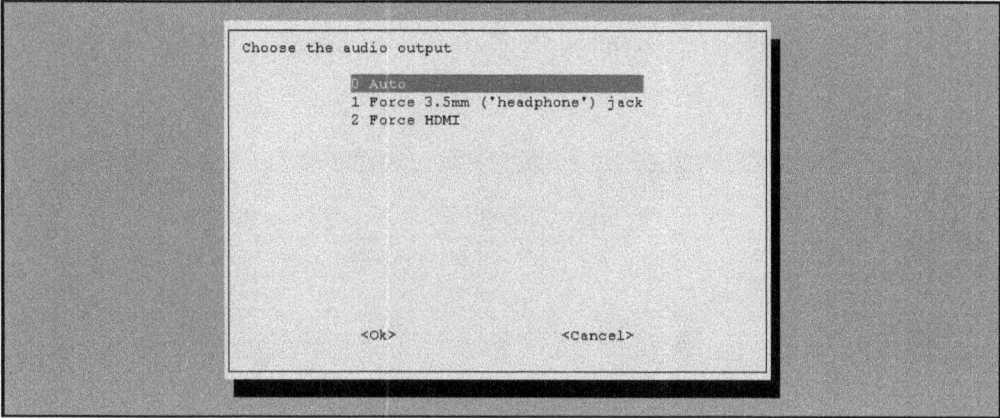

```
Choose the audio output
                 0 Auto
                 1 Force 3.5mm ('headphone') jack
                 2 Force HDMI




           <Ok>                    <Cancel>
```

여기서 선택할 수 있는 방법에는 다음과 같은 것이 있다.

- Auto
  시스템이 자동으로 결정하도록 하는 방법이다. audio jack이 연결되어 있으면 audio jack으로 출력하고, 그렇지 않으면 HDMI port로 출력하도록 한다.

- Force 3.5mm ('headphone') jack
  headphone jack으로 보내는 방법이다

- Force HDMI
  HDMI 단자를 통해서 출력하는 방식이다.

여기서 원하는 항목을 선택하고 [Enter] 버튼을 누른다. 그러면 해당 설정이 완료되고, 이전 화면으로 다시 돌아 간다.

9.9 network 관련 설정

여기서는 네트워크에 대한 환경을 설정할 수 있다.

■ Hostname 설정
Hostname은 컴퓨터 자체에 부여된 이름으로, 네트워크 상에서 다른 컴퓨터와 통신을 할 때는 다른 컴퓨터가 현재의 그 컴퓨터를 지칭할 때 사용하는 이름이다. Pi 시스템은 설치와 동시에 "raspberrypi"라는 이름이 기본으로 지정되어 있는데, 이를 변경하고자 하면 booting 항목을 설정할 때 다른 이름으로 지정할 수 있다.

hostname은 Raspberry Pi 시스템에서 여러 가지 용도로 사용되는데, 그 중에서 network 설정과 관련해서도 여러 가지 용도로 사용된다. 이에 대해서는 **[11.3 host name]**에 대한 내용을 참고하기 바란다.

■ SSH
Pi 시스템에서는 원격에 있는 Raspberry Pi 시스템에 접속하여 해당 시스템에서 제공하는 모든 명령을 직접 실행할 수 있는 "원격 시스템 연결" 방식을 지원한다. 이 방식을 사용하면 원격에 있는 시스템에 logon하면 마치 local에 있는 시스템처럼 시스템을 원하는 대로 다룰 수가 있다.

이렇게 원격 접속하는 방법 중에 Shell terminal방식으로 접속하는 방법이 있는데, 이러한 기능을 제공하는 프로그램이 SSH 이다. Raspberry Pi 시스템에서는 SSH가 기본으로 탑재되어 있다.

SSH는 원격 terminal 연결에서 사용되는데, 이에 대해서는 **[18.2 원격 terminal 연결]**에 대한 내용을 참고하기 바란다.

9.9.1 SSH 활성화

Pi 시스템에서 SSH 기능을 활성화하기 위해서는 아래와 같이 [Advanced Options] 항목을 이용한다. 해당 항목을 선택하고 [Enter] 버튼을 누른다.

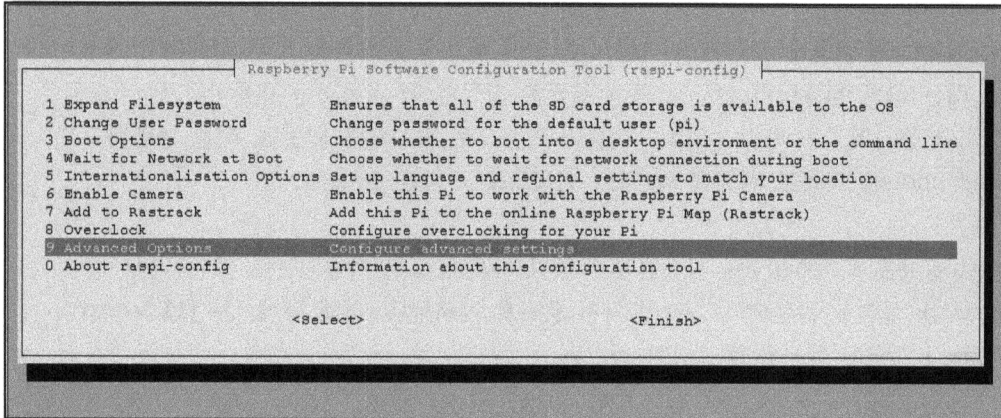

그림 9-15 raspi-config SSH 활성화

다음 화면에서 [SSH] 항목을 선택하고 [Enter] 버튼을 누른다.

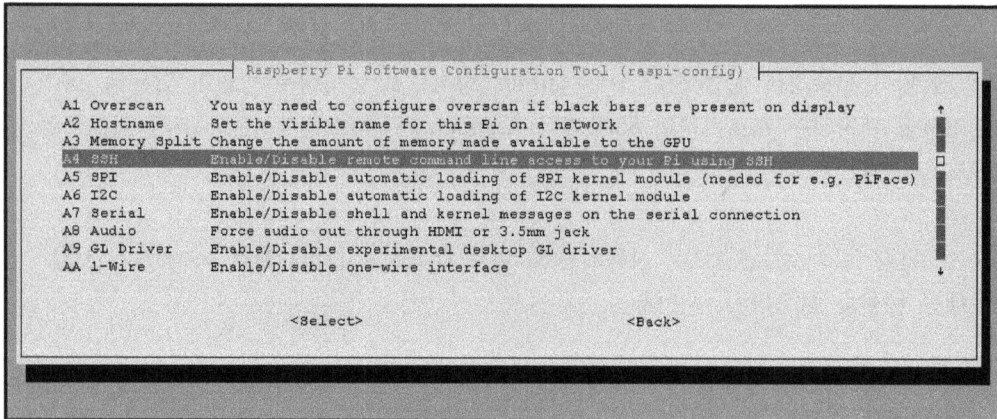

그러면 활성화 여부를 확인하는 화면이 나타나는데, 활성화를 위해 [Enable] 버튼을 누른다.

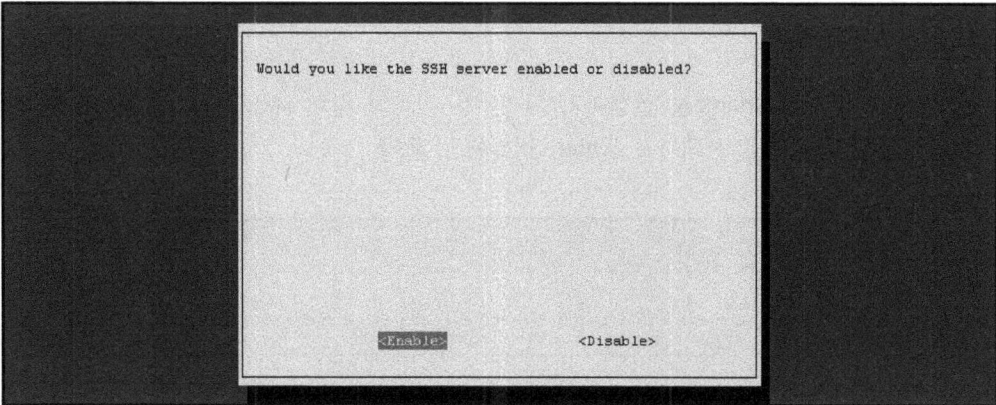

그러면 아래와 같이 설정내용을 변경하는 작업화면이 나타난다.

```
pi@raspberrypi ~ $ sudo raspi-config

update-rc.d: using dependency based boot sequencing
insserv: warning: script 'K01tightvnc' missing LSB tags and overrides
insserv: warning: script 'tightvnc' missing LSB tags and overrides
[ ok ] Starting OpenBSD Secure Shell server: sshd.
```

위 화면이 사라지고 나면, 다음 화면이 나타나는데, 이것은 모든 설정 작업이 완료되었음을 의미한다. 이 설정은 설정과 동시에 즉시 작동하는 명령으로 특별히 rebooting을 하지 않아도 문제가 없다.

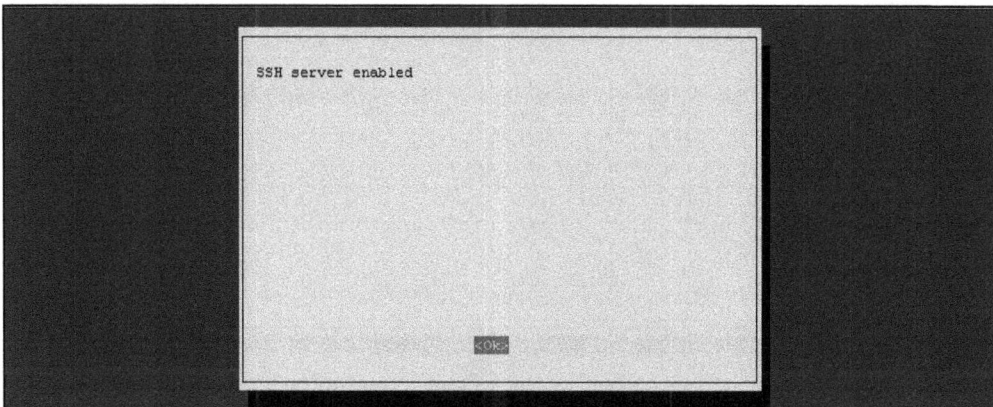

9.9.2 hostname 설정

RasPi 시스템에 대한 host name을 설정하기 위해서는 아래와 같이 [Advanced Options] 항목을 이용한다. 해당 항목을 선택하고 [Enter] 버튼을 누른다.

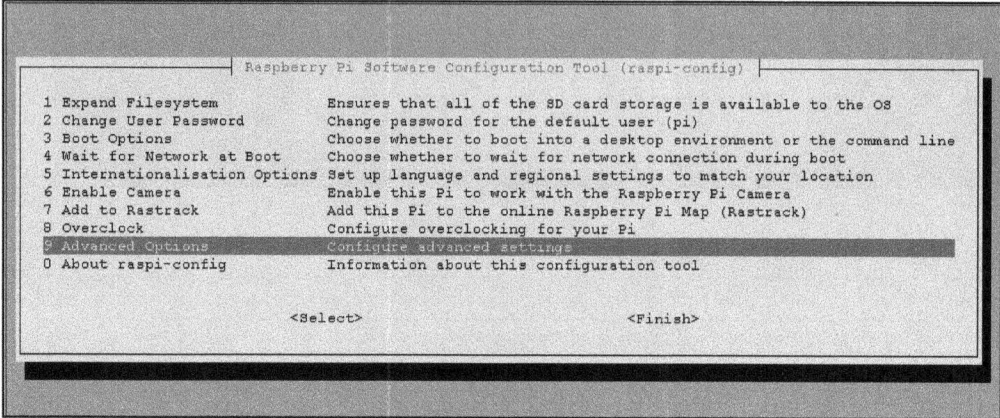

```
┌──────────────┤ Raspberry Pi Software Configuration Tool (raspi-config) ├──────────────┐
│   1 Expand Filesystem          Ensures that all of the SD card storage is available to the OS   │
│   2 Change User Password       Change password for the default user (pi)                         │
│   3 Boot Options               Choose whether to boot into a desktop environment or the command line │
│   4 Wait for Network at Boot   Choose whether to wait for network connection during boot         │
│   5 Internationalisation Options Set up language and regional settings to match your location    │
│   6 Enable Camera              Enable this Pi to work with the Raspberry Pi Camera               │
│   7 Add to Rastrack            Add this Pi to the online Raspberry Pi Map (Rastrack)             │
│   8 Overclock                  Configure overclocking for your Pi                                │
│   9 Advanced Options           Configure advanced settings                                       │
│   0 About raspi-config         Information about this configuration tool                         │
│                                                                                                  │
│                        <Select>                              <Finish>                            │
└──────────────────────────────────────────────────────────────────────────────────────────────┘
```

그림 9-16 raspi-config hostname 설정

다음 화면에서 "Hostname" 항목을 선택하고 [Enter] 버튼을 누른다.

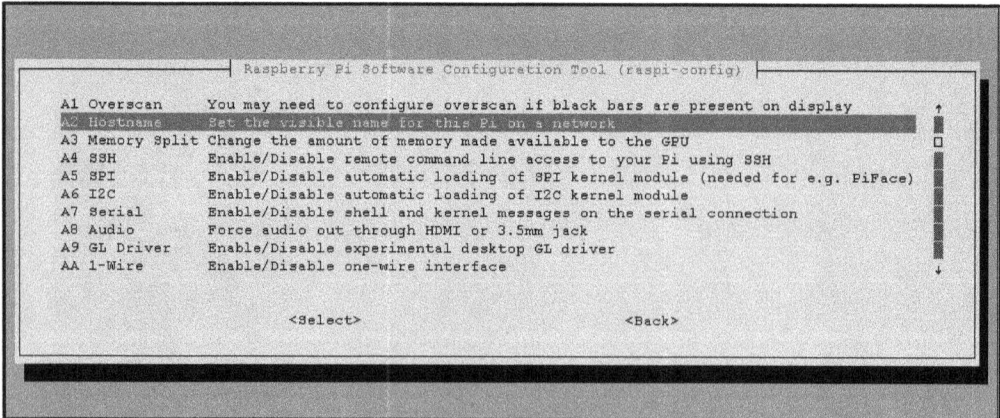

```
┌──────────────┤ Raspberry Pi Software Configuration Tool (raspi-config) ├──────────────┐
│  A1 Overscan     You may need to configure overscan if black bars are present on display    │
│  A2 Hostname     Set the visible name for this Pi on a network                               │
│  A3 Memory Split Change the amount of memory made available to the GPU                       │
│  A4 SSH          Enable/Disable remote command line access to your Pi using SSH              │
│  A5 SPI          Enable/Disable automatic loading of SPI kernel module (needed for e.g. PiFace) │
│  A6 I2C          Enable/Disable automatic loading of I2C kernel module                       │
│  A7 Serial       Enable/Disable shell and kernel messages on the serial connection          │
│  A8 Audio        Force audio out through HDMI or 3.5mm jack                                  │
│  A9 GL Driver    Enable/Disable experimental desktop GL driver                              │
│  AA 1-Wire       Enable/Disable one-wire interface                                          │
│                                                                                             │
│                        <Select>                              <Back>                         │
└─────────────────────────────────────────────────────────────────────────────────────────┘
```

그러면 먼저 Hostname의 이름 규칙에 대한 안내를 해주는 화면이 나타나는데, 여기서 내용을 확인하고 [OK] 버튼을 누른다.

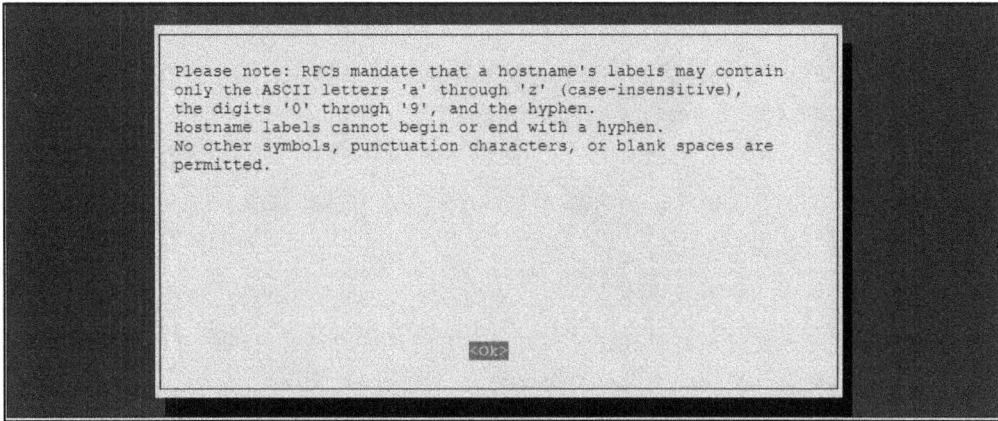

```
Please note: RFCs mandate that a hostname's labels may contain
only the ASCII letters 'a' through 'z' (case-insensitive),
the digits '0' through '9', and the hyphen.
Hostname labels cannot begin or end with a hyphen.
No other symbols, punctuation characters, or blank spaces are
permitted.

                              <Ok>
```

그러면 Hostname을 입력하는 화면이 나타난다. Hostname을 입력하는 화면이 나타난다. 원하는 Hostname을 입력하고 [Enter] 버튼을 누른다.

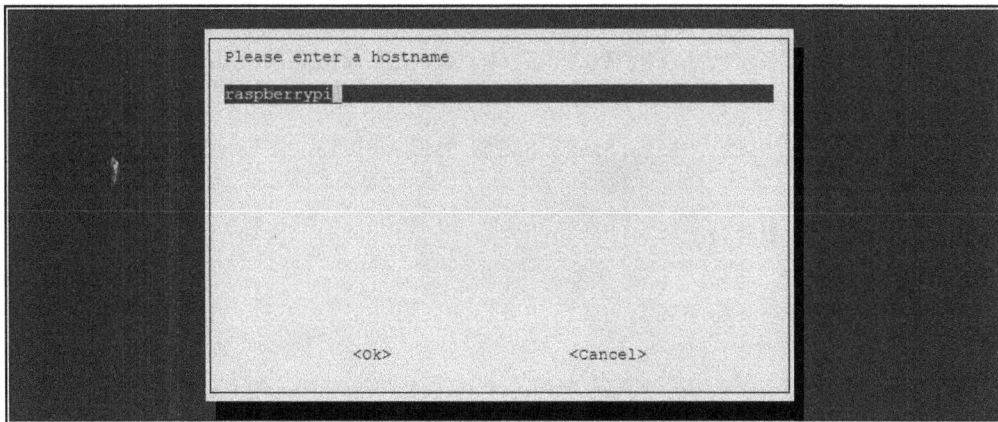

```
Please enter a hostname
raspberrypi




        <Ok>                      <Cancel>
```

그러면 모든 설정 작업이 완료되고 reboot를 할 것인지를 결정하는 화면이 나타난다. 여기서 rebooting을 하게 되면 새로이 지정한 host name이 적용되게 된다.

9.10 주변기기 interface 장치 설정

여기서는 Raspberry Pi가 외부의 주변기기와 연동하기 위해서 사용되는 시스템에 설치되어 있는 interface 장치에 대한 환경설정에 대해서 간단히 소개한다.

이 부분은 최고 전문가 급의 주제로 여기서 설명하기는 부적절하여 추후 다른 책에서 상세히 설명할 기회를 갖도록 하겠다.

- SPI(Serial Peripheral Interface) 활성화
  SPI bus는 다수의 하부 SPI 장치와 통신할 수 있도록 만들어진 bus 형태의 interface 장치이다. Raspberry Pi는 bus 상에서 master로만 작동할 수 있다.

  이 항목에 대한 추가적인 정보는 **[25.2.2.2 특별 용도 GPIO]**을 참고하기 바란다.

- I2C(Inter-Integrated Circuit) 활성화
  I2C bus는 다수의 하부 집적회로 slave 장치와 통신할 수 있도록 만들어진 bus 형태의 interface 장치이다. Raspberry Pi는 bus 상에서 master로 작동할 수 있다.

  이 항목에 대한 추가적인 정보는 **[25.2.2.2 특별 용도 GPIO]**을 참고하기 바란다.

- One-Wire Interface 활성화
  One-Wire Interface에 대한 활성화 여부를 지정한다.
  설정방식은 별도로 설명하지 않는다.

- Serial에 대한 Shell 접속
  Shell에서 serial 접속에 연결할 수 있는지를 지정한다.
  설정방식은 별도로 설명하지 않는다.

- GPIO Pin에 대한 원격 접속
  원격에서 GPIO Pin을 접속할 것인지를 설정한다.
  설정방식은 별도로 설명하지 않는다.

9.10.1 SPI(Serial Peripheral Interface) 설정

SPI 설정을 위해서는 [Advanced Options] 항목을 이용한다. 해당 항목을 선택하고 [Enter] 버튼을 누른다.

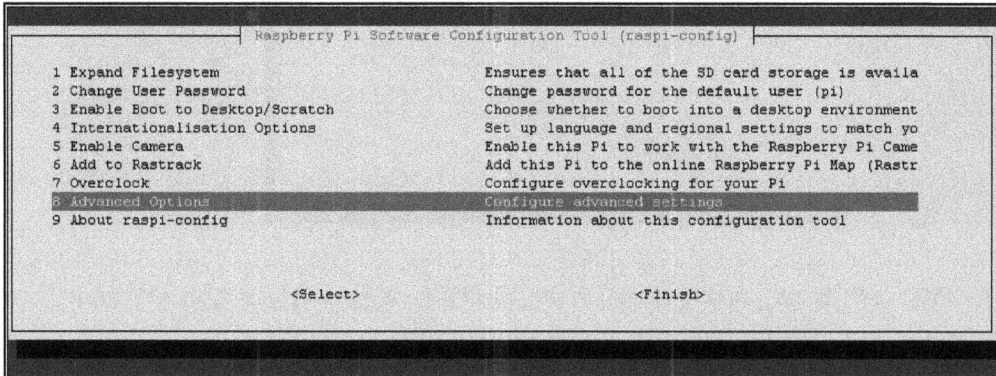

그러면 여러 가지 option 사항을 선택하는 다음 화면이 시작된다. 여기서 [SPI] 항목을 선택하고 [Enter] 버튼을 누른다.

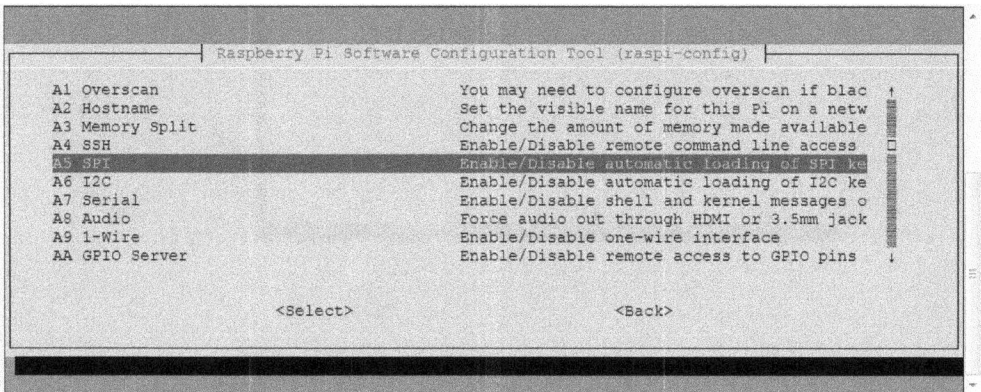

그림 9-17 raspi-config SPI 설정

그러면 SPI를 활성화할 것인지를 지정하는 화면이 나타난다. SPI를 활성화하고자 하면 [YES]를 선택하고 비활성화하고자 하면 [NO]를 선택한 다음 [Enter] 키를 누른다.

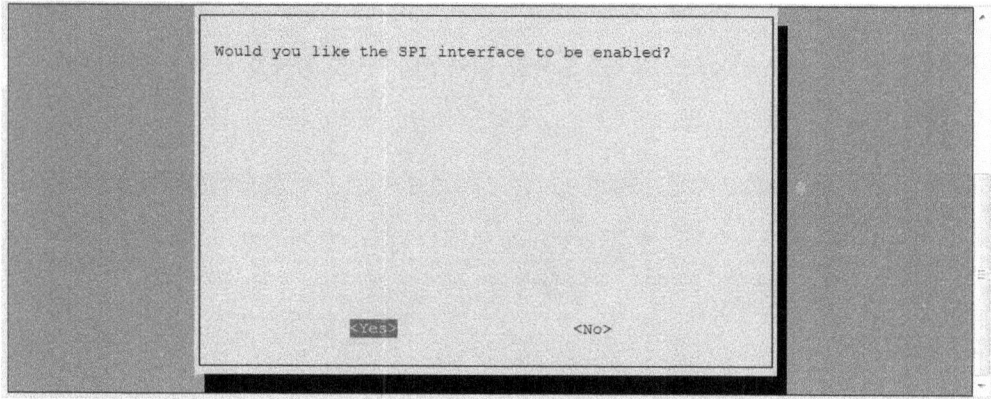

그러면 SPI에 대한 활성화 여부가 설정되었음을 알려주는 화면이 다음과 같이 나타난다. 여기서 [Enter] 키를 누르면 모든 처리가 완료된다.

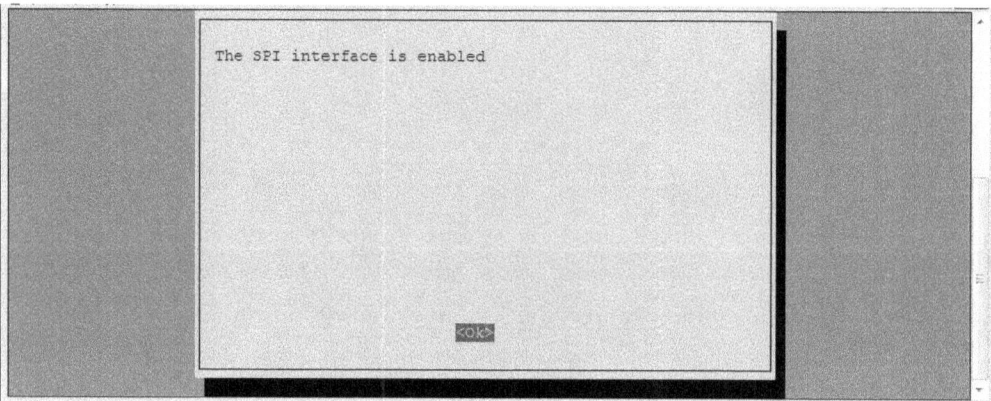

9.10.2 I2C(Inter-Integrated Circuit)

I2C 설정을 위해서는 [Advanced Options] 항목을 이용한다. 해당 항목을 선택하고 [Enter] 버튼을 누른다.

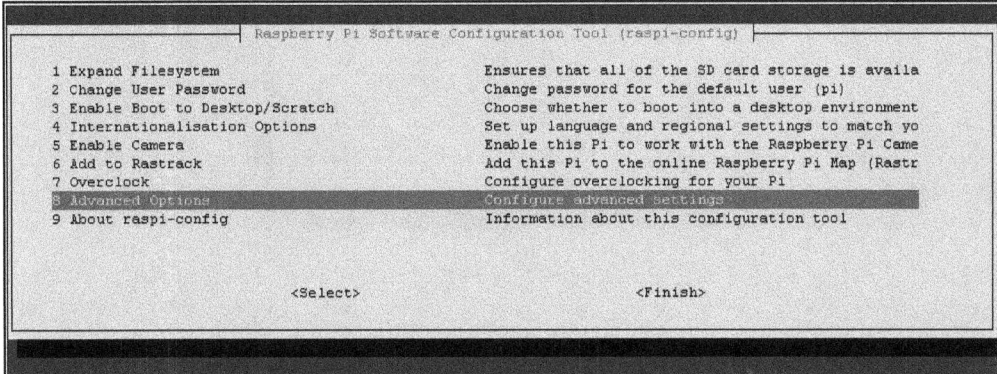

그러면 여러 가지 option 사항을 선택하는 다음 화면이 시작된다. 여기서 [I2C] 항목을 선택하고 [Enter] 버튼을 누른다.

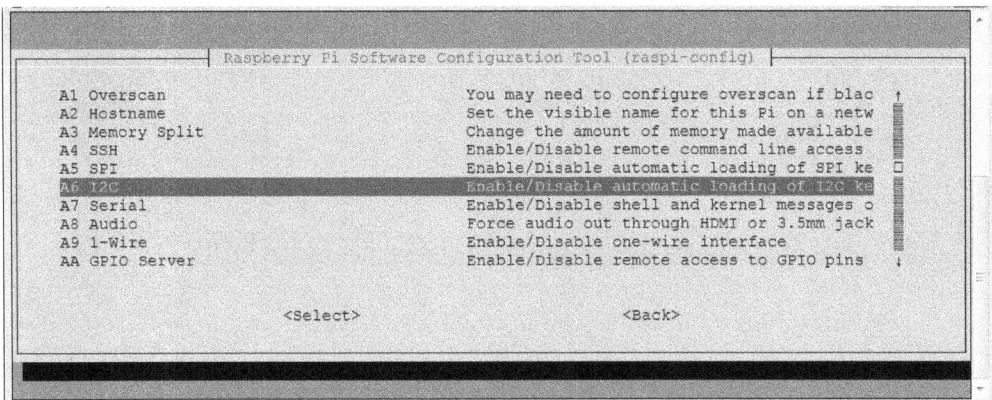

그림 9-18 raspi-config I2C 설정

그러면 I2C를 활성화할 것인지를 지정하는 화면이 나타난다. I2C를 활성화하고자 하면 [YES]를 선택하고 비활성화하고자 하면 [NO]를 선택한 다음 [Enter] 키를 누른다.

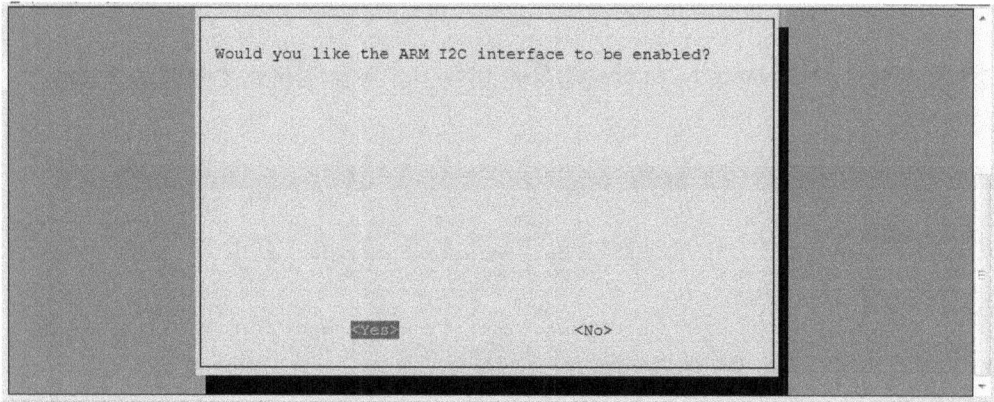

그러면 I2C 활성화 여부가 설정되었음을 알려주는 화면이 다음과 같이 나타난다. 여기서 [Enter] 키를 누르면 모든 처리가 완료된다.

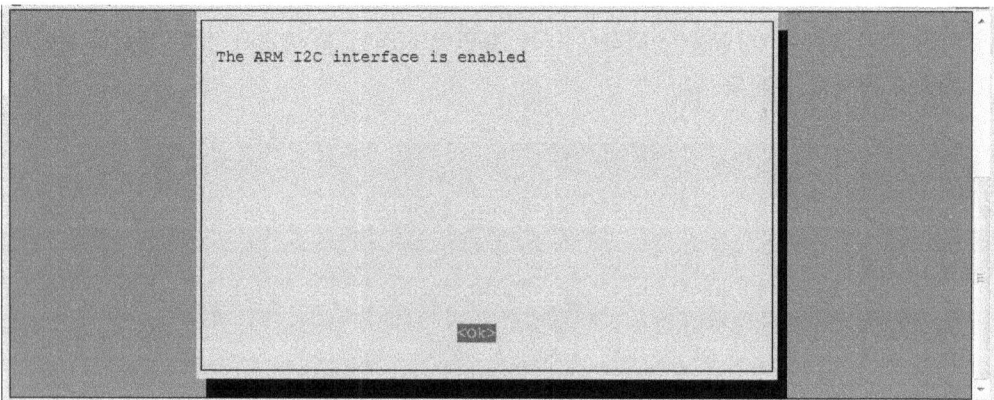

Chapter 10   Shell 명령

Chapter 주요 내용

여기서는 shell 명령에 대해서 설명하고자 한다. 먼저 shell 명령에 대한 기초를 설명하고, shell 명령을 사용하는 방법에 대해서 설명할 것이며, 그 다음에 가장 기초적인 shell 명령에 대해서 설명을 진행해 갈 것이다. 여기서 모든 shell 명령을 다루지는 않을 것이며, 특정 주제와 연관된 명령은 그 주제를 다룰 때 같이 논의하도록 할 것이다.

다음과 같은 항목에 대한 내용을 포함하고 있다.
- 명령 일반
- Shell 환경
- Shell 과 Profile
- 기초 명령
- 연산 처리 관련 명령
- 선택적 실행 처리 관련 명령
- 프로그램 실행 관련 명령
- 입력 및 출력 조정 관련 명령
- 자료 조작 관련 명령
- 시스템 정보 관련 명령

10.1 명령 일반

10.1.1 표준 입력 및 출력

Shell에서는 실행에 필요한 입력 자료가 들어오는 입력장치와 처리 결과가 표시되는 출력 장치에 대해서 각각 표준적인 장치가 이미 지정되어 있다. 따라서 특별한 지정이 없는 한 항상 표준 입력장치에서 자료가 입력되고, 처리 결과는 항상 표준 출력장치로 나가게 된다. 아래는 표준 입출력 장치이다.

- 표준 입력 -- keyboard
- 표준 출력 -- 모니터

10.1.2 Shell 특수 키

Shell에서는 특별한 기능을 수행하기 위해서 사전에 특수 키가 정의되어 있다.

키	기능	설명
ctrl+d	정상종료	logout 또는 exit 과 동일함. 쉘에서 로그 아웃 (exit와 비슷함). "EOF" (파일끝 포그라운드 작업을 끝냄, end of file). 표준입력에서 들어오는 입력을 끝냄.
ctrl+c	강제종료	
ctrl+z	background 전환	실행중인 작업을 background로 전환하고 잠시 중단.
ctrl+s	화면 출력 중단	
ctrl+q	출력 재시작	ctrl+s로 중단된 화면 출력 재시작

10.1.3 quote 규칙

10.1.3.1 quote 규칙 개요

쿼우팅(quoting)이란 문자열을 따옴표로 묶는 것을 말한다. 이렇게 하는 이유는 문자열 안에 특수 문자가 들어가 있을 경우, 쉘이나 쉘 스크립트에 의해 그 특수 문자가 재해석이나 확장되는 것을 방지하기 위함이다. 참고로 "특수문자"는 어떤 문자가 가진 글자 그대로의 뜻과는 다른 해석이 가능한 문자를 이야기한다. 예를 들면, 와일드 카드 문자인 *가 특수문자이다.

문자열 내에서 변수를 참조할 때는 보통 큰 따옴표(" "), 즉 double quote로 묶어 주는 것이 좋다. 이렇게 하면 $, `(backquote), \ (escape)를 제외한 모든 특수문자들을 재해석을 하지 않도록 그대로 보존해 준다. 예를 들어 "$variable"에서 처럼 변수에 쿼우트를 걸어서 $을 특수 문자로 인식하게 되면 "$variable"를 그 변수의 값으로 바꾼다.

- "abc"   -- double quote -- $, \ (escape), ``(backquote)는 특수문자로 처리한다

작은 따옴표(' '), 즉 single quote도 큰 따옴표와 비슷하게 동작하지만, `` (backquote)을 제외한 모든 특수 문자들은 단순히 문자 그대로 해석된다. 작은 따옴표(완전 인용)를 큰 따옴표(부분 인용)보다 좀 더 엄격한 방법이라고 생각하면 된다. 따라서 작은 따옴표 안에서 $를 사용하면 특수문자로 간주하지 않아서 변수 참조가 일어나지 않는다. 또한 작은 따옴표 안에서는 \ (escape)도 글자 그대로 인식되기 때문에 작은 따옴표로 묶인 문자열에 \ (escape)을 써서 작은 따옴표 자체를 넣으려고 한다면 원하는 결과가 나오지 않는다.

- 'abc'   --single quote   -- $, \ (escape)는 특수문자로 처리되지 않고 그대로 출력한다.

backquote(` `)는 특정 명령을 실행한 결과 값을 사용하고자 할 때 사용한다.
- ``  -- backtab        --`` 안에 있는 커맨드를 실행하여 그 처리결과를 출력한다.

10.1.3.2   escape sequence

일반적인 문자로는 표현할 수 없는 문자를 표현하기 위해서 escape sequence를 사용하는데, 이 글자가 시작된다는 것을 " \ " (backslash)로 시작하는 문자로 표현한다.

또한 escape sequence를 사용하기 위해서는 shell 명령을 실행할 때 "-e" optopn을 사용해야 한다. 아래는 사전에 정의된 escape sequence 목록이다.

- \ \   backslash
- \ a   alert (BEL)
- \ b   backspace
- \ c   produce no further output
- \ e   escape
- \ f   form feed
- \ n   new line
- \ r   carriage return
- \ t   horizontal tab
- \ v   vertical tab

10.1.4 명령 실행이력 활용

terminal에서 작업을 할 때는 여러 개의 파일에 대해서 반복적인 작업을 하거나, 반대로 특정 파일에 대해서 여러 가지 작업을 할 수도 있다. 또한 여러 단계의 작업을 할 때 이전에 어떤 작업을 실행했는지 다시 확인할 필요가 있는 경우도 있다. 어떤 경우는 입력을 잘못하여 오류가 발생한 경우에 해당 명령을 일부만 수정하여 다시 작업하기를 원할 때도 있다. 이처럼 여러 가지 명령을 실행할 때 이전에 실행한 명령의 이력을 파악하면 여러 가지로 편리한 점이 많다.

그래서 Linux에서는 booting한 이후부터 특정 사용자가 실행한 명령에 대해서 이력을 관리하고 있으며, 사용자가 원하면 하나씩 과거의 작업목록을 조회할 수 있는 체계를 가지고 있다.

명령 실행 history에는 명령 자체만 기록이 되고, 그 명령의 실행 결과에 대한 출력은 저장되지 않는다. 또한 정상적으로 실행된 명령뿐만 아니라 오류가 발생한 명령도 보관이 된다.

10.1.4.1 화살표 키를 이용한 history 활용

실행 명령에 대한 이력을 확인하기 위해서는 아래와 같이 화살표 키를 이용한다.
- 상 화살표 키   -- 이전 명령으로 이동
- 하 화살표 키   -- 다음 명령으로 이동

조회된 이전 실행 명령은 terminal 화면의 현재 명령을 입력하는 위치에 그대로 표시된다. 사용자는 그 명령을 다시 실행할 수도 있고, 명령의 일부를 수정한 다음 실행할 수도 있다. 조회된 명령이 원하는 것이 아니면 다시 이전 또는 이후 명령으로 이동하면서 원하는 명령을 검색할 수도 있다.

[사용 Example]

먼저 다음과 같은 순서로 명령을 실행해 보자.

```
pi@raspberrypi ~/testdata $ ls -l
total 20
-rw-r--r-- 1 pi pi   62 Apr 23 13:06 customer_list.txt
-rw-r--r-- 1 pi pi  123 Apr 23 13:00 customer_product.txt
drwxr-xr-x 4 pi pi 4096 Apr 25 07:56 TestFolder01
drwxr-xr-x 2 pi pi 4096 Apr 10 13:32 TestFolder02
-rw-rw---- 1 pi pi  113 Apr 23 08:22 user_guide01.txt
pi@raspberrypi ~/testdata $ mkdir TestFolder03
pi@raspberrypi ~/testdata $ echo 'Test Data' > TestFolder03/test.txt
pi@raspberrypi ~/testdata $ ls TestFolder03 -l
total 4
-rw-r--r-- 1 pi pi 10 Apr 25 07:59 test.txt
```

위 명령이 순차적으로 실행이 완료된 다음 [상 화살표] 버튼을 누르면 이전 명령들이 하나씩 나타난다. 아래 화면은 [상 화살표] 버튼을 두 번 누르면 현재부터 두 번째 이전 명령인 "echo 'Test Data' > TestFolder03/test.txt" 명령이 표시되는 것을 보여준다.

10.1.4.2 history 명령

history 명령을 실행하면, 지금까지 실행한 모든 명령들의 목록을 한꺼번에 조회할 수 있다.

[명령 형식]

```
history   [Event Designators...]      [Word Designators...]
```

[명령 개요]

- 이전에 실행한 명령의 목록을 보여준다.
- 필요 권한   -- 일반 권한

[상세 설명]

- None

[주요 Option]

!n	Refer to command line n.
!-n	Refer to the current command minus n.
!!	Refer to the previous command. This is a synonym for `!-1'.
!string	Refer to the most recent command preceding the current position in the history list starting with string.
!?string[?]	Refer to the most recent command preceding the current position in the history list containing string. The trailing ? may be omitted if string is followed immediately by a newline.

다음은 history 명령을 실행한 결과를 보여주고 있다. 지금까지 실행한 모든 명령에 대한 history 목록을순서대로 보여주고 있음을 알 수 있다.

```
pi@raspberrypi ~/testdata $ history
ls -l
mkdir TestFolder03
echo 'Test Data' > TestFolder03/test.txt
ls TestFolder03 -l
```

10.2 Shell 환경

10.2.1 변수(variable)

10.2.1.1 변수(variable)란?

변수(variable)는 컴퓨터의 메모리에 일시적으로 자료를 보관할 수 있는 장소이다. 파일과 다른 점은 파일에 있는 컴퓨터가 종료된 이후 다시 컴퓨터를 켜면 그대로 자료를 유지하고 있는데, 변수에 있는 자료는 컴퓨터가 종료되면 소멸되고 없어진다는 것이다.

여러 단어를 연결하여 사용할 때는 "_"를 사용하여 서로 연결하여 사용할 수 있다.

```
RUN_MODE="daemons"
PIDDIR=/var/run/samba
```

10.2.1.2   변수의 종류

변수에는 적용되는 범위에 따라서 시스템 변수와 local 변수가 있는데, 각각 다음과 같은 특징이 있다.

● 시스템 변수

시스템 변수는 Pi 시스템 수준에서 사전에 예약된 이름으로 정의된 것으로 어떤 script에서나 동일한 변수 이름을 가지고 있으며, script에서 별도의 다른 용도로 사용할 수 없는 변수이다. $PATH 같은 변수가 시스템 변수이다. 이러한 시스템 변수는 다음과 같은 여러 가지가 있다.

■ 환경변수

변수명	설명
BASH	쉘 이름
BASH_VERSION	쉘 버전
COLUMNS	컬럼
LINES	라인
HOME	홈 디렉토리
LOGNAME	로그인 명
OSTYPE	OS 타입
PATH	패스 설정 값
PS1	prompt 설정 값
PWD	working 디렉토리
SHELL	쉘 이름
USERNAME	현재 로그인된 유저 ID

표 10-1 환경변수

■ 기타 특수한 System 변수

변수명	설명
$$	해당 프로세스의 PID값
$?	가장 최근에 실행한 명령의 종료값
$#	프로그램에 전달된 인수의 개수
$0	명령수행 시 명령의 이름을 기억하는 변수값
$n	전달된 n번째 인수(ex:$1,$2) 매개변수는 명령이 실행될 때 전달되어 오는 값들이 순서에 따라 할당되는 변수이다 $1, $2...
$*	전달된 인수들 전체를 하나의 문자열로 표시함
$@	전달된 인수들 전체를 문자열의 목록으로 표시함
$!	마지막으로 실행된 백그라운드 프로세스 pid 값

표 10-2 특수한 System 변수

● **local 변수**

반면 local 변수는 해당 script가 실행될 때에만 사용되는 변수로서, 해당 script의 실행이
종료되면 그 변수 자체가 없어지고 값도 없어지므로, 다음 번에 해당 script가 실행될 때는
새로운 값을 가지고 다시 시작하게 된다. 다른 script에서는 동일한 이름의 변수를 다른 용
도로 사용할 수 있으며, 서로 간에는 전혀 상관관계가 없다.

10.2.1.3 변수의 자료형 선언

shell에서 변수는 사용하기 전에 정의하지 않는다. 변수에 저장되어 있는 값은 기본적으로 문자열로 취급되고, 대소문자가 구별된다. 숫자인 경우도 기본적으로는 문자열로 취급되지만 산술연산에 대해서는 일반 숫자와 동일하게 계산을 허용한다.

변수에 대해서 자료형을 제한적으로 사용하고자 할 때는 declare나 typeset 문장을 사용하여 명시적으로 정의한 후 사용한다.

[명령 형식]

declare/ typeset   <변수>   <Type>

[명령 개요]

- 변수에 대해서 사용할 수 있는 자료형을 지정한다.
- 필요 권한 --- 일반 권한

[상세 설명]

- 다음과 같은 자료형을 지정할 수 있다.
  - -i   -- 정수
  - -a   -- 배열
  - -f   -- 함수
  - -r   -- 읽기 전용
  - -x   -- Shell 외부에서 사용 가능 변수

10.2.1.4 unset 명령 – 변수의 정의 삭제

unset은 이전에 정의되어 있는 변수를 삭제해서 정의되지 않은 것으로 만드는 것이다.

[명령 형식]

```
unset  <변수>
```

[명령 개요]

- 이전에 정의되어 있는 변수를 삭제한다.
- 필요 권한   --- 일반 권한

[상세 설명]

- unset 이후에는 해당 변수가 존재하지 않는다.

[사용 Example]

pi@raspberrypi ~ $ var="1234"
pi@raspberrypi ~ $ echo $var
1234
pi@raspberrypi ~ $ unset var
pi@raspberrypi ~ $ echo $var
-bash: var: unbound variable

10.2.1.5 set 명령 - shell 호출 parameter 설정

shell script 파일을 호출할 때, parameter를 넘겨줄 수 있다. 이 parameter를 script 내부에서 참조할 때 순서대로 $1, $2, ...라는 변수로 참조할 수 있다. set 명령은 script를 호출할 당시에 주어지는 이러한 parameter의 값을 설정한다.

[명령 형식]

```
set  value1  value2  .....
```

[명령 개요]

■ script를 호출할 때 전달되는 parameter의 값을 설정한다.

■ 필요 권한   --- 일반 권한

[상세 설명]

■ 설정되는 value는 순서에 따라 $1, $2, $3....에 할당된다.

[사용 Example]

```
pi@raspberrypi ~ $ set "This is 1" "This is 2"
pi@raspberrypi ~ $ echo $1
This is 1
pi@raspberrypi ~ $ echo $2
This is 2
```

10.2.2 환경변수(environment variable)

시스템을 booting 하고 특정 사용자가 logon 하면, 사용자에게 사전에 정의된 형식으로 화면을 보여 주고, 사용자가 어떤 명령을 지시하면 사전에 지정된 방식으로 그 명령을 처리해 준다. 이때 사용자는 사전에 정의된 내용을 확인하여 구체적인 처리 방법을 결정하게 된다. 이렇게 시스템이 작동하는데 필요한 중요한 결정을 할 때는 사전에 정의된 많은 자료들을 참조하게 된다. 이러한 자료들 중에서 시스템이 자주 사용하는 중요한 변수들에 대해서 그 값을 특별한 장소에 저장하고 있는데, 이것을 환경변수(environment variable) 라고 한다.

이 환경변수에는 시스템에 작동하면서 필요한 많은 정보 중에서 아주 중요한 정보만을 선별하여 저장하고 있으며, 특정 파일에 저장되어 있는 것이 아니라 시스템의 메모리에 저장되어 있어서 필요하면 해당 정보를 즉시 사용할 수 있도록 되어 있다.

10.2.2.1 env 명령 - 환경변수의 확인

그럼 어떤 정보들이 환경변수에 저장되어 있는지 알아보자. 이럴 때 사용하는 명령이 env 명령이다.

[명령 형식]

env   [option]

[명령 개요]
- 환경변수에 저장되어 있는 정보의 내용을 확인한다.
- 필요 권한   -- 일반 권한

[상세 설명]
- Option을 지정하지 않으면 현재 값을 표시한다.

[주요 Option]

-u	--unset=NAME
	remove variable from the environment

[사용 Example]

먼저 현재의 환경변수가 어떻게 되어 있는지를 확인해 보자. 다음과 같이 명령을 실행한다.

```
pi@raspberrypi ~ $ env
TERM=xterm
SHELL=/bin/bash
SSH_CLIENT=192.168.1.230 49229 22
SSH_TTY=/dev/pts/0
USER=pi
LS_COLORS=rs=0:di=01;34:ln=01;36:mh=00:pi=40;33:so=01;35:do=01;35:bd=40;33;01:cd=40
;33;01:or=40;31;01:su=37;41:sg=30;43:ca=30;41:tw=30;42:ow=34;42:st=37;44:ex=01;32:*
.tar=01;31:*.tgz=01;31:*.arj=01;31:*.taz=01;31:*.lzh=01;31:*.lzma=01;31:*.tlz=01;31
:*.txz=01;31:*.zip=01;31:*.z=01;31:*.Z=01;31:*.dz=01;31:*.gz=01;31:*.lz=01;31:*.xz=
01;31:*.bz2=01;31:*.bz=01;31:*.tbz=01;31:*.tbz2=01;31:*.tz=01;31:*.deb=01;31:*.rpm=
01;31:*.jar=01;31:*.war=01;31:*.ear=01;31:*.sar=01;31:*.rar=01;31:*.ace=01;31:*.zoo
=01;31:*.cpio=01;31:*.7z=01;31:*.rz=01;31:*.jpg=01;35:*.jpeg=01;35:*.gif=01;35:*.bm
p=01;35:*.pbm=01;35:*.pgm=01;35:*.ppm=01;35:*.tga=01;35:*.xbm=01;35:*.xpm=01;35:*.t
if=01;35:*.tiff=01;35:*.png=01;35:*.svg=01;35:*.svgz=01;35:*.mng=01;35:*.pcx=01;35:
*.mov=01;35:*.mpg=01;35:*.mpeg=01;35:*.m2v=01;35:*.mkv=01;35:*.webm=01;35:*.ogm=01;
35:*.mp4=01;35:*.m4v=01;35:*.mp4v=01;35:*.vob=01;35:*.qt=01;35:*.nuv=01;35:*.wmv=01
;35:*.asf=01;35:*.rm=01;35:*.rmvb=01;35:*.flc=01;35:*.avi=01;35:*.fli=01;35:*.flv=0
1;35:*.gl=01;35:*.dl=01;35:*.xcf=01;35:*.xwd=01;35:*.yuv=01;35:*.cgm=01;35:*.emf=01
;35:*.axv=01;35:*.anx=01;35:*.ogv=01;35:*.ogx=01;35:*.aac=00;36:*.au=00;36:*.flac=0
0;36:*.mid=00;36:*.midi=00;36:*.mka=00;36:*.mp3=00;36:*.mpc=00;36:*.ogg=00;36:*.ra=
00;36:*.wav=00;36:*.axa=00;36:*.oga=00;36:*.spx=00;36:*.xspf=00;36:
MAIL=/var/mail/pi
PATH=/usr/local/sbin:/usr/local/bin:/usr/sbin:/usr/bin:/sbin:/bin:/usr/local/games:
/usr/games
PWD=/home/pi
LANG=en_US.UTF-8
SHLVL=1
HOME=/home/pi
LOGNAME=pi
SSH_CONNECTION=192.168.1.230 49229 192.168.1.202 22
_=/usr/bin/env
```

환경변수에는 많은 항목들이 포함되어 있다. 이중에서 몇 가지만 그 의미를 알아 보기로
한다.

- SHELL=/bin/bash
  현재 사용되는 shell 프로그램을 의미한다.

- USER=pi
  현재 logon 된 사용자 계정을 말한다.

- PATH=/usr/local/sbin:/usr/local/bin:/usr/sbin:/usr/bin:/sbin:/bin:/usr/local/games:~~~

  shell 명령을 실행할 때 프로그램을 탐색하는 순서를 의미한다. ":"은 각각의 경로를 구분하는 기호이다. 왼쪽부터 시작해서 오른쪽으로 검색한다.

- PWD=/home/pi

  현재 directory 위치를 의미한다

- HOME=/home/pi

  현재 logon 된 사용자의 home directory를 의미한다

현재의 환경변수가 어떻게 되어 있는지를 확인해 보는 또 다른 방법이 있다. 시스템이 가지고 있는 환경변수는 다른 명령에서 $환경변수의 형태로 자유롭게 사용할 수 있다. 여기서는 echo 명령을 이용해서 PATH 환경변수의 값을 알아 볼 것이다.

```
pi@raspberrypi ~ $ echo $PATH
/usr/local/sbin:/usr/local/bin:/usr/sbin:/usr/bin:/sbin:/bin:/usr/local/games:/usr/games
```

10.2.2.2 export 명령 - 환경변수의 정의 및 변경

환경변수를 추가로 정의하거나 기존의 환경변수에 대한 값을 수정할 수도 있다. 환경변수를 조정하는 명령은 export 명령이다.

[명령 형식]

```
export  [option]     environment-variable="value"
```

[명령 개요]
- 환경변수를 새롭게 정의하거나 내용을 변경한다.
- 필요 권한   -- 일반 권한

[상세 설명]
- 환경변수 이름은 통상 대문자로 정의한다.
- 환경변수 정의는 자신의 shell 이나 child shell에서 정의된 변수를 사용할 수 있도록 하는 것이다.
- 환경변수에 저장된 값은 파일에 저장되는 것이 아니라 메모리에 저장되어 있는 자료이므로 영구히 보관되지 않으며, 시스템이 down되면 없어진다. 따라서 환경변수를 변경했다고 해서 그 값이 영원히 보관되는 것이 아니며, 그 변경은 일시적인 효과만 있다는 것이다.
- 적용범위 →shell에서 변경한 경우는 해당 shell 내에서만 유효하며, 다른 shell에서는 적용되지 않는다. 특정 terminal에서 변경한 경우에도 다른 terminal 화면을 열면 변경되지 않은 채로 있다.

[주요 Option]

[사용 Example]
현재의 PATH 환경변수의 값에 /opt/testbin/을 추가해 볼 것이다. 다음과 같이 변경 작업을 한 다음 다시 내용을 확인해 보자. 예상한 대로 PATH 값이 변경되어 있다.

```
pi@raspberrypi ~ $ echo $PATH
/usr/local/sbin:/usr/local/bin:/usr/sbin:/usr/bin:/sbin:/bin:/usr/local/games:/usr/
games
pi@raspberrypi ~ $ export PATH="$PATH:/opt/testbin"
```

```
pi@raspberrypi ~ $ echo $PATH
/usr/local/sbin:/usr/local/bin:/usr/sbin:/usr/bin:/sbin:/bin:/usr/local/games:/usr/
games:/opt/testbin
```

다음은 시스템에서 기본 정의되지 않았지만, 별도 사용하기 위해서 새로운 환경변수를 정
의한 사례이다.

```
pi@raspberrypi ~ $ env


pi@raspberrypi ~ $ export TESTENV="$HOME/Script"
pi@raspberrypi ~ $ env


pi@raspberrypi ~ $ echo $TESTENV

```

10.2.2.3 환경변수 값을 영구적으로 고정하기

통상 환경변수의 값은 시스템이 down되면 없어지고, 새로이 시스템을 시작하면 이전의 값
을 사용할 수 없다. 만약 환경변수에 설정된 값을 영구히 고정하기 하고자 하면 profile을
이용할 수 있다. 시스템에서 제공하는 다음 profile을 이용할 수 있다.

- 시스템 profile   --- /etc/profile 파일   -- 모든 사용자에게 적용된다.
- User profile   -- ~/.profile 파일   -- 특정 사용자에게만 적용된다.

10.3 Shell과 profile

10.3.1 profile 종류

Pi 시스템에는 수많은 파일과 프로그램들이 설치되어 있는데, 시스템에서 어떤 작업을 할 때는 이러한 항목들이 일정한 통제하에 서로 상호 관계를 맺으면서 필요한 작업을 하게 된다. 특정 작업을 할 때 어떤 파일과 어떤 프로그램을 사용하는가에 따라서 그 결과는 달라지게 된다. 따라서 시스템이 일정하게 작동하기 위해서는 시스템에게 어떤 프로그램을 사용할 것인지, 어떤 자료를 사용할 것인지, 어떠한 방식으로 작동할 것인지를 지시하여 사용자의 작업환경을 일정하게 관리할 필요가 있다.

그런데 이러한 시스템 작동방식은 항상 하나로 고정되어 있는 것이 아니고, 설치된 개별 시스템에 따라 다른 기능을 원하기도 하고, 또는 사용하는 사람에 따라서 다르게 작동되기를 원할 수도 있다. 따라서 Pi 시스템에서는 작동방식을 하나로 고정하지 않고, 여러 가지 방식으로 원하는 다양한 처리를 할 수 있는 융통성을 제공해 주고 있다. 이럴 때 사용하는 것이 profile 이다.

profile은 시스템이 시작되고, 특정 사용자가 logon 했을 때 시스템의 전체적인 모양을 결정하고, 특정 작동방식을 통제하고, 어떤 명령에 대한 처리방법을 결정하는 등 사용자의 작업 환경을 결정하는데 사용된다.

이러한 profile에는 두 가지 종류가 있는데, global profile과 local profile이 있다.

● **global profile**

global profile은 시스템 전체적으로 적용되는 profile인데, 이는 모든 사용자에게 동일하게 적용된다는 것을 의미한다. 특정 컴퓨터에서 이 profile을 다르게 지정하면, 그 컴퓨터는 다른 컴퓨터와 다르게 작동하게 된다. 또한 여기에서 지정된 내용을 변경하면 그 변경은 모든 사용자에게 영향을 미치게 된다.

global profile은 시스템 전체적으로 정의하게 되는데, 정의된 값은 통상 /etc/ directory에서 관리한다.

이러한 global profile에는 application 과 무관하게 적용되는 global user profile 과 application에 따라서 정의되는 global application profile이 있다.

global user profile에는 실행되는 application 의 종류에 상관없이 시스템의 모든 application에 동일하게 적용되는 profile이다. 이 profile은 /etc/profile 파일 파일에서 내용을 정의한다.

반면 global application profile에는 특정 application에 대해서 시스템 전체적으로 적용되는 profile이 있다. 이들은 통상 /etc/폴더 속에 xxxx.xxxxxrc 형태의 파일에서 정의하는데, 표준 BASH shell에서 사용되는 profile은 /etc/bash.bashrc 파일에서 그 내용을 정의한다.

● **local profile 파일**

local profile은 사용자 profile이라고도 하는데, 특정 사용자 계정에만 적용되는 profile이다. 이 profile은 특정 사용자가 logon했을 때만 비로소 작동을 시작하며, 여기서 지정한 내용은 다른 사용자에게는 적용되지 않으므로, 사용자에 따라서 시스템의 행동을 다르게 정의하고 싶을 때 이 profile을 사용할 수 있다.

local profile은 사용자 별로 별도로 정의하게 되는데, 사용자 별로 정의된 값은 사용자의 home directory에
서 관리한다. 각 사용자의 home directory에는 ".xxxx" 또는 ".xxxxxrc" 형태의 숨은 파일이 많이 있는데, 이들을 local shell profile overrider 파일이라고 부른다. 이들은 shell 프로그램이나 다른 프로그램에서 사용자 별로 특정 환경설정을 하기 위해서 사용하는 profile이다.

이러한 local profile에는 application 과 무관하게 적용되는 local user profile 과 application에 따라서 정의되는 local application profile이 있다.

local user profile은 application과 무관하게 특정 user의 전체 application에 동일하게 적용되는 profile이다. 이 profile은 home directory 속에 있는 ".profile" 숨김 파일에서 내용을 정의한다.

반면 local application profile에는 특정 user의 특정 application에 대해서 적용되는 profile이다. 이들은 통상 home directory 속에 ".xxxxxrc" 형태의 숨김 파일에서 정의한다. 표준 BASH shell에서 사용되는 local profile은 각 사용자의 home directory에 있는 ".bashrc" 파일에서 정의한다.

10.3.2 profile 적용 순서

시스템이 시작되고, 특정 사용자가 logon했을 때 시스템에 적용되는 것은 여러 가지의 profile이 우선순위에 따라 통합된 최종 결과 값이다. 기본적으로 global profile 보다는 local profile이 우선 순위가 있고, user profile 보다는 application profile이 우선순위가 높다.

적용되는 우선순위는 다음과 같이 위에 있는 것이 높은 우선순위를 갖는다.

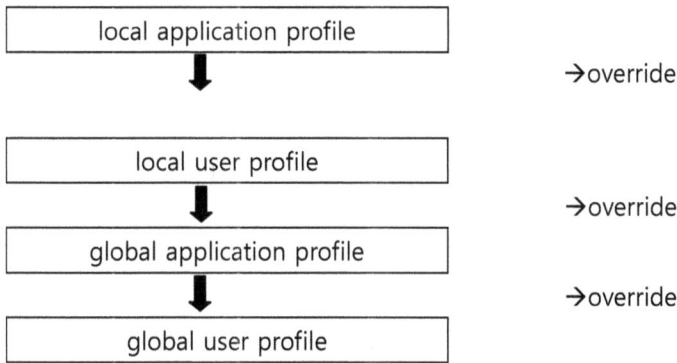

여러 profile에 동일한 항목이 있으면 뒤에 있는 profile에 있는 것이 앞에 있는 profile에 있는 값을 override하며, 최종적으로 남는 것이 시스템에 적용되는 것이다. 즉 local profile이 global profile을 override하고, application profile이 user profile를 override하게 된다.

표준 Bash에서 사용되는 profile을 정리하면 다음과 같다.
- global profile
    - global user profile   -- /etc/profile 파일
    - global application profile   -- /etc/bash.bashrc 파일

- local profile
    - local user profile   -- /home/pi/.profile 파일
    - local application profile   -- /home/pi/.bashrc 파일

10.4 기초 명령

10.4.1 clear 명령 - 화면 지우기

Shell terminal에서 작업을 하면 화면에 다양한 내용들이 함께 표시된다. 화면의 내용이 많거나 복잡할 경우 불편할 수도 있다. 이런 경우 현재의 terminal 화면을 깨끗하게 지우고 새롭게 시작하고 싶을 때가 있는다. 이렇게 화면의 내용을 모두 지우고 새롭게 시작하고 싶을 때 다음 명령을 사용한다. .

[명령 형식]

```
clear
```

[명령 개요]

- terminal 화면의 모든 내용을 지운다.
- 필요 권한   -- 일반 권한

[상세 설명]

이 명령은 화면의 내용을 지우는 것이 아니라 화면의 내용을 위로 올려서 보이지 않게 만드는 것이다. 따라서 scroll bar를 위로 올리면 원래의 내용을 다시 조회할 수 있다.

[사용 Example]

다음과 같이 여러 가지 명령을 수행하면 화면에 다양한 내용이 표시되어 있다.

```
drwxr-xr-x 4 pi pi 4096 Apr 25 07:56 TestFolder01
drwxr-xr-x 2 pi pi 4096 Apr 10 13:32 TestFolder02
-rw-rw---- 1 pi pi  113 Apr 23 08:22 user_guide01.txt
pi@raspberrypi ~/testdata $ mkdir TestFolder03
pi@raspberrypi ~/testdata $ echo 'Test Data' > TestFolder03/test.txt
pi@raspberrypi ~/testdata $ ls TestFolder03 -l
total 4
-rw-r--r-- 1 pi pi 10 Apr 25 08:11 test.txt
pi@raspberrypi ~/testdata $ man clear
pi@raspberrypi ~/testdata $
pi@raspberrypi ~/testdata $ cat customer_list.txt
Microsoft
Google
IBM
Facebook
LG
Samsung
Sony
Hewlett-Packard
pi@raspberrypi ~/testdata $
```

위의 화면이 표시된 상태에서 다음과 같은 명령을 실행한다.

```
pi@raspberrypi ~/testdata $ clear
```

그러면 화면의 내용이 깨끗하게 정리가 되고, cursor는 화면의 맨 위로 이동하게 된다.

그런데 scroll bar를 위로 이동하면, 이전에 표시되어 있던 내용을 다시 조회할 수 있다.

10.4.2 echo 명령

이 명령은 지정된 텍스트를 표준출력에 표시해 준다. 일반적인 명령에서는 필요가 없는데, bash script를 작성할 때 여러 가지 진행상황에 대한 정보를 표시할 때 많이 사용한다.

[명령 형식]

```
echo   [option]   [string]
```

[명령 개요]
- 지정된 텍스트를 표준출력에 표시한다.
- 필요 권한   -- 일반 권한

[상세 설명]
- string의 표현   -- "XXX" 의 형식으로 표현된 문자열

[주요 Option]

-n	do not output the trailing newline
-e	enable interpretation of backslash escapes
-E	disable interpretation of backslash escapes (default)
--help	display this help and exit

[사용 Example]
Shell에서 다음과 같이 간단하게 "This is Pi System" 문자열을 echo명령으로 실행해 보자. 그러면 지정된 문자열이 그대로 결과물에 표시되는 것을 알 수 있다.

```
pi@raspberrypi ~ $ echo "This is Pi System"
This is Pi System
```

이번에는 여러 행으로 문자열을 표현해 보도록 하겠다. 이 명령에서 새로운 행으로 이동하기 위해서는 new line을 표현해 주는 "\n"를 사용해야 한다. 다음과 같이 실행하면 new line 이후에 지정된 문자열이 두 번째 행에서 내용이 표시되는 것을 알 수 있다.

```
pi@raspberrypi ~ $ echo -e "This is Pi System \nFrom this, the new line begins"
This is Pi System
From this, the new line begins
```

10.4.3 man 명령 - 명령에 대한 도움말 보기

Linux에서 사용하는 명령들은 대부분 하나의 명령이 다양한 기능을 수행할 수 있다. 이러한 다양한 기능을 정확히 실행하기 위해서는 여러 가지 형태로 명령을 입력해야 한다. 또한 명령의 실행 결과도 다양한 방식과 다양한 형태로 표시된다. 현실적으로 우리는 각각의 명령에 대해서 그 명령으로 할 수 있는 기능과 지시를 하는 방법, 그리고 실행 후 나오는 결과물을 이해하는데 필요한 모든 지식을 기억하기 어렵다.

그래서 Linux에서는 각각의 명령에 대해서 도움말을 상세하게 제공하고 있다. 사용자가 필요할 때 기억하지 못하는 각종 정보를 도움말을 이용하여 조회하고, 문제를 해결할 수 있다. 이럴 때 사용하는 것이 man 명령이다.

[명령 형식]

```
man    command
```

[명령 개요]
- 지정된 명령에 대한 상세한 도움말을 보여준다.
- 필요 권한   --- 일반권한

[상세 설명]
특정 명령에 대한 도움말은 통상 여러 페이지에 걸친 많은 설명 내용을 포함하고 있다. 이렇게 여러 페이지에 걸쳐 있는 도움말을 읽기 위해서는 화면에서 원하는 위치로 이동하는 방법이 필요하다. 다음은 화면에서 이동하는 방법들 중의 일부이다.
- /   -- 지정된 문자를 검색하여 표시한다. n 키로 검색된 위치로 순차적으로 이동한다
- Page   -- page 단위로 상/하로 이동할 수 있다.
- 화살표 키   -- line 단위로 상/하로 이동할 수 있다
- Space   -- page 단위로 아래로 이동한다.
- Enter   -- line 단위로 아래로 이동한다.

[사용 Example]

여기서는 가장 간단한 cat 명령에 대해서 사용법을 확인해 보자

```
pi@raspberrypi ~/testdata $ man cat
```

그러면 아래와 같은 화면에서 지정된 명령에 대한 도움말이 나타난다. 사용자는 page 키를 이용하여 page 단위로 상/하로 이동할 수 있다. 또한 space 키나 Enter 키를 누르면 다음 line으로 넘어가고, 화살표 키를 이용하면 line단위로 상/하로 이동할 수 있다. 실행하는 도중 q 키를 입력하면 해당 명령이 종료되고 원해의 명령 입력화면으로 돌아온다.

```
CAT(1)                          User Commands                          CAT(1)

NAME
       cat - concatenate files and print on the standard output

SYNOPSIS
       cat [OPTION]... [FILE]...

DESCRIPTION
       Concatenate FILE(s), or standard input, to standard output.

       -A, --show-all
              equivalent to -vET

       -b, --number-nonblank
              number nonempty output lines, overrides -n

       -e     equivalent to -vE

       -E, --show-ends
              display $ at end of each line

       -n, --number
Manual page cat(1) line 1 (press h for help or q to quit)
```

10.4.4 alias 사용법

Linux에서는 사전에 일정한 문자열에 대해서 alias 이름을 지정한 다음, 나중에 정의된 alias 이름을 문자열 대신 사용할 수 있는 기능이 있다. 이때 사용하는 명령이 alias이다.

[명령 형식]

```
alias <alias-name>='value>'
```

[명령 개요]
- 지정된 문자열에 대해서 사전에 별명을 부여하고, 사후에 별명을 사용하여 자유롭게 사용할 수 있도록 한다. .
- 필요 권한   -- 일반 권한

[상세 설명]
- 특별한 parameter를 지정하지 않으면 현재 정의된 alias 목록을 보여준다.

정의된 alias를 지우기 위해서는 unalias 명령을 사용한다.

[명령 형식]

```
unalias <alias-name>
```

[명령 개요]
- 지정된 문자열에 대해서 다른 별명을 부여한다.
- 필요 권한   -- 일반 권한

[사용 Example]

```
pi@raspberrypi3:~ $ alias
alias egrep='egrep --color=auto'
alias fgrep='fgrep --color=auto'
alias grep='grep --color=auto'
alias ls='ls --color=auto'
```

아래는 먼저 명령 'ls -l'에 대해 list를 alias로 정의한 것이다. list를 정의한 후 list를 보통의 명령처럼 실행하면 list에 정의된 명령이 실행되는 것을 알 수 있다. 또한 alias 정의 목록을 확인해 보면 list에 대한 정의가 있는 것을 확인할 수 있다.

pi@raspberrypi3:~ $ alias list='ls -l'
pi@raspberrypi3:~ $ list
total 48 -rw-r--r-- 1 pi pi   0 Jun 14 06:42 = -rw-r--r-- 1 pi pi   3 Jun 14 06:51 11 -rw-r--r-- 1 pi pi   2 Jun 14 06:42 6 drwxr-xr-x 2 pi pi 4096 May 27 11:40 Desktop drwxr-xr-x 5 pi pi 4096 Jun 13 12:46 Documents drwxr-xr-x 2 pi pi 4096 Jun 17 06:52 Downloads drwxr-xr-x 2 pi pi 4096 May 27 11:50 Music drwxr-xr-x 2 pi pi 4096 May 27 11:50 Pictures drwxr-xr-x 2 pi pi 4096 May 27 11:50 Public drwxr-xr-x 2 pi pi 4096 Jun 13 12:47 python_games drwxr-xr-x 2 pi pi 4096 May 27 11:50 Templates drwxr-xr-x 2 pi pi 4096 Jun 24 05:49 Test drwxr-xr-x 2 pi pi 4096 May 27 11:50 Videos
pi@raspberrypi3:~ $ alias
alias egrep='egrep --color=auto' alias fgrep='fgrep --color=auto' alias grep='grep --color=auto' alias list='ls -l' alias ls='ls --color=auto'

pi@raspberrypi3:~ $ unalias list
pi@raspberrypi3:~ $ list
-bash: list: command not found

10.5 연산 처리 관련 명령

10.5.1 expr 명령 - 산술연산

expr 명령을 이용해서 산술연산을 수행할 수 있다.

[명령 형식]

```
expr [OPTION] / [EXPRESSION]
```

[명령 개요]
- 지정된 연산식에 대해서 산술연산을 한다.
- 필요 권한   -- 일반 권한

[상세 설명]
- expr 명령은 기본적으로 operand와 operator에는 공백이 필요함
- expr 명령을 이용해서 계산한 값을 다른 곳에 저장하고자 할 때는 ``(backtab)을 이용한다.
- 주의할 점은 *을 사용할 때는 escape(\ )을 함께 사용해야 한다.

[주요 Option]

--help	display this help and exit
--version	output version information and exit

[주요 expression]

ARG1 | ARG2	ARG1 if it is neither null nor 0, otherwise ARG2
ARG1 & ARG2	ARG1 if neither argument is null or 0, otherwise 0
ARG1 < ARG2	if ARG1 is less than ARG2, then 1, otherwise 0
ARG1 <= ARG2	if ARG1 is less than or equal to ARG2, then 1, otherwise 0
ARG1 = ARG2	if ARG1 is equal to ARG2, then 1, otherwise 0
ARG1 != ARG2	if ARG1 is unequal to ARG2, then 1, otherwise 0
ARG1 >= ARG2	if ARG1 is greater than or equal to ARG2, then 1, otherwise 0
ARG1 > ARG2	if ARG1 is greater than ARG2, then 1, otherwise 0

ARG1 + ARG2	arithmetic sum of ARG1 and ARG2
ARG1 - ARG2	arithmetic difference of ARG1 and ARG2
ARG1 * ARG2	arithmetic product of ARG1 and ARG2
ARG1 / ARG2	arithmetic quotient of ARG1 divided by ARG2
ARG1 % ARG2	arithmetic remainder of ARG1 divided by ARG2

[사용 Example]

pi@raspberrypi ~ $ echo `expr 5 + 4`
9
pi@raspberrypi ~ $ echo `expr 11 - 6`
5
pi@raspberrypi3:~ $ echo `expr 10 "|" 75`
10
pi@raspberrypi3:~ $ echo `expr 0 "|" 75`
75
pi@raspberrypi3:~ $ echo `expr 10 ">" 75`
0
pi@raspberrypi3:~ $ echo `expr 10 ">" 7`
1
pi@raspberrypi3:~ $ echo `expr 10 "<" 7`
0
pi@raspberrypi3:~ $ echo `expr 10 "<" 75`
1

10.5.2 test 명령

이 명령은 파일 상태를 점검하거나 논리 연산을 하여 그 결과가 True, False인지에 따라 exit status를 지정한다.

[명령 형식]

```
test    < 파일연산식  |  논리연산식 >
```

[명령 개요]

■ 지정된 연산식에 대해서 논리연산을 한 결과에 따라 exit status를 지정한다.
■ 필요 권한   -- 일반 권한

[상세 설명]

■ True, False에 대한 값은 다음과 같다.
   ■ True   -- 0   -- zero
   ■ False   -- 1   -- non zero
■ 조건 연산식을 지정하지 않으면 False값을 되돌려 준다.
■ 연산식

논리 연산	(EXPRESSION)	EXPRESSION is true
	! EXPRESSION	EXPRESSION is false
	EXPRESSION1 -a EXPRESSION2	both EXPRESSION1 and EXPRESSION2 are true
	EXPRESSION1 -o EXPRESSION2	either EXPRESSION1 or EXPRESSION2 is true
string 연산	-n STRING	the length of STRING is nonzero
	-z STRING	the length of STRING is zero
	STRING1 = STRING2	the strings are equal
	STRING1 != STRING2	the strings are not equal
산술 연산	INTEGER1 -eq INTEGER2	INTEGER1 is equal to INTEGER2
	INTEGER1 -ge INTEGER2	INTEGER1 is greater than or equal to INTEGER2

	INTEGER1 -gt INTEGER2	INTEGER1 is greater than INTEGER2
	INTEGER1 -le INTEGER2	INTEGER1 is less than or equal to INTEGER2
	INTEGER1 -lt INTEGER2	INTEGER1 is less than INTEGER2
	INTEGER1 -ne INTEGER2	INTEGER1 is not equal to INTEGER2
파일 연산	FILE1 -ef FILE2	FILE1 and FILE2 have the same device and inode numbers
	FILE1 -nt FILE2	FILE1 is newer (modification date) than FILE2
	FILE1 -ot FILE2	FILE1 is older than FILE2
	-b FILE	FILE exists and is block special
	-c FILE	FILE exists and is character special
	-d FILE	FILE exists and is a directory
	-e FILE	FILE exists
	-f FILE	FILE exists and is a regular file
	-g FILE	FILE exists and is set-group-ID
	-G FILE	FILE exists and is owned by the effective group ID
	-h FILE	FILE exists and is a symbolic link (same as -L)
	-k FILE	FILE exists and has its sticky bit set
	-L FILE	FILE exists and is a symbolic link (same as -h)
	-O FILE	FILE exists and is owned by the effective user ID
	-p FILE	FILE exists and is a named pipe
	-r FILE	FILE exists and read permission is granted
	-s FILE	FILE exists and has a size greater than zero
	-S FILE	FILE exists and is a socket
	t FD	- file descriptor FD is opened on a terminal
	-u FILE	FILE exists and its set-user-ID bit is set
	-w FILE	FILE exists and write permission is granted
	-x FILE	FILE exists and execute (or search) permission is granted

[주요 Option]

--help	display this help and exit
--version	output version information and exit

[사용 Example]

다음은 test_data라는 파일이 존재하는지를 점검하고, 그에 따라 exit status가 어떻게 처리되는지를 확인하는 것이다.

```
pi@raspberrypi ~ $ ls -l
drwxr-xr-x 2 pi pi   4096 Apr 29 14:47 backups
drwxr-xr-x 2 pi pi   4096 Apr 28 15:34 Desktop
drwx------ 2 pi pi   4096 Apr 11 18:58 Downloads
drwxrwxr-x 2 pi pi   4096 Mar 24 11:37 python_games
drwxr-xr-x 2 pi pi   4096 May  1 11:16 Script
drwxr-xr-x 5 pi pi   4096 Apr 25 17:11 testdata
pi@raspberrypi ~ $ echo $?
0
pi@raspberrypi ~ $ test -e test-data
pi@raspberrypi ~ $ echo $?
1
```

점검 이전의 exit status는 0으로 되어 있는데, 점검 이후에는 해당 파일이 없어서 exit status가 False 값인 1로 되어 있는 것을 알 수 있다.

10.6 선택적 실행 처리 관련 명령

통상적으로 어떤 명령이 정상 처리되면 exit status가 zero로 설정되는데, 이것을 True라고 판단하며, 반대로 정상 처리되지 않으면 non-zero 값이 설정되는데, 이를 False로 처리한다.

10.6.1 && 명령 - 연결 명령 and 실행

이 명령은 이전 명령이 정상적으로 종료된 경우에 다음 명령을 처리해주고, 두 명령의 최종 처리 결과에 따라 and 연산방식으로 exit status를 설정해 준다.

[명령 형식]

<명령-1>   &&   < 명령-2>

[상세 설명]

명령-1			명령-2			Exit status	
실행	결과	True/False	실행	결과	True/False	연산	최종
Yes	정상	True	Yes	정상/오류	True/False	and	True/False
Yes	오류	False	No	-	-	and	False

명령-1 의 처리가 True이면 명령-2를 실행하고, 명령-1 의 처리가 False이면 명령-2를 실행하지 않는다.

exit status는 <명령-1>과 <명령-2>의 exit status가 모두 True이면 True, 아니면 False로 설정한다.

10.6.2 || 명령 - 연결 명령 or 실행

이 명령은 이전 명령이 정상적으로 종료되지 못한 경우에 다음 명령을 처리해주고, 두 명령의 최종 처리 결과에 따라 and 연산방식으로 exit status를 설정해 준다.

[명령 형식]

< 명령-1>   ‖   < 명령-2>

[상세 설명]

명령-1			명령-2			Exit status	
실행	결과	True/False	실행	결과	True/False	연산	최종
Yes	정상	True	No	-	-	or	True/False
Yes	오류	False	Yes	정상/오류	True/False	or	True/False

명령-1 의 처리가 True이면 명령-2를 실행하지 않고, 명령-1 의 처리가 False이면 명령-2를 실행한다.

exit status는 <명령-1>과 <명령-2>의 exit status가 중에서 적어도 하나가 True이면 True, 아니면 False로 설정한다.

10.7 프로그램 실행 관련 명령

10.7.1 which 명령 - 실행파일의 path name 확인

which명령은 시스템에서 특정 명령을 실행할 때 실제로 어떤 프로그램이 사용되는지를 알려준다. 실제로 시스템에는 여러 가지 프로그램이 여러 곳에 설치되어 있어서 실제로 어떤 위치에 있는 프로그램이 사용되는지 판단하기 어려울 때가 많다. 이럴 때 사용하는 것이 which 명령이다.

[명령 형식]

which exec-command

[명령 개요]

- 시스템에서 실행되는 명령에 대해서 실제로 실행되는 프로그램의 위치를 알려준다.
- 필요 권한   -- 일반 권한

[상세 설명]

- None

[주요 Option]

-a	print all matching pathnames of each argument

[사용 Example]

먼저 mkdir 명령에 대해서 사용되는 프로그램을 확인해 보자.

```
pi@raspberrypi ~/testdata $ which mkdir
/bin/mkdir
```

이 결과는 시스템에서 mkdir 명령을 실행하면 /bin/mkdir에 있는 프로그램을 사용한다는 것을 의미한다.

그러면 이번에는 해당 위치에 그 프로그램이 있는지 확인해 보자. ls 명령으로 아래와 같은 명령을 실행해 보면 지정된 폴더에 mkdir 파일이 있는 것을 확인할 수 있다.

```
pi@raspberrypi ~/testdata $ ls /bin/mkdir -l
-rwxr-xr-x 1 root root 38596 Jan 28  2013 /bin/mkdir
```

다음은 vncserver에 대한 파일경로를 확인해 본 것이다.

```
pi@raspberrypi ~/testdata $ which vncserver
/usr/bin/vncserver
pi@raspberrypi ~/testdata $
```

10.7.2; 명령 - 복수 명령의 연속 실행

Linux에서는 처리하고자 하는 여러 개의 명령이 있을 경우 이를 한꺼번에 입력하여 모두 처리할 수 있는 방법을 제공한다. 이렇게 여러 개의 명령을 한꺼번에 실행하기 위해서는 다음과 같이 각각의 명령을   ";" 로 연결한다.

[명령 형식]

```
exec-command  ;     exec-command
```

[명령 개요]

- 이 명령으로 연결된 여러 명령을 순차적으로 한꺼번에 실행시킨다.
- 필요 권한   -- 일반 권한

[상세 설명]

이렇게 여러 개의 명령을 입력하면 앞에서부터 하나씩 순차적으로 명령이 실행된다. 명령이 순차적으로 실행이 되면서 명령의 실행결과도 순차적으로 화면에 표시된다.

[사용 Example]

먼저 다음의 명령을 순차적으로 하나씩 실행해 보겠다.

```
pi@raspberrypi ~ $ cd testdata
pi@raspberrypi ~/testdata $ ls -l
total 24
-rw-r--r-- 1 pi pi   62 Apr 23 22:06 customer_list.txt
-rw-r--r-- 1 pi pi  123 Apr 23 22:00 customer_product.txt
drwxr-xr-x 4 pi pi 4096 Apr 25 16:56 TestFolder01
drwxr-xr-x 2 pi pi 4096 Apr 10 22:32 TestFolder02
drwxr-xr-x 2 pi pi 4096 Apr 25 17:11 TestFolder03
-rw-rw---- 1 pi pi  113 Apr 23 17:22 user_guide01.txt
pi@raspberrypi ~/testdata $ cat customer_list.txt
Microsoft
Google
IBM
Facebook
LG
Samsung
Sony
Hewlett-Packard
```

위의 명령은 testdata 폴더로 이동하고, 그 폴더 속에 어떤 자료가 있는지를 확인한 다음, 그 폴더에 있는 customer_list.txt 파일의 내용을 확인해 본 것이다.

그런 다음 이번에는 위에서 실행한 명령 전체를 동시에 입력하여 한꺼번에 실행해 볼 것이다.

```
pi@raspberrypi ~ $ cd testdata ; ls -l ; cat customer_list.txt
total 24
-rw-r--r-- 1 pi pi   62 Apr 23 22:06 customer_list.txt
-rw-r--r-- 1 pi pi  123 Apr 23 22:00 customer_product.txt
drwxr-xr-x 4 pi pi 4096 Apr 25 16:56 TestFolder01
drwxr-xr-x 2 pi pi 4096 Apr 10 22:32 TestFolder02
drwxr-xr-x 2 pi pi 4096 Apr 25 17:11 TestFolder03
-rw-rw---- 1 pi pi  113 Apr 23 17:22 user_guide01.txt
Microsoft
Google
IBM
Facebook
LG
Samsung
Sony
Hewlett-Packard
```

위 내용을 보면 각각의 명령이 실행되면서 표시되는 결과물이 특별한 구분이 표시되지 않고, 순차적으로 표시되어 있는 것을 알 수 있다.

10.7.3 프로그램 background/foreground 실행

통상 우리가 명령을 실행할 때는 하나의 명령이 완료되면 다음 명령을 실행하는 방식으로 작업을 진행해 간다. 이렇게 진행하는 방식을 우리는 foreground방식이라고 한다. 이 방식에서는 하나의 작업을 진행하는 도중에는 다른 명령을 입력할 수가 없다. Pi 시스템에서는 특별한 지시를 명령을 하지 않는 경우는 항상 foreground 방식으로 명령을 실행하게 된다.

시스템에서 실행하는 작업 중에는 짧은 시간에 종료되는 것도 있지만, 작업시간이 꽤 오래 걸리는 작업이 있을 수도 있다. 이렇게 오래 걸리는 작업이 있는 경우, 그 작업이 완료된 이후에 다른 작업을 시작할 수도 있지만, 다음에 하고자 하는 작업이 현재 진행중인 작업과 연관관계가 없는 경우, 현재 작업이 완료되는 것을 기다리지 않고, 곧바로 작업을 시작할 수도 있다.

10.7.3.1 & 명령 - background 처리

이런 경우 현재의 작업이 진행 중으로 완료되지 않은 상태에서 다음 작업을 하기 위해서 사용하는 방법이 앞의 작업을 background에서 실행하는 것이다. 이렇게 background에서 작업을 하면, 해당 terminal 화면에서는 곧바로 다음 작업을 진행할 수 있는 상태가 된다.

이렇게 background에 작업을 실행하기 위해서는 해당 명령 뒤에 & 명령을 붙여서 사용한다.

[명령 형식]

```
exec-command  &   [ exec-command ]
```

[명령 개요]
- 이 명령 앞에 지정된 명령을 background에서 실행시킨다.
- 필요 권한   -- 일반 권한

[상세 설명]
특정작업을 background로 실행을 하면 화면에는 그 작업에 대한 PID(Process ID)가 표시된 후 다음 작업을 할 수 있는 상태로 전환한다. 이 PID는 해당 작업을 가리키는 고유번호가 된다.

background 작업의 결과에 대한 출력은 그 작업이 완료되는 시점에 출력되는데, 보통의 작업과 동일한 방식으로 출력으로 표시된다.

[사용 Example]

다음과 같은 man 명령을 예로 사용할 것이다. 보통 man 명령으로 어떤 명령에 대한 도움말을 볼 수 있는데, 도움말은 프로그램 실행과 동시에 곧바로 화면에 나온다. 여기서는 mkdir 명령에 대한 도움말을 볼 것이다. 그런데 여기서는 background로 작업을 실행해 볼 것이다.

```
pi@raspberrypi ~/testdata $ man mkdir &
 [5] 10914
pi@raspberrypi ~/testdata $
```

그러면 화면에는 background로 실행되는 작업에 대한 PID(Process ID)를 표시하고는 곧바로 다음 명령을 입력할 수 있는 상태가 된다.

여기서 이제 다른 명령을 실행해 보겠다. 그러면 정상적인 자료가 화면에 표시된다.

```
pi@raspberrypi ~/testdata $ ls -l
total 24
-rw-r--r-- 1 pi pi   62 Apr 23 13:06 customer_list.txt
-rw-r--r-- 1 pi pi  123 Apr 23 13:00 customer_product.txt
drwxr-xr-x 4 pi pi 4096 Apr 25 07:56 TestFolder01
drwxr-xr-x 2 pi pi 4096 Apr 10 13:32 TestFolder02
drwxr-xr-x 2 pi pi 4096 Apr 25 08:11 TestFolder03
-rw-rw---- 1 pi pi  113 Apr 23 08:22 user_guide01.txt
```

10.7.3.2 jobs 명령 - 현재 background 작업 상태 보기

현재 실행중인 background 작업 목록들과 각각의 작업에 대한 상태를 조회하기 위해서는 jobs 명령을 사용한다.

[명령 형식]

```
jobs
```

[명령 개요]

- 현재 실행중인 background 작업목록에 대한 정보를 보여준다.
- 필요 권한   -- 일반 권한

[상세 설명]

- None

[사용 Example

다음은 man 명령을 background로 실행한 다음, background 작업의 상태를 조회해 본 것이다.

```
pi@raspberrypi ~/testdata $ man mkdir &
[3] 2472
pi@raspberrypi ~/testdata $ jobs
[1]+  Stopped                 vi
[2]+  Stopped                 python3
[3]+  Stopped                 man mkdir
```

위의 내용을 보면 처음에 작업번호가 [n]형식으로 표시되어 있고, 어떤 작업인지에 대한 내용이 뒤에 표시되어 있다.

10.7.3.3 Foreground 작업을 Background로 옮기기

현재 foreground에서 실행되고 있는 작업이 금방 끝날 것이라고 예상하고 실행했지만, 시간이 지나도 끝나지 않을 때, 현재 실행되는 작업을 background로 돌리고, foreground에서는 다른 작업을 실행하고 싶을 때 [Ctrl + Z] 버튼을 누르면 현재 foreground 작업을 background로 전환할 수 있다. 그러면 background로 전환된 작업은 일단 멈춤 상태로 대기하고 있다.

[사용 Example]

foreground에서 작업을 실행한 상태에서 [Ctrl + Z] 버튼을 누르면 해당 작업이 background로 전환되고 foreground에는 새로운 명령을 입력할 수 있는 상태로 된다.

```
pi@raspberrypi ~/testdata $ man mkdir


pi@raspberrypi ~/testdata $


pi@raspberrypi ~/testdata $ jobs
[1]+  Stopped                 vi
[2]+  Stopped                 python3
[3]+  Stopped                 man mkdir
```

10.7.3.4 fg 명령 - background 작업 foreground로 전환하기

background 작업이 실행되는 중에서 fg 명령을 사용하면 background에서 실행되던 작업이 foreground 상태로 변경된다.

[명령 형식]

```
fg
```

[명령 개요]
- background에서 실행되던 작업을 foreground 상태로 변경한다.
- 필요 권한   -- 일반 권한

[상세 설명]

background 로 작업하는 것은 중급 이상의 사용자가 아니면 작업을 관리하는 것이 어렵고, 또한 사용하는 것이 쉽지 않다. 그래서 동일한 방식으로 작업을 할 수 있는, 보다 이해하기 쉬운 방법은 새로운 terminal 화면을 열어서 각각 별도로 작업을 하는 것이다.

[사용 Example]

man 명령을 background로 작업을 실행해 볼 것이다. 그러면 화면에는 background로 실행되는 작업에 대한 PID(Process ID)를 표시하고는 곧바로 다음 명령을 입력할 수 있는 상태가 된다.

```
pi@raspberrypi ~/testdata $ man mkdir &
 [5] 10914
```

이제 fg 명령을 사용하여 background로 작업 중이던 프로그램을 foreground로 전환해 보자. 그러면 background로 작업 중이던 man 명령이 foreground로 전환되면서 작업화면이 다음과 같이 나타난다.

```
pi@raspberrypi ~/testdata $ fg
```

```
MKDIR(1)                        User Commands                        MKDIR(1)

NAME
       mkdir - make directories

SYNOPSIS
       mkdir [OPTION]... DIRECTORY...

DESCRIPTION
       Create the DIRECTORY(ies), if they do not already exist.

       Mandatory arguments to long options are mandatory for short options too.

       -m, --mode=MODE
              set file mode (as in chmod), not a=rwx - umask

       -p, --parents
              no error if existing, make parent directories as needed
 Manual page mkdir(1) line 1 (press h for help or q to quit)
```

10.7.3.5 bg 명령 - 중단된 background 작업 다시 실행하기

[명령 형식]

```
bg %n
```

[명령 개요]

- background에서 중단된 작업을 다시 실행한다.
- 필요 권한   -- 일반 권한

[상세 설명]

작업을 실행할 때는 해당 작업에 대해 시스템이 지정한 작업 ID 번호를 지정해야 한다. 이 번호는 jobs 명령을 실행하면 해당 값을 확인할 수 있다.

[사용 Example]

```
pi@raspberrypi ~/testdata $ jobs
[1]+  Stopped             vi
[2]+  Stopped             python3
[3]+  Stopped             man mkdir
pi@raspberrypi ~/testdata $  bg %3
```

10.7.3.6 background 실행 작업을 중지 상태로 만들기

background에서 실행되고 있는 작업을 바로 중지시킬 수 없다. 작업을 중단하고자 하면 해당 작업을 먼저 foreground로 전환한 다음, 다시 Ctrl + Z를 누르면 중지 상태로 만들 수 있다.

10.7.3.7 kill 명령 - 작업 끝내기

작업을 끝내거나 죽이기 위해서는 'kill' 명령어를 사용한다.
이 명령어는 프로세스를 끝내기 위해서도 사용하는 명령어인데 전달되는 매개변수에 의해
어떤 행동을 할지 결정됩니다.

[명령 형식]

```
kill %n
```

[명령 개요]

■ 실행중인 process를 종료시킨다.

■ 필요 권한   -- 일반 권한

[상세 설명]

명령을 실행할 때 반드시 '%'를 job 번호에 지정해야 한다. 이것을 생략하고 그냥 "kill 1"
또는 "kill 2"으로 입력하면 PID 1 인 'init'이나 PID 2 인 'kthread'를 종료하게 되는데, 이는
전혀 다른 시스템 프로그램으로 컴퓨터를 재부팅해야 할 수도 있습니다.

10.7.4 exit 명령 - 처리 종료

어떤 프로세스에서 처리를 진행하던 중에 처리를 종료하고자 할 때 사용하는 것이 exit 명령이다.

[명령 형식]

```
exit   [exit-status]
```

[명령 개요]

■　처리 중인 process를 종료하고, 지정된 값으로 exit status를 설정한다.

■　필요 권한　-- 일반 권한

[상세 설명]

이 명령을 실행하면 현재의 프로세스는 처리를 즉시 중단한다. 만약 해당 프로세스를 호출한 parent process가 있다면, parent process에서 해당 프로세스를 호출한 다음 문장에서 처리를 계속하게 된다.

exit 명령에서는 status-number를 지정하여 처리상태를 되돌려 줄 수 있다. status-number를 지정하지 않으면 가장 최근에 실행한 shell 명령이나 script에서 지정한 status-number가 그대로 사용된다.

Linux에서는 명령이나 script의 실행이 종료되면, 그 처리가 정상적으로 이루어졌는지를 나타내기 위해서 처리상태에 따라서 다양한 exit-status번호를 되돌려 준다. 이렇게 exit-status를 되돌려 주는 이유는 다음 단계의 작업에서 이전단계의 작업이 정상적으로 완료되었는지를 판단하고, 그 판단 결과에 따라서 적절하게 작업을 조정할 수 있도록 하기 위해서다.

exit-status에 대한 기본적인 원칙은 다음과 같다.

■　exit-status가 0인 경우는 정상적으로 처리된 것을 의미한다.

■　exit-status가 0이 아닌 경우는 정상적으로 처리되지 않은 것을 의미하며, 구체적인 값은 script나 명령에 따라서 달라진다.

기본적인 Shell의 exit code는 다음과 같다.

- 0 : Successful completion of the command
- 1 : General unknown error
- 2 : Misuse of shell command
- 126 : The command can't execute
- 127 : Command not found
- 128 : Invalid exit argument
- 128+x : Fatal error with Linux signal x
- 130 : Command terminated with Ctrl-C
- 255 : Exit status out of range

이전 실행에서 되돌려진 exit-status는 $? 변수를 이용해서 내용을 알 수 있다. echo $? 명령으로 그 내용을 화면에 출력할 수 있다. script에서 이 값을 이용하면, 그 상태에 따라서 처리를 다양하게 조정할 수도 있다.

[사용 Example]

다음에서는 여러 가지 shell 명령을 실행할 경우에 exit-status가 어떻게 나오는지를 확인해 보겠다. 아래 사례는 명령이 정상적으로 처리된 경우이다. exit-status가 0으로 되어 있는 것을 알 수 있다.

```
pi@raspberrypi ~/Script $ ls -l
total 28
-rwxr-xr-x 1 pi pi 261 Apr 30 15:48 test_case.sh
-rwxr-xr-x 1 pi pi 133 Apr 30 17:29 test_for.sh
-rwxr-xr-x 1 pi pi  94 Apr 30 17:21 test_if.sh
-rwxr-xr-x 1 pi pi 158 Apr 30 16:55 test_until.sh
-rwxr-xr-x 1 pi pi 158 Apr 30 16:47 test_while.sh
pi@raspberrypi ~/Script $ echo $?
0
```

아래 명령은 폴더가 잘못된 것이다. exit-status가 2로 지정되어 있는 것을 알 수 있다.

```
pi@raspberrypi ~/Script $ ls /dddd
ls: cannot access /dddd: No such file or directory
pi@raspberrypi ~/Script $ echo $?
2
```

아래 명령은 존재하지 않은 명령으로 인한 오류이다. exit-status가 127이 지정되어 있다.

```
pi@raspberrypi ~/Script $ sadf
```
```
-bash: sadf: command not found
```
```
pi@raspberrypi ~/Script $ echo $?
```
```
127
```

다음 사례는 script에서 이전 처리의 결과를 확인하고, 그에 따라 처리를 조정하는 사례를 보기로 한다.

다음의 script를 작성하여 test_while.sh 파일에 저장하여 실행할 수 있도록 준비한다. 이 script에서는 의도적으로 exit 문에서 exit-status 3를 되돌려 주고 있는 것으로 가정했다.

```
#! /bin/bash
number =0
while [ number -le 4 ] ;
    do
        echo "number" $number
        number=$(( $number + 1 ))
    done
echo "All is completed"
exit 3
```

다음은 script 내부에서 위의 script를 실행하고 난 후 exit-status를 확인하고, 그에 따라 선택적으로처리를 조정하는 script이다.

```
#! /bin/bash

~/Scripts/test_while.sh

return_code=$?

if   ( $ return_code = 0 ); then
        echo "while statement is OK" $return_code
else
        echo "while statement is ERROR" $return_code
fi
```

이 명령을 처리해 보면 다음과 같은 결과가 나온다. 우리가 사전에 예상한 대로 exit-status 3이 설정되어 있고 ERROR라는 메시지가 표시되었다.

```
pi@raspberrypi ~/Script $ ./test_exit.sh
number 0
number 1
number 2
number 3
number 4
All is completed
While statement is ERROR 3
```

10.8 입력 및 출력 조정 명령

10.8.1 xargs 명령

이 명령은 앞에서 실행된 명령의 출력을 다음 명령의 argument로 사용할 수 있도록 해준다.

[명령 형식]

```
xargs  [option]   exec-command
```

[명령 개요]
- 실행된 명령의 출력을 다음 명령의 argument로 사용할 수 있도록 한다.
- 필요 권한   -- 일반 권한

[상세 설명]
- 표준입력에서 자료를 읽어서 실행 명령의 argument로 넘겨준다. xargs 명령 이전에 다른 명령이 없으면 표준입력에서 자료를 읽는다.
- 통상적으로 사용할 때는 pipe 명령(|)을 이용하여 이전에 실행한 명령의 결과를 받아서 다음 명령으로 넘겨준다. 아래의 예를 설명해 보자.
  ex) find /tmp -name core -type f –print0 | xargs rm -f
  앞에서 find 명령이 실행되고, 뒤에는 rm 명령이 있다. 이 명령은 앞의 find 명령에서 나오는 결과를 뒤의 rm 명령으로 전달해 주기 위해서 xargs 명령을 사용한 것이다. 전체적인 효과는 /tmp directory 속에서 파일 이름에 "core"가 있는 모든 파일을 찾아서 삭제하라는 의미이다.
- xargs를 통해서 전달되는 각각의 자료에 대해서 exec-command가 실행된다. 따라서 argument의 개수가 하나 이상이면 exec-command도 여러 번 실행된다는 것을 의미한다.

[주요 Option]

--arg-file=file -a file	Read items from file instead of standard input. If you use this option, stdin remains unchanged when commands are run. Otherwise, stdin is redirected from /dev/null.

[사용 Example]

먼저 pi 계정의 testdata 폴더에 customer_product.txt라는 파일이 있으며, 그 내용은 다음과 같다.

```
pi@raspberrypi ~/testdata $ ls -l
-rw-r--r-- 1 pi pi    62 Apr 23 13:06 customer_list.txt
-rw-r--r-- 1 pi pi   123 Apr 23 13:00 customer_product.txt
-rw-rw---- 2 pi pi    80 Apr 12 15:12 DebianManual.txt
drwxr-xr-x 4 pi pi  4096 Apr 22 09:52 TestFolder01
drwxr-xr-x 2 pi pi  4096 Apr 10 13:32 TestFolder02
-rw-r--r-- 1 pi pi   656 Apr 22 09:30 test_for_editor.txt
-rw-rw---- 1 pi pi   113 Apr 23 08:22 user_guide01.txt
```

먼저 pi 계정의 testdata 폴더에 customer_list.txt 파일과 customer_product.txt 파일이 있다. 다음과 같이 cat 명령으로 그 내용을 보면 다음과 같다.

```
pi@raspberrypi ~/testdata $ cat customer_list.txt
Microsoft
Google
IBM
Facebook
LG
Samsung
Sony
Hewlett-Packard
pi@raspberrypi ~/testdata $ cat customer_product.txt
Microsoft PC
Google   Search
IBM      Super Computer
Facebook SNS
LG       Electrics
Samsung Mobile
Sony     Movie
Hewlett-Packard Printer
```

먼저 표준입력으로 입력한 자료를 xargs 명령을 통해서 다음 명령의 argument로 전달해 보자. 다음과 같이 명령을 실행하면 표준입력을 통해서 입력을 할 수 있다.

```
pi@raspberrypi ~/testdata $  xargs cat
```

위 명령을 실행하면 다음과 같은 화면이 나타나는데, 화면에 아무것도 표시되지 않으면서 cursor가 다음 행에 있을 것이다. 이것은 표준입력에 필요한 값을 입력하라는 것을 의미한다.

```
pi@raspberrypi ~/testdata $ xargs cat
customer_list.txt
```

그러면 내용을 보고자 하는 customer_list.txt 파일 이름을 입력하고 Enter 키를 누른다. 그 다음 입력이 완료되었음을 알려주기 위해서 CTRL +D를 눌러 표준입력에 EOF(End Of File)이 입력되도록 처리한다. 그러면 입력작업이 완료되고, 다음 작업이 처리된다.

그러면 표준입력에 입력된 값이 xargs 명령의 입력으로 처리되고, 그 다음 그 입력 값이 다음 명령어인 cat 명령의 argument로 전달되어 cat명령이 실행된다. 그러면 지정된 파일의 내용이 화면에 나타나는 것이다.

모든 처리가 완료되면 다음과 같은 작업 결과가 나타날 것이다.

```
pi@raspberrypi ~/testdata $  xargs cat
customer_list.txt
Microsoft
Google
IBM
Facebook
LG
Samsung
Sony
Hewlett-Packard
```

그런데 이번에는 cat 명령에 파일 이름을 직접 지정하지 않고 echo 명령에서 입력한 파일 이름을 xargs명령을 통해서 cat 명령으로 전달하는 형식으로 처리를 해 보겠다.

```
pi@raspberrypi ~/testdata $ echo 'customer_list.txt' | xargs cat
Microsoft
Google
IBM
Facebook
LG
Samsung
Sony
Hewlett-Packard
```

이번에는 cat 명령에 파일 이름을 직접 지정하지 않고 echo 명령에서 입력한 파일 이름을 xargs 명령을 통해서 cat 명령으로 전달하는 형식으로 처리를 해 보겠다. 그러면 cat 명령에 파일 이름을 직접 지정한 것처럼 동일한 결과가 나타난다. 이것은 echo 명령의 결과인 'customer_list.txt'를 xargs 명령이 받아서 cat 명령의 argument로 전달해 준 것을 의미한다.

```
pi@raspberrypi ~/testdata $ echo 'customer_list.txt' | xargs cat
Microsoft
Google
IBM
Facebook
LG
Samsung
Sony
Hewlett-Packard
```

이번에는 다음과 같이 customer_file.txt을 만들고 그 속에 위의 두 파일 이름을 입력하여 저장한 다음내용을 확인한 것이다.

```
pi@raspberrypi ~/testdata $ cat customer_file.txt
customer_list.txt
customer_product.txt
```

그런 다음 다음과 같이 xargs 명령을 실행해 보자. 가만히 보니 customer_list.txt 파일과 customer_product.txt파일의 내용이 한꺼번에 표시되어 있는 것을 알 수 있다. 이것은 customer_file 속에 있는 각각의 내용에 대해서 cat 명령이 반복해서 실행되었다는 것을 의미한다.

```
pi@raspberrypi ~/testdata $ xargs -a customer_file.txt cat
Microsoft
Google
IBM
Facebook
LG
Samsung
Sony
Hewlett-Packard
Microsoft PC
Google    Search
IBM       Super Computer
Facebook SNS
LG        Electrics
Samsung Mobile
Sony      Movie
Hewlett-Packard Printer
```

10.8.2 redirection 명령 - 입력, 출력 장치 변경

Linux에서는 특정 명령을 실행할 때 그 실행 결과를 사전에 지정된 출력장치로 보낸다. 그런데 필요에 따라 실행결과를 사전에 지정된 출력장치가 아닌 다른 출력으로 보낼 수 있다.

이럴 때 사용하는 것이 > (redirection)이다. 이 명령을 사용하면 이 명령 뒤에 지정된 출력장치로 실행결과를 보내준다. direct 의 의미는 키보드와 모니터가 설정되어 있는 기본 입력과 기본출력을 다른 곳으로 변경하는 것이다.

참고로 사용자가 입력한 것을 redirect하는 명령은 다음과 같이 여러 가지가 있다.
- <   <<   -- 오른쪽 파일에서 정보를 가져 온다.
- >   >>   -- 왼쪽의 처리 결과를 오른쪽으로 보낸다.
- <   >   -- 기존 파일이 있는 경우 overwrite한다
- <<   >>   -- 기존 파일이 있는 경우 append한다

[명령 형식]

```
send-command    >    redirect-output-device
```

[명령 개요]
- 앞 명령의 처리결과를 지정된 출력장치로 보낸다.
- 필요 권한   -- 일반권한

[상세 설명]
- "/dev/null" redirect-output device
  출력장치를 /dev/null 로 지정하면 null 로 출력하라는 것이며, 이렇게 하면 어떤 결과도 출력되지 않는다. 이 장치는 보통의 상황에서는 잘 사용하지 않는다.

[사용 Example]

작업을 시작하기 전에 testdata 폴더의 내용을 확인해 보자. 다음과 같이 나온다.

```
pi@raspberrypi ~/testdata $ ls -l
-rw-r--r-- 1 pi pi   62 Apr 23 13:06 customer_list.txt
-rw-r--r-- 1 pi pi  123 Apr 23 13:00 customer_product.txt
-rw-rw---- 2 pi pi   80 Apr 12 15:12 DebianManual.txt
drwxr-xr-x 4 pi pi 4096 Apr 22 09:52 TestFolder01
drwxr-xr-x 2 pi pi 4096 Apr 10 13:32 TestFolder02
```

이번 사례에서 우리는 echo 명령을 사용하여 >(출력전환)에 대한 사례를 설명하고자 한다. echo 명령은 지정된 문자열을 표준 출력장치인 화면에 표시해 준다. 아래와 같이 실행이 될 것이다.

```
pi@raspberrypi ~/testdata $ echo "This is rsapbian guide"
This is rsapbian guide
```

이번에는 동일한 처리 결과를 pi_user_guide.txt 파일로 보낼 것이다.

```
pi@raspberrypi ~/testdata $ echo "This is rsapbian guide"  >  pi_user_guide.txt

```

위 명령을 실행하면 이전의 처리와는 다르게 화면에는 아무 것도 나타나지 않는다. 그런데 폴더의 내용을 확인해 보면 pi_user_guide.txt가 생성되어 있는 것을 알 수 있다. 즉 >(redirection) 명령을 사용하여 결과를 화면으로 출력하지 않고, 파일로 보낸 것이다.

cat 명령을 이용해서 해당 파일의 내용을 확인해 보면 처음 echo 명령에서 입력한 자료가 파일에 저장되어 있는 것을 알 수 있다.

```
pi@raspberrypi ~/testdata $ ls -l
-rw-r--r-- 1 pi pi   62 Apr 23 13:06 customer_list.txt
-rw-r--r-- 1 pi pi  123 Apr 23 13:00 customer_product.txt
-rw-rw---- 2 pi pi   80 Apr 12 15:12 DebianManual.txt
-rw-r--r-- 1 pi pi   40 Apr 24 02:50 pi_user_guide.txt
drwxr-xr-x 4 pi pi 4096 Apr 22 09:52 TestFolder01
drwxr-xr-x 2 pi pi 4096 Apr 10 13:32 TestFolder02
pi@raspberrypi ~/testdata $ cat pi_user_guide.txt
This is rsapbian guide for the beginner
```

이번에는 >(redirect) 명령을 사용하여 파일 두 개를 하나로 합쳐 볼 것이다. testdata 폴더 속에는 customer_list.txt 파일과 customer_product.txt 파일이 있고, 각각의 내용은 아래와 같다.

```
pi@raspberrypi ~/testdata $ ls -l

-rw-r--r-- 1 pi pi   62 Apr 23 13:06 customer_list.txt
-rw-r--r-- 1 pi pi  123 Apr 23 13:00 customer_product.txt
-rw-rw---- 2 pi pi   80 Apr 12 15:12 DebianManual.txt
drwxr-xr-x 4 pi pi 4096 Apr 22 09:52 TestFolder01
drwxr-xr-x 2 pi pi 4096 Apr 10 13:32 TestFolder02
pi@raspberrypi ~/testdata $ cat customer_list.txt

Microsoft
Google
IBM
Facebook
LG
Samsung
Sony
Hewlett-Packard
pi@raspberrypi ~/testdata $ cat customer_product.txt

Microsoft PC
Google  Search
IBM     Super Computer
Facebook SNS
LG      Electrics
Samsung Mobile
Sony    Movie
Hewlett-Packard Printer
```

이제 cat 명령과 >(redirect) 명령으로 새로운 파일로 내용을 합해 보겠다. 다음과 같은 명령을 실행한다. 역시 화면에는 아무 메시지도 표시되지 않는다.

```
pi@raspberrypi ~/testdata $ cat customer_list.txt customer_product.txt  >
customer_full.txt
```

이제 폴더의 내용을 확인해 보면 customer_full.txt가 생성되어 있는 것을 알 수 있다. 즉 cat 명령으로 나오는 결과물을 >(redirection) 명령을 사용하여 화면으로 출력하지 않고, 파일로 보낸 것이다.

```
pi@raspberrypi ~/testdata $ ls -l
-rw-r--r-- 1 pi pi  185 Apr 24 03:04 customer_full.txt
-rw-r--r-- 1 pi pi   62 Apr 23 13:06 customer_list.txt
-rw-r--r-- 1 pi pi  123 Apr 23 13:00 customer_product.txt
-rw-rw---- 2 pi pi   80 Apr 12 15:12 DebianManual.txt
drwxr-xr-x 4 pi pi 4096 Apr 22 09:52 TestFolder01
drwxr-xr-x 2 pi pi 4096 Apr 10 13:32 TestFolder02
```

cat 명령을 이용해서 해당 파일의 내용을 확인해 보면 두 개의 파일에 있던 내용이 하나로 합쳐져 있는 것을 알 수 있다.

```
pi@raspberrypi ~/testdata $ cat customer_full.txt
Microsoft
Google
IBM
Facebook
LG
Samsung
Sony
Hewlett-Packard
Microsoft PC
Google   Search
IBM      Super Computer
Facebook SNS
LG       Electrics
Samsung Mobile
Sony     Movie
Hewlett-Packard Printer
```

이번에는 처리 결과를 null 장치로 출력해 보자. null 장치는 /dev/null 이다. Cat 명령을 이용해서 위와 동일한 파일에 대한 내용을 확인해 보자. 그러면 cat 명령의 결과는 전혀 화면에 표시되지 않는다.

```
pi@raspberrypi ~/testdata $ cat customer_full.txt > /dev/null

```

10.8.3 | (pipe) 명령

Linux에서는 한 명령의 실행 결과로 나오는 출력을 다른 명령의 입력으로 사용할 수 있는 방법이 있는데, 이것이 |(pipe) 기호이다. 여기서 pipe라는 단어는 pipe에 들어오는 모든 입력을 없애거나 다른 곳으로 보내지 않고 내용의 손실 없이 입력된 그대로 출구로 보내준다는 의미이다.

통상적으로 어떤 명령을 실행할 때는 사전에 명시적으로 지정된 파일이나 입력장치에서 입력자료를 받아서 명령에서 지정된 방식으로 처리를 한 다음 그 결과를 출력으로 보내게 된다.

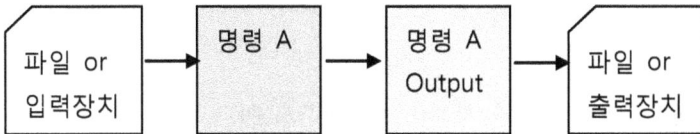

pipe 기능을 사용하게 되면 이전 명령에서 만들어 낸 결과를 화면에 표시하는 것과 같은 통상적인 출력으로 보내지 않고 다음 명령의 입력으로 전달해 준다.

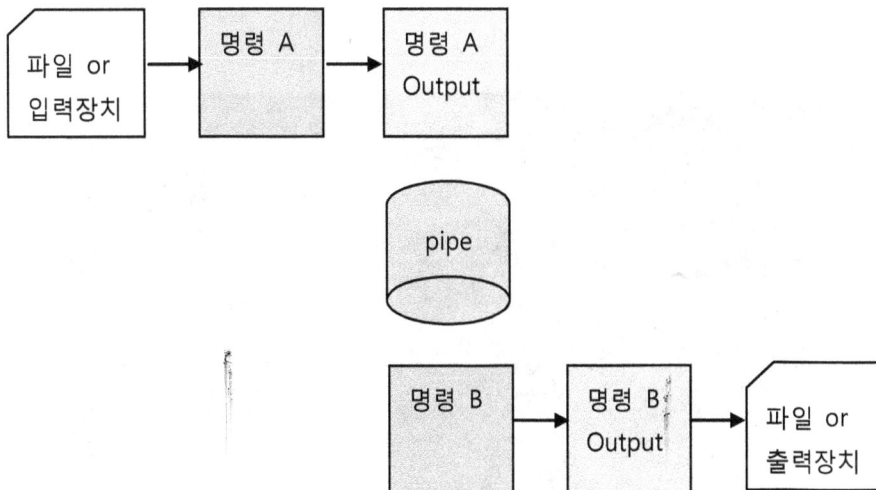

이 명령을 사용하기 위해서는 다음과 같은 형식으로 두 명령을 순차적으로 배열하여 처리한다.

[명령 형식]

```
send-command   |   receive-command
```

[명령 개요]
- 앞 명령의 처리결과가 뒤 명령의 입력으로 사용된다.
- 필요 권한   -- 일반권한

[상세 설명]
- None

[사용 Example]

여기서는 크기가 큰 파일의 내용을 조회하는 것을 사례로 사용하고자 한다. 먼저 cat 명령으로 해당 파일의 자료를 조회해 보자.

```
pi@raspberrypi ~/ $ cat ./Downloads/debian-reference.en.txt
```

그러면 파일의 자료가 많아서 다음과 같은 화면이 나오는 파일이다. 파일의 자료가 앞에서부터 화면에 표시되면서 계속 진행하다가 마지막 내용까지 표시를 한 다음에 멈춘다. 이경우는 앞의 내용을 조회하거나 처음부터 내용을 조회하는 것이 쉽지 않다.

이번에는 이 명령을 less 명령과 같이 연결해 보도록 하겠다.

```
pi@raspberrypi ~/ $ cat ./Downloads/debian-reference.en.txt | less
```

그러면 다음과 같은 화면이 나오는데, 사용자들은 여기서 less명령에서 일반적으로 사용할
수 있는 방식으로 자료를 앞/뒤로 이동하면서 조회할 수 있다.

즉 이것은 cat 명령의 출력 내용이 less 명령의 입력으로 사용되어 less 명령의 기본 기능
들을 사용할 수 있다는 것을 의미한다.

10.9 자료 조작 관련 명령

10.9.1 awk 명령

awk 명령어는 지정된 파일을 읽어 지정된 패턴과 일치하는 값을 가지고 있는 행을 찾고, 패턴이 일치하면 지정된 연산작업을 수행한다. 여기서의 연산은 라인 내의 필드 조작이나 필드 값을 이용한 산술 연산을 의미한다. awk라는 이름은 이를 개발한 세 사람의 이름 Aho, Weinberger, Kernighan에서 유래된 것이다.

awk는 shell 프로그래밍과 bc, C 프로그래밍 언어와 같은 기능을 갖춘 프로그래밍 언어로 bc와 같이 완벽하게 작동하며 shell의 인수인 $1, $2, $3과 같은 이름을 가진 필드 변수가 각 입력 라인에 사용될 수 있다. 또 C 언어와 유사한 프린팅, 제어 연산자도 가지고 있다.

[명령 형식]

```
awk    program      <directory/파일>
```

[명령 개요]
- 지정된 파일에서 지정된 패턴과 일치하는 값을 가진 행을 찾고, 패턴이 일치하는 행이 있으면 지정 작업을 수행한다.
- 필요 권한   -- 일반 권한

[상세 설명]
- **awk 입력 라인을 읽는 방법**

표준 입력이나 파일에서 자료를 읽을 때 각 라인을 공백문자를 기준으로 여러 개의 필드로 나눈다. 이 명령에서는 필드를 나타내는 변수를 사용할 수 있다. $1은 첫 번째 필드이고 $2은 두 번째 필드이다. $0은 전체 라인을 나타낸다.

공백문자 대신에 다른 구분자를 사용하고자 하면 -F(field) option으로 임의의 문자를 지정하여 필드 구분자로 사용할 수 있다. 예를 들어 :(콜론)을 구분자로 사용하려면 다음과 같이 입력한다.
- awk -F: program   data-files

● **program**

명령에서 읽어 들이는 라인과 필드들에 대한 작업을 program으로 표현한다. program은 하나 또는 그 이상의 program 라인들로 이루어진다. 각 program 라인은 pattern과 action의 쌍으로 정의되며 전체적인 형식은 다음과 같다.

- pattern {action}
- pattern {action}

아래의 예를 보자. 이 program을 사용하면, 문자열 rotate를 포함하고 있는 라인들을 검색하고, 그것들을 프린트한다. 이것은 grep rotate filename 명령을 사용하는 것과 동일한 효과를 갖는다.

- /rotate/ {print}   → 패턴은 rotate이고, action은 print이다.

pattern을 정의할 때 단순한 문자열 패턴은 문자열 앞/뒤로 /로 둘러싸는 형태로 정의한다. 다음과 같은 특이한 pattern을 사용할 수도 있다.

- /fish/   문자열 fish를 포함하고 있는 라인
- $1 ~ /fish/   첫 번째 필드가 문자열 fish를 포함하고 있는 라인
- $1 !~ /fish/   첫 번째 필드가 문자열 fish를 포함하고 있지 않은 라인

위에서 "~"는 우측에 있는 패턴이 좌측에 있는 필드에 포함되는 것을 의미한다. "!~" 조합은 우측의 패턴이 좌측의 필드에 포함되지 않음을 의미한다.

action 부분을 중괄호로 둘러쌈으로써 패턴과 구분한다. action 부분이 생략되면 그 라인이 프린트된다. 일반적으로 사용되는 action에는 print가 있으며 이 action은 인수를 표준 출력에 출력한다. { } 속에 하나 이상의 action들을 포함시킬 때는 세미콜론으로 분리시킨다.

- {print $2}   두 번째 필드를 프린트하라
- {print $4,$2}   네 번째 필드, 두 번째 필드의 순서로 내용을 프린트하라
- {print $2,$2+$4}   두 번째 필드, 두 번째 필드와 네 번째 필드의 합을 프린트하라
- {s=$2+$4; print s} 두 번째와 네 번째 필드를 합계를 계산하고, 그 합을 프린트하라

● action의 다양한 사례

다음에서는 다양한 action 사례를 보여줄 것이다. 기본적으로 {print $2, $1}을 사용하여 설명할 것이다. 아래에서 생성하는 파일은 테스트를 위한 파일이다.

pi@raspberrypi ~ $ vi in.file
hello goodbye again
111 222
thirty forty

다음 사례는 입력 필드 두 개의 순서를 바꾸어 출력한다. 이 예에서 print의 인수는 콤마로 구분되었으며, 이로 인해 출력 데이터 사이에 현재의 필드 구분자인 공백이 삽입되었다. 콤마가 생략되면 $1과 $2가 연속하여 출력된다.

pi@raspberrypi ~ $ vi awk.prog1
{print $2, $1}
pi@raspberrypi ~ $ awk -f awk.prog1 in.file
goodbye hello 222 111 forty thirty

다음 사례에서는 awk 명령의 program에 대해서 입력화일 내에서 /hello/ 패턴과 일치하는 라인은 1개뿐이기 때문에 그 라인에 대해서만 지정된 action인 print가 실행된다.

pi@raspberrypi ~ $ vi awk.prog2
/hello/ {print $2, $1}
pi@raspberrypi ~ $ awk -f awk.prog2 in.file
goodbye hello

다음 사례에서는 두 번째 print 명령어에서 추가된 parameter가 따옴표로 둘러싸여 있으며, 그 문자열이 기존의 출력에 추가되어 표시된다.

```
pi@raspberrypi ~ $ vi awk.prog3

  /hello/ {print $2, $1}
  /thirty/ {print $1, $2, "and more"}
pi@raspberrypi ~ $ awk -f awk.prog3  in.file

  goodbye hello
  thirty forty and more
```

다음 사례에서 "||" 연산자는 2개의 정규식 중 하나만 일치하면 지정된 연산을 실행하며 && 연산자는 2개의 정규식이 모두 일치해야 지정 연산을 실행한다. ! 연산자는 정규식이 일치하지 않아야 지정된 연산을 실행하며, 정규식 앞에 기술된다.

```
pi@raspberrypi ~ $ vi awk.prog4

  /hello/||/111/  {print "hit", $1, $2}
pi@raspberrypi ~ $ awk -f awk.prog4  in.file

  hit hello goodbye
  hit 111 222
```

다음 사례에서는 패턴 /hello/와 일치하는 첫 번째 입력 라인만이 연산의 대상이 된다.

```
pi@raspberrypi ~ $ vi awk.prog6

  /hello/ {
          print $2
          print "another"
          print $1
        }
pi@raspberrypi ~ $ awk -f awk.prog6  in.file

  goodbye
  another
  hello
```

● awk 명령 action에서의 숫자 연산

awk의 산술 연산이 bc의 산술 연산과 다른 점은 awk는 입력 파일 내의 라인 중 일부를 선택하는 패턴 부분을 사용할 수 있다는 것이다. 예를 들어 awk의 내장 함수인 length는 문자열로 취급되는 입력 필드의 길이를 반환하며, 숫자 변수는 숫자로 취급되는 필드의 값을 할당받을 수 있지만, 숫자로 변환될 수 없는 문자열은 값이 "0"이 된다.

다음 사례에서 문자열 "goodbye"나 "thirty"는 숫자로 변환될 수 없으므로 "0"이 할당된다. 그러나 문자열 222는 숫자로 올바르게 변환되었다. 또한 s=0과 같은 형식으로 변수에 값을 할당할 수 있다.

```
pi@raspberrypi ~ $ vi awk.prog7
    {
            s += $2
            print $2, "length=" length($2), "s=" s
    }
pi@raspberrypi ~ $ awk -f awk.prog7  in.file
 goodbye length=7 s=0
 222 length=3 s=222
 forth length=5 s=222
```

● awk 명령과 변수

awk에서는 변수를 사용할 수 있다. 변수는 사용하기 전에 선언하거나 초기화시킬 필요는 없다. awk가 자체적으로 변수를 초기화시키며, 필요에 따라 그 변수에 문자열이나 숫자를 기억시킬 수 있다. 다음은 awk 변수의 올바른 예이다.

    s,   S,   SS,   S1,   qwerty[42]

다음 사례와 같이 자동적으로 변수의 형식이 변환되므로 변수를 쉽게 사용할 수 있다.

```
pi@raspberrypi ~ $ vi awk.prog8
    /hello/ {
            SSS=34
            print "SSS is", SSS
            SSS=hello
            print "SSS is", SSS
        }
pi@raspberrypi ~ $ awk -f awk.prog8  in.file
    SSS is 34
    SSS is hello
```

[주요 Option]

-f file	Program text is read from file instead of from the Shell. Multiple -f options are allowed. file: 프로그램 명령어들을 포함하고 있는 파일의 명칭
-F(field)	
-F value	sets the field separator, FS, to value. 선택자 뒤에 임의의 문자를 입력하면 필드 구분자가 그 문자로 변경된다.

[사용 Example]

파일 sales는 여섯 열의 정보를 가지고 있다. 처음부터 품목 명칭, 품목의 판매가격, 그리고 품목에 대한 분기별 판매수량이다. 여기서는 awk 명령을 이용하여 품목 판매수량 합계와 품목 판매금액 합계를 계산하여 파일에 추가할 것이다. 이를 위해서 다음과 같은 addup이라는 파일을 작성한다.

```
pi@raspberrypi ~ $ vi sales
    carts      29.99  45  13  55   22
    corks             0.02  30  20  25   93
    doors      49.99  40  15  20   25
    geese      15.00   2   8   1  128
    nighties   50.00  11  23  15   82
pi@raspberrypi ~ $ vi addup
    {total=$3+$4+$5+$6;print $0, total, total*$2}
pi@raspberrypi ~ $ awk -f addup sales
    carts      29.99  45  13  55   22  135  4040.64
    corks       0.02  30  20  25   93   93     3.36
    doors      49.99  40  15  20   25  100  4999
    geese      15.00   2   8   1  128  139  2085
    nighties   50.00  11  23  15   82  131  6550
```

위의 action은 ";"에 의해 분리된 두 부분으로 이루어져 있다. 첫 부분은 판매수량을 합하고, 이를 total 변수에 저장한다. 두 번째 부분은 원래의 라인($0)을 출력하고, 그 뒤에 판매수량을 출력하고, 그 다음에는 total*$2를 출력하는데, 이것은 "판매수량 x 두 번째 열 값"을 의미한다.

10.9.2 wc 명령

이 명령은 지정된 파일에서 행 수, 단어 수, byte 수를 계산해서 되돌려 준다.

[명령 형식]

wc   [option]   [directory/파일]

[명령 개요]
- 지정된 파일에서 행 수, 단어 수, byte 수를 계산해서 알려준다.
- 필요 권한   -- 일반 권한

[상세 설명]
- None

[주요 Option]

-c, --bytes	print the byte counts
-m, --chars	print the character counts
-l, --lines	print the newline counts

[사용 Example]

먼저 pi 계정의 testdata 폴더에 customer_product.txt라는 파일이 있으며, 그 내용은 다음과 같다.

```
pi@raspberrypi ~/testdata $ ls -l

-rw-r--r-- 1 pi pi   62 Apr 23 13:06 customer_list.txt
-rw-r--r-- 1 pi pi  123 Apr 23 13:00 customer_product.txt
-rw-rw---- 2 pi pi   80 Apr 12 15:12 DebianManual.txt
drwxr-xr-x 4 pi pi 4096 Apr 22 09:52 TestFolder01
drwxr-xr-x 2 pi pi 4096 Apr 10 13:32 TestFolder02
-rw-r--r-- 1 pi pi  656 Apr 22 09:30 test_for_editor.txt
-rw-rw---- 1 pi pi  113 Apr 23 08:22 user_guide01.txt

pi@raspberrypi ~/testdata $ cat customer_product.txt

Microsoft PC
Google  Search
IBM      Super Computer
Facebook SNS
LG       Electrics
Samsung Mobile
```

```
Sony     Movie
Hewlett-Packard Printer
```

이제 이 파일에 대해서 wc 명령을 실행해 보자. 그러면 아래와 같은 결과가 나온다.

```
pi@raspberrypi ~/testdata $ wc customer_product.txt
  8  17 123 customer_product.txt
```

위에서 보면 숫자 세 개와 파일 이름이 표시되고 있다. 처음 나오는 숫자는 행 수, 그 다음 숫자는 단어 수, 그 다음은 byte 수를 의미한다.

이제 이 파일에 대해서 행 수만 알아 보자. 그러려면 -l option을 사용해야 한다.

```
pi@raspberrypi ~/testdata $ wc -l customer_product.txt
  8 customer_product.txt
```

이제 다른 숫자는 없어지고 행 수만 표시되는 것을 확인할 수 있다.

10.9.3 sort 명령

이 명령은 지정된 파일의 자료를 일정한 규칙에 따라 정렬한 다음 표준출력으로 내보낸다.

[명령 형식]

sort   [option]   [directory/파일]

[명령 개요]

- 지정된 파일의 자료를 정렬해 준다.
- 필요 권한   -- 일반 권한

[상세 설명]

- None

[주요 Option]

-b, --ignore-leading-blanks	ignore leading blanks
-d, --dictionary-order	consider only blanks and alphanumeric characters
-f, --ignore-case	fold lower case to upper case characters
-g, --general-numeric-sort	compare according to general numerical value
-r, --reverse	reverse the result of comparisons

[사용 Example]

먼저 pi 계정의 testdata 폴더에 customer_list.txt 파일이 있으며, 그 내용은 다음과 같다.

```
pi@raspberrypi ~/testdata $ cat customer_list.txt
```
```
Microsoft
Google
IBM
Facebook
LG
Samsung
Sony
Hewlett-Packard
```

이제 이 파일에 대해서 sort 명령을 실행해 보겠다. 그러면 아래와 같은 결과가 나온다. 출력된 내용을 보면 정렬된 형태로 나열되어 있는 것을 알 수 있다.

```
pi@raspberrypi ~/testdata $ sort customer_list.txt
Facebook
Google
Hewlett-Packard
IBM
LG
Microsoft
Samsung
Sony
```

이번에는 -r option을 사용하여 동일한 작업을 해보겠다. 그러면 앞의 자료와는 반대로 정렬되어 있는 자료가 나열되는 것을 알 수 있다

```
pi@raspberrypi ~/testdata $ sort -r customer_list.txt
Sony
Samsung
Microsoft
LG
IBM
Hewlett-Packard
Google
Facebook
```

10.9.4 uniq 명령

이 명령은 입력에서 자료를 읽거나 출력으로 자료를 내보낼 때 인접하는 중복되는 자료를 제거하는 기능을 수행한다.

[명령 형식]

```
uniq  [option]   [input]   [output]
```

[명령 개요]
- 입력이나 출력에서 인접하는 중복되는 행 자료를 제거한다.
- 필요 권한   -- 일반 권한

[상세 설명]
- 인접하는 자료에 대해서만 중복여부를 검사하므로 자료가 정렬이 되지 않은 상태로 이 명령을 실행하면 중복자료가 제거되지 않는다.
- 중복된 자료가 제거된 다음에 처음에 나오는 자료가 남는다. 따라서 sort명령으로 자료를 정렬한 다음 이 명령을 실행하는 것이 보통이다.

[주요 Option]

-c, --count	prefix lines by the number of occurrences
-d, --repeated	only print duplicate lines
-f, --skip-fields=N	avoid comparing the first N fields
-i, --ignore-case	ignore differences in case when comparing
-s, --skip-chars=N	avoid comparing the first N characters
-u, --unique	only print unique lines

[사용 Example]

pi 계정의 testdata 폴더에 customer_list_dup.txt 파일이 있으며, 그 내용은 다음과 같다.

```
pi@raspberrypi ~/testdata $ cat customer_list_dup.txt
Microsoft
Google
IBM
Samsung
Samsung
Facebook
```

```
LG
Microsoft
Samsung
Sony
Hewlett-Packard
```

위의 자료를 보면 "Microsoft" 와 "Samsung"은 여러 개의 자료가 있다. 이제 이 명령에 대해서 unique명령을 실행해 보자.

```
pi@raspberrypi ~/testdata $ uniq customer_list_dup.txt
Microsoft
Google
IBM
Samsung
Facebook
LG
Microsoft
Samsung
Sony
Hewlett-Packard
```

위의 자료를 보면 "Samsung" 자료는 중복된 것이 제거되었는데, "Microsoft" 자료는 그대로 표시되어 있다. 이것은 uniq 명령이 인접된 자료에 대해서만 작업을 하기 때문이다.

이런 문제를 해결하기 위해서 먼저 sort 명령으로 자료를 정렬한 다음 uniq 명령을 실행해 보도록 하겠다. 이번에는 다음과 같은 명령을 실행한다. 이번에는 "Microsoft" 자료도 중복된 자료가 제거된 상태로 표시된다.

```
pi@raspberrypi ~/testdata $ sort customer_list_dup.txt | uniq
Facebook
Google
Hewlett-Packard
IBM
LG
Microsoft
Samsung
Sony
```

uniq 명령은 여러 가지 option을 사용하면 더욱 다양한 정보를 얻을 수 있다. -c option을 사용하면 아래와 같이 중복되는 자료의 개수를 함께 확인할 수 있다.

```
pi@raspberrypi ~/testdata $ sort customer_list_dup.txt | uniq -c
      1 Facebook
      1 Google
      1 Hewlett-Packard
      1 IBM
      1 LG
      2 Microsoft
      3 Samsung
      1 Sony
```

10.10   시스템 정보 관련 명령

10.10.1   date 명령 - 시간정보 조회 및 변경

현재 시스템에 설정된 time zone은 raspi-config 명령을 이용하여 설정을 변경할 수 있다.
이에 대한 상세한 내용은 **[9.2 시스템 설정 방법]**을 참고하기 바란다.

시스템이 인터넷에 연결되어 있으면 네트워크의 time server에 연결하여 시간을 자동으로
설정하게 된다. 이러한 설정 작업을 시스템이 booting할 때마다 자동으로 처리된다. 따라
서 수동으로 시간을 변경한 경우에도 다음에 booting을 할 때는 time server의 시간으로
다시 재설정되게 된다.

Linux에서 시스템 일자와 시간을 직접적으로 조회하거나 조정할 때 date 명령을 사용한다.

[명령 형식]

```
date   [OPTION]... [+FORMAT]
date   [option]      [MMDDhhmm[[CC]YY][.ss]]
```

[명령 개요]
- 시스템의 현재 일자와 시간을 조회하거나 변경할 수 있다.
- 필요 권한   -- 일반 권한
              -- 설정할 때는 root 권한이 필요함

[상세 설명]
- 날짜 형식은 다음과 같다
    - MM   -- month
    - DD   -- day
    - hh   -- hour
    - mm   -- minute
    - ss   -- second
    - CCYY   -- year
- 특별한 argument를 지정하지 않으면 현재의 정보를 표시한다.

[주요 Option]

-u, --utc, --universal	print or set Coordinated Universal Time
-d, --date=STRING	display time described by STRING, not 'now'
-s, --set=STRING	set time described by STRING

[사용 Example]

먼저 현재의 날짜, 시간 정보를 확인해보자. 아래와 같이 명령을 실행한다.

```
pi@raspberrypi ~ $ date
Sat Apr 25 23:10:00 KST 2015
```

현재 시간 정보가 표시된다. 이 시간은 Korea Seoul 기준(KST)의 시간으로 표시되어 있다. 2015년 4월 25일 토요일이며 시간은 23:00:25임을 표시하고 있다.

이제 현재 시간 정보를 KST 기준이 아니라 Universal Time Coordinate 기준(UTC)으로 확인해 보겠다. 이를 위해서 이번에는 -u option을 사용하여 명령을 실행한다.

```
pi@raspberrypi ~ $ date -u
Sat Apr 25 02:10:00 UTC 2015
```

현재의 시스템 시간이 UTC 기준으로 변환되어 표시되어 있다. 2015년 4월 25일 토요일이며 시간은 02:10:00임을 표시하고 있다

이제 현재의 시간 정보를 변경해 보겠다. 시간을 변경하는 것은 root 권한이 필요하므로 sudo 명령을 사용하여 변경하고자 하는 시간정보를 지정하였다.

```
pi@raspberrypi ~ $ sudo date 042411302015
Fri Apr 24 11:30:00 KST 2015
```

현재의 시간을 2015년 4월 24일 11:30:00으로 변경했다. 작업이 완료된 후, 변경된 정보가 아래에 다시 표시되어 있다. 변경작업은 Korea Seoul 기준(KST) 기준으로 작업이 되었음을 알 수 있다.

10.10.2   cal 명령과 ncal 명령

이 명령은 달력을 출력해주는 기능을 수행한다. cal 명령은 보다 단순한 형태로 전통적인 달력 형식으로 보여주는데 반하여, ncal 명령은 다양한 형식으로 보여줄 수도 있고, 다양한 option을 활용할 수도 있다.

다음은 cal 명령에 대한 사용 형식을 설명하고 있다.

[명령 형식]

```
cal [-3hjy] [-A number] [-B number] [[month] year]
cal [-3hj] [-A number] [-B number] -m month [year]
```

다음은 ncal 명령에 대한 사용 형식을 설명하고 있다.

[명령 형식]

```
ncal [-3bhjJpwySM] [-A number] [-B number] [-s country_code] [[month] year]
ncal [-3bhJeoSM] [-A number] [-B number] [year]
ncal [-CN] [-H yyyy-mm-dd] [-d yyyy-mm]
```

[명령 개요]
- 지정된 일자의 달력을 출력해 준다.
- 필요 권한   -- 일반 권한

[상세 설명]
- None

[주요 Option]

-J	Display Julian Calendar, if combined with the -o option, display date of Orthodox Easter according to the Julian Calendar.
-e	Display date of Easter (for western churches).
-m month	Display the specified month. If month is specified as a decimal number, appending 'f' or 'p' displays the same month of the following or previous year respectively.

-w	Print the number of the week below each week column.
-y	Display a calendar for the specified year. This option is implied when a year but no month are specified on the command line.
-3	Display the previous, current and next month surrounding today.
-1	Display only the current month. This is the default. Manual page cal(1) line 19 (press h for help or q to quit)
-d yyyy-mm	Use yyyy-mm as the current date (for debugging of date selection).
-H yyyy-mm-dd	Use yyyy-mm-dd as the current date (for debugging of highlighting).

[사용 Example]

다음은 현재 월의 달력을 출력한다. .

```
pi@raspberrypi ~ $ cal
       June 2016
Su Mo Tu We Th Fr Sa
          1  2  3  4
 5  6  7  8  9 10 11
12 13 14 15 16 17 18
19 20 21 22 23 24 25
26 27 28 29 30
```

다음 사례는 2015년 08월의 달력을 인쇄한다.

```
pi@raspberrypi ~ $ cal -d 2015-08
      August 2015
Su Mo Tu We Th Fr Sa
                   1
 2  3  4  5  6  7  8
 9 10 11 12 13 14 15
16 17 18 19 20 21 22
23 24 25 26 27 28 29
30 31
```

This Page is Intentionally Left Blank

Chapter 11   network

Chapter 주요 내용

여기서는 Raspberry Pi 시스템에서 network 정보를 조회하고, 원하는 방식으로 network에 연결하기 위한 여러 가지 설정방법에 대해서 알아 보기로 하겠다.

다음과 같은 항목에 대한 내용을 포함하고 있다.

- network 일반
- network 설정 정보
- hostname 이용
- 유선 network 연결
- 무선 연결
- static IP 설정하기
- network 활성화 및 중단
- Bluetooth 설정 및 연결

11.1 network 일반

11.1.1 network 접속과 IP address

컴퓨터가 network에 연결되려면 IP address가 지정되어야 한다. network 상에서 다른 컴퓨터와 통신할 때는 항상 이 IP address를 이용한다. Raspberry Pi 시스템도 network에 연결되면, IP address가 부여된다.

Raspberry Pi system이 처음 booting할 때는 다른 컴퓨터들처럼 사전에 정의된 내용에 따라 network에 자동적으로 연결된다. booting이 완료된 후 현재의 network 상태를 확인해 보면 해당 장치에 할당된 IP address 정보를 확인할 수 있다.

11.1.2 ifconfig 명령 - network 장치 작동 및 IP 주소 확인하기

Raspberry Pi 시스템에서 현재의 network 연결상태를 확인하거나 network 연결을 새롭게 시작하거나, 정상 작동중인 것을 중단하기 위해서 ifconfig 명령을 사용한다.

[명령 형식]

ifconfig   [display-option]   [interface]   [작동 option]

[명령 개요]
- 현재의 network 연결상태를 확인하거나 network 연결상태를 조정해 준다.
- 필요 권한   -- 일반권한

[상세 설명]
- 이 명령은 network interfaces를 설정하기 위해서 사용된다. 시스템이 booting할 때 interface를 설정하기 위해서 사용되고 그 이후는 필요한 경우만 사용한다.
- 특별한 option을 지정하지 않으면 현재 활성화된 interface에 대한 정보를 보여준다.
- interface는 network driver 이름에 unit number가 지정된 것이다. 예를 들어 eth0는 첫 번째 Ethernet 연결에 부여되는 이름이다.

[주요 Option]

-h	display help message and exit
-a	display all interfaces which are currently available, even if down
-s	display a short list (like netstat -i)
up	This flag causes the interface to be activated. It is implicitly specified if an address is assigned to the interface.
down	This flag causes the driver for this interface to be shut down.

[사용 Example]

아래는 시스템에 대한 network 연결 정보에 대해서 조회한 결과이다.

```
pi@raspberrypi ~ $ ifconfig
eth0      Link encap:Ethernet  HWaddr b8:27:eb:e2:c7:4b
          inet addr:192.168.1.202  Bcast:192.168.1.255  Mask:255.255.255.0
          UP BROADCAST RUNNING MULTICAST  MTU:1500  Metric:1
          RX packets:11916 errors:0 dropped:0 overruns:0 frame:0
          TX packets:18069 errors:0 dropped:0 overruns:0 carrier:0
          collisions:0 txqueuelen:1000
          RX bytes:947846 (925.6 KiB)  TX bytes:17912372 (17.0 MiB)

lo        Link encap:Local Loopback
          inet addr:127.0.0.1  Mask:255.0.0.0
          UP LOOPBACK RUNNING  MTU:65536  Metric:1
          RX packets:71968 errors:0 dropped:0 overruns:0 frame:0
          TX packets:71968 errors:0 dropped:0 overruns:0 carrier:0
          collisions:0 txqueuelen:0
          RX bytes:512337630 (488.6 MiB)  TX bytes:512337630 (488.6 MiB)

wlan0     Link encap:Ethernet  HWaddr 48:02:2a:87:cb:26
          UP BROADCAST RUNNING MULTICAST  MTU:1500  Metric:1
          RX packets:91 errors:0 dropped:0 overruns:0 frame:0
          TX packets:4 errors:0 dropped:0 overruns:0 carrier:0
          collisions:0 txqueuelen:1000
          RX bytes:18229 (17.8 KiB)  TX bytes:1036 (1.0 KiB)
```

표 11-1 ifconfig 실행 사례

eth0는 유선 Ethernet 장치를 의미한다. 여기에 지정되어 있는 IP address는 유선 network에 대해서 지정된 IP address이다. 통상적으로 Raspberry Pi 시스템에 LAN 케이블을 연결하고, 시스템을 시작하면 자동으로 network에 접속되어 IP address가 부여되도록 설정이 되어 있다.

lo는 시스템에 내장된 loopback 장치이다. 여기에는 127.0.0.1이라는 IP address가 지정되어 있다. loop back 장치는 네트워크상의 별도의 물리적인 장치가 아니라 네트워크에서의 자기 자신을 지칭하는 가상 인터페이스 장치이다. Linux에서는 많은 시스템 서비스들은 client/server application 방식으로 서로 통신을 하면서 작동을 하는데, 이때 loopback 장치는 자체 시스템에서 실행되고 있는 server를 지칭하는 장치 이름이다. 이렇게 시스템 내부에서 IP address를 이용하여 처리를 하는 application이 자체 시스템에 대해서 어떤 처리를 하고자 할 때 loopback 장치를 사용한다.

wlan0는 무선 Wi-Fi 장치를 의미한다. Wi-Fi 장치가 설치되고, 정상적으로 설정이 되어서 network에 접속되어 있다면 IP address가 부여되지만, 정상적으로 설정이 되지 않은 상태이면 IP address가 부여되지 않을 수도 있다. Wi-Fi를 설정하는 방식에 대해서는 뒤에서 다시 상세히 다루도록 하겠다.

11.2 network 설정 정보

11.2.1 network 설정 정보

Raspberry Pi 시스템에서 network에 대한 기본설정은 /etc/network/interfaces 파일에 저장되어 있다.

terminal화면에서 해당 파일의 내용을 확인해 보니 다음과 같은 내용이 포함되어 있었다.

```
pi@raspberrypi ~ $ pi@raspberrypi ~ $ cat /etc/network/interfaces
auto lo

iface lo inet loopback
iface eth0 inet dhcp
allow-hotplug wlan0
iface wlan0 inet manual
wpa-roam /etc/wpa_supplicant/wpa_supplicant.conf
iface default inet dhcp
```

시스템을 처음 설치한 후에 보면 통상 윗 부분과 같은 내용이 저장되어 있다. Loopback과 Ethernet이 설치되어 있다는 것을 의미한다.

만약 window에서 Wi-Fi 설정도구를 이용해서 설정작업을 했다면, 아래 부분의 내용이 보일 수도 있다. 이는 Wi-Fi는 자동으로 연결되는 것이 아니라 수동으로 작동을 하거나 Wi-Fi 설정 도구에서 지정한 방식에 따라서 작동한다는 것을 의미한다.

11.2.2 IP address 부여 방식 설정

일반적으로 network에서 컴퓨터가 IP address를 부여 받는 방식에는 "자동 IP 부여" 방식이 있고, "고정 IP 부여" 방식이 있다.

DHCP 서버에서 "자동 IP 부여" 방식으로 설정해 놓으면 그 서버가 관리하는 내부 network에 접속되는 개별 컴퓨터에 대해 IP를 자동으로 부여해주는 기능을 가지고 있는데, 통상 network에 접속하는 순서대로 자동으로 차례로 하나씩 IP address를 부여해 주는 것이 보통이다. 이런 방식에서는 현재 IP address가 192.168.0.100까지 부여되어 있으면, 다음에 접속되는 컴퓨터에는 192.168.0.101의 IP address가 부여된다.

그런데 자동으로 IP address를 부여받게 되면, network에 연결할 때마다 IP address가 틀려질 수 있다. 이렇게 IP address가 매번 틀려지면 IP address를 사용해야 하는 경우 그 번호를 찾아야 하고, 기억하기가 어려워서 사용하기가 불편하므로 IP address를 고정할 수 있다. 또한 network 관리 정책상 network에 접속하는 컴퓨터를 관리하기 위해서 개별 컴퓨터 별로 IP address를 고정시킬 수 있다.

Raspberry Pi 시스템은 기본적으로 network에 연결할 때 dhcp 서버에서 자동으로 IP address를 부여 받도록 설정되어 있다.

Raspberry Pi 시스템에서 network에 대한 설정정보를 저장하고 있는 /etc/network/interfaces 파일에서 IP address 부여방식을 지정한다. 통상 아래와 같은 내용이 포함되어 있다.

```
iface    lo      inet    lookback
iface    eth0    inet    dhcp
```

여기서 dhcp라고 지정된 것은 dhcp server에서 자동으로 IP address를 부여받는 것을 의미하고, 여기에 static이라고 지정되어 있으면, Raspberry Pi 시스템에서 지정한 IP address가 부여된다는 것을 의미한다.

11.3 host name 이용

11.3.1 host name 설정하기

Raspberry Pi 시스템에서 시스템 자체에 대한 이름을 host name이라고 한다. 이 host name은 local network에서 Pi시스템 자체를 지칭하는 기능을 한다. 따라서 같은 네트워크에 있는 다른 시스템에서 Raspberry Pi 시스템과 통신을 할 때 Raspberry Pi 시스템에 부여된 IP address 대신에 host name을 이용하여 통신할 수 있다.

host name은 변경하는 방법에는 [raspi-config] 명령을 사용하거나 Desktop window의 [Raspberry Pi configuration] 기능을 이용하거나 설정에 대한 시스템 파일을 직접 수정하는 방법이 있다.

● **raspi-config 설정 도구를 이용하는 방법**

RasPi 시스템에 대한 host name을 설정하기 위해서 Raspberry Pi 시스템의 booting 설정하는 도구인 [raspi-config]명령을 사용할 수 있다. 이에 대해서는 **[9.9.2 hostname 설정]**의 설명을 참조하기 바란다.

● **Desktop window의 [Raspberry Pi configuration] 기능을 이용하는 방법**

Desktop window에 접속한 경우는 [Raspberry Pi configuration] 기능을 이용할 수 있다. 이에 대해서는 **[9.2.2 desktop window를 이용하는 방법]**의 설명을 참조하기 바란다.

● **시스템 설정 파일을 직접 수정하는 방식**

시스템에서 host name은 /etc/hostname 파일과 /etc/hosts 파일 파일에 저장이 되어 있다. 해당 파일의 내용을 직접 수정하면 host name을 변경할 수 있다.

시스템에 있는 /etc/hostname 파일의 내용을 보면 아래와 같은 형식으로 되어 있다.

```
pi@raspberrypin ~ $ cat /etc/hostname
Raspberrypi
pi@raspberrypin ~ $ cat /etc/hosts
127.0.0.1          localhost
::1                localhost ip6-localhost ip6-loopback
fe00::0            ip6-localnet
ff00::0            ip6-mcastprefix
ff02::1            ip6-allnodes
ff02::2            ip6-allrouters

127.0.1.1          raspberrypi
```

먼저 /etc/hostname 파일에 있는 정보를 변경한다. 이 파일은 root 권한이 필요한 파일이므로 반드시 sudo 명령을 이용하거나 root 사용자로 처리해야 한다. 해당 파일 내에서 host name을 변경한다.

```
pi@raspberrypin ~ $ sudo nano /etc/hostname

```

다음으로 /etc/hosts 파일에 있는 정보를 변경해야 한다. 이 파일도 root 권한이 필요한 파일이므로 반드시 sudo 명령을 이용하거나 root 사용자로 처리해야 한다. 해당 파일 내에서 host name을 변경한다.

```
pi@raspberrypin ~ $ sudo nano /etc/hosts

```

host name 변경은 마지막에 있는 line을 다음과 같이 원하는 이름으로 변경하면 된다.

```
127.0.0.1          new-hostname
```

여기서는 편집기로 nano를 이용했지만 다른 것을 사용해도 무방하다. 적당한 텍스트 편집기를 이용해서 해당 내용을 수정하고, 시스템을 reboot하면 변경된 이름을 host name으로 사용할 수 있다.

11.3.2 Host name을 이용한 통신

먼저 Raspberry Pi 시스템에서 ping 명령을 실행해 보면 다음과 같은 내용이 표시된다.

```
pi@raspberrypi ~ $ ping raspberrypi
PING raspberrypi (127.0.1.1) 56(84) bytes of data.
64 bytes from raspberrypi (127.0.1.1): icmp_req=1 ttl=64 time=0.182 ms
64 bytes from raspberrypi (127.0.1.1): icmp_req=2 ttl=64 time=0.183 ms
64 bytes from raspberrypi (127.0.1.1): icmp_req=3 ttl=64 time=0.189 ms
64 bytes from raspberrypi (127.0.1.1): icmp_req=4 ttl=64 time=0.208 ms
64 bytes from raspberrypi (127.0.1.1): icmp_req=5 ttl=64 time=0.186 ms
64 bytes from raspberrypi (127.0.1.1): icmp_req=6 ttl=64 time=0.233 ms
^C
--- raspberrypi ping statistics ---
6 packets transmitted, 6 received, 0% packet loss, time 5005ms
rtt min/avg/max/mdev = 0.182/0.196/0.233/0.025 ms
```

local에서는 loop back에 해당하는 127.0.1.1의 IP address가 지정되어 있는 것을 알 수 있다.

다른 컴퓨터에서 다음과 같이 host name을 이용해서 ping 명령을 실행해 보면 IP address 를 사용하는 것과 동일하게 정상적으로 작동하는 것을 확인할 수 있다. 다음은 MS Window를 사용하는 컴퓨터에서 확인한 결과이다.

```
C:\>ping raspberrypi
Ping raspberrypi [192.168.1.202] 32바이트 데이터 사용:
192.168.1.202의 응답: 바이트=32 시간=2ms TTL=64
192.168.1.202의 응답: 바이트=32 시간=1ms TTL=64
192.168.1.202의 응답: 바이트=32 시간=1ms TTL=64
192.168.1.202의 응답: 바이트=32 시간=1ms TTL=64

192.168.1.202에 대한 Ping 통계:
    패킷: 보냄 = 4, 받음 = 4, 손실 = 0 (0% 손실),
왕복 시간(밀리초):
    최소 = 1ms, 최대 = 2ms, 평균 = 1ms
```

remote 컴퓨터에서는 Ethernet에 해당하는 192.168.1.202의 IP address가 지정되어 있는 것을 알 수 있다.

11.4 유선 network 연결

그림 11-1 Raspberry Pi 유선 LAN Port

Raspberry Pi 시스템에서는 기본적으로 유선 Ethernet network에 접속할 수 있도록 LAN 케이블을 연결할 수 있는 RJ45 connector를 제공해 준다. network에 연결된 LAN 케이블을 Raspberry Pi 시스템의 LAN port에 연결하면 network에 연결됨과 동시에 network LED가 자동으로 깜빡이기 시작한다.

보통 특정 network 안는 해당 network를 통제하는 network server가 있어서 내부의 어떤 컴퓨터가 network에 접속할 때 IP address를 어떻게 할당하고, 어떤 권한을 부여할지를 관리한다. 이때 설정 방법에 따라서 DHCP(dynamic Host Configuration Protocol) 방식으로 서버(network 서버, 공유기, router)에 접속하여 IP address를 할당받도록 할 수 있다.

Raspbian 배포판에는 Raspberry Pi 시스템이 유선 network에 연결할 때 기본적으로 자동으로 DHCP서버에서 연결해서 자동으로 IP address를 부여 받도록 설정되어 있다. 이는 Raspberry Pi 시스템의 network 기본 설정파일인 /etc/network/interfaces에서 그런 방식으로 설정이 되어 있기 때문이다.

해당 파일의 내용을 확인해 보면 다음과 같은 내용이 포함되어 있었다.

```
pi@raspberrypi ~ $ pi@raspberrypi ~ $ cat /etc/network/interfaces
auto lo

iface lo inet loopback
iface eth0 inet dhcp
```

여기서 eth0가 유선 Ethernet 장치를 의미하며, dhcp 방식으로 network에 접속하라고 설정되어 있는 것이다. 즉 유선 LAN 케이블이 연결되어 장치가 활성화되면, dhcp 방식으로 서버에서 IP address를 받는 것이다.

11.5 무선 연결

Raspberry Pi 3 model 부터는 Wi-Fi 장치가 기본적으로 설치되어 있다. 따라서 별도의 장치를 구매하지 않더라도 Wi-Fi를 사용할 수 있다. 하지만 그 이전의 Raspberry Pi model에서 Wi-Fi를 사용하기 위해서는 별도의 USB Wi-Fi 장치를 구매하여 설치해야 한다.

Wi-Fi를 통해 무선으로 network에 연결하려면 무선 access point에 연결을 해야 하는데, 이렇게 무선으로 연결하기 위해서는 WI-Fi 설정이 필요하다. Raspbian 배포판의 window에는 Wi-Fi 설정을 간단하게 처리할 수 있는 도구가 포함되어 있다.

11.5.1 panel 메뉴를 이용한 Wi-Fi 설정

여기서는 Raspberry Pi 3 model부터 기본으로 설치되어 있는 Wi-Fi에 대한 설정을 설명한다.

화면 위의 오른쪽 위를 보면 network 상태를 나타내는 아이콘이 보인다. 해당 아이콘 위로 마우스를 움직이면, 현재의 network 설정사항을 간단히 보여준다. 마우스를 클릭하면 Wi-Fi에 대한 접속 access point에 대한 목록을 보여 준다. 목록 중에서 해당되는 것을 선택한다.

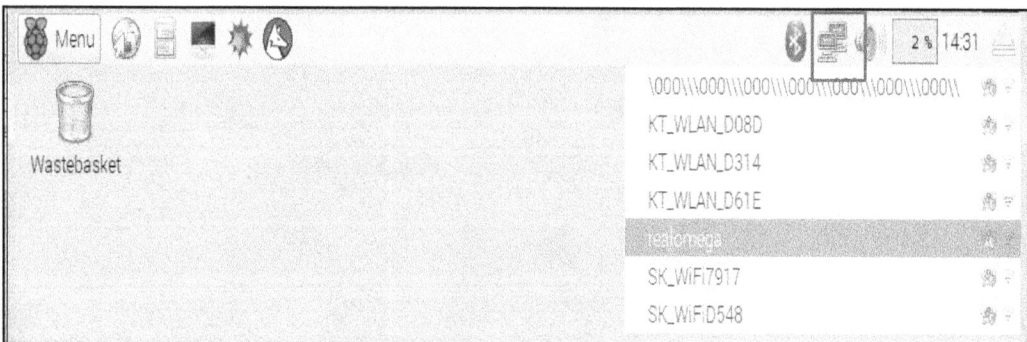

그림 11-2 window Wi-Fi access point 설정

그러면 해당 access point에 대한 대해 암호가 설정되어 있으면, 아래와 같이 암호를 입력하라는 pop-up 화면이 나타난다. 해당 암호를 입력하고 [OK]를 누르면 해당 access point로 접속된다. 아래 화면은 접속이 된 이후 해당 상태를 다시 조회한 것이다. 맨 위에 접속이 된 것이 별도로 표시되어 있다.

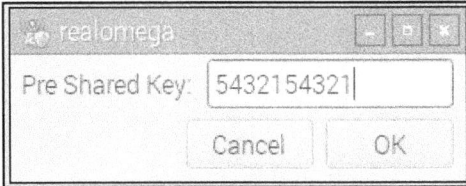

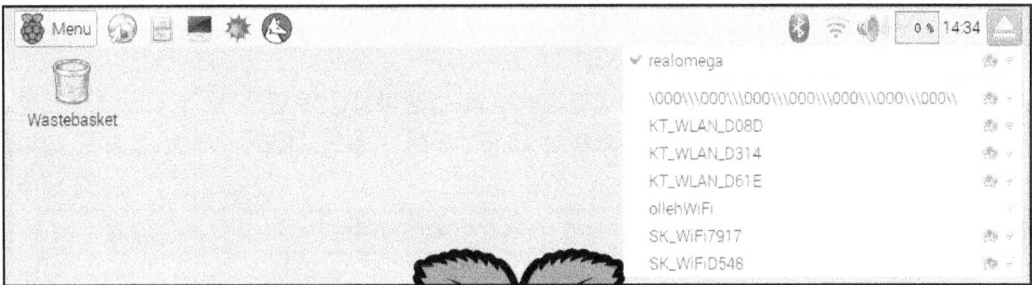

만약 Wi-Fi에 대해서 access point를 지정하는 것 이외에 별도의 설정을 하고자 하면, 해당 아이콘을 마우스 오른쪽 버튼으로 클릭하면, 아래 화면과 같이 Wi-Fi 설정을 할 수 있는 메뉴가 나타난다.

그림 11-3 window Wi-Fi 세부 설정

위에서 해당 메뉴를 선택하면, 아래와 같이 구체적인 설정을 할 수 있는 팝업 화면이 나타
난다. 여기서 IP Address, DNS, Router등에 대한 정보를 설정할 수 있다.

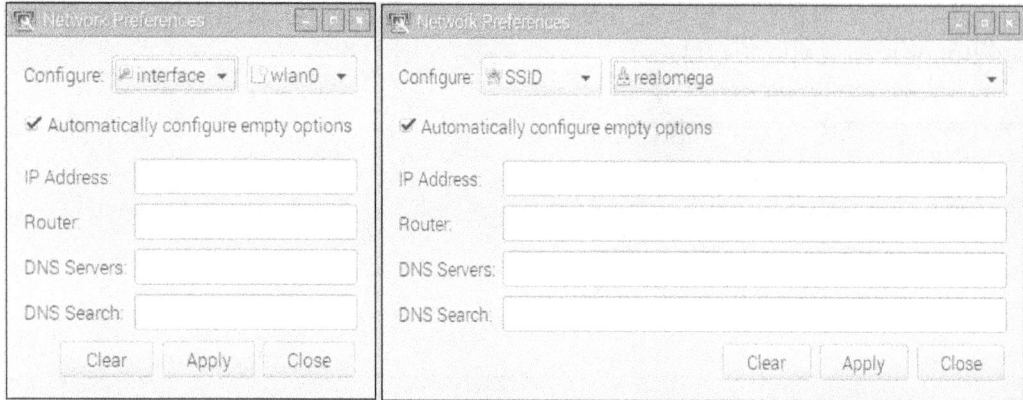

이렇게 설정이 완료된 이후에 /etc/network/interfaces 설정파일을 보면 다음과 같은 내용
이 포함되어 있었다. 내용 중에서 아래 부분의 wlan0에 대한 설정 내용이 Wi-Fi 설정에 대
한 내용이다.

```
pi@raspberrypi ~ $ pi@raspberrypi ~ $ cat /etc/network/interfaces
auto lo

iface lo inet loopback
iface eth0 inet dhcp
allow-hotplug wlan0
iface wlan0 inet manual
wpa-conf /etc/wpa_supplicant/wpa_supplicant.conf

iface default inet dhcp
```

실제로 Wi-Fi에 대한 설정은 /etc/wpa_supplicant/wpa_supplicant.conf 파일에 보관이 된다.
해당 내용을 살펴보면 다음과 같은 내용이 포함되어 있다. 아랫부분의 "network"에 대한
내용이 앞에서 설정한 내용이다.

```
pi@raspberrypi ~ $ pi@raspberrypi ~ $ sudo cat /etc/wpa_supplicant/wpa_supplicant.conf
ctrl_interface=DIR=/var/run/wpa_supplicant GROUP=netdev
update_config=1
country=GB

network={
        ssid="realomega"
        psk="11111"
        key_mgmt=WPA-PSK
}
```

아래는 시스템에 대한 network 연결 정보에 대해서 현재 상태를 조회한 결과이다.

```
pi@raspberrypi ~ $ ifconfig
eth0      Link encap:Ethernet  HWaddr b8:27:eb:e2:c7:4b
          inet addr:192.168.1.202  Bcast:192.168.1.255  Mask:255.255.255.0
          UP BROADCAST RUNNING MULTICAST  MTU:1500  Metric:1
          RX packets:11916 errors:0 dropped:0 overruns:0 frame:0
          TX packets:18069 errors:0 dropped:0 overruns:0 carrier:0
          collisions:0 txqueuelen:1000
          RX bytes:947846 (925.6 KiB)  TX bytes:17912372 (17.0 MiB)

lo        Link encap:Local Loopback
          inet addr:127.0.0.1  Mask:255.0.0.0
          UP LOOPBACK RUNNING  MTU:65536  Metric:1
          RX packets:71968 errors:0 dropped:0 overruns:0 frame:0
          TX packets:71968 errors:0 dropped:0 overruns:0 carrier:0
          collisions:0 txqueuelen:0
          RX bytes:512337630 (488.6 MiB)  TX bytes:512337630 (488.6 MiB)

wlan0     Link encap:Ethernet  HWaddr 48:02:2a:87:cb:26
          inet addr:192.168.1.203  Bcast:192.168.1.255  Mask:255.255.255.0
          UP BROADCAST RUNNING MULTICAST  MTU:1500  Metric:1
          RX packets:91 errors:0 dropped:0 overruns:0 frame:0
          TX packets:4 errors:0 dropped:0 overruns:0 carrier:0
          collisions:0 txqueuelen:1000
          RX bytes:18229 (17.8 KiB)  TX bytes:1036 (1.0 KiB)
```

내용을 보면 wlan0에 대해서 "inet addr:192.168.1.203"라고 지정이 되어 있는데 이는 IP address "192.168.1.203"가 부여되어 있다는 것을 의미한다.

11.5.2 network 직접 설정을 통한 무선 연결

Raspberry Pi 시스템에서 network에 대한 기본설정은 /etc/network/interfaces에 저장되어 있다. 이 파일에서 무선연결에 대한 설정사항을 직접 입력하여 무선 연결을 활성화할 수 있다.

만약 기존에 window Wi-Fi 설정 도구를 사용하였다면 다음과 같은 내용이 있을 것인데, 이를 모두 삭제해야 한다.

```
allow-hotplug wlan0
iface wlan0 inet manual
wpa-roam /etc/wpa_supplicant/wpa_supplicant.conf
iface default inet dhcp
```

무선연결 작업을 하기 위해서 설정 파일에 다음의 내용을 입력해야 한다. 물론 ssid와 psk는 access point에서 사전에 정의된 내용으로 입력해야 한다.

```
iface    wlan0    inet    dhcp
         wpa-ssid         "wifissid"
         wpa-psk          "wifipassword"
```

설정이 완료되면 무선 장치를 중단한 후에 다시 재시작하기 위해서 다음 명령을 실행한다.

```
pi@raspberrypi ~ $ sudo ifdown wlan0
```

```
pi@raspberrypi ~ $ sudo ifup wlan0
```

11.6 static IP 설정하기

보통 network에 연결할 때는 dhcp 서버에서 자동으로 IP address를 부여받는 것이 일반적인데, 필요에 따라 개별 컴퓨터 별로 IP address를 고정시킬 수 있다. 특정 컴퓨터에 대해서 IP address를 고정시키기 위한 방법으로는 DHCP서버에서 "수동 IP 부여" 방식으로 설정하는 방법이 있고, 개별 컴퓨터에서 IP address를 지정하는 방식을 사용할 수 있다.

11.6.1 DHCP 서버에서 고정 IP address를 지정하는 방법

통상 가정이나 소규모 사무실처럼 일반적인 소규모 네트워크에서는 공유기나 router가 DHCP 서버의 역할을 하도록 네트워크를 구성한다. 이 방식에서는 DHCP 서버에서 특정 컴퓨터에 대해서 사전에 정의된 고정 IP address를 지정해 놓는다. 그러면 그 특정 컴퓨터가 network에 접속할 때 사전에 지정된 고정 IP address가 할당된다. 이때 특정 컴퓨터를 구별하기 위해서 컴퓨터 하드웨어에 지정되어 있는 Mac address를 보통 사용한다. .

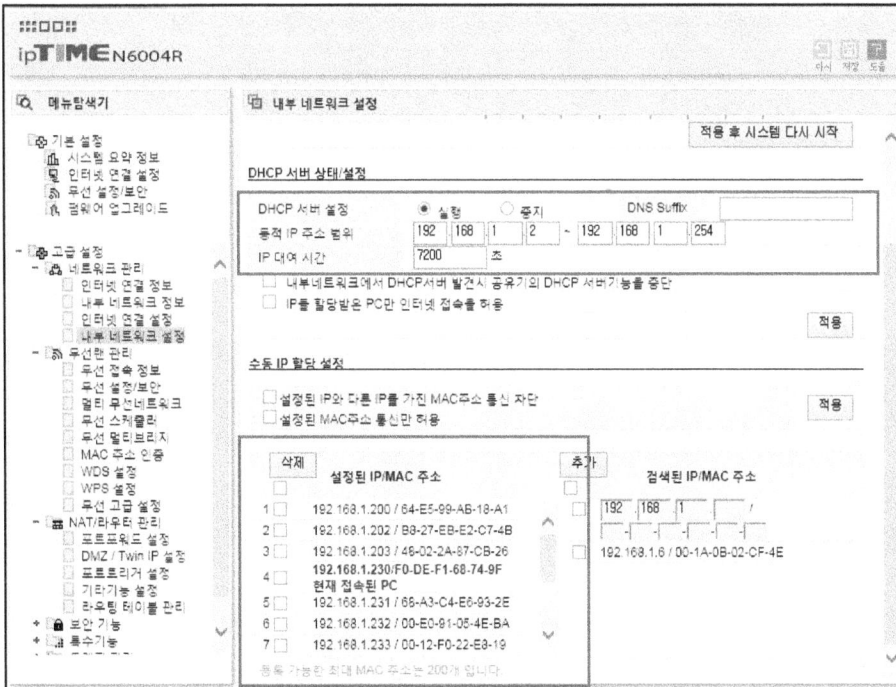

그림 11-4 공유기의 고정 IP address 지정 방법

위 그림을 보면 윗 부분에서 기본적으로 DHCP server가 자동으로 설정되어 있고, 아래 부분에서 보조적으로 고정 IP가 지정되어 있는 것을 알 수 있다. 이렇게 사전에 특정 Mac address에 대해서 IP address를 지정해 놓으면, 그 컴퓨터가 network에 접속을 하면 사전에 지정된 고정 IP address가 부여된다.

이렇게 고정 IP address가 지정되지 않은 컴퓨터가 network에 접속하는 경우는 "자동 IP 부여" 방식에 따라 순차적인 IP address가 할당되는 것이다.

11.6.2 Raspberry Pi 시스템에서 고정 IP address를 지정하는 방법

Raspberry Pi 시스템에서 IP address에 대한 기본설정은 /etc/network/interfaces 파일에 저장되어 있다. 통상 아래와 같은 내용이 저장되어 있다.

```
iface    lo      inet    lookback
iface    eth0    inet    dhcp
iface    wlan0   inet    dhcp
         wpa-ssid        "wifissid"
         wpa-psk         "wifipassword"
```

Raspberry Pi 시스템에서 IP를 고정시키기 위해서는 /etc/network/interfaces 파일의 내용을 수정해야 한다.

유선 network를 고정할 경우는 eth0 adapter에 대한 내용을 변경하고, 무선 network를 고정할 경우는 wlan0 adapter에 대한 내용을 변경한다. IP를 고정시키고자 하는 항목에 대해서 dhcp 방식을 static으로 바꾸고 다음과 같이 내용을 수정한다. 다음은 유선 network에 대해서 IP를 고정시키는 사례이다.

```
iface    eth0    inet    static
         address         192.168.1.202
         netmask         255.255.255.0
         gateway         192.168.1.0
```

"address" 항목에 원하는 고정 IP를 지정하고, "netmask" 항목에는 통상 255.255.255.0을 설정하고, "gateway" 항목에는 DHCP 서버(network 서버, 공유기, router)의 IP address를 지정한다.

이렇게 파일을 변경한 다음 reboot를 하면 Raspberry Pi 시스템에 192.168.1.202 라는 IP address가 부여된다.

11.7 network 활성화 및 중단

시스템을 운영하던 도중 오류가 발생하거나 설정 내용이 변경되는 등 여러 가지 이유로 필요에 따라 network 장치를 중단하고 다시 활성화할 필요가 있다. 기존의 장치를 중단하면 network접속이 끊어지고, 기존에 부여되었던 IP address는 사용할 수 없게 된다. 이렇게 접속을 중단하고 새로이 접속을 하게 되면 최신의 설정 내용에 따라 network 접속이 이루어지게 된다.

Raspberry Pi 시스템에서 접속을 중단하고 다시 활성화하기 위해서는 여러 가지 명령을 사용할 수 있다. 각각의 명령에 대해서 하나씩 살펴 보기로 하겠다.

11.7.1 ifup과 ifdwon 명령을 이용한 network 활성화 및 중단

ifup과 ifdown 명령을 사용하면 network를 활성화하거나 중단할 수 있다.

ifup 명령은 network장치를 활성화하여 network에 연결하는 명령이다. 다음과 같은 형식으로 사용한다.

[명령 형식]

ifup   [option]   [interface]

ifdown 명령은 network 연결을 중단하는 것이다. 다음과 같은 형식으로 사용한다.

[명령 형식]

ifdown   [option]   [interface]

[명령 개요]
- network를 활성화하거나 중단시킨다.
- 필요 권한   -- 일반 권한

[상세 설명]
- None

-h, --help	Show summary of options
-a, --all	If given to ifup, affect all interfaces marked auto. Interfaces are brought up in the order in which they are defined in /etc/network/interfaces. Combined with --allow, acts on all interfaces of a specified class instead. If given to ifdown, affect all defined interfaces. Interfaces are brought down in the order in which they are currently listed in the state file. Only interfaces defined in /etc/network/interfaces wil be brought down.

[사용 Example]

아래 사례는 유선 network eth0를 중단했다가 다시 활성화시키는 작업을 테스트한 것이다.

```
pi@raspberrypi ~ $ ifconfig
eth0      Link encap:Ethernet  HWaddr b8:27:eb:e2:c7:4b
          inet addr:192.168.1.202  Bcast:192.168.1.255  Mask:255.255.255.0
          UP BROADCAST RUNNING MULTICAST  MTU:1500  Metric:1
          RX packets:5863 errors:0 dropped:0 overruns:0 frame:0
          TX packets:3809 errors:0 dropped:0 overruns:0 carrier:0
          collisions:0 txqueuelen:1000
          RX bytes:580531 (566.9 KiB)  TX bytes:1502976 (1.4 MiB)

lo        Link encap:Local Loopback
          inet addr:127.0.0.1  Mask:255.0.0.0
          UP LOOPBACK RUNNING  MTU:65536  Metric:1
          RX packets:1854 errors:0 dropped:0 overruns:0 frame:0
          TX packets:1854 errors:0 dropped:0 overruns:0 carrier:0
          collisions:0 txqueuelen:0
          RX bytes:21760384 (20.7 MiB)  TX bytes:21760384 (20.7 MiB)

wlan0     Link encap:Ethernet  HWaddr 48:02:2a:87:cb:26
          UP BROADCAST MULTICAST  MTU:1500  Metric:1
          RX packets:4 errors:0 dropped:2 overruns:0 frame:0
          TX packets:4 errors:0 dropped:0 overruns:0 carrier:0
          collisions:0 txqueuelen:1000
          RX bytes:17665 (17.2 KiB)  TX bytes:41927 (40.9 KiB)
```

작업을 하기 전에 ifconfig 명령으로 network 상태를 보면 유선 network 장치인 eth0에 대해서 IP address가 192.168.1.202로 부여되어 있는 것을 확인할 수 있다. ifdown 명령으로 해당 장치를 중단한 후에 다시 ifconfig 명령으로 network상태를 보면 IP address가 보이지 않는 것을 확인할 수 있다.

```
pi@raspberrypi ~ $ sudo ifdown eth0
Internet Systems Consortium DHCP Client 4.2.2
Copyright 2004-2011 Internet Systems Consortium.
All rights reserved.
For info, please visit https://www.isc.org/software/dhcp/

Listening on LPF/eth0/b8:27:eb:e2:c7:4b
Sending on   LPF/eth0/b8:27:eb:e2:c7:4b
Sending on   Socket/fallback
DHCPRELEASE on eth0 to 192.168.1.1 port 67
Reloading /etc/samba/smb.conf: smbd only.
pi@raspberrypi ~ $ ifconfig
eth0      Link encap:Ethernet  HWaddr b8:27:eb:e2:c7:4b
          UP BROADCAST RUNNING MULTICAST  MTU:1500  Metric:1
          RX packets:5866 errors:0 dropped:0 overruns:0 frame:0
          TX packets:3810 errors:0 dropped:0 overruns:0 carrier:0
          collisions:0 txqueuelen:1000
          RX bytes:580669 (567.0 KiB)  TX bytes:1503330 (1.4 MiB)

lo        Link encap:Local Loopback
          inet addr:127.0.0.1  Mask:255.0.0.0
          UP LOOPBACK RUNNING  MTU:65536  Metric:1
          RX packets:1856 errors:0 dropped:0 overruns:0 frame:0
          TX packets:1856 errors:0 dropped:0 overruns:0 carrier:0
          collisions:0 txqueuelen:0
          RX bytes:21760484 (20.7 MiB)  TX bytes:21760484 (20.7 MiB)

wlan0     Link encap:Ethernet  HWaddr 48:02:2a:87:cb:26
          UP BROADCAST MULTICAST  MTU:1500  Metric:1
          RX packets:4 errors:0 dropped:2 overruns:0 frame:0
          TX packets:4 errors:0 dropped:0 overruns:0 carrier:0
          collisions:0 txqueuelen:1000
          RX bytes:17665 (17.2 KiB)  TX bytes:41927 (40.9 KiB)
```

다시 ifup명령으로 network를 활성화한 후에 network 상태를 보면 eth0에 IP address가 부여되어 있는 것을 확인할 수 있다.

```
pi@raspberrypi ~ $ sudo ifup eth0

Internet Systems Consortium DHCP Client 4.2.2
Copyright 2004-2011 Internet Systems Consortium.
All rights reserved.
For info, please visit https://www.isc.org/software/dhcp/

Listening on LPF/eth0/b8:27:eb:e2:c7:4b
Sending on   LPF/eth0/b8:27:eb:e2:c7:4b
Sending on   Socket/fallback
DHCPDISCOVER on eth0 to 255.255.255.255 port 67 interval 4
DHCPREQUEST on eth0 to 255.255.255.255 port 67
DHCPOFFER from 192.168.1.1
DHCPACK from 192.168.1.1
Reloading /etc/samba/smb.conf: smbd only.
bound to 192.168.1.202 -- renewal in 3143 seconds.
pi@raspberrypi ~ $ ifconfig

eth0      Link encap:Ethernet  HWaddr b8:27:eb:e2:c7:4b
          inet addr:192.168.1.202  Bcast:192.168.1.255  Mask:255.255.255.0
          UP BROADCAST RUNNING MULTICAST  MTU:1500  Metric:1
          RX packets:5881 errors:0 dropped:0 overruns:0 frame:0
          TX packets:3816 errors:0 dropped:0 overruns:0 carrier:0
          collisions:0 txqueuelen:1000
          RX bytes:582509 (568.8 KiB)  TX bytes:1504386 (1.4 MiB)

lo        Link encap:Local Loopback
          inet addr:127.0.0.1  Mask:255.0.0.0
          UP LOOPBACK RUNNING  MTU:65536  Metric:1
          RX packets:1858 errors:0 dropped:0 overruns:0 frame:0
          TX packets:1858 errors:0 dropped:0 overruns:0 carrier:0
          collisions:0 txqueuelen:0
          RX bytes:21760584 (20.7 MiB)  TX bytes:21760584 (20.7 MiB)

wlan0     Link encap:Ethernet  HWaddr 48:02:2a:87:cb:26
          UP BROADCAST MULTICAST  MTU:1500  Metric:1
          RX packets:4 errors:0 dropped:2 overruns:0 frame:0
          TX packets:4 errors:0 dropped:0 overruns:0 carrier:0
          collisions:0 txqueuelen:1000
          RX bytes:17665 (17.2 KiB)  TX bytes:41927 (40.9 KiB)
```

11.7.2 ifconfig명령을 이용한 활성화 및 중단

우리는 앞에서 network 의 현재 상태를 조회할 때 ifconfig 명령을 사용했었다. 그런데 이 ifconfig 명령도 option으로 up 또는 down을 사용하여 network를 활성화하거나 중단하는 데 사용할 수 있다.

network 장치를 활성화할 때 사용하는 명령 형식은 다음과 같다

[명령 형식]

ifconfig　　　[option]　　[interface]　up

network 장치를 중단시킬 때 사용하는 명령 형식은 다음과 같다

[명령 형식]

ifconfig　　　[option]　　[interface]　down

[사용 Example]

아래는 ifconfig 명령을 사용하여 network를 중단한 사례이다.

pi@raspberrypi ~ $ ifconfig down
pi@raspberrypi ~ $ ifconfig

아래는 ifconfig 명령을 사용하여 network를 다시 활성화한 사례이다.

pi@raspberrypi ~ $ ifconfig up
pi@raspberrypi ~ $ ifconfig

11.8 Bluetooth 설정 및 연결

Raspberry Pi 3 model B에서는 Bluetooth 기능을 기본으로 제공한다. 따라서 별도의 장치를 구매하지 않고도 모바일 장치 등 Raspberry Pi 주변의 Bluetooth를 지원하는 다양한 장치와 연결하여 흥미로운 작업을 손쉽게 할 수 있다.

Bluetooth에 대한 설정을 하기 위해서는 desktop window의 [도구] 영역에 있는 Bluetooth 메뉴를 사용하면 된다.

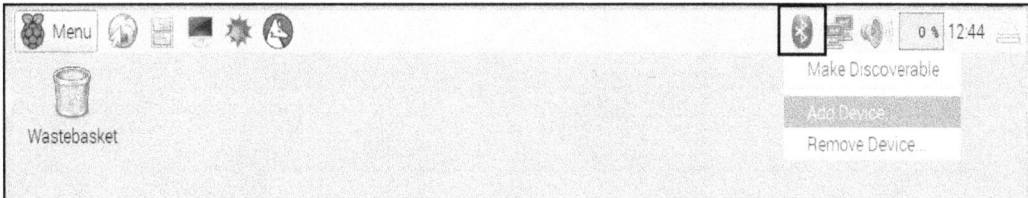

그림 11-5 window Bluetooth 설정

Bluetooth 메뉴를 클릭하면 Bluetooth에 대한 설정작업을 할 수 있는 몇 가지 팝업메뉴가 나타난다. 여기서 나타나는 다음 메뉴는 다음과 같은 용도로 사용한다.

- Make Discoverable

  이 메뉴를 실행하면 Raspberry Pi 시스템을 외부의 다른 Bluetooth 기기에서 검색할 수 있도록 해준다. 외부 기기에서 주변기기를 검색하면 Raspberry Pi가 나타날 것이다.

- Add Device

  이 메뉴는 Raspberry Pi에 외부의 Bluetooth 기기를 등록하고자 할 때 사용한다. 일단 등록이 되면 Raspberry Pi와 외부 기기가 서로 연결되어 자료를 주고 받을 수 있다.

- Remove Device

  이 메뉴는 Raspberry Pi에 이미 등록되어 있는 외부 Bluetooth 기기에 대해서 등록을 삭제고자 할 때 사용한다.

11.8.1 Raspberry Pi를 외부 Bluetooth 기기에 공개하기

팝업 메뉴에서 [Make Discoverable] 메뉴를 실행하면 Raspberry Pi 시스템을 외부의 다른 Bluetooth 기기에서 검색할 수 있도록 해준다. 외부 기기에서 주변기기를 검색하면 Raspberry Pi가 나타날 것이다.

아래는 휴대폰에서 Bluetooth 주변기기를 검색했을 때 Raspberry Pi가 [연결가능한 기기] 목록에 나타나는 것을 보여 주고 있다.

11.8.2 Raspberry Pi에 외부 Bluetooth 기기 등록 및 해제하기

Raspberry Pi와 외부기기를 서로 연결할 때는 기기연결 요청을 Raspberry Pi에서 시작할 수도 있고, 외부 Bluetooth 기긱에서 시작할 수도 있다. 누가 연결요청을 시작하는가에 따라서 처리가 약간 달라진다.

● **Raspberry Pi에서 연결을 요청하는 경우**

Raspberry Pi에서 외부기기와 연결을 요청하기 위해서는 Bluetooth 메뉴에서 [Add Device] 메뉴를 실행한다. 그러면 Raspberry Pi 주변에 있는 연결 가능한 Bluetooth 기기들의 목록이 나타난다. 목록들 중에서 원하는 것을 선택하고 [Pair] 버튼을 누르면 선택된 외부기기로 연결요청이 전송된다.

그러면 다음과 같이 외부기기에서 연결 확인을 요청하는 화면이 나타나고, 동시에 외부기기에도 연결요청이 왔음을 알리는 메시지가 뜰 것이다. 그런 다음 외부기기에서 연결요청에 대해서 승인을 하면 두 기기들은 서로 연결되고, 연결 결과에 대해 아래와 같이 알림 화면이 나타난다.

● 외부기기에서 연결을 요청하는 경우

외부기기에서 Raspberry Pi 로 연결을 요청할 수 있다. 그러면 Raspberry Pi에서는 해당 연결요청에 대해서 아래와 같이 팝업 화면이 나타난다. 그런 다음 외부기기에서 연결요청에 대해서 승인을 하면 두 기기들은 서로 연결되고, 연결 결과에 대해 아래와 같이 알림 화면이 나타난다.

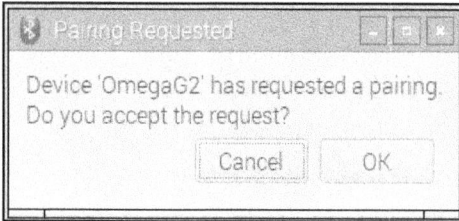

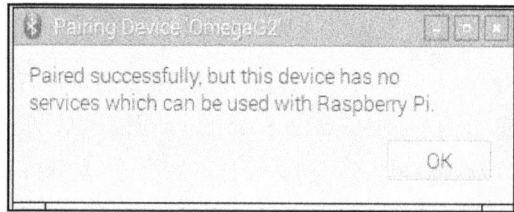

● 연결완료 후 접속 상태 확인하기

두 기기의 연결설정이 완료 후 Raspberry Pi에는 연결된 Device가 팝업 메뉴에 나타난다. 외부기기에 확인해 보면 Raspberry Pi가 [등록된 기기]에 나타나는 것을 확인할 수 있다.

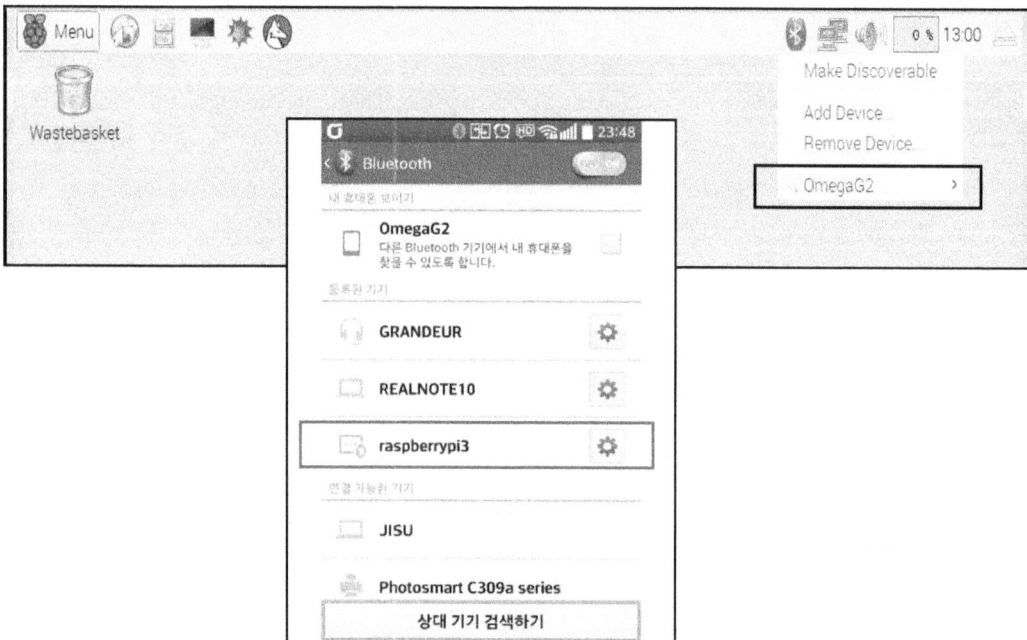

● 외부기기와의 연결 해제하기

Raspberry Pi에서 외부기기와 연결을 해제하기 위해서는 Bluetooth 메뉴에서 [Remove Device] 메뉴를 실행한다. 그러면 Raspberry Pi에 등록된 Bluetooth 기기들의 목록이 나타난다. 여기서 연결해제를 원하는 항목을 선택하고 [Remove] 버튼을 누르면 기기들간의 연결이 해제된다.

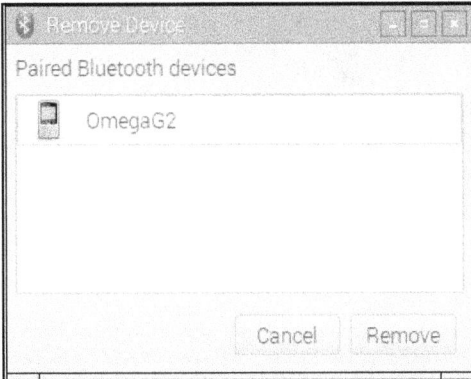

This Page is Intentionally Left Blank

Chapter 12   사용자

Chapter 주요 내용

여기서는 사용자 계정의 여러 종류를 설명하고, logon 사용자와 작업 사용자의
차이를 설명하고 있다. 또한 사용자 계정을 생성하고 사용자 계정의 내용을 변경
하며, 사용자 계정을 삭제하는 방법을 설명하고 있으며, 사용자 계정에 대한 사용
자 그룹에 대한 내용을 설명하고 있다.

다음과 같은 항목에 대한 내용을 포함하고 있다.
- 사용자의 종류
- logon 사용자와 현재 작업 사용자
- 사용자 계정의 시스템 내부 관리
- 사용자 계정의 생성, 변경, 삭제
- 사용자 그룹

12.1 사용자의 종류

12.1.1 시스템 기본 사용자와 추가 생성 사용자

12.1.1.1 시스템 기본 사용자

Raspberry Pi에서는 시스템이 설치될 때 기본적으로 제공되는 사용자 계정이 있는데 "pi" 계정과 "root" 계정이다. "pi' 계정은 시스템 관리를 위해 제공되는 기본 사용자이며, "root" 계정은 시스템 관리에 필요한 모든 권한을 가지고 있는 super-user 계정이다.

먼저 "pi" 사용자 계정은 시스템 관리자가 기본적으로 사용할 수 있도록 제공되는 계정으로 시스템 설치와 동시에 활성화 되어 있어 있다. 따라서 처음 시스템을 설치할 때는 이 계정을 이용하여 시스템에 logon하고, 필요한 작업을 해야 한다. 이 계정은 사용자 ID와 함께 암호도 "raspberry"로 사전 지정되어 고정된 값으로 사전 지정되어 있고, 해당 사실이 모든 사람들에게 공개되어 있으므로 시스템 보안에 심각한 위험이 될 수 있다. 따라서 보안 위협을 제거하기 위해서는 시스템 설치 작업이 완료된 이후에는 이 계정을 비활성화 하거나, 이 계정을 계속 사용하고자 한다면 해당 암호를 자신이 원하는 암호로 변경해서 사용해야 한다.

반면 "root" 사용자 계정은 기본적으로 사용자 계정은 생성되어 있지만, 활성화되어 있지 않아서 logon할 때 곧바로 사용할 수는 없다. 해당 계정을 사용하고자 한다면 해당 계정을 logon 으로 사용할 수 있도록 활성화해야 한다. root 사용자를 logon 사용자로 활성화를 하기 위해서는 passwd 명령을 이용해서 해당 사용자 계정에 대해서 암호를 지정하면 된다. 이 절차는 **[12.6 사용자 변경]**의 설명을 참조하기 바란다.

12.1.1.2 추가 생성 사용자

시스템에서 기본적으로 제공되는 사용자 계정 이외에 다른 사용자 계정을 사용하고자 한다면 새로운 계정을 생성해서 사용해야 한다.

12.1.2 시스템 관리자와 일반 사용자

12.1.2.1 시스템 관리자

시스템 관리자는 시스템을 설치하거나 시스템에 대한 중요한 작업이나 권한을 관리하는데 사용되는 사용자 계정이다. Raspberry Pi 시스템에서는 "pi′ 와 "root"가 시스템 관리를 위해서 기본적으로 제공되는데, 기본적으로 제공되는 사용자 계정 이외에 다른 사용자 계정을 사용하고자 한다면 새로운 계정을 생성해서 사용해야 한다.

- ■ "pi"사용자 계정
  통상 시스템 관리자가 시스템에서 작업을 할 때 사용하는 사용자로서 booting 할 때 GUI로 곧바로 logon할 때는 기본적인 logon 사용자로 사용된다.

- ■ "root" 사용자 계정
  시스템에서 모든 작업을 할 수 있는 권한을 가지고 있다. 통상 logon 사용자로서는 사용하지 않지만 필요한 경우는 해당 사용자 계정에 대한 암호를 지정하여 활성화하면 logon 용도로 사용할 수도 있다.

12.1.2.2 일반 사용자

일반 사용자는 이미 설치되어 있는 시스템에 접속해서 사전에 지정된 작업을 사전에 지정된 권한으로 작업을 할 수 있는 계정을 의미한다. 이들 일반 사용자에 대해서는 시스템 관리자에 의해서 수행할 수 있는 작업과 권한이 사전에 제한되어 있으며, 해당 권한을 넘어서는 작업을 할 수 없도록 되어 있으며, 추가적인 작업이나 권한이 필요한 경우는 시스템 관리자에게 요청하여 승인을 받아야 한다.

12.1.3 super user와 일반 user

12.1.3.1 super user

super user란 시스템에서 모든 작업을 할 수 있는 권한이 있는 사용자를 의미한다. 이 사용자는 시스템에 있는 모든 자료에 접근할 수 있고, 모든 프로그램을 실행할 수도 있으며, 시스템의 행동이나 내용을 수정할 수도 있고, 하물며 시스템을 파괴할 있는 권한도 부여되어 있다.

Raspberry Pi 시스템에서는 시스템 설치와 동시에 "root" 라는 super user 계정이 제공되는데, 기본적으로 다음과 같은 특징을 가지고 있다.

- 시스템에서 모든 작업을 할 수 있는 권한을 가지고 있다.
- 이 사용자에게는 시스템에서 특별한 권한을 부여하지 않아도 처음부터 모든 권한이 부여되어 있으며, 사후적으로도 해당 권한을 제한할 수 없다.
- 통상 logon 사용자로서는 사용하지 않지만 필요한 경우는 해당 사용자 계정에 대한 암호를 지정하여 활성화하면 logon 용도로 사용할 수도 있다.

12.1.3.2 super user가 필요한 명령

Raspberry Pi에서 사용되는 명령 중에서는 일반 user는 실행할 수 없고 반드시 super user가 실행해야 하는 명령이 많이 있다. 이러한 명령들은 통상 시스템 관리와 연관되는 명령으로 그 명령의 실행에 따라 시스템에 많은 영향을 미치는 것으로 자칫 잘못 실행되면, 시스템에 치명적인 위험을 초래할 수도 있는 것들 이다. 다음은 super user의 이름으로 실행되어야 하는 명령들의 예이다.

- 사용자 관리
  adduser   --- 사용자를 생성
  deluser   --- 사용자를 삭제
  addgroup   --- 사용자 그룹을 생성

- 파일 권한 관리
  chown   -- 파일에 대한 소유자를 변경
  chmod   -- 파일에 대한 권한을 변경

■ 프로그램 관리
  apt-get install   -- 프로그램을 설치
  apt-get update   -- 프로그램의 package의 repository를 update
  apt-get upgrade   -- 설치되어 있는 프로그램을 새로운 version으로 upgrade

이러한 명령들을 일반 사용자가 아니라 super user의 이름으로 명령을 수행해야 한다.

12.1.3.3 sudo명령을 이용하여 super user로 작업하기

super user의 권한으로 명령을 실행하는 방법 중에는 "sudo" 라는 명령을 추가로 붙여서
사용하는 방법이 있다. 이 방법은 해당 명령을 실행할 때만 super user의 이름을 사용하는
것이며, 차후 명령에는 영향을 미치지 않는다.

[명령 형식]

sudo   [option]   [command]

[명령 개요]

- super user 권한으로 명령을 실행해 준다. root 권한이 필요한 명령에서 같이 사용할
  수 있다.
- 필요 권한   -- root 권한

[상세 설명]

sudo 명령은 지정된 사용자가 사전에 지정된 security policy에 따라서 superuser나 다른
사용자로서 명령을 실행할 수 있도록 한다. 실제의 적용되는 user id 와 group id는
password database에 규정된 대로 target user의 그것과 대응되도록 설정된다.

[주요 Option]

-h	display help message and exit
-g group	Normally, sudo runs a command with the primary group set to the one specified by the password database for the user the command is being run as (by default, root). The -g (group) option causes sudo to run the command with the primary group set to group instead. To specify a gid instead of a group name, use #gid. When running commands as a gid, many shells require that the '#' be escaped with a backslash ('₩'). If no -u option is specified, the command will be run as the invoking user (not root). In either case, the primary group will be set to group.
-u user	The -u (user) option causes sudo to run the specified command as a user other than root. To specify a uid instead of a user name, use #uid. When running commands as a uid, many shells require that the '#' be escaped with a backslash ('₩'). Security

	policies may restrict uids to those listed in the password database. The sudoers policy allows uids that are not in the password database as long as the target pw option is not set. Other security policies may not support this.
-U user	The -U (other user) option is used in conjunction with the -l option to specify the user whose privileges should be listed. The security policy may restrict listing other users' privileges. The sudoers policy only allows root or a user with the ALL privilege on the current host to use this option.

[사용 Example]

super user의 이름으로 실행되어야 하는 명령을 일반 user의 이름으로 실행하면 해당 명령이 실행되지 않고, 여러 가지 오류 형태의 오류가 발생한다.

```
pi@raspberrypi ~ $ chown root ./testdata/manual02
chown: changing ownership of `./testdata/manual02': Operation not permitted
```

다음과 같이 "sudo" 명령을 추가하여 실행하면 오류가 발생하지 않고 정상 처리되는 것을 알 수 있다.

```
pi@raspberrypi ~ $ sudo chown root ./testdata/manual02

```

12.1.3.4 su 명령을 이용하여 super user로 작업하기

"su" 명령은 현재 작업 사용자를 다른 사용자 계정으로 변경해 주는 명령이다. 이 명령을 사용하여 현재 작업 사용자를 super user로 변경할 수 있다. su 명령을 실행할 때 특정 user를 지정하지 않으면 super user를 지정한 것으로 간주하여 super user를 현재의 작업 사용자로 만들어 준다. 이렇게 되면 향후에 실행되는 모든 명령에 대해서 특별한 지시가 없어도 항상 super user의 이름으로 실행하도록 하는 효과가 있다.

나중에 다시 원래의 logon user로 돌아 오기 위해서는 "exit" 명령을 사용한다.

여기에 대한 상세한 내용은 **[12.2.2.4 su 명령으로 현재 작업 사용자 변경하기]**의 설명을 참조하기 바란다.

[사용 Example]
다음은 su 명령을 실행할 때 sudo 명령을 추가하지 않고 실행한 것이다. 그러면 다음과 같이 현재 사용자의 암호를 입력하도록 하여 확인 과정을 거치도록 한다. 이것은 부주의로 인한 실행을 사전에 예방하고자 하는 것이다.

```
pi@raspberrypi ~ $ su
Password:
root@raspberrypi:/home/pi#
root@raspberrypi:/home/pi# exit
exit
pi@raspberrypi ~ $
```

"su" 명령을 실행할 때 "sudo" 명령을 추가하여 실행하면 다음과 같이 처리되는 것을 확인할 수 있다.

```
pi@raspberrypi ~ $ sudo su
root@raspberrypi:/home/pi#
root@raspberrypi:/home/pi# exit
exit
pi@raspberrypi ~ $
```

12.1.3.5 visudo 명령 - super user 작업 권한의 통제

sudo 명령은 시스템에 미치는 영향이 크기 때문에 아무나 제한 없이 사용하면 많은 문제가 발생할 가능성이 있으므로, 이런 명령을 실행할 수 있는 권한을 사전에 지정된 제한된 시스템 관리자에게만 부여할 필요가 있다.

이렇게 시스템에서 sudo명령을 실행할 수 있는 권한을 통제하기 위해서 sudo 명령을 실행할 수 있는 사용자의 목록과 그들 사용자가 실행할 수 있는 명령 목록에 대한 자료를 시스템에서 별도로 관리하고 있는데, 그 상세 내용이 /etc/sudoers 파일에서 관리되고 있다. 여기서 지정되지 않은 사용자가 sudo 명령을 사용하거나 여기서 허락되지 않은 명령을 sudo를 이용하여 수행하면 해당 명령이 실행되지 않도록 통제하고 있다.

시스템에서 사용자 별로 이런 권한을 조정할 필요가 있는데, 이런 작업을 하기 위해서는 visudo 명령을 사용해서 통제자료를 조정할 수 있다.

[명령 형식]

```
visudo [-chqsV] [-f sudoers]
```

[명령 개요]
- sudo 명령을 실행할 수 있는 사용자 목록과 sudo 명령으로 실행할 수 있는 명령 목록을 관리하고 있는 시스템 정보를 조정한다.
- 필요 권한   --- root 권한

[상세 설명]
- visudo 명령은 sudoers file을 안전하게 편집할 수 있도록 한다. visudo 명령은 sudoers file에 lock을 걸어서 동시에 여러 사람이 수정할 수 없도록 하고, 입력한 내용에 대해서 기본적인 정확성을 점검해준다.
- default security policy는 /etc/sudoers 파일에 있는 sudoers이다.
- 이 명령은 "vi" 명령을 이용하여 지정된 파일을 편집하는 기능을 수행한다.

[주요 Option]

-c	Enable check-only mode. The existing sudoers file will be checked for syntax errors, owner and mode. A message will be printed to the standard output describing the status of sudoers unless the -q option was specified. If the check completes successfully, visudo will exit with a value of 0. If an error is encountered, visudo will exit with a value of 1.
-s	Enable strict checking of the sudoers file. If an alias is used before it is defined, visudo will consider this a parse error. Note that it is not possible to differentiate between an alias and a host name or user name that consists solely of uppercase letters, digits, and the underscore ('_') character.
-f sudoers	Specify and alternate sudoers file location. With this option visudo will edit (or check) the sudoers file of your choice, instead of the default, /etc/sudoers. The lock file used is the specified sudoers file with ".tmp" appended to it. In check-only mode only, the argument to -f may be "-", indicating that sudoers will be read from the standard input.

[FILES]

/etc/sudo.conf	sudo front end configuration
/etc/sudoers	The default security policy

[사용 Example]

sudo 권한을 조정하기 위해서 아래와 같이 visudo 명령을 실행한다. 그러면 아래와 같이 별도의 화면이 나타나는데, 이것은 /etc/sudoers의 내용을 표시한 것이다. 이 명령이 실행되면 /etc/sudoers 파일이 아니라 일단 /etc/sudoers.tmp에서 작업을 하고 있는 것을 확인할 수 있다.

```
pi@raspberrypi ~ $ sudo visudo
```

```
GNU nano 2.2.6                        File: /etc/sudoers.tmp

#
# This file MUST be edited with the 'visudo' command as root.
#
# Please consider adding local content in /etc/sudoers.d/ instead of
# directly modifying this file.
#
# See the man page for details on how to write a sudoers file.
#
Defaults        env_reset
Defaults        mail_badpass
Defaults        secure_path="/usr/local/sbin:/usr/local/bin:/usr/sbin:/usr/bin:/sbin:/bin"

# Host alias specification

# User alias specification

# Cmnd alias specification

# User privilege specification
root    ALL=(ALL:ALL) ALL

# Allow members of group sudo to execute any command
%sudo   ALL=(ALL:ALL) ALL

# See sudoers(5) for more information on "#include" directives:

#includedir /etc/sudoers.d
pi ALL=(ALL) NOPASSWD: ALL




                        [ line 1/29 (3%), col 1/2 (50%), char 0/696 (0%) ]
^G Get Help      ^O WriteOut      ^R Read File     ^Y Prev Page     ^K Cut Text
^C Cur Pos
^X Exit          ^J Justify       ^W Where Is      ^V Next Page     ^U UnCut Text
^T To Spell
```

sudoers에 대한 해당 권한을 설정하는 형식은 다음과 같다

```
<사용자/그룹> <terminal> =< (작업 사용자 : 작업그룹) > [No Password :] <실행 명령>
```

해당 내용을 간편하게 정의하기 위해서 사전에 alias를 이용할 수 있다. alias는 사용하기 이전에 정의되어 있어야 한다. alias를 정할 때는 그 종류에 따라 사용하는 형식이 다른데, 다음과 같이 정의한다.

■ 명령을 실행하는 사용자/그룹
권한을 부여하는 사용자나 사용자 그룹을 의미한다. 허용되는 값들은 다음과 같다
- 사용자   -- 특정 개별 사용자를 지정하는 경우이다.
- %사용자 그룹   -- 사용자 그룹을 지정할 경우이다.
- 정의된 alias   -- alias로 정의된 user

사용자에 대한 alias를 정의할 때는 "User_Alias" 명령을 사용한다.
Ex) User_Alias   OPERATORS = joe, mike, jude

■ 명령을 실행하는 terminal
sudo 권한을 사용하여 명령을 실행할 수 있는 terminal을 지정한다. 허용되는 값들은 다음과 같다
- ALL   -- 모든 terminal
- 정의된 alias   -- alias로 정의된 terminal

host terminal에 대한 alias를 정의할 때는 "Host_Alias" 명령을 사용한다.
Ex) Host_Alias   OFNET = 10.1.2.0/255.255.255.0

■ 실행할 때 사용하는 작업 사용자 및 작업 그룹
명령을 실행할 때 사용하는 작업 사용자를 의미한다. 허용되는 값들은 다음과 같다
- ALL   -- 모든 terminal
- 정의된 alias   -- alias로 정의된 terminal

실행 사용자에 대한 alias를 정의할 때는 "Runas_Alias" 명령을 사용한다.
Ex) Runas_Alias   OP = root, operator

■ No Password 허용

명령을 실행할 때 실행의 정확성을 점검하기 위해서 암호를 입력하도록 하여 확인을 받는데, 이러한 확인 단계를 거치지 않고 곧바로 작업을 할 수 있는지를 지정한다.

- NOPASSWD: -- 암호를 입력할 필요가 없다.
- 공백   -- 자신의 암호를 입력해야 한다.

■ 실행하는 명령

sudo명령으로 실제로 실행하는 명령을 의미한다. 허용되는 값들은 다음과 같다

- ALL   -- 모든 명령
- 정의된 alias   -- alias로 정의된 명령

실행 명령에 대한 alias를 정의할 때는 "Cmnd_Alias" 명령을 사용한다
Ex) Cmnd_Alias   PRINTING = /usr/sbin/lpc, /usr/bin/lprm

[사용 Example]

사전에 아래와 같이 alias를 정의해서 사용하기로 한다.

User_Alias	OPERATORS = joe, mike, jude
Runas_Alias	OP = root, operator
Host_Alias	OFNET = 10.1.2.0/255.255.255.0
Cmnd_Alias	PRINTING = /usr/sbin/lpc, /usr/bin/lprm

다음은 sudoers 파일에서 정의하는 내용에 대한 사례이다.
root사용자는 ALL terminal에서 ALL 소유자, ALL 그룹의 이름으로 ALL 명령을 실행할 수 있다.

root   ALL=(ALL:ALL) ALL

sudo 그룹은 ALL terminal에서 ALL 소유자, ALL그룹의 이름으로 ALL 명령을 실행할 수 있다.

%sudo   ALL=(ALL:ALL) ALL

pi 사용자는 ALL terminal에서 ALL 소유자, ALL 그룹의 이름으로 ALL 명령을 실행할 수 있는데, 암호를 입력하지 않고도 처리를 할 수 있다.

pi   ALL=(ALL) NOPASSWD: ALL

OPERATORS 사용자는 ALL terminal에서 /sbin/poweroff 명령을 실행할 수 있다.

```
OPERATORS   ALL= /sbin/poweroff
```

alias OPERATORS에서 정의된 사용자는 terminal ALL에서 명령 ALL을 실행할 수 있다.

```
OPERATORS ALL=ALL
```

사용자 linus는 terminal ALL에서 사용자 alias OP의 이름으로 명령 ALL을 실행할 수 있다.

```
linus ALL=(OP) ALL
```

사용자 user2는 terminal alias OFNET에서 사용자 ALL의 이름으로 명령 ALL을 실행할 수 있다.

```
user2 OFNET=(ALL) ALL
```

사용자 user3는 terminal ALL에서 명령 alias PRINTING을 실행할 수 있다.

```
user3 ALL= PRINTING
```

12.2 Logon 사용자와 현재 작업 사용자

12.2.1 logon 사용자

12.2.1.1 logon 사용자의 의미

logon 사용자란 말 그대로 해당 시스템을 booting할 때 사용한 사용자 ID를 의미하고, 이 사용자 ID는 해당 시스템이 다시 booting될 때까지는 변경되지 않는다.

12.2.1.2 window에서 logon 사용자 확인하기

현재 화면이 GUI window인 경우는 [파일 관리자] 프로그램을 이용하여 logon 사용자를 손쉽게 확인할수 있다. 해당 window 화면에서 [파일 관리자] 프로그램을 실행한다. 그러면 아래와 같은 화면이 나타나며, 해당 window 의 title 이름과 화면 왼쪽의 폴더에 logon 사용자의 계정을 확인할 수 있다.

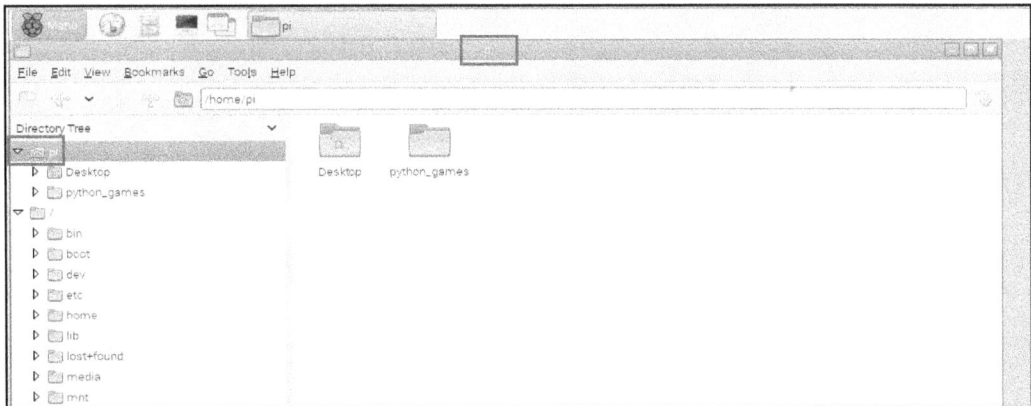

그림 12-1 window 파일관리자에서 logon 사용자 확인

12.2.1.3 terminal에서 logon 사용자 확인하기

terminal 화면에서 logon 사용자를 확인하기 위해서는 [terminal] 프로그램을 실행한다. 그러면 화면의 왼쪽에 사용자계정@hostname 형식으로 logon 사용자 계정이 표시된다.

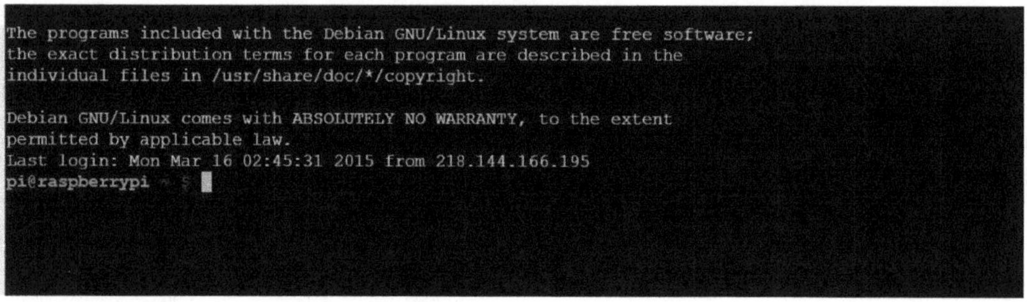

그림 12-2 terminal 화면에서 logon 사용자 확인

12.2.2 현재 작업 사용자

12.2.2.1 현재 작업 사용자의 의미

현재 작업 사용자란 현재의 작업에 사용되는 사용자 ID를 의미한다. 통상 logon 사용자가 현재 작업 사용자가 되지만 경우에 따라서는 logon 사용자와는 다른 사용자ID를 이용해서 작업을 처리할 수가 있다. 예를 들면 logon 사용자가 "pi" 인 경우에 root 계정이 필요한 작업을 수행할 때는 "pi" 사용자 계정을 사용하지 않고 "root" 계정을 이용하여 작업을 진행할 수 있다.

이렇게 현재 작업 사용자 계정을 변경하기 위해서는 반드시 별도의 명령을 이용하여 계정을 변경해야 한다. 이런 작업을 위해서는 "sudo su" 명령을 사용할 수 있는데 이에 대해서는 다음에서 설명하도록 하겠다.

12.2.2.2 terminal 정보로 현재 사용자 확인하기

terminal에서 현재 작업 사용자를 확인할 수 있다.

첫 번째 방법은 화면에 기본적으로 표시되는 현재 작업 사용자에 대한 정보를 이용하는 방법이다. 화면 왼쪽을 보면 "현재 작업 사용자@hostname" 의 형식으로 흰색으로 표시되는 사용자 계정을 이용해서 확인할 수 있다. 이 정보는 logon 사용자와 구분하기 위해서 logon 사용자가 초록색으로 표시되는 반면에 흰 색상으로 표시가 되어 있다.

그림 12-3 terminal에서 현재 사용자 확인

12.2.2.3 whoami 명령으로 현재 작업 사용자 확인하기

또 다른 방법은 terminal 화면에서 whoami라는 명령을 이용하는 방법이다. 이 방법을 이용하면 어디서나 현재 작업 사용자 계정을 확인할 수 있다.

[명령 형식]

whoami

[명령 개요]
- 현재의 작업 사용자를 보여준다.
- 필요 권한   -- 일반 권한

[상세 설명]
- None

[사용 Example]

처음 사용자 "pi"로 logon한 경우는 현재 사용자가 "pi"로 표시되고, 작업 사용자를 "root"로 변경한 이후는 현재 작업 사용자가 "root" 로 표시된다.

pi@raspberrypi ~ $ whoami
pi
pi@raspberrypi ~ $ sudo su -
root@raspberrypi:~# whoami
root
root@raspberrypi:~#

12.2.2.4 su 명령으로 현재 작업 사용자 변경하기

su 명령은 현재의 작업 사용자를 다른 사용자로 변경해 준다. 이렇게 현재 작업 사용자를 변경하면 향후에 실행되는 모든 명령에 대해서 특별한 지시가 없어도 항상 새로 지정된 사용자 계정으로 실행하도록 하는 효과가 있다. "su"명령을 실행하면서 특정 사용자를 지정하지 않으면 super user를 지정한 것으로 간주한다.

나중에 다시 원래의 logon user로 돌아 오기 위해서는 exit 명령을 사용하면 된다.

[명령 형식]

```
su [options] [username]
```

[명령 개요]

■ 지정된 사용자를 현재의 작업 사용자로 변경해 준다.
■ 필요 권한   -- root 권한

[상세 설명]

■ 이 명령은 현재의 작업 사용자를 지정된 특정 user ID로 변경한다. User ID를 지정하지 않으면 기본적으로 super user로 변경한다.
■ 필요한 경우는 option으로 적용되는 environment를 선택할 수 있다.

[주요 Option]

-h, --help	display this help message and exit
-c, --command COMMAND	Specify a command that will be invoked by the shell using its -c. The executed command will have no controlling terminal. This option cannot be used to execute interractive programs which need a controlling TTY.
-, -l, --login	Provide an environment similar to what the user would expect had the user logged in directly. When - is used, it must be specified as the last su option. The other forms (-l and --login) do not have this restriction.
-s, --shell SHELL	The shell that will be invoked.
-m, -p, --preserve-	Preserve the current environment, except for:

environment	

[사용 Example]

다음은 su 명령을 실행할 때 sudo 명령을 추가하지 않고 실행한 것이다. 그러면 다음과 같이 현재 사용자의 암호를 입력하도록 하여 확인 과정을 거치도록 한다. 이것은 부주의로 인한 실행을 사전에 예방하고자 하는 것이다.

pi@raspberrypi ~ $ su
Password:
root@raspberrypi:/home/pi#
root@raspberrypi:/home/pi# exit
exit
pi@raspberrypi ~ $

"su" 명령을 실행할 때 "sudo" 명령을 추가하여 실행하면 다음과 같이 처리되는 것을 확인할 수 있다. 7

pi@raspberrypi ~ $ sudo su
root@raspberrypi:/home/pi#
root@raspberrypi:/home/pi# exit
exit
pi@raspberrypi ~ $

12.3 사용자 계정의 시스템 내부 관리

Raspberry Pi 시스템에서 사용자 그룹은 /etc/passwd 파일에서 관리된다. 내부에서 관리되는 자료는 다음의 형식을 가지고 있다.

<사용자 이름>: x:<UserID>: <GroupID>:<사용자 유형>:<Home Directory>:<기본 bash>

- 사용자 이름
- User ID
- GroupID
- 사용자 유형
- Home Directory
- 기본 bash

시스템에서 특정 사용자 계정을 정의하면 각각의 사용자 계정에 대해서 내부적으로 user id 번호가 부여된다. 시스템 내부적으로는 사용자 계정을 참조할 때는 항상 이 user id를 사용하도록 되어 있다.

다음은 사용자 계정 "guser001"과 "guser002"를 생성한 후 /etc/passwd 파일의 내용을 확인해 본 것이다. 각각의 사용자 계정 뒤에 번호가 부여되어 있는 것을 확인할 수 있다.

```
pi@raspberrypi ~ $ sudo cat /etc/passwd
root:x:0:0:root:/root:/bin/bash
daemon:x:1:1:daemon:/usr/sbin:/bin/sh
~~~~~
guser001:x:1001:1004:General User 001,,,:/home/guser001:/bin/bash
guser002:x:1002:1005:General User 002,,,:/home/guser002:/bin/bash
```

예를 들어 사용자 계정 "guser001"을 보면 "1001"라는 id가 부여되어 있는 것을 알 수 있다. 이 "1001"의 번호가 해당 계정에 대해 내부적으로 관리되는 user id이다.

12.4 사용자 생성

12.4.1 사용자 생성의 필요성

Raspberry Pi 시스템에서는 "pi"와 "root"라는 사용자 계정을 기본적으로 제공하지만 이들 사용자 계정은 시스템 관리자나 시스템 운영자가 시스템을 관리하는 용도로 사용하도록 정의되어 있으며, 시스템 관리자나 시스템 운영자가 아닌 일반 사용자들이 사용하기에는 적합하지 않다. 또한 시스템 관리자나 시스템 운영자도 한 명이 아니라 여러 명이 있고, 또한 각자의 담당 업무에 따라서 권한과 책임이 구분되어 있는 경우도 있다. 따라서 이러한 이런 사용자들이 Raspberry Pi 시스템에 접속하기 위해서는 별도로 새로이 생성된 사용자가 필요하다. 이런 사용자 계정은 super user 권한을 가진 시스템 관리자가 생성하며, 그 사용자 계정을 사용하는 사용자의 업무에 맞도록 사용할 수 있는 작업이나 권한을 제한하여 생성한다.

12.4.2 사용자 생성에 필요한 검토 사항

새로운 사용자 계정을 생성할 때는 여러 가지가 검토되어야 한다. 사용자 계정을 생성할 때 기본적으로 처리해야 할 항목들은 다음과 같다.
- 암호에 대한 사항
- 사용자 그룹에 대한 사항
- Home Directory에 대한 사항
- 기본 bash에 대한 사항

이러한 처리 필요 항목은 사용자를 생성할 때 모든 것을 한꺼번에 처리할 수도 있고, 사용자를 생성할 때는 일부만 처리하고, 나머지 처리는 나중에 별도로 처리할 수도 있다.

12.4.3 adduser 명령 - 사용자 생성

사용자 계정을 생성하는 데는 adduser 명령과 useradd 명령을 사용할 수 있다. adduser 명령은 간편하게 사용자 계정을 생성할 수 있다. useradd 명령은 매우 low-level의 명령으로 상대적으로 세부적인 처리를 할 수는 있지만, 사용하는 것이 복잡하여 일반적인 목적으로는 잘 사용되지 않는다.

일반적으로 사용자 계정을 생성하고자 하면 adduser 명령을 사용한다. 이 명령을 사용하면 사용자 계정을 생성하면서 동시에 사용자 그룹을 함께 지정할 수 있다.

[명령 형식]

adduser [options] LOGIN

[명령 개요]
- 새로운 사용자 계정을 생성한다.
- 필요 권한   -- root 권한

[상세 설명]
- adduser 명령은 Shell option과 /etc/adduser.conf 파일에서 지정된 설정 내용에 따라 시스템에 새로운 사용자를 추가한다. 지정된 option에 따라서 home directory를 생성하거나 script를 실행할 수도 있다.
- 실행에 필요한 모든 parameter를 직접 지정할 수도 있고, 일부 항목에 대해서는 대화식으로 입력하면서 처리할 수도 있다.
- Home Directory 생성에 대한 특별한 option을 지정하지 않아도 기본 Directory가 자동으로 생성된다. 기본 Directory는 /Home/UserID 이다.

[주요 option]

--disabled-login	Do not run passwd to set the password. The user won't be able to use her account until the password is set.
--disabled-password	Like --disabled-login, but logins are still possible (for example using SSH RSA keys) but not using password authentication.
--group	When combined with --system, a group with the same name and ID as the system user is created. If not com-bined with --

	system, a group with the given name is created. This is the default action if the program is invoked as addgroup.
--home DIR	Use DIR as the user's home directory, rather than the default specified by the configuration file. If the directory does not exist, it is created and skeleton files are copied.
--shell SHELL	Use SHELL as the user's login shell, rather than the default specified by the configuration file.
--system	Create a system user or group

[사용 Example]

새로운 사용자 계정 "guser001"를 생성하기 위해서 다음과 같은 작업을 실행한다.

```
pi@raspberrypi ~ $ sudo adduser guser001
```

```
Adding user `guser001' ...
Adding new group `guser001' (1004) ...
Adding new user `guser001' (1001) with group `guser001' ...
Creating home directory `/home/guser001' ...
Copying files from `/etc/skel' ...
Enter new UNIX password:
Retype new UNIX password:
passwd: password updated successfully
Changing the user information for guser001
Enter the new value, or press ENTER for the default
        Full Name []: general user 001
        Room Number []:
        Work Phone []:
        Home Phone []:
        Other []:
Is the information correct? [Y/n] Y
```

시스템의 /etc/passwd 의 내용을 확인해 보면 새로이 생성되는 각각의 사용자 계정에 대해서 맨 아래에 아래와 같은 내용이 추가되어 있음을 확인할 수 있다.

```
pi@raspberrypi ~ $ sudo cat /etc/passwd
```
```
root:x:0:0:root:/root:/bin/bash
daemon:x:1:1:daemon:/usr/sbin:/bin/sh
~
guser001:x:1001:1004:general user 001,,,:/home/guser001:/bin/bash
```

시스템의 /etc/group의 내용을 확인해 보면 새로운 group "guser001"이 새로이 생성되어 있는 것을 확인할 수 있다.

```
pi@raspberrypi ~ $ sudo cat /etc/group
root:x:0:
daemon:x:1:
~~~~
guser001:x:1004:
```

새로운 사용자 계정을 생성한 다음 window 로 logon해서 [파일 관리자] 프로그램을 실행 해 보면 아래의 화면처럼 폴더가 생성되어 있는 것을 확인할 수 있다. /home/guser001 이 라는 폴더가 생성되어 있고 그 폴더가 사용자 guser001의 기본 폴더로 지정되어 있음을 알 수 있다.

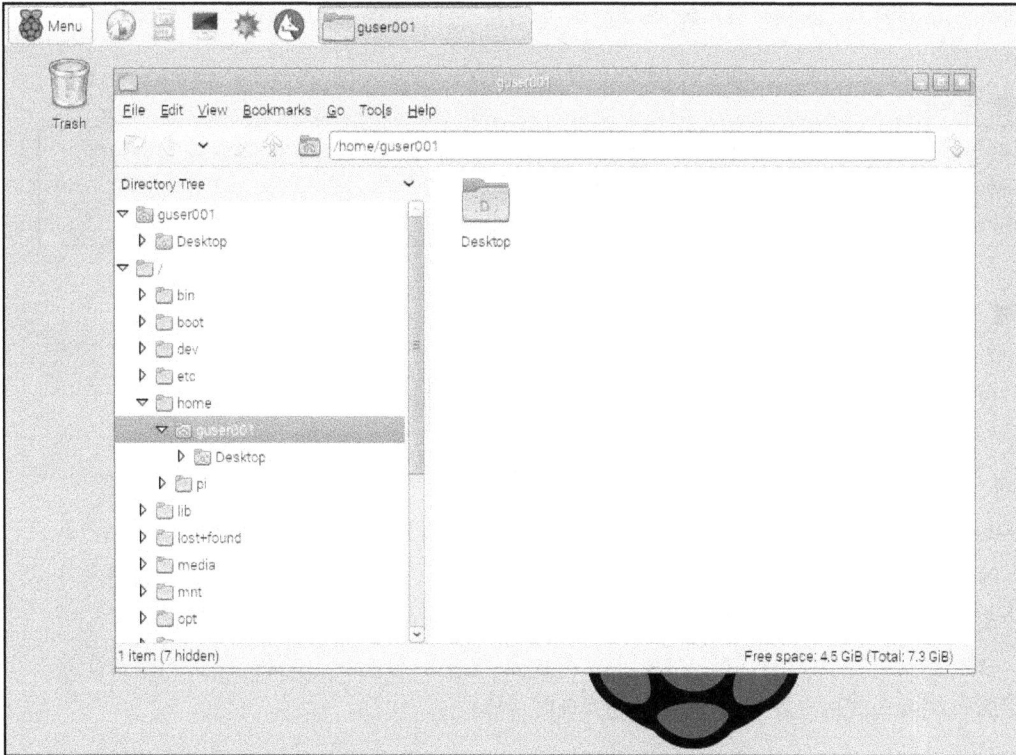

그림 12-4 사용자 home directory

12.5 사용자 삭제

시스템에서 필요 없는 사용자 계정을 삭제할 필요가 있다.

사용자 계정을 삭제할 때는 deluser 명령과 userdel 명령을 사용할 수 있다. deluser 명령은 간편하게 사용자 그룹을 생성할 수 있다. 반면 userdel 명령은 매우 low-level의 명령으로 상대적으로 세부적인 처리를 할 수는 있지만, 사용하는 것이 복잡하여 일반적인 목적으로 는 잘 사용되지 않는다.

deluser 명령은 사용자 계정을 삭제하고자 할 때 사용한다. option에 따라서 사용자 계정을 삭제하면서 사용자 그룹을 동시에 삭제하는 방법도 있다. .

[명령 형식]

```
deluser [options] [--force] [--remove-home] [--remove-all-files] [--backup] [--backup-to DIR] user
deluser --group [options] group
deluser [options] user group
```

[명령 개요]
- 기존의 사용자 계정을 삭제한다.
- 필요 권한   -- root 권한

[상세 설명]
- deluser 명령은 option과 /etc/deluser.conf 파일에서 지정된 설정 내용에 따라 시스템 에서 user를 삭제한다. option에 따라 home directory를 삭제하고, 삭제되는 사용자가 소유한 모든 파일을 삭제할 수 도 있으며, 필요한 script를 실행할 수도 있다.
- 사용자 계정이 삭제된 이후 삭제되는 사용자 계정이 사용하던 모든 파일 시스템들이 모두 삭제되었는지를 수작업으로 점검해야 한다.

[주요 option]

-h, --help	Display brief instructions.
--system	Only delete if user/group is a system user/group. This avoids accidentally deleting non-system users/groups. Additionally, if the user does not exist, no error value is returned. This option is mainly for use in Debian package maintainer scripts.
--group	Remove a group. This is the default action if the program is invoked as delgroup.
--remove-home	Remove the home directory of the user and its mailspool. If --backup is specified, the files are deleted after having performed the backup.
--remove-all-files	Remove all files from the system owned by this user. Note: --remove-home does not have an effect any more. If --backup is specified, the files are deleted after having performed the backup.

[FILES]

/etc/group	Group account information.
/etc/gshadow	Secure group account information.

[사용 Example]

기존의 사용자 "guser002"을 삭제하고자 한다. 삭제하는 작업을 수행하기 전에
/etc/passwd 파일을 조회해 보면 " guser002"가 존재하고 있는 것을 확인할 수 있다.

```
pi@raspberrypi ~ $ sudo cat /etc/passwd
root:x:0:0:root:/root:/bin/bash
daemon:x:1:1:daemon:/usr/sbin:/bin/sh
~~~~~
guser001:x:1001:1004:General User 001,,,:/home/guser001:/bin/bash
guser002:x:1002:1005:General User 002,,,:/home/guser002:/bin/bash
```

기존의 사용자 " guser002"을 삭제하기 위해서 다음과 같은 작업을 수행한다.

```
pi@raspberrypi ~ $ sudo deluser guser002
```

작업이 완료된 후 /etc/ passwd 파일의 자료를 확인해 보면 해당 user가삭제되었음을 확인
할 수 있다.

```
pi@raspberrypi ~ $ sudo cat /etc/passwd
root:x:0:0:root:/root:/bin/bash
daemon:x:1:1:daemon:/usr/sbin:/bin/sh
~~~~~
guser001:x:1001:1004:General User 001,,,:/home/guser001:/bin/bash
```

12.6 사용자 변경

시스템에서 사용자 계정이 생성된 이후 해당 사용자 계정에 대한 여러 가지 정의된 내용을 변경해야 하는 경우가 발생할 수 있다.

12.6.1 usermod 명령 - 사용자 변경

사용자 계정에 대한 모든 정의된 내용을 변경하기 위해서 usermod 명령을 사용할 수 있다.

[명령 형식]

usermod [options] LOGIN

[명령 개요]

- 사용자 계정에 대해 정의된 여러 가지 항목의 내용을 변경한다.
- 필요 권한   -- 일반 권한   --- 자기 자신에 대한 내용을 변경하고자 할 때
  　　　　　 -- root 권한   --- 다른 사용자에 대한 내용을 변경하고자 할 때

[상세 설명]

- None

[주요 Option]

-d, --home HOME_DIR	The user's new login directory. If the -m option is given, the contents of the current home directory will be moved to the new home directory, which is created if it does not already exist.
-e, --expiredate EXPIRE_DATE	The date on which the user account will be disabled. The date is specified in the format YYYY-MM-DD. An empty EXPIRE_DATE argument will disable the expiration of the account.
-f, --inactive INACTIVE	The number of days after a password expires until the

	account is ermanently disabled. A value of 0 disables the account as soon as the password has expired, and a value of -1 disables the feature.
-g, --gid GROUP	The group name or number of the user's new initial login group. The group must exist. Any file from the user's home directory owned by the previous primary group of the user will be owned by this new group.
-G, --groups GROUP1[,GROUP2,...[,GROUPN]]]	A list of supplementary groups which the user is also a member of. Each group is separated from the next by a comma, with no intervening whitespace. The groups are subject to the same restrictions as the group given with the -g option. If the user is currently a member of a group which is not listed, the user will be removed from the group. This behaviour can be changed via the -a option, which appends the user to the current supplementary group list.
-L, --lock	Lock a user's password. This puts a '!' in front of the encrypted password, effectively disabling the password. You can't use this option with -p or -U. Note: if you wish to lock the account (not only access with a password), you should also set the EXPIRE_DATE to 1.
-m, --move-home	Move the content of the user's home directory to the new location. This option is only valid in combination with the -d (or --home) option. usermod will try to adapt the ownership of the files

	and to copy the modes, ACL and extended attributes, but manual changes might be needed afterwards.
-p, --password PASSWORD	The encrypted password, as returned by crypt(3). Note: This option is not recommended because the password (or encrypted password) will be visible by users listing the processes. The password will be written in the local /etc/passwd or /etc/shadow file. This might differ from the password database configured in your PAM configuration. You should make sure the password respects the system's password policy.
-U, --unlock	Unlock a user's password. This removes the '!' in front of the encrypted password. You can't use this option with -p or -L. Note: if you wish to unlock the account (not only access with a password), you should also set the EXPIRE_DATE (for example to 99999, or to the EXPIRE value from /etc/default/useradd).

12.6.2 사용자 암호 변경

12.6.2.1 사용자 암호 변경 개요

사용자 암호는 시스템을 외부의 위협으로부터 지키지 위한 가장 기본적인 수단이다. 따라서 적절한 암호를 부여하고, 사후 관리를 잘하는 것이 시스템 관리의 중요한 과제이다.

사용자 암호는 사용자 계정을 생성하면서 동시에 지정할 수도 있고, 사용자 계정을 생성한 후에 사후에 암호를 지정할 수도 있다. 또한 기존에 부여된 암호를 삭제할 수도 있고, 다른 암호로 변경할 수도 있다.

12.6.2.2 passwd 명령

사용자 암호와 관련된 정보를 변경하기 위해서는 passwd 명령을 사용한다. 시스템에 logon한 사용자는 이 명령을 이용해서 자기 자신의 암호를 변경할 수 있다. 또한 시스템 관리자는 다른 사용자의 암호에 대해서도 작업을 할 수 있다. 이 명령을 이용해서 새로운 암호를 부여할 수도 있고 기존에 부여된 암호를 변경하거나 삭제할 수도 있으며, 유효기간을 조정할 수도 있다.

[명령 형식]

```
passwd [option] [logon user]
```

[명령 개요]
- 지정된 사용자 계정의 암호를 변경한다.
- 필요 권한   -- 일반 권한   --- 자기 자신의 암호를 변경하고자 할 때
                -- root 권한   --- 다른 사용자의 암호를 변경하고자 할 때

[상세 설명]
- 이 명령은 사용자 계정에 대한 암호를 변경한다. 일반적인 사용자는 자신의 계정에 대한 암호를 변경할 수 있지만, super user는 다른 계정에 대한 암호도 변경할 수 있다.
- logon user를 지정하지 않으면 logon한 자기 자신의 사용자 계정에 대한 암호를 변경하는 것이다.
- 다른 사용자의 암호를 변경하기 위해서는 superuser 권한이 필요하다

-d, --delete	Delete a user's password (make it empty). This is a quick way to disable a password for an account. It will set the named account passwordless.
-e, --expire	Immediately expire an account's password. This in effect can force a user to change his/her password at the user's next login.
-i, --inactive INACTIVE	This option is used to disable an account after the password has been expired for a number of days. After a user account has had an expired password for INACTIVE days, the user may no longer sign on to the account.
-l, --lock	Lock the password of the named account. This option disables a password by changing it to a value which matches no possible encrypted value (it adds a '!' at the beginning of the password). Note that this does not disable the account. The user may still be able to login using another authentication token (e.g. an SSH key). To disable the account, administrators should use usermod --expiredate 1 (this set the account's expire date to Jan 2, 1970). Users with a locked password are not allowed to change their password.
-S, --status	Display account status information. The status information consists of 7 fields. The first field is the user's login name. The second field indicates if the user account has a locked password (L), has no password (NP), or has a usable password (P). The third field gives the date of the last password change. The next four fields are the minimum age, maximum age, warning period, and inactivity period for the password. These ages are expressed in days.
-u, --unlock	Unlock the password of the named account. This option re-enables a password by changing the password back to its previous value (to the value before using the -l option).

[FILES]

| /etc/passwd | User account information. |

/etc/shadow	Secure user account information.
/etc/pam.d/passwd	PAM configuration for passwd.

[사용 Example]

logon 사용자 계정에 대해서 스스로 암호를 변경하기 위해서는 다음과 같은 작업을 한
다.terminal 화면에서 해당 명령을 수행하면 암호를 변경하는 작업이 시작된다.

```
pi@raspberrypi ~ $ passwd
```
```
Changing password for pi.
(current) UNIX password:
Enter new UNIX password:
Retype new UNIX password:
passwd: password updated successfully
```

먼저 해당 사용자에 대한 현재 암호를 확인하는 메시지가 나타난다. 현재 암호를 정확히
입력하고 [Enter] 버튼을 누르면 새로운 암호를 입력하는 작업이 시작된다. 사용자 "pi"에
대한 새로운 암호를 입력하고 [Enter] 버튼을 누른다. 그러면 암호 확인을 위해서 암호를
다시 입력하도록 하는 요청이 나타나는데, 해당 암호를 다시 입력하고 [Enter] 버튼을 누르
면 암호 변경이 완료된다. 작업이 완료되면 암호 변경이 완료되었음을 알려주는 메시지가
나타난다.

12.6.2.3 시스템 기본 사용자 "pi"에 대한 암호 변경

"pi" 사용자는 시스템 관리를 위해서 시스템에서 기본적으로 제공하는 사용자로 시스템의 설치 및 관리를 위해서 사용되는 사용자이다. 앞에서도 설명했지만 시스템에서 기본적으로 제공하는 "pi" 사용자에게는 "raspberry" 라는 암호가 지정되어 있고, 시스템 설치가 완료되면 이 암호를 변경해야 한다고 설명하였다.

"pi" 사용자의 암호를 변경하는 방법으로 시스템 booting항목 설정 도구인 [raspi-config] 명령을 이용할 수 있다. 여기에 대해서는 **[9.4 default user "pi'에 대한 사용자 암호 변경]** 의 설명을 참조하기 바란다.

12.7 사용자 그룹

12.7.1 사용자 그룹이란

Linux 시스템에서는 시스템 내에서 일정한 업무를 처리할 수 있는 사용자 집단을 구분하여 관리하기 위해서 group이라는 개념을 사용한다. 일정한 범위의 업무를 처리할 수 있는 책임과 권한을 구분하여 group으로 정의하여 관리하면, 그 group에 속하는 모든 사용자 계정들에게 동일한 책임과 권한이 적용되므로, 개별 사용자 계정 별로 책임과 권한을 하나씩 지정할 필요가 없어서 일괄 관리가 가능하다.

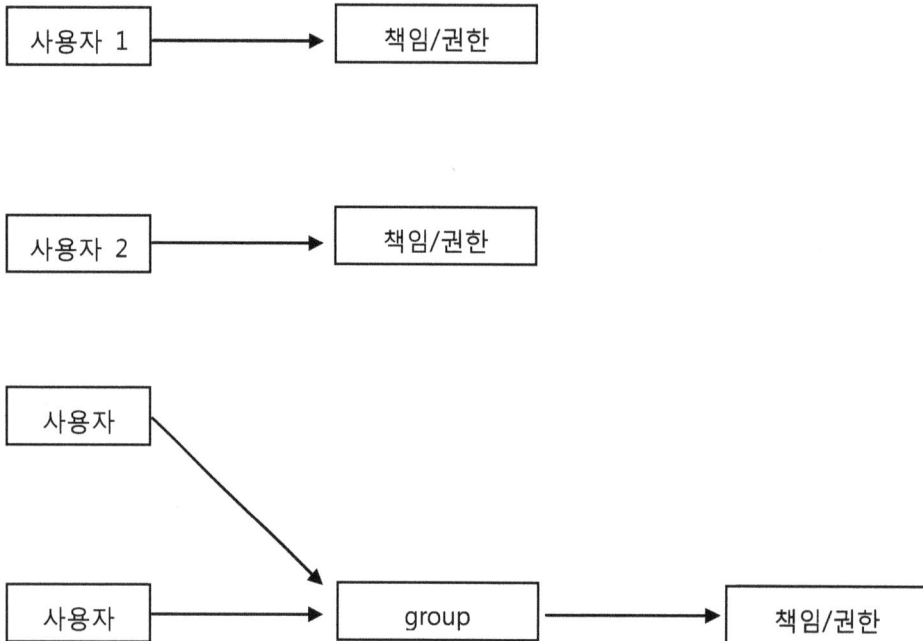

12.7.2 사용자와 사용자 그룹의 관계

Raspberry Pi 시스템에서 특정 사용자 계정은 항상 어떤 특정 group에 소속되도록 되어 있다. 또한 특정 사용자 계정은 하나 이상의 group에 동시에 소속될 수 있다.

특정 사용자 계정에 대해서 별도의 group을 지정하지 않은 경우는 항상 자기 자신의 self group인 primary group에 소속되도록 되어 있다. 이 primary group은 자신의 사용자 계정과 동일한 이름을 가지고 있으며, 자기 자신만 소속되어 있고, 별도로 생성하는 작업을 하지 않더라도 자동적으로 생성되도록 되어 있다.

특정 group에 소속되어 있는 사용자 계정은 해당 group에 부여된 책임과 권한을 그대로 이어 받아서 업무를 수행할 수 있으며, 사용자 계정이 여러 복수의 group에 소속되어 있으면 소속되어 있는 전체 group의 책임과 권한을 함께 부여 받아서 업무를 수행할 수 있다.

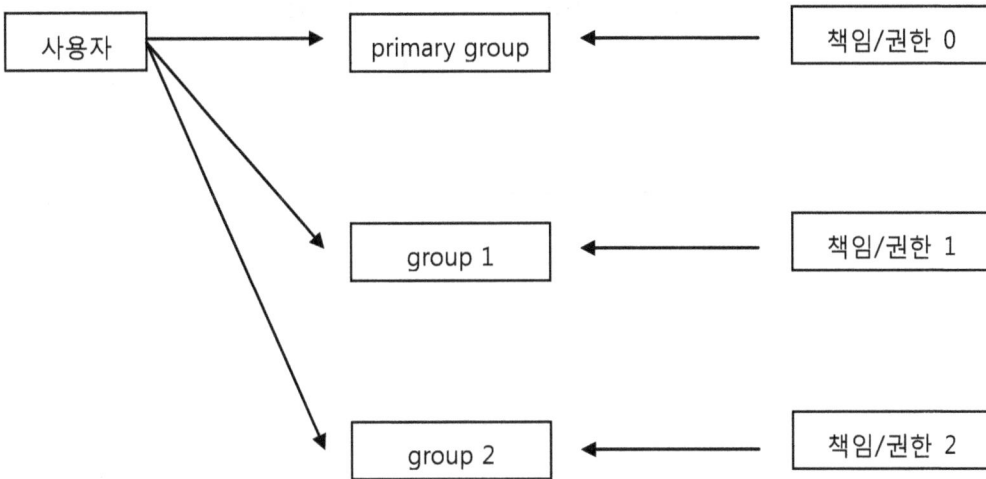

12.7.3 사용자 그룹에 대한 시스템 관리 방식

Raspberry Pi 시스템에서 사용자 그룹은 /etc/group 파일에서 관리된다. 관리되는 자료는 다음의 형식을 가지고 있다.

<그룹이름>: x:<GroupID> : <UserID>....

- 그룹이름

- Group ID

- UserID

시스템에서 특정 사용자 그룹을 정의하면 각각의 사용자 그룹에 대해서 내부적으로 group id 번호가 부여된다. 시스템 내부적으로는 사용자 그룹을 참조할 때는 항상 이 group id를 사용하도록 되어 있다.

아래 자료는 /etc/group 파일의 내용을 조회해 본 것이다.

```
pi@raspberrypi ~ $ sudo cat /etc/group
root:x:0:
daemon:x:1:
~~~~~
guser001:x:1004:
guser002:x:1005:
ggroup001:x:1006:
ggroup002:x:1007:
```

여기서 보면 각각의 사용자 그룹 뒤에 번호가 부여되어 있는 것을 확인할 수 있다. 예를 들어 사용자 그룹 "guser001"을 보면 "1004"라는 id가 부여되어 있는 것을 알 수 있다. 이 "1004"의 번호가 해당 그룹에 대해 내부적으로 관리되는 group id이다.

12.7.4 사용자와 사용자 그룹의 관계에 대한 시스템 관리 방식

Raspberry Pi에서 사용자 그룹과 사용자의 관계를 관리할 때는 여러 가지 방식을 사용한다.

먼저 사용자 계정에 별도의 그룹이 지정되지 않고 자기 자신의 self group인 primary group에만 지정되어 있는 경우는 해당 관계를 /etc/passwd 파일을 이용하여 정의한다.

아래 자료는 시스템에서 사용자 계정 "guser001", "guser002"를 생성한 상태에서 /etc/passwd 파일과 /etc/group 파일을 확인해 본 것이다. 사용자 그룹 "guser001"을 보면 "1004"라는 id가 부여되어 있고, 동일한 id가 /etc/passwd의 사용자 "guser001"에서 지정되어 있는 것을 확인할 수 있다.

```
pi@raspberrypi ~ $ sudo cat /etc/group
root:x:0:
daemon:x:1:
~~~~
guser001:x:1004:
guser002:x:1005:
ggroup001:x:1006:
ggroup002:x:1007:
```

```
pi@raspberrypi ~ $ sudo cat /etc/passwd
root:x:0:0:root:/root:/bin/bash
daemon:x:1:1:daemon:/usr/sbin:/bin/sh
~~~~
guser001:x:1001:1004:General User 001,,,:/home/guser001:/bin/bash
guser002:x:1002:1005:General User 002,,,:/home/guser002:/bin/bash
```

특정 사용자 그룹에 여러 사용자 계정이 지정되어 있을 때는 해당 정보를 관리하기 위해서 /etc/group 파일을 이용한다. 특정 group에 여러 사용자 계정이 포함되어 있으면 그 목록을 해당 group에서 지정하여 관리한다.

다음은 사용자 계정 "guser001"에게 group "ggroup001"을 지정한 후 /etc/group 파일의
자료를 확인해 본 것이다. 해당 사용자에 대한 내용이 아래와 같이 변경되어 있음을 확인
할 수 있다. 사용자 그룹 "ggroup001"에 대해서 사용자 계정 "guser001"이 지정되어 있는
확인할 수 있다.

```
pi@raspberrypi ~ $ sudo cat /etc/group
root:x:0:
daemon:x:1:
~~~~~
guser001:x:1004:
guser002:x:1005:
ggroup001:x:1006:guser001
ggroup002:x:1007:
```

12.7.5 addgroup 명령 - 사용자 그룹의 정의

사용자 그룹을 생성하는 데는 addgroup 명령과 groupadd 명령을 사용할 수 있다. addgroup 명령은 간편하게 사용자 그룹을 생성할 수 있다. 반면 groupadd 명령은 매우 low-level의 명령으로 상대적으로 세부적인 처리를 할 수는 있지만, 사용하는 것이 복잡하여 일반적인 목적으로는 잘 사용되지 않는다.

사용자 그룹은 사용자 그룹만 별도로 생성할 수도 있지만, 사용자 계정을 생성하면서 사용자 그룹을 동시에 생성하는 방법도 있다. 이를 위해서 adduser 명령을 사용할 수 있다. 이에 대해서는 **[12.4.3 adduser 명령 - 사용자 생성]**의 설명을 참조하기 바란다.

addgroup 명령은 새로운 사용자 그룹을 생성하고자 할 때 사용한다. 여러 가지 option을 이용해서 사용자 그룹에 대한 속성 값을 지정할 수 있고, option에서 지정되지 않은 속성 값은 시스템에서 지정된 default 값이 지정된다.

[명령 형식]

addgroup   [options]   group

[명령 개요]
- 새로운 사용자 그룹을 생성한다.
- 필요 권한   -- root 권한

[상세 설명]
- addgroup 명령은 Shell option과 /etc/adduser.conf 파일에서 지정된 설정 내용에 따라 시스템에 새로운 사용자 그룹을 추가한다.

[주요 option]

-h, --help	Display help message and exit.
--system	Create a system user or group.

[FILES]

/etc/group	Group account information.

/etc/gshadow	Secure group account information.
/etc/login.defs	Shadow password suite configuration.

[사용 Example]

새로운 group "ggroup001"을 생성하기 위해서 다음과 같은 작업을 수행한다.

```
pi@raspberrypi ~ $ sudo addgroup ggroup001
```

작업이 완료되면 작업의 결과를 확인하기 위해서 /etc/group 파일의 자료를 확인해 본다.

```
pi@raspberrypi ~ $ sudo cat /etc/group
```

```
root:x:0:
daemon:x:1:
~~~~~
ggroup001:x:1004:
```

12.7.6 delgroup 명령 - 사용자 그룹의 삭제

시스템에서 필요 없는 사용자 그룹을 삭제할 필요가 있다. 사용자 그룹을 삭제할 때는 해당 그룹에 속해 있는 사용자 계정에 대해서 주의를 해야 한다.

사용자 그룹을 삭제할 때는 delgroup 명령과 groupdel 명령을 사용할 수 있다. delgroup 명령은 간편하게 사용자 그룹을 생성할 수 있다. 반면 groupdel 명령은 매우 low-level의 명령으로 상대적으로 세부적인 처리를 할 수는 있지만, 사용하는 것이 복잡하여 일반적인 목적으로는 잘 사용되지 않는다.

사용자 그룹은 사용자 그룹만 별도로 삭제할 수도 있지만, 사용자 계정을 삭제하면서 사용자 그룹을 동시에 삭제하는 방법도 있다. 이를 위해서 deluser 명령을 사용할 수 있다. 이에 대해서는 **[12.5 사용자 삭제]**의 설명을 참조하기 바란다.

 delgroup 명령은 사용자 그룹을 삭제하고자 할 때 사용한다. 여러 가지 option을 이용해서 해당 group이 삭제되면 문제가 없는지 사전에 점검하여 시스템의 안전성을 담보할 수도 있다.

[명령 형식]

delgroup   [options] [--only-if-empty] <group id>

[명령 개요]
- 기존에 정의되어 있는 사용자 그룹을 삭제한다.
- 필요 권한   -- root 권한

[상세 설명]
- delgroup 명령은 Shell option과 /etc/deluser.conf 파일에서 지정된 설정 내용에 따라 시스템에서 사용자 group을 삭제한다. option에 따라 home directory를 삭제하고, 삭제되는 사용자가 소유한 모든 파일을 삭제할 수 도 있으며, 필요한 script를 실행할 수도 있다.
- 현재 존재하는 특정 사용자의 기본 그룹(primary group)은 삭제할 수 없다. primary group을 삭제하기 전에 사용자를 먼저 삭제해야 한다.
- group이 삭제된 이후 삭제되는 사용자 그룹이 이전에 사용하던 모든 파일 시스템들이 모두 삭제되었는지를 수작업으로 점검해야 한다.

-h, --help	Display brief instructions.
--only-if-empty	If the option --only-if-empty is given, the group won't be removed if it has any members left.
--system	Only delete if user/group is a system user/group. This avoids accidentally deleting non-system users/groups. Additionally, if the user does not exist, no error value is returned. This option is mainly for use in Debian package maintainer scripts.

[FILES]

/etc/group	Group account information.
/etc/gshadow	Secure group account information.

[사용 Example]

기존의 group "ggroup002"을 삭제하고자 한다. 삭제하는 작업을 수행하기 전에 /etc/group 파일을 조회해 보면 "ggroup002"가 존재하고 있는 것을 확인할 수 있다.

```
pi@raspberrypi ~ $ sudo cat /etc/group
```

```
root:x:0:
daemon:x:1:
~~~~~
ggroup001:x:1004:
ggroup002:x:1005:
```

기존의 group "ggroup002"을 삭제하기 위해서 다음과 같은 작업을 수행한다.

```
pi@raspberrypi ~ $ sudo delgroup ggroup002
```

작업이 완료되면 작업의 결과를 확인하기 위해서 /etc/group 파일의 자료를 확인해 본다.
해당 group이 삭제되었음을 확인할 수 있다.

```
pi@raspberrypi ~ $ sudo cat /etc/group
root:x:0:
daemon:x:1:
~~~~~
ggroup001:x:1004:
```

12.7.7 사용자 계정에 대한 사용자 그룹 지정

12.7.7.1 처리 방법에 대한 검토

사용자 계정을 어떤 사용자 그룹에 지정하면 그 사용자는 그 그룹이 가지고 있는 모든 책임과 권한을 이어 받게 된다. 또한 특정 사용자 그룹에 어떤 책임과 권한을 부여하게 되면, 그 그룹에 속하는 모든 사용자들에게 동일한 책임과 권한이 부여되게 된다.

특정 사용자 계정은 항상 primary group에 소속되면서, 동시에 하나 이상의 다른 사용자 그룹에 소속될 수 있다. 사용자에게 group을 지정하는 방법에는 여러 가지가 있다. 사용자 계정을 생성하면서 동시에 사용자 그룹을 지정할 수도 있고, 사용자 계정을 생성한 이후에 별도의 작업으로 사용자 그룹을 지정할 수도 있다.

여기서는 adduser 명령을 사용하여 사용자 그룹을 별도로 지정하는 방법을 처리해 보도록 한다.

12.7.7.2 adduser 명령을 이용한 사용자 그룹 지정

[명령 형식]

```
adduser [options] user group
```

[명령 개요]
- 사용자 계정을 새로이 정의하거나 기존 사용자 계정에 사용자 그룹을 지정한다.
- 필요 권한   -- root 권한

[상세 설명]
- None

[주요 option]

--group	When combined with --system, a group with the same name and ID as the system user is created. If not combined with --system, a group with the given name is created. This is the default action if the program is invoked as addgroup.
--system	Create a system user or group.

[FILES]

/etc/group	Group account information.
/etc/gshadow	Secure group account information.

[사용 Example]

사용자 "guser001"을 새로운 group "ggroup001"에 지정하고자 한다.

작업을 수행하기 전에 /etc/passwd 파일을 조회해 보면 사용자 "guser001"이 생성되어 있는 것을 확인할 수 있다. 또한 /etc/group 파일에서 사용자 그룹"guser001"을 보면 "1004"라는 id가 부여되어 있고, 동일한 id가 /etc/passwd의 사용자 "guser001"에서 지정되어 있는 것을 확인할 수 있다.

또한 /etc/group 파일을 조회해 보면 사용자 그룹 "ggroup001"이 생성되어 있는 것을 확인할 수 있다.

```
pi@raspberrypi ~ $ sudo cat /etc/passwd
root:x:0:0:root:/root:/bin/bash
daemon:x:1:1:daemon:/usr/sbin:/bin/sh
~~~~~
guser001:x:1001:1004:General User 001,,,:/home/guser001:/bin/bash
guser002:x:1002:1005:General User 002,,,:/home/guser002:/bin/bash
```

```
pi@raspberrypi ~ $ sudo cat /etc/group
root:x:0:
daemon:x:1:
~~~~~
guser001:x:1004:
guser002:x:1005:
ggroup001:x:1006:
ggroup002:x:1007:
```

사용자 계정 "guser001"에게 group "ggroup001"을 지정하기 위해서 다음과 같은 작업을 수행한다.

```
pi@raspberrypi ~ $ sudo adduser guser001 ggroup001
```

작업이 완료되면 작업의 결과를 확인하기 위해서 /etc/group 파일의 자료를 확인해 본다. 해당 사용자에 대한 내용이 아래와 같이 변경되어 있음을 확인할 수 있다.

```
pi@raspberrypi ~ $ sudo cat /etc/group
root:x:0:
daemon:x:1:
~~~~~
guser001:x:1004:
guser002:x:1005:
ggroup001:x:1006:guser001
ggroup002:x:1007:
```

Chapter 13   파일 권한

Chapter 주요 내용

여기서는 Linux 시스템에서 파일에 대한 권한체계가 어떻게 작동하는지에 대한 기본 개념을 설명하고 있으며, 아울러 파일에 대한 소유권한과 실행권한을 어떻게 변경하는지를 설명하고 있다.

다음과 같은 항목에 대한 내용을 포함하고 있다.
- 파일 권한 체계
- 파일에 대한 소유자 변경
- 파일에 대한 처리 권한 변경

13.1 파일 권한 체계 이해

13.1.1 파일에 대한 권한 정보 확인

Linux 시스템에서 파일에 대한 정보를 확인해 보면 해당 파일에 대한 권한을 파악할 수 있다.

아래는 window 화면에서 [File Manager] 프로그램으로 확인한 "testdata"라는 어떤 directory의 내용이다. 해당 directory 속에는 파일과 또 다른 directory가 포함되어 있는 것을 확인할 수 있다.

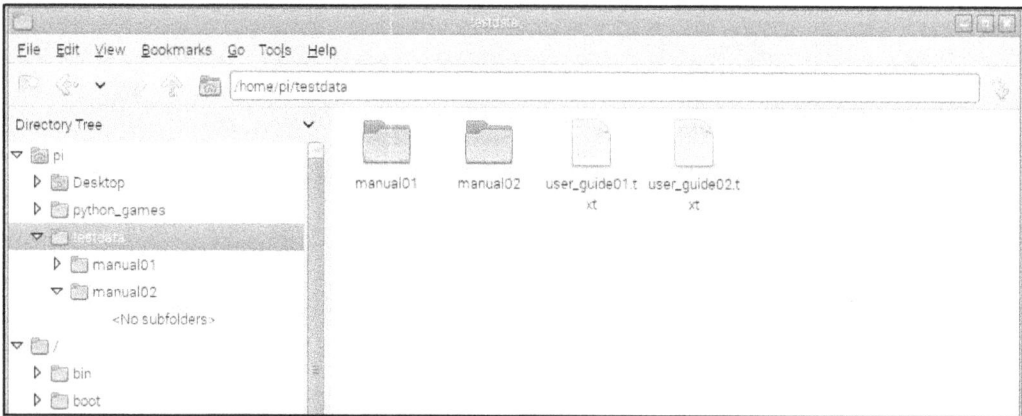

terminal 화면에서 파일에 대한 권한정보를 파악하기 위해서는 아래와 같이 ls 명령을 사용하면 된다.

```
ls      <directory/파일>      -l
```

terminal 화면에서 ls -l 명령으로 directory에 대한 상세정보를 확인해 보면 아래와 같은 파일 정보들을 확인할 수 있다. 이 정보에는 파일에 대한 일반 정보와 파일에 대한 권한 정보가 함께 포함되어 있다.

```
pi@raspberrypi ~ $ ls  testdata -l
total 16
drwxr-xr-x 2 pi pi 4096 Mar 24 02:26 manual01
drwxr-xr-x 2 pi pi 4096 Mar 24 02:26 manual02
-rw-r--r-- 1 pi pi   18 Mar 24 02:10 user_guide01.txt
-rw-r--r-- 1 pi pi   18 Mar 24 02:10 user_guide02.txt
```

다음은 위의 내용 중에서 특정 파일에 대한 정보의 내용을 항목별로 구분하여 도표로서 표시한 것이다.

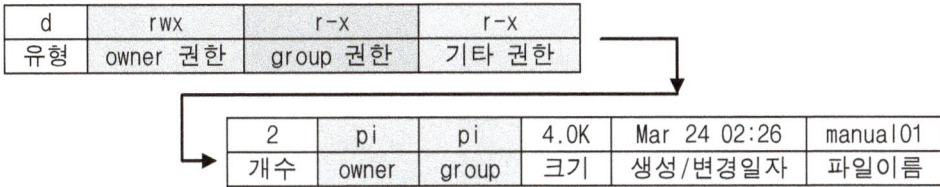

d	rwx	r-x	r-x
유형	owner 권한	group 권한	기타 권한

2	pi	pi	4.0K	Mar 24 02:26	manual01
개수	owner	group	크기	생성/변경일자	파일이름

아래는 위의 정보 중에서 권한에 대한 정보를 다시 세분화하여 표시한 것이다.

r	w	x	r	-	x	r	-	x
읽기	쓰기	실행	읽기	쓰기	실행	읽기	쓰기	실행
owner 권한			group 권한			기타 권한		

파일의 세부정보의 각 항목에서 나타날 수 있는 값들에 대한 기본적인 정보를 정리하면 아래와 같다.

- 유형

  d   -- directory

  \-   -- 파일

  l   -- 링크

  이것은 파일의 유형을 나타나는 정보이다. 해당 내용이 directory인 경우는 "d" 로 표시되고, 파일인 경우는 "-"으로 표시되고, 파일도 아니고 directory도 아니고 link인 경우는 "l" 로 표시된다.

- 소유자(owner) 권한

  \-   -- 권한 없음

  r   -- 읽기 권한

  w   -- 쓰기 권한

  x   -- 실행권한

- 그룹(group) 권한

  \-   -- 권한 없음

  r   -- 읽기 권한

  w   -- 쓰기 권한

  x   -- 실행권한

- **기타(other) 권한**
  - \-   -- 권한 없음
  - r   -- 읽기 권한
  - w   -- 쓰기 권한
  - x   -- 실행권한

- **개수**
  - 1   -- 파일
  - 2   -- 자신 폴더
  - 3이상   -- 자신 폴더 + 내부 폴더 개수

- **소유자(owner)**
  파일에 대한 소유권이 있는 특정 사용자 계정을 의미한다.

- **그룹(group)**
  파일에 대한 소유권이 있는 특정 사용자 그룹을 의미한다.

- **크기**
  파일의 크기

- **생성/변경일자**
  파일의 생성 및 변경일자

- **파일이름**
  파일이름

13.1.2 window 화면에서의 권한 정보의 조회

특정 파일에 대한 상세 정보를 확인하기 위해서는 원하는 파일이나 directory에서 오른쪽
마우스 버튼을 누르면 아래 화면과 같이 팝업 화면이 나타나는데, 그곳에서 [Properties] 메
뉴를 누른다.

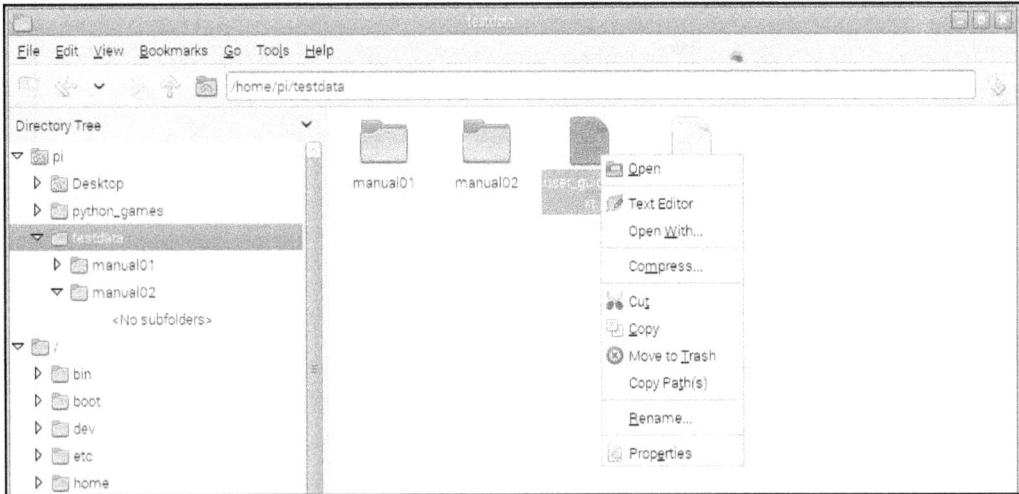

그러면 해당 파일에 대한 상세 정보를 보여주는 화면이 나타나는데 [Permissions] tab을 보
면 소유자와 그룹에 대한 정보와 조회, 수정, 실행에 대한 권한이 어떻게 되어 있는지를 확
인할 수 있다.

이 화면을 보면 owner에 "pi" 사용자가 지정되어 있고 group에는 "pi" 사용자의 기본 그룹
인 "pi"가 그룹으로 지정되어 있다.

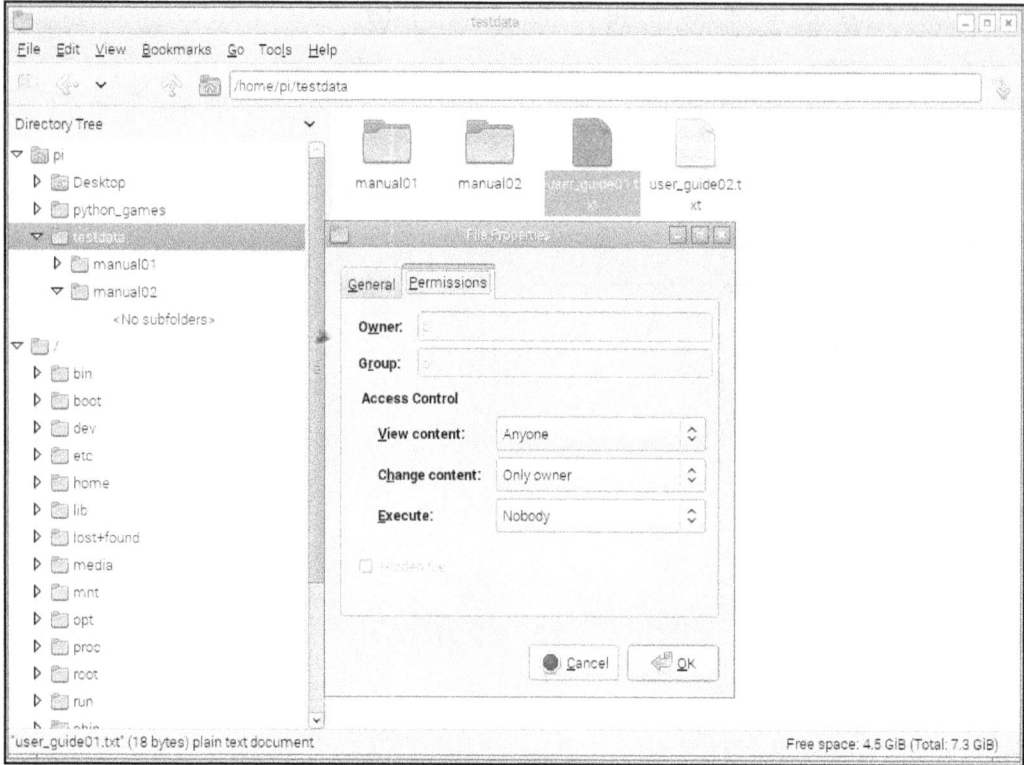

그림 13-1 window에서의 파일 권한 정보 확인

파일에 대한 권한은 terminal 화면에서 표시된 것과는 약간 다른 형태를 하고 있다. terminal화면에서 ls 명령으로 조회한 내용에는 소유자, 그룹, 기타에 대해서 각각 구분하여 읽기, 쓰기, 실행에 대한 권한이 개별적으로 표시되어 있는데, 여기서는 읽기(view), 쓰기 (change content), 실행(execute) 권한이 소유자, 그룹, 기타에 대해서 따로 구분되어 있지 않고 하나로 통합되어 표시되어 있다. 하지만 읽기(view), 쓰기(change content), 실행 (execute) 권한의 세부 내용에서 소유자, 그룹, 기타에 대한 권한이 부여되어 있는지를 표시되는 형식으로 표현되어 있다.

13.1.3 파일에 대한 소유자 및 그룹의 체계

Linux에서는 특정 사용자 계정 또는 특정 사용자 집단에게 권한을 부여하거나 금지하기 위해서 사용자들을 일정한 기준에 따라서 구분하여 관리한다. 파일에 대한 권한을 부여할 수 있는 사용자의 유형을 구분할 때 아래와 같이 세 가지 유형으로 구분한다.

■ 소유자(owner)
파일에 대한 소유권이 있는 특정 사용자 계정을 의미한다.

■ 그룹(group)
파일에 대한 소유권이 있는 특정 사용자 그룹을 의미한다.

■ 기타 사용자(other)
소유권이 있는 사용자와 그룹을 제외한 모든 사용자들을 의미한다.

시스템에 있는 모든 파일과 directory에 대해서는 그것에 대해서 소유권이 있는 사용자 (user)가 지정되고 동시에 소유권이 있는 사용자 그룹(group)이 지정이 된다. 해당 파일에 대해서 소유권이 있는 사용자와 그룹이 아닌 모든 다른 사용자들은 기타 사용자(other)에 속하게 된다.

시스템에서 파일이 생성될 때 해당 파일에 대해서 소유자와 그룹이 자동으로 지정되는데, 파일을 생성할 때 사용되는 "현재 작업 사용자"의 사용자 계정에 따라 아래와 같이 자동 지정된다.

■ 소유자   -- 현재 작업 사용자의 사용자 계정이 지정된다.
■ 그룹   -- 현재 작업 사용자의 기본 그룹(primary group)이 지정된다.

예를 들면 "pi" 사용자 계정을 이용하여 새로운 파일을 생성하면 소유자에 "pi"가 지정되고, 그룹에는 "pi" 사용자의 기본 그룹으로 정의되어 있는 "pi" 그룹이 해당 그룹으로 지정이 된다.

13.1.4 파일에 대한 권한 체계

아래는 위의 정보 중에서 권한에 대한 정보를 다시 세분화하여 표시한 것이다.

r	w	x	r	–	x	r	–	x
읽기	쓰기	실행	읽기	쓰기	실행	읽기	쓰기	실행
owner 권한			group 권한			기타 권한		

각각의 사용자에게 부여하는 권한의 의미는 다음과 같다.
- \- -- none   -- 권한 없음
  파일에 대한 권한이 없음을 의미한다.

- r -- read   -- 읽기 권한
  파일의 내용을 조회할 수 있는 권한을 의미한다.

- w -- write   -- 쓰기 권한
  파일의 내용을 변경할 수 있는 권한을 의미한다. 파일의 수정과 삭제를 모두 포함하고 있다.

- x -- execute   -- 실행권한
  파일 내에 포함되어 있는 일련의 명령을 실행하여 컴퓨터 내에서 특정 작업을 할 수 있는 권한을 의미한다. 일반적인 자료 파일에 대해서는 특별한 의미가 없고, script가 저장되어 있거나, C, Java, Python 등 프로그래밍 언어로 작성된 프로그램에 대한 실행 여부를 정의하는 것이다.

파일과 directory에 대해서 각각 권한의 의미가 약간 다르게 사용된다. 예를 들어 directory에 대해서는 "실행"이라는 의미가 없고, 다만 directory 의 내용을 조회할 수 있는 권한을 의미한다. 즉 directory에 대해서 cd 명령을 통해서 directory에 접근이 가능한 권한을 의미한다. 아래 도표는 파일과 directory에 대해서 각각의 권한의 의미를 정리한 것이다

permission	files	directory
read	File의 내용을 확인, cp(copy)가능	directory 내 file or directory 목록 확인 가능
write	내용의 수정 및 변경 가능	directory에 file or directory 생성
execute	file의 실행 가능	cd 명령어로 directory안으로 접근 가능

사용자에 대한 권한은 해당 파일에 대한 소유권이 있는 소유자, 그룹, 기타의 사용자들에 대해서 각각 개별적으로 정의한다. 각각에 대해서 독립적으로 권한이 부여되는 것이다.

- 소유자   -- 읽기 권한, 쓰기 권한, 실행 권한
- 그룹   -- 읽기 권한, 쓰기 권한, 실행 권한
- 기타   -- 읽기 권한, 쓰기 권한, 실행 권한

특정 파일에 대해서 특정 사용자가 어떠한 권한을 가지는지는 다음의 방식으로 정해진다.

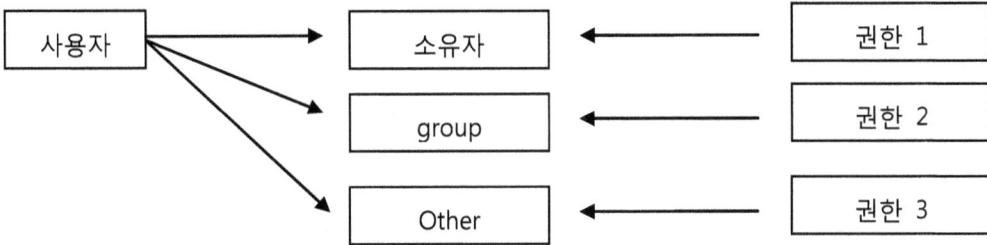

- 특정 사용자가 소유자와 같다면 해당 소유자의 권한이 적용된다.
- 특정 사용자가 소유 그룹에 소속되어 있으면 그룹에 지정된 권한이 적용된다.
- 특정 사용자가 소유자이면서 소유 그룹에도 소속되어 있다면 소유자에 지정된 권한과 소유 그룹에 지정된 권한이 합하여 적용된다.

권한	소유자 권한	group 권한	최종 권한
읽기	r	-	r
쓰기	-	w	w
실행	-	x	x

- 특정 사용자가 소유자도 아니고, 소유 그룹에도 소속되어 있지 않다면 "기타"에 지정된 권한이 적용된다.

13.2 파일에 대한 권한 변경

13.2.1 파일에 대한 소유자 및 그룹의 변경

13.2.1.1 chown 명령 - 파일에 대한 소유자(owner) 변경

파일에 대한 소유자를 변경하기 위해서는 [chown] 명령을 이용한다. 소유자 정보를 변경할 수 있고, 필요한 경우 파일에 대한 소유 그룹도 동시에 변경할 수 있다.

[명령 형식]

```
chown   [OPTION]... [OWNER] [:[GROUP]]   FILE...
```

[명령 개요]
- 파일에 대한 소유자를 변경한다.
- 필요 권한   -- root 권한

[상세 설명]
- 이 명령은 특정 파일에 대해 소유자와 소유 group을 변경한다. 소유자만 변경할 수도 있고, 소유 그룹을 함께 변경할 수도 있다.
- group을 변경할 때는 ":group 이름" 형식으로 명령을 실행한다. 콜론(:) 만 지정하고 group 이름을 지정하지 않으면 해당 owner의 primary group으로 변경된다.

[주요 option]

--help	display this help and exit
-R, --recursive	operate on files and directories recursively 폴더에 작업할 경우 하위의 모든 폴더와 파일에 대한 내용까지 한꺼번에 변경된다

[사용 Example]

directory "manual01"에 대한 소유자를 'root'로 변경하기 위해서 다음과 같이 작업을 한다.

```
pi@raspberrypi ~ $ sudo chown root ./testdata/manual01
```

작업이 완료된 이후에 파일에 대한 상세 정보를 다시 조회해 보면 "manual01"에 대한 소유자가 "root"로 변경되어 있음을 확인할 수 있다.

```
pi@raspberrypi ~ $ ls ./testdata/ -l
total 16
drwxr-xr-x 2 root pi 4096 Mar 24 02:26 manual01
drwxr-xr-x 2 pi   pi 4096 Mar 24 02:26 manual02
-rw-r--r-- 1 pi   pi   18 Mar 24 02:10 user_guide01.txt
-rw-r--r-- 1 pi   pi   18 Mar 24 02:10 user_guide02.txt
```

13.2.1.2 chgrp 명령 - 파일에 대한 소유 그룹(group) 변경

파일에 대한 소유 그룹은 [chgrp] 명령을 이용하여 변경할 수 있다.

[명령 형식]

```
chgrp  [OPTION]...  GROUP  FILE...
```

[명령 개요]

■ 파일에 대한 소유 그룹을 변경한다.

■ 필요 권한   -- root 권한

[상세 설명]

■ None

[주요 option]

--help	display this help and exit
-R, --recursive	operate on files and directories recursively 폴더에 작업할 경우 하위의 모든 폴더와 파일에 대한 내용까지 한꺼번에 변경된다

[사용 Example]

directory "manual01"에 대한 그룹을 'root'로 변경하기 위해서 다음과 같이 작업을 한다.

```
pi@raspberrypi ~ $ sudo chgrp root ./testdata/manual01
```

작업이 완료된 이후에 파일에 대한 상세 정보를 다시 조회해 보면 "manual01"에 대한 그룹이 "root"로 변경되어 있음을 확인할 수 있다.

```
pi@raspberrypi ~ $ ls ./testdata/ -l
total 16
drwxr-xr-x 2 root root 4096 Mar 24 02:26 manual01
drwxr-xr-x 2 pi   pi   4096 Mar 24 02:26 manual02
-rw-r--r-- 1 pi   pi     18 Mar 24 02:10 user_guide01.txt
-rw-r--r-- 1 pi   pi     18 Mar 24 02:10 user_guide02.txt
```

13.2.2 파일에 대한 처리 권한의 변경

13.2.2.1 chmod 명령을 이용한 권한 변경

파일에 대한 권한을 변경할 때는 chmod 명령을 사용한다. 이 명령에는 사용자의 범위, 변경작업의 내용변경 권한의 종류를 지정한다.

[명령 형식]

```
chmod   [OPTION]...   MODE[,MODE]... FILE...
```

[명령 개요]

■ 파일에 대한 권한을 변경한다.

■ 필요 권한 -- root 권한

[상세 설명]

■ 이 명령은 특정 파일에 대한 file mode bit를 변경하여 처리할 수 있는 권한을 조정한다.

■ 권한의 내용을 정의할 때는 symbolic representation 과 numeric representation을 사용할 수 있다.

[주요 option]

--help	display this help and exit
-R, --recursive	operate on files and directories recursively 폴더에 작업할 경우 하위의 모든 폴더와 파일에 대한 내용까지 한꺼번에 변경된다

13.2.2.2 symbol 표현 형식의 권한 변경

이 명령에는 사용자의 범위, 변경작업의 내용변경 권한의 종류를 지정해야 하며 다음과 같은 symbol 표현 형식으로 지정할 수 있다.

구분	parameter	의미	설명
권한 변경 사용자의 범위	u	owner	소유자
	g	group	소유 그룹
	o	other	기타 사용지
	a	all	모든 사용자
권한 변경 작업의 종류	+	부여	권한 추가
	-	박탈	권한 제거
	=	only	권한 배타적 설정
변경 권한의 내용	r	read	읽기
	w	write	쓰기
	x	execute	실행

- 권한 변경 사용자의 범위

  특정 파일에 대해서 권한이 변경되는 사용자의 범위를 의미한다. 즉 파일에 대한 권한을 설정할 때는 소유자, 그룹, 기타의 사용자로 구분되어 있는데, 이렇게 구분되는 권한 중에서 누구의 권한이 변경되는지를 지정한다. 여기서 "a"는 모든 사용자에 대한 권한, 즉 소유자, 그룹, 기타 사용자에 대한 권한 동시에 변경한다.

  명령을 실행할 때는 이러한 사용자의 범위를 지정하는 기호는 하나 이상을 동시에 지정하여 여러 사용자 권한을 동시에 변경할 수 있다. 즉 "ug"는 소유자와 그룹의 권한을 변경하고, "uo"는 소유자와 기타 사용자의 권한을 변경하게 된다. 또한 "ugo"는 소유자, 그룹, 기타 사용자 모두를 의미하며, "a" 와 동일한 효과가 있다.

- 권한 변경 작업의 종류

  여기서는 권한을 추가로 부여하는지, 기존의 권한을 박탈하는지를 지정하는 것이다. "+"는 새로운 권한을 부여하는 기능이 있고, "-"는 기존에 부여된 권한을 제거하는 기능이 있다. "="는 조금 특별한 기능을 수행하는데, 이번 작업에서 지정한 권한 이외는 모두 제거하는 기능을 수행한다. 예를 들어 이번 작업에서 "="를 이용하여 쓰기 권한을 부여하게 되면, 읽기 권한과 실행 권한은 없어지게 된다. 명령을 실행할 때는 작업의 종류는 하나만 지정할 수 있다.

■ 변경 권한의 내용

여기서는 어떤 권한을 변경하는지를 지정하는 것이다. 파일에 대해서 읽기 권한, 쓰기 권한, 실행 권한 중에서 처리를 원하는 권한을 선택하여 지정하면 된다.

명령을 실행할 때는 권한에 대응되는 기호를 하나 이상을 동시에 지정하여 여러 가지 권한을 동시에 변경할 수 있고 필요한 경우는 아무것도 지정하지 않을 수도 있다. 즉 "rw"는 읽기 권한과 쓰기 권한을 동시에 처리하는 것을 의미하고, " "으로 표시하면 어떤 권한도 지정하지 않는 것을 의미한다.

[사용 Example]

작업을 시작하기 전에 작업 대상이 되는 directory에 대한 상세 정보를 조회해 보면 다음과 같이 되어 있다. 여기서 "user_guide01.txt"에 대한 권한을 확인해 보기 바란다.

```
pi@raspberrypi ~ $ ls ./testdata -l
total 16
drwxr-xr-x 2 root root 4096 Mar 24 02:26 manual01
drwxr-xr-x 2 pi   pi   4096 Mar 24 02:26 manual02
-rw-r--r-- 1 pi   pi     18 Mar 24 02:10 user_guide01.txt
-rw-r--r-- 1 pi   pi     18 Mar 24 02:10 user_guide02.txt
```

먼저 "user_guide01.txt"에 대한 모든 권한을 삭제해 보도록 하겠다. 모든 사용자 범위에 대한 작업을 하기 위해서는 기호 "a"를 사용하면 된다. 모든 권한을 삭제하기 위해서는 "a-rwx"를 사용할 수도 있지만 여기서는 "a="을 사용하도록 한다. 작업이 완료된 이후에 파일에 대한 상세 정보를 다시 조회해 보면 "user_guide01.txt"에 대한 모든 권한이 박탈되어 있는 것을 확인할 수 있다.

```
pi@raspberrypi ~ $ sudo chmod a= ./testdata/user_guide01.txt
```

```
pi@raspberrypi ~ $ ls ./testdata -l
total 16
drwxr-xr-x 2 root root 4096 Mar 24 02:26 manual01
drwxr-xr-x 2 pi   pi   4096 Mar 24 02:26 manual02
---------- 1 pi   pi     18 Mar 24 02:10 user_guide01.txt
-rw-r--r-- 1 pi   pi     18 Mar 24 02:10 user_guide02.txt
```

먼저 "user_guide01.txt"에 대한 모든 권한을 삭제해 보도록 하겠다. 모든 사용자 범위에 대한 작업을 하기 위해서는 기호 "a"를 사용하면 된다. 모든 권한을 삭제하기 위해서는 "a-rwx"를 사용할 수도 있지만 여기서는 "a="을 사용하도록 한다. 작업이 완료된 이후에 파일에 대한 상세 정보를 다시 조회해 보면 "user_guide01.txt"에 대한 모든 권한이 박탈되어 있는 것을 확인할 수 있다.

```
pi@raspberrypi ~ $ sudo chmod a= ./testdata/user_guide01.txt
```

```
pi@raspberrypi ~ $ ls ./testdata -l
total 16
drwxr-xr-x 2 root root 4096 Mar 24 02:26 manual01
drwxr-xr-x 2 pi   pi   4096 Mar 24 02:26 manual02
---------- 1 pi   pi     18 Mar 24 02:10 user_guide01.txt
-rw-r--r-- 1 pi   pi     18 Mar 24 02:10 user_guide02.txt
```

다음으로 동일 파일 "user_guide01.txt"에 대해서 소유권 사용자와 소유권 그룹에 대해 읽기, 쓰기, 실행 권한을 모두 부여해 보도록 하겠다. 소유권 사용자에 대한 작업을 하기 위해서는 기호 "ug"를 사용하면 된다. 모든 권한을 부여하기 위해서는 "rwx"를 사용하여 다음과 같이 작업을 한다. 작업이 완료된 이후에 파일에 대한 상세 정보를 다시 조회해 보면 "user_guide01.txt"에 대한 다음과 같이 수정되어 있는 것을 확인할 수 있다.

```
pi@raspberrypi ~ $ sudo chmod ug+rwx ./testdata/user_guide01.txt
```

```
pi@raspberrypi ~ $ ls ./testdata -l
total 16
drwxr-xr-x 2 root root 4096 Mar 24 02:26 manual01
drwxr-xr-x 2 pi   pi   4096 Mar 24 02:26 manual02
-rwxrwx--- 1 pi   pi     18 Mar 24 02:10 user_guide01.txt
-rw-r--r-- 1 pi   pi     18 Mar 24 02:10 user_guide02.txt
```

13.2.2.3 number 표현 형식의 권한 변경

권한을 변경할 때는 앞에서처럼 기호를 이용하여 내용을 지정할 수도 있지만 권한의 내용을 문자가 아닌 숫자의 형태로 지정하는 또 다른 방법이 있다. 사실 이 방식은 원래 Unix에서 원래 사용하던 방식으로 보다 오래된 방식이며, 사후에 기호 표현 문자를 이용하는 방식이 도입되었다.

그러면 숫자를 이용하여 권한을 표현하는 방법에 대해서 알아보자. 여기서는 다음과 같이 각각의 권한에 대응하여 아래와 같이 숫자 값은 지정하고, 권한의 종류에 대응되는 숫자를 이용하여 권한을 표현하게 된다.

- 읽기 권한   -- 4
- 쓰기 권한   -- 2
- 실행 권한   -- 1
- 권한 없음   -- 0

사용자에 대한 권한을 표현할 때는 읽기 권한, 쓰기 권한, 실행 권한에 대응하는 숫자를 모두 더하여 하나의 숫자로 표현한다.

- r-- -- 4 + 0 + 0   -- 4   -- 읽기 권한만 있음
- rw- -- 4 + 2 + 0   -- 6   -- 읽기, 쓰기 권한이 있음
- rwx -- 4 + 2 + 1   -- 7   -- 읽기, 쓰기, 실행권한이 있음

파일에 대한 권한은 소유권 사용자, 소유권 그룹, 기타 사용자에 대해서 별도의 권한을 지정하므로 이렇게 숫자로 표현된 권한도 각각의 대상에 따라서 별도의 권한을 지정하게 되는데, 각각의 대상에 대한 권한에 대응되는 숫자를 연결하여 L M N 형식으로 하나의 숫자로 표현하게 된다. 다음은 "764"로 표현되는 권한에 대한 내용을 대상에 따라 구분하여 설명한 것이다.

- L -- 소유 사용자 권한   -- 읽기, 쓰기, 실행   -- 4 + 2 +1   -- 7
- M -- 소유 그룹 권한   -- 읽기, 쓰기   -- 4 + 2   -- 6
- N -- 기타 사용자 권한   -- 읽기   -- 4   -- 4

[사용 Example]

작업을 시작하기 전에 작업 대상이 되는 directory에 대한 상세 정보를 조회해 보면 다음
과 같이 되어 있다. 여기서 "user_guide01.txt"에 대한 권한을 확인해 보기 바란다.

```
pi@raspberrypi ~ $ ls ./testdata -l
total 16
drwxr-xr-x 2 root root 4096 Mar 24 02:26 manual01
drwxr-xr-x 2 pi   pi   4096 Mar 24 02:26 manual02
-rwxrwx--- 1 pi   pi     18 Mar 24 02:10 user_guide01.txt
-rw-r--r-- 1 pi   pi     18 Mar 24 02:10 user_guide02.txt
```

먼저 "user_guide02.txt"에 대한 권한을 변경해 보도록 하겠다. 소유권 사용자에게는 읽기,
쓰기, 실행 권한을 주고, 소유권 그룹에게는 읽기, 실행 권한을 주고, 기타 사용자에게는 실
행 권한을 부여해 보도록 하겠디. 이를 위해서는 소유권 사용자에게는 7, 소유권 그룹에
게는 5, 기타 사용자에게는 1를 지정하여 아래와 같이 작업을 한다. 작업이 완료된 이후에
파일에 대한 상세 정보를 다시 조회해 보면 "user_guide02.txt"에 대한 권한이 아래와 같이
변경되어 있는 것을 확인할 수 있다.

```
pi@raspberrypi ~ $ sudo chmod 751 ./testdata/user_guide02.txt
```

```
pi@raspberrypi ~ $ ls ./testdata -l
total 16
drwxr-xr-x 2 root root 4096 Mar 24 02:26 manual01
drwxr-xr-x 2 pi   pi   4096 Mar 24 02:26 manual02
-rwxrwx--- 1 pi   pi     18 Mar 24 02:10 user_guide01.txt
-rwxr-x--x 1 pi   pi     18 Mar 24 02:10 user_guide02.txt
```

Chapter 14   device

Chapter 주요 내용

여기서는 Linux 시스템에서 사용 가능한 여러 가지 device 장치와 이러한 device 장치에 대한 정보를 가지고 있는 /dev 파일에 대해 설명하고 있으며, USB 장치의 특성에 대해서 설명하고 있다.

다음과 같은 항목에 대한 내용을 포함하고 있다.
- device 장치와 /dev 파일
- character device
- block device
- network device
- USB 장치

14.1 device 개요

14.1.1 device 종류와 /dev 파일

Linux에서 사용하는 device에는 키보드와 같은 character device와 디스크와 같은 block device와 Ethernet과 같은 network device가 있다.

character device와 block device는 한번 설치가 되면 /dev에 하나의 파일인 것처럼 등록되며, 일반 파일처럼 access하는 것을 지원한다. 반면 network device는 시스템 kernel이 초기화하는 과정에서 검색된 장치만 device로 등록하며, /dev에는 파일로 등록하지 않는다.

보통 character device나 block device는 실제로 장치가 존재하지 않더라도 장치 특수파일이 존재한다. 이는 실제 시스템에 장치가 많지 않더라도, /dev 디렉토리에 수많은 device 파일이 존재하는 이유이다. 하지만 network device 파일은 실제로 장치가 존재하는 경우에만 만들어진다.

14.1.2 character device

14.1.2.1 특징

character device는 Linux의 장치들 중에서 가장 단순한 것으로, device에서 자료를 입출력할 때 character 단위로 처리하면, 중간에 Buffer가 없다.

/dev 파일은 mknod 명령으로 만들어지며, 일단 만들어진 후에는 실제 device의 존재와는 무관하게 계속 유지된다. 따라서 실제로 존재하지 않는 device인 경우도 /dev 파일이 생성되어 있을 수 있다. Linux는 다른 프로그램에서 이러한 block device에 대해서 하나의 파일인 것처럼 표준 시스템 기능을 이용하여 open, read, write 처리를 할 수 있다.

14.1.2.2 device 이름 규칙

device 이름은 <device 유형> + <device 번호>의 형식으로 전해진다.
- device 유형
  예를 들어 console에 대해서는 "tty"로 정의되어 있다. device 유형에 대해서는 다음에 계속 설명할 것이다.

- device 번호
  device 번호는 동일 device 유형별로 설치되는 순서에 따라서 0, 1, 2, 3 .. 순서로 이름이 부여된다.
  예들 들어 tty0는 console인 tty type으로 설치되어 있는 첫 번째 device 0 라는 의미이다.

14.1.3 block device

14.1.3.1 block device 특징

block device는 device에서 자료를 처리할 때 block 단위로 자료를 입출력하며, 중간에 buffer를 두어 처리성능을 높인다.

/dev 파일은 mknod 명령으로 만들어지며, 일단 만들어진 후에는 실제 device의 존재와는 무관하게 계속 유지된다. 따라서 실제로 존재하지 않는 device인 경우도 /dev 파일이 생성 되어 있을 수 있다. Linux는 다른 프로그램에서 이러한 block device에 대해서 하나의 파일 인 것처럼 표준 시스템 기능을 이용하여 open, read, write 처리를 할 수 있다.

14.1.3.2 block device 종류

block device의 대표적인 장치가 hard disk이다. 현재 Linux에서 많이 사용되는 disk에는 IDE(Integrated Disk Electronics) 방식과 SCSI(Small Computer System Interface)방식이 있다.

USB flash memory도 block device형태의 disk인데, 통상 SCSI 방식의 disk이다.

14.1.3.3 disk device 이름 규칙

Linux에서 disk 장치가 설치되면 다음과 같이 일정한 규칙을 가진 이름으로 가진다.

- disk   -- disk 유형 + disk 번호
- 파티션   -- disk 유형 + disk 번호   + 파티션 번호

시스템에 설치된 모든 디스크는 /dev directory에 하나의 파일처럼 연결된다.

● **disk유형**

disk 유형에 따라 다음과 같은 코드를 부여한다.

- IDE type disk   -- hd
- SCSI type disk   -- sd
- Virtual type disk   -- vd
- SD card   -- mmcblk

● **disk 번호**

디스크 번호는 동일 disk 유형별로 설치순서에 따라 이름이 부여된다. disk 번호만 있고 파티션 번호가 없는 것은 특정 디스크 장치 전체를 의미한다. disk device 전체를 지칭할 때는 이 이름을 사용해야 한다.

- hard disk   -- a, b, c .. 순서로 이름이 부여된다.
- SD card   -- 0, 1, 2 .. 순서로 이름이 부여된다.

다음은 device에 대한 사례이다.

sda	-- SCSI type - disk a 전체
sda	-- SCSI type - disk a 전체
mmcblk0	-- SD card type - disk 0 - 전체

● Partition 번호

특정 디스크 번호에서 파티션이 분할되면 장치 별로 순서에 따라 이름이 부여된다. 특정 파티션을 지정할 때는 이 이름을 사용해야 한다.

- hard disk   -- 1, 2, 3 .. 순서로 이름이 부여된다.
- SD card   -- p1, p2, p3 .. 순서로 이름이 부여된다.

다음은 device별로 partition에 대한 사례이다.

```
/dev/hda1               -- IDE type - disk a - 파티션 1
/dev/sdb2               -- SCSI type - disk b - 파티션 2
/dev/ mmcblk0p1         -- SD card type - disk 0 - 파티션 1
```

● /dev 등록 파일

/dev에는 disk 자체도 파일로 등록되고, 파티션도 하나의 파일로 등록이 된다. 파티션 번호가 없는 것이 disk 자체를 의미한다.

다음은 disk에 대해서 /dev에 등록되는 device 파일 장치이름의 예이다.

```
/dev/hdb                -- IDE type - disk b - 전체
/dev/hdb1               -- IDE type - disk b - 파티션 1
/dev/hdb2               -- IDE type - disk b - 파티션 2


/dev/sda                -- SCSI type - disk a - 전체
/dev/sda1               -- SCSI type - disk a - 파티션 1
/dev/sda2               -- SCSI type - disk a - 파티션 2


/dev/mmcblk0            -- SD card type - disk 0 - 전체
/dev/mmcblk0p1          -- SD card type - disk 0 – 파티션 1
/dev/mmcblk0p2          -- SD card type - disk 0 – 파티션 2
/dev/mmcblk0p3          -- SD card type - disk 0 – 파티션 3
```

14.1.3.4 blkid 명령 - block device 정보 확인

시스템에 있는 block device에 대한 정보를 확인하고자 할 때 사용하는 명령이 blkid이다.

[명령 형식]

```
blkid  [ options ]    device
```

[명령 개요]

- 시스템에 있는 block device에 대한 여러 가지 정보를 확인할 수 있다.
- 필요 권한   -- root 권한

[상세 설명]

- 이 명령은 시스템에 있는 block device를 검색하거나 block device의 attributes를 확인
  할 수 있다.
  이 명령은 block device에 대해서 filesystem의 type, LABEL, UUID와 같은 정보를 보여
  준다.
- 이 명령 실제로 설치되어 있는 block device만 보여 준다. 따라서 /dev에 정의되어 있
  더라도 실제로 존재하지 않는 경우는 표시되지 않는다.

[주요 option]

-h	Display a usage message and exit.
-l	Look up only one device that matches the search parameter specified with -t.
-t NAME=value	Search for block devices with tokens named NAME that have the value, and display any devices which are found. Common values for NAME include TYPE, LABEL, and UUID. If there are no devices specified on the Shell, all block devices will be searched; otherwise only the specified devices are searched.
-L label	Look up the device that uses this label (equal to: -l -o device -t LABEL= <label>). This lookup method is able to reliably use /dev/disk/by-label udev symlinks (dependent on a setting in /etc/blkid.conf). Avoid using the symlinks directly; it isnot reliable to use the symlinks without verification. The -L option works on systems with and without udev.

[사용 Example]

다음은 SD card와 USB flash memory가 있는 상태에서 명령을 실행한 사례이다.

```
pi@raspberrypi ~ $ sudo blkid
/dev/mmcblk0p1: LABEL="RECOVERY" UUID="5019-0CBC" TYPE="vfat"
/dev/mmcblk0p3: LABEL="SETTINGS" UUID="fbc9f2d1-837b-4b3b-8efc-62e04052534a"
TYPE="ext4"
/dev/mmcblk0p5: LABEL="boot0" UUID="0501-A21E" TYPE="vfat"
/dev/mmcblk0p6: LABEL="root" UUID="6f5f8ed3-8603-4468-969b-964be078e131"
TYPE="ext4"
/dev/mmcblk0p7: LABEL="boot" UUID="5E6B-94DB" TYPE="vfat"
/dev/mmcblk0p8: LABEL="root0" UUID="6af8520e-9e0b-4197-a848-b5fec5d09136"
TYPE="ext4"
/dev/sda1: LABEL="REAL USB" UUID="FEF225C2F2257FCF" TYPE="ntfs"
```

14.1.4 network device

14.1.4.1 network device 특징

Linux에서 network device는 데이터 패킷을 보내고 받는 하나의 개체로 생각한다. network device는 대개 Ethernet card와 같은 물리적인 장치이다. 하지만, 어떤 network device는 소프트웨어로만 되어 있는 것도 있는데, 데이터를 자기 자신에게 보내는데 사용되는 loopback 장치 같은 것이 그것이다.

Linux에서 kernel이 부팅할 때 network device driver가 초기화하는 동안 자신이 제어하는 device를 Linux에 등록한다. network device는 Linux가 시스템에서 network를 초기화할 때 만들어지므로, 실제로 존재하지 않는 device에 대해서는 파일이 생성되지 않는다.

network device에 대해서 생성된 파일은 /dev에 등록되지 않는다. 해당 내용을 확인하기 위해서는 ifconfig명령을 사용해서 내용을 확인해야 한다.

14.1.4.2 network device 종류 및 이름 규칙

- 유선 Ethernet 장치
    - 유선 LAN 케이블을 통하여 네트워크에 접속하는 장치를 의미한다.
    - 이름 규칙   -- eth + n   -- 0, 1, 2 ...

- Wi-Fi Ethernet 장치
    - Wi-Fi를 통하여 네트워크에 접속하는 장치를 의미한다.
    - 이름 규칙   -- wlan + n   -- 0, 1, 2 ...

- 루프백 장치
    - loop back 장치는 시스템에 내장된 장치로서, 네트워크상의 별도의 물리적인 장치가 아니라 네트워크에서의 자기 자신을 지칭하는 가상 인터페이스 장치이다.
    - 이름 규칙   -- lo

- SLIP 장치
    - SLIP(Serial Line Internet Protocol)은 전화 모뎀을 이용하는 통신방식의 하나로 전화선을 이용하여 네트워크에 접속하여 네트워크를 사용할 수 있도록 하는 프로토콜이다.
    - 이름 규칙   -- sl + n   -- 0, 1, 2 ..

- PPP 장치
    - PPP(Point to Point Protocol)는 전화 모뎀을 이용하는 통신방식의 하나로 전화선을 이용하여 네트워크에 접속하여 네트워크를 사용할 수 있도록 하는 프로토콜이다. SLIP에 비해 동시에 많은 프로토콜의 패킷을 처리할 수 있지만, 복잡하고 구현이 어려워서 통상 SLIP을 사용한다
    - 이름 규칙   --   -- ppp + n

14.2 USB 장치

14.2.1 USB 장치 확인 - lsusb

Raspberry Pi 시스템에 설치된 USB 장치가 어떤 것이 있는지 확인하기 위해서 lsusb 명령을 사용할 수 있다.

[명령 형식]

lsusb [options]

[명령 개요]
- 시스템에 설치된 USB 장치에 대한 정보를 보여준다.
- 필요 권한   -- 일반 권한

[상세 설명]
- lsusb는 시스템에 있는 USB와 USB에 연결되어 있는 device에 대한 정보를 보여주는 도구이다.

[주요 option]

-h, --help	Display a help message and exit.
-v, --verbose	Tells lsusb to be verbose and display detailed information about the devices shown. This includes configuration descriptors for the device's current speed. Class descriptors will be shown, when available, for USB device classes including hub, audio, HID, communications, and chipcard. 지정된 특정 USB 장치에 대한 상세정보를 조회할 수 있다.
-D device	Do not scan the /dev/bus/usb directory, instead display only information about the device whose device file is given. The device file should be something like /dev/bus/usb/001/001. This option displays detailed information like the v option; you must be root to do this.
-s [[bus]:][devnum]	Show only devices in specified bus and/or devnum. Both ID's are given in decimal and may be omitted.

| -t | Tells lsusb to dump the physical USB device hierarchy as a tree. This overrides the v option. |

[사용 Example]

아래 화면은 Raspberry에 아무것도 설치하지 않는 상태에서 usb 장치를 조회한 것이다.

```
pi@raspberrypi ~ $ lsusb
Bus 001 Device 002: ID 0424:9514 Standard Microsystems Corp.
Bus 001 Device 001: ID 1d6b:0002 Linux Foundation 2.0 root hub
Bus 001 Device 003: ID 0424:ec00 Standard Microsystems Corp.
```

USB Wi-Fi LAN adapter, USB Keyboard & Mouse switch, USB flash memory를 설치한 다음, 다시 목록을 조회한 것이다. Device 011에 WLAN adapter 장치가 추가되고, Device 016에 Keyboard & Mouse switch장치가 추가되고, Device 009에 Flash memory가 새롭게 추가되어 있는 것을 확인할 수 있다.

```
pi@raspberrypi ~ $ lsusb
Bus 001 Device 002: ID 0424:9514 Standard Microsystems Corp.
Bus 001 Device 001: ID 1d6b:0002 Linux Foundation 2.0 root hub
Bus 001 Device 003: ID 0424:ec00 Standard Microsystems Corp.
Bus 001 Device 011: ID 0bda:8176 Realtek Semiconductor Corp. RTL8188CUS 802.11n
WLAN Adapter
Bus 001 Device 016: ID 045e:008a Microsoft Corp. Wireless Keyboard and Mouse
Bus 001 Device 009: ID 0718:0431 Imation Corp.
```

14.2.2 USB 장치와 device

14.2.2.1 USB 장치와 /dev/

USB 장치는 bus 유형의 장치이다. Raspberry Pi에서 해당 장치는 /dev/bus/usb에서 관리하고 있다. 해당 폴더에 있는 001 폴더 내부를 보면 다음과 같은 파일들이 있는 것을 알 수 있다. 파일 이름이 001 ~ 016 형태로 되어 있는데, 이들이 USB device 장치 번호를 의미한다. 앞에서 lsusb 명령을 조회한 USB 장치와 1 대 1로 대응하고 있음을 알 수 있다.

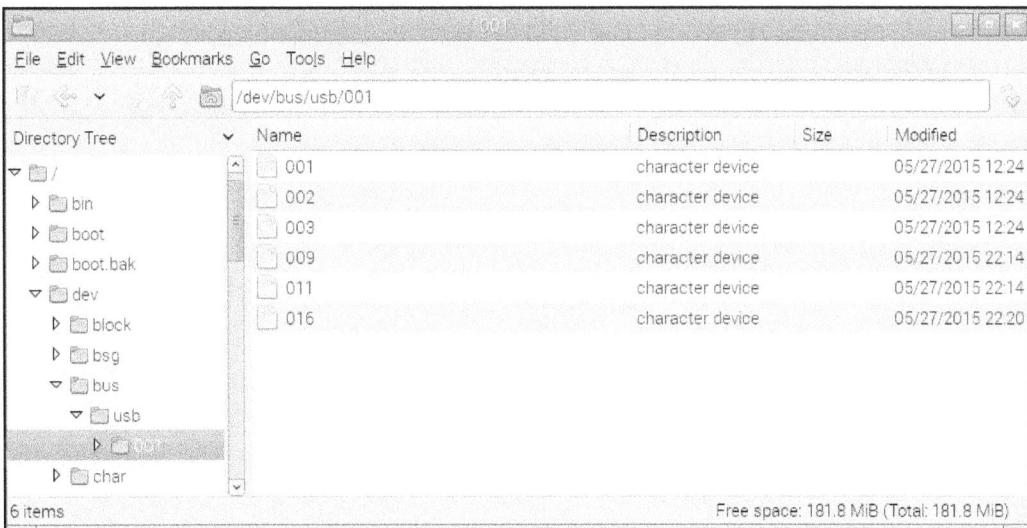

그림 14-1 USB device

14.2.2.2 USB 장치와 다른 device와의 관계

USB에 연결된 외부 장치들은 그 장치의 성격에 따라서 각각 다른 device 형태로 정의된다.

다음은 USB에 연결된 장치들에 대한 사례이다.
- flash memory   -- block device
- USB Wi-Fi   -- network device
- 무선 Keyboard/Mouse   -- character device

This Page is Intentionally Left Blank

Chapter 15   저장장치와 파일시스템

Chapter 주요 내용

여기서는 자료를 저장하는데 사용하는 저장장치에 대한 기본적인 개념과 저장장치를 파티션으로 관리하는 방법에 대해서 설명하고 있으며, Raspbian 운영체제가 기본적으로 제시하는 파일 시스템의 구조가 어떻게 구성되어 있는지를 설명하고 있다.

다음과 같은 항목에 대한 내용을 포함하고 있다.
- 논리적 저장장치
- 파티션 관리
- disk의 format
- devic의 mount
- 파일 시스템의 구조

15.1 논리적 저장장치 관리

15.1.1 파티션 관리

디스크는 독립적인 논리적인 공간인 partition으로 분할될 수 있다. partition은 `disk slices`
또는 `disklabel` 이라고도 부른다. partition 분할 결과는 disk의 sector 0에 있는 partition
table에서 관리된다.

15.1.1.1 fdisk 명령 - 파티션 관리

시스템에 설치되어 있는 disk에 대한 partition 분할 작업을 할 때 fdisk 명령을 사용할 수
있다.

[명령 형식]

```
fdisk  [ options ]   [ device ]
```

[명령 개요]
- 시스템에 설치되어 있는 disk에 대한 partition 분할 작업을 처리한다.
- 필요 권한   -- root 권한

[상세 설명]
- device는 통상 /dev/sda, /dev/sdb와 같은 형태이다. device name은 반드시 전체 disk
  를 지칭해야 한다.
- fdisk는 menu-driven program 형식으로 사용할 수 있다.
- fdisk는DOS-type partition tables 과 BSD-type disklabels 이나 SUN-type disklabels과
  호환된다.

[주요 option]

-h	Print help and then exit.
-l	List the partition tables for the specified devices and then exit. If no devices are given, those mentioned in /proc/partitions (if that exists) are used.

-s partition...	Print the size (in blocks) of each given partition.
-C cyls	Specify the number of cylinders of the disk. I have no idea why anybody would want to do so.
-S sects	Specify the number of sectors per track of the disk. (Not the physical number, of course, but the number used for partition tables.) A reasonable value is 63.

[사용 Example]

다음은 시스템에 있는 disk의 현재의 상태를 확인해 본 것이다. Disk와 partition을 확인할 수 있다.

```
pi@raspberrypi ~ $ sudo fdisk -l

Disk /dev/mmcblk0: 15.9 GB, 15931539456 bytes
4 heads, 16 sectors/track, 486192 cylinders, total 31116288 sectors
Units = sectors of 1 * 512 = 512 bytes
Sector size (logical/physical): 512 bytes / 512 bytes
I/O size (minimum/optimal): 512 bytes / 512 bytes
Disk identifier: 0x0009e011

        Device Boot      Start         End      Blocks   Id  System
/dev/mmcblk0p1            8192     1673828      832818+   e   W95 FAT16 (LBA)
/dev/mmcblk0p2         1679360    31050751    14685696   85   Linux extended
/dev/mmcblk0p3        31050752    31116287       32768   83   Linux
/dev/mmcblk0p5         1687552     1810431       61440    c   W95 FAT32 (LBA)
/dev/mmcblk0p6         1818624    17571839     7876608   83   Linux
/dev/mmcblk0p7        17580032    17743871       81920    c   W95 FAT32 (LBA)
/dev/mmcblk0p8        17752064    31047679     6647808   83   Linux

Disk /dev/sda: 1000 MB, 1000341504 bytes
16 heads, 32 sectors/track, 3816 cylinders, total 1953792 sectors
Units = sectors of 1 * 512 = 512 bytes
Sector size (logical/physical): 512 bytes / 512 bytes
I/O size (minimum/optimal): 512 bytes / 512 bytes
Disk identifier: 0x00000000

   Device Boot      Start         End      Blocks   Id  System
/dev/sda1   *           32     1953791      976880    6  FAT16
```

다음은 device /dev/mmcblk0에 대해서 fdisk를 시작하면 메뉴 방식으로 진행할 수 있는 것을 보여 주고 있다. 여러 개의 내부명령을 사용하여 partition 작업을 하거나 현재 상태를 조회할 수 있다.

```
pi@raspberrypi ~ $ sudo fdisk /dev/mmcblk0

Command (m for help):

Command (m for help): m

Command action
   a   toggle a bootable flag
   b   edit bsd disklabel
   c   toggle the dos compatibility flag
   d   delete a partition
   l   list known partition types
   m   print this menu
   n   add a new partition
   o   create a new empty DOS partition table
   p   print the partition table
   q   quit without saving changes
   s   create a new empty Sun disklabel
   t   change a partition's system id
   u   change display/entry units
   v   verify the partition table
   w   write table to disk and exit
   x   extra functionality (experts only)

Command (m for help): p

Disk /dev/mmcblk0: 15.9 GB, 15931539456 bytes
4 heads, 16 sectors/track, 486192 cylinders, total 31116288 sectors
Units = sectors of 1 * 512 = 512 bytes
Sector size (logical/physical): 512 bytes / 512 bytes
I/O size (minimum/optimal): 512 bytes / 512 bytes
Disk identifier: 0x0009e011

        Device Boot      Start         End      Blocks   Id  System
/dev/mmcblk0p1            8192     1673828      832818+    e  W95 FAT16 (LBA)
/dev/mmcblk0p2         1679360    31050751    14685696   85  Linux extended
/dev/mmcblk0p3        31050752    31116287       32768   83  Linux
/dev/mmcblk0p5         1687552     1810431       61440    c  W95 FAT32 (LBA)
/dev/mmcblk0p6         1818624    17571839     7876608   83  Linux
/dev/mmcblk0p7        17580032    17743871       81920    c  W95 FAT32 (LBA)
/dev/mmcblk0p8        17752064    31047679     6647808   83  Linux
```

15.1.1.2 cfdisk 명령 - 메뉴기반 디스크 작업

시스템에 설치되어 있는 disk에 대한 partition작업을 할 때 cfdisk 명령을 사용할 수 있다.

[명령 형식]

cfdisk [options]   [/dev/disk]

[명령 개요]
- 시스템에 설치되어 있는 disk에 대한 partition 분할 작업을 할 때 사용하는 명령이다.
- 필요 권한   -- root 권한

[상세 설명]
- cfdisk는 disk partition table에 대한 정보를 보여주거나 형태를 조정한다.

[주요 option]

-a	Use an arrow cursor instead of reverse video for highlighting the current partition.
-z	Start with zeroed partition table. This option is useful when you want to repartition your entire disk. Note: this option does not zero the partition table on the disk; rather, it simply starts the program without reading the existing partition table.

[사용 Example]

다음은 시스템에 있는 disk /dev/sda에 대해서 프로그램을 실행한 것이다. 해당 disk에 대한 정보와 현재 상태의 partition정보가 표시되어 있다. 화면 하단부의 메뉴를 이용해서 필요한 작업을 할 수 있다.

```
pi@raspberrypi ~ $ sudo cfdisk /dev/sda
```

15.1.2 disk의 format

15.1.2.1 디스크 format이란?

디스크에 대해서 partition이 생성되면, 그 partition을 특정 file-system의 형태로 초기화해야 하는데, 이 작업이 바로 format 이다. format을 하면, 그 partition에 특정 file-system이 결정되며, 해당 partition에 저장하게 될 모든 폴더와 파일에 대한 정보를 관리하는 master directory가 작성된다.

기존에 자료가 있는 partition을 format하면 모든 자료가 삭제되므로 주의해야 한다.

15.1.2.2 mkfs 명령 - 디스크 format

mkfs 명령은 디스크 장치에 있는 partition에 대해서 Linux filesystem을 만드는 format 작업을 한다.

[명령 형식]

```
mkfs        [ options ]  < -t  type  fs-options >   device
```

다음은 특정 형식으로 formt 하는 명령이다

[명령 형식]

```
mkfs.<fstype>    [ options ]    device
```

[명령 개요]
- 디스크 장치에 있는 partition에 대해서 filesystem을 만드는 format 작업을 한다
- 필요 권한   -- root 권한

[상세 설명]
device는 통상 /dev/hda1, /dev/sdb2와 같이 partition device를 지정한다. 만약 disk device를 지정하면, 그 속에 있는 모든 partition에 대해서 format 작업을 할 것이다.

mkfs 명령은 Linux에서 여러 가지 유형의 filesystem을 생성하는데 사용할 수 있는 mkfs.fstype 형식의 내부명령에 대해 외부적으로 보이는 공통의 대표명령이다. 내부명령에 대해 잘 알고 있으며, 그 명령을 곧바로 사용해도 무방하다.

내부적으로 실행되는 명령들에는 mke2fs, mkfs.bfs, mkfs.ext2, mkfs.ext3, mkfs.ext4, mkfs.minix, mkfs.msdos, mkfs.vfat, mkfs.xfs, mkfs.xiafs 등이 있다.

[주요 option]

-h, --help	Display help and exit.
-t, --type type fs-options	Specify the type of filesystem to be built. If not specified, the default filesystem type (currently ext2) is used. fs-options is filesystem-specific options to be passed to the real filesystem builder. Although not guaranteed, the following options are supported by most filesystem builders.

15.1.3 device의 mount

15.1.3.1 mount 의미

Linux 시스템에서는 시스템에서 사용되는 모든 파일은 root (/)를 최상위로 하는 하나의 큰 tree 형태인파일 계층구조에 소속되도록 되어 있다. 이러한 파일들은 하나의 계층구조에 있는 것처럼 보이지만, 실제로는 여러 가지의 device에 흩어져 있는 것일 수도 있다.

디스크에 대해 partition이 만들어지고, format을 통해 partition에 특정 filesystem 유형이 지정되면, 해당 disk device는 자료 처리를 위한 기본적인 준비가 된 상태이다. 하지만 이런 device를 실제로 사용하기 위해서는 이 device의 file system을 Linux의 전체 file tree에 연결해야 한다.

mount 명령은 device에 있는 file system을 전체의 큰 file tree에서 추가한다. 이와는 반대로 umount 명령은 전체 file tree에 붙어 있는 device의 file system을 분리한다.

15.1.3.2 mount 용 directory 생성

device의 file system을 Linux의 전체 file tree에 추가하기 위해서는 먼저 disk device의 file system을 연결할 directory를 생성해 mount 포인트를 만들어 주어야 한다.

새로 mount되는 device는 통상 /media directory 밑에 추가된다. 사용자가 원하면 다른 곳을 사용할 수도 있다. device의 종류에 따라 적절한 이름을 부여하여 directory를 만든다.

```
sudo mkdir    /media/directory
```

15.1.3.3 mount directory에 대한 권한 조정

새로 mount 되는 directory에 대해서는 필요하면 권한을 조정해야 한다. chown 명령을 사용하면 디렉터리의 소유자를 다른 사용자로 바꿀 수 있다

```
sudo chown –R <userid> <directory>
```

chgrp 명령을 사용하면 그룹에 속한 모든 사용자가 디렉터리를 액세스 할 수 있다.

```
sudo chgrp –R <group> <directory>
```

chmod 명령을 사용하면 그룹에 속한 모든 사용자에게 디렉터리에 쓰기 권한을 부여할 수 있다.

```
sduo chmod –R g+w  <directory>
```

15.1.3.4 mount 명령 - device에 대한 directory 지정

Linux가 disk device에서 실제로* 자료를 읽거나 쓸 때는 Linux 파일시스템의 특정 directory 를 통하여 처리하는데, disk device를 file system의 directory에 지정하는 작업을 mount라고 한다.

[명령 형식]

mount	[options]	[-t type]	<device>	<file-directory>

[명령 개요]

■ 특정 disk device의 file system을 시스템의 전체 file system의 특정 directory에 지정한 다.

■ 필요 권한   -- root 권한

[상세 설명]

mount 명령은 kernel에게 지정된 type의 device에 있는 filesystem을 지정된 directory에 연결하라는 지시를 한다. device filesystem이 mount되어 있는 동안 device에 지정된 directory는 그 device filesystem에 대해서 root의 역할을 한다.

일반적인 disk device는 /dev/sda1와 같이 partition에 해당하는 device file name을 지정하 지만, device형태에 따라 다른 방식을 사용할 수도 있다. 보통의 block device에 대해서는 -L 이나 -U option을 사용하여 partition에 대한 LABEL이나 UUID을 지정하여 원하는 device 를 지정할 수도 있다.

directory와 device 중에서 하나만 지정하면 mount는 mount point를 검색하게 되고, 그것 이 없으면 /etc/fstab 파일에서 필요한 설정이 있는지를 찾아서 처리한다.

mount 한 device file system은 Linux 시스템 운영중인 동안만 유효하며, 새로 booting하는 경우는 새롭게 mount를 해주어야 한다.

[주요 option]

-h, --help	Print a help message.
-l	Add the labels in the mount output. Mount must have

	permission to read the disk device (e.g. be suid root) for this to work. One can set such a label for ext2, ext3 or ext4 using the e2label(8) utility, or for XFS using xfs_admin(8), or for reiserfs using reiserfstune(8).
-a, --all	Mount all filesystems (of the given types) mentioned in fstab.
-L label	Mount the partition that has the specified label.
-U uuid	Mount the partition that has the specified uuid. These two options require the file /proc/partitions (present since Linux 2.1.116) to exist.
-t, --types vfstype	The argument following the -t is used to indicate the filesystem type.
-M, --move	Move a subtree to some other place. See above.
-w, --rw	Mount the filesystem read/write. This is the default. A synonym is -o rw.

15.1.3.5 자동 mount 설정

mount한 device file system은 시스템이 운영할 동안만 유효하며, 시스템이 down되면 mount가 해제되므로 새로 booting하면 새롭게 mount를 해주어야 한다.

/etc/fstab 파일을 이용하면 booting할 때마다 mount 작업이 자동으로 실행되도록 할 수 있다.

/etc/fstab 파일은 원래 Linux 운영체제 설치단계에서 root 파일시스템과 시스템에 설치된 다른 파일시스템 정보를 바탕으로 자동적으로 만들어 진다. 다음은 Raspberry Pi를 설치한 후 /etc/fstab 파일의 상태이다.

```
proc              /proc         proc      defaults           0       0
/dev/mmcblk0p5    /boot         vfat      defaults           0       2
/dev/mmcblk0p6    /             ext4      defaults,noatime   0       1
# a swapfile is not a swap partition, so no using swapon|off from here on, use
dphys-swapfile swap[on|off]   for that
```

사용자가 이 파일에 필요한 정보를 추가하려면 기존 설정 내용을 건드리지 않은 상태에서 새로운 항목을 추가하면 된다. 설정하는 방식은 다음과 같다

```
<file system>    <mount point>  <type>  <options>      <dump>       <pass>
```

하나의 file system에 대해서 한 행에 필요한 설정을 한다. 각 필드 사이는 Tab 키로 구분한다. 각 항목에 대한 상세한 내용은 다음과 같다.

● **device \<file system>**

파일시스템을 대표하는 파티션의 device를 지정한다. 아래와 같이 여러 방법을 사용할 수 있다.

■ /dev에 있는 device file 이름을 사용하는 방법
    fdisk 명령이나 blkid 명령을 사용하여 /dev에 등록된 이름을 확인할 수 있다.
    Ex) /dev/sda1

- LABEL을 사용하는 방법
  LABEL=<label> 형식을 사용한다.
  blkid 명령을 사용하면 LABEL을 파악할 수 있다.
  Ex) LABEL="RECOVERY"

- UUID를 사용하는 방법
  UUID=<uuid> 형식을 사용한다.
  blkid 명령을 사용하면 LABEL을 파악할 수 있다.
  Ex) UUID="FEF225C2F2257FCF"

/etc/fstab 파일에서 device 설정 내용을 지정할 때는 LABEL=<label> 또는 UUID=<uuid> 형태를 사용하는 것이 읽기 쉽고, 변동이 적으며, 이식이 용이하다.

● <mount point>

파일시스템이 mount될 위치: mount된 파일시스템의 모든 디렉토리 트리 구조와 저장된 데이터가 이 지점과 연결된다.

● type

해당 device의 file system 유형을 지정한다.
ext?, tmpfs, devpts, sysfs, swap, vfat, hfs, ufs …와 같은 파일시스템의 장치 종류를 지정한다.
/proc/filesystems에서 Linux에서 현재 지원 가능한 파일시스템을 확인할 수 있다.

● <options>

mount 옵션으로 파일시스템을 용도에 맞게 사용하기 위한 파일시스템 속성을 설정한다.
⇒ defaults, auto, exec, suid, ro, rw, user, nouser 등 (man mount에서 -o 옵션 참조)

● **<dump>**

파일시스템 덤프 여부: (0 또는 1의 값을 가짐)
⇒ dump 명령을 사용하여 백업을 수행할 때에만 의미가 있다.
숫자 0 : dump 명령으로 덤프 되지 않는 파일시스템.
숫자 1 : 데이터 백업등을 위해 dump가 가능한 파일시스템.

● **<pass>**

파일시스템 검사 여부:
⇒ fsck 명령을 사용한 무결성 검사가 필요한지 여부를 가리킨다.
숫자 0 : 해당 파일시스템에 검사가 필요 없음 (fsck가 실행 되지 않음)
숫자 1 : 먼저 파일시스템 검사가 필요 (루트 파일시스템)
숫자 2 : 루트 파일시스템을 제외한 나머지 파일시스템을 의미

15.1.3.6 umount 명령 - device에 대한 directory 해제

특정 device의 file system을 Linux의 전체 file tree에서 분리하는 것은 umount 명령을 사용한다.

[명령 형식]

umount   [options]   [device]   [file-directory]

[명령 개요]
- 특정 device의 file system을 시스템의 전체 file tree에서 분리한다.
- 필요 권한   --root 권한

[상세 설명]
- mount되어 있는 file system에서 어떤 파일이 사용 중이거나 특정 process가 그 directory을 working directory로 사용하고 있거나, 그 file system위에 있는 swap 파일이 사용이라서 busy 상태인 경우는 그 device에 대해서 umount 작업을 할 수 없다.

[주요 option]

-h	Print help message and exit.
-r	In case unmounting fails, try to remount read-only.
-n	Unmount without writing in /etc/mtab.
-a	All of the file systems described in /etc/mtab are unmounted. (With umount version 2.7 and later: the proc filesystem is not unmounted.)
-t vfstype	Indicate that the actions should only be taken on file systems of the specified type. More than one type may be specified in a comma separated list. The list of file system types can be prefixed with no to specify the file system types on which no action should be taken.
-O options	Indicate that the actions should only be taken on file systems with the specified options in /etc/fstab. More than one option type may be specified in a comma separated list. Each option can be prefixed with

	no to specify options for which no action should be taken.
-f	Force unmount (in case of an unreachable NFS system). (Requires kernel 2.1.116 or later.)
-l	Lazy unmount. Detach the filesystem from the filesystem hierarchy now, and cleanup all references to the filesystem as soon as it is not busy anymore. (Requires kernel 2.4.11 or later.)

15.1.4 특별 device 검토

15.1.4.1 booting SD card와 mount

기본 Debian 배포판은 SD카드 상에 두 개의 파티션으로 존재한다.

첫 번째 파티션은 마이크로소프트의 분리 가능 장치들을 위한 포맷인 VFAT 포맷의 75MB 크기로 되어 있으며, Raspberry Pi를 설정하는데 필요한 파일들과 Linux 자체를 load하기 위한 파일들을 가지고 있으며 부팅 후에는 /boot로 mount된다.

두 번째 파티션은 Linux의 고속 접근 및 데이터 안정성을 위한 기본 포맷인 EXT4 포맷으로 훨씬 크기가 크다. 나머지 모든 프로그램, 사용자가 설치한 프로그램, 사용자 데이터가 모두 이 곳에 저장된다. SD 카드의 대부분을 차지한다.

booting SD card는 다음 directory로 mount된다.
- RECOVERY   --   --- block device mmcblk0p1
-                   --   --- block device mmcblk0p2
- SETTINGS   --   --- block device mmcblk0p5
- boot   -- 설정 파일   --- block device mmcblk0p6
- root0   -- 실제 파일   --- block device mmcblk0p7

15.1.4.2 USB 장치와 mount

Raspberry Pi에 LXDE 로 booting하거나 window로 접속하는 경우는 USB 저장장치는 자동 mount된다.

참고로 과거 Linux 버전과 달리 /etc/fstab 파일에서는 이제 더 이상 이동식 저장장치 정보를 관리하지 않는다. 이러한 이동식 저장장치들은 하드웨어 추상화 계층(Hardware Abstraction Layer, HAL)이라고 하는 시스템에 의해 자동적으로 검색된 후, /media 디렉토리에 생성된 전용 마운트 지점(디바이스 볼륨 ID 정보 등을 바탕으로 생성)에 마운트된다. 필요하다면 /etc/fstab 파일에 자신만의 하드디스크 또는 이동식 저장장치 파티션에 대한 정보 추가할 수 있으며, 원격지 파일시스템(NFS, 삼바 등) 역시 /etc/fstab 파일에 포함시킬 수 있다.

하지만 console로 booting하는 경우는 자동으로 mount 되지 않는다. 만약 console 상태에서도 USB 장치를 사용하고자 하면 수동으로 mount를 하거나 /etc/fstab 파일에 등록해서 자동 mount되도록 해야 한다.

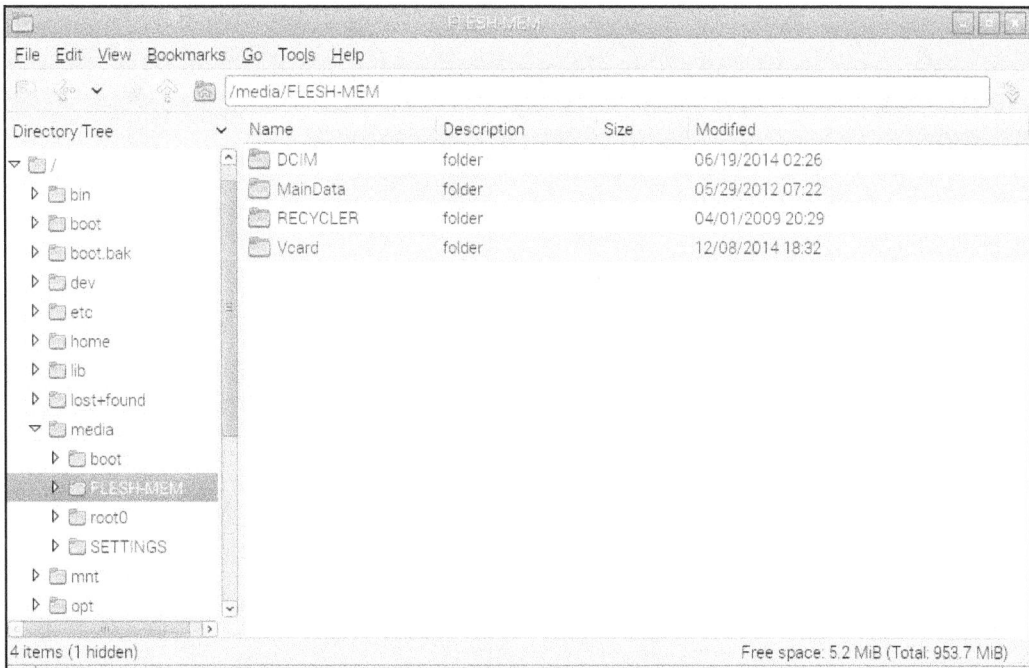

그림 15-1 USB 장치 mount

15.2 파일 시스템의 구조

여기서는 Raspberry Pi 시스템이 가지고 있는 파일시스템의 기본적인 구조에 대해서 살펴보기로 하겠다. Raspberry Pi 시스템은 시스템 설치와 동시에 기본적으로 가지고 있는 체계가 있으며, 이들 체계 내에서 사용자들은 자신들의 자료를 관리하게 된다.

- **/ (root directory)**

Linux는 통합형 계층구조의 파일시스템을 가지고 있는데, 이것은 시스템의 계층구조에서 최상단에 있는 directory이다. 모든 자료들은 이 밑에 저장이 된다는 의미에서 root directory라고 한다. 사용자 계정 root가 home directory로 사용하는 /root directory와는 다른 것이다.

- **/root**

이것은 사용자 계정 root가 사용하는 home directory이다. 보통의 다른 사용자 계정은 /home directory 밑에 사용자 계정 이름과 동일한 이름으로 home directory가 별도로 만들어진다. 예를 들어 사용자 계정 pi는 /home/pi를 home directory로 사용한다. 하지만 사용자 계정 root는 이러한 폴더를 사용하지 않고 예외적으로 /root를 home directory로 사용한다.

- **/boot**

여기에는 시스템 부팅에 필요한 주요 파일들이 저장되어 있다. boot loader나 Linux kernel 등의 파일들이 대표적인 자료들이다.

● /bin과 /sbin

시스템에서 실행할 수 있는 명령이나 프로그램이 저장되는 곳이다. 통상 Shell에서 명령을 실행하면 여기에 저장되어 있는 프로그램을 찾아서 실행하게 된다. 예를 들어 Shell에서 "chgrp"을 실행하면 실제로는 /bin에 저장되어 있는 "chgrp" 실행파일이 작동하게 되는 것이다. 이러한 파일에도 사용 용도에 따라서 종류가 구분되어 있는데, 통상 일반 사용자들이 시스템을 사용할 때 이용하는 것들은 /bin에 저장이 되고, 주로 시스템 관리자들이 사용하는 것들은 /sbin에 저장되는 것이 보통이다. 예를 들어 파일을 복사할 때 사용하는 cp 명령은 /bin에 저장되어 있고, 시스템의 디스크 파티션을 관리할 때 사용하는 fdisk 명령은 /sbin에 저장되어 있다.

● /dev

Linux에서는 모든 하드웨어 장치(device)도 파일로 관리하게 되는데, 시스템이 가지고 있는 하드웨어 장치에 대한 정보를 가지고 있는 곳이 이 directory이다. 디스크 장치뿐만 아니라 시스템에 설치된 사운드카드, 가상터미널, 그래픽카드, USB 장치 등 모든 장치에 대한 정보가 여기에서 관리된다.

● /etc

이 directory는 주로 시스템에 설치되어 있는 각종 프로그램들에 대한 환경설정 파일들이 보관되는 곳이다. 여기에는 시스템이 설치한 프로그램뿐만 아니라 사용자가 개인적인 목적으로 설치한 프로그램에 대한 환경설정 정보도 관리하고 있다. 예를 들면 Raspberry Pi 시스템의 host 이름을 "raspberrypi"라고 정의하면 그 정보는 /etc/hostname이라는 파일에 그 정보가 저장되고, 사용자 그룹 "ggroup01"을 정의하면 그 정보는 /etc/group이라는 파일에 정보가 저장된다.

● **/home**

여기에는 일반 사용자 계정이 home directory로 사용하는 곳으로 일반 사용자가 사용하는 자료를 보관하는 곳이다. 이 directory밑에 사용자 계정과 동일한 이름으로 만들어진 directory에 그 계정의 자료를 보관하게 되는 것이다. 예를 들어 사용자 계정 pi는 /home/pi 밑에 자료를 보관하게 된다. 통상 Linux나 Unix에서는 이 directory에서 사용자 자료를 관리하는 것이 보통이지만, 특정 배포판이나 제공업체에 따라서는 다른 곳을 이용하기도 한다는 것을 참고하기 바란다.

이렇게 일반 사용자의 자료를 시스템이 사용하는 자료와 구분하여 관리함으로써, 시스템을 관리하는데 있어서 여러 가지 관리를 편리하게 하려는 것이다.

● **/lib**

여기는 library 파일이 보관되는 곳이다. Library는 package형태로 제공되는 프로그램으로, 시스템 내의 각종 장치를 조정하거나 사용자들이 필요로 하는 여러 가지 공통 기능을 수행할 수 있는 프로그램을 모아 놓은 것이다. 이곳에서는 시스템 프로그램이나 일반 사용자 프로그램 등 여러 application 프로그램들이 공통으로 사용하는 library 파일이 보관되는 곳이다.

● **/lost+found**

이것은 어떠한 이유로 자료가 시스템에서 관리가 제대로 되지 않아서 어디에 소속되어 있는지를 판단하기 어려운 자료들을 임시로 관리하는 곳이다. 예를 들어 물리적인 이유로 디스크가 손상되거나, 바이러스 등의 침입으로 파일 정보가 손상을 받은 경우 특정 파일들에 대한 정보가 누락되어 제대로 그 내용을 알 수 없을 때는 복구 작업을 해도 제대로 복구를 할 수 없는 경우가 있다. 이런 경우 시스템에서 처리할 수 없는 자료들을 이곳에 보관하게 되는 것이다.

● **/media**

이곳은 통상 이동식 미디어를 mount할 때 사용한다. SD card, USB 장치, 카메라, 미디어 플레이어 등의 장치들이 설치될 때 사용한다. Raspberry Pi에서 사용하는 SD card도 여기서 mount하여 작동하고 있다. 통상 외부 파일시스템 장치를 mount할 때 사용하는 /mnt와는 구분된다.

● **/mnt**

이곳은 파일시스템을 추가적으로 mount할 때 사용하는 곳이다. 통상 네트워크 공유나 외장 하드디스크를 연결하게 되면 이곳에 directory를 만들어 mount를 하고, 플로피디스크나 CD-ROM 등을 사용하고자 할 때도 이곳에서 mount를 하게 된다.

● **/opt**

이곳은 optional directory이다. 즉 application 프로그램들이 필요한 경우 선택적으로 자유롭게 사용할 수 있는 곳이다. 따라서 이곳을 사용하는 application도 있고, 사용하지 않은 application도 있다. 일반적으로 일반 사용자들이 이곳을 사용할 이유는 특별히 없다.

● **/proc**

이곳은 시스템 커널이 가지고 있는 시스템의 process에 대한 다양한 정보를 외부 프로그램이나 사용자들이 접근하여 파악할 수 있도록 제공해 주는 곳이다. 메모리의 사용상태나 현재 실행중인 프로세스에 대한 정보 등에 정보가 필요한 경우 여기에 있는 정보를 참조할 수 있다. 예를 들면 메모리 상태는 /proc/meminfo에서 확인할 수 있고, CPU설정정보는 /proc/cpuinfo에서 제공된다.

이 directory는 디스크에 실재로 존재하는 것이 아니라 단순히 정보를 제공해 주기 위해서 만들어진 가상의 파일 시스템이다. 이곳에 있는 정보는 통상 조회전용인데, 일부 파일은 양방향으로 영향을 미칠 수 있으므로 주의를 해야 한다.

여러 가지 많은 정보가 제공되지만, 중요한 몇 가지만 보면 다음과 같다

- /proc/cpuinfo   -- CPU 정보를 보여준다.
- /proc/devices   -- 시스템이 사용하는 디바이스 정보를 보여준다.
- /proc/filesystems   -- 커널이 지원하는 파일 시스템의 정보를 보여준다.
- /proc/meminfo   -- 시스템의 메모리 정보를 보여준다.
- /proc/uptime   -- 시스템의 가동시간을 보여준다.
- /proc/version   -- 커널 버전 정보를 보여준다.

● **/run**

이것은 Debian 배포판에서 새로 도입된 directory인데, 실행중인 시스템에 대한 booting 이후 현재시점까지의 시스템에 대한 다양한 정보를 가지고 있는 transient state files에 대해 기존 표준에서 제공하던 방식과는 다른 체계로 편리하게 내용을 조회해 볼 수 있도록 하기 위해서 도입되었다. /run directory는 이전과는 다르게 정상적인 방법을 통해서 시스템에 영향을 주지 않고 read-only방식으로 다양한 시스템 정보를 활용할 수 있게 해준다.

/run는 Filesystem Hierarchy Standard에서 기술되어 있던 기존의 여러 위치를 대체하였다.
- /var/run   → /run
- /var/lock   → /run/lock
- /dev/shm   → /run/shm [currently only Debian plans to do this]
- /tmp   → /run/tmp [optional; currently only Debian plans to offer this]

/run은 transient files을 위해서 사용되던 다음 몇 가지의 위치도 대체하였다.
- /lib/init/rw   → /run
- /dev/.*   → /run/*
- /dev/shm/*   → /run/*
- writable files under /etc   → /run/*

● **/srv**

이 directory는 파일을 처리하는 서비스가 임시로 자료를 저장하는 곳이다. /var과 유사한 용도로 사용되며, 특별히 구분되지 않는 경우도 있으므로, /var과 함께 참고하기 바란다.

- **/sys**

여기에는 시스템에 대한 정보를 파일에 보관할 때 사용한다. 시스템에 대한 정보는 /proc에도 있는데, /sys에 있는 정보는 실제의 파일에 정보가 저장되며, /proc에 있는 정보는 실제 파일에 저장되는 것이 아니라 단순히 메모리상에만 존재한다는 점에서 다르다고 할 수 있다.

- **/tmp**

이곳은 임시로 파일을 저장할 필요가 있을 때 사용한다. 어떤 application이던지 임시로 자료를 저장할 필요가 있는 경우는 이곳을 사용할 수 있으며, 사용자들이 필요한 경우 이곳을 사용할 수도 있다.

통상 여기에 보관되는 파일은 임시파일로 저장된 것으로 오랫동안 보관할 필요가 없는 것으로 취급되기 때문에 시스템이 재시동할 때는 이전에 저장되었던 자료들이 모두 깨끗이 청소가 되는 것이 보통이다.

- **/usr**

컴퓨터에서 대대수의 소프트웨어가 저장되는 곳으로 시스템에서 가장 큰 부분을 차지하고 있다. 일반적인 업무용 application 프로그램이 설치되는 장소이다.

- **/var**

이곳은 통상 시스템이나 application들이 필요로 하는 파일이나 프로그램 실행 도중에 저장이 필요하여 만드는 파일들이 저장되는 곳이다. 아래에 나열된 것은 대표적인 사례들이다.
- /var/log/   -- 프로그램들이 실행되는 과정에 대한 다양한 로그 정보가 기록된다.
- /var/lock   -- 각종 application에서 사용되는 lock 정보가 기록된다.
- /var/www/   -- Raspbian의 Ahpach 웹서버는 이곳에 각종 파일들을 저장한다.

This Page is Intentionally Left Blank

Chapter 16　파일 관리

Chapter 주요 내용

여기서는 시스템에 보관되어 있는 폴더 및 자료를 관리하는 여러 가지 방법에 대해서 설명하기로 한다. 여기서는 Shell terminal에서 처리하는 방법과 함께 window를 통해서 처리하는 방법을 함께 설명하도록 할 것이다.

다음과 같은 항목에 대한 내용을 포함하고 있다.
- 폴더와 파일의 기본 체계
- 폴더와 파일의 관리
- 폴더와 파일의 활용
- text 파일 관리

16.1 폴더와 파일의 기본 체계

16.1.1 폴더와 파일의 개념

16.1.1.1 폴더(directory)

폴더는 자체적으로 구체적인 자료를 가지지 않고, 구체적인 자료를 가지고 있는 파일을 관리하는데 사용한다. 폴더는 많은 파일들을 분류하여 구분하여 저장하고, 사후에 검색을 용이하게 하여 사용의 효율성을 높이는 목적으로 사용한다.

이러한 폴더는 Shell terminal에서는 directory라고 하고, window에서는 folder라고 하는데, 내용은 동일한 것이며 실제에서는 차이가 없다.

이러한 폴더는 계층적인 구조를 가지면서 자료를 관리하고 있다. 계층구조를 표현할 때는 "/"를 사용하여 순차적으로 계층구조를 표현한다. /home/pi/testdata는 home 폴더 속에 pi 폴더가 있고, 또 그 속에 testdata라는 폴더가 있는 것을 표현한 것이다.

16.1.1.2 파일

파일은 특정 directory내에서 저장되며, 특정한 목적에 따라서 자료의 보관하고 있다.

특정 폴더에 포함되어 있는 파일은 그 파일을 포함하고 있는 계층구조상의 폴더 경로를 이용하여 그 구체적인 위치를 결정하게 된다. 구체적으로 파일을 표현할 때는 "/"를 사용하여 <폴더 경로/파일이름>의 형식으로 파일을 표현한다. /home/pi/testdata 폴더 속에 있는 DebianManual.txt 파일을 표현할 때는 /home/pi/testdata/DebianManual.txt과 같은 형식으로 파일을 지칭한다.

16.1.2 폴더와 파일의 이름 규칙

폴더와 파일에 이름을 부여할 때는 다음과 같은 규칙에 따른다.

- 대문자, 소문자를 구별하며, 기본적으로 소문자 사용을 권장한다
- 특수문자는 알파벳, 숫자, 하이픈(-), period(.)만 사용을 권장한다.
- *, &, |, " ", $ 공백 등은 사용을 권하지 않는다.
- .는 숨김파일을 의미하므로 시작문자로 사용하지 않는다.
- 확장자 개념이 없다.
- 파일 유형에 따라 달라질 수 있지만 통상 255 문자까지 가능함

16.1.3 폴더와 파일의 경로 지정

Linux에서 폴더나 파일의 경로를 지정하는 방법은 두 가지가 있다. 경로를 지정할 때 기술하는 시작 위치에 따라서, "/" (root directory)에서 시작하는 절대경로 방식과 현재의 작업 위치를 기준으로 기술하는 상대경로 방식이 있다.

16.1.3.1 절대 경로

하나는 절대경로 방식인데, 이는 파일 시스템의 최 상단인 "/" (root directory)부터 시작하는 완벽한 경로를 지정하는 방식이다. 이 방식은 최 상단 위치부터 지정 위치까지 도달하는 모든 경로를 빠짐없이 기술함으로써 폴더나 파일의 위치에 대해서 자체적으로 완벽한 정보를 제공해 준다.

```
pi@raspberrypi ~ $ cd testdata
pi@raspberrypi ~/testdata $ ls -l
total 20
-rw-rw---- 2 pi pi   80 Apr 12 15:12 DebianManual.txt
drwxr-xr-x 3 pi pi 4096 Apr 11 02:17 TestFolder01
drwxr-xr-x 2 pi pi 4096 Apr 10 13:32 TestFolder02
-rw-rw---- 1 pi pi   81 Apr 11 09:03 user_guide01.txt
```

예를 들면 사용자 계정 pi의 home directory 속에 있는 testdata 폴더 속에 DebianManual.txt이라는 파일이 있는 경우에 이 파일에 대한 절대경로는 /home/pi/testdata/DebianManual.txt 의 형식으로 경로를 지정한다.

시스템에서 현재위치에 대한 절대경로를 알고 싶으면 pwd 명령을 사용하면 된다.

```
pi@raspberrypi ~/testdata $ pwd
/home/pi/testdata
```

16.1.3.2 상대 경로

시스템에서 특별한 지정을 하지 않으면 기본적으로 적용되는 위치를 "현재 작업위치"라고 하는데, 이를 기준으로 특정 폴더나 파일의 위치를 기술하는 방식을 상대경로 방식이라고 한다.

시스템에서 대상 폴더나 파일의 위치를 지정할 때는 아래와 같은 기준위치를 시작으로 지정한다.

- ./ -- "현재 작업위치"를 가리킨다.
- ../ -- "현재 작업위치"보다 한 수준 상위에 있는 부모 directory를 가리킨다.

상대경로 지정방식은 현재 작업위치에 따라 대상 파일이 있는 위치가 완전히 달라지므로 경로 자체만 가지고 특정 대상을 정할 수가 없다. 따라서 항상 "현재 작업위치"에 대한 정확한 확인이 필요하다.

```
pi@raspberrypi ~ $ ls -l testdata
total 20
-rw-rw---- 2 pi pi   80 Apr 12 15:12 DebianManual.txt
drwxr-xr-x 3 pi pi 4096 Apr 11 02:17 TestFolder01
drwxr-xr-x 2 pi pi 4096 Apr 10 13:32 TestFolder02
-rw-rw---- 1 pi pi   81 Apr 11 09:03 user_guide01.txt
pi@raspberrypi ~ $ ls -l Downloads
total 1808
-rw-r--r-- 1 pi pi   17842 Apr  7 02:17 commands.md
-rw-rw---- 2 pi pi      80 Apr 12 15:12 DebianManual.txt
-rw-r--r-- 1 pi pi 1296587 Apr 11 09:19 debian-reference.en.txt
-rw-r--r-- 1 pi pi  275957 Apr  1 04:06 debian-reference.en.txt.gz
-rw-r--r-- 1 pi pi  245423 Mar 31 03:58 RaspiCam-Documentation.pdf
```

예를 들면 사용자 계정 pi의 home directory 속에 있는 testdata 폴더 속에 DebianManual.txt이라는 파일이 있고, 현재의 작업위치가 /home/pi이면 이 파일에 대한 상대경로는 ./testdata/DebianManual.txt 형식으로 경로를 지정한다.

위 예에서 testdata 폴더와 Downloads 폴더에 모두 DebianManual.txt이라는 파일이 존재하고 있는데, 상대경로로 ./DebianManual.txt 라고 했을 때는 현재의 작업위치가 /home/pi/testdata인지, /home/pi /Downloads인 지에 따라서 대상 파일이 완전히 달라질 수 있다는 것을 알 수 있다.

아래는 /home/pi/testdata가 현재위치인 경우 그 상위에 있는 Downloads 폴더에 대한 정보를 조회하기 위해서 "../" parent directory에서 시작하여 경로를 표시하여 명령을 실행한 사례이다.

```
pi@raspberrypi ~ $ cd testdata
pi@raspberrypi ~/testdata $ ls ../Downloads -l
total 1808
-rw-r--r-- 1 pi pi   17842 Apr  7 02:17 commands.md
-rw-rw---- 2 pi pi      80 Apr 12 15:12 DebianManual.txt
-rw-r--r-- 1 pi pi 1296587 Apr 11 09:19 debian-reference.en.txt
-rw-r--r-- 1 pi pi  275957 Apr  1 04:06 debian-reference.en.txt.gz
-rw-r--r-- 1 pi pi  245423 Mar 31 03:58 RaspiCam-Documentation.pdf
```

16.1.4 특수 폴더와 파일

16.1.4.1 hidden 파일

Linux에서는 "."으로 시작하는 폴더나 파일은 hidden 파일로 간주한다. 이들 파일들은 통상 여러 application들이 여러 가지 목적으로 만들어 둔 설정파일들과 임시파일들이다. 이들은 통상적인 자료와는 구분하여 일상적인 작업에서는 보이지 않도록 하기 위해서 hidden 속성을 부여하여 관리하는 것이다.

하지만 필요에 따라서 적당한 option을 사용하면 hidden 파일도 정상파일처럼 조회하거나 작업에 사용할 수 있다. 구체적인 사례는 **[16.3.7 폴더 내의 내용 확인]**에서 확인하기 바란다

[사용 Example]
아래 화면은 사용자 계정 pi의 home directory에 있는 hidden 파일을 포함한 모든 파일 목록을 함께 보여준 것이다. "."으로 시작되는 많은 파일들이 있는 것을 알 수 있다.

```
pi@raspberrypi ~ $ ls -a
.               .dbus           .gconf          .minecraft      .swp
..              Desktop         .gstreamer-0.10 .netsurf        testdata
ArchiveTest     .dillo          .gvfs           .profile        .thumbnails
.bash_history   .dmrc           .icons          .pulse          .vnc
.bash_logout    Downloads       .idlerc         .pulse-cookie   .WolframEngine
.bashrc         .fltk           Image           python_games    .Xauthority
.cache          .fontconfig     .local          .scratch        .xsession-errors
.config         .galculator     .Mathematica    .sonic-pi       .xsession-errors.old
```

16.1.4.2 link 파일과 ln 명령

Linux에서는 기존에 이미 있는 폴더나 파일을 지칭하는 다른 파일을 만들 수 있는데, 이것을 link라고 한다. 이들은 디스크에 존재하는 특정 다른 폴더나 파일을 가리킬 뿐이며, 자체적으로는 그 내부에 자료를 포함하고 있지 않다.

시스템에서 어떤 명령이나 프로그램으로 link를 이용해서 작업을 하면 link가 있는 위치와 무관하게 원본파일로 작업을 하는 것과 동일한 방식으로 명령이 실행되는 효과가 발생한다.

이러한 link 파일들은 원본 파일과 동일한 directory에 존재할 수도 있지만 전혀 다른 directory에 존재하고 있어도 그 효과는 동일하다.

Linux에서는 다음 두 가지의 link를 지원한다.

■ soft link는 실제의 원본 파일의 위치를 가리키는 포인터 파일을 만들고, 이를 이용해서 원본파일에 연결된다. 이러한 soft link에는 read, write, execute에 대한 모든 권한이 지정되는데, 그렇다고 원본파일에 대한 권한이 link파일의 권한으로 적용되는 것은 아니다. 이는 MS Window에서 사용되는 "Short Cut" 또는 "바로가기"와 같은 역할을 한다.

■ hard link는 soft link와 마찬가지로 원본 파일을 가리키는 포인터 정보를 가지고 있지만, 외부적으로 표현되는 것은 일반 파일과 전혀 구분이 되지 않는다는 것이다. 따라서 특정 파일에 대해서 hard link를 만들면 하나의 파일에 대해서 두 개의 이름이 있는 것처럼 처리된다. 하지만 이러한 hard link는 단일 파일시스템에서만 사용할 수 있다는 제약이 있다.

시스템 관리라는 전체적 관점에서 볼 때 hard link는 원본 파일과 구분이 되지 않아서 혼동을 일으킬 수도 있고, 단일시스템에서만 사용할 수 있으므로, 관리상의 혼란을 방직하고 여러 파일시스템에서 link정보를 공유하기 위해서는 soft link를 사용하는 것이 좋다.

시스템에서 link을 만들 때는 ln 명령을 사용하는데 구체적인 사용방법은 아래와 같다.

[명령 형식]

ln   [OPTION]   <source-directory/파일>   <link-directory/파일>

[명령 개요]

■ 기존에 있는 폴더나 파일에 대해서 link를 만든다.

■ 필요 권한   -- 일반 권한

[상세 설명]

■ None

[주요 option]

--help	display this help and exit
-s, --symbolic	make symbolic links instead of hard links

[사용 Example]

아래 화면은 testdata 폴더 속에 포함되어 있는 DebianManual.txt 파일에 대해서 soft link 와 hard link를 만들고를 만들고 내용을 조회한 것이다.

```
pi@raspberrypi ~/testdata $ ls -l

-rw-rw---- 2 pi pi   80 Apr 12 15:12 DebianManual.txt
drwxr-xr-x 3 pi pi 4096 Apr 11 02:17 TestFolder01
drwxr-xr-x 2 pi pi 4096 Apr 10 13:32 TestFolder02
-rw-rw---- 1 pi pi   81 Apr 11 09:03 user_guide01.txt

pi@raspberrypi ~/testdata $ link -s DebianManual.txt DebianManual-softlink

pi@raspberrypi ~/testdata $ link    DebianManual.txt DebianManual-hardlink

pi@raspberrypi ~/testdata $ ls -l

total 20
-rw-rw---- 2 pi pi   80 Apr 12 15:12 DebianManual-hardlink
lrwxrwxrwx 1 pi pi   16 Apr 12 14:59 DebianManual-softlink -> DebianManual.txt
-rw-rw---- 2 pi pi   80 Apr 12 15:12 DebianManual.txt
drwxr-xr-x 3 pi pi 4096 Apr 11 02:17 TestFolder01
drwxr-xr-x 2 pi pi 4096 Apr 10 13:32 TestFolder02
-rw-rw---- 1 pi pi   81 Apr 11 09:03 user_guide01.txt
```

각각의 파일에 대한 내용을 조회해 보면 동일한 내용이 조회되는 것을 알 수 있다.

```
pi@raspberrypi ~/testdata $ cat DebianManual.txt
```

```
This is user guide for RaspberryPi system.
You can read this guide at any time.
```

```
pi@raspberrypi ~/testdata $ cat DebianManual-softlink
```

```
This is user guide for RaspberryPi system.
You can read this guide at any time.
```

```
pi@raspberrypi ~/testdata $ cat DebianManual-hardlink
```

```
This is user guide for RaspberryPi system.
You can read this guide at any time.
```

위의 결과 자료를 보면 soft link에 대해서는 파일 유형을 표시하는 맨 왼쪽의 처음 글자에 link를 의미하는 "l"이라고 표시가 되어 있고, 오른쪽 파일 이름에는 원본 파일 이름이 같이 표시되는 것을 확인할 수 있다.

하지만 hard link에 대한 내용을 보면 파일유형에도 일반 파일과 동일하게 표시가 되어 있고, 파일 이름에도 원본 파일이 표시되지도 않아서 그 파일이 link라는 정보가 전혀 보이지 않는다.

16.2 폴더와 파일의 관리

16.2.1 폴더 생성

Raspberry Pi 시스템에서 모든 자료는 폴더에 보관되므로 자료를 보관하기 전에 폴더가 먼저 만들어져 있어야 한다.

16.2.1.1 mkdir 명령 - 폴더 생성

Shell에서 폴더를 만들기 위해서는 다음 명령을 사용할 수 있다.

[명령 형식]

mkdir   [OPTION]   \<directory\>

[명령 개요]
- 지정된 위치에 폴더를 만든다.
- 필요 권한   -- 일반 권한

[상세 설명]
directory를 지정할 때는 폴더가 만들어지는 경로를 지정할 수 있다. 특별히 path를 지정하지 않으면 현재 폴더에서 작업을 한다.

[주요 option]

--help	display this help and exit

[사용 Example]
다음과 같이 폴더를 만들고, 조회해 보면 해당 폴더가 작성되어 있는 것을 확인할 수 있다.

```
pi@raspberrypi ~ $ mkdir ./testdata/TestFolder01
pi@raspberrypi ~ $ ls ./testdata/ -l
total 20
drwxr-xr-x 2 root root 4096 Mar 24 02:26 manual01
drwxr-xr-x 2 pi   pi   4096 Apr 10 02:54 TestFolder01
-rwxrwx--- 1 pi   pi     18 Mar 24 02:10 user_guide01.txt
```

16.2.1.2 window에서의 처리

window의 [File Manager]를 이용하면 간편하게 폴더를 생성할 수 있다. 해당 프로그램을 실행하고 왼쪽의 Directory Tree에서 폴더를 생성하고 싶은 작업 폴더를 선택한다. 여기서는 "testdata" 폴더를 이용해서 작업을 할 것이다. 그런 다음 메뉴 **File → Create New →Folder**를 선택하거나 선택된 작업 폴더의 오른쪽 화면에서 마우스 오른쪽 버튼을 누르면 나타나는 팝업 메뉴에서 메뉴 **Create New → Folder**를 이용하면 동일한 작업을 할 수 있다.

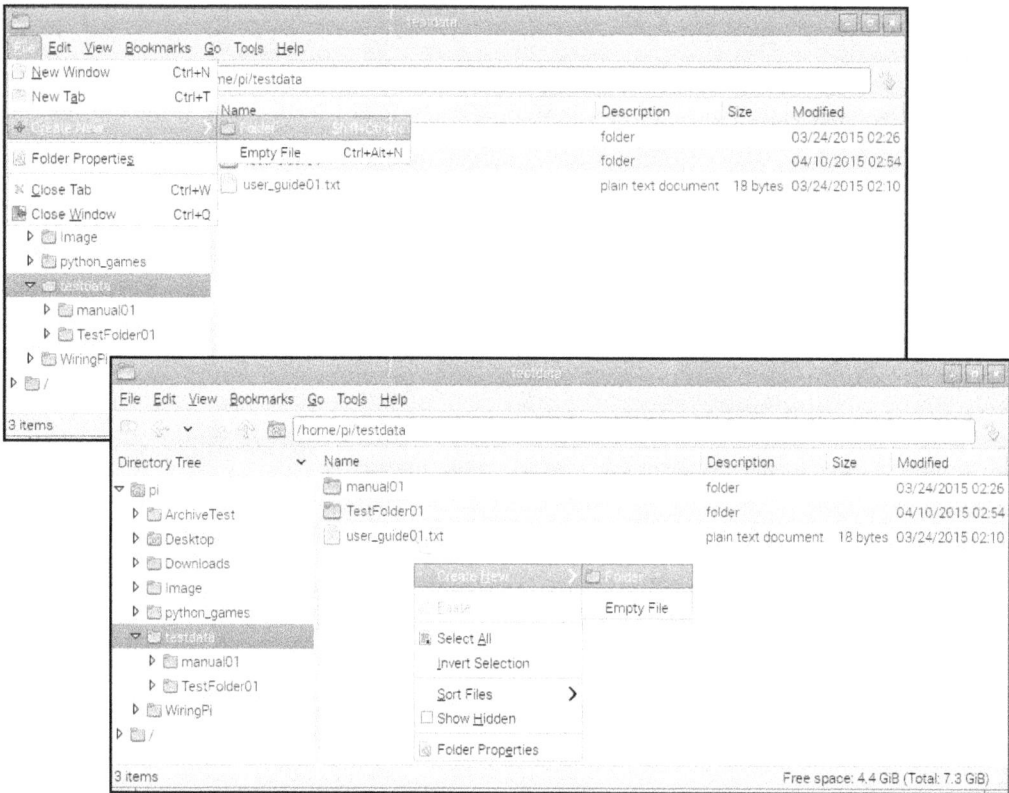

그림 16-1 window 폴더 생성

그러면 새로운 폴더에 대한 이름을 지정하는 팝업 화면이 나타난다. 여기에 원하는 폴더 이름을 입력하고 처리를 계속하면 원하는 폴더가 생성된다.

16.2.2 폴더와 파일의 이름 변경

16.2.2.1 mv 명령 - 파일 이동 및 이름 변경

Shell에서 폴더나 파일의 이름을 변경하기 위해서는 다음 명령을 사용할 수 있다.

[명령 형식]

mv   [OPTION]   \<from-directory/파일\>   \<to-directory/파일\>

[명령 개요]

- 폴더나 파일을 이동하거나 이름을 변경한다.
- 필요 권한   -- 일반 권한

[상세 설명]

- 이 명령은 자료의 이름 변경과 이동을 동시에 할 수 있는 기능을 가지고 있다.
  - 이름 변경 -- From과 To에 동일한 directory를 지정하고, 파일 이름을 다르게 지정한다.
  - 자료 이동 -- From과 To에 다른 directory를 지정한다.
- directory를 지정할 때는 path를 지정할 수 있다. 특별히 path를 지정하지 않으면 현재 폴더에서 작업을 한다.
- 폴더 이름을 변경할 때는 directory이름만 지정을 하고, 파일 이름을 변경할 때는 directory와 파일이름을 함께 지정한다.

[주요 option]

--help	display this help and exit

[사용 Example] – 폴더 이름 변경

먼저 폴더 이름을 변경하는 작업을 해보도록 할 것이다. 작업을 하기 전에 testdata 폴더의 내용을 조회하면 TestFolder01 폴더가 있음을 확인할 수 있다.

```
pi@raspberrypi ~/testdata $ ls -l
total 16
drwxr-xr-x 2 pi pi 4096 Apr 10 04:07 manual01
drwxr-xr-x 2 pi pi 4096 Apr 10 04:07 TestFolder01
drwxr-xr-x 2 pi pi 4096 Apr 10 03:58 TestFolder02
```

```
-rwxrwx--- 1 pi pi   18 Mar 24 02:10 user_guide01.txt
```

폴더 TestFolder01에 대해서 아래와 같이 작업을 하고 다시 내용을 조회해 보면 폴더 이름
이 TestFolder03으로 변경되어 있음을 확인할 수 있다.

```
pi@raspberrypi ~/testdata $ mv TestFolder01 TestFolder03

pi@raspberrypi ~/testdata $ ls -l

total 16
drwxr-xr-x 2 pi pi 4096 Apr 10 04:07 manual01
drwxr-xr-x 2 pi pi 4096 Apr 10 03:58 TestFolder02
drwxr-xr-x 2 pi pi 4096 Apr 10 04:07 TestFolder03
-rwxrwx--- 1 pi pi   18 Mar 24 02:10 user_guide01.txt
```

[사용 Example] – 파일 이름 변경

여기서는 파일 이름을 변경하는 작업을 해보도록 할 것이다. 작업을 하기 전에 testdata 폴
더의 내용을 조회하면 user_guide01.txt 파일이 있음을 확인할 수 있다.

```
pi@raspberrypi ~/testdata $ ls -l

total 16
drwxr-xr-x 2 pi pi 4096 Apr 10 04:07 manual01
drwxr-xr-x 2 pi pi 4096 Apr 10 04:07 TestFolder02
drwxr-xr-x 2 pi pi 4096 Apr 10 03:58 TestFolder03
-rwxrwx--- 1 pi pi   18 Mar 24 02:10 user_guide01.txt
```

파일 user_guide01.txt에 대해서 아래와 같이 작업을 하고 다시 내용을 조회해 보면 파일
이름이 user_guide03.txt으로 변경되어 있음을 확인할 수 있다.

```
pi@raspberrypi ~/testdata $ mv user_guide03.txt   user_guide03.txt

pi@raspberrypi ~/testdata $ ls -l

total 16
drwxr-xr-x 2 pi pi 4096 Apr 10 04:07 manual01
drwxr-xr-x 2 pi pi 4096 Apr 10 03:58 TestFolder02
drwxr-xr-x 2 pi pi 4096 Apr 10 04:07 TestFolder03
-rwxrwx--- 1 pi pi   18 Mar 24 02:10 user_guide03.txt
```

16.2.2.2 window에서의 처리

window의 [File Manager]를 이용하면 폴더나 파일 이름을 간편하게 변경할 수 있다.
해당 프로그램을 실행하고, 변경하고자 하는 폴더나 파일이 포함되어 있는 상위 폴더를 선택한 다음 오른쪽 화면에서 이름을 변경하려고 하는 폴더나 파일을 선택한다. 여기서는 "testdata" 폴더에 포함되어 있는 "TestFolder01"을 이용해서 작업을 할 것이다. 그런 다음 메뉴 **File → Rename**를 선택하여 작업을 하거나 오른쪽 화면에서 작업 폴더를 선택하고 마우스 오른쪽 버튼을 누르면 나타나는 팝업 메뉴에서 메뉴 Rename를 이용하여 작업을 할 수 있다.

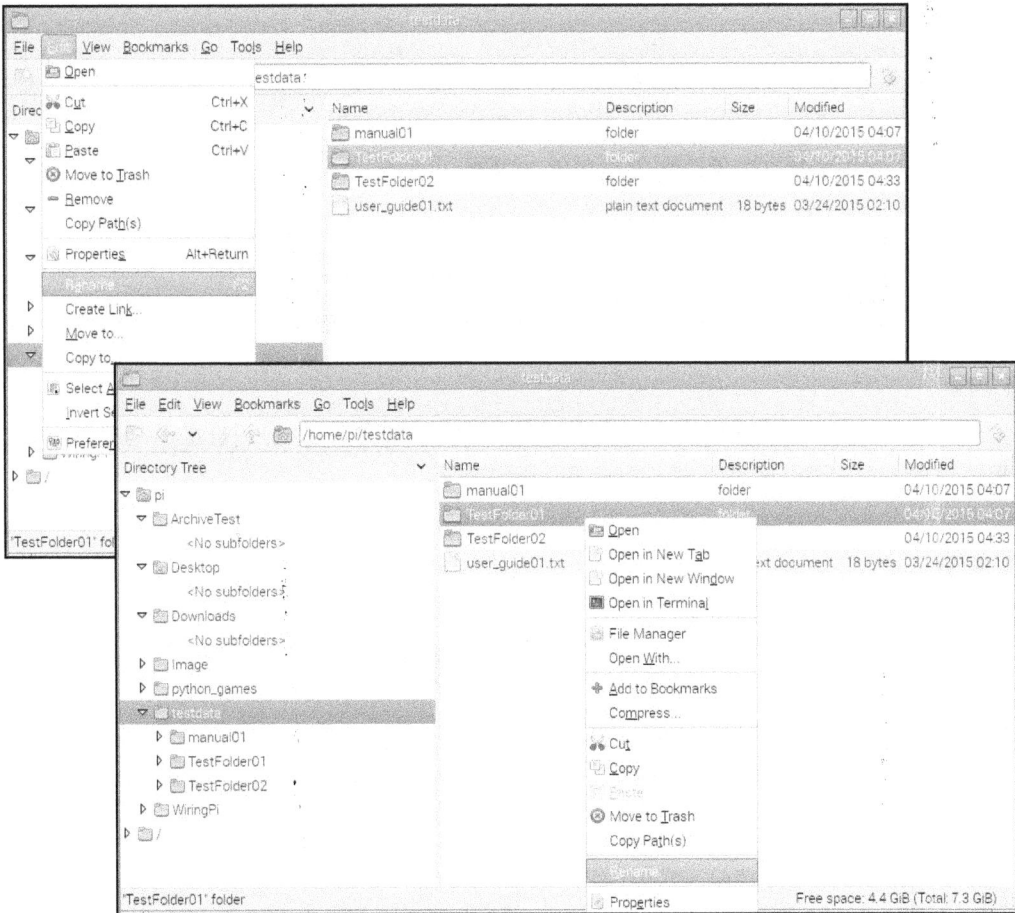

그림 16-2 window 폴더와 파일 이름 변경

16.2.3 파일 생성

16.2.3.1 terminal에서의 처리

Shell terminal에서 간단한 파일을 생성하는 방법에는 여러 가지가 있다.
- touch 명령을 이용하는 방법,
- echo명령을 사용하는 방법,
- text edit 프로그램을 사용하는 방법

● touch 명령을 이용한 파일 생성

존재하지 않는 파일에 touch 명령을 수행하면 새로운 파일을 생성하는 효과가 있다.

[명령 형식]

touch   [OPTION]   <from-directory/파일>

[명령 개요]
- 파일의 정보 중에서 파일의 수정시간을 현재시간으로 변경해 주는 기능을 수행한다.
- 필요 권한   -- 일반 권한

[상세 설명]
- 시스템에 있는 파일의 정보 중에는 파일의 생성시간과 수정시간에 대한 timestamp정보를 가지고 있는데, touch 명령은 최종 수정시간을 현재시간으로 변경해 주는 기능을 수행한다.
- 존재하지 않는 파일에 대해서 이 명령을 수행하면 새로운 파일을 생성하는 효과가 있다. touch 명령을 사용하면 시스템에 파일이 생성되지만 파일 내부에는 어떤 내용도 포함되지 않는다.

[주요 option]

--help	display this help and exit

[사용 Example]

여기서는 파일을 생성해 보도록 할 것이다.

다음 화면은 작업을 하기 전에 testdata 폴더의 내용을 조회한 것이다.

```
pi@raspberrypi ~/testdata $ ls -l

total 16
drwxr-xr-x 2 pi pi 4096 Apr 10 04:07 TestFolder01
drwxr-xr-x 2 pi pi 4096 Apr 10 03:58 TestFolder02
-rwxrwx--- 1 pi pi   18 Mar 24 02:10 user_guide01.txt
```

touch명령으로 Testfile01 파일을 생성하고 다시 폴더의 내용을 조회한 화면이다. testfile01 파일이 새롭게 생성되어 있는 것을 확인할 수 있다. 그 파일의 내용을 조회하기 위해서 cat 명령을 실행했지만 아무 자료도 표시되지 않는 것을 알 수 있다.

```
pi@raspberrypi ~/testdata $ touch testfile01

pi@raspberrypi ~/testdata $ ls -l

total 12
-rw-r--r-- 1 pi pi    0 Apr 11 07:09 testfile01
drwxr-xr-x 3 pi pi 4096 Apr 11 02:17 TestFolder01
drwxr-xr-x 2 pi pi 4096 Apr 10 13:32 TestFolder02
-rwxrwx--- 1 pi pi   18 Mar 24 02:10 user_guide01.txt

pi@raspberrypi ~/testdata $ cat testfile01
```

● echo와 > 명령을 이용한 파일 생성

echo명령은 특정 text 메시지를 화면에 표시하는 명령어이다. 그리고 > 명령은 앞에서 실행한 명령의 결과물을 화면으로 보내지 않고 다른 곳으로 보내는 명령이다. 이 두 명령을 합하면 명령에서 입력한 text 내용이 파일의 내용이 되는 간단한 text 파일을 손쉽게 만들수 있다.

[명령 형식]

```
echo   [OPTION]   "text string"   >   <"to-directory/파일>
```

[사용 Example]

여기서는 파일을 생성해 보도록 할 것이다.

다음 화면은 작업을 하기 전에 testdata 폴더의 내용을 조회한 것이다.

```
pi@raspberrypi ~/testdata $ ls -l
total 12
-rw-r--r-- 1 pi pi    0 Apr 11 07:09 testfile01
drwxr-xr-x 3 pi pi 4096 Apr 11 02:17 TestFolder01
drwxr-xr-x 2 pi pi 4096 Apr 10 13:32 TestFolder02
-rwxrwx--- 1 pi pi   18 Mar 24 02:10 user_guide01.txt
```

echo명령으로 testfile02 파일을 생성하고 다시 폴더의 내용을 조회한 화면이다. testfile02 파일이 새롭게 생성되어 있는 것을 확인할 수 있다. 그 파일의 내용을 조회하기 위해서 cat 명령을 실행하면 해당 내용이 정상적으로 표시되는 것을 알 수 있다.

```
pi@raspberrypi ~/testdata $ echo "This is test file" > testfile02.tx
pi@raspberrypi ~/testdata $ ls -l
total 16
-rw-r--r-- 1 pi pi    0 Apr 11 07:09 testfile01
-rw-r--r-- 1 pi pi   18 Apr 11 07:24 testfile02.txt
drwxr-xr-x 3 pi pi 4096 Apr 11 02:17 TestFolder01
drwxr-xr-x 2 pi pi 4096 Apr 10 13:32 TestFolder02
-rwxrwx--- 1 pi pi   18 Mar 24 02:10 user_guide01.txt
pi@raspberrypi ~/testdata $ cat testfile02.txt
This is test file
```

● text edit를 이용한 파일 생성

Raspberry Pi 시스템에서는 여러 가지의 텍스트 편집기 프로그램을 사용할 수 있다. 여기서는 대표적인 프로그램인 nano 프로그램을 이용해서 파일을 생성하는 사례를 설명할 것이다. 다른 프로그램에 대한 설명은 별도의 Chapter에서 설명하도록 하겠다.

[명령 형식]

```
nano    [OPTION]    <to-directory/파일>
```

[사용 Example]

다음 화면은 작업을 하기 전에 testdata 폴더의 내용을 조회한 것이다.

```
pi@raspberrypi ~/testdata $ ls -l
total 16
drwxr-xr-x 3 pi pi 4096 Apr 11 02:17 TestFolder01
drwxr-xr-x 2 pi pi 4096 Apr 10 13:32 TestFolder02
-rwxrwx--- 1 pi pi   18 Mar 24 02:10 user_guide01.txt
```

먼저 생성할 파일 이름을 testfile03.txt로 지정하고 nano 프로그램을 먼저 시작한다.

```
pi@raspberrypi ~/testdata $ nano testfile03.tx
```

그러면 아래와 같이 편집기 화면이 나타난다. 화면의 빈 공간에 입력하고자 하는 내용을 입력하고 CTRL+O 버튼을 이용하여 내용을 저장한다.

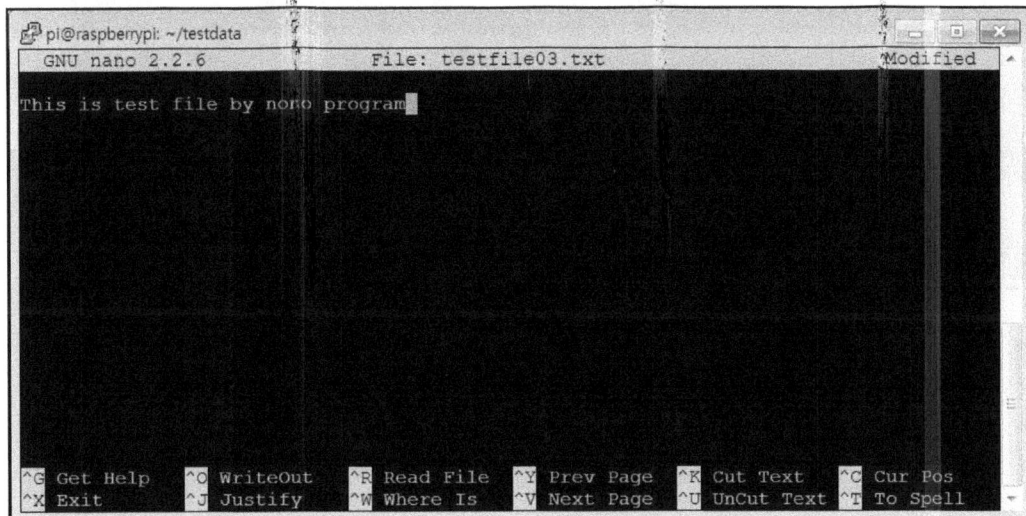

그러면 아래와 같이 파일 이름을 다시 확인하는 화면이 나타나는데, 이를 확인한 후 Enter 키를 누른다.

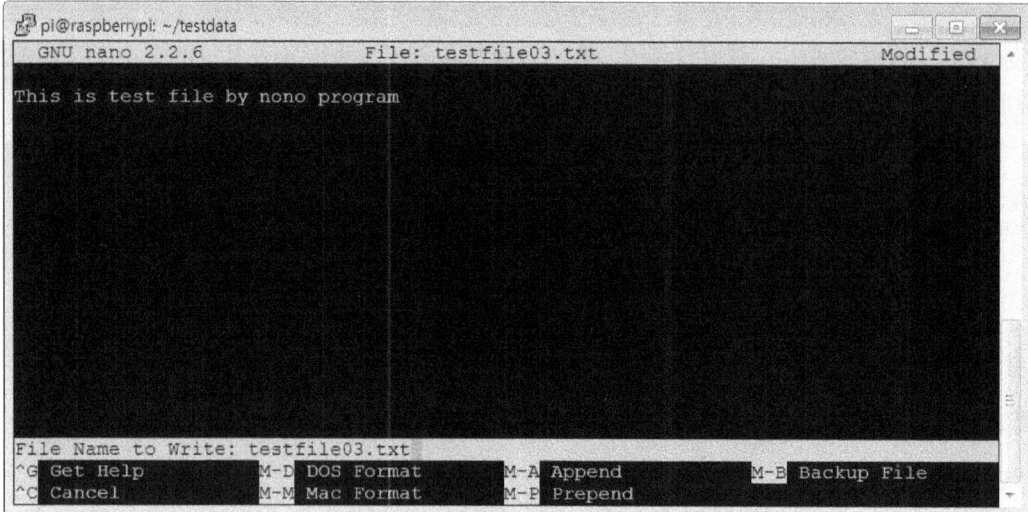

그러면 해당 내용이 저장되면서 파일이 생성된다. 작업이 완료되면 CTRL + X 버튼을 이용하여 프로그램을 종료하면 원래의 화면으로 되돌아 온다.

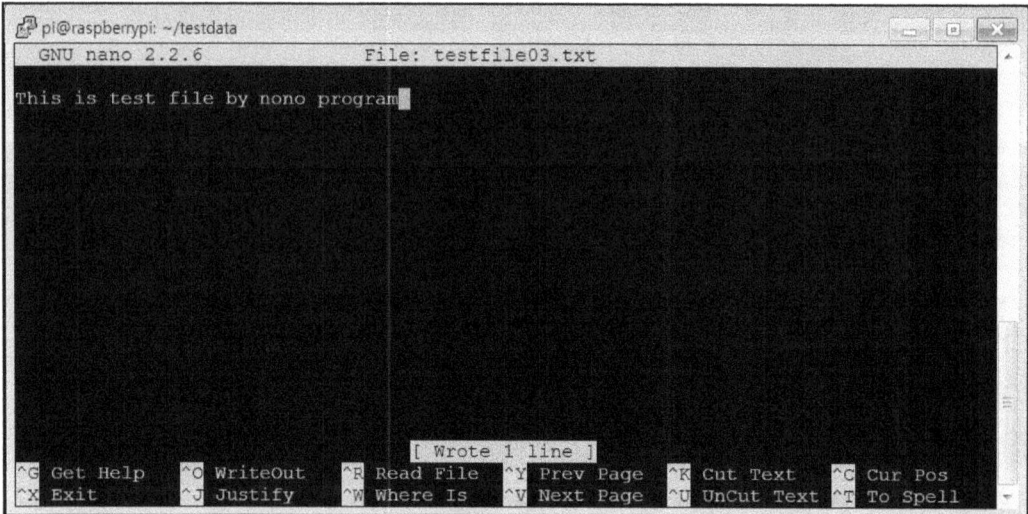

작업이 완료된 후 폴더의 내용을 다시 조회하면 testfile03.txt 파일이 새롭게 생성된 것을 알 수 있다. 그 파일 내용을 조회하기 위해서 cat 명령을 실행하면 내용이 정상적으로 표시되는 것을 알 수 있다.

```
pi@raspberrypi ~/testdata $ ls -l
total 16
-rw-r--r-- 1 pi pi   18 Apr 11 07:24 testfile03.txt
drwxr-xr-x 3 pi pi 4096 Apr 11 02:17 TestFolder01
drwxr-xr-x 2 pi pi 4096 Apr 10 13:32 TestFolder02
-rwxrwx--- 1 pi pi   18 Mar 24 02:10 user_guide01.txt
pi@raspberrypi ~/testdata $ cat testfile03.txt
This is test file by nano program
```

16.2.3.2 window에서의 처리

window에서 [File Manager] 프로그램을 이용하면 Empty File을 간편하게 작성할 수 있다.

먼저 파일을 생성하여 보관하고자 하는 폴더를 선택한다. 그런 다음 메뉴 **File → Create New →Empty File**를 선택하거나 선택된 작업 폴더의 오른쪽 화면에서 마우스 오른쪽 버튼을 누르면 나타나는 팝업 메뉴에서 메뉴 **Create New → Empty File**를 이용하면 동일한 작업을 할 수 있다.

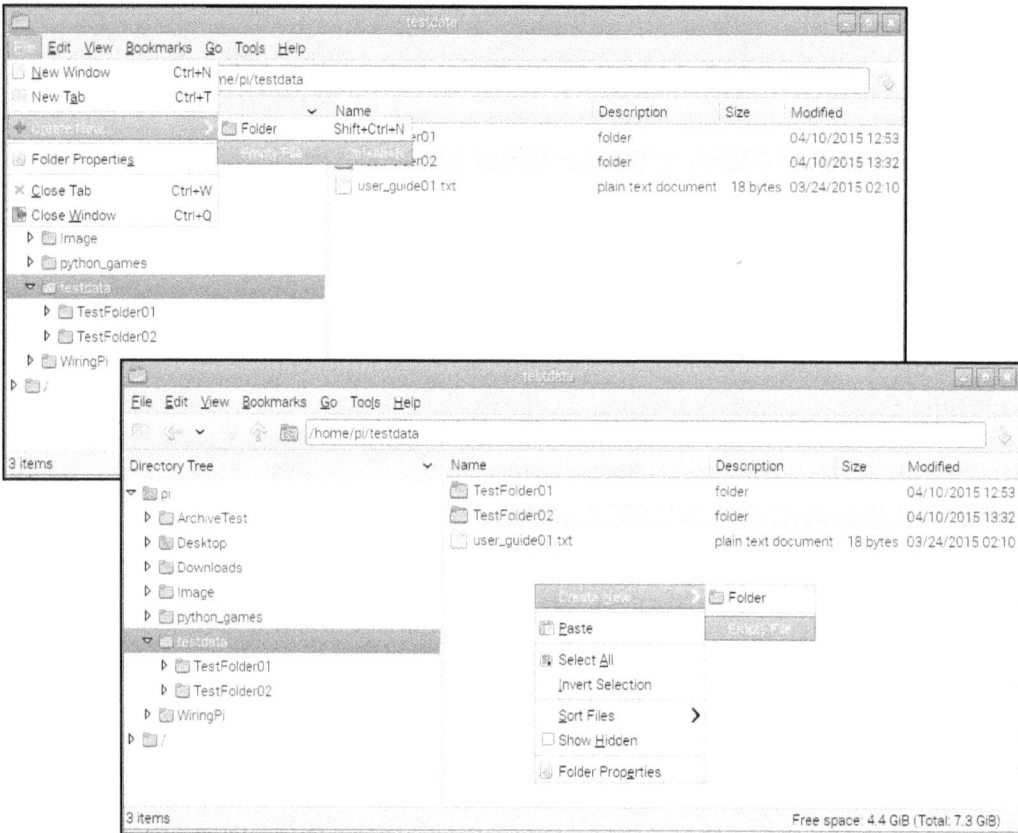

그림 16-3 window empty file 생성

그러면 새로운 파일에 대한 이름을 지정하는 팝업 화면이 나타난다. 여기에 원하는 파일 이름을 입력하고 처리를 계속하면 원하는 파일이 생성된다.

16.2.4 폴더와 파일의 이동

16.2.4.1 mv 명령 - 파일/폴더 이동 처리

Shell terminal에서 폴더나 파일을 다른 폴더로 이동하기 위해서 다음 명령을 사용할 수 있다. 이 명령에 대한 상세 내용은 **[16.2.2.1 mv 명령 - 파일 이동 및 이름 변경]**의 설명을 참조하기 바란다.

[명령 형식]

```
mv      [OPTION]    <from-directory/파일>      <to-directory>
```

[사용 Example] – 폴더의 이동

여기서는 폴더를 다른 폴더로 이동하는 작업을 해 보도록 할 것이다. 작업을 하기 전에 testdata 폴더의 내용을 조회하면 TestFolder03 폴더가 있음을 확인할 수 있다.

```
pi@raspberrypi ~/testdata $ ls -l
total 16
drwxr-xr-x 2 pi pi 4096 Apr 10 04:07 manual01
drwxr-xr-x 2 pi pi 4096 Apr 10 04:07 TestFolder02
drwxr-xr-x 2 pi pi 4096 Apr 10 03:58 TestFolder03
-rwxrwx--- 1 pi pi   18 Mar 24 02:10 user_guide01.txt
```

TestFolder03폴더를 TestFolder02 폴더로 이동하는 작업을 하고, 다시 내용을 조회해 보면 TestFolder03이 보이지 않는다. 다시 TestFolder02 폴더의 내용을 살펴보면 TestFolder03 폴더가 포함되어 있음을 확인할 수 있다.

```
pi@raspberrypi ~/testdata $ mv TestFolder03 ./TestFolder02/
pi@raspberrypi ~/testdata $ ls -l
total 16
drwxr-xr-x 2 pi pi 4096 Apr 10 04:07 manual01
drwxr-xr-x 2 pi pi 4096 Apr 10 03:58 TestFolder02
-rwxrwx--- 1 pi pi   18 Mar 24 02:10 user_guide01.txt
pi@raspberrypi ~/testdata $ ls ./TestFolder02 -l
total 4
drwxr-xr-x 2 pi pi 4096 Apr 10 04:07 TestFolder03
```

[사용 Example] – 파일의 이동

여기서는 파일을 다른 폴더로 이동하는 작업을 해 보도록 할 것이다. 작업을 하기 전에 testdata 폴더의 내용을 조회하면 user_guide01.txt 파일이 있음을 확인할 수 있다.

```
pi@raspberrypi ~/testdata $ ls -l
total 16
drwxr-xr-x 2 pi pi 4096 Apr 10 04:07 manual01
drwxr-xr-x 2 pi pi 4096 Apr 10 04:07 TestFolder02
drwxr-xr-x 2 pi pi 4096 Apr 10 03:58 TestFolder03
-rwxrwx--- 1 pi pi   18 Mar 24 02:10 user_guide01.txt
```

user_guide01.txt 파일을 TestFolder02 폴더로 이동하는 작업을 하고, 다시 내용을 조회해 보면 user_guide01.txt 파일이 보이지 않는다. 다시 TestFolder02 폴더의 내용을 살펴보면 user_guide01.txt 파일이 포함되어 있음을 확인할 수 있다.

```
pi@raspberrypi ~/testdata $ mv user_guide01.txt ./TestFolder02/
pi@raspberrypi ~/testdata $ ls -l
total 16
drwxr-xr-x 2 pi pi 4096 Apr 10 04:07 manual01
drwxr-xr-x 2 pi pi 4096 Apr 10 03:58 TestFolder02
pi@raspberrypi ~/testdata $ ls ./TestFolder02 -l
total 4
drwxr-xr-x 2 pi pi 4096 Apr 10 04:07 TestFolder03
-rwxrwx--- 1 pi pi   18 Mar 24 02:10 user_guide01.txt
```

16.2.4.2 window에서의 처리

window에서는 **Cut → Paste** 방식과 Move to 방식, Drag & Drop 방식을 이용하여 작업을 할 수 있다.

● **Cut → Paste로 처리하는 방식**

먼저 Cut을 하기 위해서는 대상 폴더나 파일을 선택한 다음, 메뉴 **Edit → Cut**을 사용하거나, 마우스 오른쪽 버튼을 누르면 나타나는 팝업 메뉴에서 메뉴 Cut을 이용하여 원하는 작업을 할 수 있다.

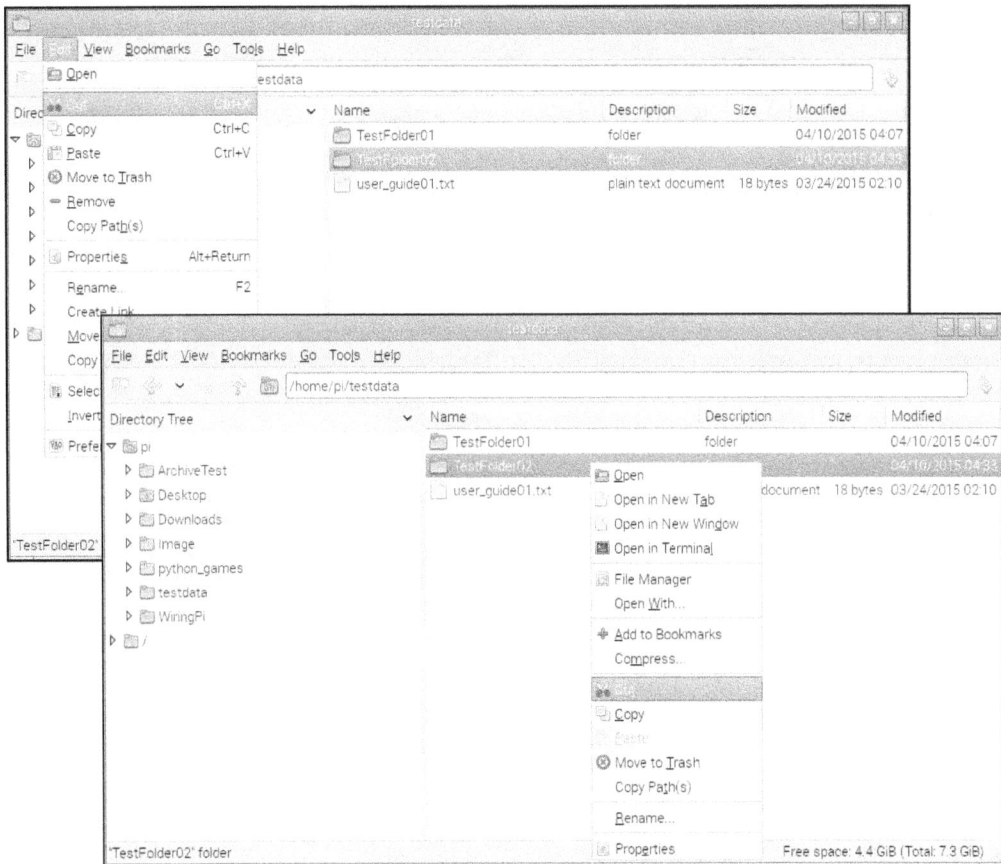

그림 16-4 window 폴더와 파일이동 - Cut

그런 다음 Paste 작업을 해야 하는데, 이동하고자 하는 도착 폴더를 선택하고 메뉴 **Edit →** **Paste**을 사용하거나, 마우스 오른쪽 버튼을 누르면 나타나는 팝업 메뉴에서 메뉴 Paste을 이용하면 원하는 작업을 할 수 있다.

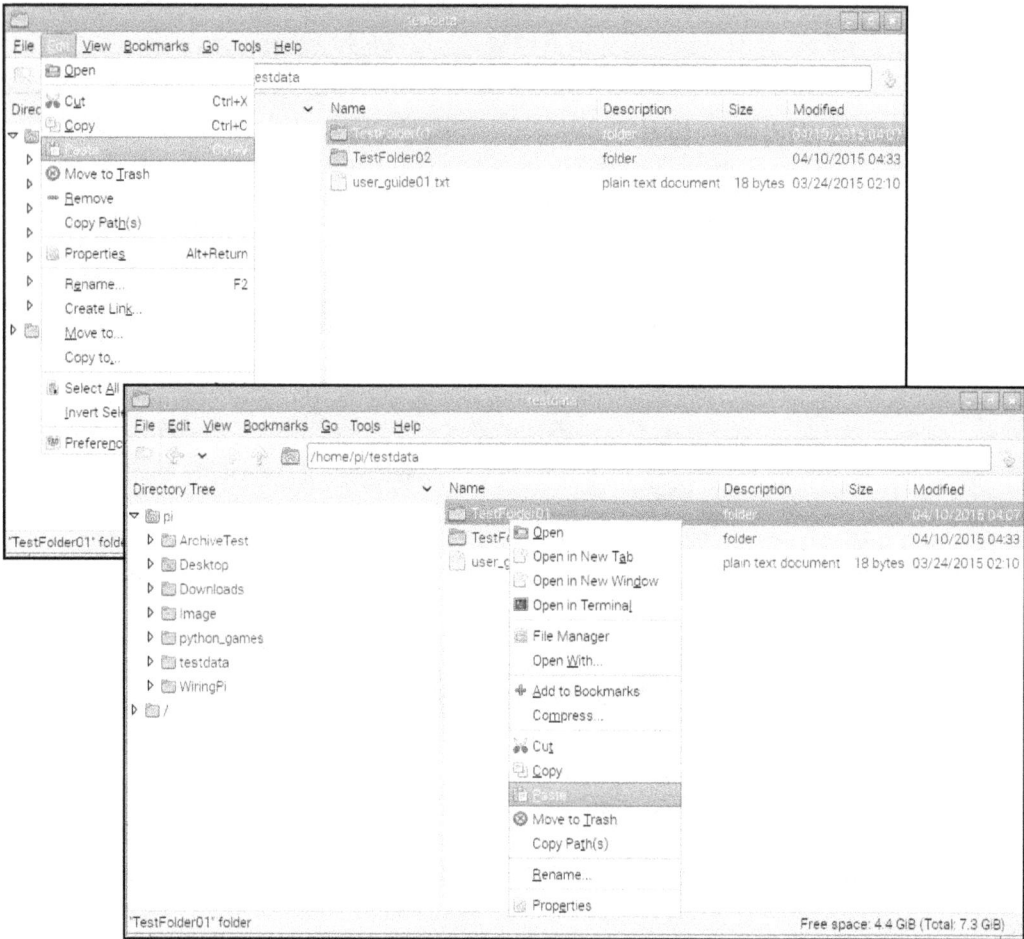

그림 16-5 window 폴더와 파일이동 - Paste

● Move to 방식

여기서는 메뉴를 이용하여 곧바로 원하는 폴더로 이동하는 방식에 대해서 설명하겠다. 먼저 이동하고 하는 대상 폴더나 파일을 선택한 다음, 메뉴 **Edit → Move to**을 사용한다.

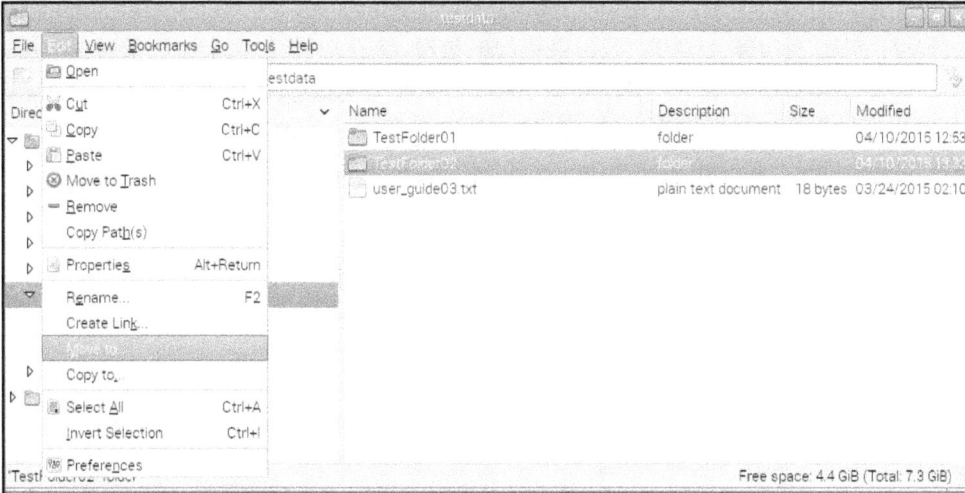

그림 16-6 window 폴더와 파일이동 – Move to

그러면 이동하고자 하는 도착 폴더를 검색하여 선택하는 화면이 나타난다. 여기서 원하는 폴더를 찾아서 선택을 하고 [OK] 버튼을 실행하면 자료가 그 폴더로 곧바로 이동한다.

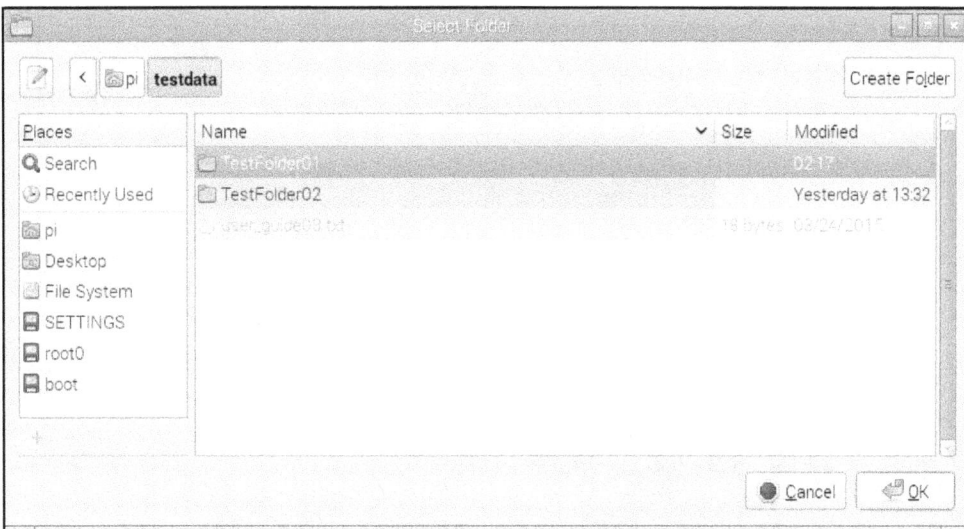

● Drag & Drop으로 처리하는 방식

여기서는 마우스를 이용해서 이동하고자 하는 폴더를 한번에 이동하는 방식에 대해서 설명하겠다.

먼저 이동하고자 하는 폴더를 선택한 다음 마우스를 놓지 않은 상태에서 그대로 도착 폴더로 이동한 다음 마우스를 놓으면 된다. 이때 자세히 보면 이동하는 아이콘에 화살표 표시가 있는 것을 확인할 수 있을 것이다. 도착 폴더는 화면의 오른쪽에 있는 폴더일 수도 있고 화면의 왼쪽에 있는 폴더일 수도 있다. 여기서는 TestFolder02 폴더를 TestFolder01 폴더로 이동하는 사례를 보여 주고 있다.

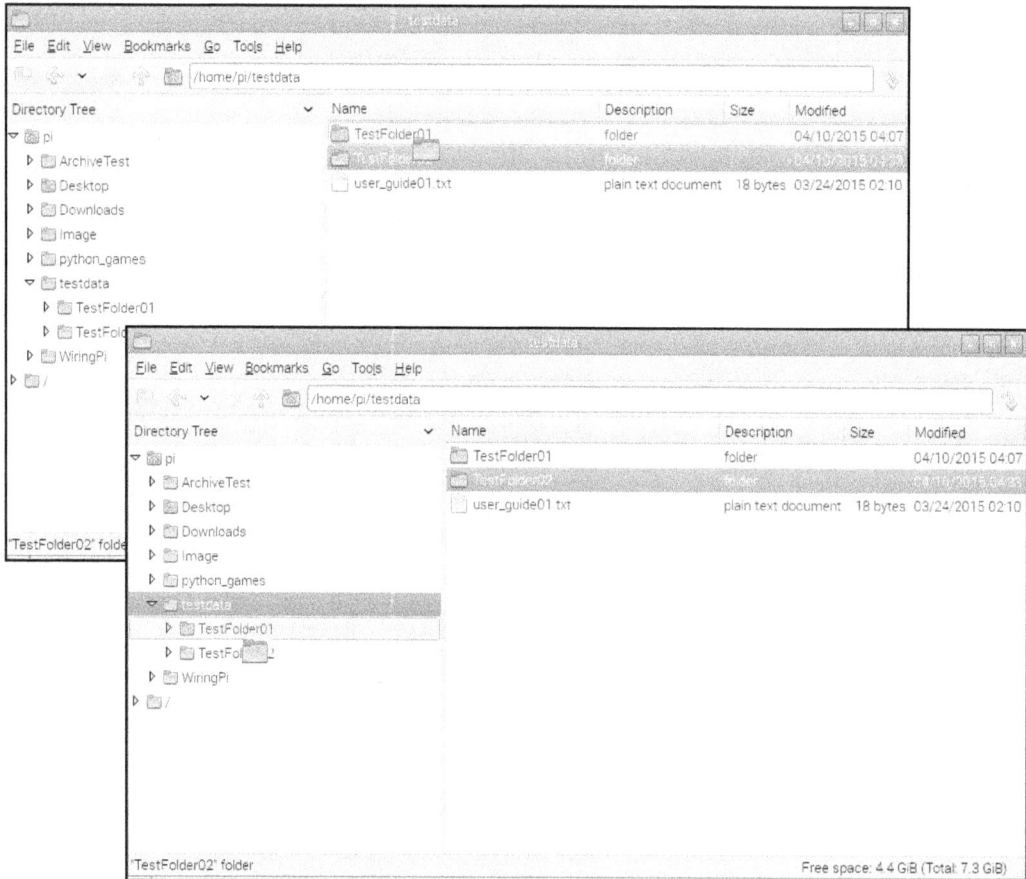

그림 16-7 window 폴더와 파일 이동 - Drag & Drop

16.2.5 폴더 복사

16.2.5.1 cp 명령 - 폴더/파일 복사

Shell에서 폴더나 파일을 복사하기 위해서 다음 명령을 사용할 수 있다.

[명령 형식]

cp   [OPTION]   \<from-directory/파일>   \<to-directory/파일>

[명령 개요]
- 폴더나 파일을 복사한다.
- 필요 권한   -- 일반권한

[상세 설명]
- directory에는 path를 지정할 수 있다. 특별히 path를 지정하지 않으면 현재 폴더에서 작업을 한다.
- To에서 폴더만 지정하고 파일이름을 지정하지 않으면 From 파일과 동일한 이름으로 작업을 한다.
- 폴더 속에 포함되어 있는 모든 내용을 한꺼번에 복사하기 위해서 –r option을 사용한다.

[주요 option]

--help	display this help and exit
-R, -r, --recursive	copy directories recursively

[사용 Example] – 다른 이름으로 폴더 복사
작업을 하기 전에 testdata 폴더의 내용을 보면 아래와 같은 내용이 포함되어 있고 그 내부에 포함되어 있는 TestFolder01 폴더의 내용을 조회하면 또 다른 폴더와 파일이 포함되어 있는 것을 확인할 수 있다.

```
pi@raspberrypi ~ $ ls ./testdata/ -l

total 12
drwxr-xr-x 3 pi pi 4096 Apr 10 11:17 TestFolder01
drwxr-xr-x 2 pi pi 4096 Apr 10 04:33 TestFolder02
```

```
-rwxrwx--- 1 pi pi   18 Mar 24 02:10 user_guide01.txt
pi@raspberrypi ~ $ ls ./testdata/TestFolder01 -l
total 8
drwxr-xr-x 2 pi pi 4096 Apr 10 04:07 manual01
-rwxr-x--x 1 pi pi   18 Mar 24 02:10 user_guide02.txt
```

TestFolder01를 TestFolder03 폴더로 복사하는 작업을 해보면 아래와 같이 오류가 발생한다.

```
pi@raspberrypi ~ $ cp ./testdata/TestFolder01 ./testdata/TestFolder03
cp: omitting directory `./testdata/TestFolder01'
```

이것은 제대로 복사하지 못했다는 것을 의미한다. 이러한 오류가 발생하는 이유는 폴더 내부에 다른 내용을 포함할 수도 있는데, 이 명령으로 폴더를 복사할 때 그 내부에 포함된 것이 함께 복사된다는 것을 명확히 이해하고 내부 자료의 복사 여부에 대해서 제대로 확인을 받지 않으면 정상적으로 처리할 수 없다는 것을 의미한다.

따라서 위와 같은 오류를 방지하기 위해서는 복사 대상이 되는 폴더 내부에 포함된 자료까지 복사하라는 확실한 확인이 필요하며, 이를 위해 명령을 명시적으로 사용해야 한다. 이러한 명시적인 처리를 위해서는 아래와 같이 -r (recursive) option을 사용하여 처리해야 한다.

복사 작업을 하고 나서 testdata 폴더의 내용을 보면 TestFolder03 폴더가 새로이 생성되어 있고, 또 그 내부를 확인해 보면 원래 TestFolder01 폴더에 포함되어 있던 또 다른 폴더와 파일들이 모두 복사되어 있는 것을 확인할 수 있다.

```
pi@raspberrypi ~ $ cp -r ./testdata/TestFolder01 ./testdata/TestFolder03
pi@raspberrypi ~ $ ls ./testdata -l
total 16
drwxr-xr-x 3 pi pi 4096 Apr 10 11:17 TestFolder01
drwxr-xr-x 2 pi pi 4096 Apr 10 04:33 TestFolder02
drwxr-xr-x 3 pi pi 4096 Apr 10 11:53 TestFolder03
-rwxrwx--- 1 pi pi   18 Mar 24 02:10 user_guide01.txt
pi@raspberrypi ~ $ ls ./testdata/TestFolder03 -l
total 8
drwxr-xr-x 2 pi pi 4096 Apr 10 11:53 manual01
-rwxr-x--x 1 pi pi   18 Apr 10 11:53 user_guide02.txt
```

[사용 Example] - 동일이름으로 다른 폴더로 복사

이번에는 기존에 있던 다른 폴더로 복사하면서 동일한 이름으로 복사하는 작업을 설명할 것이다. 이를 위해서 TestFolder01을 TestFolder02로 복사하면서 동일한 이름으로 복사하는 작업을 해 보도록 하겠다.

아래와 같이 작업을 하고 TestFolder02 내용을 확인해 보면 TestFolder01이 동일한 이름으로 동일한 내용을 가지고 복사되어 있는 것을 확인할 수 있다.

```
pi@raspberrypi ~ $ cp -r ./testdata/TestFolder01 ./testdata/TestFolder02
pi@raspberrypi ~ $ ls ./testdata -l
total 12
drwxr-xr-x 3 pi pi 4096 Apr 10 11:17 TestFolder01
drwxr-xr-x 3 pi pi 4096 Apr 10 12:10 TestFolder02
-rwxrwx--- 1 pi pi   18 Mar 24 02:10 user_guide01.txt
pi@raspberrypi ~ $ ls ./testdata/TestFolder02 -l
total 4
drwxr-xr-x 3 pi pi 4096 Apr 10 12:10 TestFolder01
```

이때의 명령은 이전 명령과는 다르게 Destination을 지정하면서 기존에 이미 있는 폴더 이름을 그대로 지정하고 그 뒤에는 별다른 이름을 지정하지 않았다. 이렇게 하면 기존에 있던 destination 폴더 안에 복사를 하되 Source에서 지정한 폴더와 파일 이름과 동일하게 처리하라는 것을 의미한다.

[사용 Example] – 파일의 복사

이번에는 동일 폴더에서 파일을 다른 이름으로 복사하는 작업을 설명할 것이다. 작업을 하기 전에 testdata 폴더의 내용을 보면 아래와 같이 user_guide01.txt 파일이 포함되어 있는 것을 확인할 수 있다.

```
pi@raspberrypi ~ $ ls ./testdata/ -l
total 12
drwxr-xr-x 3 pi pi 4096 Apr 10 11:17 TestFolder01
drwxr-xr-x 2 pi pi 4096 Apr 10 04:33 TestFolder02
-rwxrwx--- 1 pi pi   18 Mar 24 02:10 user_guide01.txt
```

아래와 같이 작업을 하고 TestFolder02 내용을 확인해 보면 TestFolder01이 동일한 이름으로 동일한 내용을 가지고 복사되어 있는 것을 확인할 수 있다.

```
pi@raspberrypi ~ $ cp  ./testdata/user_guide01.txt ./testdata/user_guide03.txt
pi@raspberrypi ~ $ ls ./testdata -l
total 12
drwxr-xr-x 3 pi pi 4096 Apr 10 11:17 TestFolder01
drwxr-xr-x 3 pi pi 4096 Apr 10 12:10 TestFolder02
-rwxrwx--- 1 pi pi   18 Mar 24 02:10 user_guide01.txt
-rwxrwx--- 1 pi pi   18 Mar 24 02:10 user_guide03.txt
```

16.2.5.2 window에서의 처리

window에서는 Copy → Paste 방식, Copy to 방식과 Drag & Drop 방식을 이용하여 작업을 할 수 있다.

● **Copy → Paste로 처리하는 방식**

먼저 Copy를 하기 위해서는 대상 폴더나 파일을 선택한 다음, 메뉴 **Edit → Copy**을 사용하거나, 마우스 오른쪽 버튼을 누르면 나타나는 팝업 메뉴에서 메뉴 Copy을 이용하여 원하는 작업을 할 수 있다.

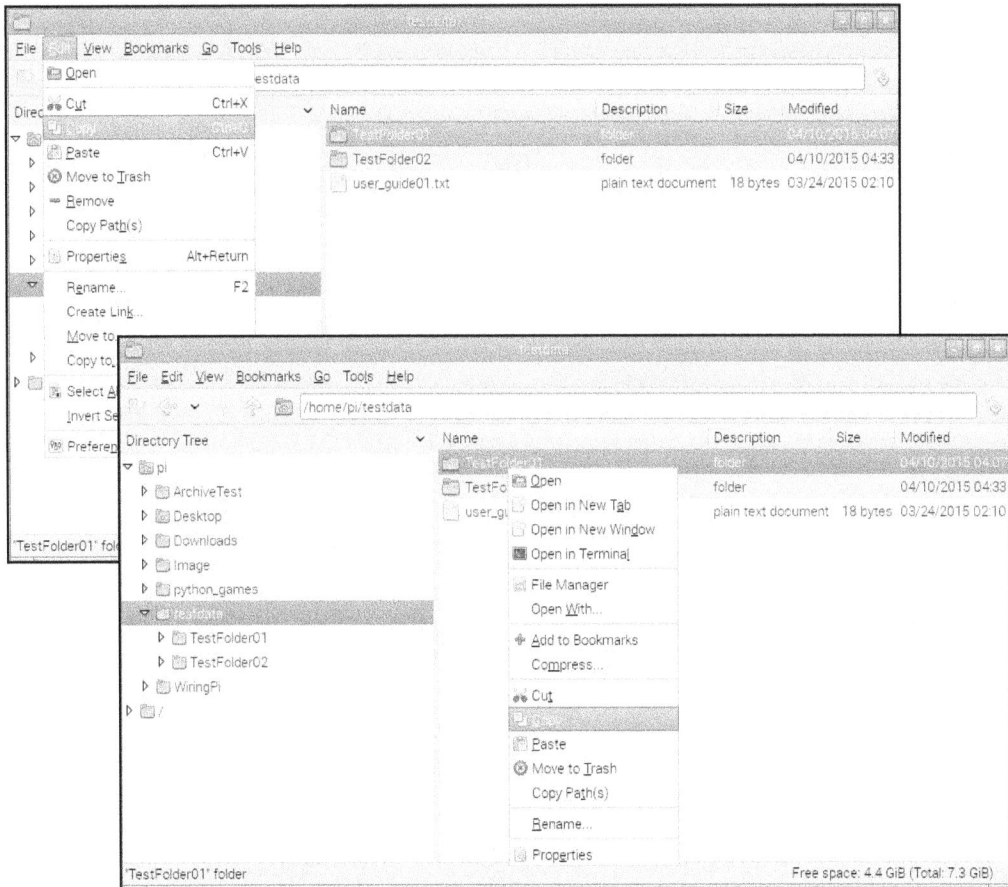

그림 16-8 window 폴더/파일 복사 - Copy

그런 다음 Paste 작업을 해야 하는데, 복사하고자 하는 도착 폴더를 선택하고 메뉴 **Edit →
Paste**을 사용하거나, 마우스 오른쪽 버튼을 누르면 나타나는 팝업 메뉴에서 메뉴 Paste을
이용하면 원하는 작업을 할 수 있다.

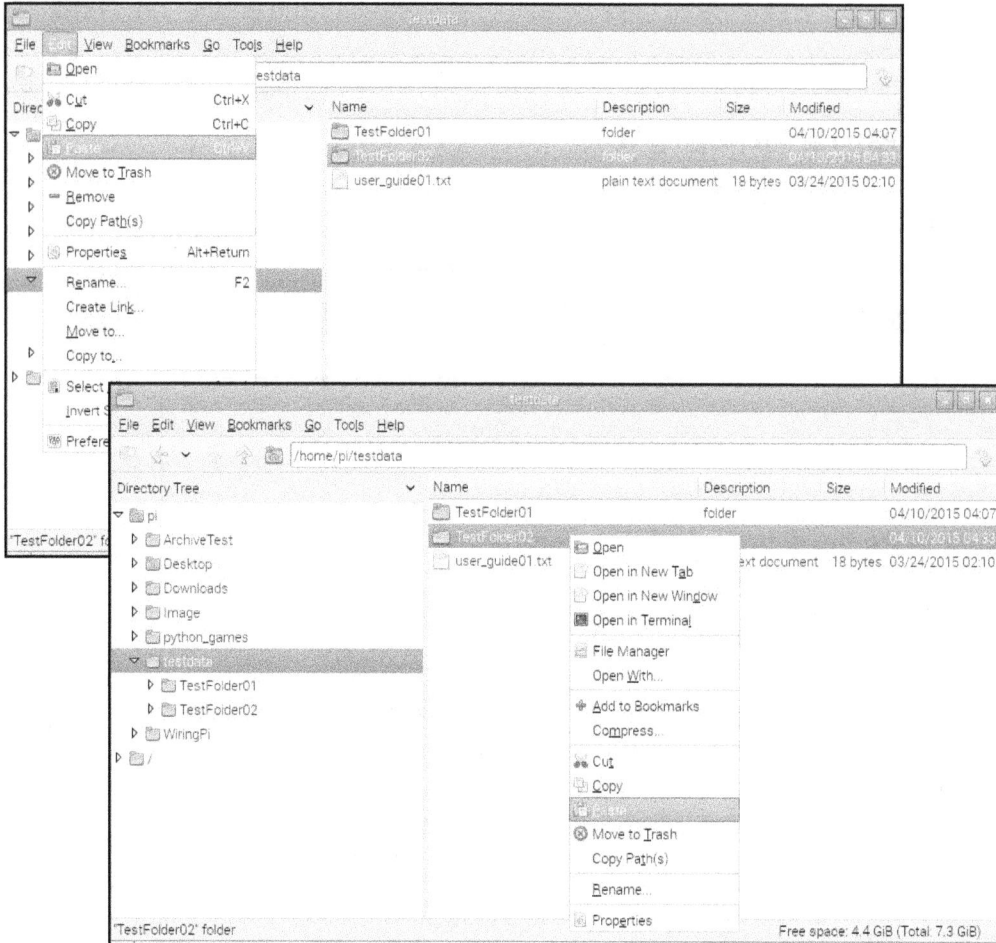

그림 16-9 window 폴더/파일 복사 - Paste

● **Copy to 방식**

여기서는 메뉴를 이용하여 곧바로 원하는 폴더로 복사하는 방식에 대해서 설명하겠다. 먼저 이동하고 하는 대상 폴더나 파일을 선택한 다음, 메뉴 **Edit → Copy to**을 사용한다.

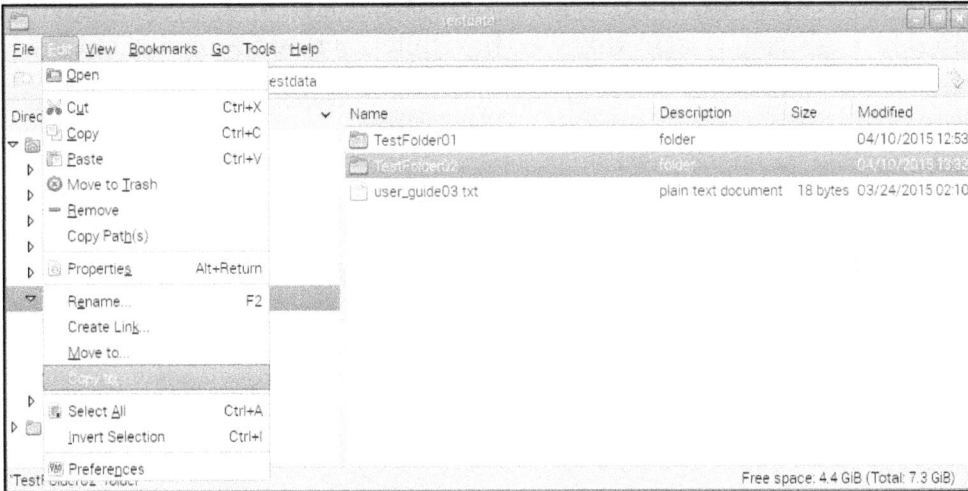

그림 16-10 window 폴더/파일 복사 – Copy to

그러면 복사하고자 하는 도착 폴더를 검색하여 선택하는 화면이 나타난다. 여기서 원하는 폴더를 찾아서 선택을 하고 [OK] 버튼을 실행하면 자료가 그 폴더로 곧바로 복사한다.

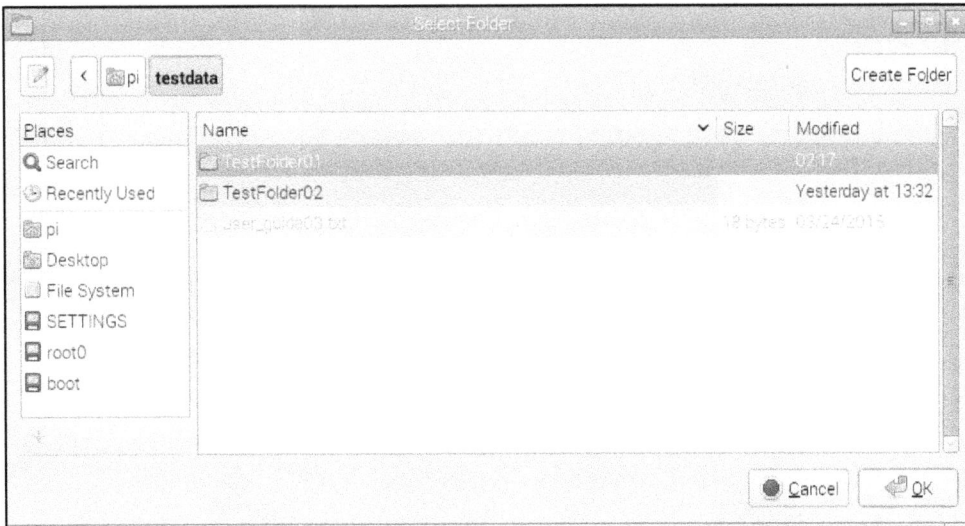

● **Drag & Drop으로 처리하는 방식**

여기서는 마우스를 이용해서 복사하고자 하는 폴더를 한번에 처리하는 방식에 대해서 설명하겠다. 먼저 복사하고자 하는 폴더를 선택한 다음, CTRL 키를 누르고 마우스를 놓지 않은 상태에서 그대로 도착 폴더로 이동한 다음 마우스를 놓으면 된다. 이때 자세히 보면 이동하는 아이콘에 + 표시가 있는 것을 확인할 수 있을 것이다. 도착 폴더는 화면의 오른쪽에 있는 폴더일 수도 있고 화면의 왼쪽에 있는 폴더일 수도 있다. 여기서는 TestFolder01 폴더를 TestFolder02 폴더로 복사하는 사례를 보여 주고 있다.

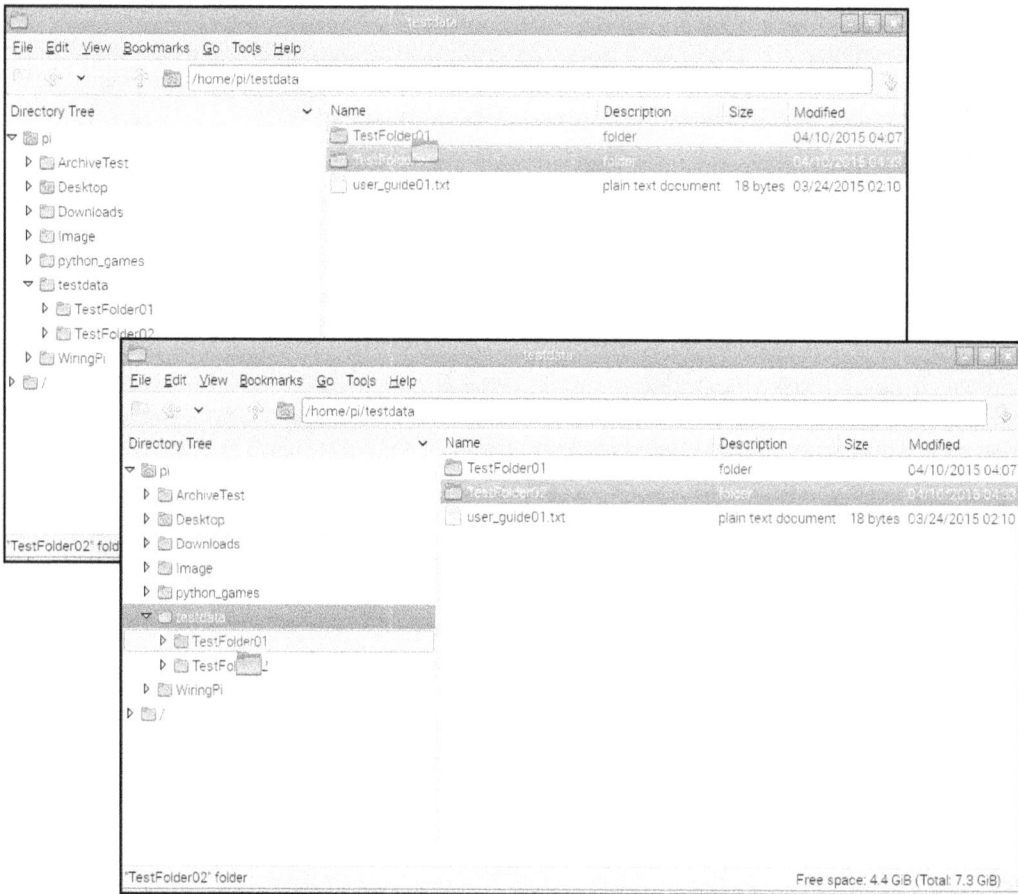

그림 16-11 window 폴더/파일 복사 -Drag & Drop

16.2.6 폴더와 파일의 삭제

16.2.6.1 terminal에서의 처리

● rmdir 명령을 이용한 폴더 삭제

Shell terminal에서 폴더를 삭제하기 위해서 다음 명령을 사용할 수 있다.

[명령 형식]

rmdir   [OPTION]   \<directory>

[명령 개요]
- 폴더를 삭제한다.
- 필요 권한   -- 일반권한

[상세 설명]
- 이 명령은 폴더 내에 아무런 자료가 없을 때에만 정상적으로 처리된다.
- directory를 지정할 때는 path 지정할 수 있다. 특별히 path를 지정하지 않으면 현재 폴더에서 작업을 한다.

[주요 option]

--help	display this help and exit

[사용 Example]

작업을 하기 전에 testdata 폴더의 내용을 보면 아래와 같은 내용이 포함되어 있다. 내부에 포함되어 있는 TestFolder02 폴더는 내부에 아무 자료도 없고, TestFolder03 폴더에는 또 다른 폴더와 파일이 포함되어 있는 것을 확인할 수 있다.

```
pi@raspberrypi ~ $ ls ./testdata/ -l

drwxr-xr-x 3 pi pi 4096 Apr 10 12:53 TestFolder01
drwxr-xr-x 3 pi pi 4096 Apr 10 12:58 TestFolder02
drwxr-xr-x 3 pi pi 4096 Apr 10 13:10 TestFolder03
-rwxrwx--- 1 pi pi   18 Mar 24 02:10 user_guide01.txt

pi@raspberrypi ~ $ ls ./testdata/TestFolder02 -l

total 0
```

```
pi@raspberrypi ~ $ ls ./testdata/TestFolder03 -l
```
```
total 8
drwxr-xr-x 2 pi pi 4096 Apr 10 04:07 manual01
-rwxr-x--x 1 pi pi   18 Mar 24 02:10 user_guide02.txt
```

먼저 내부에 자료가 포함되어 있는 TestFolder03 폴더를 삭제하는 작업을 해보면 아래와
같이 오류가 발생한다. 이러한 오류가 발생하는 이유는 이 폴더는 내부에 다른 내용을 포
함하고 있는데, 이렇게 내부에 자료가 있는 상태에서는 정상적으로 처리할 수 없다는 것을
의미한다.

```
pi@raspberrypi ~ $ rmdir ./testdata/TestFolder03
```
```
rm: cannot remove `./testdata/TestFolder03': Is a directory
```

이제 내부에 아무 자료도 없는 TestFolder02 폴더를 삭제해 보도록 하겠다. 작업이 정상적
으로 처리된다. 작업을 하고 나서 testdata 폴더의 내용을 보면 TestFolder02 폴더가 삭제
된 것을 확인할 수 있다.

```
pi@raspberrypi ~ $ rmdir  ./testdata/TestFolder02
```
```
pi@raspberrypi ~ $ ls ./testdata -l
```
```
total 12
drwxr-xr-x 3 pi pi 4096 Apr 10 12:53 TestFolder01
drwxr-xr-x 3 pi pi 4096 Apr 10 13:10 TestFolder03
-rwxrwx--- 1 pi pi   18 Mar 24 02:10 user_guide01.txt
```

● rm 명령을 이용한 폴더와 파일의 삭제

이번에는 폴더와 그 내부에 있는 파일을 한꺼번에 삭제하는 작업을 해보도록 하겠다. 이렇게 폴더와 파일을 동시에 삭제하기 위해서는 다음 명령을 사용할 수 있다.

[명령 형식]

rm [OPTION] <directory/파일>

[명령 개요]
- 폴더와 파일을 삭제한다.
- 필요 권한   -- 일반권한

[상세 설명]
- 폴더를 삭제하고자 하면 directory만 지정하고, 파일을 삭제하려면 directory와 파일을 함께 지정한다. 폴더 속에 포함되어 있는 모든 내용을 한꺼번에 삭제하기 위해서 –r option을 사용한다.
- directory를 지정할 때는 path 지정할 수 있다. 특별히 path를 지정하지 않으면 현재 폴더에서 작업을 한다.

[주요 option]

--help	display this help and exit
-R, -r, --recursive	copy directories recursively

[사용 Example]
작업을 하기 전에 testdata 폴더의 내용을 보면 아래와 같은 내용이 포함되어 있고, 그 내부에 포함되어 있는 TestFolder02는 내부에 아무 자료도 없고, TestFolder03 폴더의 내용을 조회하면 또 다른 폴더와 파일이 포함되어 있는 것을 확인할 수 있다.

pi@raspberrypi ~ $ ls ./testdata/ -l
drwxr-xr-x 3 pi pi 4096 Apr 10 12:53 TestFolder02 drwxr-xr-x 3 pi pi 4096 Apr 10 13:10 TestFolder03 -rwxrwx--- 1 pi pi   18 Mar 24 02:10 user_guide01.txt
pi@raspberrypi ~ $ ls ./testdata/TestFolder02 -l
total 0
pi@raspberrypi ~ $ ls ./testdata/TestFolder03 -l
total 8

```
drwxr-xr-x 2 pi pi 4096 Apr 10 04:07 manual01
-rwxr-x--x 1 pi pi   18 Mar 24 02:10 user_guide02.txt
```

내부에 아무 자료도 없는 TestFolder02 폴더를 삭제하거나 자료가 포함되어 있는
TestFolder03폴더를 삭제하는 작업을 해보면 동일하게 아래와 같이 오류가 발생한다.

```
pi@raspberrypi ~ $ rm ./testdata/TestFolder02
```
```
rm: cannot remove `./testdata/TestFolder02': Is a directory
```
```
pi@raspberrypi ~ $ rm ./testdata/TestFolder03
```
```
rm: cannot remove `./testdata/TestFolder03': Is a directory
```

이러한 오류가 발생하는 이유는 이 명령으로 폴더를 삭제할 때는 폴더 내부에 다른 내용
을 포함하고 있는 경우 그 내부에 포함된 것이 한꺼번에 삭제되면 사전에 생각하지 못한
많은 문제가 발생할 수도 있으므로, 내부 자료의 삭제 여부에 대해서 제대로 확인을 받지
않으면 정상적으로 처리할 수 없다는 것을 의미한다.

따라서 위와 같은 오류를 방지하기 위해서는 삭제 대상이 되는 폴더 내부에 포함된 자료
까지 삭제하라는 확실한 확인이 필요하며, 이를 위해 명령을 명시적으로 사용해야 한다. 이
러한 명시적인 처리를 위해서는 아래와 같이 -r (recursive) option을 사용하여 처리해야 한
다.

삭제 작업을 하고 나서 testdata 폴더의 내용을 보면 TestFolder03 폴더와 그 내부에 있는
모둔 자료가 삭제되어 있는 것을 확인할 수 있다.

```
pi@raspberrypi ~ $ rm -r ./testdata/TestFolder03
```
```
pi@raspberrypi ~ $ ls ./testdata -l
```
```
total 12
drwxr-xr-x 3 pi pi 4096 Apr 10 12:53 TestFolder01
-rwxrwx--- 1 pi pi   18 Mar 24 02:10 user_guide01.txt
```

16.2.6.2 window에서의 삭제 처리

window에서 자료를 삭제하는 방식에는 여러 가지가 있다. 먼저 시스템에서 자료를 완전히 삭제할 수도 있다. 이 방식의 특징은 자료를 시스템에서 완전히 삭제하여 차후에 다시 복구할 수 없는 상태로 만드는 것이다.

다음으로 자료를 일단Trash Can에 넣어 넣고 나중에 정리하는 방식이 있다. 이 방식으로 자료를 사용하면 삭제된 자료는 시스템에서 완전히 삭제된 것이 아니라 단지 Trash Can으로 이동이 된 상태이며, 나중에 마음이 변하여 다시 사용하고자 하는 경우에는 다시 복구하여 재활용할 수가 있다는 것이다. 이렇게 자료를 Trash Can에 넣을 때도 메뉴를 이용하는 방법도 있고, Drag & Drop 방식을 이용하여 작업을 할 수 있다.

● **자료를 완전히 삭제하는 방식**

window에서 자료를 완전히 삭제하기 위해서는 대상 폴더나 파일을 선택한 다음, 메뉴 **Edit → Remove**를 이용하여 원하는 작업을 할 수 있다. 이렇게 자료를 삭제하면 이 자료는 다시는 사용할 수 없다.

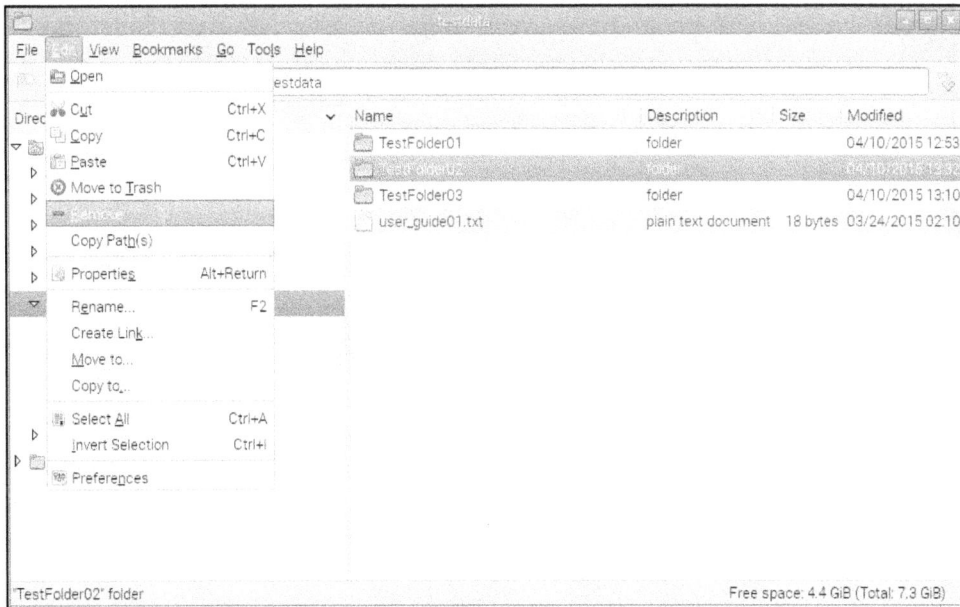

그림 16-12 window 폴더/파일 삭제 - remove

● 자료를 Trash Can으로 이동하는 방식

삭제되는 자료를 일단 Trash Can으로 이동하기 위해서는 대상 폴더나 파일을 선택한 다음, 메뉴 **Edit → Move to Trash**를 이용하거나 마우스 오른쪽 버튼을 누르면 나타나는 팝업 메뉴에서 메뉴 Move to Trash을 이용하면 원하는 작업을 할 수 있다.

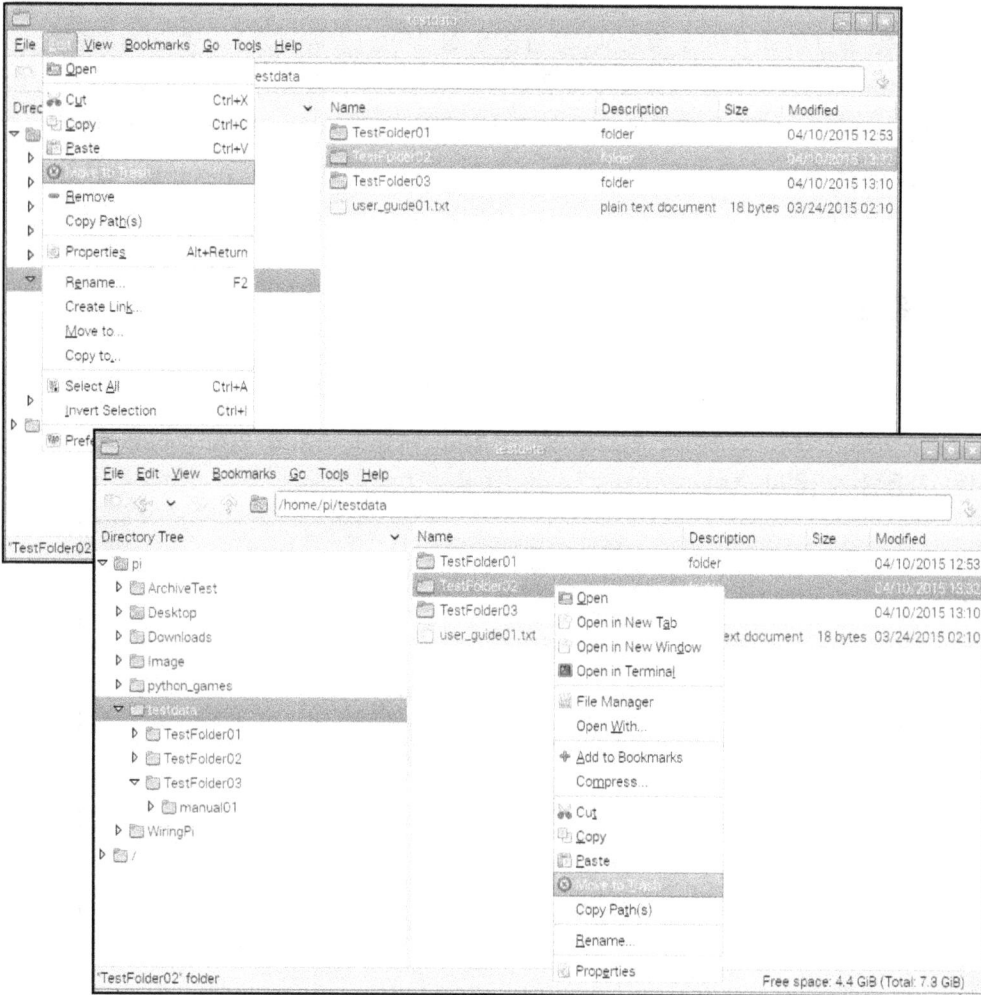

그림 16-13 window 폴더/파일 삭제 – Move to Trash

● **Drag & Drop으로 Trash Can으로 이동하는 방식**

여기서는 마우스를 이용해서 삭제하고자 하는 자료를 한번에 Trash Can으로 이동하는 방식에 대해서 설명하겠다.

먼저 삭제하고자 하는 폴더를 선택한 다음 마우스를 놓지 않은 상태에서 그대로 바탕화면의 Trash Can아이콘으로 이동한 다음 마우스를 놓으면 된다.

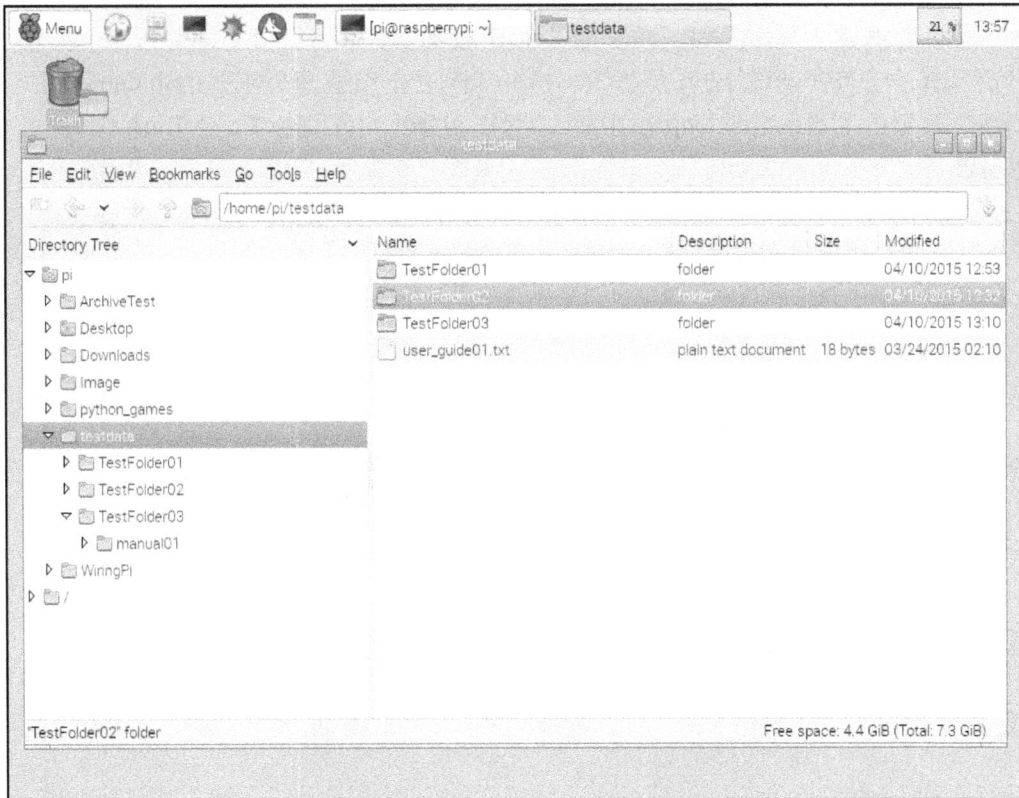

그림 16-14 window 폴더/파일 삭제 – Drag & Drop To TrashCan

16.2.7 Trash Can에 있는 자료의 관리 및 복구

Shell terminal에서 삭제한 자료는 Trash Can에 저장되지 않는다. Trash Can에 저장되는 자료는 window에서 Trash Can으로 이동한 자료뿐이다. window에서 메뉴 remove로 완전히 삭제한 자료는 Trash Can에 저장되지 않는다.

16.2.7.1 Trash Can에서 있는 자료의 조회

Trash Can으로 보낸 자료는 Trash Can을 열어서 그 안에 있는 자료를 조회할 수 있다. 먼저 마우스를 이용하여 바탕화면에 있는 Trash Can 아이콘을 더블 클릭하면 Trash Can을 열수 있다. 또 다른 방법은 [File Manager] 프로그램을 실행한 다음 메뉴 **Go → Trash Can**을 이용하면 동일하게 Trash Can에 포함되어 있는 자료를 조회할 수 있다.

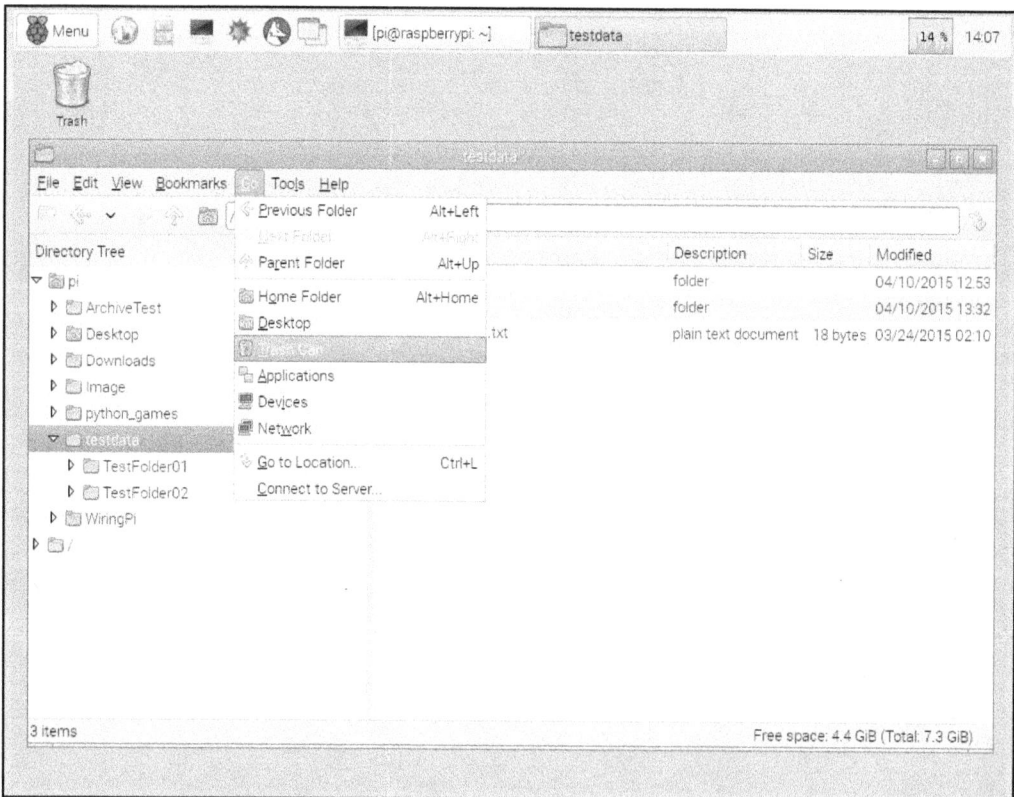

그림 16-15 window TrashCan 조회

Trash Can에 있는 내용을 살펴보면 이전에 우리가 삭제한 폴더와 파일들이 함께 포함되어 있는 것을 확인할 수 있다.

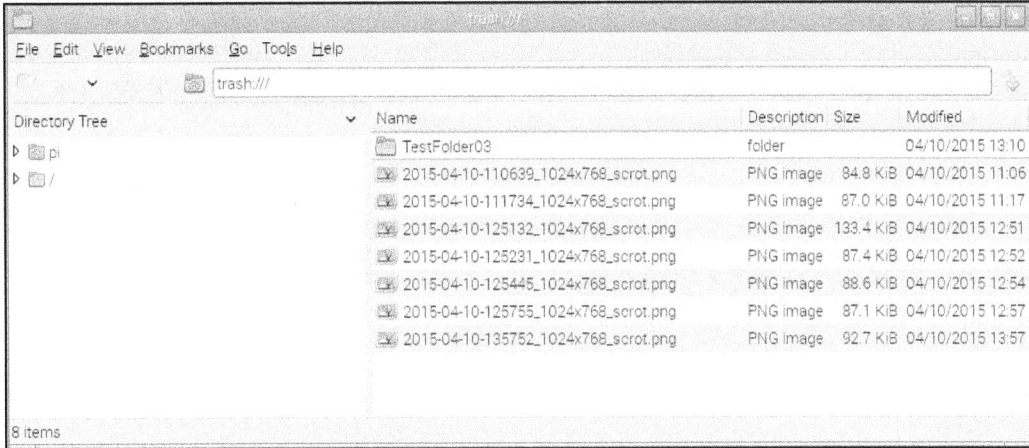

폴더를 다시 살펴보면 삭제 이전에 그 폴더에 포함되어 있던 자료들이 같이 포함되어 있다. 아래 화면에서 TestFolder03 폴더 속에 또 다른 폴더와 파일이 포함되어 있는 것을 확인할 수 있다.

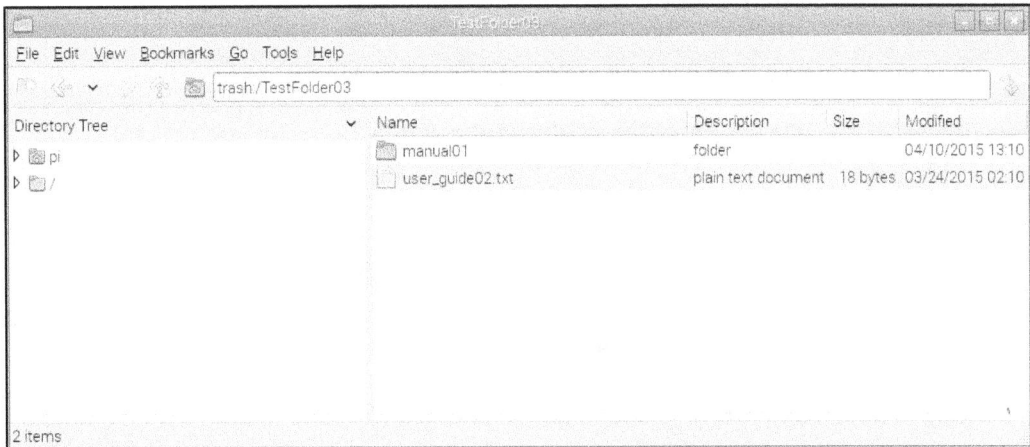

16.2.7.2 Trash Can에 있는 자료의 완전 삭제

Trash Can에 있는 자료는 다시 삭제해야 시스템에서 완전히 삭제되어 다시는 사용할 수 없는 상태가 되고, 삭제된 자료가 차지하고 있던 저장공간은 다시 사용할 수 있는 여유공간으로 되돌아 온다.

먼저 삭제하고자 하는 자료를 선택한 다음 메뉴 **Edit →Remove**를 이용하거나 마우스 오른쪽 버튼을 누르면 나타나는 팝업 메뉴에서 Delete 메뉴를 사용하여 원하는 작업을 할 수 있다.

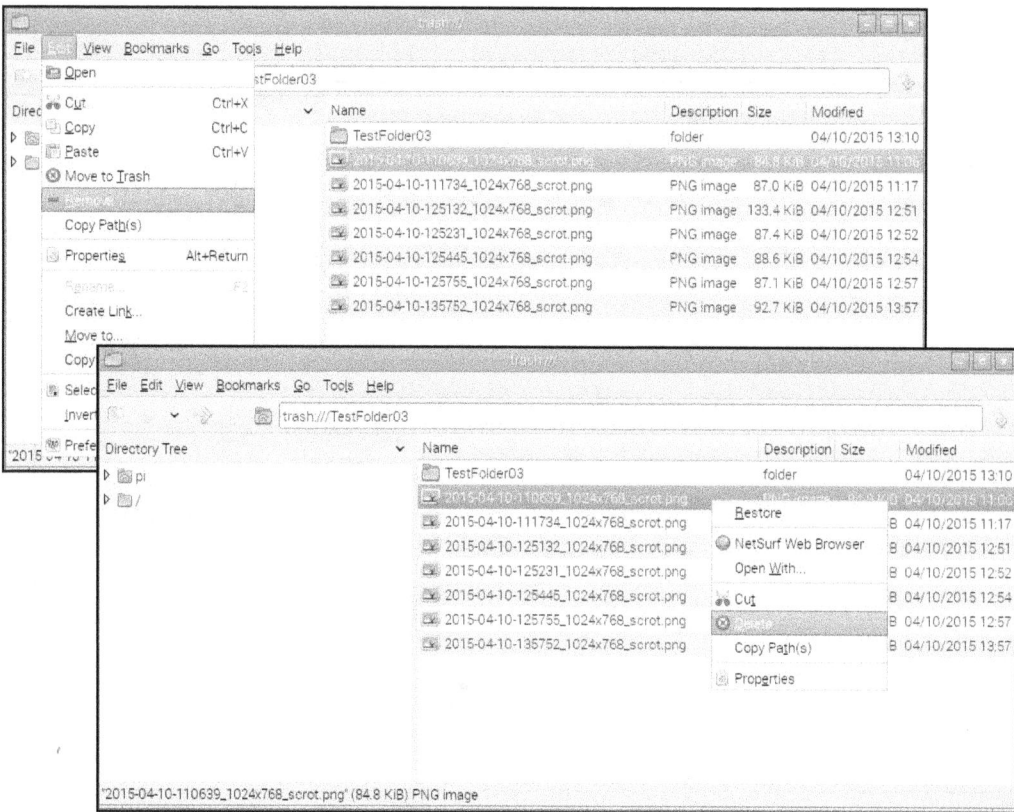

그림 16-16 window TrashCan의 자료 삭제

자료 삭제에 대한 확인 팝업 화면에서 확인을 하면 완전히 삭제가 이루어진다.

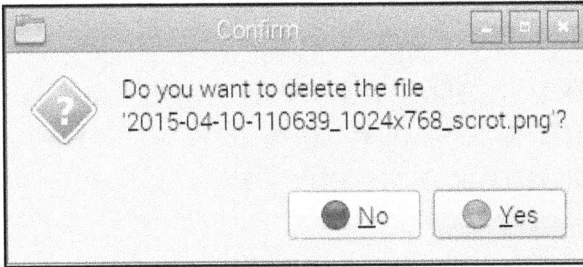

다음 화면은 삭제가 완료된 이후의 Trash Can의 상태를 보여준다. 이전에 있던 파일이 삭제되어 화면에 보이지 않는 것을 확인할 수 있다.

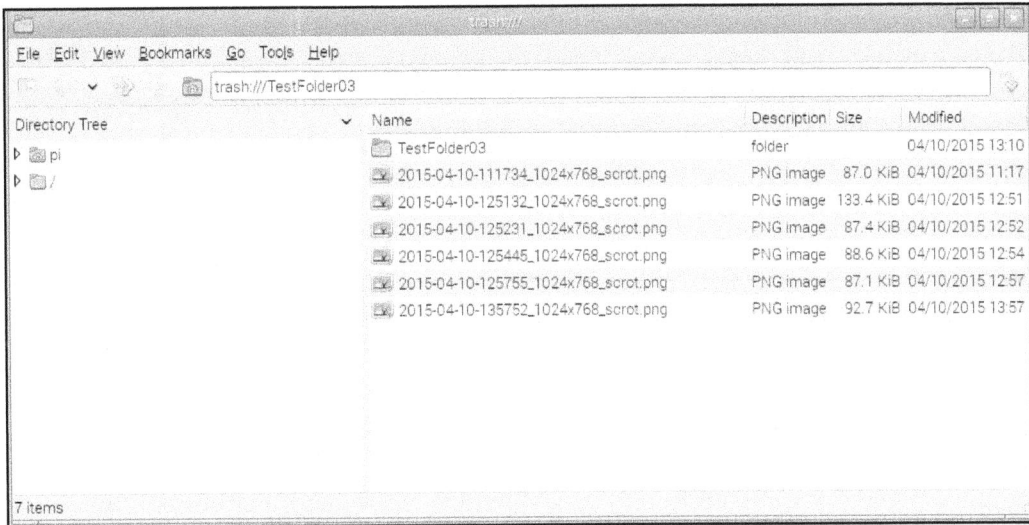

16.2.7.3 Trash Can에 있는 자료의 복구

Trash Can에 있는 자료는 다시 복구하여 사용할 수 있다. 자료를 복구하면 복구된 자료에 대해서는 삭제 작업이 실행되기 이전의 상태로 돌아간다. 또 폴더를 복구하면 그 속에 포함되어 있던 폴더와 파일들이 함께 복구되어 재사용할 수 있는 상태가 된다.

다음 화면은 복구작업을 하기 전에 testdata 폴더의 자료 내용을 보여 주고 있다.

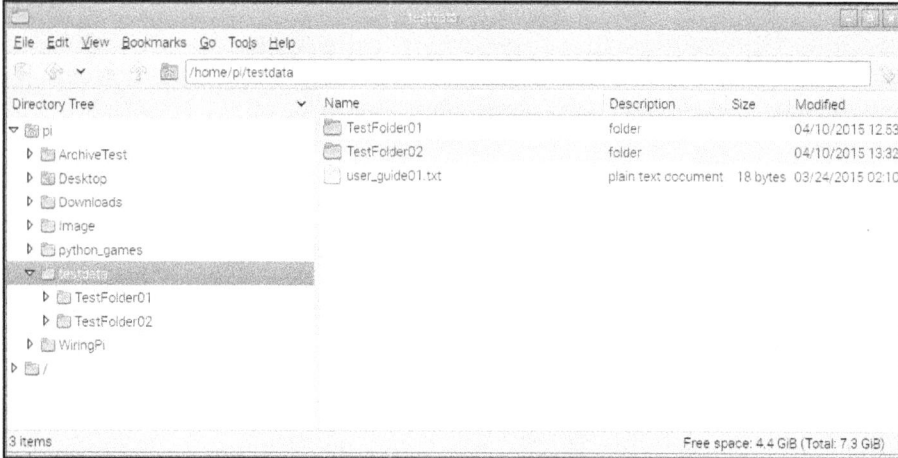

먼저 Trash Can에서 복구하고자 하는 자료를 선택한 다음 마우스 오른쪽 버튼을 누르면 나타나는 팝업 메뉴에서 Restore 메뉴를 사용하여 원하는 작업을 할 수 있다.

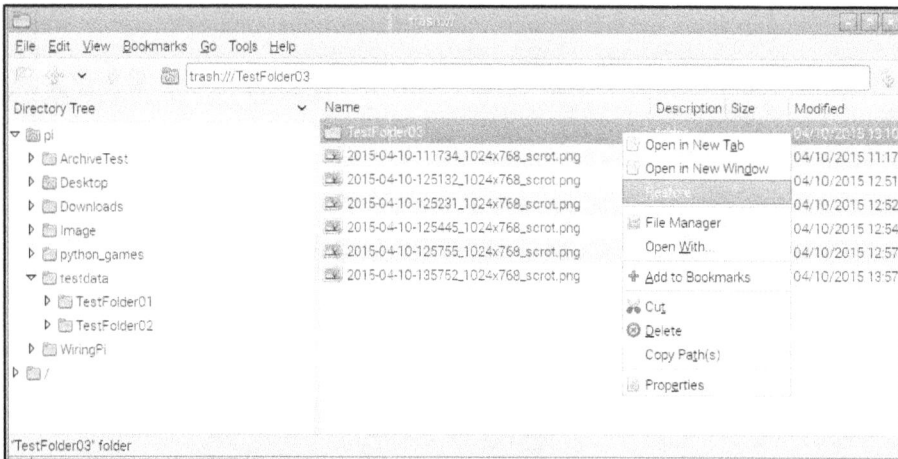

그림 16-17 window TrashCan의 자료 복구

복구 작업이 완료된 후 Trash Can의 내용을 보면 복구된 자료가 보이지 않는 것을 확인할 수 있다.

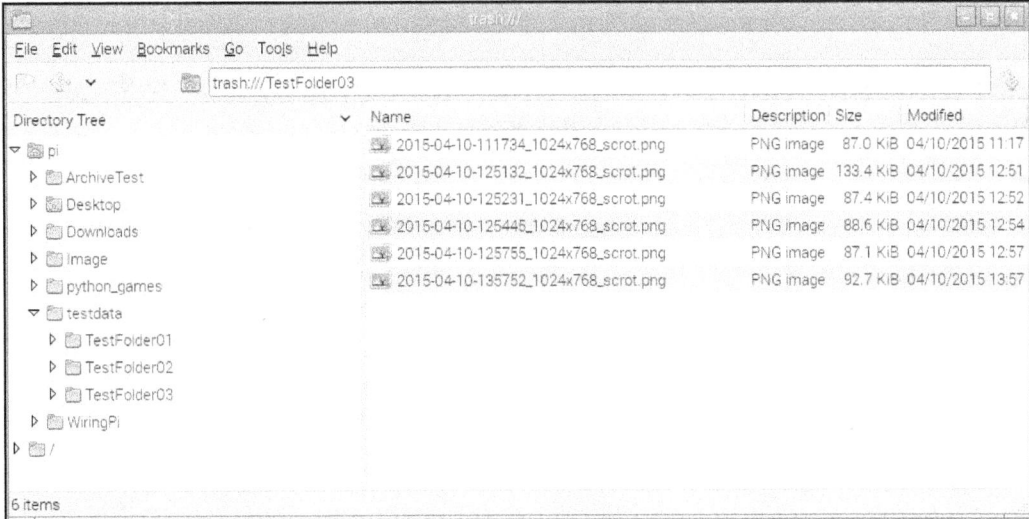

또한 복구된 자료가 원래 있던 폴더의 내용을 확인해보면 자료가 제대로 복구되어 있는 것을 알 수 있다. 아래 화면에서는 testdata 폴더 안에 TestFolder03 폴더의 자료가 복구되어 있는 확인할 수 있다.

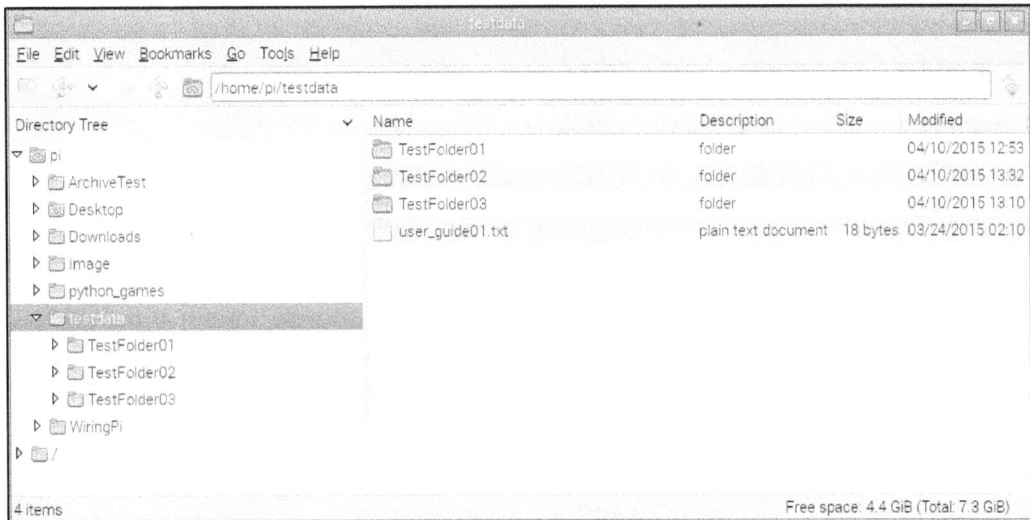

16.3 폴더와 파일의 활용

16.3.1 cd 명령 - 현재 작업경로 이동

terminal에서 작업을 수행할 때는 기본적으로 현재 작업경로에서 작업을 하게 된다. 이렇게 작업하고자 하는 파일경로를 현재 작업경로로 바꾸면 그 이후 여러 가지 명령을 수행할 때 작업 위치를 별도로 지정하지 않아도 실행하는 명령이 현재 작업경로에서 적용되는 효과가 있다.

이렇게 작업하고자 하는 특정 파일경로를 현재 작업경로로 만드는 명령이 "cd" (change directory) 명령이다.

[명령 형식]

```
cd      [OPTION]    <directory>
```

[명령 개요]
- 지정된 파일경로를 현재의 작업경로로 지정한다.
- 필요 권한   -- 일반권한

[상세 설명]
- directory를 지정하지 않으면 logon 사용자의 home directory로 이동한다.

[주요 option]

--help	display this help and exit
-L, --logical	use PWD from environment, even if it contains symlinks
-P, --physical	avoid all symlinks

[사용 Example]

아래 화면을 보면 현재 작업위치가 pi 계정의 home director이다. ls 명령을 사용하여 그 속에 있는 자료를 확인해 보면 아래와 같은 내용이 표시된다. .

```
pi@raspberrypi ~ $ ls -l
```
```
total 28
drwxr-xr-x 2 pi pi 4096 Mar 31 03:04 ArchiveTest
drwxr-xr-x 2 pi pi 4096 Apr 10 03:19 Desktop
drwx------ 2 pi pi 4096 Apr  7 03:18 Downloads
drwxr-xr-x 2 pi pi 4096 Apr  7 08:44 Image
drwxrwxr-x 2 pi pi 4096 Mar 24 02:37 python_games
drwxr-xr-x 4 pi pi 4096 Apr 11 07:54 testdata
```

작업 경로를 testdata 폴더로 이동한 다음 ls 명령으로 동일한 작업을 해보면 위와는 다르게 testdata 폴더에 포함되어 있는 내용이 표시되는 것을 알 수 있다.

```
pi@raspberrypi ~ $ cd testdata
```
```
pi@raspberrypi ~/testdata $ ls -l
```
```
total 12
drwxr-xr-x 3 pi pi 4096 Apr 11 02:17 TestFolder01
drwxr-xr-x 2 pi pi 4096 Apr 10 13:32 TestFolder02
-rwxrwx--- 1 pi pi   18 Mar 24 02:10 user_guide01.txt
```

[사용 Example]

이번 사례는 목적 directory를 지정하지 않은 경우이다. 작업 이후에 pi 계정의 home director로 이동하는 것을 확인할 수 있다.

```
pi@raspberrypi ~/testdata $ cd
```
```
pi@raspberrypi ~ $
```

이번 사례는 목적 directory에 "~"를 지정한 경우이다. 작업 이후에 pi 계정의 home director로 이동하는 것을 확인할 수 있다.

```
pi@raspberrypi ~/testdata $ cd ~
```
```
pi@raspberrypi ~ $
```

16.3.2 pwd 명령 - 현재 파일경로 확인

terminal에서 작업을 수행할 때는 기본적으로 현재의 파일경로에서 작업을 하게 된다. 때때로 이러한 현재의 작업 파일경로를 명확히 확인할 필요가 있다. 이럴 때 사용하는 명령이 "pwd" (Print Working Directory) 명령이다.

[명령 형식]

pwd   [OPTION]

[명령 개요]
- 현재의 작업 파일경로를 보여준다.
- 필요 권한   -- 일반권한

[상세 설명]
- None

[주요 option]

--help	display this help and exit
-L, --logical	use PWD from environment, even if it contains symlinks
-P, --physical	avoid all symlinks

[사용 Example]

작업을 하기 전에 pi 계정의 home director를 보면 아래와 같다.

```
pi@raspberrypi ~ $ ls -l
total 28
drwxr-xr-x 2 pi pi 4096 Mar 31 03:04 ArchiveTest
drwxr-xr-x 2 pi pi 4096 Apr 10 03:19 Desktop
drwx------ 2 pi pi 4096 Apr  7 03:18 Downloads
drwxr-xr-x 2 pi pi 4096 Apr  7 08:44 Image
drwxrwxr-x 2 pi pi 4096 Mar 24 02:37 python_games
drwxr-xr-x 4 pi pi 4096 Apr 11 07:54 testdata
```

작업 경로를 testdata 폴더로 이동한 다음 현재의 작업 파일경로를 확인하면 해당 파일 경로가 표시된다.

```
pi@raspberrypi ~ $ cd testdata
pi@raspberrypi ~/testdata $ pwd
/home/pi/testdata
```

16.3.3 파일 이름 검색

Raspberry Pi 시스템에 많은 자료들이 포함되어 있는 경우 원하는 파일이 어디에 있는지 파악하기 어려운 경우가 있다. 이때 필요한 기능이 원하는 파일이 어디에 있는지 찾아 주는 파일 검색이다.

16.3.3.1 find 명령 - 파일 이름 검색

terminal에서 특정 파일을 검색할 때 사용하는 명령이 "find" 명령이다.

[명령 형식]

find   [OPTION]   \<directory\>   [expression]

[명령 개요]
- 지정된 이름을 가진 파일을 검색한다.
- 필요 권한   -- 일반권한

[상세 설명]
- None

[주요 option]

--help	display this help and exit
-L	Follow symbolic links. When find examines or prints information about files, the information used shall be taken from the properties of the file to which the link points, not from the link itself (unless it is a broken symbolic link or find is unable to examine the file to which the link points). Use of this option implies -noleaf. If you later use the -P option, -noleaf will still be in effect. If -L is in effect and find discovers a symbolic link to a subdirectory during its search, the subdirectory pointed to by the symbolic link will be searched.

[주요 Expression]

- Option

-depth	Process each directory's contents before the directory itself. The -delete action also implies -depth.
-daystart	Measure times (for -amin, -atime, -cmin, -ctime, -mmin, and -mtime) from the beginning of today rather than from 24 hours ago. This option only affects tests which appear later on the Shell.
-maxdepth levels	Descend at most levels (a non-negative integer) levels of direc-tories below the Shell arguments. -maxdepth 0 means only apply the tests and actions to the command line arguments.

- Test

-atime n	File was last accessed n*24 hours ago. When find figures out how many 24-hour periods ago the file was last accessed, any fractional part is ignored, so to match -atime +1, a file has to have been accessed at least two days ago.
-ctime n	File's status was last changed n*24 hours ago. See the comments for -atime to understand how rounding affects the interpretation of file status change times.
-empty	File is empty and is either a regular file or a directory.
-fstype type	File is on a filesystem of type type. The valid filesystem types vary among different ersions of Unix; an incomplete list of filesystem types that are accepted on some version of Unix or another is: ufs, 4.2, 4.3, nfs, tmp, mfs, S51K, S52K. You can use -printf with the %F directive to see the types of your filesystems.
-type c	File is of type c: b block (buffered) special c character (unbuffered) special d directory p named pipe (FIFO) f regular file l symbolic link

	s socket
-group gname	File belongs to group gname (numeric group ID allowed).
-user uname	File is owned by user uname (numeric user ID allowed).
-name pattern	Base of file name (the path with the leading directories removed) matches shell pattern pattern. The metacharacters (`*`, `?`, and `[]`) match a `.` at the start of the base name (this is a change in findutils-4.2.2; see section STANDARDS CON-FORMANCE below). To ignore a directory and the files under it, use -prune; see an example in the description of -path. Braces are not recognised as being special, despite the fact that some shells including Bash imbue braces with a special meaning in shell patterns. The filename matching is performed with the use of the fnmatch(3) library function. Don't forget to enclose the pattern in quotes in order to protect it from expansion by the shell. → 파일 이름에 대한 pattern으로 검색
-path pattern	File name matches shell pattern pattern. The metacharacters do not treat `/` or `.` specially; so, for example, find . -path "./sr*sc" will print an entry for a directory called `./src/misc` (if one exists). To ignore a whole directory tree, use -prune rather than checking every file in the tree. For example, to skip the directory `src/emacs` and all files and directories under it, and print the names of the other files found, do something like this: find . -path ./src/emacs -prune -o –print. Note that the pattern match test applies to the whole file name, starting from one of the start points named on the Shell. It would only make sense to use an absolute path name here if the relevant start point is also an absolute path. This means that this command will never match anything: find bar -path /foo/bar/myfile –print The predicate -path is also supported by HP-UX find and will be in a forthcoming version of the POSIX standard. → 파일 경로와 이름에 대한 pattern으로 검색

- Action

-delete	Delete files; true if removal succeeded. If the removal failed, an error message is issued. If -delete fails, find's exit sta-tus will be nonzero (when it eventually exits). Use of -delete automatically turns on the -depth option. Warnings: Don't forget that the find Shell is evaluated as an expression, so putting -delete first will make find try to delete everything below the starting points you specified. When testing a find Shell that you later intend to use with -delete, you should explicitly specify -depth in order to avoid later surprises. Because -delete implies -depth, you cannot usefully use -prune and -delete together.
-exec command ;	Execute command; true if 0 status is returned. All following arguments to find are taken to be arguments to the command until an argument consisting of `;' is encountered.  The string `{}' is replaced by the current file name being processed everywhere it occurs in the arguments to the command, not just in arguments where it is alone, as in some versions of find. Both of these constructions might need to be escaped (with a `₩') or quoted to protect them from expansion by the shell. See the EXAMPLES sec-tion for examples of the use of the -exec option. The specified command is run once for each matched file. The command is exe-cuted in the starting directory. There are unavoidable secu-rity problems surrounding use of the -exec action; you should use the -execdir option instead.

[사용 Example]

testdata 폴더 내부에는 각각의 폴더에 여러 개의 텍스트 파일이 분산되어 존재하고 있다.
아래는 각 폴더에 대한 파일 목록을 조회한 것이다.

```
pi@raspberrypi ~ $ ls ./testdata -l

total 12
drwxr-xr-x 3 pi pi 4096 Apr 11 02:17 TestFolder01
drwxr-xr-x 2 pi pi 4096 Apr 10 13:32 TestFolder02
-rwxrwx--- 1 pi pi   81 Apr 11 09:03 user_guide01.txt
pi@raspberrypi ~ $ ls ./testdata/TestFolder01 -l

total 8
drwxr-xr-x 2 pi pi 4096 Apr 10 04:07 manual01
-rwxr-x--x 1 pi pi   18 Mar 24 02:10 user_guide02.txt
pi@raspberrypi ~ $ ls ./testdata/TestFolder02 -l

total 0
 pi@raspberrypi ~ $ ls ./testdata/TestFolder01/manual01 -l

total 8
-rw-r--r-- 1 pi pi 18 Mar 24 02:10 manual01.txt
-rw-r--r-- 1 pi pi 18 Mar 24 02:10 manual02.txt
```

Testdata 폴더에 포함되어 있는 파일에서 .txt 로 끝나는 모든 파일을 검색하여 표시하는
사례이다. 작업을 하면 내부에 포함되어 있는 모든 파일들이 폴더별도 표시가 되어 있다.

```
pi@raspberrypi ~ $ find ./testdata/ -maxdepth 5 -name *txt

./testdata/TestFolder01/user_guide02.txt
./testdata/TestFolder01/manual01/manual02.txt
./testdata/TestFolder01/manual01/manual01.txt
./testdata/user_guide01.txt
```

16.3.3.2 window에서의 처리

window에서는 [File Manager] 프로그램을 이용하면 원하는 파일이 어디에 있는지 쉽게 검색할 수 있다. 먼저 프로그램을 시작하고, 검색 대상이 되는 폴더를 선택한다. 다음 상단의 메뉴 **Tools →Find Files을**선택한다.

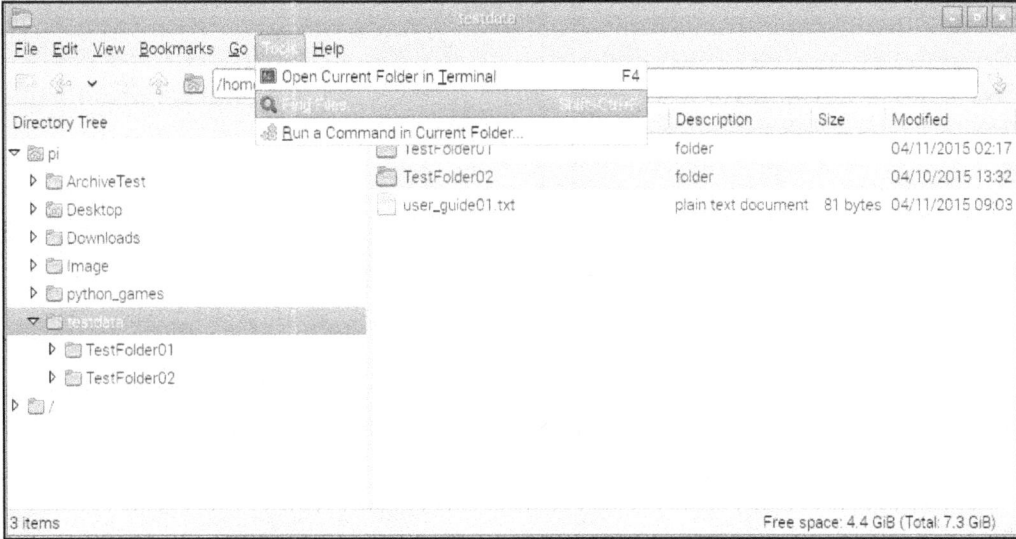

그림 16-18 window 파일 이름 검색

그러면 검색조건을 입력하는 팝업 화면이 나타나는데, 다양한 선택조건을 지원한다. 파일 이름과 위치에 대한 검색조건이 있고, 여러 파일 유형에 대한 검색조건을 지정할 수 있다.

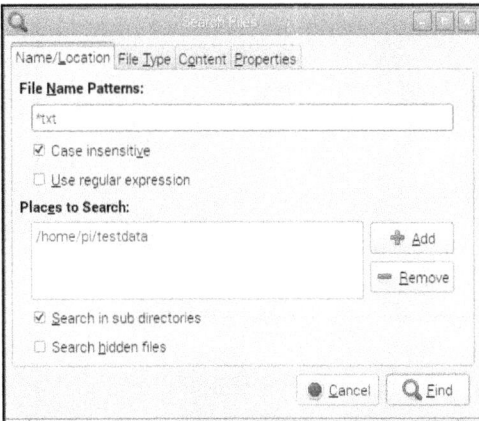

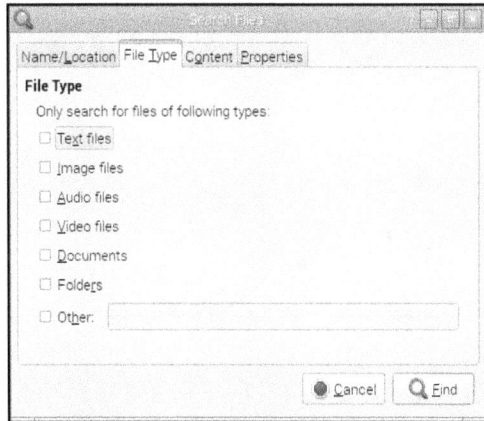

또한 파일의 내용에 대한 검색조건도 사용할 수 있으며, 기타 파일의 여러 가지 속성에 대한 검색조건도 사용할 수 있다.

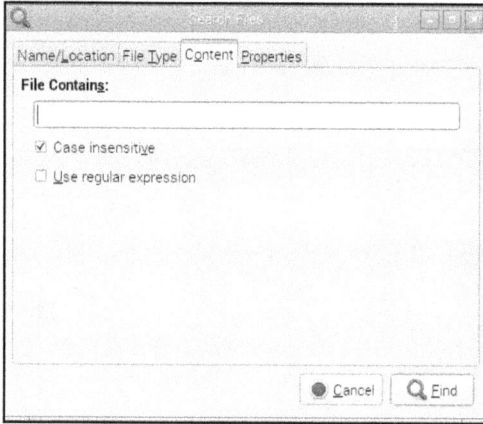

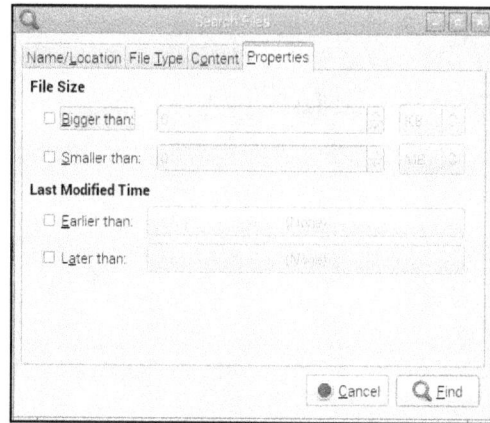

각각의 Tab에서 원하는 검색조건을 입력하고 [Find] 버튼을 눌러서 계속 검색작업을 진행한다. 그러면 Search Results라는 별도의 Tab이 생기면서 검색 결과가 오른쪽 화면에 표시된다. 각각의 검색항목을 살펴보면 파일이름과 파일 경로가 같이 표시되는 것을 알 수 있다.

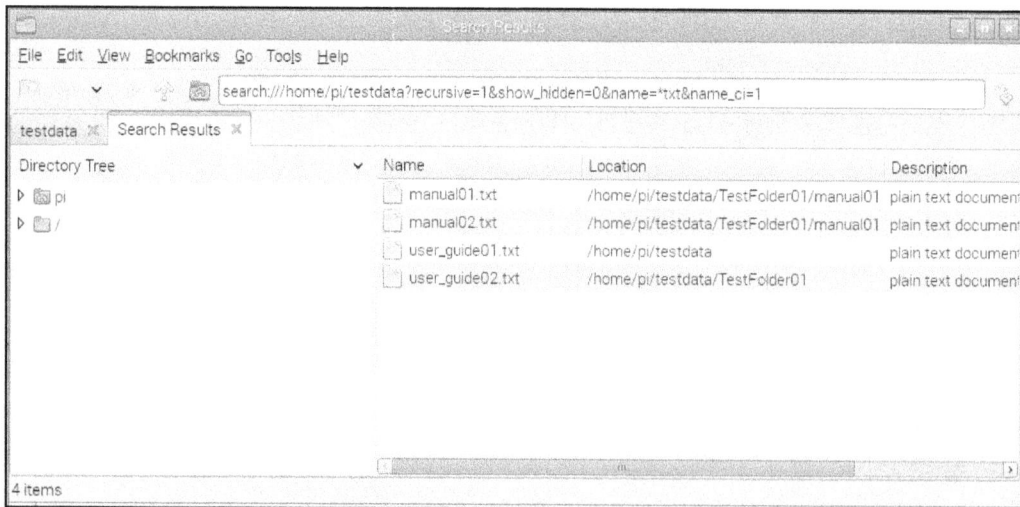

16.3.4 파일 내용으로 파일 검색

16.3.4.1 grep 명령 - 파일 내용으로 파일 검색

파일에 들어 있는 내용을 검색하여 원하는 파일을 찾아주는 명령은 "grep" 명령을 사용할 수 있다. 이 명령은 Generalized Regular Expression Parser의 약어이며, 패턴 확인 명령이라고도 한다. 이 명령은 지정된 파일에서 지정된 텍스트가 있는지를 검색해서 그 결과를 파일이름과 함께 보여준다.

[명령 형식]

```
grep  [option]  <pattern> <directory/파일>
```

[명령 개요]
- 파일의 내용을 검색하여 지정된 내용을 가진 파일을 검색한다.
- 필요 권한   -- 일반권한

[상세 설명]
- pattern   -- 검색하고자 하는 텍스트이며 wildcard(*)를 지원한다.
- 파일   -- 검색대상이 되는 파일이며, wildcard(*)를 지원한다.

[주요 Option]

--help	Print a usage message briefly summarizing these Shell options and the bug-reporting address, then exit.
-i, --ignore-case	Ignore case distinctions in both the PATTERN and the input files. (-i is specified by POSIX.) → 대소문자를 구별하지 않는다
-v, --invert-match	Invert the sense of matching, to select non-matching lines. (-v is specified by POSIX.) → pattern과 맞지 않는 자료가 있는 행을 검색한다.
-R, -r, --recursive	Read all files under each directory, recursively; this is equivalent to the –d recurse option.

[사용 Example]

pi 계정의 testdata 폴더의 내용을 보면 아래와 같은 내용이 포함되어 있다.

```
pi@raspberrypi ~/testdata $ ls -l
total 24
-rw-r--r-- 1 pi pi   63 Apr 22 08:52 customer_list.txt
-rw-rw---- 2 pi pi   80 Apr 12 15:12 DebianManual.txt
drwxr-xr-x 4 pi pi 4096 Apr 22 09:52 TestFolder01
drwxr-xr-x 2 pi pi 4096 Apr 10 13:32 TestFolder02
-rw-r--r-- 1 pi pi  656 Apr 22 09:30 test_for_editor.txt
-rw-rw---- 1 pi pi   81 Apr 11 09:03 user_guide01.txt
```

먼저 아래와 같이 "this"라는 텍스트가 들어 있는 자료를 검색해 보자.

```
pi@raspberrypi ~/testdata $ grep this ./*
./DebianManual.txt:You can read this guide at any time.
grep: ./TestFolder01: Is a directory
grep: ./TestFolder02: Is a directory
./user_guide01.txt:You can read this guide at any time.
./user_guide01.txt:Then this is very useful guide.
```

그러면 검색하는 텍스트가 들어 있는 파일과 그 행이 함께 표시가 된다. 만일 하나의 파일 에서 여러 행에 동일한 값이 들어 있다면 그 값이 들어 있는 모든 행이 함께 표시된다. 위 에서 user_guide01.txt 파일에 대해서는 두 행이 표시되어 있는데, 이는 그 파일에서 두 행 이 동일한 값을 가지고 있기 때문이다.

또한 TestFolder01과 TestFolder02에 대해서는 "Is a directory"라는 표시가 있는데, 이것은 이런 폴더에 대해서는 그 하부에 있는 파일에 대해서 검색작업을 하지 않았다는 것을 의 미한다. 이번에는 -r option을 사용하여 폴더 하부에 대해서도 검색을 하도록 해 보자.

```
pi@raspberrypi ~/testdata $ grep -r this ./*
./DebianManual.txt:You can read this guide at any time.
./TestFolder01/user_guide02.txt:this is test file
./TestFolder01/Link/DebianManual-hardlink:You can read this guide at any time.
./TestFolder01/manual01/manual02.txt:this is test file
./TestFolder01/manual01/manual01.txt:this is test file
./user_guide01.txt:You can read this guide at any time.
./user_guide01.txt:Then this is very useful guide.
```

이번에는 TestFolder01과 TestFolder02의 하부에 대해서도 검색을 해서 그 결과를 함께 보 여주고 있는 것을 알 수 있다.

이번에는 명령에서 파일이름을 다음과 같이 지정하여 실행해 보자. 파일이 확장자에 대해서도 wildcard를 지정해 보았다.

```
pi@raspberrypi ~/testdata $ grep this ./*.*
./DebianManual.txt:You can read this guide at any time.
./user_guide01.txt:You can read this guide at any time.
./user_guide01.txt:Then this is very useful guide.
```

16.3.4.2 window에서의 처리

window에서는 [File Manager] 프로그램을 이용하면 원하는 내용이 있는 파일을 쉽게 검색할 수 있다. 먼저 프로그램을 시작하고, 검색 대상이 되는 폴더를 선택한다. 다음 상단의 메뉴 **Tools →Find Files**를 선택하면 검색조건을 입력하는 팝업 화면이 나타난다.

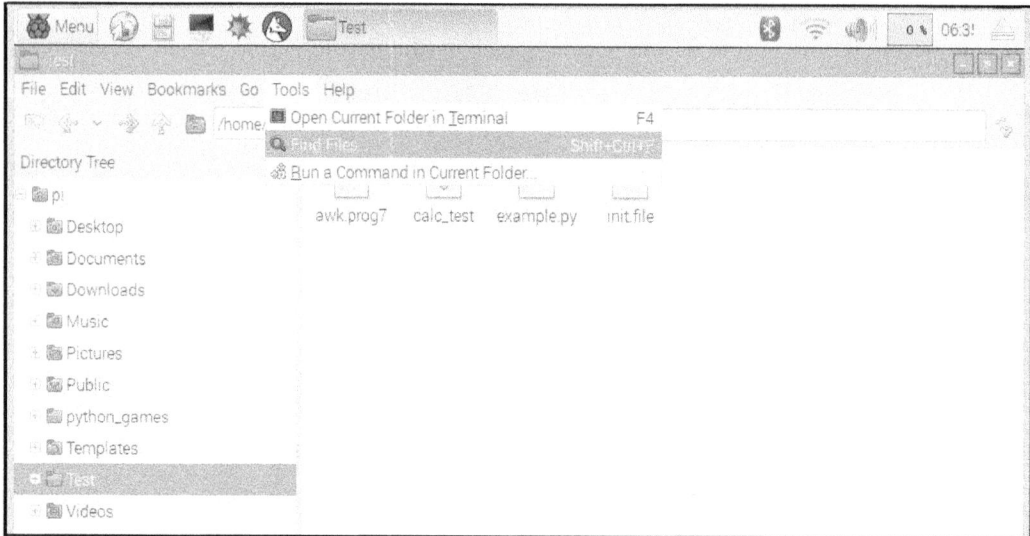

그림 16-19 window 파일 내용 검색

[Content] Tab을 사용하면 파일의 내용에 대한 검색조건을 사용할 수 있다. 해당 Tab에서 원하는 검색조건을 입력하고 [Find] 버튼을 눌러서 계속 검색작업을 진행한다.

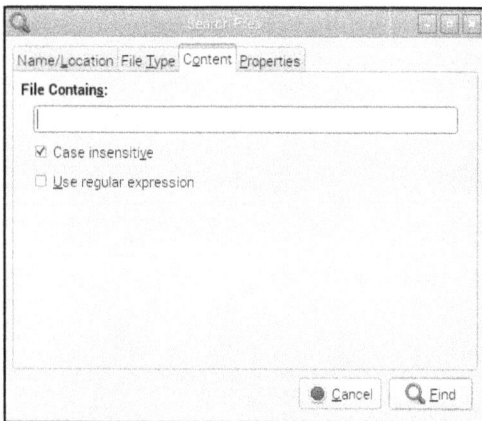

그러면 Search Results라는 별도의 Tab이 생기면서 검색 결과가 오른쪽 화면에 표시된다. 각각의 검색항목을 살펴보면 파일이름과 파일 경로가 같이 표시되는 것을 알 수 있다.

16.3.5 폴더와 파일의 사용 저장공간 확인

16.3.5.1 du 명령 - 폴더와 파일의 사용 저장공간 확인

terminal에서 특정 파일 또는 directory가 사용하고 있는 저장공간을 확인하고자 할 때 사용하는 명령이 "du" 명령이다.

```
du    [OPTION]    <directory/파일>
```

[명령 개요]
- 폴더 또는 파일이 사용하고 있는 저장공간을 보여준다.
- 필요 권한   -- 일반권한

[상세 설명]
- directory인 경우는 그 하부에 있는 모든 파일과 directory에 대한 저장공간을 합한 것이다.
- 별도의 option이 없으면 파일이나 directory가 차지하는 block에 대한 저장공간을 표시하며, option을 이용하여 실제 파일의 크기에 대한 정보를 조회할 수 있다.

[주요 option]

--help	display this help and exit
-a, --all	write counts for all files, not just directories
--apparent-size	print apparent sizes, rather than disk usage; although the apparent size is usually smaller, it may be larger due to holes in ('sparse') files, internal fragmentation, indirect blocks, and the like
-b, --bytes	equivalent to '--apparent-size --block-size=1'
-c, --total	produce a grand total
-h, --human-readable	print sizes in human readable format (e.g., 1K 234M 2G)

[사용 Example]

Test 폴더 내부에는 다음과 같이 폴더와 텍스트 파일들이 포함되어 있다.

```
pi@raspberrypi3:~ $ ls Test -l
total 8
-rw-r--r-- 1 pi pi 63 Jun 15 04:00 awk.prog7
-rw-r--r-- 1 pi pi 41 Jun 15 03:57 init.file
```

이제 Test 폴더가 사용하고 있는 저장공간에 대한 정보를 확인해 보자. 다음과 같이 특별한 option을 지정하지 않고 조회하면 폴더가 차지하고 있는 block 기준으로 저장공간이 표시되는 것을 확인할 수 있다.

```
pi@raspberrypi3:~ $ du -a -h ~/Test
4.0K    /home/pi/Test/init.file
4.0K    /home/pi/Test/awk.prog7
12K     /home/pi/Test
```

여기서 /home/pi/Test/init.file은 사용하는 block 기준으로 4.0K의 저장공간을 사용하고 있음을 의미한다.

이번에는 보통 우리가 사용하는 방식으로 파일이 차지하고 있는 저장공간을 확인해 보면 다음과 같다.

```
pi@raspberrypi3:~ $ du -a -h --apparent-size ~/Test
41      /home/pi/Test/init.file
63      /home/pi/Test/awk.prog7
4.2K    /home/pi/Test
```

여기서 /home/pi/Test/init.file은 실제로 자료를 저장하는데 사용하는 저장공간이 41 byte의 저장공간을 사용하고 있음을 의미한다.

16.3.5.2 window에서의 처리

window에서는 [File Manager] 프로그램을 이용하면 파일이나 directory에 대한 저장공간을
쉽게 확인할 수 있다. 먼저 프로그램을 시작하고, 검색 대상이 되는 폴더나 파일을 선택하
고 마우스 오른쪽 버튼을 누르면 아래와 같은 팝업 화면이 나타난다. 그러면 하단의
[Properties] 메뉴를 선택한다.

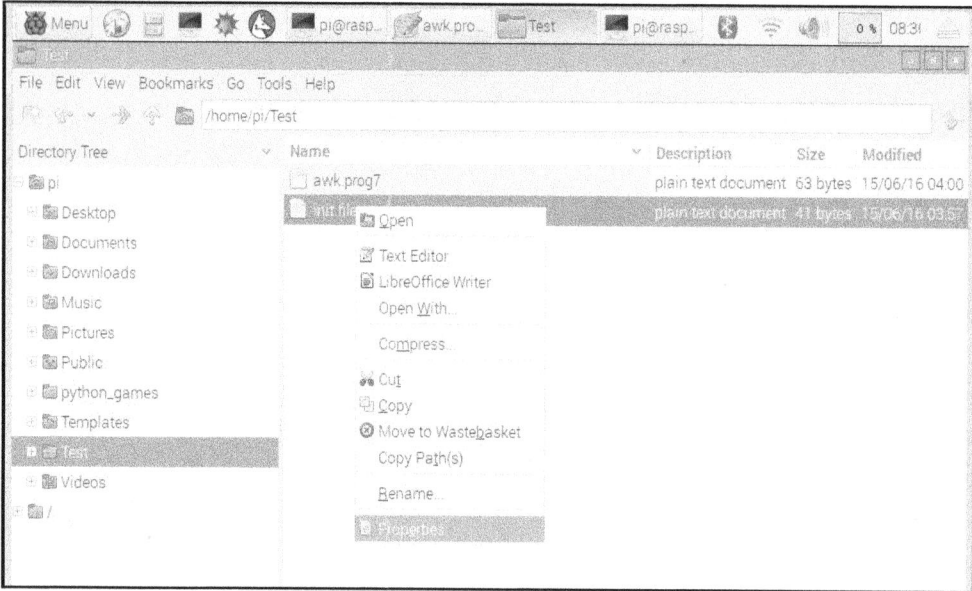

그림 16-20 window 폴더/파일 저장공간 확인

그러면 해당 폴더나 파일에 대한 세부
정보를 확인할 수 있는 화면이 나타난
다. 내용을 보면 파일이 차지하고 있는
block의 저장공간과 실제 자료를 저장
하는데 사용하는 저장공간을 함께 확인
할 수 있다.

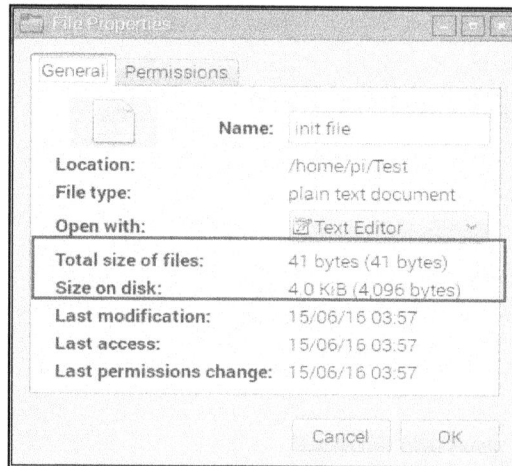

16.3.6 파일의 종류 판단

Raspberry Pi 시스템에는 여러 가지 유형의 자료들이 보관되어 있다. 폴더도 있으며, 단순한 텍스트 파일도 있고, 실행할 수 있는 명령 파일일 수도 있다.

기본적으로 다음과 같은 파일의 종류가 있다.
- 폴더   -- 폴더
- Text   -- ASCII Text 파일
- executable -- binary 실행파일
- data   -- binary data
- 압축파일   -- zip 파일 또는 Archive 파일

16.3.6.1 file 명령 - 파일 종류 판단

특정 파일이나 directory에 대해서 파일의 종류를 판단할 때 사용하는 명령이 "file" 명령이다.

[명령 형식]

file   [OPTION]   <directory/파일>

[명령 개요]
- 지정된 폴더나 파일의 종류를 보여준다.
- 필요 권한   -- 일반권한

[상세 설명]
- None

[주요 option]

--help	display this help and exit

[사용 Example]

testdata 폴더 내부에는 다음과 같이 폴더와 텍스트 파일들이 포함되어 있다.

```
pi@raspberrypi ~/testdata $ ls -l

total 12
drwxr-xr-x 3 pi pi 4096 Apr 11 02:17 TestFolder01
drwxr-xr-x 2 pi pi 4096 Apr 10 13:32 TestFolder02
-rwxrwx--- 1 pi pi   81 Apr 11 09:03 user_guide01.txt
```

TestFolder01 폴더에 대해서 종류를 판단해 보면 directory라고 표시가 된다.

```
pi@raspberrypi ~/testdata $ file TestFolder01

TestFolder01: directory
```

user_guide01.txt 파일에 대해서 종류를 판단해 보면 ASCII text 파일이라고 표시가 된다.

```
pi@raspberrypi ~/testdata $ file user_guide01.txt

user_guide01.txt: ASCII text
```

이번에는 /bin/cat 파일에 대해서 종류를 판단해 보면 ELF 32-bit LSB executable으로 표시가 되는데, 이는 명령으로 실행할 수 있는 파일이라는 의미이다.

```
pi@raspberrypi ~/testdata $ file /bin/cat

/bin/cat: ELF 32-bit LSB executable, ARM, version 1 (SYSV), dynamically linked
(uses shared libs), for GNU/Linux 2.6.26,
BuildID[sha1]=0x229796b4c2cf5d55eb6ca22f4fdc2336f2e23652, stripped
```

다음은 압축파일에 대해서 종류를 판단해 본 결과이다.

```
pi@raspberrypi ~ $ file Downloads/debian-reference.en.txt.gz

Downloads/debian-reference.en.txt.gz: gzip compressed data, from Unix, max
compression
```

16.3.6.2 window에서의 처리

window에서는 [File Manager]를 이용하면 파일 종류를 손쉽게 판단할 수 있다.

먼저 해당 프로그램을 실행하고 원하는 폴더나 파일이 포함되어 있는 대상 폴더를 선택한다. 그러면 화면 오른쪽에 폴더에 포함되어 있는 자료가 표시가 되는데, 그 내용을 살펴보면 파일 종류가 함께 표시되어 있는 것을 알 수 있다.

아래 화면을 보면 TestFolder01은 folder로 표시되어 있다. user_guide01.txt는 plain text document로 표시되어 있는데, 이것은 ASCII 텍스트 파일이라는 의미이다. 아래 화면을 보면 cat 파일에 대해서는 executable이라고 표시가 되어 있는데, 이는 실행 가능한 명령이라는 의미이다.

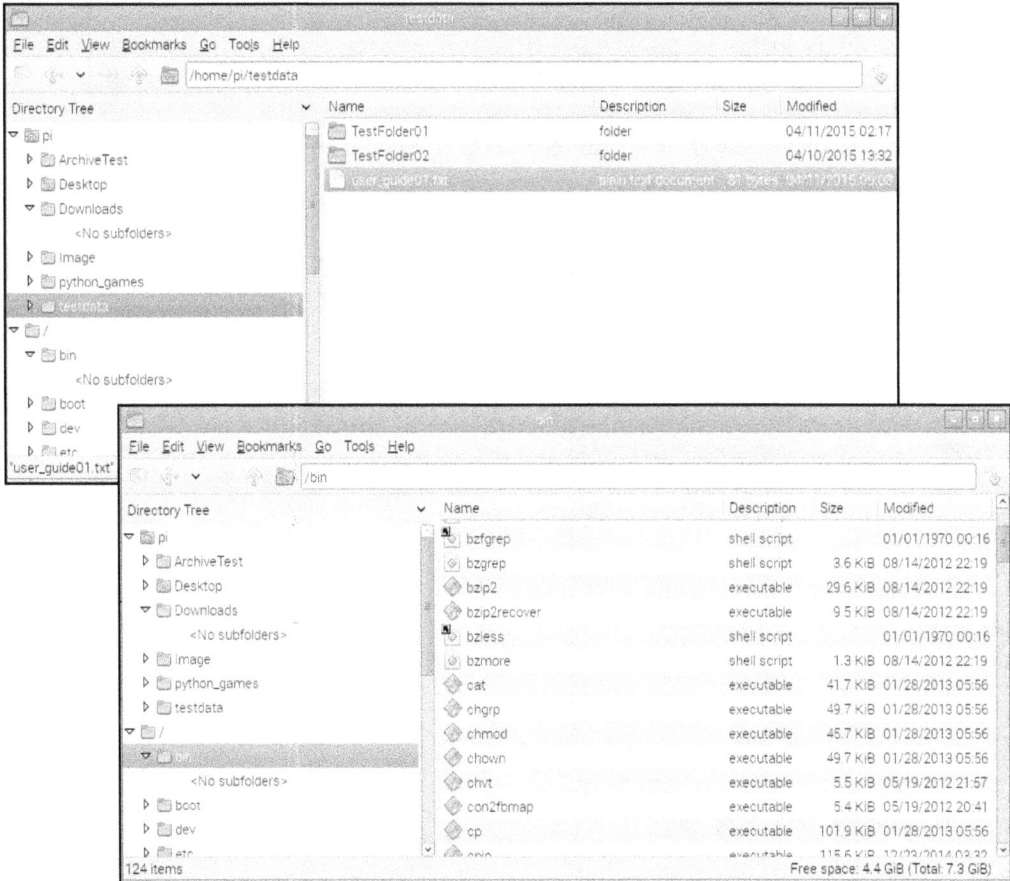

특정 파일에 대한 구체적인 정보를 파악하기 위해서는 폴더나 파일의 속성정보를 이용할 수 있다. 아래와 같이 대상 파일을 선택한 다음 오른쪽 마우스 버튼을 누르면 나타나는 팝업 메뉴에서 Properties 메뉴를 이용하면 해당 파일에 대한 상세정보를 확인할 수 있다.

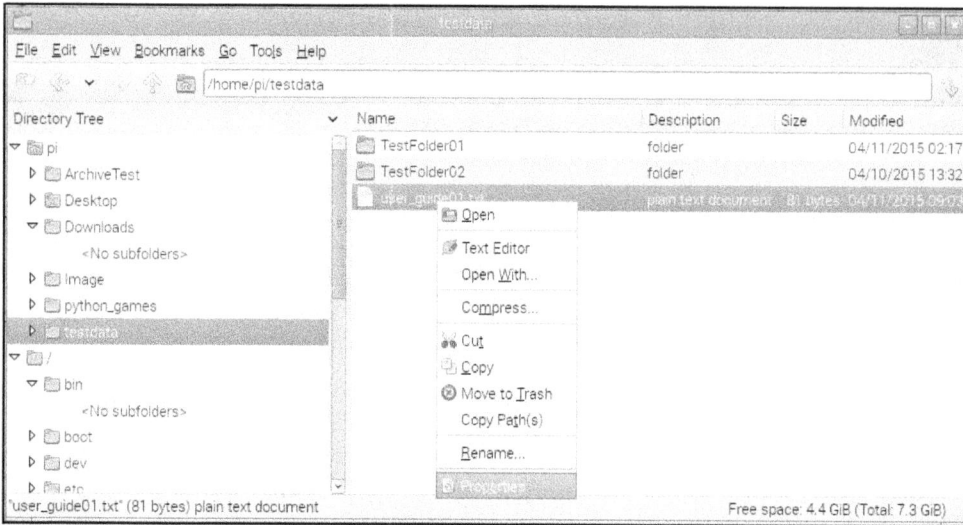

그러면 아래와 같이 속성 정보를 보여주는 별도의 팝업 화면이 나타나는데, 여기서 필요한 정보를 확인할 수 있다.

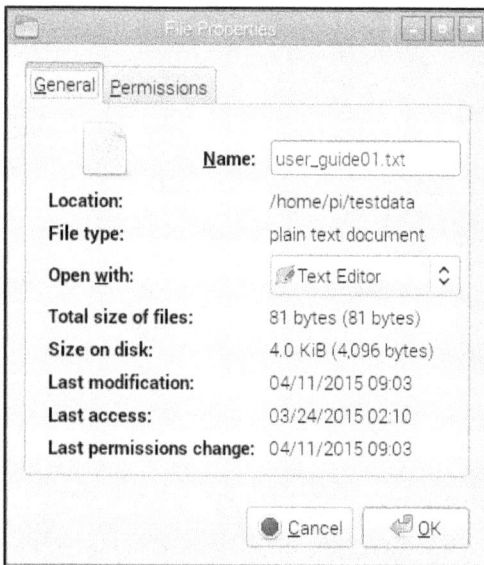

그림 16-21 window 파일 유형 확인

16.3.7 폴더 내의 내용 확인

16.3.7.1 ls 명령– 폴더의 내용 확인

terminal에서 폴더 내에 무엇이 포함되어 있는지 확인하는 방법은 ls 명령을 사용하는 것이다. 이 명령에서 여러 가지 option을 이용하여 다양한 정보를 조회할 수 있다.

[명령 형식]

```
ls    [OPTION]    <directory>
```

[명령 개요]
- 폴더 내에 포함되어 있는 내용을 보여준다.
- 필요 권한   -- 일반권한

[상세 설명]
- None

[주요 option]

--help	display this help and exit
-a, --all	do not ignore entries starting with .
-l	use a long listing format
-h, --human-readable	with -l, print sizes in human readable format (e.g., 1K 234M 2G)

[사용 Example]

pi 계정의 home directory 내부에 있는 자료를 ls명령으로 확인하면 다음과 같은 자료가 표시된다. 폴더와 파일의 이름만 옆으로 표시된다.

```
pi@raspberrypi ~ $ ls
ArchiveTest  Desktop  Downloads  Image  python_games  testdata
```

자료를 list형식으로 조회하고자 하면 -l option을 이용하여 다음과 같이 조회한다.

```
pi@raspberrypi ~ $ ls -l
total 24
drwxr-xr-x 2 pi pi 4096 Mar 31 03:04 ArchiveTest
drwxr-xr-x 2 pi pi 4096 Apr 10 03:19 Desktop
drwx------ 2 pi pi 4096 Apr 11 09:58 Downloads
drwxr-xr-x 2 pi pi 4096 Apr  7 08:44 Image
drwxrwxr-x 2 pi pi 4096 Mar 24 02:37 python_games
drwxr-xr-x 4 pi pi 4096 Apr 11 07:54 testdata
```

다음과 같이 –a option을 사용하면 숨겨진 폴더나 파일까지 모두 조회할 수 있다.

```
pi@raspberrypi ~ $ ls -a
.                .config       .fontconfig     Image          .pulse-cookie   .vnc
..               .dbus         .galculator     .local         python_games    .WolframEngine
ArchiveTest      Desktop       .gconf          .Mathematica    .scratch        .Xauthority
.bash_history    .dillo        .gstreamer-0.10  .minecraft      .sonic-pi       .xsession-errors
.bash_logout     .dmrc         .gvfs           .netsurf        .swp            .xsession-errors.old
.bashrc          Downloads     .icons          .profile        testdata
.cache           .fltk         .idlerc         .pulse          .thumbnails
```

Raspberry Pi 시스템에서는 폴더나 파일을 표시할 때 구분을 위해서 색깔을 다르게 하여 표시한다. 아래 화면들은 여러 폴더들에 대해서 자료를 조회한 결과들이다. 위 화면을 보면 폴더나 파일의 종류에 따라 여러 가지 색깔로 표시되는 것을 알 수 있다.

위 화면을 보면 폴더나 파일의 종류에 따라 다음과 같은 형식으로 색깔이 표시되는 것을 알 수 있다.

- 폴더　　　　-- 보라색
- 일반파일　　-- 흰색
- 압축파일　　-- 빨강색
- 실행파일　　-- 초록색
- 파일link　　-- 하늘색
- 이미지　　　-- 분홍색
- 오디오　　　-- 옅은 하늘색

ls 명령에 대한 color 지정은 환경변수 $LS_COLORS에 지정이 되어 있다. 현재 설정된 내용을 확인하기 위해서는 환경변수 $LS_COLORS를 조회하거나 또는 dircolors 명령을 사용하면 내용을 확인할 수 있다.

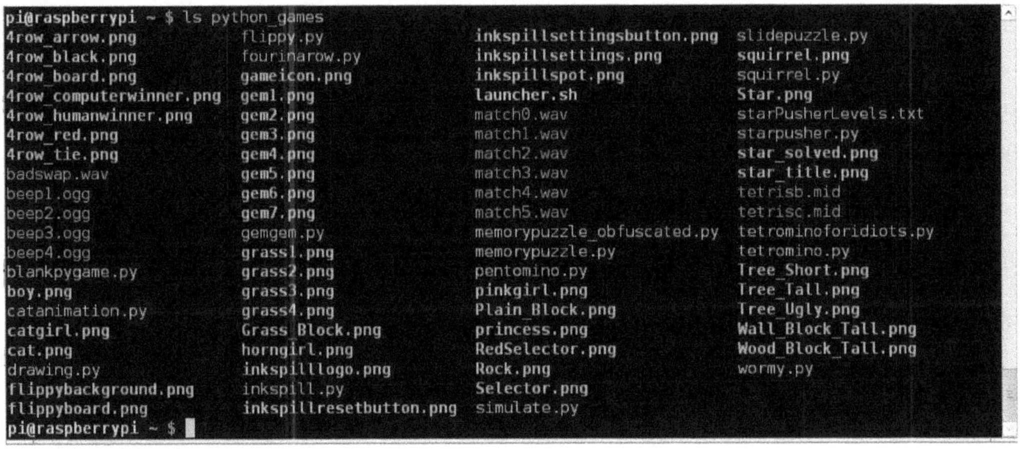

그림 16-22 ls 명령에서의 파일의 색상별 유형

16.3.7.2 window에서의 내용 확인 방법

window에서는 [File Manager]를 이용하면 특정 폴더 안에 있는 자료를 손쉽게 파악할 수 있다. 먼저 해당 프로그램을 실행하고 원하는 폴더나 파일이 포함되어 있는 대상 폴더를 선택한다. 그러면 화면 오른쪽에 폴더에 포함되어 있는 자료가 표시된다.

아래 화면은 pi 계정의 home directory에 포함되어 있는 자료를 확인하는 화면이다. 화면 오른쪽에 여러 자료가 표시되어 있는 것을 알 수 있다. 각각의 자료에 대해서 Description 에서 자료의 종류에 대해서 여러 가지로 구분되어 표시되어 있다.

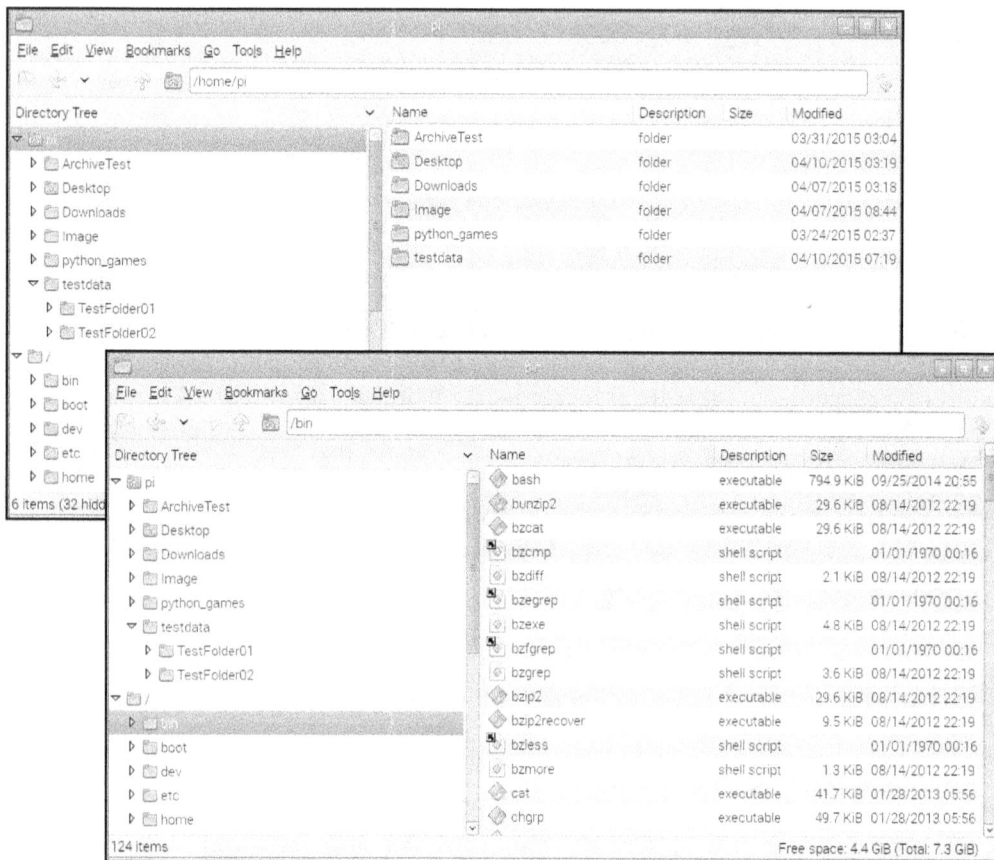

그림 16-23 window 폴더 내용 확인

메뉴 **View →Show Hidden**을 사용하면 숨겨진 폴더와 파일도 모두 조회할 수 있다. 화면 오른쪽에 숨겨져 있던 폴더와 파일들이 표시되어 있는 것을 알 수 있다.

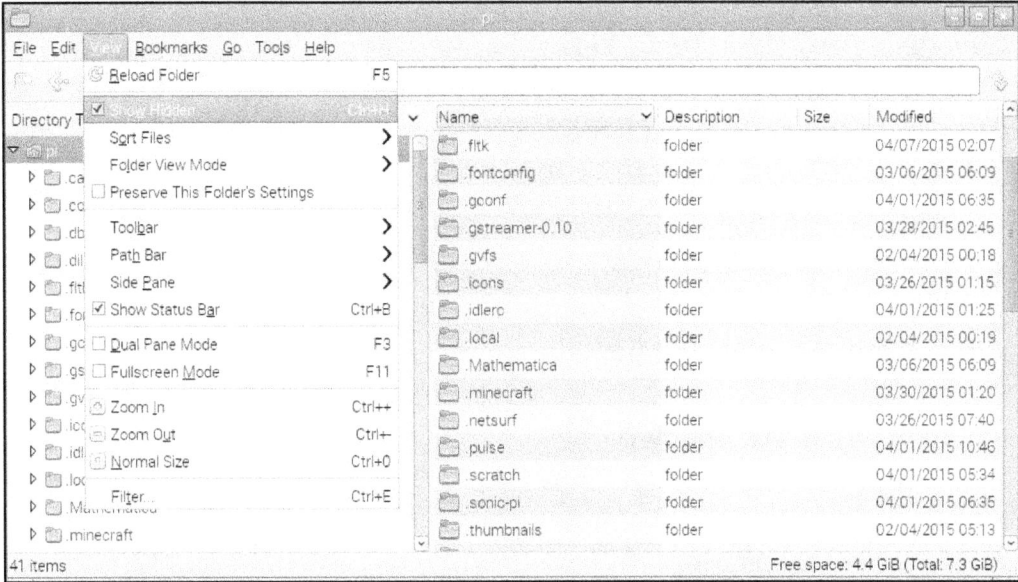

16.3.8 파일 내용 확인

16.3.8.1 terminal에서 확인하는 방법

시스템에 있는 text 파일 자료를 terminal에서 확인하는 방법은 아래와 같이 여러 가지가 있다.

- cat 명령을 사용하는 방법
- more 명령을 사용하는 방법
- less 명령을 사용하는 방법
- 텍스트 편집기 프로그램을 이용하는 방법

● **cat 명령을 이용한 파일 내용 확인**

[명령 형식]

cat   [OPTION]   <directory/파일>

[명령 개요]

- 파일의 내용을 표준출력으로 보여준다.
- 필요 권한   -- 일반권한

[상세 설명]

- None

[주요 option]

--help	display this help and exit
-b, --number-nonblank	number nonempty output lines, overrides -n

[사용 Example]

아래 화면에는 testdata 폴더에 user_guide01.txt 파일이 있는 것을 알 수 있다.

```
pi@raspberrypi ~/testdata $ ls -l
total 12
drwxr-xr-x 3 pi pi 4096 Apr 11 02:17 TestFolder01
drwxr-xr-x 2 pi pi 4096 Apr 10 13:32 TestFolder02
-rwxrwx--- 1 pi pi   80 Apr 11 09:01 user_guide01.txt
```

user_guide01.txt 파일에는 다음과 같은 내용이 포함되어 있다.

```
This is user guide for RaspberryPi system.
You can read this guide at any time.
```

Cat 명령으로 해당 파일에 대한 내용을 확인하면 아래와 같이 내용이 표시된다.

```
pi@raspberrypi ~/testdata $ cat user_guide01.txt
This is user guide for RaspberryPi system.
You can read this guide at any time.
```

● more 명령을 이용한 파일 내용 확인

이 명령은 파일의 내용을 조회할 때 파일의 내용이 많아서 한번에 보기 어려운 경우 page 단위로 내용을 확인할 수 있도록 조회할 수 있는 기능을 제공한다. 이에 반해서 cat 명령을 사용하면 화면이 파일 끝까지 곧바로 진행하기 때문에 내용을 순차적으로 확인할 수가 없다.

[명령 형식]

```
more  [OPTION]    <directory/파일>
```

[명령 개요]
■ 파일의 내용을 보여주되, 여러 page인 경우는 page단위로 조회할 수 있다..
■ 필요 권한   -- 일반권한

[상세 설명]
■ more 명령은 한번에 한 화면에 텍스트가 꽉 차도록 보여준다.
■ more 명령은 한번 지나간 이전 page의 자료로 되돌아 갈 수 없다.
■ CTRL +C를 누르면 조회를 종료한다.

[주요 option]

--help	display this help and exit
-d	more will prompt the user with the message "[Press space to continue, 'q' to quit.]" and will display "[Press 'h' for instructions.]" instead of ringing the bell when an illegal key is pressed.
+num	Start at line number num.

[사용 Example]

아래 화면에는 Downloads 폴더에 debian-reference파일이 있는 것을 알 수 있다. 이 파일
은 내용이 많아서 한 화면에 표시할 수가 없다.

```
pi@raspberrypi ~/Downloads $ ls -l
```

```
total 7404
-rw-r--r-- 1 pi pi 1296587 Apr 11 09:19 debian-reference.en.txt
-rw-r--r-- 1 pi pi  275957 Apr  1 04:06 debian-reference.en.txt.gz
-rw-r--r-- 1 pi pi  245423 Mar 31 03:58 RaspiCam-Documentation.pdf
```

cat 명령으로 해당 파일에 대한 내용을 확인하면 아래와 같이 내용이 표시된다.

```
pi@raspberrypi ~/Downloads $ cat debian-reference.en.txt
```

다음으로 more 명령으로 해당 파일에 대한 내용을 확인하면 아래와 같이 내용이 표시된다.

```
pi@raspberrypi ~/Downloads $ more -d debian-reference.en.txt
```

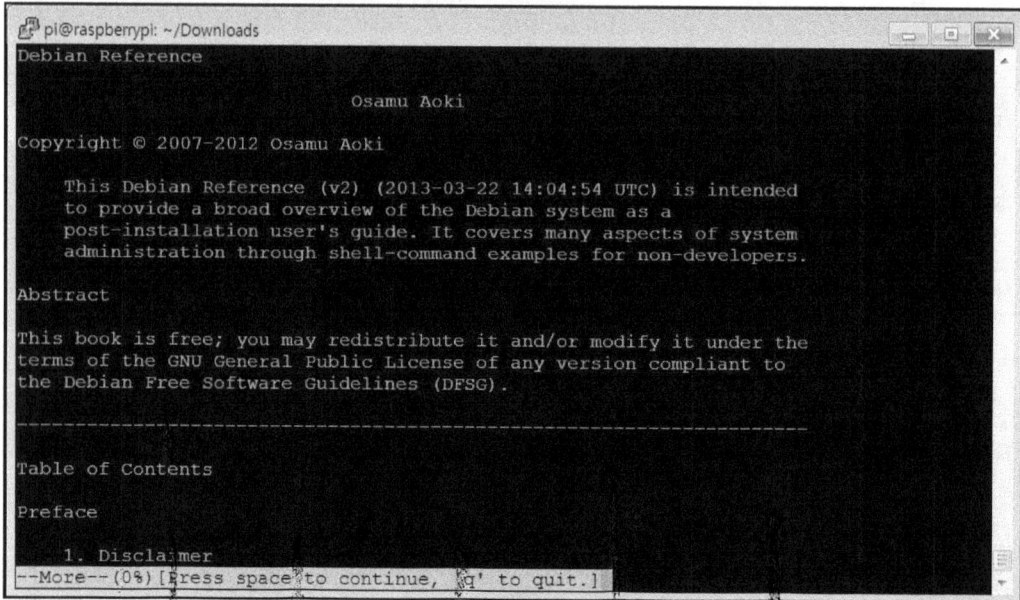

```
pi@raspberrypi: ~/Downloads
Debian Reference

                              Osamu Aoki

Copyright © 2007-2012 Osamu Aoki

    This Debian Reference (v2) (2013-03-22 14:04:54 UTC) is intended
    to provide a broad overview of the Debian system as a
    post-installation user's guide. It covers many aspects of system
    administration through shell-command examples for non-developers.

Abstract

This book is free; you may redistribute it and/or modify it under the
terms of the GNU General Public License of any version compliant to
the Debian Free Software Guidelines (DFSG).

------------------------------------------------------------------

Table of Contents

Preface

    1. Disclaimer
--More--(0%)[Press space to continue, 'q' to quit.]
```

그림 16-24 more 명령을 이용한 파일내용 확인

Space 키를 누르면 다음 page로 진행하고 Enter 키를 누르면 한 line씩 진행하는 것을 알 수 있다. 이 명령의 특징은 뒤의 자료는 조회할 수 있지만, 한번 지나간 자료는 다시 돌아 갈 수가 없다는 것이다.

● less 명령을 이용한 파일 내용 확인

이 명령은 파일의 내용을 조회할 때 파일의 내용이 많아서 한번에 보기 어려운 경우 page 단위로 내용을 확인할 수 있도록 조회할 수 있는 기능을 제공한다.

이 명령은 more 명령과 유사한 기능을 제공하는데, 좀더 편리한 기능을 제공한다. more명 령은 한번 지나간 이전 page의 자료로 되돌아 갈 수 없는데, 이 명령을 사용하면 지나간 이전 page의 자료로 다시 돌아가서 조회할 수 있는 기능을 제공한다.

[명령 형식]

```
less   [OPTION]     <directory/파일>
```

[명령 개요]
- 파일의 내용을 보여주되, 여러 page인 경우는 page단위로 조회할 수 있는 기능을 제 공한다.
- 필요 권한   -- 일반권한

[상세 설명]
- CTRL +z를 누르면 조회를 종료한다.

[주요 option]

-? or --help	This option displays a summary of the commands accepted by less (the same as the h command). (Depending on how your shell interprets the question mark, it may be necessary to quote the question mark, thus: "-₩?".)
-c or --clear-screen	Causes full screen repaints to be painted from the top line down. By default, full screen repaints are done by scrolling from the bottom of the screen.
-N or --LINE-NUMBERS	Causes a line number to be displayed at the beginning of each line in the display.

[사용 Example]

아래 화면에는 Downloads 폴더에 debian-reference파일이 있는 것을 알 수 있다. 이 파일
은 내용이 많아서 한 화면에 표시할 수가 없다.

```
pi@raspberrypi ~/Downloads $ ls -l
-rw-r--r-- 1 pi pi 1296587 Apr 11 09:19 debian-reference.en.txt
-rw-r--r-- 1 pi pi  275957 Apr  1 04:06 debian-reference.en.txt.gz
-rw-r--r-- 1 pi pi  245423 Mar 31 03:58 RaspiCam-Documentation.pdf
```

다음으로 less 명령으로 해당 파일에 대한 내용을 확인하면 아래와 같이 내용이 표시된다.

```
pi@raspberrypi ~/Downloads $ less   debian-reference.en.txt
```

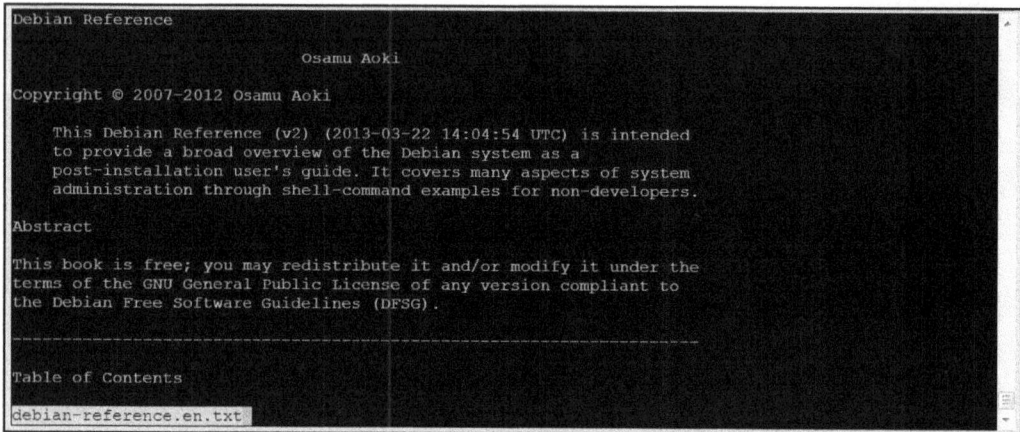

그림 16-25 less 명령을 이용한 파일내용 확인

파일의 내용이 화면에 보이고, 가장 아래에 파일이름이 표시된다. 이 상태에서 임의의 키를
누르면 화면에서 파일이름 부분이 아래와 같이 변경된다.

이 상태에서 PgUp과 PgDn 키를 이용하면 page단위로 앞/뒤로 이동할 수 있고, 상/하 화살표 키를 이용하면 한 행씩 아래/위로 이동할 수 있다. 또 화면 하단부에 보면 ":" 옆에 cursor가 있는데, 여기에서 행 번호를 입력하고 Enter 키를 누르면 곧바로 그 행으로 이동할 수도 있다. 사용자가 원할 때 CTRL + z 키를 누르면 해당 프로그램이 종료하고 명령을 입력하는 화면으로 돌아간다.

이번에는 less 명령의 결과 화면에서 행 번호가 보이도록 해 볼 것이다. 이를 위해서는 –N option을 이용하여 명령을 실행한다. 그러면 아래와 같이 왼쪽에 행 번호가 보이는 것을 확인할 수 있다.

```
pi@raspberrypi ~/Downloads $ less -N  debian-reference.en.txt
```

● 텍스트 편집기 프로그램을 이용한 파일 내용 확인

Raspberry Pi 시스템에서는 여러 가지의 텍스트 편집기 프로그램을 사용할 수 있다. 여기서
는 대표적인 프로그램인 nano 프로그램을 이용해서 파일 내용을 확인해 보도록 할 것이다.

[명령 형식]

```
nano    [OPTION]    <to-directory/파일>
```

[사용 Example]

다음 화면은 작업을 하기 전에 testdata 폴더의 내용을 조회한 것이다.

```
pi@raspberrypi ~/testdata $ ls -l
total 16
drwxr-xr-x 3 pi pi 4096 Apr 11 02:17 TestFolder01
drwxr-xr-x 2 pi pi 4096 Apr 10 13:32 TestFolder02
-rwxrwx--- 1 pi pi   18 Mar 24 02:10 user_guide01.txt
```

user_guide01.txt 파일에는 다음과 같은 내용이 포함되어 있다.

```
This is user guide for RaspberryPi system.
You can read this guide at any time.
```

먼저 user_guide01.txt 파일을 조회할 파일로 지정하고 nano 프로그램을 먼저 시작한다.

```
pi@raspberrypi ~/testdata $ nano user_guide01.txt
```

그러면 아래와 같이 편집기 화면이 나타나고 지정된 파일에 대한 내용이 화면에 나타난다.
프로그램을 종료하고자 하면 CTRL+X 버튼을 이용하여 처리를 종료한다.

16.3.8.2 window에서의 내용 확인 방법

window에서 text 파일은 텍스트 편집기 프로그램을 이용하여 간편하게 내용을 확인할 수 있다. 먼저 조회하고자 하는 파일이 있는 폴더를 선택하여 화면 오른쪽에 파일이 나타나도록 한 다음 선택한다. 그 다음 해당 파일을 더블 클릭하거나 마우스 오른쪽 버튼을 누르면 나타나는 팝업 메뉴에서 Open 이나 텍스트 편집기를 선택하면 text 파일 편집기 프로그램이 자동 실행되어 내용을 확인할 수 있다.

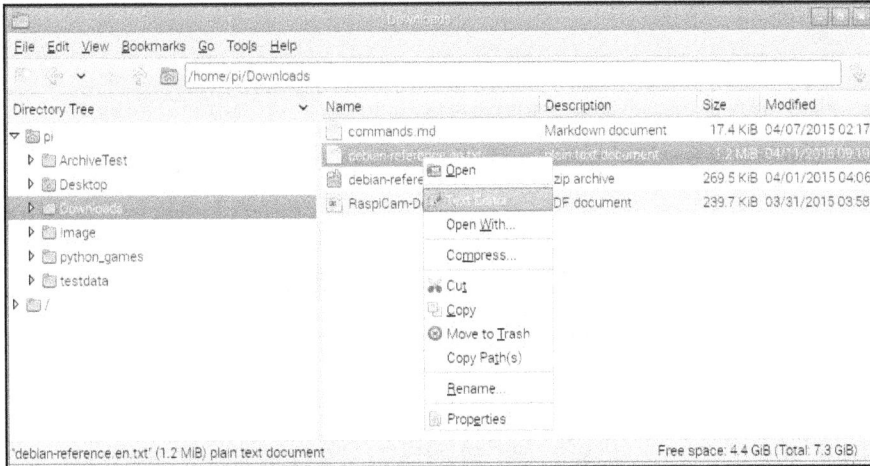

그림 16-26 window 텍스트 편집기를 이용한 내용 확인

아래는 파일의 내용을 텍스트 편집기 프로그램에서 조회한 것이다.

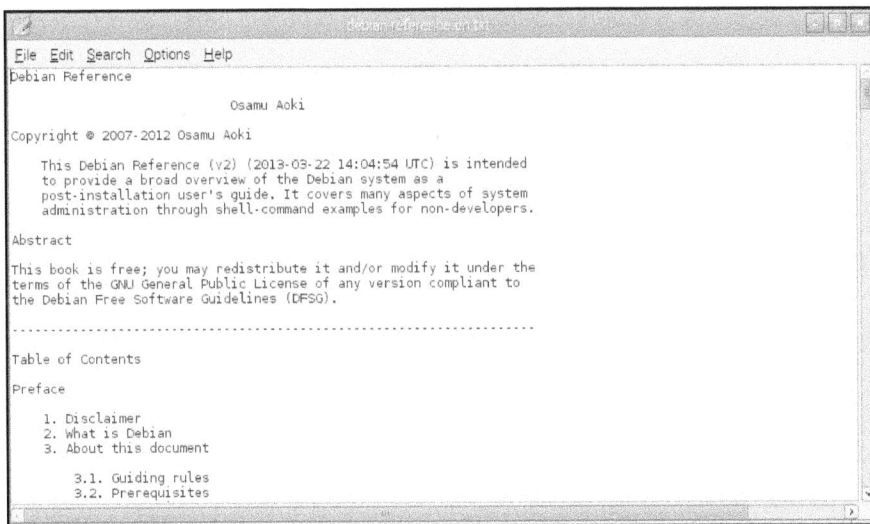

16.4 텍스트 파일 관리

Raspberry Pi 시스템에서 텍스트 파일을 생성하고, 수정하는 작업은 여러 가지 방법으로 처리할 수 있다. 먼저 Shell terminal에서 사용할 수 있는 방법과 window에서 처리할 수 있는 방법에 대해서 설명하고자 한다.

16.4.1 텍스트 파일의 개념

컴퓨터에 저장되는 파일 형식은 대표적으로 텍스트 파일(text file)과 바이너리 파일(binary file)이 있다.

텍스트 파일은 간단히 말하면 사람이 읽어서 이해할 수 있는 문자의 형태로 자료가 저장되는 것을 말한다. 현재 컴퓨터에서 세계적으로 사용되는 표준으로 정의되어 있는 것이면, 그것이 어떤 언어에 속하는 문자이든지 상관없이 모든 언어에서 사용되는 문자를 사용할 수 있다.

반면 바이너리 파일은 사람이 이해할 수 있는 문자의 형태로 자료가 저장되는 것이 아니라 컴퓨터의 프로그램에서만 이해할 수 있는 형태로 자료가 저장되는 파일을 의미한다. 따라서 그 파일의 자료를 사람이 읽어보면 전혀 이해할 수 없는 이상한 기호들만 잔뜩 있는 것을 확인할 수 있다.

16.4.2 nano 텍스트 편집기

nano 프로그램은 Raspberry Pi 시스템의 Shell terminal에서 사용할 수 있는 가장 기본적인 텍스트 파일 편집기이다.

[명령 형식]

nano   [OPTION]   <directory/파일>

[명령 개요]
- 텍스트 파일을 편집할 수 있는 다양한 기능을 제공한다.
- 필요 권한   -- 일반권한
                 -- root 권한이 필요한 파일을 편집할 때는 sudo nao 명령을 사용한다.

[상세 설명]

파일이름을 지정하지 않고 실행할 수 도 있고, 파일이름을 지정할 수도 있다. 파일 이름을 지정하지 않으면 새로운 파일을 만드는 것으로 간주하여 처리한다. 파일이름을 지정할 때 그 파일이 이미 있는 파일이면 파일에서 그 내용을 읽어서 화면에 현재 파일의 내용을 보여주고, 파일이 존재하지 않는 것이면, 앞으로 생성할 파일이름으로 생각한다.

[주요 option]

-S (--smooth)	Enable smooth scrolling. Text will scroll line-by-line, instead of the usual chunk-by-chunk behavior.
-m (--mouse)	Enable mouse support, if available for your system. When enabled, mouse clicks can be used to place the cursor, set the mark (with a double click), and execute short-cuts. The mouse will work in the X Window System, and on the console when gpm is running.
-i (--autoindent)	Indent new lines to the previous line's indentation. Useful when editing source code.

먼저 작업을 하기 전에 testdata폴더의 내용을 확인해 보자. 다음과 같은 내용이 나온다

```
pi@raspberrypi ~/testdata $ ls -l
total 16
drwxr-xr-x 3 pi pi 4096 Apr 11 02:17 TestFolder01
drwxr-xr-x 2 pi pi 4096 Apr 10 13:32 TestFolder02
-rwxrwx--- 1 pi pi   18 Mar 24 02:10 user_guide01.txt
```

그런 다음 customer_list.txt라는 파일을 새롭게 만들고자 한다. 현재 이 파일은 존재하지
않는 파일이다. 다음과 같은 명령으로 nano 프로그램을 실행한다.

```
pi@raspberrypi ~/testdata $ nano customer_list.txt
```

그러면 다음과 같은 nano 프로그램 화면이 나타난다. 다음으로 화면에서 원하는 자료를
입력해 본다. 여기서는 다음과 같은 자료를 입력해 보았다.

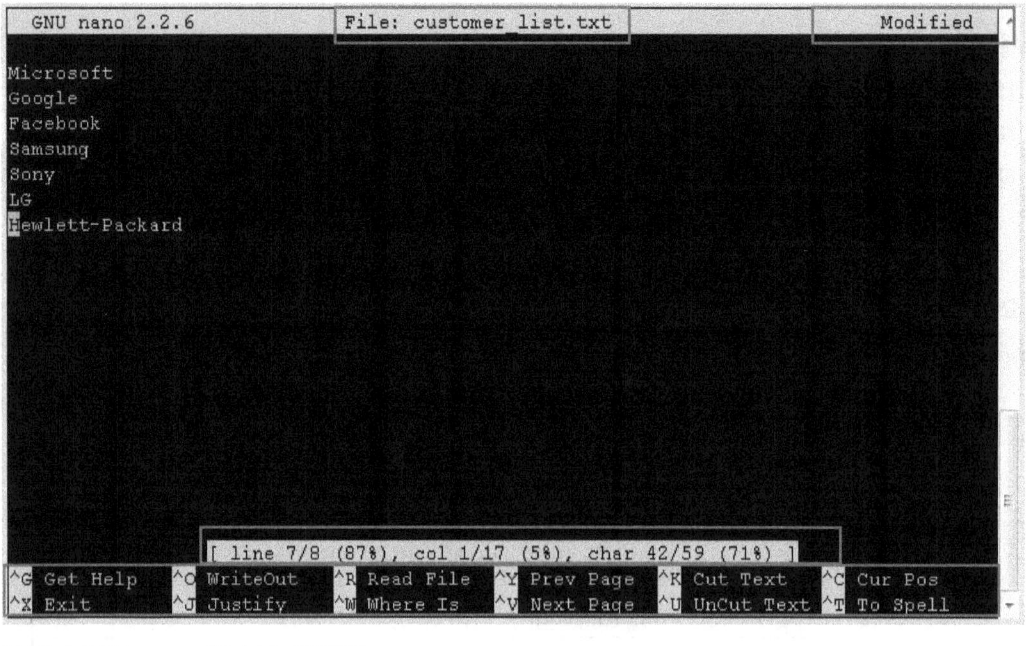

그림 16-27 nano 텍스트 편집기

위 화면을 보면 여러 가지 정보가 표시되는 것을 알 수 있다. 화면 맨 윗줄의 중앙에 표시되는 것이 파일 이름이다. 화면의 내용이 저장될 때 여기서 지정된 파일로 내용이 저장된다. 명령을 실행할 때 파일이름을 지정하지 않으면 "New Buffer" 라고 표시되는데, 이는 아직 파일 이름을 모른다는 의미이다.

화면 맨 윗줄의 오른쪽에 표시되는 것은 화면에서 어떤 자료가 입력되거나 수정되었는지를 나타낸다. 자료가 변경되었다면 Modified라고 표시된다.

다음으로 화면 아래쪽의 윗부분에 있는 "상태표시" 영역이다. 여기서는 프로그램 진행과정에서 사용자에게 도움이 되는 다양한 정보를 사용자에 알려 주기 위한 용도로 사용된다. 현재 표시되는 내용은 CTRL + C 키를 눌렀을 때 표시되는 내용이다.

화면 가장 아랫부분에 있는 부분은 단축키에 대한 정보를 보여준다. 이 단축키는 작업이 진행되는 과정에서 여러 가지 형태로 변경되면서 사용자가 필요한 작업을 실행할 수 있도록 해준다. 여기서 ^로 표시된 부분은 CTRL을 함께 눌러야 한다는 의미이다. 즉 ^O는 CTRL + O를 누른다는 의미이다.
다음은 첫 화면에 있는 중요한 Key 조합의 의미를 설명한 것이다.

- CTRL + R   -- 시스템에서 특정 파일의 자료를 읽어서 화면에 표시한다.
- CTRL + O   -- 현재의 자료를 파일에 저장한다.
- CTRL + X   -- 현재 상태로 작업을 중지하고, 프로그램을 종료한다.
- CTRL + K   -- cursor가 있는 line의 자료를 읽어서 clipboard에 보관하고는 화면에서는 지운다.
- CTRL + U   -- 앞에서 보관한 clipboard의 자료를 cursor 앞에 삽입한다.
- CTRL + Y   -- 자료가 많은 경우 이전 page로 넘어간다.
- CTRL + V   -- 자료가 많은 경우 다음 page로 넘어간다.
- CTRL + W   -- 특정 line으로 이동하거나 특정 단어가 있는 곳을 검색할 때 사용한다.

먼저 자료가 입력된 현 상태에서 곧바로 프로그램을 종료해 보도록 하겠다. CTRK + X 키를 눌러서 프로그램을 종료해 본다. 그러면 다음과 같은 화면이 나타난다.

```
  GNU nano 2.2.6                  File: customer list.txt                    Modified

Microsoft
Google
Facebook
LG
Samsung
Sony
Hewlett-Packard




Save modified buffer (ANSWERING "No" WILL DESTROY CHANGES) ?
Y Yes
N No              ^C Cancel
```

이는 사용자에게 자료가 입력되거나 수정되었는데, 그 내용을 그냥 버리고 프로그램을 끝낼 것인지, 아니면 내용을 저장하고 끝낼 것인지를 확인한다. 여기서 Yes를 선택하면 저장을 하고, No를 선택하면 저장을 하지 않으며, Cancel을 선택하면 이전 상태로 돌아간다.

여기서는 일단 Cancel을 선택해서 이전 화면으로 돌아가겠다.

다음으로 원하는 자료를 입력하고, 입력된 내용을 저장하기 위해서 CTRL+O 버튼을 누르면 상태표시줄에 화면의 내용을 저장할 파일이름이 표시된다.

```
  GNU nano 2.2.6                  File: customer list.txt                    Modified

Microsoft
Google
Facebook
LG
Samsung
Sony
Hewlett-Packard




File Name to Write: customer list.txt
^G Get Help      M-D DOS Format    M-A Append        M-B Backup File
^C Cancel        M-M Mac Format    M-P Prepend
```

여기서는 앞에서 입력한 파일이름이 그대로 표시되었다. 이 파일이름을 그대로 사용할 수도 있고, 필요하면 다른 이름으로 변경할 수도 있다. 또한 프로그램을 처음 실행할 때 파일이름을 지정하지 않았다면, 여기서 원하는 파일이름을 지정할 수 있다.

지정된 파일에 내용을 저장하고자 하면 Enter 키를 누르면 된다. 여기서 내용을 저장하기 전에 취소하고자 하면 CTRL+C 키를 누르면 이전 화면으로 돌아간다.

여기서는 내용을 저장하기 위해서 Enter를 누르면 해당 내용이 저장되고, 이전화면이 나타나면서 다음과 같은 내용이 상태표시줄에 나타난다.

```
  GNU nano 2.2.6              File: customer_list.txt

Microsoft
Google
Facebook
LG
Samsung
Sony
Hewlett-Packard




                       [ Wrote 7 lines ]
^G Get Help    ^O WriteOut    ^R Read File   ^Y Prev Page   ^K Cut Text    ^C Cur Pos
^X Exit        ^J Justify     ^W Where Is    ^V Next Page   ^U UnCut Text  ^T To Spell
```

이 것은 모든 입력내용이 정상적으로 파일에 저장이 되었다는 것을 의미한다. 화면 위 오른쪽을 살펴보면 이전에 표시되어 있던 Modified 라는 정보가 없어진 것을 알 수 있다. 이는 저장이 완료된 이후 아직까지 수정된 것이 없다는 것을 의미한다.

이제 모든 작업이 종료되었으므로 CTRK + X 키로 프로그램을 종료할 것이다. 그러면 프로그램이 완전히 종료되고 처음 명령을 입력하던 화면으로 돌아오는 것을 확인할 수 있다.

이제 testdata 폴더의 내용을 확인해 보자. 그러면 다음과 같이 customer_list.txt 파일이 생성되어 있는 것을 확인할 수 있다.

```
pi@raspberrypi ~/testdata $ ls -l

-rw-r--r-- 1 pi pi   59 Apr 22 03:29 customer_list.txt
drwxr-xr-x 3 pi pi 4096 Apr 11 02:17 TestFolder01
drwxr-xr-x 2 pi pi 4096 Apr 10 13:32 TestFolder02
-rw-rw---- 1 pi pi   81 Apr 11 09:03 user_guide01.txt
```

나중에 이 파일의 내용을 다시 확인하고, 수정하고자 하면 다음 명령으로 nano 프로그램을 실행한다.

```
pi@raspberrypi ~/testdata $ nano customer_list.txt
```

그러면 다음과 같이 앞에서 저장했던 내용들이 그대로 표시되는 것을 알 수 있다.

```
  GNU nano 2.2.6              File: customer_list.txt

Microsoft
Google
Facebook
LG
Samsung
Sony
Hewlett-Packard




                          [ Read 7 lines ]
^G Get Help   ^O WriteOut   ^R Read File  ^Y Prev Page  ^K Cut Text   ^C Cur Pos
^X Exit       ^J Justify    ^W Where Is   ^V Next Page  ^U UnCut Text ^T To Spell
```

16.4.3 vim 텍스트 편집기

vim 프로그램은 Raspberry Pi 시스템의 Shell terminal에서 사용할 수 있는 기본적인 텍스트 파일 편집기 프로그램의 하나이다.

vim 프로그램을 실행하기 위해서는 다음과 같은 명령을 실행한다. Linux 배포판에 따라 vi 또는 vim 명령을 사용할 수 있다.

[명령 형식]

vi   [OPTION]   \<directory/파일\>

[명령 개요]
- 텍스트 파일을 편집할 수 있는 다양한 기능을 제공한다.
- 필요 권한   -- 일반권한
                 -- root 권한이 필요한 파일을 편집할 때는 sudo vi 명령을 사용한다.

[상세 설명]
- 파일이름 지정

파일이름을 지정하지 않고 실행할 수 도 있고, 파일이름을 지정할 수도 있다. 파일 이름을 지정하지 않으면 새로운 파일을 만드는 것으로 간주하여 처리한다. 파일이름을 지정할 때 그 파일이 이미 있는 파일이면 파일에서 그 내용을 읽어서 화면에 현재 파일의 내용을 보여주고, 파일이 존재하지 않는 것이면, 앞으로 생성할 파일이름으로 생각한다.

- 입력모드와 명령모드

vim은 사용자가 작업을 하는 형태에 따라 입력모드와 명령모드로 구분된다. 입력모드는 화면에서 텍스트를 입력하는 상태이고, 명령모드는 사전에 정의된 명령을 실행하는 상태이다.

입력모드는 화면에서 cursor가 있는 위치에서 자료를 insert할 수 있도록 해주는 상태이다. 입력모드로 들어가기 위해서는 "i" 키를 누르면 된다. 그런 다음 텍스트를 입력하면 cursor 위치 앞에서 삽입되는 형태로 입력이 된다. 입력모드에서는 cursor를 이동할 수 없으며, 화살표 키조차도 입력으로 간주하여 처리한다.

명령모드는 화면에서 텍스트를 입력할 수는 없고, 사전에 정의된 명령을 수행할 수 있는 상태를 의미한다. 명령모드로 들어가기 위해서는 ESC 키를 누르면 된다. 그러면 언제든지 입력모드가 종료되고 명령을 실행할 수 있는 상태가 된다.

■ 주요 명령

명령모드에서 사용할 수 있는 명령의 종류에는 두 가지가 있는데 하나는 화면 하단부에서 ":"나 "/"와 함께 붙여서 사용하는 명령이 있고, 명령에 해당하는 키를 입력하면 곧바로 작동하는 명령이 있다.

화면 하단부에서 입력하는 명령에는 다음이 있다.

:w	문서를 저장한다.
:q	작업을 중지하고 프로그램을 종료한다.
:q!	내용이 변경된 것이 있어도 무시하고 작업을 중지하고 프로그램을 종료한다.
:수자	지정된 행으로 이동한다.
/문자	텍스트 자료에서 지정된 텍스트가 있는 곳을 표시해 준다.

키를 입력하면 곧바로 작동하는 명령으로는 다음과 같은 명령이 있다

dd	cursor가 있는 행이 삭제된다.
u	조금 전에 변경한 내용이 원상복구된다. 다시 누르면 원래 상태로 다시 되돌아 온다.
O	현재 행 위에 새로운 행을 삽입해 주고 입력모드로 전환한다.
o	현재 행 다음에 새로운 행을 삽입해 주고 입력모드로 전환한다.
r	현재 위치의 글자 하나를 다른 글자로 수정할 수 있다.
V	화살표 키로 행 단위로 다음 명령이 적용될 텍스트 블록을 선택해준다.
v	화살표 키로 문자 단위로 다음 명령이 적용될 텍스트 블록을 선택해준다.
yy	현재 행을 메모리에 복사한다.
yw	현재 단어를 메모리에 복사한다.
P	현재 행 위에 메모리의 내용을 복사해 준다
p	현재 행 아래에 메모리의 내용을 복사해 준다.

■   자주 사용되는 이동 키

화면에서 cursor를 이동하기 위해서는 명령모드에서 화살표 키를 이용해야 한다. 좌/우 화
살표 키와 상/하 화살표 키를 이용하여 텍스트 자료에서 행과 열을 자유롭게 이동할 수 있
다. vim에서는 cursor를 이동하는데 사용할 수 있는 다양한 명령을 사용할 수 있다. 자주
사용되는 이동 키는 다음과 같다.

0	행의 시작으로 이동
$	행의 끝으로 이동
b	한 단어 뒤로
w	한 단어 앞으로
h	한 문자 뒤로
l	한 문자 앞으로

[주요 option]

-R	Read-only mode. The 'readonly' option will be set. You can still edit the buffer, but will be prevented from accidently overwriting a file. If you do want to overwrite a file, add an exclamation mark to the Ex command, as in ":w!". The -R option also implies the -n option (see below). The 'readonly' option can be reset with ":set noro". See ":help 'readonly'".

[사용 Example]

먼저 작업을 하기 전에 testdata 폴더의 내용을 확인해 보자. 다음과 같은 내용이 나온다

```
pi@raspberrypi ~/testdata $ ls -l
-rw-r--r-- 1 pi pi   59 Apr 22 03:29 customer_list.txt
drwxr-xr-x 3 pi pi 4096 Apr 11 02:17 TestFolder01
drwxr-xr-x 2 pi pi 4096 Apr 10 13:32 TestFolder02
-rw-rw---- 1 pi pi   81 Apr 11 09:03 user_guide01.txt
```

우리는 여기서 customer_list.txt라는 파일의 내용을 확인한 다음 수정하고자 한다. 다음과 같은 명령으로 vim 프로그램을 실행한다.

```
pi@raspberrypi ~/testdata $ vi customer_list.txt
```

그러면 다음과 같은 vim 프로그램 화면이 나타나면서 파일에 포함되어 있는 내용이 화면에 나타난다.

```
Microsoft
Google
Facebook
LG
Samsung
Sony
Hewlett-Packard
~
~
~
~
~
~
~
~
~
~
"customer_list.txt" 7 lines, 59 characters
```

그림 16-28 vim 텍스트 편집기

nano 편집기와는 다르게 화면에 보이는 것이 매우 간단하다. 화면 위쪽에 파일에 포함된 텍스트 내용이 보인다. 내용이 끝나는 지점부터 ~ 로 표시된 여러 행이 표시되어 있다. 이는 ~가 있는 위치에서 파일의 내용이 끝나고, 그 뒤로는 아무 내용도 없다는 것을 표시한다. 화면의 하단부에 파일이름과 파일의 행수와 글자 수 등에 대해서 간략하게 표시되고 있다.

먼저 테스트를 위해서 cursor를 "Facebook"의 맨 앞에 두고 입력모드로 전환한다. 그런 다음 "IBM"을 입력하면 "Facebook" 앞에 입력한 내용이 삽입되고, [Enter] 키를 누르면 "Facebook"이 새로운 행으로 이동한다. 그러면 화면과 같이 자료가 입력된다.

```
Google
IBM
Facebook
LG
Samsung
Sony
Hewlett-Packard
~
~
~
~
~
~
```

이 상태에서 "IBM" 행으로 이동하기 위해서 상 화살표 키를 눌러 보았다. 그랬더니 cursor 가 이동하는 것이 아니라 다음과 같이 "A"라는 글자가 입력되는 것을 알 수 있다.

```
Google
IBM
A
Facebook
LG
Samsung
Sony
Hewlett-Packard
~
~
~
~
~
~
```

이번에는 명령모드로 가기 위해서 ESC키를 누르고 다시 상 화살표키를 누르면 cursor가 "IBM" 행으로 이동한다. 즉 입력모드에서는 cursor를 이동할 수 없고, 명령모드에서 이동해야 한다는 것이다.

```
Google
IBM
A
Facebook
LG
Samsung
Sony
Hewlett-Packard
~
~
~
~
~
~
```

명령모드에서 cursor를 "A" 행으로 이동한 다음 dd를 입력하면 그 행이 삭제가 되는 것을 확인할 수 있다. 그 다음에는 :q 명령을 실행해서 프로그램을 종료하도록 보자.

```
Google
IBM
Facebook
LG
Samsung
Sony
Hewlett-Packard
~
~
~
~
~
~
:q
```

명령을 입력하면 화면 하단부에 입력한 내용이 아래 화면과 같이 표시된다. 입력이 되면 Enter 키를 누른다. 그러면 아래와 같이 경고 메시지가 나타난다. 이것은 자료의 내용이 변경되었는데, 내용을 저장하지 않고 프로그램을 종료할 경우에 나타나는 경고 메시지이다. 이런 경우 변경된 내용을 무시하고 종료하고자 할 때는 :q! 명령을 사용하면 될 것이다.

```
Google
IBM
Facebook
LG
Samsung
Sony
Hewlett-Packard
~
~
~
~
~
~
~
~
E37: No write since last change (add ! to override)
```

이번에는 입력된 내용을 파일에 저장하기 위해서 :w 명령을 수행할 것이다.

```
Google
IBM
Facebook
LG
Samsung
Sony
Hewlett-Packard
~
~
~
~
~
~
~
~
:w
```

명령을 입력하면 하단 하단부에 명령이 표시되고, Enter 키를 누르면 입력된 내용이 파일에 저장된다. 작업이 완료되면 다음 화면과 같이 표시된다.

```
Google
IBM
Facebook
LG
Samsung
Sony
Hewlett-Packard
~
~
~
~
~
~
~
"customer_list.txt" 8 lines, 63 characters written
```

이 상태에서 :q 명령을 실행하면 vim 프로그램이 완전히 종료하고, 처음 시작할 때의 화면으로 돌아간다.

```
Google
IBM
Facebook
LG
Samsung
Sony
Hewlett-Packard
~
~
~
~
~
~
~
:q
```

16.4.4 leafpad 텍스트 편집기

leafpad 프로그램은 Raspberry Pi 시스템의 window 상태에서 기본적으로 사용할 수 있는 텍스트 편집기다.

leafpad 프로그램을 실행하기 위해서는 **Menu → Accessories → Text Editor**를 이용할 수도 있고, 바탕화면에 아이콘으로 생성된 것이 있으면 해당 아이콘을 더블클릭하여 실행할 수도 있다.

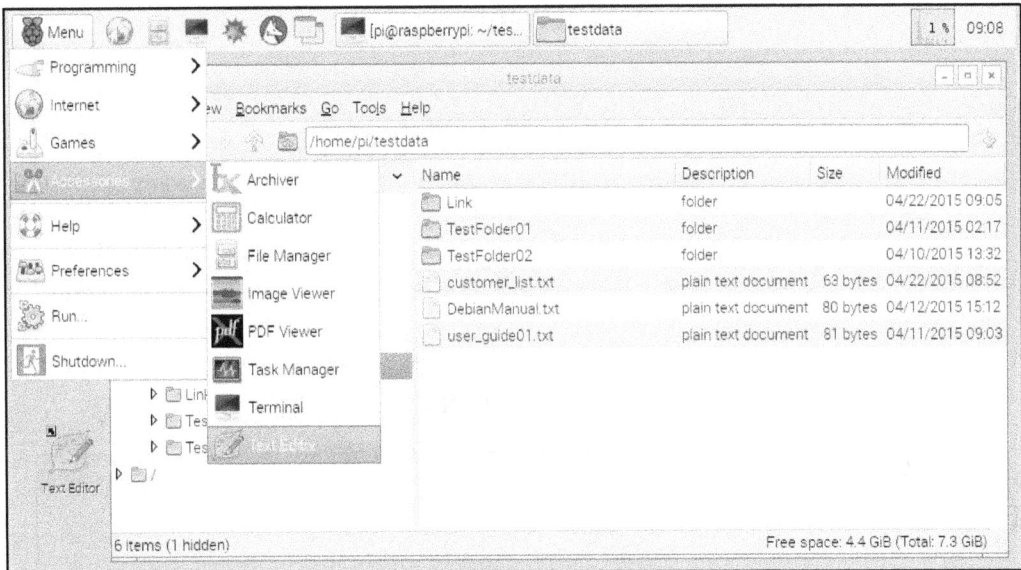

그림 16-29 window 텍스트 편집기 leafpad

[사용 Example] 신규 파일 생성

그러면 아래와 같은 화면이 나타나는데, 화면의 title에 *(Untitled)"라고 표시되어 있다. 이는 파일 이름이 지정되지 않은 것으로 파일을 처음으로 생성할 수 있는 상태를 의미한다. 빈 화면에서 입력하고자 하는 필요한 내용을 입력할 수 있다.

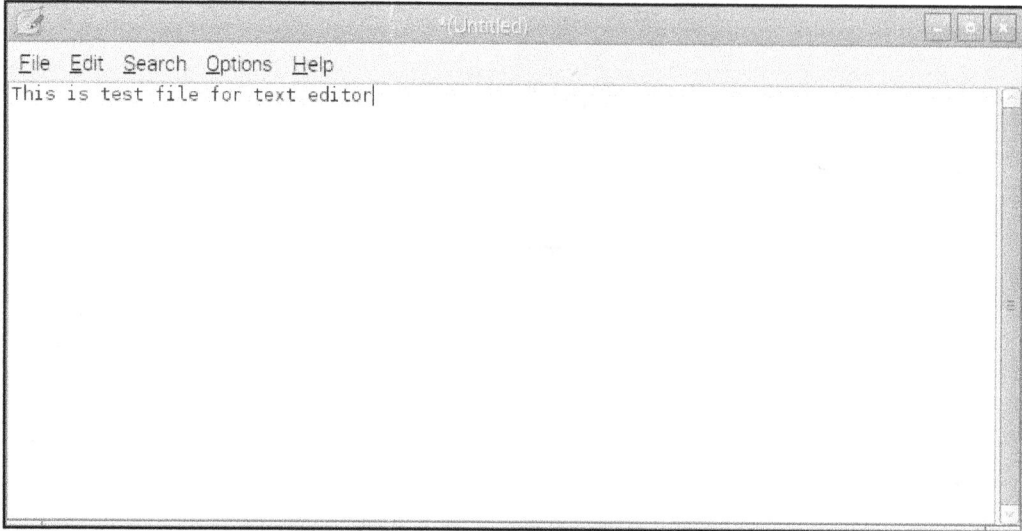

텍스트 자료를 입력하면서 다양한 편집 기능을 사용할 수 있는데, 화면에서 처리하고자 하는 대상을 선택한 뒤 메뉴 [Edit]를 사용하여 다양한 작업을 할 수 있다.

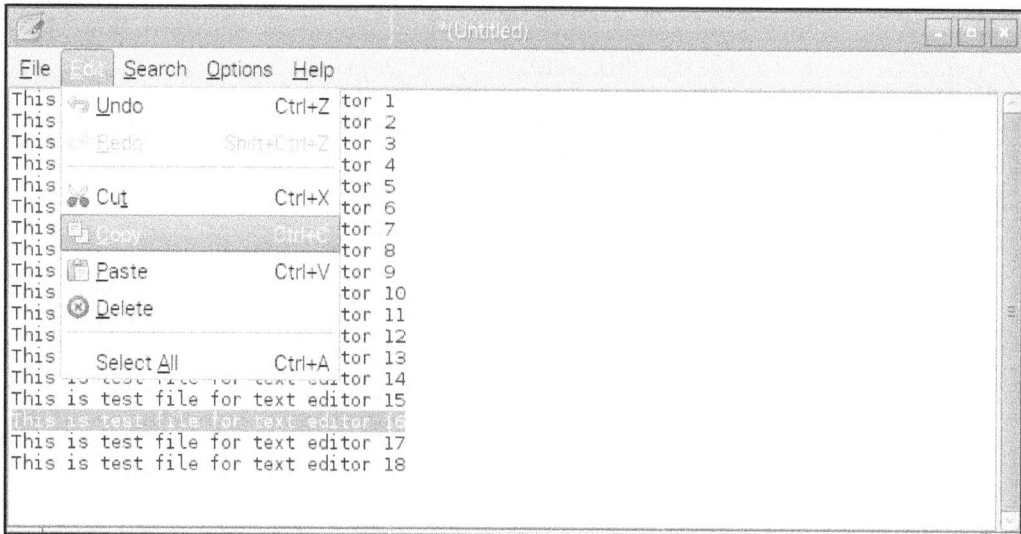

편집기능을 사용하는 또 다른 방법은 화면에서 처리하고자 하는 대상을 선택한 뒤 마우스 오른쪽 버튼을 누르면 나타나는 팝업 메뉴를 이용할 수 있다.

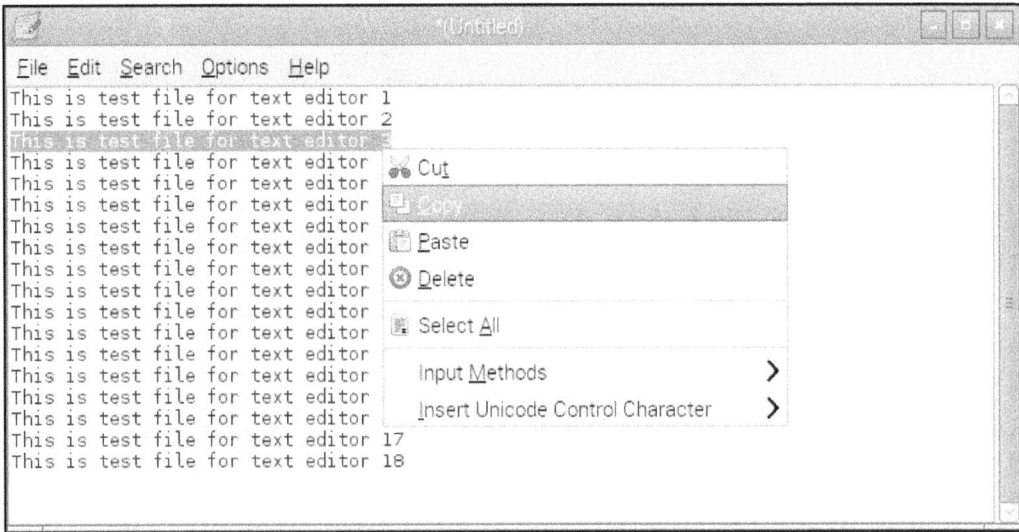

작업이 완료되면 메뉴 **File→ Save**을 이용하여 입력한 내용을 파일에 저장할 수 있다..

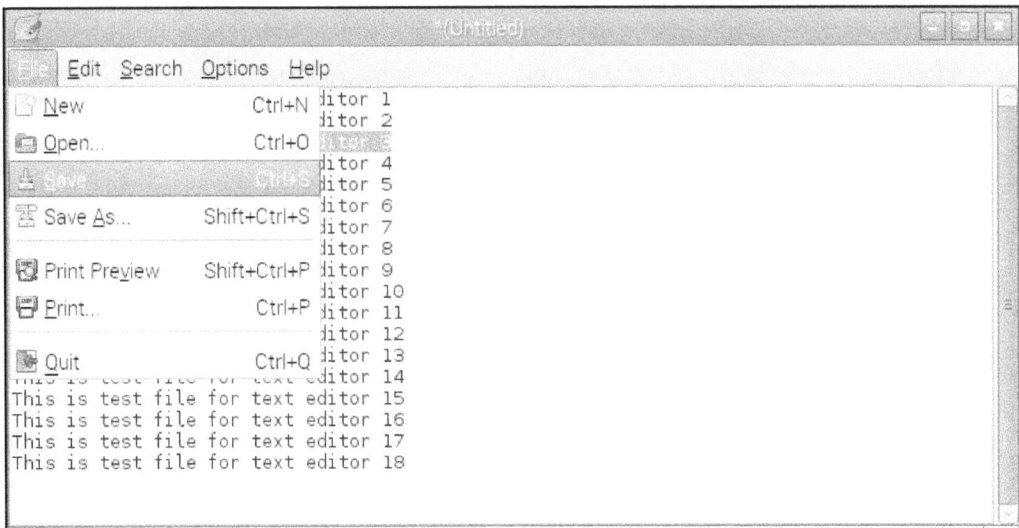

[Save] 메뉴를 선택하면 다음과 같이 파일 이름과 파일을 저장할 위치를 지정하는 화면이 나타난다. 여기서 원하는 파일 이름을 입력하고, 하단부에서 파일을 저장할 폴더를 선택한다. 여기서는 pi 계정의 testdata 폴더를 저장폴더로 지정하였다.

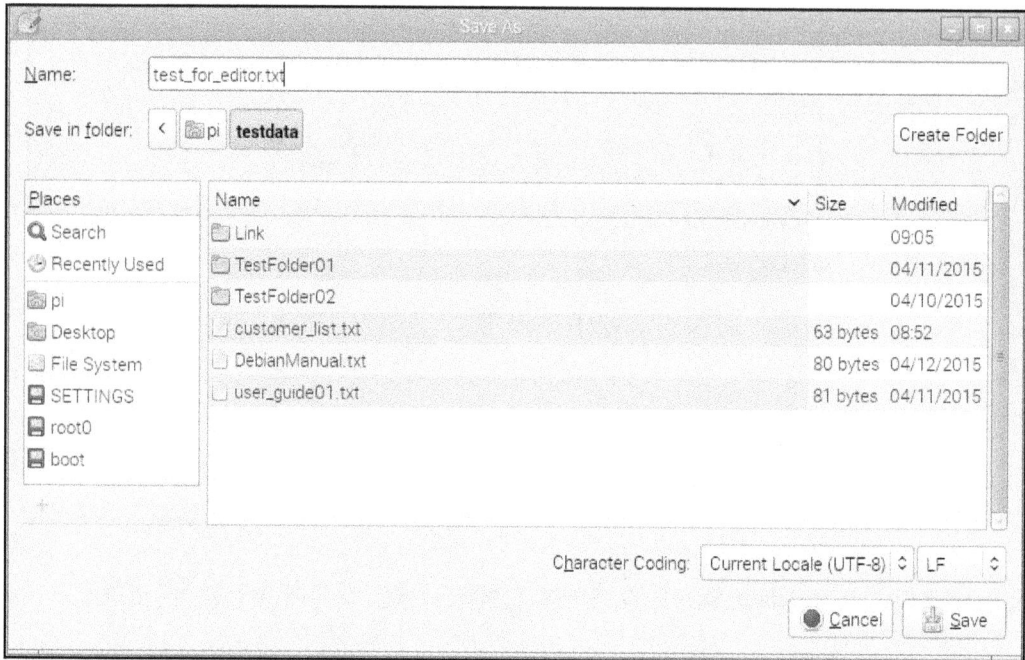

저장이 완료되면 아래 화면과 같이 화면의 title이 파일이름으로 변경되어 있는 것을 확인할 수 있다.

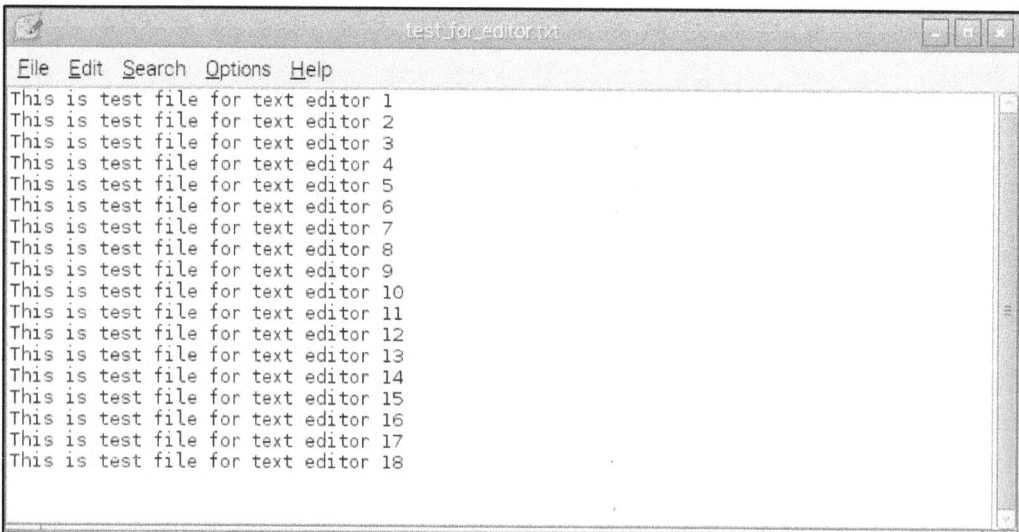

동시에 [File Manager] 프로그램에서 보면 test_for_editor.txt 파일이 생성되어 있는 것을 알
수 있다.

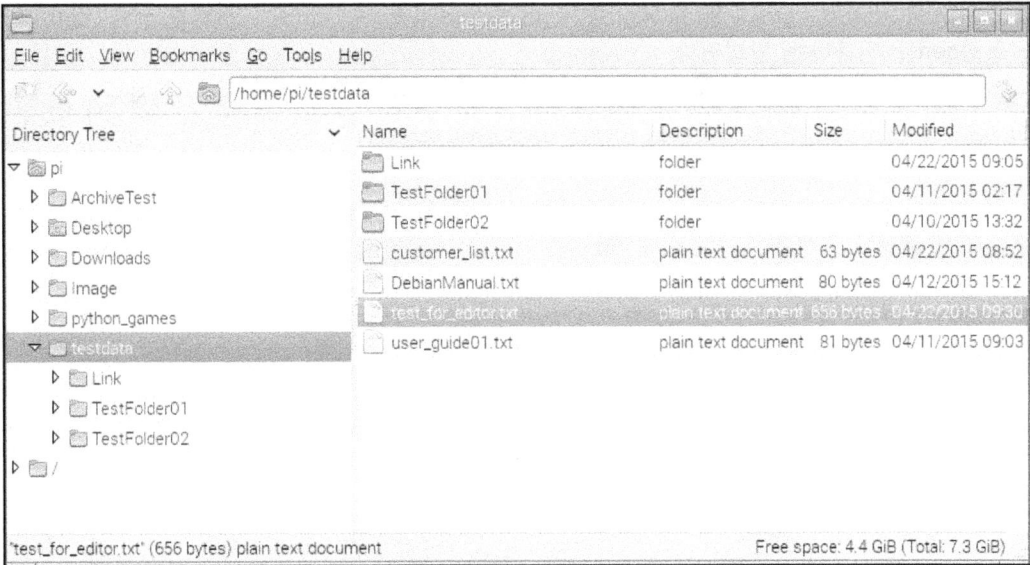

[사용 Example] 기존 파일 변경

이번에는 이미 생성되어 있는 파일을 불러서 내용을 확인하고, 필요한 내용을 수정하는 작업을 해보도록 하겠다. 첫 번째 방법은 leafpad 프로그램을 초기상태로 실행한 다음 메뉴 **File → Open**을 이용하는 방법이다.

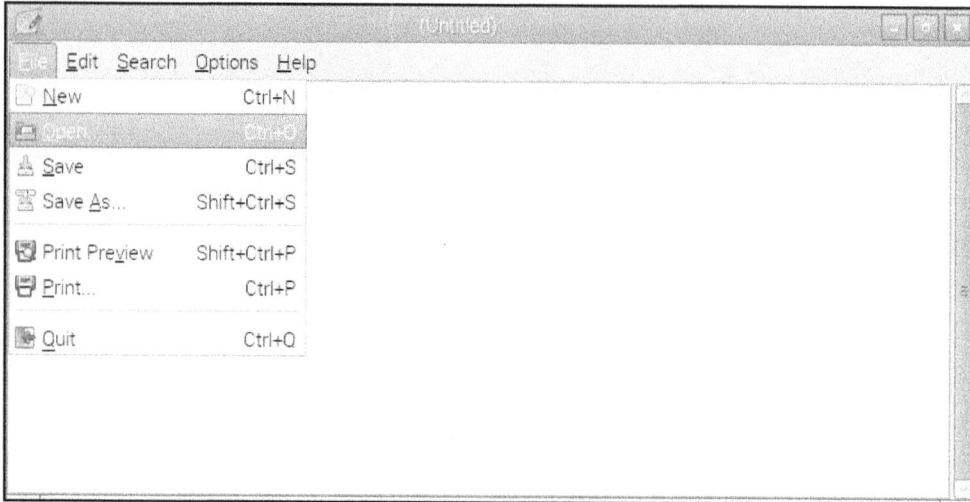

그러면 open할 파일이 있는 위치를 찾아서 원하는 파일을 선택하는 화면이 나타난다. 여기서는 pi 계정의 testdata 폴더에 있는 customer_list.txt 파일을 이용한다. 해당 파일을 선택하고 [Open] 버튼을 누르면 해당 파일의 내용이 읽혀서 화면에 나타난다.

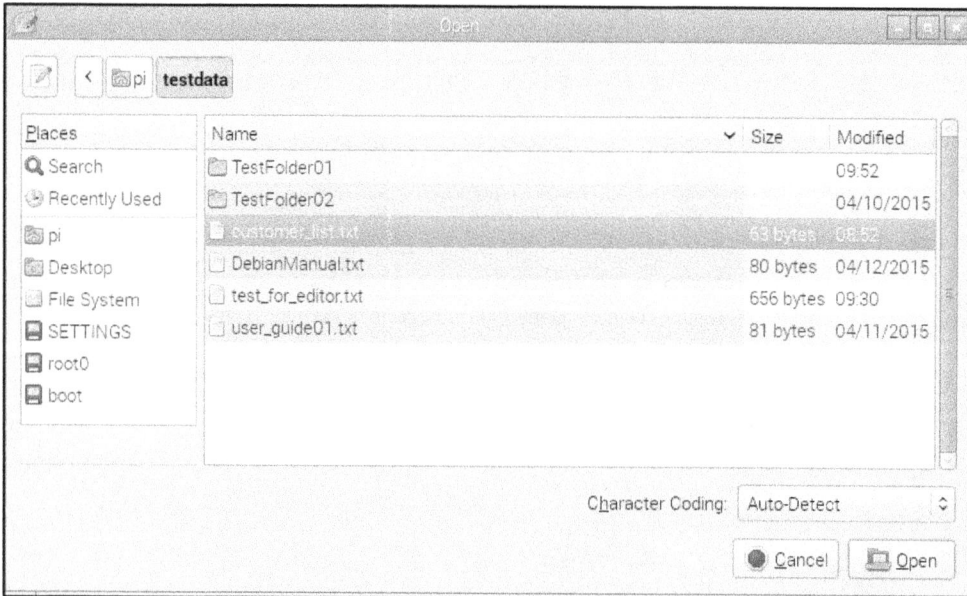

기존 파일을 편집하는 또 다른 방법은 [File Manager] 프로그램을 이용하는 것이다. 파일이 있는 위치를 찾아서 해당 파일을 더블 클릭하거나 해당 파일을 선택한 다음 오른쪽 마우스 버튼을 누르면 나타나는 팝업 메뉴에서 open이나 Text Editor 메뉴를 이용하면 앞의 화면과 같이 파일 내용을 편집할 수 있다.

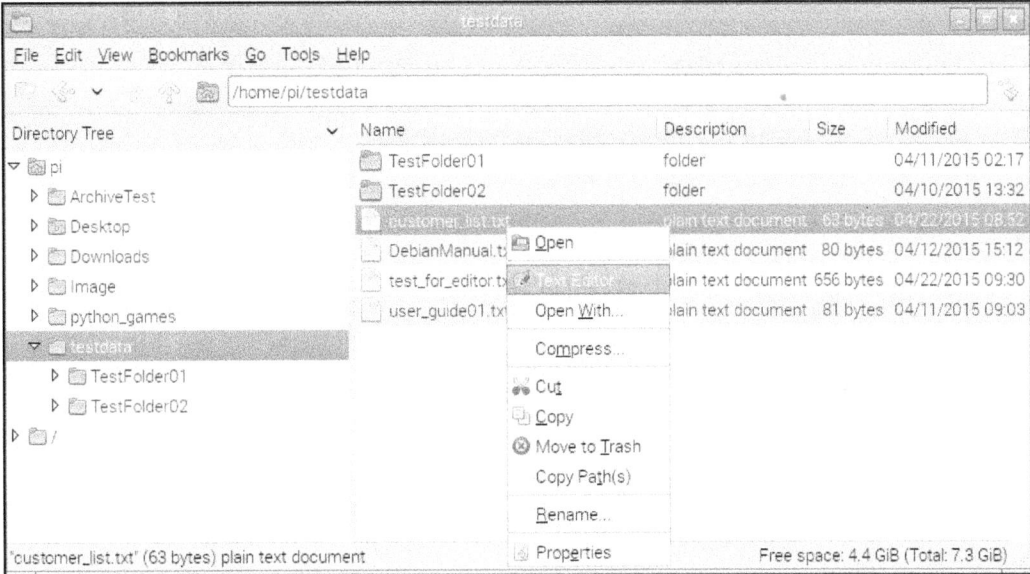

이렇게 여러 가지 방법을 이용해서 기존 파일을 open하면 파일의 내용을 읽어서 아래 화면과 같이 표시하고 수정작업을 할 수 있도록 해 준다.

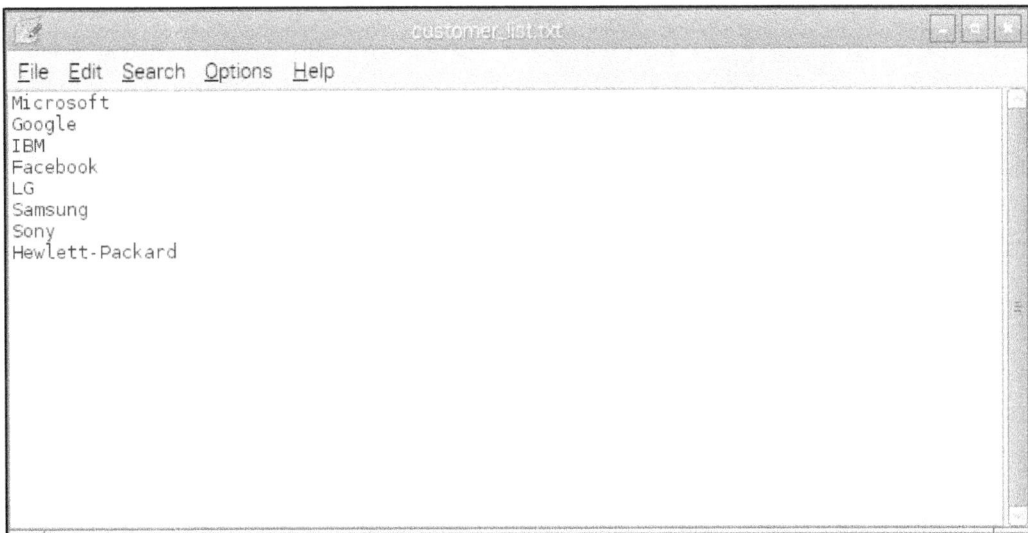

This Page is Left Intentionally Blank

Chapter 17 프로그램 설치와 Upgrade

Chapter 주요 내용

여기서는 Raspberry Pi 시스템에 프로그램을 추가적으로 설치하는 절차에 대해서 설명하고자 한다. 또한 이전에 설치한 프로그램을 제거하거나 upgrade하는 방법 등에 대해서도 설명할 것이다.

다음과 같은 항목에 대한 내용을 포함하고 있다.

- package manager system
- package 관리도구
- 설치 프로그램 source 확보
- 프로그램 설치 및 재설치
- 프로그램 설치 제거
- 프로그램 update 및 upgrade
- system kernel 및 firmware upgrade

17.1 package manager system

17.1.1 package

package란 시스템이 요구하는 형식으로 프로그램을 배포하여 설치할 수 있도록 필요한 모든 자료가 사전 정의된 방식으로 구성되어 있는 일련의 파일들의 묶음을 의미한다. package는 computer program뿐만 아니라 그 프로그램을 적용하는데 필요한 metadata를 포함하고 있다. Package metadata는 package에 대한 설명, version, 다른 package와의 dependency(먼저 설치되어야 하는 다른 package)에 대한 정보를 함께 가지고 있다.

Debian에서 제공하는 프로그램은 기본적으로 이러한 package 형태로 관리한다. package는 시스템에 설치되는 각각의 소프트웨어 프로그램과 이들을 설치하는데 필요한 여러 가지 파일 묶음, package 사이의 상호 의존 관계에 대한 정의, 소프트웨어에 대한 환경설정 등에 대한 내용을 정의하고 있다. 이렇게 정의된 package는 원하는 컴퓨터에 설치하거나, 필요 없는 경우 삭제가 가능하다.

하나의 애플리케이션 프로그램은 한 package에 속해 있을 수도 있고, 크기가 큰 경우는 여러 개의 package로 구성되어 있을 수도 있다.

17.1.2 package repository

Debian 기반의 배포판은 해당 운영체제가 설치된 시스템에서 설치하여 사용할 수 있는 기본적인 프로그램 목록 정보를 관리하고 있는데, 이를 package repository라고 한다. Debian 기반의 배포판은 인터넷 상에서 package repository server를 운영하고 있으며, package repository에서 package를 검색하고, 설치하고, package를 조작할 수 있는 도구인 Advanced Packaging Tool (APT)라는 package management system을 제공해 준다.

package repository여기에서는 다음 정보가 포함되어 있다.
- 설치가 허용된 package list
- package간의 dependency
- 최신 version 및 release에 관한 정보
- 특정 package 설치에 필요한 자료와 그 자료가 있는 source

package repository에 등록되어 있는 프로그램들은 간단한 명령으로 손쉽게 프로그램을 설치하여 사용할 수 있고, 해당 package들에 대한 version upgrade 등 사후관리도 간단히 처리할 수 있다. 특정 프로그램이 package repository에 등록이 되어 있다는 것은 그 프로그램을 해당 운영체제에서 사용하는 것을 공식적으로 인정을 받았다는 것을 의미한다. 따라서 해당 운영체제에서 지원하는 package관리 도구들을 사용하여 설치부터 삭제, upgrade 같은 사후관리까지 쉽고 확실하게 처리할 수 있다는 것을 의미한다.

17.1.3 package manager system

package manager 또는 package management system는 특정 컴퓨터 운영체제에서 프로그램을 설치하고, upgrade하고, 설정항목을 조정하고, 삭제하는 과정을 일관성 있게 자동화해주는 일련의 소프트웨어 도구를 말한다. Debian은 package manager system을 이용하여 시스템에 설치된 소프트웨어 package 전체를 하나로 묶어서 통합적으로 관리한다.

Package manager는 수작업 방식의 설치와 update를 하지 않도록 설계되어 있다. 이 도구는 Linux 기반에서 수많은 package로 구성되어 있는 컴퓨터 시스템을 운영하는 대규모의 기업에 유용하게 사용될 수 있다.

package manager는 package repository와 밀접하게 상호 연결되어 통합적으로 작동하면서, package를 체계적으로 관리해준다. package repository에서 관리되는 package는 archive files의 형태로 소프트웨어 배포에 대한 사항과 metadata를 관리하고 있는데, 특정 컴퓨터에 package가 설치되면 package에 포함되어 있는 metadata가 local package database에 저장된다. 이 local database에는 software dependency와 version과 같은 대표적인 정보가 관리되는데, package manager는 사후에 software들 간의 불일치나 필수항목의 누락을 방지하는데 이 local database를 사용한다.

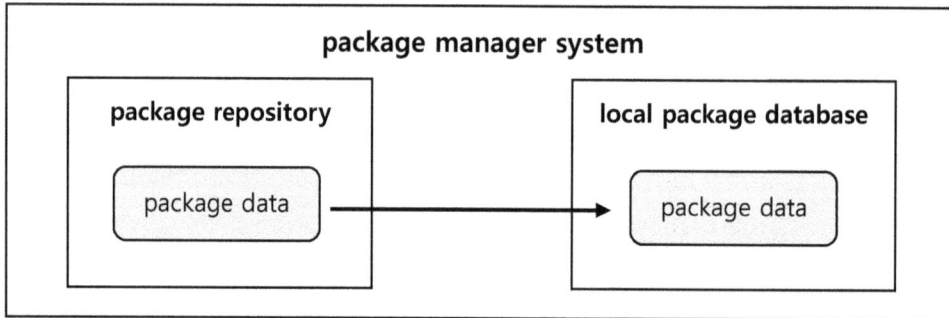

17.1.4 package repository의 source list

package manager가 package에 대한 정보를 어디서 download해야 하는지를 지정한 장소를 source list라고 하는데, Debian의 APT 도구는 /etc/apt/sources.list 파일에서 package를 download할 source list를 결정한다. CD-ROM, HTTP 서버, FTP 서버, 하드디스크 모두 소스가 될 수 있다.

source list는 복수의 활동 source를 지원하고, 다양한 source 매체를 지원하도록 설계되어 있다. 이 파일에는 하나의 source에 한 줄을 사용하고, 가장 선호하는 source를 먼저 기술하도록 되어 있다.

source list는 다음과 같은 형식으로 지정되어 있다.

```
deb       http://site.example.com/debian distribution component1 component2 component3
deb-src   http://site.example.com/debian distribution component1 component2 component3
```

특정 source를 기술하는 한 줄은 다음과 같은 세부 형식으로 되어 있다.
- archive 유형
  처음은 archive 유형을 의미한다. deb는 archive에 우리가 통상 사용하는 사전 compile 된 package인 binary packages (deb)를 포함하고 있는 것을 의미하고, deb-src는 source package 형태임을 의미하는데, 이것은 원래의 program sources 와 해당 프로그램을 package로 만들 때 필요한 Debian control file (.dsc) 과 diff.gz에 대한 정보를 가지고 있다.

- repository에 대한 URL
  이 부분은 package를 download해야 할 repository에 대한 URL이다. Debian repository 를 배포하는mirror server에 대한 주요한 목록들이 여기에 포함된다.

  사용할 수 있는 URL의 종류는 다음과 같다.
  - file   -- 파일 시스템에 있는 directory를 의미한다.
  - cdrom   -- local CDROM drive를 의미한다. source list를 정의할 때는 apt-cdrom명령을 사용한다.
  - http   -- HTTP server를 의미한다
  - ftp   -- FTP server를 의미한다.

- 배포판(distribution)

  distribution은 release code name / alias (wheezy, jessie, stretch, sid) 이거나 release class (oldstable, stable, testing, unstable) 일수도 있다.

- Component
  - main   --DFSG 형식의 packages를 포함하고 있는데, 이것을 운영하기 위해서 외부 소프트웨어에 제한을 받지 않는다. 이것은 Debian 배포판를 검토할 때 유일한 package이다.
  - contrib --DFSG 형식 software를 포함하고 있는데, Debian의 main package가 아닌 다른 것과 서로 의존적인 관계를 가지고 있다.
  - non-free --DFSG를 따르지 않는 소프트웨어를 포함하고 있다.

다음은 Debian 8 "Jessie"에 대한 source list의 사례이다.

deb	http://httpredir.debian.org/debian	jessie	main
deb-src	http://httpredir.debian.org/debian	jessie	main
deb	http://httpredir.debian.org/debian	jessie-updates	main
deb-src	http://httpredir.debian.org/debian	jessie-updates	main
deb	http://security.debian.org/	jessie/updates	main
deb-src	http://security.debian.org/	jessie/updates	main

Raspberry Pi에서 시스템을 설치한 직후 sources 파일은 다음과 같이 되어 있는 것을 확인할 수 있다.

```
pi@raspberrypi3:~ $ cat /etc/apt/sources.list
deb http://mirrordirector.raspbian.org/raspbian/ jessie main contrib non-free rpi
# Uncomment line below then 'apt-get update' to enable 'apt-get source'
#deb-src http://archive.raspbian.org/raspbian/ jessie main contrib non-free rpi
```

17.1.5 package 이름 규칙

package는 통상 deb 확장자 형식의 파일 이름을 가지고 있다. deb는 Debian software package format에 대한 extension으로 binary packages에 대해서 사용되는 이름이다. package의 파일 이름의 기본 형식은 다음과 같다.

\<File name>_\<Version number>-\< Revision number>_\<Architecture name>.deb

- \<File name>은 파일명이다 이곳에는 gimp, passwd, lpr, elm, pine, smail, sendmail 등의 패키지의 성격을 나타내는 이름이 들어간다. 파일명은 보통 영문자와 숫자 그리고 '-'나 '+'의 기호문자로 이루어진다. 보통 프로그램 단위로 저작자가 부여한 이름이 사용되며, 여러 개의 package로 분할되는 경우는 해당 내용을 표시할 수 있는 형태로 되어 있다.

- \<Version number>는 버전번호이다. 프로그램의 배포자가 만들어낸 버전번호를 따르게된다. 커널의 경우 2.0.29, 2.0.30 등의 버전번호, GNU C 컴파일러의 경우 2.7.2.1, 2.7.2.3 등의 버전번호를 볼 수 있다. 버전 번호는 통상 숫자가 우선되며, 소스의 패치 등에 따라 영문자가 추가될 수 있으며, Dot('.')가 허용된다. 그러나 저작자가 버전번호를 어떻게 붙이느냐에 달려 있기 때문에 표준으로 정해 놓은 것은 없다.

- \<Revision number>는 원 소스의 버전이 변하지 않은 상태에서 패키지의 보안문제, 쉘스크립트의 변화, 패키지의 의존성변화 혹은 새로운 소스의 컴파일 등의 이유로 package에 변화가 발생할 수 있는데, 이런 것을 revision이라고 한다. 1에서부터 시작하여 보통 정수로 변화하며 간혹 소수점이 포함되기도 하나, 정수로 변화하는 것이 표준이다.

- \<Architecture name>는 바이너리 파일의 생성 플랫폼을 적어준다. 보통 배포될 때에는 binary-{i386, powerpc, sparc, alpha, m68k}등의 디렉토리에 따라 저장되므로 아키텍처의 명을 생략하지만, 실제 패키지 생성 때는 명시된다. i386, powerpc, sparc, alpha, m68k가 유효한 명이고 플랫폼에 상관없는 패키지(도큐먼트, 셀 스크립트, 펄 스크립트 등)일 경우 all이 생성 플랫폼으로 기재된다.

몇 가지 예를 들어 보겠다.

- libc5_5.4.33-7_I386.deb

  이 패키지는 libc5라는 이름을 가진 패키지로 버전번호는 5.4.3.3이고, Debian 개정
  번호(revision number)는 7 이며, 이 패키지가 사용될 수 있는 아키텍처는 i386 계
  열의 프로세서이다.

- manapages_1.17-3_all.deb

  이 패키지는 manapages라는 이름을 가진 패키지이며, 버전번호는 1.17 이고,
  Debian 개정번호(revision number)는 3이며, 동작하는 프로세서와 상관없는 플랫
  폼에 독립적인 (platform-Independent) 패키지이기 때문에 어떤 플랫폼에서도 공
  통으로 설치 가능한 패키지이다.

- rar-2.00-3beta.i386.rpm

  이 패키지는 레드햇 패키지로, 패키지 이름은 rar이고, 버전번호는 2.00이며, 개정
  번호는 3beta이다. 그리고 이 패키지가 사용될 수 있는 아키텍처는 i386 이다.

17.2 package 관리도구

17.2.1 package 관리도구 개요

Debian에서 package를 관리하는 도구는 여러 가지가 있다. 이러한 관리도구들은 모두 특징을 가지고 있어서 사용하는 목적에 따라 적절한 것을 선택해서 사용할 수 있다.

이러한 관리도구들은 유형에 따라서 여러 가지로 분류할 수 있다. 먼저 package 관리도구의 처리기능 및 복잡성 수준에 따라서 몇 가지 계층으로 나눌 수 있다.

- **low-level 도구**

  이 계층의 도구는 시스템과 가장 가까운 도구로서, 시스템의 모든 기능을 처리할 수 있는 많은 기능을 가지고 있기는 하지만, 매우 복잡하고, 사용하기 어려운 특징을 가지고 있다. dpkg와 같은 도구가 여기에 속한다.

- **mid-level 도구**

  이 계층의 도구는 low-level 도구의 사용상의 어려움을 해소하고자 많이 사용되는 작업을 기준으로 명령의 형식을 간단하게 하고, package 관리에 필요한 여러 가지 작업을 통합하여 한꺼번에 처리해주면서, 문제가 발생하지 않도록 서로 일관성 있게 처리해주는 기능을 가지고 있다.

  이들 도구를 실행하면 실제로는 내부적으로 dpkg와 같은 low-level 도구들이 실행된다. apt, apt-get 와 같은 APT 도구가 여기에 속한다.

- **high-level 도구**

  이 계층의 도구는 mid-level 도구보다 더 쉽게 사용할 수 있도록 명령들을 간단하게 하고, 하나의 명령으로 여러 가지 작업을 한꺼번에 해주는 특징이 있다.

  이들 도구를 실행하면 실제로는 내부적으로 APT 기반의 mid-level 도구와 dpkg와 같은 low-level 도구들이 실행된다. aptitude와 같은 도구가 여기에 속한다.

또한 package 관리도구의 특징 중에서 GUI 지원여부에 따라 GUI 방식과 CLI 방식으로 나눌 수 있다.

- **GUI를 지원하는 프런트 엔드**

이런 도구들은 GUI를 지원하는 도구들이다. window처럼 모든 명령을 GUI 형식으로 처리할 수 있는 기능을 가지고 있어서 사용자들이 쉽게 사용할 수 있는 장점이 있다. 하지만 세부적인 복잡한 기능을 수행하는 데는 약점이 있을 수 있다.

여기에는 다음과 같은 도구들이 있다.

- aptitude 는 (ko/Ncurses|ncurses) 전체화면 콘솔모드와 CLI 모드를 둘 다 지원한다. 이것은 apt 에 친화적인 프런트 엔드로서 명령행에서 사용 시 apt-get 을 대체할 만하다.
- DSelect 는 더 오래된 apt 프런트 엔드이며, 더 이상 권장하지 않는다.
- Adept 는 소수의 특별한 옵션을 지원하는 괜찮은 GUI 기반 프런트 엔드이다.
- Synaptic 는 또 다른 GUI 기반 프런트 엔드이다.
- 기타 GUI 프런트 엔드 도구

- **CLI을 지원하는 프런트 엔드**
  이런 도구들은 명령을 실행할 때 모두 CLI 방식으로 처리하는 도구들이다. 따라서 모든 명령을 Text글자로 입력해야 하는 불편함이 있다. 하지만 시스템이 제공하는 모든 기능을 처리할 수 있어서, 세부적이고 복잡한 기능을 수행할 수 있는 장점이 있다.

  여기에는 다음과 같은 도구들이 있다.
  - dpkg
  - apt
  - apt-get

17.2.2 package 관리도구 - dpkg

dpkg 도구는 Debian의 package management system에 기반을 두고 있는 software로서, .deb packages를 설치하거나, 삭제하는데 사용되고, package에 대한 정보를 제공하는 용도로 사용된다.

dpkg package는 dpkg program뿐만 아니라 dpkg-deb, dpkg-split, dpkg-query, dpkg-statoverride, dpkg-divert, dpkg-trigger와 같이 packaging system을 실제로 작동시키는데 필요한 여러 가지 프로그램들이 함께 포함되어 있다.

dpkg 자체는 low level 도구이며, 모든 명령을 text 형식으로 입력하는 CLI 방식으로 실행된다. 통상 APT, aptitude, synaptic같은 보다 상위 도구를 사용하여 원격에서 package를 fetch하기도 하고, 복잡한 package의 상호관계를 처리한다.

dpkg 도구를 사용하여 package를 관리할 때는 dpkg명령을 사용한다. 이 명령을 실행하면 지정 action과 option에 따라서 내부적으로는 dpkg-deb, dpkg-query와 같은 내부 명령들이 실행되도록 되어 있다.

이 명령은 다음과 같이 action과 option을 지정하는 형식으로 되어 있다.

[명령 형식]

dpkg [option...] action

[명령 개요]
- 시스템의 package를 관리해 준다.
- 필요권한   --- 일반 권한

[상세 설명]
- dpkg는 한번에 하나의 action을 지정하도록 되어 있고, 필요하면 option을 지정할 수 있다.

[주요 option]

■   action

-i, --install package-file...	Install the package. If --recursive or -R option is specified, package-file must refer to a directory instead.
--unpack package-file...	Unpack the package, but don't configure it. If --recursive or -R option is specified, package-file must refer to a directory instead.
--configure package...|-a|--pending	Configure a package which has been unpacked but not yet configured. If -a or --pending is given instead of package, all unpacked but unconfigured packages are configured.
-r, --remove package...|-a|--pending	Remove an installed package. This removes everything except conffiles, which may avoid having to reconfigure the package if it is reinstalled later (conffiles are configuration files that are listed in the DEBIAN/conffiles control file). If -a or –pending is given instead of a package name, then all packages unpacked, but marked to be removed in file /var/lib/dpkg/status, are removed.
-P, --purge package...|-a|--pending	Purge an installed or already removed package. This removes everything, including conffiles. If -a or --pending is given instead of a package name, then all packages unpacked or removed, but marked to be purged in file /var/lib/dpkg/status, are purged.
-V, --verify [package-name...]	Verifies the integrity of package-name or all packages if omitted, by comparing information from the files installed by a package with the files metadata information stored in the dpkg database. The origin of the files metadata information in the database is the binary packages themselves. That metadata gets collected at package unpack time during the installation process.

■ **dpkg-query 관련 action**

-l, --list package-name-pattern...	List packages matching given pattern.
	
	 The first three columns of the output show the desired action, the package status, and errors, in that order.
	 Desired action:
	       u = Unknown
	       i = Install
	       h = Hold
	       r = Remove
	       p = Purge
	 Package status:
	       n = Not-installed
	       c = Config-files
	       H = Half-installed
	       U = Unpacked
	       F = Half-configured
	       W = Triggers-awaiting
	       t = Triggers-pending
	       i = Installed
	 Error flags:
	       <empty> = (none)
	       R = Reinst-required

-s, --status package-name...	Report status of specified package.
-L, --listfiles package-name...	List files installed to your system from package-name.
-S, --search filename-search-pattern...	Search for a filename from installed packages.
-p, --print-avail package-name...	Display details about package-name, as found in /var/lib/dpkg/available. Users of APT-based frontends should use apt-cache show package-name instead.

■ **dpkg-deb 관련 action**

-b, --build directory [archive|directory]	Build a deb package.
-c, --contents archive	List contents of a deb package.
-e, --control filename [directory]	Extract control-information from a package.
-x, --extract archive directory	Extract the files contained by package.
-X, --vextract archive directory	Extract and display the filenames contained by a package.
-f, --field archive [control-field...]	Display control field(s) of a package.
--fsys-tarfile archive	Display the filesystem tar-file contained by a Debian package.
-I, --info archive [control-file...]	Show information about a package.

■ **option**

-B, --auto-deconfigure	When a package is removed, there is a possibility that another installed package depended on the removed package. Specifying this option will cause automatic deconfiguration of the package which depended on the removed package.
--ignore-depends=package,...	Ignore dependency-checking for specified packages (actually, checking is performed, but only warnings about conflicts are given, nothing else).
--admindir=dir	Change default administrative directory, which contains many files that give information about status of installed or uninstalled packages, etc. (Defaults to /var/lib/dpkg)
--instdir=dir	Change default installation directory which refers to the directory where packages are to be installed. instdir is also the directory passed to chroot(2) before running package's installation scripts, which means that the scripts see instdir as a root directory. (Defaults to /)

17.2.3 package 관리도구 - apt

17.2.3.1 APT란?

APT(Advanced Package Tool)는 Debian packaging system에 대한 고급 interface로서, apt-get 프로그램을 제공해준다. 이 도구는 순서에 따른 완벽한 설치작업을 지원하고, 복수 source에 있는 자료를 처리할 수 있으며, 기타 여러 가지 특징 있는 기능들을 제공해 준다. Debian에서 이러한 APT 기반 package 관리도구를 이용해서 repository를 이용한 package 관리작업들은 처리할 수 있다.

APT 관리 도구는 mid-level의 가장 기본적인 APT 기반 package 관리도구들이며, 내부적으로는 dpkg 명령이 사용되도록 되어 있으며, command line user interface만 제공한다.

APT 관리도구에는 다음과 같은 명령들이 함께 포함되어 있다.
- apt-get   -- package를 설치하고, 제거하고, 업그레이드해준다.
- apt-cache   -- package에 대한 유용한 정보를 조회하는데 사용한다.
- apt-cdrom   -- 패키지를 위한 소스로 이동식 미디어를 사용할 수 있도록 해준다
- apt-config   -- 구성 설정에 대한 인터페이스를 제공한다.
- apt-key   -- 인증키 관리용 매니져이다.

17.2.3.2 apt-get 명령

apt-get은 command line을 사용하여 복수 source에 있는 package를 조회하고, 설치할 수 있는 간단 방법을 제공해 준다. dpkg와는 다르게 apt-get .deb files을 이해하지는 못한다. apt-get은 packages의 제대로 된 이름으로만 작동하고, /etc/apt/sources.list 파일에 지정된 source로부터 받은 .deb archives만 설치할 수 있다. apt-get는 지정된 source에서 deb archives를 download 받은 후에 곧바로 dpkg를 호출한다.

apt-get는 주요한 release 사이의 major system upgrade에 가장 적합하며, package dependency를 확실하게 해결해주는 도구로서, hardware resources를 적게 사용한다.

[명령 형식]

apt-get   [options]   command   <package>

[명령 개요]

- 시스템의 package를 쉽고 편리하게 package를 조회하고, 설치할 수 있는 도구이다.
- 필요권한   --- root 권한

[상세 설명]

- 프로그램을 새로이 설치하거나 제거하는 등의 작업을 수행한다.

[주요 command]

update	Retrieve new lists of packages
upgrade	Perform an upgrade
install	Install new packages (pkg is libc6 not libc6.deb)
remove	Remove packages
autoremove	Remove automatically all unused packages
purge	Remove packages and config files
source	Download source archives
build-dep	Configure build-dependencies for source packages
dist-upgrade	Distribution upgrade, see apt-get(8)
dselect-upgrade	Follow dselect selections
clean	Erase downloaded archive files

autoclean	Erase old downloaded archive files
check	Verify that there are no broken dependencies
changelog	Download and display the changelog for the given package
download	Download the binary package into the current directory

[주요 option]

-d, --download-only	Download only; package files are only retrieved, not unpacked or installed. Configuration Item: APT::Get::Download-Only.
--reinstall	Re-install packages that are already installed and at the newest version. Configuration Item: APT::Get::ReInstall.
--auto-remove	If the command is either install or remove, then this option acts like running the autoremove command, removing unused dependency packages. Configuration Item: APT::Get::AutomaticRemove.
--no-download	Disables downloading of packages. This is best used with --ignore-missing to force APT to use only the .debs it has already downloaded. Configuration Item: APT::Get::Download.
--reinstall	Re-install packages that are already installed and at the newest version. Configuration Item: APT::Get::ReInstall.
-s, --simulate, --just-print, --dry-run, --recon, --no-act	No action; perform a simulation of events that would occur but do not actually change the system. Configuration Item: APT::Get::Simulate.
-y, --yes, --assume-yes	Automatic yes to prompts; assume "yes" as answer to all prompts and run non-interactively. If an undesirable situation, such as changing a held package, trying to install a unauthenticated package or removing an essential package occurs then apt-get will abort. Configuration Item: APT::Get::Assume-Yes.
--assume-no	Automatic "no" to all prompts. Configuration Item: APT::Get::Assume-No.

17.2.3.3 apt-cache 명령

apt-cache 도구는 package에 대한 여러 가지 정보를 조회하는데 사용할 수 있는 도구이다. package name과 설명에 대해서 표준적인 검색방식을 제공하는데, package lists를 조회할 수 있고, 간단한 text나 정규 연산식을 이용하여 특정 기능을 제공하는 package를 찾거나, package들의 dependencies 조회를 통하여 원하는 package를 확인할 수 있게 해준다.

[명령 형식]

```
apt-cache    [options]    command   <package>
```

[명령 개요]

- package에 대한 여러 가지 정보를 쉽고 간편하게 조회할 수 있는 도구이다.
- 필요권한   --- root 권한

[상세 설명]

- None

[주요 command]

search *word*	find packages whose description contain *word*
show *package*	print the detailed information of a package
depends *package*	print the packages a given package depends on
showpkg package	print detailed information of the versions available for a package and the packages that reverse-depends on it
showsrc pkg...	showsrc displays all the source package records that match the given package names. All versions are shown, as well as all records that declare the name to be a binary package.
pkgnames [prefix]	This command prints the name of each package APT knows. The optional argument is a prefix match to filter the name list. The output is suitable for use in a shell tab complete function and the output is generated extremely quickly. This command is best used with the --generate option.

[주요 option]

-i, --important	Print only important dependencies; for use with unmet and depends. Causes only Depends and Pre-Depends relations to be printed. Configuration Item: APT::Cache::Important.
--installed	Limit the output of depends and rdepends to packages which are currently installed. Configuration Item: APT::Cache::Installed.
--names-only, -n	Only search on the package names, not the long descriptions. Configuration Item: APT::Cache::NamesOnly.

[사용 Example]

다음은 Microsoft Windows 원격 desktop 접속을 위해서 사용되는 "xrdp" package에 대한 내용을 조회한 것이다. 해당 package에 대한 여러 가지 정보가 표시되는 것을 확인할 수 있다.

```
pi@raspberrypi ~ $ apt-cache show xrdp
```
```
Version: 0.6.1-2
Architecture: armhf
Maintainer: Vincent Bernat <bernat@debian.org>
Installed-Size: 1449
Depends: libc6 (>= 2.15), libpam0g (>= 0.99.7.1), libssl1.0.0 (>= 1.0.0), libx11-6,
libxfixes3, adduser
Recommends: vnc4server | tightvncserver | vnc-server
Homepage: http://xrdp.sourceforge.net
Priority: optional
Section: net
Filename: pool/main/x/xrdp/xrdp_0.6.1-2_armhf.deb
Size: 195340
SHA256: ee9faa30e8382f220ced3c4b00480281e14f088f7b64c02ca211e6780ffc669d
SHA1: 55af41486deb72a8b3484caf5496cc67b75da4b7
MD5sum: bbae86c2f2cf8054b58629921fd10cdd
Description: Remote Desktop Protocol (RDP) server
 Based on research work by the rdesktop project, xrdp uses the Remote
 Desktop Protocol to present a graphical login to a remote client.
 xrdp can connect to a VNC server or another RDP server.
 .
 Microsoft Windows users can connect to a system running xrdp without
 installing additional software.
Description-md5: b98c1889e17be6136503794b3491891b
```

17.2.4 package 관리도구 – aptitude

aptitude는 APT package 관리체계에서 보다 상위에 있는 frontend interface로서, 다양한 기능을 가지고 있는 가장 high-level의 package 관리도구이다.

- aptitude는 fullscreen interactive text user interface와 command line user interface를 함께 제공한다.
- aptitude는 설치되어 있는 package를 검사하거나 사용가능 package를 검사하는 것처럼 일상적인 상호작용이 필요한 package 관리 작업에 적합하다.
- aptitude는 hardware resources를 상대적으로 많이 사용한다.

aptitude가 아주 훌륭한 상호작용 가능한 도구이기는 하지만 몇 가지 주의할 점이 있다.

- aptitude 명령은 안정되어 있는 Debian system에 대해 새로운 release가 발표될 때 release upgrade를 하는 데는 추천하지 않는다. 대신 "apt-get dist-upgrade"를 사용하는 것이 좋다.
- aptitude 명령은 test 중이거나 안정되지 않은 Debian system에 대한 system upgrade에 대해서 가끔 대량의 package를 제거하라는 제안을 해오는 문제가 발생하는 경우도 있다.

[명령 형식]

```
aptitude  [options]   command  <package>
```

[명령 개요]

- APT package 관리체계에서 상위에 있는 package 관리 도구이다.
- 필요권한   --- root 권한

[상세 설명]

- 프로그램을 새로이 설치하거나 제거하는 등의 작업을 수행한다.

[주요 command]

aptitude syntax	apt-get/apt-cache syntax	description
update	apt-get update	update package archive metadata
install	apt-get install	install candidate version of "foo" package

		with its dependencies
safe-upgrade	apt-get upgrade	install candidate version of installed packages without removing any other packages
full-upgrade	apt-get dist-upgrade	install candidate version of installed packages while removing other packages if needed
remove	apt-get remove	remove "foo" package while leaving its configuration files
N/A	apt-get autoremove	remove auto-installed packages which are no longer required
purge	apt-get purge	purge "foo" package with its configuration files
clean	apt-get clean	clear out the local repository of retrieved package files completely
autoclean	apt-get autoclean	clear out the local repository of retrieved package files for outdated packages
show	apt-cache show	display detailed information about package
search <regex>	apt-cache search <regex>	search packages which match <regex>
why <regex>	N/A	explain the reason why <regex> matching packages should be installed
why-not <regex>	N/A	explain the reason why <regex> matching packages can not be installed
search 'ᵢₗM'	apt-mark showmanual	list manually installed packages

[주요 option]

-s	simulate the result of the command
-d	download only but no install/upgrade
-D	show brief explanations before the automatic installations and removals

17.3 프로그램 package 목록 및 상태 확인

Raspberry Pi에서 사용할 수 있는 프로그램 package 목록을 확인하고 해당 package가 설치되어 있는지를 확인해 보는 방법이 있다.

여러 가지 방법 중에서 dpkg 명령을 사용하는 사례를 설명하겠다. 아래와 같이 dpkg –l 명령을 사용하면 일정한 pattern을 가진 package 목록을 조회해볼 수 있다.

[명령 형식]

dpkg   -l   <pattern>

[명령 개요]
- 지정된 조건의 package의 목록을 확인하고, 해당 package의 상태를 보여준다.
- 필요권한   --- 일반 권한

[상세 설명]
- pattern을 지정할 때는 wildcard (*)가 지원된다. 즉 "tight*"와 같은 형식을 사용할 수 있다.
- 실행결과의 처음 세 글자 다음을 표시한다.

위치	위치 내용	가능한 값과 의미
1	Desired action:	u = Unknown
		i = Install
		h = Hold
		r = Remove
		p = Purge
2	Package status:	n = Not-installed
		c = Config-files
		H = Half-installed
		U = Unpacked
		F = Half-configured
		W = Triggers-awaiting
		t = Triggers-pending

		i = Installed
3	Error flags:	<empty> = (none)
		R = Reinst-required

[주요 option]

[사용 Example]

다음은 현재 설치되어 있는 package 중에서 특정 이름으로 시작하는 것을 조회한 것이다.

```
pi@raspberrypi ~ $ dpkg -l tightvnc*
Desired=Unknown/Install/Remove/Purge/Hold
| Status=Not/Inst/Conf-files/Unpacked/halF-conf/Half-inst/trig-aWait/Trig-pend
|/ Err?=(none)/Reinst-required (Status,Err: uppercase=bad)
||/ Name           Version       Architecture Description
+++-==============-============-============-===================================
un  tightvnc-java  <none>                     (no description available)
ii  tightvncserver 1.3.9-6.4     armhf        virtual network computing server so
```

가장 왼쪽에 표시되는 3개의 영문자는 해당 package의 현재상황에 대한 정보로 다음의 의
미를 갖는다.

- u n   -- desired action   -- u   -- 처리를 시도하지 않음
               -- status   -- n   -- 설치되지 않은 상태임을 나타낸다.
               -- error   -- 공백   -- Error 없음

- i i   -- desired action   -- i   -- install
               -- status   -- i   -- install 되어 있음을 나타낸다
               -- error   -- 공백   -- Error 없음

17.4 설치 프로그램 source 확보

Raspberry Pi 시스템에 설치할 수 있는 프로그램이 제공되는 형태는 여러 가지가 있다. Raspbian 운영체제에서 package repository를 통하여 공식적으로 배포될 수도 있고, 인터넷에서 개별적으로 download하여 사용할 수도 있으며, open source 공유 홈페이지인 Git Hub와 같은 repository에서 프로그램을 download할 수도 있다. 다음에는 이러한 각각의 source에 대해 처리하는 방법에 대해서 알아 보기로 한다.

17.4.1 package repository에 등록된 프로그램 이용 방법

Raspbian 배포판에는 시스템 전체적으로 package를 체계적으로 관리해 주는 package manager system이 있고, 이 속에는 설치 가능 프로그램 목록 정보를 가지고 있는 package repository가 포함되어 있다.

이런 package repository에 등록된 프로그램을 설치할 때는 별도로 package를 download하는 작업이 필요 없다. 이런 프로그램들은 package manager 도구를 사용하여 특별한 사전 작업을 하지 않고 곧바로 설치하는 작업을 수행할 수 있다.

17.4.2 wget 명령으로 인터넷에서 download하는 방법

우리는 때때로 인터넷에서 프로그램을 직접 download하여 설치하는 경우가 있다. 이때 물론 web browser에서 해당 프로그램을 download할 수도 있지만, Raspberry Pi의 Shell terminal에 직접 URL을 지정하여 필요한 프로그램을 download할 수도 있다. 이때 사용하는 명령이 wget명령이다.

[명령 형식]

```
wget  [option]   [URL]
```

[명령 개요]

- 인터넷에서 필요한 자료를 download한다.
- 필요권한   --- 일반 권한

[상세 설명]

- download 프로그램 package는 특별한 지정이 없는 한 현재의 작업 폴더에 저장된다.

[주요 option]

--background	Go to background immediately after startup. If no output file is specified via the -o, output is redirected to wget-log.
--quiet	Turn off Wget's output.
-t number, --tries=number	Set number of tries to number. Specify 0 or inf for infinite retrying. The default is to retry 20 times, with the exception of fatal errors like "connection refused" or "not found" (404), which are not retried.
--show-progress	Force wget to display the progress bar in any verbosity.
-T seconds --timeout=seconds	Set the network timeout to seconds seconds. This is equivalent to specifying --dns-timeout, --connect-timeout, and --read-timeout, all at the same time.
--user=user --password=password	Specify the username user and password password for both FTP and HTTP file retrieval. These parameters can be overridden using the --ftp-user and --ftp-password options for FTP connections and the --http-user and --http-password

	options for HTTP connections.

[사용 Example]

다음은 http://www.raspberrypi.org/documentation/linux/usage/commands.md 파일을 download하는 사례를 보여준다.

이 파일은 아래와 같이 www.raspberrypi.org에서 Linux command를 설명하는 HTML 파일이다. 이 사례는 HTML 파일을 download하는 것이지만 설치 프로그램을 download 하는 것도 동일한 방식으로 처리할 수 있다.

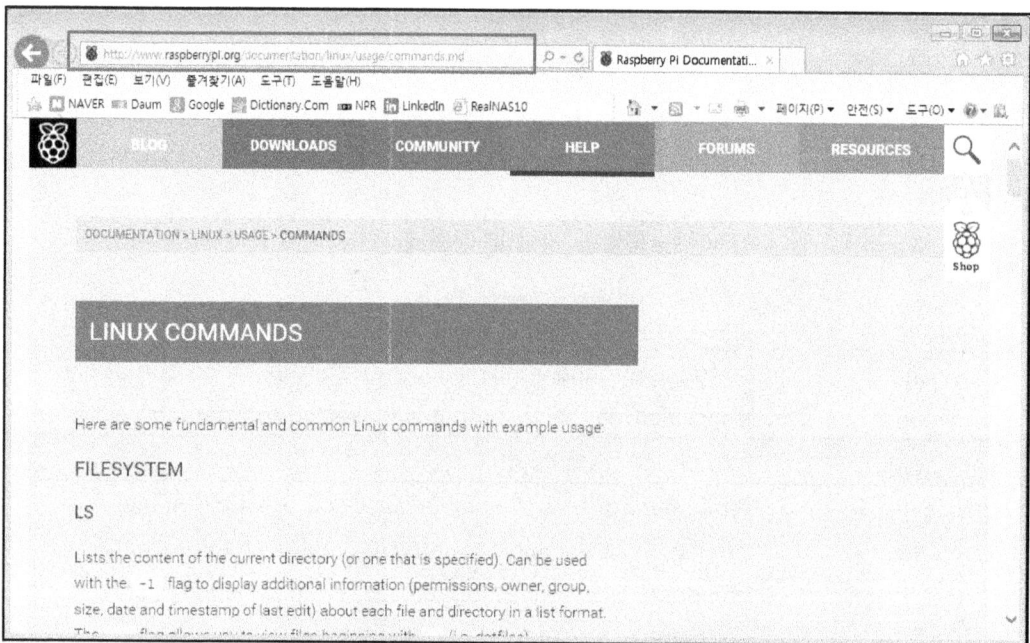

wget 명령을 Shell terminal에서 아래와 같이 실행한다.

```
pi@raspberrypi ~ $ wget
http://www.raspberrypi.org/documentation/linux/usage/commands.md
--2015-04-07 02:17:31--
http://www.raspberrypi.org/documentation/linux/usage/commands.md
Resolving www.raspberrypi.org (www.raspberrypi.org)... 93.93.130.214,
93.93.128.211, 93.93.128.230, ...
Connecting to www.raspberrypi.org (www.raspberrypi.org)|93.93.130.214|:80...
connected.
HTTP request sent, awaiting response... 200 OK
Length: unspecified [text/html]
Saving to: `commands.md'

    [ <=>                                    ] 17,842      63.9K/s    in 0.3s

2015-04-07 02:17:32 (63.9 KB/s) - `commands.md' saved [17842]
```

위 명령의 실행이 완료된 후 [File Manager]에서 자료를 확인해 보면 아래와 같이 파일들
이 download되어 있음을 확인할 수 잇다.

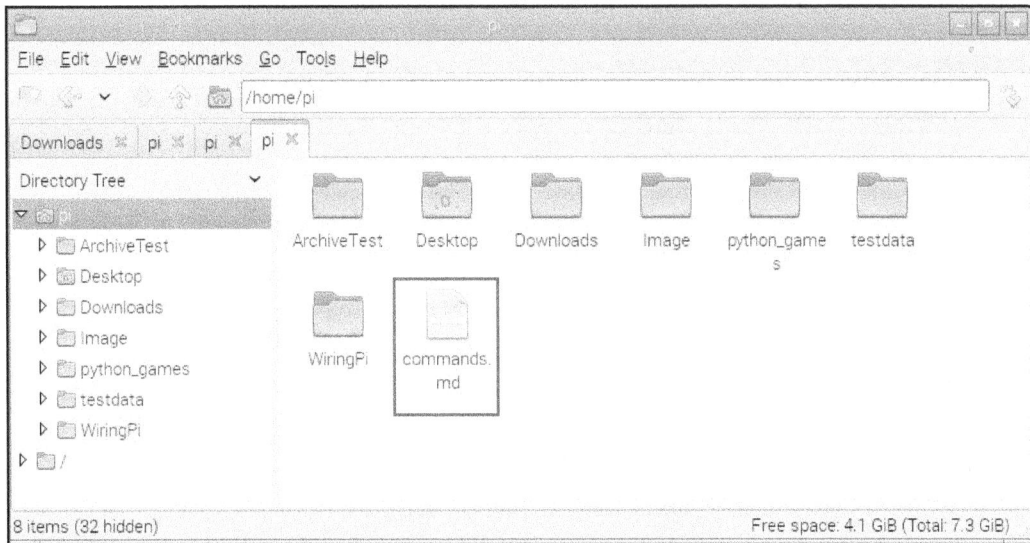

17.4.3 GitHub를 이용해서 인터넷에서 download하는 방법

마지막으로는 GitHub에서 source code를 제공하는 프로그램들도 있다. GitHub는 open source프로그램을 개발하고, 배포하고, 사후 수정하는 과정에서 개발 프로그램 source code 들을 안전하게 관리할 수 있게 해주고, 개발 시작부터 사후 관리까지 계속적인 수정사항들에 대한 version을 관리할 수 있는 도구를 제공해 준다. 여기에서 관리하는 프로그램들은 GitHub repository에 보관되어 있는데, 필요한 사람들은 언제나 해당 프로그램 source를 download하여 사용할 수 있다.

GitHub에서 프로그램을 download하려면 먼저 Git 프로그램을 설치해야 한다. 최신판 Raspbian에는 기본적으로 설치되어 있어서 별도의 작업이 필요 없지만, 설치되어 있지 않다면 다음과 같이 설치한다.

```
sudo apt-get install git
```

GitHub에서 설치할 프로그램을 다운로드 받기 위해서는 git 명령을 사용할 수 있다.

[명령 형식]

```
git   [command]    [option]
```

[명령 개요]
- Git-Hub에서 지정된 파일을 download한다.
- 필요권한   --- 일반 권한

[상세 설명]
- Git URL은 기본적으로 ssh, git, http, https, ftp, ftps, and rsync protocols.을 지원한다. 각각의 protocol에 대해 사용하는 형식은 다음과 같다.
  - ssh   -- ssh://[user@]host.xz[:port]/path/to/repo.git/
  - git   -- git://host.xz[:port]/path/to/repo.git/
  - http[s] -- http[s]://host.xz[:port]/path/to/repo.git/
  - ftp[s]   -- ftp[s]://host.xz[:port]/path/to/repo.git/
  - rsync   -- rsync://host.xz/path/to/repo.git/

- download한 프로그램 package는 특별한 지정이 없는 한 현재 작업 폴더에 저장된다.

[주요 command]

clean	Remove untracked files from the working tree.
clone	Clone a repository into a new directory. download를 하고자 할 때 사용한다.
log	Show commit logs.
git-gc	Cleanup unnecessary files and optimize the local repository.

[주요 option]

--depth <depth>	특정 version의 source를 선택한다.
-C <path>	Run as if git was started in <path> instead of the current working directory.
-p, --paginate	Pipe all output into less (or if set, $PAGER) if standard output is a terminal. This overrides the pager.<cmd> configuration options (see the "Configuration Mechanism" section below).

[사용 Example]

다음은 GitHub에서 <WiringPi> library package를 download하는 방법이다. 여기서 download 파일 경로에 GitHub의 자체 경로인 git-path를 사용하여 처리한 것이다.

```
pi@raspberrypi ~ $ git clone --depth 1 git://git.drogon.net/wiringPi
```
```
Cloning into 'wiringPi'...
remote: Counting objects: 167, done.
remote: Compressing objects: 100% (146/146), done.
remote: Total 167 (delta 79), reused 46 (delta 16)
Receiving objects: 100% (167/167), 156.26 KiB | 110 KiB/s, done.
Resolving deltas: 100% (79/79), done.
```

다음 사례는 download 파일의 경로에 아래와 같이 URL 경로를 지정하여 처리한 것이다.

```
pi@raspberrypi ~ $ git clone --depth 1  https://github.com/WiringPi/WiringPi
```
```
Cloning into 'WiringPi'...
remote: Counting objects: 70, done.
remote: Compressing objects: 100% (50/50), done.
remote: Total 70 (delta 25), reused 59 (delta 19), pack-reused 0
Unpacking objects: 100% (70/70), done.
```

해당 프로그램에 대한 download가 완료된 이후 [File Manager]에서 자료를 확인해 보면
아래와 같이 "WiringPi" 폴더가 생성되어 있고 내부에 여러 파일들이 download되어 있음
을 확인할 수 잇다.

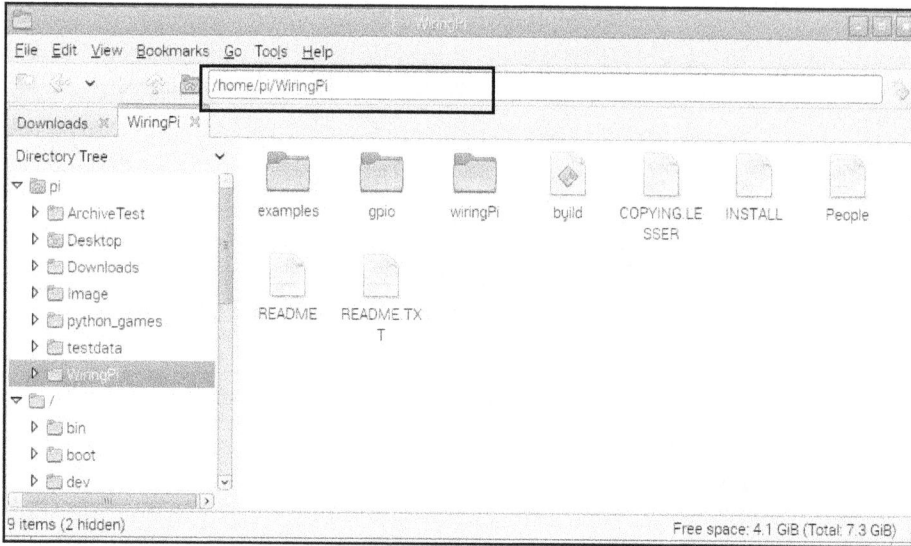

17.5 프로그램 설치 및 재설치

17.5.1 source 배포 방식에 따른 프로그램 설치 비교

Raspbian 운영체제에서는 package repository를 이용하여 프로그램을 관리하고, 배포하는 것이 표준으로 되어 있지만, 이 방법을 통하지 않고도 프로그램을 배포하고, 설치하여 사용할 수 있다.

■ package repository를 통하여 배포되는 프로그램을 사용하는 경우
package repository에 등록된 프로그램을 설치할 때는 별도로 package를 download 하는 작업이 필요 없다. 이런 프로그램들은 package manager 도구를 사용하여 특별한 사전 작업을 하지 않고 곧바로 설치하는 작업을 수행할 수 있다.

이렇게 설치되는 프로그램인 경우는 해당 프로그램에 대한 정보가 package 형태로 repository에 등록되어 있고, 시스템에 정식으로 지원하는 절차에 따라 설치된 것이므로, package manager 도구를 사용하여 편리하게 사후 관리를 할 수 있다. 특히 해당 프로그램에 대해 사후에 수정이 발생하는 경우는 개발자가 repository에 관련 내용을 반영해 놓으면, package manager 도구가 이러한 정보를 이용하여 자동으로 upgrade 관리를 할 수 있게 해준다.

■ package 형식의 파일로 배포되는 프로그램을 사용하는 경우
물론 프로그램이 package 형식으로 구성되어 있지만, package repository에 등록되어 배포되지 않고, 별도의 방식으로 배포되는 package 프로그램인 경우도 시스템에 설치하여 사용할 수 있지만, 일반적인 명령이 아닌 전문적인 명령을 사용하여 보다 어렵고 복잡한 절차를 거쳐야 한다.

이 방식은 배포가 package repository를 이용하지는 않지만 시스템에서 정식으로 지원하는 package의 형태를 가지고 있으므로, 시스템의 package 관리도구를 이용하여 일정한 정도는 사후 관리를 할 수 있다. 물론 repository를 사용하지 않기 때문에 repository를 전제한 사후관리 기능은 사용할 수 없는 제한이 있다.

■ 일반 개발 파일 형식으로 배포되는 프로그램을 사용하는 경우
개발된 프로그램들 중에서 package 형태가 아닌 일반 개발 파일의 형태로 되어 있는 프로그램들은 package repository에 등록하여 배포할 수 없으므로, 별도의 방식으로 배포되고, 설치되어야 한다.

물론 이들 프로그램들도 시스템에 설치하여 사용할 수 있지만, 이들 프로그램의 설치는 운영체제가 정식으로 관리하는 package 설치 형태가 아니기 때문에, 이들 프로그램에 대한 설치, 삭제, 사후관리 등에 대해서는 시스템이 관리하지 않으므로 사용하는 사람들이 개별적으로 관리해 주어야 한다.

17.5.2 package repository로 배포되는 프로그램 설치

● apt-get install 명령 - 프로그램 설치

package repository에 있는 프로그램을 설치할 때는 apt-get 명령에서 "install" command를 사용한다.

[명령 형식]

```
apt-get   [options]   install   <package>
```

[명령 개요]
- 지정된 package를 시스템에 설치한다.
- 필요권한   -- root 권한

[상세 설명]
- 이 명령을 수행하면 package manger의 source list로 사용하는 /etc/apt/sources.list 파일을 참조하여 원하는 package를 찾는다.
- 여기서 download한 프로그램 package는 특별한 지정이 없는 한 현재의 작업 폴더에 저장된다.

[사용 Example]
여기서는 원격접속을 하고자 할 때 VNC server로 사용되는 <TightVNC> 프로그램의
server 프로그램을 설치하는 작업을 해보도록 하겠다. 이 프로그램은 기본적으로 apt-get의
package manager의 프로그램 목록에 포함되어 있는 프로그램이므로 특별한 download 작업을 할 필요가 없이 다음과 같이 설치작업을 진행한다.

```
pi@raspberrypi ~ $ sudo apt-get install tightvncserver

Reading package lists... Done
Building dependency tree
Reading state information... Done
Suggested packages:
  tightvnc-java
The following NEW packages will be installed:
  tightvncserver
0 upgraded, 1 newly installed, 0 to remove and 0 not upgraded.
Need to get 0 B/786 kB of archives.
After this operation, 1,509 kB of additional disk space will be used.
```

```
Selecting previously unselected package tightvncserver.
(Reading database ... 77431 files and directories currently installed.)
Unpacking tightvncserver (from .../tightvncserver_1.3.9-6.4_armhf.deb) ...
Processing triggers for man-db ...
Setting up tightvncserver (1.3.9-6.4) ...
update-alternatives: using /usr/bin/tightvncserver to provide /usr/bin/vncserver
(vncserver) in auto mode
update-alternatives: using /usr/bin/Xtightvnc to provide /usr/bin/Xvnc (Xvnc) in
auto mode
update-alternatives: using /usr/bin/tightvncpasswd to provide /usr/bin/vncpasswd
(vncpasswd) in auto mode
```

● 프로그램 재설치

만약 package repository로 배포되는 프로그램이 설치되는 도중 문제가 발생하여 정상적으로 설치되지 않은 경우나 설치한 이후 필요에 의해 재설치가 필요한 경우는 apt-get에서 "install" command와 함께 "—reinstall" option을 사용하여 재설치 작업을 할 수 있다.

[명령 형식]

```
apt-get   --reinstall    install   <package>
```

[명령 개요]

- 지정된 package를 시스템에 설치한다.
- 필요권한   -- root 권한

[상세 설명]

프로그램을 재설치하면 해당 프로그램에 대한 기존의 configuration 항목은 그대로 유지되는 효과가 있다. 이 사례에서는 처음 <TightVNC> server를 설치할 때 생성한 connection 암호 등이 그대로 유지된다. 만약 이러한 모든 설정사항들도 모두 없애고 다시 설치하고자 하면 "프로그램 설치 제거" 작업을 수행한 다음에 다시 처음부터 설치하는 절차를 수행해야 한다.

[주요 option]

--reinstall	Re-install packages that are already installed and at the newest version. Configuration Item: APT::Get::ReInstall.

[사용 Example]

다음은 <TightVNC> server 프로그램을 재설치 하는 명령이다.

```
pi@raspberrypi ~ $ sudo apt-get --reinstall  install  tightvncserver
Reading package lists... Done
Building dependency tree
Reading state information... Done
0 upgraded, 0 newly installed, 1 reinstalled, 0 to remove and 1 not upgraded.
Need to get 0 B/786 kB of archives.
After this operation, 0 B of additional disk space will be used.
(Reading database ... 77558 files and directories currently installed.)
Preparing to replace tightvncserver 1.3.9-6.4 (using .../tightvncserver_1.3.9-
6.4_armhf.deb) ...
Unpacking replacement tightvncserver ...
Processing triggers for man-db ...
Setting up tightvncserver (1.3.9-6.4) ...
```

17.5.3 package 형식의 파일로 배포되는 프로그램 설치

물론 프로그램이 package 형식으로 구성되어 있지만, package repository에 등록되어 배포되지 않고, 별도의 방식으로 배포되는 package 프로그램인 경우는 APT 도구인 apt-get 명령을 사용할 수 없고, low-level의 명령인 dpkg 명령을 사용해야 한다.

[명령 형식]

```
dpkg   -i          directory/package-file
dpkg   --install]  directory/package-file
```

[명령 개요]
- 지정된 package를 시스템에 설치한다.
- 필요권한   --- root 권한

[상세 설명]
- 여기서 지정된 package-file은 package의 이름이 아니라 package정보를 포함하고 있는 파일이름으로 통상 .deb 확장자를 가진다.
- --recursive 또는 -R option이 지정되면 package-file은 특정 파일이 아니라 directory를 지정한다.
- 이 작업을 하면 --unpack과 --configure의 작업을 모두 처리한다.
- install 작업은 다음 단계를 진행한다.
  - 새로운 package에 대한 control files을 추출한다..
  - 새로운 package를 설치하기 전에 다른 version의 동일 package가 설치되어 있다면, 이전 package의 "prerm" script를 실행한다.
  - package가 "preinst" script을 제공하면 해당 script를 실행한다.
  - 새로운 파일의 package를 unpack하고, 설치하는 과정에서 처리가 잘못되면 다시 복구할 수 있도록 이전 파일을 backup한다.
  - 새로운 설치를 하기 전에 다른 version의 동일 package가 설치되어 있다면 이전 package의 "postrm" script를 실행한다. 이 script는 새로운 package의 "preinst" script가 실행된 이후에 실행되는데, 이것은 이전 파일이 삭제됨과 동시에 새로운 파일이 write되기 때문이라는 것을 주의해 보기 바란다.
  - package에 대한 configuration 설정한다. 이 작업이 어떻게 이루어지는지에 대한 상세한 사항은 --configure에 대한 설명을 참조하기 바란다.

[주요 option]

-R, --recursive	Recursively handle all regular files matching pattern *.deb found at specified directories and all of its subdirectories. This can be used with -i, -A, --install, --unpack and --avail actions.

[사용 Example]

다음은 <Mplayer> 프로그램을 설치하기 위해서 package 파일을 download 받아서 시스템에 설치하는 사례이다

```
pi@raspberrypi ~ $ dpkg -i /home/pi/Downloads/mplayer_0.xx_i386.deb
```

다음은 cron 프로그램 package 파일을 download 받아서 설치하는 사례이다

```
pi@raspberrypi ~ $ dpkg -i /home/pi/Downloads/cron_3.0p11.deb
```

17.5.4 일반 파일 형식으로 배포되는 프로그램 설치

개발된 프로그램들 중에서 package 형태가 아닌 일반 source code나 실행파일의 형태로 되어 있는 프로그램들은 package repository에 등록하여 배포되지 않으므로, 별도로 배포되고, 설치되어야 한다.

배포된 프로그램의 파일이 binary 실행파일이면 그 파일을 사용하여 프로그램을 실행할 수 있다. 이러한 실행파일을 이용하여 프로그램을 설치/사용하는 방법에는 다음과 같은 방식이 있다.

- 실행 파일을 package 파일로 만든 다음 시스템에 정상적으로 설치하는 방법
  이 방식은 실행파일을 시스템이 지원하는 package형식으로 전환한 다음 정상적인 설치과정을 거쳐서 사용하는 방식을 말한다. package를 만드는 방식은 여기서 설명하지 않을 것이다. 필요하면 별도로 자료를 찾아보기 바란다.

- 별도의 설치작업을 하지 않고 실행 파일을 그대로 사용하는 방법
  이 방식은 해당 프로그램을 시스템에 정식으로 설치하지 않고 프로그램을 저장할 적당한 곳을 지정하여 실행 파일을 저장해 놓은 다음, 실행파일을 그대로 사용하는 방식이다. 시스템에 정식으로 설치되지 않으므로 시스템이 지원하는 여러 가지 프로그램 관리 체계를 사용 수 없다. 프로그램을 실행할 때는 시스템이 해당 프로그램을 관리하지 않으므로 실행파일이 어디에 있는지 알 수 없으므로, 별도로 시스템이 쉽게 찾을 수 있는 방법을 제공해 주거나, 실행파일이 있는 위치를 정확히 지정해 주어야 한다.

만약 확보한 프로그램이 아직 compile되어 binary 실행파일 형태로 되어 있는 것이 아니라면, 별도로 그런 파일을 만드는 작업을 수행한 다음에 사용해야 한다. 이렇게 실행파일을 만드는 명령은 build 이다. 이에 대해서는 나중에 프로그램 개발과 관련된 부분에서 별도로 추가 설명하도록 할 것이다.

```
build
```

이 명령을 실행하면 해당 프로그램에 대한 compile된 binary 실행 파일이 만들어진다. 이 명령을 실행할 때는 download한 source code 파일이 있는 directory에서 실행해야 한다.

[사용 Example]

다음은 GitHub에서 <WiringPi> library package를 download한 다음 설치하는 작업을 한
것이다. download한 자료는 pi계정의 home directory에 <wiringPi> directory에 있다.

```
pi@raspberrypi ~ $ git clone --depth 1 git://git.drogon.net/wiringPi
~ 중략
~ 중략
```

여기서 download한 프로그램 파일은 아직 실행파일로 만들어진 것이 아니라 개발 source
code 형식으로 되어 있는 파일이므로 그대로 사용할 수 없다. 따라서 이들 파일을 실행하
기 위해서는 먼저 binary 실행파일로 만들어 주는 과정이 필요하다. 이를 위해서
<wiringPi> directory로 이동하여 내부에 포함되어 있는 build script를 수행한다.

```
pi@raspberrypi ~ $ cd wiringPi
pi@raspberrypi ~/wiringPi $ ./build
wiringPi Build script
=====================
WiringPi Library
[UnInstall]
[Compile] wiringPi.c
[Compile] wiringSerial.c
~ 중략
~ 중략
All Done.

NOTE: To compile programs with wiringPi, you need to add:
    -lwiringPi
  to your compile line(s) To use the Gertboard, MaxDetect, etc.
  code (the devLib), you need to also add:
    -lwiringPiDev
  to your compile line(s).
```

실행 파일이 정상으로 작성되었는지를 확인하기 위해서는 다음의 명령을 실행하여 정상적으로 처리되는지 확인한다.

```
pi@raspberrypi ~/wiringPi $ gpio -v
gpio version: 2.26
Copyright (c) 2012-2015 Gordon Henderson
This is free software with ABSOLUTELY NO WARRANTY.
For details type: gpio -warranty

Raspberry Pi Details:
  Type: Model B+, Revision: 1.2, Memory: 512MB, Maker: Sony
```

17.6 프로그램 설치 제거 및 파일 정리

17.6.1 프로그램 설치 제거

이미 설치되어 있는 프로그램이 더 이상 필요가 없으면 설치된 내용을 제거해야 한다. 설치된 프로그램을 제거하는 방법에는 여러 가지 방법이 있다.

● **apt-get remove 명령**

시스템에 설치된 프로그램을 제거하되, configuration 사항들은 그대로 유지하고자 하면 apt-get 명령에서 "remove" command를 사용할 수 있다.

[명령 형식]

```
apt-get   remove  <package>
```

[명령 개요]
- 설치되어 있는 package를 제거한다
- 필요권한   --- root 권한

[상세 설명]
- 시스템에 설치된 packages들이 제거되지만, 기존의 configuration 파일은 그대로 유지된다.
- dpkg 명령을 사용하여 동일한 처리를 하려면 다음과 같은 명령을 사용한다.
  dpkg -r, --remove package...

[사용 Example]

다음은 이전에 설치된 <TightVNC> server package를 삭제한 사례이다.

```
pi@raspberrypi:~ $ sudo apt-get remove tightvncserver
Reading package lists... Done
Building dependency tree
Reading state information... Done
The following packages will be REMOVED:
  tightvncserver
0 upgraded, 0 newly installed, 1 to remove and 5 not upgraded.
After this operation, 1,416 kB disk space will be freed.
Do you want to continue? [Y/n] y
(Reading database ... 118839 files and directories currently installed.)
Removing tightvncserver (1.3.9-6.5) ...
update-alternatives: using /usr/bin/vnc4server to provide /usr/bin/vncserver
(vncserver) in auto mode
Processing triggers for man-db (2.7.0.2-5) ...
```

● apt-get purge 명령

시스템에 설치된 프로그램에 대해서 프로그램과 configuration 사항을 모두 삭제하고자 하면 apt-get 명령에서 "purge" command를 사용할 수 있다.

[명령 형식]

```
apt-get    purge    <package>
```

[명령 개요]

- 설치되어 있는 package와 config files을 제거한다
- 필요권한   --- root 권한

[상세 설명]

- purge는 기본적으로 remove 와 동일하며 모든 configuration 파일이 제거된다.
- dpkg 명령을 사용하여 동일한 처리를 하려면 다음과 같은 명령을 사용한다.
  dpkg -P, --purge package...

[사용 Example]

다음은 이전에 설치된 <TightVNC> server package를 삭제한 사례이다.

```
pi@raspberrypi:~ $ sudo apt-get purge tightvncserver

Reading package lists... Done
Building dependency tree
Reading state information... Done
The following packages will be REMOVED:
  tightvncserver*
0 upgraded, 0 newly installed, 1 to remove and 5 not upgraded.
After this operation, 1,416 kB disk space will be freed.
Do you want to continue? [Y/n] y
(Reading database ... 118839 files and directories currently installed.)
Removing tightvncserver (1.3.9-6.5) ...
update-alternatives: using /usr/bin/vnc4server to provide /usr/bin/vncserver
(vncserver) in auto mode
Processing triggers for man-db (2.7.0.2-5) ...
```

● apt-get autoremove 명령

시스템에 설치된 프로그램 package에는 사용할 목적으로 시스템 관리자가 직접 설치한 프로그램 package 도 있지만, 다른 프로그램 package을 실행할 때 필요하기 때문에 내부적으로 자동으로 설치된 프로그램 package 도 있을 수 있다. 하지만 자동으로 설치된 package를 사용하는 다른 package가 삭제되어 더 이상 사용되지 않는 경우에는 자동으로 설치된 프로그램 package를 제거해 주어야 한다.

이렇게 자동으로 설치된 프로그램 package 중에서 더 이상 사용하지 않은 것들을 제거하려면 apt-get 명령에서 "autoremove" command를 사용할 수 있다.

[명령 형식]

```
apt-get    autoremove
```

[명령 개요]
- 사용되지 않는 package를 자동으로 삭제해 준다.
- 필요권한   --- root 권한

[상세 설명]

autoremove는 다른 package를 설치할 때 dependency를 충족시키기 위해서 추가로 자동 설치가 되었지만, 나중에 상황이 변경되어 이제 더 이상 필요하지 않게 된 경우 이들을 제거해 준다.

[사용 Example]

다음은 시스템에서 더 이상 사용되지 않은 설치 프로그램을 제거하는 명령을 실행한 사례이다.

```
pi@raspberrypi:~ $ sudo apt-get autoremove
Reading package lists... Done
Building dependency tree
Reading state information... Done
0 upgraded, 0 newly installed, 0 to remove and 5 not upgraded.
```

17.6.2 프로그램 package 파일 정리

새로운 프로그램을 설치하거나 upgrade를 하는 과정에서 관련된 프로그램 package 파일을 download하여 local repository인 /var/cache/apt/archives/에 저장하게 되는데, 이러한 파일들은 프로그램 설치가 완료되거나 프로그램이 제거되어도 파일이 삭제되지 않은 채로 그대로 남아 있게 된다. 이러한 파일들이 계속 쌓이면 시스템에서 쓸데없이 저장공간을 차지하게 되므로 더 이상 필요하지 않은 파일들은 제거해 주는 것이 좋다.

참고로 local repository에서 프로그램 package 파일이 삭제된다고 해서 시스템에 이미 설치된 프로그램이 제거되는 것이 아니므로 설치된 프로그램의 정상적인 실행에 지장을 주는 것은 아니다.

● **apt-get clean 명령**

package를 설치하는 과정에서 download되었던 package 파일을 삭제하는 작업을 하려면 apt-get 명령에서 "clean" command를 사용한다.

[명령 형식]
```
apt-get  clean
```

[명령 개요]
- download된 archive files을 삭제한다.
- 필요권한   --- root 권한

[상세 설명]
- clean 명령은 다운로드한 package 압축 파일을 제거하고 공간을 확보한다.
- 이 명령은 cache directory인 "/var/cache/apt/archives/" 와
  "/var/cache/apt/archives/partial/"에서 lock file을 제외한 모든 것을 제거한다.

[사용 Example]
다음은 시스템에서 필요 없는 download package 파일을 제거하는 명령을 실행한 것이다.
```
pi@raspberrypi:~ $ sudo apt-get clean
```

● **apt-get autoclean 명령**

package를 설치하는 과정에서 download된 package 파일 중에는 아직 사용할 필요가 있는 자료가 있을 수도 있으므로 모든 자료를 삭제하는 것보다는, 더 이상 사용되지 않은 파일만 삭제하는 작업이 필요할 수도 있다. 이러한 방식으로 작업을 하려면 apt-get 명령에서 "autoclean" command를 사용한다.

[명령 형식]

```
apt-get    autoclean
```

[명령 개요]

■ download된 archive files 중에서 오래된 것만 삭제한다.
■ 필요권한   --- root 권한

[상세 설명]

■ autoclean은 clean 과 유사하게 local cache directory에서 검색된 package files을 삭제한다.
차이점은 autoclean은 더 이상 download되지 않아서 쓸모 없는 package file만 삭제하는 것이다.
즉 현재 시점에서 최신 package는 그대로 유지하지만, 이전 package는 삭제해준다.

[사용 Example]

다음은 시스템에서 더 이상 필요하지 않은 download package 파일을 제거하는 명령을 실행한 사례이다.

```
pi@raspberrypi:~ $ sudo apt-get autoclean
Reading package lists... Done
Building dependency tree
Reading state information... Done
```

17.7 프로그램 update 및 upgrade

17.7.1 프로그램 upgarde

package repository에서 관리되는 package는 archive files의 형태로 소프트웨어 배포에 대한 사항과 metadata를 관리하고 있는데, 특정 컴퓨터에 package가 설치되면 package에 포함되어 있는 metadata가 local package database에 저장된다. 이 local package database에는 software dependency와 version과 같은 대표적인 정보가 관리되는데, package manager는 사후에 software들 간의 불일치나 필수항목의 누락을 방지하는데 이 local package database를 사용하게 된다.

프로그램이 설치된 후 일정한 시간이 경과되면 시스템에 이미 설치되어 있는 프로그램에 새로운 기능이 추가하거나 프로그램이 실행되는 과정에서의 오류를 수정하기 위해서 프로그램의 수정 및 개선이 발생할 수 있다. 이렇게 프로그램이 사후적으로 수정된 경우 시스템에 설치되어 있는 프로그램을 새로운 프로그램으로 교체하는 작업이 필요하다.

여러 가지 이유로 프로그램 기능과 관리방식에 변동이 발생하면, 프로그램 관리자는 package repository에서 필요한 변경사항을 반영해 놓는다. 하지만 이렇게 package repository에 반영된 내용은 해당 프로그램이 설치된 개별 컴퓨터의 local package database에 자동 반영되지 않고, 설치된 프로그램의 실행 기능에도 자동 반영되지 않는다.

따라서 개별 컴퓨터에 설치된 프로그램 package에 대해서 package repository에 반영된 수정/개선사항을 반영하는 별도의 절차가 필요한데, Raspbian에서는 이러한 과정이 다음 두 단계로 이루어진다.

- local package database의 정보 갱신
  시스템에 설치된 프로그램에 대해서 upgrade를 하기 위해서는 먼저 local package repositoty에 있는 프로그램 package 정보가 최신 수정/개선사항을 반영할 수 있도록 package 정보를 최신판으로 갱신한다.

- 시스템에 설치되어 있는 프로그램의 수정
  local package database에 반영된 프로그램 package 수정/개선 정보를 이용하여 시스템에 이미 설치되어 있는 프로그램을 새로운 프로그램으로 실제로 교체하는 작업을 한다.

17.7.2 apt-get update 명령 - local package database 정보 갱신

시스템에 설치된 local package repositoty에 있는 프로그램 package 정보를 최신판으로 갱신하는데 사용하는 것이 update 명령이다. 이 명령을 수행하면 local package repositoty에 보관되어 있는 package 정보가 최신판으로 갱신될 뿐만 아니라 설치된 프로그램에 대한 최신 package 파일을 download하여 보관하게 된다.

[명령 형식]

```
apt-get update
```

[명령 개요]

■ 시스템에 설치된 local package repositoty에 있는 프로그램 package 정보를 최신판으로 갱신한다.

■ 필요 권한   -- root 권한

[상세 설명]

■ 이 명령은 새로운 버전의 package와 그들의 종속/영향도에 대한 정보를 얻기 위해서 서버에 있는 repository에서 package list를 다운받아서 로컬 데이터베이스에 있는 package list를 갱신한다

■ 이 명령이 실행되어도 실제로 새로운 s/w 버전을 설치하지는 않는다. 다만 준비작업을 할 뿐이다.

■ 이용할 수 있는 패키지의 index는 /etc/apt/sources.list에서 지정된 위치로부터 가져온다.

■ update는 항상 upgrade 나 dist-upgrade를 하기 전에 수행되어야 한다.

■ package정보를 갱신하거나 필요한 package 파일을 download하는 것은 모두 인터넷에서 자동으로 처리되므로 이 명령을 실행할 때는 반드시 인터넷이 연결되어 있어야 한다.

[사용 Example]

아래는 apt-get update 명령을 실행해 본 것이다.

```
pi@raspberrypi3:~ $ sudo apt-get update
Get:1 http://mirrordirector.raspbian.org jessie InRelease [14.9 kB]
Get:2 http://mirrordirector.raspbian.org jessie/main armhf Packages [8,981 kB]
Hit http://archive.raspberrypi.org jessie InRelease
Hit http://archive.raspberrypi.org jessie/main armhf Packages
Hit http://archive.raspberrypi.org jessie/ui armhf Packages
Ign http://archive.raspberrypi.org jessie/main Translation-en_GB
Ign http://archive.raspberrypi.org jessie/main Translation-en
~중략
~중략

Ign http://mirrordirector.raspbian.org jessie/main Translation-en_GB
Ign http://mirrordirector.raspbian.org jessie/main Translation-en
Ign http://mirrordirector.raspbian.org jessie/non-free Translation-en_GB
Ign http://mirrordirector.raspbian.org jessie/non-free Translation-en
Ign http://mirrordirector.raspbian.org jessie/rpi Translation-en_GB
Ign http://mirrordirector.raspbian.org jessie/rpi Translation-en
Fetched 9,105 kB in 41s (220 kB/s)
Reading package lists... Done
```

17.7.3 apt-get upgrade 명령- 설치 프로그램 수정 반영

시스템에 이미 설치되어 있는 프로그램이 사후에 수정된 경우 새로운 프로그램으로 교체하는 작업이 필요하다. 이러한 작업은 apt-get 명령에서 "upgrade" command를 사용한다.

[명령 형식]

apt-get   [options]   upgrade / dist-upgrade

[명령 개요]
- 시스템에 이미 설치되어 있는 프로그램이 사후에 수정된 경우 새로운 프로그램으로 변경한다.
- 필요 권한   -- root 권한

[상세 설명]
- 사전에 항상 update 명령을 먼저 실행해야 한다.
- 이 명령은 update 명령에서 갱신된 패키지 정보를 이용하여 시스템에 현재 설치되어 있는 모든 프로그램 package에 대해서 upgrade 필요성을 자동 점검하고, 필요하면 설치되어 있는 프로그램을 새로운 프로그램으로 수정/교체한다.
- upgrade 명령의 처리방식
  - 설치 프로그램 package에 새로운 version이 있으면, 해당 내용을 검색하여 upgrade한다.
  - 현재 설치되어 있는 package가 제거되거나, 새로운 package가 설치되지 않는다.
  - 다른 package의 설치상태를 변경하지 않으면 현재 설치된 package를 upgrade 할 수 없으면, 현재 상태로 그대로 둔다.
- dist-upgrade 명령의 처리방식
  이 명령은 앞의 upgrade 기능을 수행하는 것뿐만 아니라 다른 version의 package와의 dependency를 변경하는 기능도 지능적으로 실행해 준다. apt-get 도구는 똑똑한 충돌 해결 시스템을 가지고 있는데, 여기서는 필요하면 덜 중요한 package를 희생하고 제일 중요한 package를 upgrade 할려고 시도한다. 따라서 여기서는 어떤 package에 대해서는 삭제를 할수도 있다.

[사용 Example]

다음은 apt-get upgrade에 대한 실행 사례이다.

```
pi@raspberrypi3:~ $ sudo apt-get upgrade
Reading package lists... Done
Building dependency tree
Reading state information... Done
Calculating upgrade... Done
The following packages will be upgraded:
  libavcodec56 libavformat56 libavresample2 libavutil54 libswscale3 libxslt1.1
6 upgraded, 0 newly installed, 0 to remove and 0 not upgraded.
Need to get 5,971 kB of archives.
After this operation, 10.2 kB of additional disk space will be used.
Do you want to continue? [Y/n] y
Get:1 http://mirrordirector.raspbian.org/raspbian/ jessie/main libavutil54 armhf
6:11.7-1~deb8u1+rpi1 [160 kB]
~중략
~중략

Preparing to unpack .../libxslt1.1_1.1.28-2+deb8u1_armhf.deb ...
Unpacking libxslt1.1:armhf (1.1.28-2+deb8u1) over (1.1.28-2+b1) ...
Setting up libavutil54:armhf (6:11.7-1~deb8u1+rpi1) ...
Setting up libavresample2:armhf (6:11.7-1~deb8u1+rpi1) ...
Setting up libavcodec56:armhf (6:11.7-1~deb8u1+rpi1) ...
Setting up libavformat56:armhf (6:11.7-1~deb8u1+rpi1) ...
Setting up libswscale3:armhf (6:11.7-1~deb8u1+rpi1) ...
Setting up libxslt1.1:armhf (1.1.28-2+deb8u1) ...
Processing triggers for libc-bin (2.19-18+deb8u4) ...
```

다음은 apt-get dist-upgrade에 대한 실행 사례이다.

```
pi@raspberrypi3:~ $ sudo apt-get dist-upgrade
Reading package lists... Done
Building dependency tree
Reading state information... Done
Calculating upgrade... Done
0 upgraded, 0 newly installed, 0 to remove and 0 not upgraded.
```

17.8 system kernel 및 firmware upgrade

Raspberry Pi 시스템의 kernel과 firm ware는 오류를 수정하거나, 시스템 성능을 개선하거나, 추가적인 기능 제공을 위해서 지속적으로upgrade되고 있다. Raspberry Pi 시스템을 설치한 이후에 일정한 시간이 경과하면, 현재 설치되어 있는 시스템은 최신 version의 시스템과 내용이 다를 수 있다. 또한 특정 응용 프로그램이 최신 version의 시스템을 기초로 개발된 경우는 이전 version의 시스템에 해당 프로그램을 사용하면 오류가 발생할 수도 있다. 따라서 때때로 kernel과 firmware를 upgrade하는 작업이 필요하다.

이러한 작업을 위해서 사용하는 것이 rpi-update 명령이다.

[명령 형식]

[option] rpi-update

[명령 개요]
- Raspberry Pi의 firmware를 upgrade 한다.
- 필요 권한   -- root 권한

[상세 설명]
- 해당 명령의 실행이 끝나면 시스템을 reboot해야 한다.

[주요 option]

UPDATE_SELF	By default, rpi-update will attempt to update itself each time it is run. You can disable this behavior by:
SKIP_BACKUP	Set it equal to a non-zero value and it will avoids making backup of /boot and /lib/modules on first run.
PRUNE_MODULES	Allows you to delete unused module directories when doing an update. Set it equal to a non-zero value and it will remove all modules except the latest installed:

[사용 Example]

다음은 firmware를 upgrade하는 작업을 실행한 사례이다.

```
pi@raspberrypi ~ $ sudo rpi-update
*** Raspberry Pi firmware updater by Hexxeh, enhanced by AndrewS and Dom
 *** Performing self-update
  % Total     % Received % Xferd  Average Speed   Time    Time     Time  Current
                                  Dload  Upload   Total   Spent    Left  Speed
100  9823  100  9823    0     0   6924      0  0:00:01  0:00:01 --:--:--  9364
 *** Relaunching after update
 *** Raspberry Pi firmware updater by Hexxeh, enhanced by AndrewS and Dom
 *** We're running for the first time
 *** Backing up files (this will take a few minutes)
 *** Remove old firmware backup
 *** Backing up firmware
 *** Remove old modules backup
 *** Backing up modules 3.18.7+
 *** Downloading specific firmware revision (this will take a few minutes)
  % Total     % Received % Xferd  Average Speed   Time    Time     Time  Current
                                  Dload  Upload   Total   Spent    Left  Speed
100   168    0   168    0     0   184      0 --:--:-- --:--:-- --:--:--   243
100 46.1M  100 46.1M    0     0   330k     0  0:02:22  0:02:22 --:--:--  180k
 *** Updating firmware
 *** Updating kernel modules
 *** depmod 3.18.13+
 *** depmod 3.18.13-v7+
 *** Updating VideoCore libraries
 *** Using HardFP libraries
 *** Updating SDK
 *** Running ldconfig
 *** Storing current firmware revision
 *** Deleting downloaded files
 *** Syncing changes to disk
 *** If no errors appeared, your firmware was successfully updated to
8521fd34c8f66b6d109acce943f6e25ec93ec005
 *** A reboot is needed to activate the new firmware
```

색인

그림/표 색인

● 그림 색인

● 표 색인

저자 및 출판내역

[저자 소개]

저자는 고려대학교 경영학과를 졸업하고, 대기업의 IT부문에서 오랫동안 근무한 후, 독립하여 현재 ERP Consultant로서 활동하고 있다. 재무, 원가, 세무, 자금, 구매, 영업, 출하, 재고, 생산 등의 다양한 분야에서 다양한 프로젝트를 수행하면서, 기업의 업무 프로세스에 대하여 폭넓은 이해를 하고 있다. 1997년 SAP consultant 국제자격증을 획득한 이후, GS-Caltex, SK㈜, Volvo, 석유공사, 한화-토탈 등 주로 대기업의 대형 ERP 프로젝트를 수행해 오면서, SD, MM, HR, IS-OIL, BW, ABAP/4, ALE/EDI, Interface등에 대해 풍부한 지식을 가지고 있으며, 현재는 ERP, DW, SEM, CRM, EAI, Biz. Application 등을 사업영역으로 하는 Real Omega Consulting Inc.에서 활동하고 있다.

최신 Raspberry Pi로 시작하는 IOT의 모든 것 - 초보에서 고급까지 (상)

2016년 08월 30일 초판 인쇄
2016년 08월 30일 초판 발행

저 자   김 덕 규
발행인   김 덕 규
발행처   리얼오메가 컨설팅(유)
　　　　 서울시 영등포구 여의도동 국제금융로 6길 30 백상빌딩 719호
　　　　 전화   : 070-8260-2560   팩스 783-0402
　　　　 e-mail : omegakim@realomega.com
　　　　 등록   : 2003. 2. 27. 제13-1368호(윤)

정가   30,000원

ISBN   978-89-90852-03-8   94000
ISBN   978-89-90852-02-1   94000 (전 02권)

www.ingramcontent.com/pod-product-compliance
Lightning Source LLC
Chambersburg PA
CBHW082115210326
41599CB00031B/5775